区域国别法律发达史
系 列 丛 书

何勤华 洪永红 / 主编
程 迈 / 执行主编

非洲法律发达史

THE DEVELOPMENT HISTORY OF
AFRICAN LAW

（修订版）

法律出版社 LAW PRESS · CHINA
——北京——

图书在版编目（CIP）数据

非洲法律发达史 / 何勤华，洪永红主编 ；程迈执行主编. -- 修订版. -- 北京 ：法律出版社，2025.（区域国别法律发达史系列丛书）. -- ISBN 978-7-5197-9490-3

Ⅰ. D940.9

中国国家版本馆 CIP 数据核字第 20246VV687 号

非洲法律发达史（修订版）
FEIZHOU FALÜ FADASHI（XIUDING BAN）

何勤华　洪永红　主编
程　迈　执行主编

责任编辑　张心萌　王雅楠
装帧设计　鲍龙卉

出版发行　法律出版社
编辑统筹　学术·对外出版分社
责任校对　晁明慧
责任印制　胡晓雅　宋万春
经　　销　新华书店

开本　A5
印张　20　　**字数**　596 千
版本　2025 年 4 月第 1 版
印次　2025 年 4 月第 1 次印刷
印刷　唐山玺诚印务有限公司

地址：北京市丰台区莲花池西里 7 号（100073）
网址：www.lawpress.com.cn
投稿邮箱：info@lawpress.com.cn
举报盗版邮箱：jbwq@lawpress.com.cn

销售电话：010-83938349
客服电话：010-83938350
咨询电话：010-63939796

书号：ISBN 978-7-5197-9490-3
定价：88.00 元

凡购买本社图书，如有印装错误，我社负责退换。电话：010-83938349

总 序

人类自诞生第一个法律文明即古代美索不达米亚法律文明以来，至今，已经有近5000年的历史了。在此进程中，人类的法律文明又经历了古代埃及的法老神权法制文明，古代中国法儒相较、礼法相融之秩序法制文明，古代印度以种姓制为基础的宗教等级法律文明，以及古代希腊、罗马以自然法和人类理性为底色、以良法之治为宗旨的商业法治文明，随后进入了近千年历史的中世纪社会。

在中世纪，原来古代美索不达米亚、古代埃及的法律文明已经消亡，代之而起的在西方是日耳曼法、教会法和海事法三大法律文明，在东方是以中华法系为中心的朝鲜、日本和越南等东亚法律文化，以及以印度教为基础的印度封建制法律体系。而在这两者之间，则是势力庞大、涉及国家众多的伊斯兰教法律体系。中世纪世界各国、各地区不同的法律形态，以该时代晚期的地理大发现、海洋大国的先后崛起、民族国家的纷纷成立，以及文艺复兴、罗马法复兴和宗教改革之三大运动的兴起而趋于衰变与转型。

最早进入这一历史转型的是英国，它在中世纪后期发展起来的普通法、衡平法和制定法（国会立法）的基础上，吸收近代资本主义之各项元素，逐步发展起了一整套资产阶级的法律体系，在工业革命、对外殖民扩张、建立起庞大的“日不落帝国”的过程中，形成了英吉利法系。其成员包括了美国、加拿大、澳大利亚、新西兰、马来西亚等所有英国的殖民地，并在美国崛起之后，转型成为英美法系，形成为近代世界法律发展的重要一极。

与此同时，经历了1789年法国大革命的冲击之后，出来捍卫“革命成果”的拿破仑（Napoléon Bonaparte，1769—1821），在用武力横扫欧洲大部分地区“旧秩序”的同时，掀起了轰轰烈烈的“六法全书”的编纂事业。从1791年的宪法，到1810年的刑法，在短短的十余年时间内，法国建立起了一个系统、完备、高效的近代资产阶级法律体系。这一体系,因法国的对外扩张以及若干国家在近代化进程中自愿学习和效仿,形成了一个比英美法系规模更为宏大的大陆法系,其成员遍及欧、亚、非和南美众多国家。

在近代两大资产阶级法系形成的同时,世界上其他国家与地区,也在探寻自己的法律改革之路,他们或传承和改造本国的法律文化,或移植英美法系和大陆法系的成果并使其日益本土化,从而形成了一个自人类诞生以来从未有过的世界各国法律近代化的浪潮,人类的法律发展开始步入一个崭新的文明形态。

那么,如何将上述近 5000 年人类法律文明发展之波澜壮阔的历史画卷展现出来,如何把现代世界各个国家和地区的法律发展的历史和现况表达出来,以满足广大读者对世界法律文明古今之变的了解,并为中国的法治现代化建设事业提供镜鉴。我们就萌生了编纂一套丛书的想法。从 1998 年起,以华东政法大学法律史学科为核心的学术团队,开始编写"世界各国法律发达史丛书",至 2012 年出齐,共 12 卷。

进入 21 世纪 20 年代,世界经济、政治、科技、文化发展更加迅速,国际形势风云变幻,许多国家和地区的法律制度都发生了重大变化,也呈现出了更加多元的特色。对此,需要我们予以关注,进行研究,并将其充分表达出来。于是,在法律出版社的全力支持和帮助下,我们开启了对"世界各国法律发达史丛书"的修订工程。与此同时,随着中国国际地位的提高和对外交往的深入,涉外法治与区域国别法治的研究也日益成为中国法学的热点议题。2022 年,华东政法大学正式获批全国首批"国家级涉外法治研究基地",以法律史、国际法作为主要支撑学科成立了涉外法治研究院。同年,国务院学位委员会将区域国别学正式确立为交叉学科门类下的一级学科,华东政法大学也于 2024 年成功获批全国首批区域国别学学位点,以法律史为牵头学科,集合全校力量,开始培养区域国别法方向的研究生。

在这些大背景下,我们在此次修订过程中也将本套丛书的名称由"世界各国法律发达史丛书"更名为"区域国别法律发达史丛书",以期共同推进新时代区域国别法学的研究。具体内容仍然分为 12 卷,其书名为:

1. 英国法律发达史;
2. 美国法律发达史;
3. 法国法律发达史;

4. 德国法律发达史；
5. 日本法律发达史；
6. 意大利法律发达史；
7. 俄罗斯法律发达史；
8. 加拿大法律发达史；
9. 澳大利亚法律发达史；
10. 东南亚七国法律发达史；
11. 非洲法律发达史；
12. 拉丁美洲法律发达史。

由于本丛书第一版的编写，开始于近 30 年前，修订工作需要将这近 30 年中世界各国各地区法律发展的成果尽量全部收录进来。因此，本次修订工作量巨大。所以我们华东政法大学法律史研究中心、涉外法治研究院、涉外法治学院、法律文明史研究院，投入了几乎全部的力量，参与到这一工作之中。虽然我们的团队中也已齐聚了通晓相关国家和地区语言的专业人才，但仍然感到任务艰巨、压力山大、诚惶诚恐。因此，唯有认真仔细、谨小慎微，以如履薄冰、如临深渊的态度，完成这项工作。

在此过程中，我们要深深感谢法律出版社的领导，没有他们在经费和人力上的全力支持和帮助，我们的编写、修订和出版工作是无法展开的。尤其是学术分社的分社长孙东育、编辑部主任张心萌两位老师，更是投入了全部心血，参与了我们修订工作的全过程，并给予专业的指导和帮助。在本丛书出版之际，我谨代表我们全体编写人员对此表示一片诚挚的谢意。当然，对于修订版仍然存在的不足，均由我们作者承担，并希望广大读者予以批评指正，以在未来再次修订时进行改正。

何勤华
于华东政法大学
法律文明史研究院
2025 年 3 月 5 日

修订版序

法律是人类文明的重要支柱;它不仅是社会秩序的基石,更是文化、历史与政治变迁的见证。正是基于这一理念,《非洲法律发达史》一书,系统地梳理和探讨了非洲大陆法律体系的演变历程。这片广袤的土地孕育了多元而独特的法律传统;其法律体系的形成与发展,既受到本土习俗、宗教信仰和社会结构的深刻影响,又因殖民历史、全球化及现代化进程而经历了诸多变革。本书旨在全面解析非洲法律体系的多样性及其历史脉络,揭示其内在的逻辑与现实意义;通过深入理解非洲法律制度,更好地促进中非命运共同体建设。

在研究非洲国家法律制度的时候,我们始终需要意识到的是,非洲的法律制度并非单一的法律实体,而是由54个国家、多种法律传统和不同社会制度构成的多元世界。从古代的部落习惯法,到伊斯兰法的影响,再到殖民时期引入的大陆法系与英美法系,各种法律传统在非洲大陆交融碰撞,共同塑造了今日的法律制度格局。

非洲的法律传统最早可追溯至古埃及的法典、部落习惯法和口述法。古埃及的法律体系已颇具规模;而在撒哈拉以南地区,各民族的部落法以习惯法为核心,主要依靠长老会议、部落首领或巫师进行裁决。这些法律体系在维系社会稳定和处理纠纷方面发挥了重要作用,使一些非洲国家创造了璀璨的古代文明。

自公元7世纪起,伊斯兰教逐渐传播到北非及西非地区,伊斯兰法(沙里亚法)随之深入影响当地社会。在马里帝国、加纳王国等古代西非国家,伊斯兰法与本土习惯法相结合,形成独特的法律体系。

15世纪至20世纪初,欧洲列强对非洲的殖民统治带来了深远的法律变革。法国、英国、葡萄牙等国在非洲建立殖民地后,将本国法律体系强行植入。例如,英属殖民地普遍采用英美普通法,而法属殖民地则采用法国的大陆法体系。在这一时期,殖民法律往往忽视本土习惯法的价值,甚至导致习惯法的边缘化。

在长达几个世纪的漫长的殖民史之后,在20世纪中叶,非洲各国陆续摆脱殖民统治,进入独立时期。许多国家开始探索如何在保留本土法律文化的基础上,构建现代法律体系。部分国家选择继续沿用殖民时期的法律体系,并进行本土化改造,如南非的法律体系融合了罗马-荷兰法与英国普通法;而另一些国家则尝试结合习惯法、伊斯兰法与现代法律。这些努力与尝试,都使非洲国家的法律体系兼具了传统与现代的混合色彩。

在此过程中,非洲各国的法律改革也面临诸多挑战,包括法律体系的统一问题、法律适用的地域差异、法治建设的推进、司法独立性的确立等。例如,尼日利亚在其司法体系中同时适用普通法、习惯法和伊斯兰法;如何在三者之间寻求平衡,成为法律发展的重要课题。这些挑战的应对经验,也为中国推进法治现代化建设、加强法制合作提供了重要的借鉴。

进入21世纪后,非洲法律体系在全球化的影响下进一步发展。国际法的渗透、区域法律合作的加强以及法治建设的推进,使非洲法律体系日益现代化。当非洲联盟推动区域法律一体化时,非洲内部的各种区域性经济一体化组织也在积极制定跨国法律框架,以促进贸易、投资与人权保护。

此外,近年来,非洲国家在宪法改革、司法透明度、法律普及等方面也取得了显著进展。例如,南非的宪法被誉为世界上最具进步性的宪法之一,强调人权、平等与法治;许多非洲国家也通过法律制度改革,大幅提高了对劳动者的保护,加强了环境保护方面的立法。这些法律发展的成功经验,值得中国与非洲在法律治理领域加强交流,携手推动中非命运共同体建设。

总之,非洲法律的发达史是一部兼具独特性与普遍性的历史:它既承载着本土法律文化的积淀,也经历了外来法律体系的融合与变革。本书希望通过梳理非洲法律体系的发展脉络,展现其丰富性、复杂性以及未来发展的可能性。法律不仅是社会治理的工具,更是文化、历史与价值观念的体现。在全球化时代,理解非洲法律的发展,不仅有助于推动区域法治建设,也有助于促进国际法律体系的多元化。

更重要的是,随着中非合作的不断深化,加强对非洲法律制度的理解,将有助于构建更稳健的双边法律合作框架,推动"一带一路"倡议的顺利实施,并为中非命运共同体的构建提供坚实的法治保障。

华东政法大学法律史学科长期以来关注非洲法律制度的研究,致力于推动中非之间的法学交流。早在2006年,在湘潭大学洪永红老师的大力支持和合作下,我们就编写了这本在国内非洲法律研究中具有开创性的《非洲法律发达史》。一晃20年过去了,许多非洲国家的法律制度已经发生了很大的改变。因此,本次修订,在基本保留了第一版关于近代以前非洲法律制度内容的同时,对当代非洲法部分,增加了近10万字的论述,并专门新增了一章"非洲政治与经济一体化的法律框架",以更好反映目前非洲法律制度的发展情况。其中第十一章由江西师范大学张泽忠老师与华东政法大学丛逍怡同学撰写。全书由修订版执行主编定稿。

我们希望通过此次对本书的修订,为学者、法律从业者及所有关心非洲法律发展的读者提供一份更有价值的参考资料。希望读者能通过本书,对非洲法律的发展历程有更深入的理解,并在这一基础上进一步思考法律在社会变革与发展中的作用。

程　迈

于华东政法大学涉外法治研究院

2025年3月5日

序

非洲,这一片美丽而神秘的土地,是最早诞生人类的地方,也是法律发展最富有特色的地区。

一方面,非洲是最早形成法律的地方。早在公元前3500年前后,在非洲的埃及就已经出现了立法和司法活动。虽然,这些活动因古代埃及国家的灭亡而不得不中断,但其中的许多制度和原则演变成了原住民的习惯而生存至今。由于非洲国家和民族众多,因而保存至今的各种习惯法也丰富繁多。

另一方面,非洲是最早开始移植外国法并予以本土化的地方。自公元前6世纪,随着波斯、希腊、罗马、阿拉伯等入侵非洲,这些国家和地区的法律也持续影响非洲法的发展。尤其是进入近代之后,非洲成为英、法、美、德、西等殖民国家蚕食的对象,其法律体系基本上也成为英美法系和大陆法系的派生支系。在移植外国法的基础上,非洲法也获得了发展。

此外,如同本书在各章中所展示的那样,20世纪50年代以后,随着非洲各民族国家的独立和崛起,各国立法和司法改革活动的活跃,为了解决各自所面临的发展问题,开始颁布了一些富有特色的制定法,在外贸、投资、农业、环境保护、旅游、卫生、教育等方面创建了一些对发展中国家具有借鉴意义的法律制度和原则。

所有这一切,都是非洲法对人类法律文化的贡献,也是非洲法对人类经济和社会发展的贡献。

长期以来,我国学术界对非洲法的研究并不是非常重视,在这方面发表的成果也不多。近几年,随着湘潭大学法学院一批对非洲法有兴趣的青年教师的成长,这一局面有所改变。但从总体上看,非洲法研究在我国仍然是一个有待开发的领域。尤其对非洲法律发展史的研究,尚是一片空白。

针对上述现状,华东政法学院(现为华东政法大学)法律史研究中心与湘潭大学法学院合作,共同编写了《非洲法律发达史》一书,试图填补学术界的这一空白。本书写作的分工如下:导论,洪永红;第一章,陈颖;第二章,颜晓闽;第三章,刘一;第四章,杨辉;第五章,顾盈颖;第六章,瞿栋、金朵朵;第七章,彭扬;第八章,郭德峰、李江、杨金琼;第九章,刘姗娜、姜红池;第十章,胡骏、刘君;结语,洪永红;附录,洪永红、彭杨,肖文黎。全书完成之后,由主编统稿定稿。

本书作为华东政法学院法律史研究中心组织的“世界各国各地区法律发达史丛书”之一,其编写也获得了华东政法学院法学重点学科建设资金的赞助,华东政法学院法律史教研室陈颐博士为本书编写大纲的构思作出了贡献,法律出版社原社长、总编黄闽先生,原社长助理蒋浩先生,对本书的编写出版给予了全力支持。对此,均表示我们一片诚挚的谢意。至于书中所可能出现的问题和错误,则恳请读者诸君不吝指正,以便我们在再版时予以修正。

何勤华

于上海·华东政法学院

2005年12月8日

目　　录

导　论

第一节　概　述

非洲是阿非利加洲的简称，拉丁语的意思是“阳光灼热的地方”。[①] 非洲位于东半球的西南部。总面积约3020万平方公里，占世界陆地总面积的20.2%左右，为仅次于亚洲的世界第二大陆。非洲大部分地区地处热带纬度，有“热带大陆”之称。全洲平均气温，最凉月在8℃以上，最热月在20℃～40℃。非洲矿产资源丰富，动植物种类繁多，是当今尚未完全开发的最具发展潜力的大陆之一。

非洲现有54个独立国家。以世界上最大的撒哈拉大沙漠为界，非洲分为北非和撒哈拉以南非洲。国际上习惯将撒哈拉以北非洲称为阿拉伯非洲。另外，习惯上称突尼斯、阿尔及利亚、摩洛哥为“马格里布”，而“大马格里布”则除这三国外，还包括利比亚和毛里塔尼亚。“非洲之角”包括索马里、埃塞俄比亚、吉布提和厄立特里亚。

---

① 也有人认为“阿非利加”（Africa）这一名称是从北非一个名叫“Afri或Afrik”的柏柏尔人部落的名称演变而来，还有人认为这一名称源于腓尼基人在今突尼斯北部建立的迦太基所起的名称“Fik”，意为“新城”。另有人认为，古罗马人最初把迦太基叫作“阿非利加地方”。后来，“阿非利加”这一名称的范围逐渐扩展到整个非洲大陆。

非洲居民主要是黑种人和白种人,也有少数黄种人,种族构成很复杂。撒哈拉以北地区主要是闪米特-含米特语系的阿拉伯人,另有柏柏尔人、埃塞俄比亚人、索马里人。撒哈拉以南地区分为苏丹语系黑人和班图语系黑人两大系统。前者肤色深黑,主要分布在西非几内亚湾沿岸;后者肤色浅黑主要分布在中部和南部地区。黄种人则主要是属于马来-波利尼西亚语系的马达加斯加人。非洲北部居民多信奉伊斯兰教,其他地区居民多信奉原始宗教、基督新教和天主教。

非洲历史十分悠久。早在 19 世纪中叶,生物进化论的创始人达尔文在其著作《物种起源》中就提出了"有可能人类的祖先生活在非洲"的假设。现代考古也基本印证了这一假设。考古学家和人类学家在非洲大陆业已发现"迄今为止已知的人类进化所有阶段的遗骨",因而可以说"人类的童年在非洲"。①

非洲是世界上最早创建国家的大陆。约在公元前 3500 年前,在尼罗河流域就建立了古代埃及。此后,在非洲出现了许多古国。如非洲东北部的库施王国、阿克苏姆王国,中部的加涅姆-博尔努王国,西部的加纳、马里、桑海,东南部的大津巴布韦等。非洲人民创造了灿烂的非洲文化,也创造了多彩的非洲法律。非洲法历经沧桑,历史上非洲曾受到腓尼基人、罗马人、汪达尔人、阿拉伯人等的入侵,近代又长期受到欧洲殖民者的侵略和统治。各大法系荟萃非洲,非洲成为世界法律的"万花筒"。本章对非洲法的基本概念和历史发展作一个概述。

第二节　非洲法的历史发展

非洲固有的法为本土习惯法,最古老的法为古代埃及法。大约公元前 6 世纪,印度教法传入非洲。公元 2 世纪,基督教法传入非洲。公元 7 世纪,伊斯兰教法开始在非洲传播。15 世纪后,随着欧洲殖民者在非洲的扩张,天主教法、基督教法、大陆法和普通法被移植到非洲。到 20 世纪五六

① 参见陆庭恩等编著:《非洲的过去和现在》,北京师范学院出版社 1989 年版,第 10 页。

十年代,独立后的非洲国家在继承西方法的同时,保留了传统的习惯法和伊斯兰教法等,形成了混合型的法律体系。

一、远古非洲习惯法及其发展

(一)非洲习惯法的概念与主要内容

非洲本土的固有法为习惯法。除少数国家如古代埃及的纸草文书、铭文、图刻等考古发现反映出成文法存在的历史事实外,大多数非洲国家和民族的法律状态还停留在习惯法阶段。

对于什么是非洲习惯法,众说不一。实际上,非洲存在不同部落、不同民族、不同种类的习惯法。尽管这些法律存在诸多不同程度的差异,但它们彼此之间仍有许多相似之处。一般把这些源于非洲本土习惯的不同部落、不同民族的法律统称为“非洲习惯法”。

非洲习惯法的内容很丰富,除商法规定较少外,在家庭法、继承法和土地出租法等领域能自成体系,而且在其他方面也以各种不同的形式广泛地存在。

1. 刑法

刑法是非洲习惯法中的主要内容之一。但在殖民时期,非洲刑事习惯法被殖民当局当作“严刑峻法”而予以废除或限制使用。独立后的非洲国家,将非洲刑事习惯法通过各种方式纳入现代法中。

2. 婚姻法

非洲国家一般认可五种形式的婚姻:根据婚姻法或条例结婚的婚姻;根据地方习惯法结婚的婚姻;根据伊斯兰教法结婚的婚姻;根据印度教法结婚的婚姻;根据基督教规定结婚的婚姻。目前非洲国家很难以单一的婚姻制度取代各种不同的婚姻制度,因而婚姻习惯法成为非洲习惯法的主要内容。

3. 关于未成年人的法律

非洲习惯法特色之一是关于未成年人的法律规定比较多。主要内容包括监护权、纹身和割礼等方面的规定。

4. 继承法

继承法与婚姻法密切相关,但继承方式的确定不只取决于婚姻的种类,与生活方式和死者的遗愿也相关。许多非洲国家现存的继承法适合各种特殊情况。1963 年的《加纳结婚、离婚和继承法案》规定,遗嘱仅适用登记结婚的婚姻,不适用结婚习惯法中的婚姻。

5. 土地法

无论是一般法还是习惯法,在土地所有和转让方面,存在巨大的差异,法律冲突严重。非洲习惯法一般认为土地是公有的,不承认土地买卖,只允许土地租赁,因而土地习惯法主要是关于土地租赁方面的内容。

6. 合同和民事侵权

习惯法中有一些特别的或简易的合同形式,如婚姻合同、借贷合同、服务合同等。合同原则也强调诚实、平等、公平。习惯法往往民刑不分,把民事侵权与刑法中的伤害罪、杀人罪混同,对于一些刑事违法行为通常采取责令侵权人给予财产补偿的方式予以制裁。

(二)非洲习惯法的特点

非洲习惯法的特点主要表现在以下几个方面。

1. 形式上主要表现为"口头法"。尽管我们不能完全否认非洲习惯法有文字形式,①但其主要表现形式仍是口耳相传的"口头传说"。"口头传说是保存和传播(非洲)人民积累的没有文字记载的社会和文化创造品的真正活宝库。"②作为缺乏文字记载的非洲习惯法,其主要表现形式也是口头形式,是"有典无册"的"口头习惯法"。

2. 内容上诸法合一,以民事规范为主要内容。非洲习惯法在内容上无严格意义上的部门法划分,而是诸法合一,民刑不分。西方法移植到非洲后,殖民当局把非洲刑事习惯法当作"严刑峻法"而废除,非洲习惯法逐渐限于婚姻家庭关系方面,民事规范成为其主要内容。

3. 法的经济基础是公有制。在撒哈拉以南非洲的广大地区,土地等生产资料属于部落(村社)所有,社员只享有用益权。如加纳的土地分为"凳

---

① 如已出土的非洲麦罗埃象形文字因尚未释读,对是否存在习惯法的文字形式,或是否存在成文法,有待进一步研究。参见[埃]G. 莫赫塔尔主编:《非洲通史》(第 2 卷),冯世则等译,中国对外翻译出版公司 1984 年版,第 221-222 页。

② [上沃尔特]J. 基-泽博编辑:《非洲通史》(第 1 卷),中国对外翻译出版公司 1984 年版,第 5 页。

子土地”[①]（酋长土地）、“公共土地”和“家族土地”，但各自只享有用益权，其所有权归村社全体成员。

4. 崇拜神灵和祖先，[②]常采用神明裁判方式。习惯法与非洲传统的多神宗教密切相关。非洲人崇拜的神灵和祖先具有最高的权威。在裁判方式上，常常采取神明裁判。当已发现犯罪结果，但无法确认被告时，常采取的调查方式是占卜、发誓和残酷考验等，求助于上天。

5. 强调家族和睦、社会和谐，注重以和解方式解决争端。在非洲人观念中，人类社会就是由死者、生者和尚未出生的人组成的一个连续不断的家系。人与社会的关系意味着个人属于整个社会，个人权利的表现在于履行其义务。因而，解决争端重在和解，以保证集体的一致和恢复部落成员间的协调与秩序。

二、古代埃及法

古代埃及法是现今所知人类历史上最早的国家法律，诞生于公元前3500年前后，从尼罗河流域开始出现国家时起，至公元前332年被希腊人征服时止。

古代埃及在统一王国建立之前，仅仅依靠一些习惯法来规范人们的社会生活。但自美尼斯统一上下埃及之后，原始的习惯法开始向成文法过渡。古代埃及人关于法的概念，最早可以追溯到玛阿特（Ma'at）。在埃及的神学中，玛阿特是“真理”“公正”的意思，同时又是代表着“正义的女神”。玛阿特有时被称为“领导者”，是造物主在宇宙开端之时赋予这个世界的命令的化身。在古代埃及，神灵是一切的主宰，他的命令就是一种永恒法，有时国王只能“适用”、“执行”或是“记录”、“还原”永恒法。每一朝的国王都宣称自己是神的儿子，是神的化身，所以他的敕令自然也是法律。

在如何适用法律方面，强调“严格依据手中的法律”来作出判决，但是也不能拘泥于字眼导致不公正。另外，法律还规定了办案的程序和判决通

---

① 相传加纳阿散蒂王国建立时得到神佑，其国王因得到从天而降的金凳子，而称王。故金凳子成为王权的象征。“凳子土地”，即国王（酋长）土地。英国殖民侵略和统治时期，阿散蒂人民为保护金凳子，进行了多次抗英斗争。

② 在非洲人的观念中，祖先也是神灵。他们所崇拜的神灵包括自然神、图腾神、部落神、祖先神等。参见宁骚主编：《非洲黑人文化》，浙江人民出版社1993年版，第121–167页。

过的方式,司法官必须按照法律规定的程序办事,不能逾越法律的界碑。

古代埃及法的内容涉及公法与私法、实体法与诉讼法,主要有如下法律制度。

1. 国家中央机构

在长期的历史过程中,古代埃及逐渐形成一套中央集权的官僚统治机构,所有的行政官员只为法老服务。法老是所有宗教和世俗权力的最高代表,处于国家机器的顶端,集立法、行政、司法、财政、公共工程、军事、宗教等事务的大权于一身。

宰相是法老的"喉舌、顾问"和"全国的总管",还是国家档案的总保管人,每天向法老报告关于国家的重要事务,接受国王命令并颁布给中央政府各部门,并且代理国王起草官员的任免命令。此外,宰相还兼任大法官和税收官,可调动国王的卫兵,指挥耕作,检查边疆要塞的形势,并且接见外国大使,监督王陵等重大建筑工程。同时宰相还领导着中央政府的其他部门,包括财政部、农业部、王家档案部和司法部等。

2. 地方行政机关

古代埃及当时的行政区划是"诺姆",也可以译为"州",到第六王朝时,埃及一共形成了 42 个州,而且这种区划在后来的历史发展中被长期延续下来。每个"诺姆"的行政长官称为州长。州长一般由中央政府任命。在州之下,还存在市的划分,如底比斯市、孟菲斯市等。市的行政长官一般称为市长,处理行政事务,同时拥有"先知的监督"的宗教头衔,还参与法庭的审判活动,可谓身兼数职。此外,在各市之下还有县和乡、镇等行政区域划分。

3. 军队

早期的军队管理机构与行政机关之间并没有严格区分,法老是军队的最高统帅,由宰相和地方行政官员监管军队的其他事宜。军队中的将军一职在古王国时已经出现,但一般都由非军事性质的文官担任。直到新王国时,埃及殖民不断地扩张,军事组织系统才逐渐完善起来。各种军衔用语不断涌现,从上到下分别有"军书吏""部队长""军旗持有者""百人指挥官""五十人长"等。军队除了负有保卫国家、对外战争的职责外,还兼有劳动的任务。

4. 神庙

在古代埃及这样一个神权宗教国家,神庙是一个特殊的行政机构。国王的祭祀活动是政治生活中的大事,而其必须通过神庙及神庙僧侣才能进行,法老的权威通过祭祀活动得到确立和体现。神庙在思想意识上稳固着整个古代埃及的社会结构,它代表一种信仰的力量,感化着埃及人民的心灵。神庙的僧侣是法老的代理人,由法老任命,僧侣所承担的职责就是主持祭祀活动。

5. 土地法

在整个古代埃及的历史中,土地所有权经历了王室土地所有制、神庙土地所有制、贵族官僚大土地所有制、集体公社土地所有制以及私人土地所有制 5 个发展阶段。国王对一切土地享有最高所有权,国王直接支配的土地被称为国王领地或王室地产,通常包括以国王名字命名的土地和金字塔附近的居住地。国王有权随意占有某些地方的某些土地,还可以将其赏赐或捐赠给大臣和神庙。

6. 其他财产法

除了土地等不动产外,古代埃及法的财产还包括一般动产和奴隶。个人的私有财产可以自由买卖、赠与、租赁和继承。当时的法律也注重对公有财产的保护,集体公社的财产必须经过全体人员的同意才能进行买卖和转让,个人不得私自处分。

7. 契约法

在古王国时期,绝大多数的契约仍停留在口头形式上,之后随着文字出现,契约逐渐采用书面形式。当时契约的类型十分丰富,有婚姻契约、土地和房屋契约、租约、买卖契约、遗嘱以及现代法律中人们所熟悉的契约的所有其他类型。

8. 婚姻家庭法

在古代埃及社会,实行一夫一妻制,一些富有者可以拥有妾,但是法律上只承认一个妻子的法律地位。男女双方可以自由结婚或离婚,而且双方具有同等主张的权利。离婚必须通过司法判决的方式,禁止以任何理由实施不经法律程序抛弃妻子的行为。在婚姻存续期间,妻子保留自己的全部财产,而丈夫有义务提供妻子的生活所需。如果夫妻结婚多年而无亲生子女,则允许丈夫与女奴同居,所生子女为"收养子女",自动获得自由人身份,并为丈夫的当然后嗣。

9. 继承法

古代埃及是古代社会中唯一保留子女平等权利制度的国家。一般不遵循嫡长子继承制,全体子女平均地继承遗产,即女儿与儿子享有相同的份额。除法定继承外,古代埃及法还有遗嘱继承。根据古代埃及法,被继承人立遗嘱时需要三个以上的证人在场,而且必须要通过行政机关(同时也是司法机关)登记、备案,才能发生效力。

10. 刑法

在古代埃及的刑法观念中,一切违反玛阿特的行为皆被认为是犯罪,是对法律规则的背离。与中国的"十恶"相似,古代埃及最严重的犯罪即是危害国家安全和社会秩序的行为。当时的刑事处罚明显带有原始、野蛮的痕迹,对于各种刑事犯罪的罪犯,广泛适用死刑和肉刑,但严禁血亲复仇。

11. 司法制度

(1)司法机关

直到第二十六王朝之前,古代埃及并不存在真正意义上的、拥有永久办公场所的独立的司法机关以及专职的法官。司法与行政相混合,司法机关尚未从行政部门中分离出来,不能独立行使审判权,通常由司法部掌管有关司法的大小事宜,法庭是由那些同时担任行政官职的人员所组成。每一个州内都有各自的地方法院,负责处理各州内的相关案件。但古代埃及的地方法院和高级法院之间并不存在上下级的审级关系,即在地方法院败诉的当事人无权到高级法院提出上诉,而只能在同一法院要求重审。两种法院的区别在于各自审理案件范围的不同。

(2)司法人员

法老是埃及境内的最高法官,拥有重大案件的最终裁定权,而且死刑必须经过法老的最后核准。法老精心挑选那些"公正而有能力","极善言辞、人格高尚、善于分析人类内心世界,并且熟悉宫廷程序和法庭法律"① 的人担任法官。书吏则通常担任法庭的书记员,其中的优秀者可以成为法官。

---

① John H. Wigmore, *A Panorama of the World's Legal Systems*, Vol. 1, West Publishing Company, 1928, p. 30.

(3)司法程序

若要提起诉讼程序,首先是由原告向法院提起诉讼。法庭在作过初步的调查后决定是否受理,受理后传讯被告到庭受审,由法庭或调查委员会负责调查事实。诉讼形式介于对抗制和纠问制之间,法官并不完全扮演消极的角色,当事人可在庭上互相质问辩论。古代埃及没有职业律师,但可能有某种"司法辅助者"给当事人提供建议。审判过程中常采取神灵裁判。

法官在对证据进行勘查、检验后,依法作出判决。在判决中一般都载有理由、判决的法律依据、处理案件的庭审辩论经过及判决结果,这与当代的判决书几乎如出一辙。如果在判决下达后,出现了新的事实或证据,可以在原诉法院进行再审。最后的判决书连同执行过程的书面材料,会被整理成一份完整的"诉讼事实摘要",一并存入法院档案库。

三、伊斯兰教法在非洲的传播

(一)伊斯兰教法在非洲的传播过程

伊斯兰教法在非洲的传播始于公元7世纪。穆斯林通过战争、通商和移民等方式征服了非洲广大地区,随之将伊斯兰教法传入非洲。

1. 北非地区。公元639~642年,阿拉伯人侵入埃及并确立其统治,开始把伊斯兰教传入非洲。阿拉伯人以埃及为基地逐渐向北非西部并沿尼罗河南下扩张,公元670年,阿拉伯人到达今日摩洛哥丹吉尔并于公元702年占领了整个马格里布,完成了对北非地区的征服。到公元10世纪和11世纪,埃及和马格里布地区大致先后完成了阿拉伯化与伊斯兰化。北非成为伊斯兰世界的核心地区。

2. 撒哈拉以南非洲。伊斯兰教法主要以通商方式,通过两条线路被传入撒哈拉以南地区。一条线路是,阿拉伯人在征服北非后,以通商方式越过撒哈拉沙漠将伊斯兰教法传入西非。另一条线路是,穆斯林从红海和印度洋将伊斯兰教法传入东非和东北非。通过这两条线路后,再向非洲中部和南部渗透。

殖民统治时期,欧洲殖民者一方面对穆斯林进行限制和打击,另一方面又利用他们向非洲内陆扩张,特别是19世纪下半叶至20世纪初期,伊斯兰教出现了"大发展",传播到非洲更广大的地区。

(二)伊斯兰教法对非洲的影响

伊斯兰教法传入非洲后首先与非洲本土的传统习惯法融合,逐渐成为非洲“本土法”的一部分。在北非,除了一些偏远地区仍适用习惯法外,其他广大地区则成了“阿拉伯世界”的一部分。在西非和东非沿海地区,伊斯兰教法已占主导地位,大部分非洲人信奉伊斯兰教,即使一些非穆斯林也愿接受伊斯兰教法院的管辖。在其他许多地区,伊斯兰教法与非洲传统习惯法并存,且相互渗透、融合。非洲伊斯兰教法吸收了非洲传统习惯法的内容,习惯法也融合了伊斯兰教法的内容。

在欧洲殖民者来到非洲以前,在非洲绝大部分地区,伊斯兰教法已成为非洲“本土法”。非洲许多人把伊斯兰教看作本地的宗教,是由非洲人传播的宗教,它的信徒不是同社会脱节而是同他们结合在一起。① 面对欧洲殖民者的入侵,非洲的穆斯林举起了反抗的大旗,有力地打击了欧洲入侵者。

欧洲殖民者占领非洲后,西方法不断移植,不仅与非洲习惯法产生冲突,也与非洲伊斯兰教法产生冲突。但在殖民统治时期,伊斯兰教的处境似乎比传统宗教好得多。殖民大国到来之前已经建立起穆斯林统治的地区,伊斯兰教法已提供了区域的而不是部族的一致性,它能左右人们对权威的服从;这有利于高效率地进行行政管理和商业。②

各殖民地当局对待伊斯兰教法的态度不一。在比属刚果,殖民当局绝对禁止设立穆斯林学校。在法属殖民地,殖民当局试图“同化”所有的非洲人,他们为了加强对非洲的统治,常常制造和扩大穆斯林与非穆斯林之间的矛盾。在穆斯林占多数的地区,打着振兴传统习惯法的幌子,对非洲习惯法加以编纂整理,以此阻碍伊斯兰教法在该地区的适用。在英属非洲地区,英国往往采取“间接统治”方式,通过扶植“听话的”穆斯林,达到有效控制非洲的目的,从而迫使穆斯林接受西方法。最终,非洲伊斯兰国家的法律“要么进入了大陆法系,要么进入了普通法系,仅仅很少一些条款仍带

---

① 参见[加纳]A. 阿杜 · 博亨主编:《非洲通史》(第7卷),中国对外翻译出版公司1991年版,第424页。

② 参见[加纳]A. 阿杜 · 博亨主编:《非洲通史》(第7卷),中国对外翻译出版公司1991年版,第420页。

有伊斯兰教法的痕迹”①。

四、西方法在非洲的移植

(一)殖民统治与西方法的移植

1415年,葡萄牙在摩洛哥休达地区建立第一个欧洲殖民地,从此开始了欧洲对非洲的殖民入侵与统治。这一时期以1884年柏林会议为界,1415年至柏林会议前殖民统治限于非洲沿海地区,柏林会议后则逐步扩展到非洲整个大陆。

最先传入非洲的欧洲法律是基督教法。早在基督教兴起初期,罗马帝国即把基督教法传入非洲,后来基督教法逐渐衰落并最终被伊斯兰教法取代。但基督教法在埃塞俄比亚等国因与本土法融合而得到发展。基督教法再次传入非洲则是在15世纪,与欧洲殖民入侵和非洲内陆大探险相伴随。在长期的传教过程中,欧洲的基督教逐渐非洲化,逐步成为“非洲的基督教法”,成为非洲人民反抗欧洲殖民者的武器。例如,南非的“黑人教会”运动、守望楼运动和中非的基班古运动等,都是欧洲基督教非洲化后,由非洲的基督教徒发动的反对欧洲殖民统治的群众运动。

西方法,即近代以来的西方资本主义法(包括普通法系和大陆法系的法律),则是随着近代资本主义的产生,在列强的武力征服下逐步移植到非洲的。从适用范围方面来看,西方法在非洲的移植一般分为三个阶段。

第一阶段,西方法只对在非洲殖民据点的欧洲人适用。在这一时期,欧洲殖民地主要限于非洲沿海地区。这些据点最初只是欧洲人从事奴隶贸易、进行殖民掠夺的临时居住点,欧洲人如果要在这些据点通过司法途径解决纠纷就需要回到欧洲本土。随着聚居的欧洲人越来越多,相互间产生的纠纷也就越来越多。于是,就在这些据点设立欧式法院,以解决欧洲人之间的纠纷。

第二阶段,西方法在适用于欧洲人的同时,逐步扩大到适用于在殖民据点及其势力范围内的非洲人。在这一时期,主要通过传教、办学等方式,逐步使非洲人接受欧洲人的生活方式,而使非洲人“自愿服膺”西方法。最初,自愿接受西方法管辖的主要是改信基督教的非洲人。

---

① 洪永红、夏新华等:《非洲法导论》,湖南人民出版社2000年版,第133页。

第三阶段,欧洲殖民者通过各种方式,迫使所有非洲人接受西方法。在这一时期,欧洲殖民者已完全占领非洲殖民地,并推行殖民统治,强行移植西方法。欧洲殖民政府在将西方法移植到非洲时,通常会规定一个特定的实施日期。

欧洲人在非洲的殖民统治方式主要分为两种,即以法国为代表的直接统治方式和以英国为代表的间接统治方式。由于殖民统治的方式不同及两大法系的差异,法律移植的方法也不一样。

英国在非洲主要实行“间接统治”方式,即殖民政府利用非洲传统的统治权威(如酋长)继续统治非洲人,同时将他们置于英殖民政府的控制和监督之下,使之成为英殖民统治的工具。间接统治制度主要包括三个方面:土著政权、土著法庭和土著金库。殖民政府在建立了大量的欧式法院的同时,也承认土著法庭可适用非洲本土法审理案件,但同时作出许多限制性规定,如“严刑峻法”和违背“自然正义”的本土法不得适用。这样一来,就把非洲本土法的适用范围限定在婚姻家庭方面。在适用对象上,土著法庭只适用于非洲人之间的纠纷,不适用于欧洲人之间及欧洲人与非洲人之间的纠纷。而且,如果非洲人“自愿选择”欧式法院,则欧式法院享有优先管辖权。

以法国为代表的欧洲大陆国家则在非洲推行“同化”政策,通过直接统治方式,迫使非洲人接受西方法。这些国家在建立殖民地之初,会摧毁所有土著政权,按照欧洲模式建立政府机构。非洲殖民地的最高统治机构就是宗主国的中央政府;中央政府一般设殖民部,总管殖民事务;在各殖民地设殖民省;殖民省之下设殖民区、县。后期在县以下设所谓的“酋长”协助统治。这些“酋长”不是按非洲传统产生的,而是殖民政府根据自己的需要任命的已被殖民政府“同化”、愿听命于殖民政权的“黑皮肤欧洲人”。

(二)西方法对非洲本土法的影响

西方法对非洲本土法的影响可以从立法、司法和行政三个方面来观察。

1. 立法方面。如前所述,欧洲殖民者把大量的西方法移植到非洲,这些法律层次多样、范围广泛,既有宪法规范又有实施细则,囊括刑事、民事、行政和诉讼法等各领域。英国法则包括判例法、衡平法和制定法等。欧洲殖民者一方面将西方法直接移植到非洲(在非洲殖民地直接适用宗主国本土法),另一方面通过为非洲殖民地立法间接将西方法移植到非洲。

2. 司法方面。欧洲殖民者在非洲设立欧式法院,废除和限制非洲传统习惯法法院,进而影响非洲本土法的适用。欧式法院是殖民者强制移植而来的司法机构,它适用西方法,不适用非洲习惯法,这已背离了非洲传统的审判方式,危及非洲本土司法体制。就殖民者承认的传统法院体制来说,殖民政府对法院适用非洲本土法的情形作出种种限制,进而对非洲本土法的影响也很大,主要表现在:第一,在双重体制下,殖民政府通过优惠措施诱使非洲当事人选择欧式法院,进而限制非洲习惯法的实施。第二,改革非洲传统法院,使之逐步殖民化。如葡殖民当局为了削弱酋长的权力,建立所谓的"土著私法法庭",最终建立行政法院。第三,通过规定一些特别条款,限制非洲本土法的适用。第四,通过推行西方生活方式,修改非洲传统习惯法。

3. 行政方面。主要表现在三个方面。

第一,殖民行政机构拥有极大的权力,不仅可通过其行政管理权肆意践踏非洲人的传统习惯,干预非洲人的习惯生活方式,而且还拥有直接的司法权,可会同地方陪审官进行审判。

第二,殖民政府通过对非洲传统当局的控制,削弱非洲习惯法的作用。酋长虽然通常从酋长家庭成员中选出,但殖民当局认为只有"开化的人"才可以担任酋长。所谓"开化的人",就是指被殖民政府同化,接受西方文化的人。如果酋长家族中没有殖民者认为的"开化的人",他们可以任命其他人(如退役军人)担任酋长。

第三,排除或限制黑人的参政、议政权。如葡萄牙从不允许黑人在殖民政府和行政机关中担任高级(主任以上)职务。立法会议和行政会议中没有黑人代表。在国防军中,有色人种永远不能担任军官。

五、独立后的非洲国家法律的现代化

独立后的非洲国家在继受西方法的同时,仍保留传统的习惯法、伊斯兰教法和印度教法。西方法与非洲本土的习惯法、伊斯兰教法等均开始现代化历程。

(一)非洲习惯法的现代化

概括来说,非洲习惯法的现代化主要从两个方面进行:一是非洲习惯法内容和形式的现代化;二是非洲习惯法法院的现代化。

独立后的非洲国家采取下列方式加快非洲习惯法内容和形式的现代化历程:对非洲习惯法予以收集和记录;对非洲习惯法内容进行修改;编写法律报告。

独立后,非洲国家对殖民时期的习惯法法院进行了改革,开始了非洲法院体制的现代化历程。大多数非洲国家认为非洲习惯法法院的最终目标是使其成为一国独立司法制度中不可缺少的部分,因而大多将习惯法法院改为地方法院,在保留原习惯法法院优点的同时,又进行了必要的改革。

(二)非洲伊斯兰教法的现代化

独立后的非洲伊斯兰国家经过改革,在刑法、诉讼法和民商法领域大量采纳西方资本主义国家的法律制度和原则,已基本实现世俗化;而在婚姻法、家庭法和继承法等领域,虽也引入了一些西方法律观念,但从整体上看,相关事项仍由传统伊斯兰教法调整。

信奉伊斯兰教的非洲国家的法律现代化进程并不一致。起步最早的埃及,早在19世纪上半叶即着手进行法律改革。从1874年开始,埃及在法国文化的影响下建立了世俗法院制度,颁布了一些以法国法律为蓝本的法典。1922年埃及在名义上获得独立,在英国控制下,颁布了一批新法律,取代了旧法律。曾经属于欧洲大陆国家的殖民地的阿尔及利亚、摩洛哥、尼日尔、突尼斯、利比亚等国基本上按照大陆法系的模式建立了法律体系。作为前英属殖民地的非洲国家大都以英国法为蓝本建立法律体系。如尼日利亚在1960年独立后仍留在英联邦,英国法仍是它的重要法律渊源。

总而言之,这些国家以欧洲国家的法律模式为参照,建立起各自的现代法律体系,同时,伊斯兰教法作为法律渊源之一被不同程度地保留下来。

在宪法制度方面:在古代伊斯兰国家中,没有被称作"宪法"的独立法律部门,也没有公法与私法的划分。根据伊斯兰教法理论,伊斯兰教法包括一切法律内容。随着西方法的移入,非洲伊斯兰国家独立后,引进了西方的宪法概念,并根据自己的社会条件制定和颁布了宪法。

在刑法方面:经过改革,大多数国家颁布了独立的刑法典。这些刑法典都已不再是传统沙里亚法律体系的组成部分,而是以西方国家的刑法为基础,采纳现代刑法的结构和体例。但是,非洲传统法律文化对现代刑事法律仍保留了持久的影响,多数国家的刑法典对伊斯兰教法中的若干罪名和刑罚予以保留。

在民商法方面：大部分信奉伊斯兰教的非洲国家经过改革制定了现代意义的民商法典，同时对传统法律进行了编纂修改，使民商法律既保留传统的风格，又与现代世界潮流相协调。

在婚姻、身份法方面：一些非洲伊斯兰国家为统一沙里亚法规范，对伊斯兰教法各学派观点进行了整理、汇编。如摩洛哥 1957 年的《个人身份法典》将国内各种伊斯兰教法学说与习惯统一在一部法典中。对于传统伊斯兰教法允许的一夫多妻现象，有的非洲国家明令禁止，有的国家加以限制。

在继承法方面：按照伊斯兰教逊尼派（Sunni）有关继承的规定，遗产的 2/3 适用法定继承，按一定顺序和份额分配给父系继承人，女性继承人的份额是男性的一半；另外的 1/3 适用遗嘱继承，分配给被继承人的远亲、生前好友甚至外人。这种规定使遗产过于分散，损害了直系血亲的利益，并明显歧视女性继承人及生存配偶的利益。苏丹、突尼斯、埃及、索马里等国分别通过立法，确认了自由遗赠原则，被继承人可将遗产的 1/3 赠给任何人，而无须得到其他继承人的同意。索马里 1975 年《家庭法》进而规定：女子与男子享有同等继承权。

在司法方面：多数伊斯兰国家的司法权从行政权中分离出来。虽然伊斯兰教法院仍然存在，司法与宗教仍有密切的关系，但由于宗教法规已有一定程度的编纂，宗教法院法官"依法审判"的可能性大为提高。许多非洲国家对传统的司法机构也进行了改革，建立了现代世俗法院组织，传统的伊斯兰教法院大多被撤销，即使予以保留，也进行了改革，使其适应现代社会生活的需要。

在诉讼法方面：非洲伊斯兰国家还在前宗主国法律的基础上，制定了民事诉讼法典和刑事诉讼法典，采纳了大陆法系国家或普通法系国家的法官制度、辩护制度、诉讼方式、诉讼程序。如尼日利亚以英国法为主要法律渊源，不仅采用了对抗制的诉讼方式，其法官制度、律师制度及诉讼程序均来自英国法，而且所有低级法院均受高级法院判决的约束。

（三）西方法在非洲的现代化

一般而言，原属于英国殖民地的非洲国家独立后继受了英国法，成为普通法系国家；原属于欧洲大陆国家殖民地的非洲国家继受了各宗主国的法律，成为大陆法系国家；而那些在历史上同时遭受过英国和欧洲大陆国家统治的非洲国家则呈现混合法特色,如南非、毛里求斯和埃及等。独立后的非洲国家废除了带有殖民色彩、危及非洲国家主权的西方法律规范的统治地位,将西方法律规范吸收进了新独立国家的法律体系中,构建了现代非洲国家的法律体系。

1. 宪法

独立后的非洲国家,建立起独具特色的宪法制度。非洲宪法制度的发展大致可分为三个时期。(1)模仿时期:独立初期,非洲国家基本上承继了原宗主国的政治模式,同时仿照美国模式颁布了成文宪法,①实行君主立宪制或共和制。(2)变革时期:大约从20世纪70年代开始,至80年代末,其突出特点是许多国家宣称走"社会主义"道路。这些国家修改宪法,在经济上,采取国有化措施,强调民族经济的发展,反对外资渗入;在政治上,它们大多废除多党制,实行一党制。② (3)转型时期:20世纪90年代初,非洲大陆掀起了以多党民主选举为主要内容的民主化浪潮,先后有42个非洲国家进行了程度不同、效果各异的政治改革,废除一党制,实行多党竞选。就目前来看,这次转型既有成功也有失败,但军人政权仍是非洲国家的一大特色。

2. 刑法

在殖民时期,非洲习惯法与伊斯兰教法中的刑法被殖民当局逐渐废除,殖民国家的刑法成为非洲殖民地普遍适用的法律。非洲国家独立后,其在刑法方面主要继受了原宗主国的法律,有的对原宗主国的法律稍加改造后加以确认而直接适用。大多数大陆法系非洲国家,仿照西方国家刑法模式颁布新的刑法典。因而,主要非洲国家刑法是西方模式的刑法。如非洲国家大多将犯罪分为重罪、轻罪和违警罪三大类,其刑罚种类主要有死刑、监禁、没收财产、罚金等。

3. 民法

非洲国家独立后,有的仍继续适用原宗主国的民事法律,有的则颁布了新的民事法典。非洲国家的民事法律主要参照西方法进行规定,并有所

---

① 参见洪永红、夏新华等:《非洲法导论》,湖南人民出版社2000年版,第282页。

② See Filip Reyntjens, *Recent Development in the Public Law of Francophone African States*, Journal of African Law, 1986(2).

发展,但在婚姻、家庭法方面则保留了较多的习惯法规范。如撒哈拉以南非洲第一个独立的国家加纳制定的《公司法》是对英国公司条例的模仿,1969年的《合同法》对经典的对价原则作了修正,同时保留了习惯法的地位。①

非洲国家一般认可五种形式的婚姻:根据制定法规定缔结的婚姻;根据地方习惯法缔结的婚姻;根据伊斯兰教法缔结的婚姻;根据印度教法缔结的婚姻;根据基督教规定缔结的婚姻。目前非洲国家很难以单一的婚姻制度取代各种不同的婚姻制度,因而婚姻习惯法成为非洲习惯法的主要内容。

4. 诉讼法

非洲国家独立前的诉讼法制可分为两大类:一是传统诉讼法制,其中包括宗教诉讼法制和习惯诉讼法制;②二是西方殖民者的诉讼法制。非洲国家独立后尽管对传统诉讼法制仍予以保留,但其适用的范围已被缩小,占主导地位的是其继受的西方殖民者诉讼法制。现代非洲的诉讼法呈现三大特色:(1)诉讼模式多元化,包括大陆法系的诉讼模式、普通法系的诉讼模式、习惯法诉讼模式和宗教法诉讼模式;(2)诉讼立法西方化,无论是内容上还是立法技术与体例上,均以西方法为蓝本;(3)诉讼运作本土化,在解决纠纷时强调非洲传统文化中的和睦与和解。

5. 国际贸易投资法

非洲国家的贸易投资法多采取法典形式,同时遵守国际条约和国际贸易惯例。在外国投资法方面,20世纪70年代一度盛行国有化,但现在非洲各国均采取各种优惠措施吸引外资。内容上主要包括:(1)在外商投资领域与比例方面,对农业、基础设施、能源等领域的鼓励较多,对金融、邮电、通信等领域的限制较多;(2)在税收方面,一般给予外资优惠,但因其鼓励与限制的领域不同,优惠的幅度也不一样;(3)在利润与资本汇出方面,越来越采取宽松政策;(4)在国有化方面,大多保证不实行征收,如出于国家和社会公共利益必须征收时,也多规定遵守"公正、适当、及时"的补偿原则;(5)在争端解决方面,不再一味强行规定适用本国法,也可选择适用母

① 参见洪永红、夏新华等:《非洲法导论》,湖南人民出版社2000年版,第236-238页。

② 参见洪永红、夏新华等:《非洲法导论》,湖南人民出版社2000年版,第432-441页。

国法、第三国法或国际条约。此外,在外资管理机构、劳工与移民、自由贸易区或特区等方面也作了一些规定。

6. 人权法

非洲国家在人权保护方面主要通过了三个区域性公约:1969 年的《关于非洲难民地位的公约》、1981 年的《非洲人权和民族权宪章》、1992 年的《突尼斯宣言》。非洲国家在重申遵守《世界人权宣言》、《公民权利和政治权利国际公约》和《经济、社会及文化权利国际公约》等国际条约的同时,也强调非洲人权法方面的特色,即"非洲历史的传统美德和非洲文明的价值"。上述三个区域性公约主张不仅保护第一代人权,也保护第二代人权和第三代人权;不仅保护个人人权,也保护集体人权;不仅保护普遍的人权,也保护特殊群体的人权;在规定每个人的权利的同时,也规定了尊重和不侵犯他人权利的义务;坚持不干涉他国内政原则,反对"人权高于主权"等。①

第三节 非洲法的概念与非洲的法系问题

一、非洲法的概念

"非洲法"这一概念有广义和狭义之分。从狭义上讲,是指"非洲人的法",或"非洲的习惯法"。从广义上讲,"非洲法是非洲大陆各种法的统称"。②

这一定义是从静态角度说的。从动态角度说,非洲法这一概念是不断发展变化的。由于非洲民族大多没有文字,我们目前尚无法弄清古代非洲法的全貌。就现有的研究成果而言,我们可以得知非洲法概念的基本发展历程。在伊斯兰教法传入非洲之前,非洲法就是非洲习惯法及其他法(如古代埃及法)的总称;在此之后,在欧洲殖民者侵占非洲之前,其则是非洲

---

① 参见洪永红:《中非人权观比较》,载《西亚非洲》2001 年第 2 期。

② 参见洪永红、夏新华等:《非洲法导论》,湖南人民出版社 2000 年版,第 7 页。

习惯法、伊斯兰教法和其他法的总称。欧洲法被移植到非洲后，非洲法则是欧洲殖民法、非洲习惯法、伊斯兰教法和其他法的总称。非洲国家独立后，其则是非洲各国制定或认可的各种法律的总称，包括一般法、伊斯兰教法和习惯法等。

关于非洲法的概念问题，我们在下文探讨非洲的法系问题时将进一步涉及，因为非洲的法系问题与非洲法的概念密切相关。

二、非洲的法系问题

对于是否存在独立的非洲法系的问题，西方学者有两种对立的观点。联邦德国比较法学者茨威格特和克茨在对世界法系进行划分时，将世界各地法分为八大法系，不包括非洲法，因为他们认为很难判断非洲各国法的共同性，非洲各国也没有在立法上相互合作的迫切要求，因此，无法单独成立非洲法系。法国比较法学者勒内·达维德先把世界主要法律体系分为五类：西方法律体系（包括两个集团：法国集团和英美集团）；苏联法律体系；伊斯兰教法律体系；印度法律体系；中国法律体系。1964 年，他则进一步把世界法律体系分为罗马-日耳曼法系、社会主义法系、普通法系和其他法系；在其他法系中，他首次列出了马达加斯加和非洲各国法，以及伊斯兰教法、印度法、远东各国法。

法国法制史学者和比较法学者艾斯曼将世界法律体系分为罗马法系、日耳曼法系、盎格鲁-撒克逊法系、斯拉夫法系和伊斯兰教法系。① 另一法国学者乌尔曼于 1922 年曾把法律体系分为三类，即大陆法系、英语国家法系和伊斯兰教法系。绍尔·哈尔（Sauser-Hall）把世界各国法律体系划分为印欧法系、犹太法系、蒙古法系以及未开化民族法系，并且在印欧法系之下又进一步划分了印度、伊朗、凯尔特、希腊、罗马、日耳曼、盎格鲁-撒克逊和立陶宛-斯拉夫“子系”。

美国西北大学教授威格摩尔将全世界法律体系按出现的时间顺序分为 16 个法系：（1）埃及法系；（2）美索不达米亚法系；（3）希伯来法系；（4）中国法系；（5）印度法系；（6）希腊法系；（7）罗马法系；（8）日本法系；

---

① 参见［法］A. 艾斯曼：《比较法和法律教育》，1905 年版，第 445 页。转引自朱景文：《比较法导论》，中国检察出版社 1992 年版，第 91 页。

(9)穆罕默德法系;(10)凯尔特法系;(11)斯拉夫法系;(12)日耳曼法系;(13)海商法系;(14)教会法系;(15)罗马法系;(16)英国法系。他认为以上16个法系之中的6个法系是死法系,即埃及、美索不达米亚、希腊、希伯来、凯尔特和教会法系已经消失;有5个法系是残存的但已成为混杂的法系,即罗马、日耳曼、斯拉夫、海商和日本法系;有3个法系是残存的但不太混杂的法系,即中国、印度和伊斯兰教法系;而罗马法系和英国法系是晚近出现的、混杂的法系。①

日本学者穗积陈重提出"法律五大族",即印度法族、支那法族、回回法族、英国法族和罗马法族。后来他把五大法族又扩充到七大法族,外加日耳曼法族和斯拉夫法族,但仍没有非洲法的内容。

瑞典学者马尔姆斯特雷姆主张将当代世界各国的法律体系划分为四大法群(group of law):(1)西方法群(欧美法群),包括罗马法律体系、日耳曼法律体系、拉美法律体系、北欧法律体系、普通法法律体系;(2)社会主义法群,包括苏联法律体系、人民民主国家法律体系、中华人民共和国和远东人民民主国家法律体系;(3)亚洲非共产主义法群;(4)非洲法群。

塞内加尔最高法院第一任院长哥巴·姆巴耶从法哲学角度探讨了非洲法。他认为,如果假定法律就是确认和保护与集体相对应的个人权利与自由,那么自然得出的结论是:在传统的非洲社会中,调整社会行为的规则恰恰是对法律的否定,因为就非洲而言,个人信奉图腾、崇拜祖先或尊奉神灵,个人很难从集体中区别出来。但是,这种法律观是普遍的吗?其难道不是西方世界发展起来的法律观念(法律是一种现存的力量而不是一种潜在的力量)吗?非洲传统法不同于西方法,前者以义务为理念,以集体为本位,法律是"绝对权威",人人必须遵守。非洲的这种法律观念与康德的法律哲学具有相似性。②

哥巴·姆巴耶进一步总结了非洲传统法的特征,即以下几个方面内容:

(1)非洲法是行为规则,但与习惯、道德、宗教混为一体,没有分离

---

① 参见[德]K.茨威格特、[德]H.克茨:《比较法总论》,潘汉典等译,法律出版社2003年版,第99-116页。

② See Keba M'Baye, *The African Conception of Law*, International Encyclopedia of Comparative Law, 1975, p. 138-140.

出来；

(2)非洲法是群体的法，它适用于各种自我封闭的小型社会，如家族、氏族、部落，并以这些群体为独立的享有权利的主体，个人则依附于群体，无独立的地位；

(3)非洲法是保守的法，其世代相传，靠习俗的力量和人们内心的信念(如神灵、祖先或超自然的力量)来维持，很少有变化；

(4)非洲法是农民的法，在非洲人看来，土地、天空、海洋是宇宙的支柱和祖宗的栖身之地，土地的总和构成群体的遗产，由上帝交给人类处置，在非洲不存在欧洲的“不动产”观念；

(5)非洲法是口头的法，不成文法，其往往是通过年高德劭者的记忆，口耳相传，一代代传下来的。①

我国比较法专家朱景文教授则提出了“第三世界法律体系”这一分类。他认为从历史传统上看，第三世界法律体系有这样一些特征：

(1)第三世界国家都有自己悠久的文化历史传统，其中也包括特殊的法律文化传统，即使在当代社会，这些法律文化在调整社会关系方面仍然起着重要的作用。

(2)第三世界国家在历史上都受到过西方帝国主义、殖民主义的侵略，不同程度地受到他们的奴役，伴随西方国家的军事、经济和文化侵略，这些国家也不同程度地建立了西方式的法律体系，用以调整具有现代性的社会关系。

(3)这些国家取得民族独立以后，原有的民族法律体系与西方式的法律体系相互交融在一起，有各自的作用领域，同时又互相渗透。第三世界国家中有的走上了资本主义道路，成为发达国家中的一员，虽然仍然保持着自己民族传统的某些方面，但从整体来看，已属于西方法律体系即资本主义法律体系，而不再属于第三世界法律体系。另外有的国家走上了社会主义道路，虽然保持着自己的民族特色，但就其社会阶级本质而言，也不宜再把它们视为第三世界的法律体系，而应属于社会主义法律体系。但绝大多数国家的法律，仍然属于第三世界法律体系的范畴。

---

① See Keba M'Baye, *The African Conception of Law*, International Encyclopedia of Comparative Law, 1975, p. 148-150.

朱景文教授将第三世界法律体系分为三类:

第一类,宗教法律体系,主要包括伊斯兰教法律体系、印度教法律体系,包含的国家遍及北非、中东、南亚广大地区;

第二类,伦理、习惯调整占重要地位的国家,主要包括西方人所谓的"远东法律体系"和撒哈拉沙漠以南非洲国家的传统法;

第三类,拉丁美洲法律体系,这是第三世界法律体系中受西方法律体系,特别是拉丁民族法律体系影响最大的地区。①

从以上关于非洲的法系的各种观点中可以看出,之所以产生这些不同的观点:一是因为划分各法系的标准不同;二是因为对"非洲法"这一概念的理解上存在差异。

我们知道,在非洲国家独立以前,西方学者是不承认非洲法或非洲法系的。那时,西方只有人类学学者对非洲本土的习惯法感兴趣。而且,他们只把它当作非洲的风土人情和习惯,而鲜有视作一种法律的。随着非洲独立运动的兴起,越来越多的非洲国家独立,西方学者才开始关注非洲的习惯法,一些西方学者承认以前所谓"习惯"是一种不同于西方观念的法律。他们把这些习惯法统称为"非洲法"。这与殖民统治时期的西方学者不承认非洲有法律相比,确实已有很大进步。

西方学者虽承认了非洲习惯法,但却把其统称为非洲法系,以偏概全,否认了非洲其他法律的存在。首先,从历史上看,自从古代埃及法产生以来,非洲就不只有习惯法,而是还存在多种不同的法律。如果我们只承认一个非洲法系,会妨碍对古代非洲各种不同法的进一步研究。例如,除古代埃及法外,古麦罗埃王国也有用麦罗埃文记载的文献,由于我们尚无法识读这些文字,就无法肯定也无法否定其法律的有无。其次,非洲国家独立后,不仅保留了非洲习惯法,也继受了殖民时期被西方列强强制移植而来的欧洲法,因而提出非洲法系这一概念不符合非洲的现实。最后,如前所述,一些学者所谓的"非洲法系",实际上是指非洲习惯法。因而,我们认为使用非洲习惯法系这一概念比较妥当,比较符合非洲的历史与现实。其实,非洲许多大学也开设了"非洲习惯法"这一课程。非洲习惯法已成为非洲大多数国家适用的一种法律。

---

① 参见朱景文:《比较法导论》,中国检察出版社 1992 年版,第 111-112 页。

尽管非洲存在众多法系,但现今主要的法系是:非洲习惯法系、非洲伊斯兰教法系、非洲大陆法系、非洲普通法系和非洲混合法系。非洲习惯法主要在撒哈拉以南非洲适用。即使在曾不承认非洲习惯法的南非,在 1994 年的新宪法中也规定南非的法院可以适用习惯法。在非洲北部的柏柏尔人部落也适用习惯法。伊斯兰教法则在非洲广大地区适用,特别是在非洲北部适用。非洲大陆法主要在原欧洲大陆殖民地的非洲国家适用,如塞内加尔、尼日尔、几内亚、马里、刚果(金)、刚果(布)、中非共和国、乍得、多哥、安哥拉、莫桑比克、卢旺达、布隆迪、吉布提等。

非洲普通法则主要在原属于英国和美国殖民地的非洲国家适用,如加纳、尼日利亚、肯尼亚、坦桑尼亚、利比里亚等。从广义上看,非洲国家都是混合法国家,两种或两种以上法系并存适用。但我们这里所说的非洲混合法系国家是参照了比较法学者帕尔梅(Palmer)提出的标准,①指那些既接受大陆法又接受普通法的非洲国家,如南非、埃及、纳米比亚、莱索托、喀麦隆、毛里求斯等。帕尔梅认为混合法系是世界的第三大法系,它具有三大特征:一是建立在普通法和大陆法双重基础之上;二是从数量上和心理上看,这种双重法特性十分明显;三是从结构上看,其私法领域主要是大陆法,公法领域主要是英美法。

尽管如此,这并不妨碍我们把非洲法作为相对独立完整的一门学科来研究。当今非洲法有如下几点共性。

(1)非洲国家都有自己悠久的历史文化传统,形成了种类繁多的非洲习惯法,而且有些习惯法仍在非洲大陆普遍适用,这与世界上其他大陆相比是独一无二的。

(2)历史上,许多外来法相继传入非洲,与非洲本土法不断混合,成为非洲法的一部分,使非洲成为世界法律的"万花筒"。

(3)非洲国家由于经历了相似的历史发展,又面临共同的现实问题,在独立后不久,不仅加强了政治、经济领域的交流与合作,如 1963 年成立的非洲统一组织一直在非洲大陆发挥重大作用,现已升格为非洲联盟,而且其也开始了法律领域的交流与合作,如他们多次召开国际性会议,讨论各

---

① See Vernon Valentine Palmer, *Mixed Jurisdictions Worldwide - the Third Legal Family*, Cambridge University Press, 2001, p. 7-10.

种法律问题,他们还共同制定签署了诸如《非洲人权和民族权宪章》《关于非洲难民地位的公约》等区域性文献,并于 2004 年成立了非洲人权和民族权法院。

(4)非洲国家大多是双重或多重法律并存,因而,各种法律如何并存适用,如何在一国内构建统一的法制等问题,成为非洲国家在法制上共同面临的重大的理论问题和现实问题。这也为不同法律的融合提供了广阔的试验场。

第一章　古代埃及法:早期非洲法的辉煌

当我们怀着无比崇敬的心情,沿着瑰丽的尼罗河溯游而上,尘封千年的历史再一次展现在世人面前。可如今目光的焦点不再是巍峨神秘的金字塔或雄伟庄严的神庙,而是掩盖在所有这一切辉煌建筑下的基石——古代埃及法——非洲大陆最早、最古老的法律。

第一节　古代埃及法的概况与历史沿革

一般来说,古代埃及法指的是自公元前3500年前后尼罗河流域开始出现国家时起,至公元前332年被希腊人征服时止的埃及国家的法。它随着古代埃及社会兴衰的脚步,跋涉了几千年的历程。而当我们在历史遗留下的宝贵资料中孜孜探索,试图重构几千年前古代埃及的法律骨架时,任何一个参与研究的学者首先必须避免两个问题。

其一,忽略今天的世界和古代埃及社会的差异,适用当代的概念来看待那个时代的法律。这将使在古代埃及法中区分民法和刑法变得毫无意义。当然,起初建造金字塔的人们深谙这些法律规则,或者更确切地说,熟知那些混合各部门法的规则。但是,如同在其他方面一样,古代埃及人拥有他们自己的原则和准绳。所以,与其用现代的方法对古代埃及的法律进行分类,不如去探索他们的标准,这更有利于重构出当时的法律轮廓。

其二,仅根据一个有限的地点和时间线索,将其扩展适用到整个国家和所有时间阶段中去。相比之下,我们宁愿将注意力集中在美索不达米亚人与古代埃及人的区别上。前者在泥石板上记载史实(如保存下来的《汉谟拉比法典》),而后者通过雕刻的象形文字,或仅仅残留在沙漠断垣残壁的坟墓里以及从水灾中存活下来的纸草纸等材料,来记录那些经过精心挑选的内容。在美索不达米亚平原,我们拥有充分的资料来研究当时人类的生存状态,但是,在埃及,我们只能找到稀少的、不完整的材料,而它们又常常无法相互联系起来。我们可以通过较多的资料了解埃及法的一些方面(比如,有关社会组织和丧葬财产的保护),但是历史传承中所存在的资料断裂的危险会使我们比较少地或者完全不可能知道其他方面的内容。①

远古时代与现代不同,在法律与道德、宗教等其他领域之间并不存在一条明确、清晰的分界线。整个人类社会都处于蒙昧状态,这是一个大熔炉的时期。所以,我们不能单纯把法律与当时的社会生活割裂开来讲,如果按照现在的标准,某些古代埃及的法律就是宗教、道德的一部分。因此,这就必然导致我们的研究归根结底还要依靠考古学、社会学以及伦理学。何况,迄今为止还没有出土过任何一部古代埃及的正式法典,我们只能辗转从其他的文字片段中推测它的存在。同时,在历史长河中,没有不受社会情况影响和制约的法律,每一种法律都是当时社会的特有产物,这一规则不仅适用于古代,同时也是现代甚至将来法律发展所必然遵循的规律。我们在考察古代埃及法的具体内容之前,不能遗忘当时社会状况的影响,古代埃及法的产生与变迁同整个埃及的繁荣发展息息相关。

一、古代埃及的历史发展与社会概况

“没有任何一个国家有这样多的令人惊异的事物,没有任何一个国家有这样多的非笔墨所能形容的巨大业绩。”古希腊哲学家希罗多德在其恢宏著作《历史》中对古代埃及所作的评论,充分展示出古代埃及的社会概况。古时的埃及地处非洲的东北部,位于欧非大陆的交界处,通达各方,而

---

① See Redford, Donal B., *The Oxford Encyclopedia of Ancient Egypt*, Vol. 2, Oxford University Press, 2001, p. 277.

东西面的沙漠却如同一道天然的屏障将其与非洲的其他地区相隔开来。由南向北川流不息的尼罗河贯穿全境，成为埃及的母亲河。[①]"埃及是尼罗河的赠礼。"[②]尼罗河奔流不息，赐予了古代埃及无穷的财富，孕育出了最早、最发达的文明。

据史料记载，古代埃及人在公元前5000年已经学会利用尼罗河每年的定期泛滥来灌溉农田、发展农业，成为世界上最早的农业国家，跨入了文明社会。[③]在历史长卷中，河流似乎一直是人类文明的摇篮，同时代的底格里斯河与幼发拉底河流域也诞生了另一个伟大的文明——苏美尔。与古代埃及不同的是，这两条河流的泛滥从来没有规律，带来了无穷的灾害，孕育了苏美尔人悲天悯人的思想。而尼罗河泛滥的时间可以预知，它于每年7月至10月把肥沃的淤泥冲到埃及，使沙漠变成了可以耕种的土地。这里没有严寒的侵袭，几乎不会有阴雨连绵的天气，总是碧空如洗，从此古代埃及人依靠上天丰富的恩赐繁荣兴旺起来。同时这也培养了他们乐观、积极、宽容的心境。[④]

经过了一段漫长的史前时期，约公元前3500年前后，埃及的土地上出现了一系列的城市国家"诺姆"。"诺姆"一词来自希腊文，意为牲畜的地方，或者区划和行省，中文多译为州，它们是一些早期的城市国家。[⑤]当时的埃及以孟非斯为界分成上下埃及两个部分，共有26个诺姆，各自拥有土地、名称等，尤其是徽章和崇拜的神。各诺姆的徽章起源于原始的图腾，多为鹰、狮子、蝎子、猫头鹰、蛇、兔等动物，后演变为保护神。为了争夺富饶的土地和有限的生产资料，各个诺姆开始向外殖民，肆意侵吞其他部落的土地。公元前3100年，剽悍而又有政治头脑的下埃及国王美尼斯（也被称为那尔迈、米恩，约公元前3100～前3070年）率军南下，一举吞并上埃及，统一王朝时期就此开始。历史上多将其之后的第一、第二王朝称为前王朝

① 参见沐涛、倪华强：《失落的文明：埃及》，华东师范大学出版社1999年版，第3页。
② ［古希腊］希罗多德：《历史》（上册），王以铸译，商务印书馆1985年版，第111页。
③ 参见何勤华、李秀清主编：《外国法制史》，复旦大学出版社2002年版，第2页。
④ 参见唐河主编：《世界文明史：古代卷》，学苑出版社1998年版，第60页。
⑤ 参见刘文鹏：《古代埃及史》，商务印书馆2000年版，第66页。

时期(约公元前3200~前2686年),[①]这是古埃及由蒙昧的原始社会向阶级社会转变的过渡时期,也是中央集权不断发展、巩固的阶段。

从第三王朝开始,二十几个世纪的连续政权统治就此拉开了帷幕。第三王朝至第六王朝时期在历史上被称为古王国时代(约公元前2686~前2181年),在此期间,古代埃及形成了中央集权的专制主义国家,一整套官僚组织制度也初具雏形。同时社会中开始形成两个对立的阶级——奴隶主与奴隶,埃及开始迈入阶级社会。建立在官僚国家基础上的经济也繁荣发展起来,由原始的自然经济过渡到更复杂进步的农业和手工业生产的发展形态,而且一些铭文也证明埃及在当时已经与腓尼基、蓬特和努比亚之间进行对外贸易的交流,并开始了商业远征活动。

古王国一共持续了近500年的时间,后期由于王权的衰微,贵族的权力日益膨胀,最终导致王权旁落,统一的王国分裂成贵族割据各自独立为政的局面,由此跨入了第一中间时期(约公元前2181~前2040年)。这个时代的主要特点是中央行政机关软弱,行省半自治,王朝敌对,国内战争不断,低水位的洪水,饥饿,艺术标准降低,无教育,以及全部供给颠倒。[②]这段时期也被称为"第一次疾病"。底层人民纷纷起来反抗,周边的亚细亚人也逐渐进入埃及的领域进行掠夺。这是古代埃及历史连续性的第一次断裂,到处充斥着混乱与黑暗。第十一王朝伊始,国王将权力从贵族手中抢夺回来,重新建立了统一的国家,恢复了繁荣与秩序,史称中王国时期(约公元前2040~前1786年)。但是,此时的王权已经演变得大不如前,法老不得不与僧侣阶层一同分享权力。这段时期埃及的对外扩张仍在继续,并且征服了下努比亚地区,将其降为埃及的一个省。[③]同时,经济在原有的基础上持续攀升,文学艺术等更是蓬勃发展。

同样的历史再次重演,埃及王朝在外族的侵略下陷入崩溃。希克索斯

---

① 关于古埃及的纪年方法不尽相同,此处所有王国年代均参见Edward, I. E. S., *The Cambridge Ancient History*, Vol. Ⅰ, Part. 2, Cambridge University Press, 1971。

② See D. B. Spanel, *The First Intermediate Period through the Early Eighteenth Dynasty*, in G. Robin, ed., Beyond the Pyamids, Emory, University Museum of Art and Archaeology, Atlanta, 1990, p. 18. 转引自刘文鹏:《古代埃及史》,商务印书馆2000年版,第264页。

③ 参见[埃]G. 莫赫塔尔主编:《非洲通史》(第2卷),冯世则等译,中国对外翻译出版公司1984年版,第73页。

人(Hyksos)①运用先进的战车征服了拥有古老文明的王国，埃及第一次被外族统治。黑暗与恐惧再次笼罩尼罗河畔，延续了近200年的时间，历史上称为第二中间时期(约公元前1786~前1567年)。其后的时间里，在将希克索斯人驱赶出埃及的国土后，统一的新王国(约公元前1567~前1085年)得以再次重建。图特摩斯三世时期(Thutmose Ⅲ，约公元前1504~前1450年)，古代埃及将远征的铁蹄扩大到西亚等地区，国境一直延伸到幼发拉底河，埃及就此建立了帝国霸权，进入鼎盛时期。此外，这一阶段还出现了一位杰出的女法老哈特舍普苏特(Hatshepsut，约公元前1503~前1482年)，在她的统治下，建立起一座座大型的神庙，赋予了僧侣更大的权力。这种趋势最后导致新王国后期僧侣的势力日益扩张，甚至篡夺了王位。同时代，流传后世并引起人们无限遐想的“法老”这一称谓，也正式形成于此阶段。

后王国时期，也即第三中间时期(约公元前1085~前332年)，在波斯、亚述等多重夹击以及国运衰微的情形下，埃及再次被外族侵略，沦为波斯的一个行省。公元前332年，马其顿大帝亚历山大征服了埃及，结束了近3000年的“法老埃及”统治时代，埃及作为一个独立的政治实体消亡，先后被纳入了古希腊和古罗马的版图，古代埃及从此在历史上销声匿迹。

在几千年的历史征程中，古代埃及经历了从原始社会向阶级社会进步的过程，以及由氏族部落向中央集权国家演变的阶段，建立了古代非洲最先进的文明。这是一个奉行奴隶制的神权官僚国家，国王也即后来的法老拥有至高无上的权力，但他不得不借助神的光环来确立其合法的统治地位，这也是几乎所有文明早期必然遵循的道路，但是在古代埃及，法老自始至终未摆脱神的影子，法老与神从未真正分离过。而且，宗教弥漫在整个王国的空气中，似乎一切事物都围绕宗教生活展开。但是，与西方的一神教不同，在古代埃及对各种神的信仰相得益彰地并存着，这种奇特的和谐只有古代印度可与之相提并论。除了让世人叹为观止的金字塔外，古代埃

---

① 埃及文中的“希克索斯”一词，意为“外国的统治者”或“沙漠高地的君主”。在古王国和中王国时期指在努比亚、叙利亚和巴勒斯坦的所有外国人。历史学家对希克索斯人的种族及活动范围有不同的解释，一般认为他们是起源于巴勒斯坦的迦南人，属游牧民族，他们将西亚的文化引入古埃及，其中最主要的是马和新型武器。

及的神庙建筑也颇有特色。一切对天敞开,在尼罗河两岸几乎找不到用来支撑屋顶的柱子,天就是神殿的顶。① 这些充分显示出埃及人对太阳神的崇拜之情以及对触及天庭的渴望。天文学的发达使古代埃及人已经能够清晰地观测到星象,他们开始在一望无际的宇宙时空里思考,短暂的一生对他们来说只是转瞬即逝的梦,所以他们祈求来世的重生。因此古埃及所有的文明的秘密即在于此,而一切的法律也是建立在这样的基础之上的。

二、古代埃及法的概念与渊源

人类历史初期,尚不存在有意识的、正式的立法。古埃及在统一王国建立之前,仅仅依靠一些习惯法来规范人们的社会生活。但自美尼斯统一上下埃及之后,原始的习惯法向成文法过渡,并且沿着一条不断完善的道路前进,这即是古代埃及法的整体发展趋势,并且一直延续到埃及被希腊、罗马征服时止。

关于古代埃及法的概念,最早可以追溯到玛阿特。在埃及的神学中,玛阿特是"真理""公正"的意思,同时又是代表着"正义的女神"②。玛阿特有时被称为"领导者",是造物主在宇宙开端之时赋予这个世界的命令的化身。③ 在大多数的史料中玛阿特被描绘成是头发里插着一根鸵鸟羽毛的女神,这根羽毛也出现在死后审判的场景里,用来摆在天平的一端称量死者的心脏,从而判断其生前的罪行。绘有玛阿特女神的像章常常由大法官佩戴在金色的衣领上,大法官戴上它即表明诉讼开始,判决作出时,大法官把它交给胜诉的一方当事人,作为其胜诉的标志。④

在古王国的一篇箴言(Maxim of Ptahhotep)中有这样一段话:"玛阿特是伟大的、永存的,它永远不会动摇,因为它就是时间的创造者……任何忽

---

① 参见[德]马克斯·克鲁泽:《在时间的长河里——西方文化五千年》(上),何珊译,华夏出版社2002年版,第67页。

② Bard, Kathryn A., *Encyclopedia of Archaeology of Ancient Egypt*, Routledge, 1999, p. 459.

③ See Redford & Donald B., *The Oxford Encyclopedia of Ancient Egypt*, Vol. 2, Oxford University Press, 2001, p. 277.

④ See John H. Wigmore, *A Panorama of the World's Legal Systems*, Vol. 1, West Publishing Company, 1928, p. 13.

略它的法则的人都将受到惩罚。”同时玛阿特还蕴涵着实质正义和理想正义的意思，它不仅指制定的法典，而且还要求人们不断追求以获得最大可能的正义，平衡一个案件中所有的诉求。它强调和谐、道德上的正直，以及平衡是法律追求的目标。此外，它蕴涵着一种保守社会的观念，社会变革被视为对玛阿特潜在的、危险的背离。而且，玛阿特常常被和国王联系在一起，第四王朝国王塞尼斐如（Sneferu，约公元前 2590～前 2637 年）称自己为“玛阿特的拥有者”，第十八王朝的法老哈列姆黑布（Horemheb，约公元前 1348～前 1320 年）也曾宣告“玛阿特与我合二为一”，它象征着一种王权的合法性，[①]进一步强化了王权的权威。

在古代埃及，神灵是一切的主宰，他的命令就是一种永恒法，有时国王只能“适用”、“执行”或是“记录”、“还原”永恒法。每一朝的国王都宣称自己是神的儿子，是神的化身，所以他的敕令自然也是法律。瑞克米尔（Rekhmire，图特摩斯三世和阿蒙霍特普二世时期的宰相）曾解释说：“国王是尘世中的上帝，人们遵循他的指引而生存。”人们也曾经这样赞扬拉美西斯二世：“威令在你的口中，认知在你的心中，而你的舌头可以产生正义。”[②]因此法老的命令代表神谕，是最高指示，任何人都不能违背。国王的敕令首先是写在纸草纸上，然后再刻在石板上。至今保留下来的最古老的一篇立法文献是第五王朝的《尼斐利尔卡拉王的阿拜多斯敕令》。[③] 第六王朝的《泊辟二世的科普托斯敕令》给予科普托斯神庙以特许权，免除了与神庙经济有关的所有人的王家义务，规定不得把“任何劳动”“任何负担”加在他们的身上。[④]

据希腊作家狄奥多罗斯（公元前 1 世纪）记载，公元前 6 世纪埃及被波斯征服以前，已有五个法老堪称立法者，他们是：传说中的美尼斯和萨叙基斯（舍普塞斯卡夫，Shepseskaf，约公元前 2540～前 2497 年）、赛索斯特里斯

---

① See Bard & Kathryn A., *Encyclopedia of Archaeology of Ancient Egypt*, Routledge, London and New York, 1999, p. 459.

② ［日］古代协会编：《西洋古代史论集》，东京大学出版社 1973 年版，第 138 页。转引自刘文鹏：《古代埃及史》，商务印书馆 2000 年版，第 203 页。

③ 尼斐利尔卡拉，Neferirkare，统治年代约为公元前 2473～前 2463 年。泊辟二世，Pepy Ⅱ，统治年代约为公元前 2269～前 2184 年。

④ 参见刘文鹏：《古代埃及史》，商务印书馆 2000 年版，第 204 页。

(Sesostris,拉美西斯二世,Ramesse Ⅱ,约公元前1304~前1237年)、博克霍利斯(Bocchoris,约公元前718~前715年)以及雅赫摹斯二世(Ahmose Ⅱ,也被称为阿玛西斯,约公元前568~前526年)。其中博克霍利斯颁布了八部法典,内容包括废除债务奴隶制、限制借贷利息等。[①] 而在公元前15世纪中叶,阿蒙霍特普三世(Amenhotep Ⅲ,约公元前1417~前1379年)自称为法律的制定者,并声称他本人将永远遵守法律。此外,法老哈列姆黑布也以重视立法著称于世。拉美西斯二世为了以法律形式确认奴隶制度的秩序,颁布了关于整顿军队的成分和按阶级出身、职业及特权作为区别的"种姓制法律"[②]。

通过哈列姆黑布所遗留下的资料,我们可以大致了解古代埃及法律是如何制定出来的。在一篇王室诏书中,哈列姆黑布表明,当时税收权力的滥用已经到了无法忍受的地步,应发布法令改革现状。这些法令在哈列姆黑布付诸实践之前并不存在,它们不是埃及人民一致同意的产物,而是法老下令改革的结果。它们不是有意识的法学产物,因为该法令不是根据议会讨论或法庭判决得来的。可惜这些法律都未能流传下来,如今只能从金字塔铭文和纸草纸等稀少的资料中窥见一丝踪影。

不过,国王有时仅是名义上的立法者,其背后有经验丰富的委员会为他提供建议。埃及最早的法典是由透特(Thot)起草的,他是埃及神话中的目神以及诸神的文书、知识与艺术的保护神,传说中他是书写的发明者。[③] 同时,因为埃及实行神权的政治体制,必然决定了宰相和僧侣阶级参与到立法、司法中来,宰相在古代埃及是主要的法律官员,他们解释和适用法律,同时立法一般由他们传达到相关的地方官员处。但是其中多数的法律都是为了保护当时祭司的私人财产以及丧葬地产,使它们免于被偷窃或被其他官员或机构非法占有。古代埃及的法律机构也保护着国王和其他一些重要的官员,同时为全体人民服务。此外,为了执行法老的敕令和制定的法律,从宰相到各级行政官员有权就一定事由颁布行政命令或条例,其

---

① 参见刘文鹏:《古代埃及史》,商务印书馆2000年版,第557页。

② 由嵘主编:《外国法制史》,北京大学出版社1992年版,第7页。

③ See John H. Wigmore, *A Panorama of the World's Legal Systems*, Vol. 1, West Publishing Company, 1928, p. 17.

中有些类似于现在的实施细则，它们通常是中央法律的重要补充。[①] 迄今为止，没有任何文献表明法官有立法权，也许司法官仅仅是执行法律的万能的“机器”，而不能擅自创造法律。

在古代埃及，存在一些类似于现代的，适用于全体至少是部分埃及人的法律。但是也有些法令仅仅约束个人，也可以说是专门为特定人而立，不具有普遍规范性。比如，法令规定将祭品分配给不同人，祭品在这里可能是作为一种奖金。《图林纸草纸》上还记载着拉美西斯的命令，其中规定赐予一位总督念珠和鲜花，用来制作花冠。在哈列姆黑布时代所遗留下的铭文中，有一份清单上面详细列举了一些有关个人的与法令相违背的行为：“(1-2)王宫官员非法征用私人船只；(3)王宫官员非法征用私人奴仆；(4)士兵掠夺隐藏物；(5)每年盛典去底比斯途中向居住在河岸边的居民榨取食物以献给国王和其随从人员；(6)王宫侍从抢夺私人田地中的食物；(7)采用不正当手段在市场中获取更多赋税。”在这些规定后面，哈列姆黑布指出上述行为是一种对法律的触犯，“从今天开始”严格禁止，对违反者将施以鞭打或者割去鼻子的惩罚，在一些案件中还要求根据法律进行赔偿。[②] 从一些针对性或普遍性的规定来看，古代埃及关于法的概念比较宽泛，甚至是比较含糊、抽象，并不具有系统性。

在如何适用法律方面，一项重要的原则是必须根据已经制定的规则来断案，比如，宰相必须“严格依据手中的法律”来作出判决，但是也不能拘泥于字眼导致不公正。当每个宰相继任的时候，法老都会庄严地告诫：“你做任何事都必须遵循法律，遵循事物自身的正义。”另外，法律还规定了办案的程序和判决通过的方式，比如规定僧侣处理田地申诉的时间(如果案件靠近其办公地点，则为三天；其他的，则为两个月)。[③] 从中可以看出古代埃及的法治化雏形，并不是任何人都可以随意创法，每个人特别是司法官只能严格按照法律的规定来办事，不能逾越法律的界线。

此外，我们在研究古代埃及法的时候，常常会惊讶地发现其中蕴藏的

---

① 参见何勤华、李秀清主编：《外国法制史》，复旦大学出版社 2002 年版，第 3 页。

② See Redford & Donald B., *The Oxford Encyclopedia of Ancient Egypt*, Vol. 2, Oxford University Press, 2001, p. 278.

③ See Redford & Donald B., *The Oxford Encyclopedia of Ancient Egypt*, Vol. 2, Oxford University Press, 2001, p. 278.

现代民主的影子。特别是在法律的适用方面,古代埃及人已经拥有其他早期文明所不具备的平等的思想。古代埃及法适用于每一个在埃及境内的人,没有阶级和性别歧视。从第三王朝开始,就一直适用的一项法律原则为:“每个人都可以依照自己的意愿处分其财产。”①此外,不论谁违法,惩罚都是相同的,甚至对于王公贵族也是如此。同时妇女也有权处分自己的财产,甚至可在祭祀中任职。在埃及人的心目中,人都是相互平等的,这在古王国之后的赞誉文学中都可以感觉到。甚至在近些年,有不少考古学者认为埃及也许从来没有实行过奴隶制,他们分析史料后发现,壮观的金字塔并不是奴隶的血汗所凝结成的,而极有可能是当时的雇佣工人所建。无论如何,当时的古代埃及已经有了民主、平等思想的萌芽,这已足够让现代人所惊叹,使我们从另一个视角来重新认识古代埃及的法律。

第二节 古代埃及法的具体制度

漫天的黄沙深深掩盖了千百年前的历史足迹,记录着法老敕令的纸草纸早已化为灰烬,抽象深奥的象形文字又阻挡了学者探索的脚步。在古代埃及,法律文献最早以象形文字记载,往往用彩色画在墙上,后来使用僧侣文字记载,再后来采用通俗文字记载,到希腊化时代(公元前4世纪至公元前1世纪,是希腊于地中海东部及西亚各地在经济文化上广泛交流的时期)又用希腊文记载。这些法律文献已经全部亡佚,现在考古发现的,只是一些记载法老敕令、审判记录、契约、遗嘱、账目和证书等的铭文(刻在石板、石柱或象牙上)与纸草纸残片,内容涉及公法与私法、实体法与诉讼法,加上埃及僧侣和希腊作家(主要有马涅托、希罗多德、塔西佗、狄奥西多斯)的有关著作,就是目前研究古代埃及法的主要依据。②后世的学者只能依据这些零散的资料拼凑出当时埃及的法律轮廓,从而构

① Bard & Kathryn A., *Encyclopedia of Archaeology of Ancient Egypt*, Routledge, London and New York, 1999, p. 440.

② 参见《北京大学法学百科全书》编委会主编:《北京大学法学百科全书》,北京大学出版社2000年版,第4页。

建出一个大致的框架。

一、阶级关系

随着统一王国的建立，古代埃及开始迈入阶级社会，逐渐分化出不同的阶层，从掌握最高权力的法老到最底层的奴隶，形成了一个金字塔形的结构，共同组成了一个相对稳固的社会。

（一）奴隶

埃及究竟是否存在过奴隶制？近些年对此问题的争论愈演愈烈，产生诸多疑问的原因在于古代埃及对奴隶存在不同的称呼，没有一个固定的用语，从而产生比较大的分歧。现发现的主要称谓有麦尔特（mrt）、麦列特（mryt）、伊苏（isww）、拜客（bak）、赫姆（hm）和塞姆得特（smdt）等。根据铭文和纸草纸的记载，一般的通说认为埃及确实存在过奴隶制。在古王国时期，虽然阶级开始分化成自由民和奴隶两大对立阶级，但是由于当时的埃及还处于巩固时期，未向外扩张，没有通过大规模的战争获取绝大多数的战俘奴隶，所以其数量并不庞大。起初，他们之中有自由的小土地所有者、小生产者或公社成员；也有破产的自由人，或者依附于王室、寺庙和贵族的依附民；还有沦为奴隶、仆役的埃及人以及由战争掠夺过来的外国人，其中成分错综复杂。① 到了新王国时期，奴隶制得到了充分的发展，常年的战争带来了大量战争俘虏，奴隶数量激增。在拉美西斯四世时期，其捐赠给阿蒙神庙的奴隶就达到 186，486 个。②

奴隶的来源基本上可以分为四种：战俘奴隶、家生奴隶、债务奴隶以及奉献奴隶。战俘奴隶就是被埃及所征服的国家的人民，其被掠夺过来为王室或寺庙服务。在古埃及，奴隶可以和自由人同居，所生子女跟从母亲的身份，即母亲如为奴隶，则孩子亦是奴隶，从而产生家生奴隶。由于债务关系或因生活困难而把自己让渡给某个主人，即成为债务奴隶，其可以通过为主人服役免除债务，而且债务契约有一定的期限，到时可以改变这种关系。此外，有一些请愿者为了保证自己的安全和健康，驱除邪魔、疾病，求

---

① 参见刘文鹏：《古代埃及史》，商务印书馆 2000 年版，第 198 页。

② 摘自《哈里斯纸草纸》，于 1855 年被发现，现藏于伦敦的不列颠博物馆。主要记载了法老拉美西斯四世捐赠给神庙的财产清单。参见吉林师范大学历史系编：《世界古代史资料选辑》，1973 年 8 月印发。

得诸神的保护,把自己的所有财产和自身奉献给神庙,为其服务,他们就是奉献奴隶,一般被称为拜客。

古埃及的奴隶通常是在王室、神庙的领地或作坊中从事农业、手工业劳动,也有在贵族或私人的家庭中从事生产或家务劳动。尤其到新王国时期,僧侣阶级的地位不断提高,需要更多的奴隶为其服务。除了少数奴隶能够被解放外,多数是作为主人的财产而存在的,当然是处于社会的最底层。

作为主人的财产,奴隶还可以被用来买卖和租用,在埃及,早期由于并没有政府发行的货币,奴隶的价格是用各种物品折价换算成的。如《开罗纸草纸》记载购买奴隶用寿衣、摊子(citoyenne)、青铜器皿等作价支付,共计4德本1凯特银子。① 同样,租用奴隶也以生活必需品作等价交换。

虽然奴隶处于社会最低的阶层,但是他们也可以拥有自己的财产,并对财产进行处分,称为授产奴隶,或是特殊身份奴隶。② 而且,主人不可以对奴隶随意买卖,必须在特定时间和按特定方式进行。③ 同时,奴隶在解放后可以称为自由人,地位与普通自由人相当。这些与古罗马等国的奴隶制有比较大的出入,古埃及的奴隶地位明显较高。

(二)依附劳动者

地位比奴隶稍高一点的阶级即属依附劳动者,勒墨特(rmt)是对这一阶级的称呼,还有的文献称之为"购买来的人""私人之家的一切人们"。他们虽然不具备奴隶身份,但是已失去了生产资料,依附于各种农庄、贵族官僚和神庙,在监工的监督之下从事耕田、园艺、牧畜、狩猎、制陶、锻冶、木作、织布、海上劳动等各类劳动,身份相当于奴仆。

根据各种铭文分析,依附劳动者拥有自己的财产,而且可以进行自主处分。如果其财产受到威胁,或者被贵族以强权夺取,可以诉诸法律。但

---

① 德本(deben)和凯特(kite)是当时古代埃及的货币单位。1德本=91克(银子),1凯特=0.1德本=9.1克(银子)。参见A. H. Gardiner, *A Lawsuit Arising from the Purchase of Two Slaves*, Journal of Egyptian Archaeology, 1935, p. 142。

② 参见金观涛、王军衔:《悲壮的衰落——古埃及社会的兴亡》,四川人民出版社1986年版,第79页。

③ See Redford & Donald B., *The Oxford Encyclopedia of Ancient Egypt*, Vol. 2, Oxford University Press, 2001, p. 279.

是，他们的权利和地位得不到社会的保障，他们常常受到政府官员和贵族的迫害和劫掠，以致分化、破产。而且依附劳动者还可以被转让、买卖和继承，实际上成为官僚贵族等的财产的一部分。事实上，他们与奴隶之间没有明确的界限，常常因为贫困而沦为奴隶。

（三）自由民

在古代埃及的象形文字里，还存在"亨提乌塞""尼苏提乌""涅格斯"等称谓，一般认为他们是存在于当时社会的自由民阶层。他们中大多为村社农民，构成了古代埃及社会人口的绝大部分。他们拥有自己的份地，但是早期只是享有使用权，因为全埃及境内的土地在名义上都归法老所有。他们依靠自己的劳动养活家庭成员，拥有专属财产，比依附劳动者享有更多的独立性。但是，他们必须向国家交纳收成的一部分以及苛重的赋税，而在古埃及几乎所有的生活必需品都必须上税。政府官员在一定时间内到土地上来收税，甚至可以鞭打那些无法上交粮食的农民。①

在古王国早期，国王需要修建大型的坟墓，但当时并没有那么多的奴隶，于是就采取"强迫义务劳动制"，所有的臣民都可以被征用。而广大的农民即是当然的主要对象，在没有农事的时候，就会被征召参与金字塔的建筑工程。其中绝大多数是男子，当他们出门在外时，就由女子负责编织、准备食物，甚至有的女子也被纳入征召的范围内。资料表明，政府官员和僧侣也难逃其责，必须担任监工等职，但是多数人会通过雇佣他人或贿赂的方式逃避劳动。

（四）奴隶主阶级

从古王国时期开始，已经存在王室成员，他们是国王的兄弟、堂表兄弟等亲戚。他们围绕在国王周围，享有绝对的权威。而中央政府各部大臣和高官，以及地方政府的政要和首领共同构成了古代埃及的官僚贵族阶级。他们掌握着中央和地方政府的命脉，是专制主义官僚体系的支柱，其地位仅次于国王和王公贵族，拥有对埃及大小事务的决定权。以高僧为首的僧侣阶级集团承担了各地神庙的宗教活动和对神灵的祭祀工作，还包括国王和贵族大官个人的慰灵祭祀。他们依附于国王同时服务于他，是统治阶级

---

① See Bard & Kathryn A., *Encyclopedia of Archaeology of Ancient Egypt*, Routledge, London and New York, 1999, p. 460.

集团的又一组成部分。[①] 古王国时期,僧侣的权力还没有达到可以和官僚贵族比拟的程度。但是,从中王国开始,尤其是新王国时期,法老需要联合僧侣对抗其他反对势力,所以赋予其巨大的财富和权力,使他们对埃及的行政、司法等方面具有重大的影响力。虽然埃赫纳吞改革曾经试图削弱僧侣日益庞大的势力,但事实上改革的效果并没有能够延续很长的时间,很快,他们的财富又失而复得。到古代埃及发展的后期,僧侣集团对王权造成了威胁,甚至还发生了篡位事件。这从另一个角度折射出这一庞大集团的强大势力。在埃及不断向外扩张之际,出现了一批军队官员为国王开疆拓壤,把大量的土地纳入国家的版图。尤其是新王国时期,越来越多的精英分子加入到军队中来,多数是平民和外国人。由于功绩卓著,国王赏赐给他们越来越多的土地和奴隶,高级军官们开始跻身于上层集团。

作为古代埃及王国的统治集团,僧侣掌握着社会基本财富——土地,同时还拥有大笔可观的财产,奴役着下层人民,剥削其辛苦劳动的成果。同时,国王将上交的税收汇总,从中划拨出一部分赐予他们。所以他们不必像奴隶、依附劳动者和某些自由民一样从事体力劳动,而是常常坐享其成。《哈里斯纸草纸》中所记载的拉美西斯四世对阿蒙神庙捐助的财产清单中,包括“奴隶86,486个,各种牲畜421,362只,花园和丛树433处,耕地864阿鲁尔(古埃及土地单位),168又四分之一阿鲁尔(arur),海船和战舰83艘,造船厂46个,埃及的城市8座,叙利亚的城市9座,总计65座,还包括神庙居民所交纳的货币税和实物税”[②]。可见,当时的僧侣集团拥有的财富数量惊人,仅次于法老。这些奴隶主集团还享有不可侵犯的社会地位,是上流社会的当然组成人员,他们的一举一动关乎着整个埃及王国的兴衰。

(五)法老

在古代埃及,法老处在整个埃及社会的顶端。他代表着诸神的权威,或者说诸神就是他。其他的民众只是神灵统治下的凡人,只能听命于神的谕令。同时他还象征着无穷的财富,埃及全部的土地和财产都属于法老。他是宗教和世俗最高权力的当然享有者,同时拥有立法、行政、司法方面的

---

① 参见刘文鹏:《古代埃及史》,商务印书馆2000年版,第184页。

② 吉林师范大学历史系编:《世界古代史资料选辑》,1973年8月印发。

特权,任何胆敢违抗法老命令的人都不得善终。

法老的权力并非在整个古代埃及时期都处于顶峰,仅在古王国前期如此。但是在古王国后期、第一中间时期以及中王国时期,由于其受到地方贵族的挑战,法老一度被迫与他们分享自己的权威,王权陷入一个低潮期。不过至埃及帝国时期,出现了拉美西斯二世等强权,开始削弱其他势力,逐渐将权力重新掌控,真正达到了“法老时代”的辉煌。久负盛名的金字塔即充分体现出埃及人对太阳神的信仰,更是象征了法老至高无上的权威。

二、政治组织

古代埃及在几千年的历史过程中,逐渐形成一套中央集权的官僚统治结构,所有的行政官员只为法老服务,后者在理论上拥有任命或免除所有在公共服务、神庙管理以及军队中供职的官员的权力。埃及的治国权力高度集中于统治集团内部,行政权的授予体现出严格的独裁主义特点:从高到低,从国王到各州最高官员,再到他们的部属。其严密性及权力之间的互相制约性保证了埃及政治的相对稳定。

(一)法老

作为所有宗教和世俗权力的最高代表,法老处于国家机器的顶端,是掌控所有部门官员和大小事务的首脑。法老可以说是埃及的“大脑”,他控制着整个社会向前运行的轨道。而这一切权力都要归功于王权的神化,法老不是神的代理或是听命者,他一开始就是神或神的化身,是一个有形的实体的神。法老是神而不是人,这是埃及神权的基本概念。① 而他不仅是神和神之子,同时又是权威、智慧和真理的化身,具有“创造性的言辞”、“超人的智力”、“坚持真理”和“主持正义”的神的属性。②

神的属性赋予法老绝对的统治权威,他集立法、行政、司法、财政、公共工程、军事、宗教等事务的大权于一身。他日理万机,在作为全国政治枢纽的王宫里亲自批阅繁多的纸草纸文书,或者发放给有关官员处理。几乎每天都要在宫殿里接见大臣,听取他们的报告和建议。法老尤其关心人口、

---

① 参见 H. Frankfort, *Kingship and Gods*, Chicago and London, 1978, p. 5。转引自刘文鹏:《古代埃及史》,商务印书馆 2000 年版,第 203 页。

② See C. Aldred, *The Egyptian*, Thames and Hudson, 1987, p. 177. 转引自刘文鹏:《古代埃及史》,商务印书馆 2000 年版,第 203 页。

财产和土地的清查工作,还要处理与赋税有直接关系的土地的分配和使用事项,公共建筑工程也是在他的统筹下进行的。[①] 同时他还肩负着带领军队外出征战的义务,更是祭司仪式的履行者。在许多的壁画场景中,法老带领其臣民进行祭拜,向上天祈求来年的丰收和繁荣。大部分重要事务,比如死刑的核准、公共建筑工程方案的确定,都必须由其最后定夺。同时他还是整个埃及国家的对外代表,与他国签订条约或接受进贡。在卡纳克神庙(Karnak)的墙上,发现了采用象形符号记载的世界上最早的国际条约。该条约签署于公元前1300年,是拉美西斯二世国王和入侵的赫梯国王签订的和约,因其最早刻于银板之上,又称"银板条约"。条约规定双方实现永久和平,"永远不再发生敌对",永远保持"美好的和平和美好的兄弟关系",双方互不侵犯,实行军事互助,共同防御任何入侵之敌人,还列举了类似于现代的违约责任。其中的引渡条款更是体现了埃及法与现代国际法一些概念的惊人的相似性。

"条约由伟大的凯特首领和伟大的埃及统治者签订……平等友爱的条约,使他们之间和平永久……"

第9条:"如果埃及的任何一位军官潜逃到伟大的凯特首领那里,首领不得把他们留下服役,而是把他们送还到伟大的埃及统治者。"

第11条:"如果凯特的任何一位军官潜逃到伟大的埃及统治者那里,埃及统治者不得把他们留下服役,而是把他们送还伟大的凯特首领。"

第16条:"但潜逃并被送还伟大的埃及统治者的任何人都不因他的罪行而受控诉,他的财产和妻儿不能被剥夺,他本人不能被处死刑或肉刑,也不能被控诉。"

第17条:"同样,潜逃并被送还伟大的凯特首领的任何人都不因他的罪行而受控诉,他的财产和妻儿不能被剥夺,他本人不能被处死刑或肉刑,也不能被控诉。"[②]

---

① See Bard & Kathryn A., *Encyclopedia of Archaeology of Ancient Egypt*, Routledge, London and New York, 1999, p. 116.

② John H. Wigmore, *A Panorama of the World's Legal Systems*, Vol. 1, West Publishing Company, 1928, p. 20. 其条约全文亦可参见林志纯主编:《世界通史资料选辑:上古部分》,商务印书馆1962年版,第16-21页。

（二）宰相(vizier)

由于法老一人无法对全部的政治事务进行统筹安排,于是其将一部分权力授予他人,宰相便应运而生。宰相相当于法老的“喉舌”,拥有“全国的总管”“国王全部命令的顾问”“国王书写的书吏长”“国王一切工作之长”等头衔,还是国家档案的总保管人。他的“大厅”或办公室同时又作为政府的档案库,保存了“国王的文件”以及全国的土地登记册。① 当希伯来人约瑟被任命为宰相时,法老对其说:“你可以掌管我的家,我的臣民都听你的话,唯独在宝座上我比你大……我派你治理埃及地……在埃及全地若没有你命令不许人擅自办事。”②他每天向法老报告关于国家的重要事务,接受法老命令并颁布给中央政府各部门,并且代理法老起草官员的任命决定。此外,宰相还兼任大法官一职,在现今所发现的一枚图章上,便铭刻了“大法官和宰相”的双重头衔。他还与上下埃及的税收工作关系密切,也能调动国王的卫兵,指挥耕作,检查边疆要塞的形势,并且接见外国大使,监督王陵等重大建筑工程,可见其位高权重,职责缠身。通常这一职位为王子所担任,或者是法老的亲信。

在中王国时期,这一官职有所变化。第十五王朝时,财政部司库逐渐取代了宰相的地位和权力,成为行政机构中除法老外的最高官员。在新王国后,司库的力量又被削弱。图特摩斯三世时期,宰相一职被分割成上下埃及两个,直接听命于法老。同时,在新王国后期,卡纳克神庙的最高僧侣逐渐取代宰相,在法老之下,掌握最高行政权力。

同时宰相还领导着中央政府的其他部门,包括财政部、农业部、王家档案部和司法部等。财政部是第一重要的部门,因为其掌管的是国家的命脉——税收。它的主要任务是管理国家的财政司税收,包括两年一次的人口和财物的清查,同时也征集各种储藏品,如酒、粮食等。与财政部有紧密联系的是农业部,其负责监督家畜饲养和农业耕作等事宜。而王家档案部储存、看管土地所有权证书,掌握记录内政的公文书抄本,特别是契约和遗嘱以及王家敕令的原文。司法部可以说是古代埃及的最高司法机关,后文将详细阐述。

---

① See J. H. Breasted, *A History of Egypt*, Hodder & Stoughton, 1935, p. 81.

② 刘文鹏:《古代埃及史》,商务印书馆 2000 年版,第 210 页。

（三）地方行政机关

埃及当时的行政区划是"诺姆"，也可以译为州，到第六王朝时，埃及一共形成了42个州，而且这种区划在后来的历史发展中被长期延续下来。每个"诺姆"的行政长官被称为州长，他们是法老的"触角"，将其权威伸展到埃及的每一寸土地上。州长一般由中央政府任命，在第五、六王朝时逐渐形成独立的统治。实质上，州即是在州长管理下的一个"小型国家"，其下的行政单位与中央政府机关如出一辙：国库、法庭、土地管理局、堰堤河渠维持部门、民兵队及军需库等。其中还存在大量书吏，参加档案和地方记录等工作。① 监督蓄水系统建设的"河渠挖掘者"一职，随着权力的逐步扩大，后来演变为"堡垒的主人"和"法官"等职务。从另一个侧面可以看出，古代埃及水利灌溉工程的重要性，整个社会都依赖尼罗河的泛滥，一切的经济价值皆由此创造。

到中王国时期，整个埃及被分为上、中、下三大区，大区的首长直接对宰相负责，并且还有权剥夺各州地方贵族的传统特权和优惠地位。这些改革的目的是避免地方官僚贵族专断权力，对中央造成侵害。在新王国时代，另增设了库施总督一职，②管辖努比亚和苏丹行省。随着财富的不断累积和野心的日渐膨胀，库施总督实际上在后期已经和宰相分庭抗礼，对埃及大小事务具有无法比拟的影响力，甚至威胁到了王权。在埃及的历史画卷中，地方势力一直是分裂因子，每一段黑暗的时期都有他们的身影。

在州之下，还存在市的划分，比如底比斯市、孟菲斯市等。市的行政长官一般被称为市长，处理行政事务，同时拥有"先知的监督"的宗教头衔，还参与法庭的审判活动，可谓身兼数职。此外，在各市之下还有县和乡村区等划分。

（四）军队

军队堪称法老的"双足"，为其征战南北。早期的军队管理机构与行政机关之间并没有严格区分，法老是军队的最高统帅，由宰相和地方行政官员监管军队的其他事宜。军队中的将军一职在古王国时已经出现，但一般

---

① See J. H. Breasted, *A History of Egypt*, Hodder & Stoughton, 1935, p. 80.

② See C. Aldred, *The Egyptian*, Thames and Hudson, 1987, p. 186. 转引自刘文鹏：《古代埃及史》，商务印书馆2000年版，第415页。

都由非军事性质的文官担任。直到新王国时期随着埃及殖民扩张的不断延伸,军事组织系统才逐渐完善起来。各军衔用语不断涌现,从上到下分别有“军书吏”、“部队长”、“军旗持有者”、“百人指挥官”和“五十人长”。但是“作战部长”的职位似乎仍由宰相行使,在中王国晚期和新王国早期,宰相还亲自主持军队的参谋本部。① 与政府的体制相适应,全国的军队也分为两个战区:上埃及战区和下埃及战区。而士兵也由原来临时招募兵源演变为常备军,在对外战争的磨炼中,战略技术和力量迅速发展起来。此外,在埃及后期,很多埃及人宁愿舒舒服服待在家里,也不愿日晒雨淋地出外打仗,外国人与下层贫苦人民充斥军队,出现了不少平民将军。但是,随着他们势力的日益庞大,其也成为日后挑战王权的隐患。

早王国时期的文献显示,军队除了保卫国家、对外战争的职责外,还兼有劳动的任务。第六王朝的大臣乌尼,在战时受命领导上下埃及和城乡中招募的军队去反击亚细亚的敌人,平时又率领军队远征努比亚和南厄勒藩汀的采石场和中埃及的哈特努布雪花膏采石场,开采石料。②

(五)神庙

在古代埃及这样一个神权宗教国家,神庙是一个特殊的行政机构,它好比一颗跳动的“心脏”,将血液输送到埃及的每一个领域中。国王的祭祀活动是政治生活中的大事,而其必须通过神庙及其僧侣才能进行,法老的权威通过祭祀活动得到确立和体现。神庙在思想意识上稳固着整个埃及的社会结构,它代表一种信仰的力量,左右着每个埃及人的心灵。神庙的僧侣是法老的代理人,他所承担的职责就是主持祭祀活动。

僧侣由法老所任免,早期的一些职务是从宫廷家族的职务变迁而来的,存在不同的级别。最高的一级是“第一先知”或“先知长”,还被译为“僧侣长”或“神仆管理人”,通常情况下,这一职位多为宰相所兼任。随着时间的推移,神庙逐渐从行政机关中独立出来,与州系统一样,拥有自己的“国库”“谷仓”,而且还占有大量的土地和财产。它们依靠法老的赏赐和税收,获得经济上的自足,以不可遏制之势壮大起来。到新王国时期,一些

---

① See Edward, I. E. S., *The Cambridge Ancient History*, Vol. Ⅱ, Part. 1, Cambridge University Press, 1973, p. 367.

② See Edward, I. E. S., *The Cambridge Ancient History*, Vol. Ⅱ, Part. 1, Cambridge University Press, 1973, p. 167.

大的神庙比如卡纳克神庙,成为除了法老之外埃及最富有的人。[①] 而先知长也演变为政治学家,不再仅仅是一个神学家。同时,这也是一个危险信号,揭开了神权与王权之间明争暗斗的帷幕。新王国末期,阿蒙神庙高僧荷里霍尔与另一地方贵族斯门德斯和拉美西斯一世形成相互制约的“三头政治”,更在法老死后,瓜分了整个埃及的领土。[②]

在古代埃及的行政官僚制中,有一点让后世人惊叹不已,那就是妇女的从政。史料证明,古代埃及的妇女除了相夫教子外,还从事其他的社会工作。妇女可以成为书吏,并且参加到行政官僚集团中去,但有人认为那是依靠其丈夫的权势所定。[③] 她们还参与祭祀活动,这在其他国家只是男子的专属权利。古王国时期,妇女曾在祭拜哈撒女神(Hathor,哈撒女神是古埃及的爱情、舞蹈女神,通常被刻画成一头母牛)的典礼中担任中高级行政官员。[④] 她们其中的代表人物则属哈特舍普苏特,她是图特摩斯二世的妻子,在丈夫死后夺取权力,成为埃及历史上一位颇有建树的女法老。在她统治下,埃及将版图一直扩张到亚细亚等地。

如果用现在的行政法观念去考察古代埃及的相关规定,所能找到的资料寥寥无几,只有一份契约书中讲道:“官员可以取消其前任所作出的单方行政决定,但是他不能够依自身的职权去撤销或者修改合同当事人所缔结的契约。”[⑤]从中我们可以看到当时行政法的萌芽,可惜之后再也没有找到进一步的证据说明它的发展。

古代埃及庞大的行政官僚制度起源于古王国时期,其发展过程贯穿着王权与神权相统一以及王权与地方权力、高僧权力相抗衡的线索,权力的互相消长推进了制度的健全。在漫长的历史过程中,行政机构的主要原则并没有发生真正的变迁,当然其中新的头衔与部门有时取代了原有的头衔

---

① See Bard & Kathryn A., *Encyclopedia of Archaeology of Ancient Egypt*, Routledge, London and New York, 1999, p. 117.

② 参见刘文鹏:《古代埃及史》,商务印书馆 2000 年版,第 509 页。

③ See Salisbury & Joyce E., *Encyclopedia of Women in the Ancient World*, ABC-CLIO, 2001, p. 94.

④ See Bard & Kathryn A., *Encyclopedia of Archaeology of Ancient Egypt*, Routledge, London and New York, 1999, p. 746.

⑤ See Bard & Kathryn A., *Encyclopedia of Archaeology of Ancient Egypt*, Routledge, London and New York, 1999, p. 440.

和部门，特定的职责被从一个部门传递到另一个部门。整个行政系统持续不断地运转着，直至法老时代的终结，其后随之而来的是新的托勒密系统与希腊语的引入。

三、财产法

（一）土地

作为最基本、最重要以及最具经济价值的财产，埃及境内的土地最高所有权名义上属法老所有。从早期王国开始，法老根据土地普查结果向农民课征收获物，其性质是租税合一，并在此基础上建构出一个经济关系相对稳定的社会。在整个古代埃及的历史中，土地所有权经历了王室土地所有制、神庙土地所有制、贵族官僚大土地所有制、集体公社土地所有制以及私人土地所有制的发展阶段。

国王对一切土地享有最高所有权，由他直接支配的土地被称为国王领地或王室地产，通常包括以国王名字命名的土地和金字塔附近的居住地。国王有权随意占有某些地方的某些土地，还可以将其赏赐或捐赠给大臣和神庙。而事实上，很难区分国王领地和国家土地，两者几乎没有区别。铭文显示，国王领地数额巨大，第四王朝哈拉夫王（乌塞里布，Userib，约公元前2585～前2520年）之子，最高大臣涅库拉在关于家产分配的遗嘱中就有14座城镇，皆为其父皇所赏赐。[①] 这些土地平时被租给佃农等进行耕作，除了保留用作丧葬祭祀的地产外，其余的可以被其配偶和子女继承。特别要指出的是金字塔附近的土地在国王生前和宫廷紧密相连，而在他死后，成为被国王给予特殊权利的神庙的领地。[②] 在以后的时期，这些土地逐渐为神庙所有。

大量文献表明，从早王朝开始，每一位国王不断捐献土地给各地的神庙，王公贵族们为了在死后能够得到慰灵祭祀，也经常作同样的捐赠。在《巴勒莫石碑》和《尼斐利尔卡拉王的阿拜多斯敕令》中曾提到了"神的土地"一词，它们是完全用于神庙祭祀和维持神庙僧职人员生活的、真正属于

---

① See J. H. Breasted, *Ancient Records of Egypt*, Vol. 1, University of Illinois Press, 2001, p. 89.

② 参见刘文鹏：《古代埃及史》，商务印书馆2000年版，第173页。

神庙所有的土地。《巴勒莫石碑》因碑文中最大的断行如今存于西西里岛上巴勒莫市的博物馆中,因此得名。上面铭刻有从第一王朝至第五王朝全部法老的名字,同时还记载了从第三王朝开始的历年大事,成为一部确切可靠的编年史,只可惜其残缺不全。几千年后的欧洲,教会法继承了前人的经验,采取了类似的"自由施舍土地保有制度",足可见古代埃及法的深刻烙印。古王国时期,国王金字塔附近的寺庙和居住地变成了国王慰灵崇拜地中心,其死后用于慰灵祭祀服务之地成为具有特殊权利的寺庙领地的一部分。在新王国时期之前,神庙对所属土地只享有永占权,土地仍由国王所有。但其后,随着国王的有意扶持,永占权转为所有权。神庙领地演变为僧侣集团的集体所有地,同时也是集团内部公有的财产,由官僚组织自行管理,交给从奴隶至先知等各个阶层的众多佃耕者经营。神庙土地的收入归神庙独立所有,除特殊情况外,一般要向国王缴税。

在古代埃及已经出现了土地私有制制度,最早可以追溯到古王国时代。起初土地为一些高官贵族享有,学者一般把这些私有土地译为"私人之家",它们是官僚贵族们在世时所维持的地产和财产,或者直译为"大官经济"。在他们死后,把部分收入作为慰灵祭祀的支付,有时贵族们也会直接把一些土地捐赠给神庙。这些土地除了作为薪俸所赐予的土地外,可以转让、继承,任所有人自由处分。它们大多来自国王的奖赏,数量同样较大,仅次于国王领地。后来,这些私有土地多数成为农庄或农场,由贵族自己的劳动者耕种,或是让依附民种植,收取地租,逐渐形成一种私人的大土地所有制。

在进入阶级社会之前,古埃及实行的是土地公有制,古王国时期农村公社或村落共同体的形式被保存下来,成为社会的最基层单位。公社土地归全体成员所有,在公社集体的同意下能够出卖公社土地,多数情况下,转让对象是官僚贵族,后者大量兼并了公社土地。此外,公社还要向国库交一定的税金。公社成员被固定于地域公社中,缺乏一定的自治性。作为公社成员的农民有权占有、使用公社的土地。不过,由于土地长期的继承和买卖的可能性,农民已经具有了事实上的所有权。①

早在古王国时期,古代埃及已经出现了土地私有制,新王国时期随着

---

① 参见刘文鹏:《古代埃及史》,商务印书馆 2000 年版,第 182 页。

奴隶制的发展、商品经济的萌芽，私有制的范围也进一步扩大，主要体现为中小土地所有者的私有土地制。公社在不断的发展中走向瓦解与衰败，原有公社的一部分土地转变为私人的份地。一些平民，中文译为“国王的人们”，本是普通劳动者的后代，其中不乏接受教育而身居官位的人。他们在王国后期跻身于上层阶级，开始拥有许多的土地和财产。这些私有土地可以依所有人的意思买卖、继承、赠与。此外，古埃及与其他奴隶制国家相悖的是，土地所有权的主体同时还包括奴隶。在古代埃及，奴隶也占有土地，并且还可以自行处分。石碑雕刻显示，新王国时期一个市民谢吉斯特的女奴由于生活窘迫，要把她的土地卖给主人。女奴要求主人给她布匹、谷物及其他东西，以使她的土地不至于卖给其他人。① 不过，奴隶也可以选择将土地卖给其他人，主人不得以威胁强迫其卖与本人。这一惊人的发现充分显示出古埃及奴隶身份的特殊性和所有权主体的广泛化。

对于那些失去土地的普通劳动者和其他有需要的人，古埃及的法律授予他们一定的租佃权，租佃地的占有者包括自由人和奴隶，男女各个阶层。根据《威尔伯纸草纸》记载，涉及租佃耕地的人有马夫长 195 例、马夫 8 例、士兵 153 例，其他的还有医师、建筑家、织工等，另有奴隶数人。而租佃的土地包括王室领地、神庙土地、私人土地等，范围较广。佃耕者在租佃的土地上辛勤劳作，所得收入扣除应交税金及租金外为自己所享有，古王国时期规定需要交纳收成的 1/5 献给法老。但是如果交不出“两金”，将被鞭打甚至从土地上逐走。②《威尔伯纸草纸》中还有一例，一个名为尼布尼斐尔的奴隶死亡，由他的子女们来耕作。由此可见，租佃权是可以被子女分享和继承的，因此也有学者将其划分为所有权的一种。

（二）其他财产

古代埃及法律保护私有财产，除了土地等不动产外，还包括一般动产和奴隶。每个人的财产都受到法律平等的保护，可以就他人的侵犯行为向法院提出申诉。即便是一个奴隶，也有权就主人肆意侵吞其财产的行为要求得到保护和赔偿。个人的私有财产可以自由买卖、赠与、租赁和继承，到

---

① 参见［苏］伊·阿·司徒契夫斯基：《古埃及新王国时期奴隶制度的特殊形式》，载《河北大学学报》1982 年第 4 期。

② See Edward, I. E. S., *The Cambridge Ancient History*, Vol. Ⅱ, Part. 1, Cambridge University Press, 1973, p. 377.

中王国时期,土地和奴隶等的继承和转让在奴隶主之间已经比较普遍。[①] 除了动产和奴隶外,一些依附劳动者也会随着依附土地的转移而转移。在埃及,法律不允许土地与劳动者分离,折射出古埃及人对土地的依附性远远大于人身依附性的现象。此外,当时的法律也注重对公有财产的保护,集体公社的财产必须经过全体人员的同意才能买卖和转让,个人不得私自处分。

在迄今为止所发现的法律资料中,颇多笔墨着重阐述了对丧葬财产的保护。其是古埃及社会最基础的部分,古代埃及力图公开地确保祭祀资产的永久性。这些财产通过个人捐赠、合同转让等获得,以一种类似现代基金的形式为神庙所掌握。这种基金被视为一个不可分割的整体,除非被一个特殊的法律契约所变更,在理论上是永久性财产,一定程度上类似伊斯兰教法中的"瓦克夫"(Waqf)。瓦克夫是伊斯兰教法中的一种重要财产制度,即以真主之名捐献的土地等财产,不得以任何方式转让,捐献者也无权收回所有权。但它不同于一般的赠与,捐献者仅转移了用益权,仍然可以保留占有权。它可分为公益瓦克夫和家庭瓦克夫两种形式。同时为了表示虔诚之心,这些财产都是免税的。[②] 而且,此类财产一旦被捐赠和转让,就与原来所有权人的关系一笔勾销,原所有权人不得要求返还。在古代埃及,最重要的丧葬财产就是王室祭祀所用的金字塔神庙以及相关的一些动产和奴隶。这种现象的出现,主要源于古代埃及神权国家的性质以及来世重生的信仰。随着时间的流逝,这笔基金日积月累达到一个可观的数目,也是后期神庙僧侣势力庞大,敢与王室相抗衡的原因之一。

四、契约法

梅因曾经说过,人类社会的整个发展历程就是一个"从身份到契约"的漫长旅途,而我们今日的社会与以前历代社会的主要不同点就在于契约在社会中所占的范围不同。[③] 古代埃及亦如是,随着经济的有序发展以及对外贸易的发展,契约的适用范围日益扩大。有关契约的一系列法律逐渐进

---

① 参见张艳玲、隆仁主编:《世界通史》(第 1 卷),中国致公出版社 2001 年版,第 134 页。

② See B. G. Trigger, *Ancient Egypt: A Social History*, Cambridge University Press, 1983, p. 85.

③ 参见[英]梅因:《古代法》,沈景一译,商务印书馆 1959 年版,第 172 页。

化到异常精密和复杂的程度,古代非洲最早和最完备的契约法非古埃及法莫属。同时,这也体现出古代埃及法律的令人惊奇的发达程度。

(一)契约的形式和文字

在古王国时期,绝大多数的契约仍停留在口头形式上,之后随着文字的发展,大量的法律交易需要书面形式,真正意义上的书面契约便应运而生。当时契约文件的类型十分丰富,有婚姻契约、土地和房屋契约、租约、买卖契约、遗嘱以及现代法律中人们所熟悉的所有其他类型。① 这些文件有官方的,也有私人的,大多发现于行政官员(他们同时也是司法官)的坟墓之中。《梅腾墓铭文》中记载的一段文字"用酬金从许多国王的人们那里获得了200斯塔特耕地"(1斯塔特约等于2735平方米),被视为考证确凿的最早的土地买卖文书。② 契约的产生和发展在很大程度上依赖僧侣文字和通俗文字的出现。在原先象形文字的基础上,受过教育的僧侣阶层在实践中发明出另一种简写字体,即僧侣文字,后来又发展出一种弯曲而受欢迎的文体——通俗文字。如今已发现的有关契约文书多以这两种文字撰写,也正是它们推动了契约法的蓬勃发展。

(二)契约的缔结与效力

"古代法使我们看到粗糙形式的和成熟时期的契约间存在着一个很远的距离。在开始时,法律对于强迫履行一个允约,并不加以干预。使法持有制裁武器的,不是一个允约,而是附着一种庄严仪式的允约。仪式不但和允约本身有同样的重要性,甚至于超越它。"③埃及古老的债务契约便需要在签订时履行一定程序的宗教仪式,常常是附加一些特定的言语和动作,请神灵作为见证。这种传统一直持续到博克霍利斯时期才予以免除,契约真正从繁文缛节中脱胎而出,归入法律的规范领域。

随着古埃及贸易的进步,契约的形式逐渐普及,契约主体包括妇女、奴隶在内的大多数人,除了慰灵祭祀的财产外的其他财产都可以作为买卖、赠与等的标的物。而且,当时很多方面已经颇具现代意义,比如契约是建

---

① See John H. Wigmore, *A Panorama of the World's Legal Systems*, Vol. 1, West Publishing Company, 1928, p. 22.

② 参见刘文鹏:《"梅腾墓铭文"所见的古王国时代埃及的土地私有制》,载《世界古代史研究》,北京大学出版社1982年版。

③ [英]梅因:《古代法》,沈景一译,商务印书馆1959年版,第173页。

立在充分合意的基础上的。在古代埃及这样倡导人人平等的社会,即使是一个主人也不能强迫其奴隶将财产转让于他。通常契约的缔结需履行三道手续:货款付清协定、卖者宣誓保证不得有第三者对该土地向买者提出任何要求、表明买者开始占有这块土地,这三道手续是连锁性的。除此之外,一些经济价值较大的财产如土地,还需要具备特殊的条件才能使合同成立。若涉及不动产转让,则还需要证人的担保,正像某些契约原文所证明的那样:“当着(金字塔的)机关,‘天涯的胡夫’的面,当着许多证人的面……”①一些文献中还提到归属于市长、先知的奴隶、不动产、耕地等无法分解、分割的财产(从儿子传给儿子或是从一个继承人传给另一个继承人),在买卖、捐赠时必须附有“财产清单”。② 此外,第四王朝所发现的铭文中清楚地记录着土地等重大财产的转让还必须到政府机关登记,方能产生效力。土地以及依附在土地上的劳动者是古代埃及最基本的经济来源,法老对之拥有最高的所有权。土地的所有者、尺寸等相关资料都通过注册登记的方式由政府部门掌握,每年法老都要对其进行清查,来统计其拥有的财产数量。所以,土地等不动产以及依附劳动者转让的最后一道手续即是达成书面契约后在中央或地方政府机构进行登记,在得到政府的批准以后,契约才算真正的生效,否则在法律上不承认所有权已转移。③ 这可以算得上是当代“公示”原则的雏形。

迄今有关契约的最详尽的规定即是博克霍利斯所颁布的法律,此项改革充分体现出自由民的私有财产和人身自由不受侵犯的原则。按照这些法律,“凡借钱而未立约且发誓证明其不曾欠款者,可以不付债款……而贷款与人,取得契约者,收回母金时,所加利息,立法者不许它超过一倍。立法者认为财产应属于买得财产或得自赠礼之人,而只许从债务人的财产中收取债款,不许剥夺债务人的自由,而公民只能属于国家,战时或平时为之执行任务。因为,如果认为在保卫祖国时本身遭受危险的兵士,居然可以因债务而被债权人召回,从而为了私人利害而使公共安全受到危害,那是

---

① 刘文鹏:《古代埃及史》,商务印书馆 2000 年版,第 182 页。

② See Redford & Donald B., *The Oxford Encyclopedia of Ancient Egypt*, Vol. 2, Oxford University Press, 2001, p. 281.

③ See Bard & Kathryn A., *Encyclopedia of Archaeology of Ancient Egypt*, Routledge, London and New York, 1999, p. 117.

荒谬的"[1]。

同时,古埃及契约的履行还需要提供一定的担保。最初抵押物多为人身、木乃伊。如果到期债务人不能履行债务,将失去自由沦为债务奴隶,为债权人日夜工作以抵所欠的债务。第四王朝时期由于金融紧迫,当时的舍普塞斯卡夫王制定了一项法律,一个人可以用他自己父亲的木乃伊作抵押来借钱,且债务人只有在履行了债务以后,才能将木乃伊下葬。[2] 在埃及,木乃伊的安葬关系到来世重生,所以其所代表的价值丝毫不亚于现代的房屋抵押。这些法律规定直到前述博克霍利斯法颁布时才被废止,新的法律还规定债权人除寺庙和国王外不得强行以债务人的耕畜和农具作为抵押物,严格限定了抵押物的范围。此外,舍普塞斯卡夫王的法令还规定债权人对于债务人的全部墓地是有财产留置权的。

(三)契约的种类

买卖合同是当时适用范围最广的契约,除了慰灵祭祀的财产不能买卖外,其他绝大多数财产的转让都是通过买卖合同的方式。古代埃及人对买卖与租赁等其他形式的合同概念还比较模糊、宽泛,没有进行详细具体的划分。比如,当时"奴仆的工作日"、船甚至是驴的借用都只限于买卖、遗嘱或是赠与的方式。古代埃及人把现代的租赁也理解为买卖的一种,他们将"工作日"的概念与所有权联系在一起来决定所付报酬的多少。在一些非法侵占的案件中,通过计算被侵占财产非法使用的时间长度来确定赔偿数额的多少。[3] 在他们看来,被租用的船在一定时间里的占有、使用就是买卖的标的,租金就是一种买卖的价款。而在此期间除自然因素外,对所造成的标的损害实行赔偿制,即买受人(承租人)必须就损失向出卖人(出租人)赔偿。

在博克霍利斯颁布法令之前,高利贷在埃及有愈演愈烈之势,对社会经济造成了比较大的冲击。博克霍利斯遂立法限制借贷利息,规定借贷每年最高利率为30%,借谷为33%。但是这个条款只限制一般的债权人,而

---

① 刘文鹏:《古代埃及史》,商务印书馆2000年版,第572页。

② 参见[古希腊]希罗多德:《历史》(上册),王以铸译,商务印书馆1985年版,第136页。

③ See Redford & Donald B., *The Oxford Encyclopedia of Ancient Egypt*, Vol. 2, Oxford University Press, 2001, p. 281.

对寺庙和官吏则宽大无边。同时,在古代埃及已经出现了合伙的形式,由几方共同出资、经营,所得盈利在投资人之间进行分配,根据协议在分清股本后可以中止合伙行为。①

五、婚姻家庭继承制度

当希罗多德在古埃及祭司的带领下游历尼罗河畔时,最让他震惊的莫过于看到“妇女在市场上买卖,而男子们在家里纺织”②。在崇尚夫权和父权的希腊人看来,埃及人实属异类,男女竟然可以相提并论,达到一定程度上的平等。同时代的其他古代社会也罕有这样的现象,这不得不让现代人对古代埃及的法律另眼相看。

(一)婚姻与家庭法

在古代埃及,女子之所以取得独立的地位,一部分是缘于保留下来的母系氏族的遗风。早期社会中,祖母是家族中的掌权者,子女一般都从母名,妇女为“家庭的统治者”。另外,这与古埃及的信仰有很大的关系,他们的宗教倡导人与人平等的观念,奴隶也并非像古罗马奴隶那般低贱,妇女更是如此。她们同男子一样拥有法律上的权利和地位,且享有自身的独立性,拥有自己的财产,可以自主地订立契约、遗嘱,充当证人或者以自己的名义提起诉讼。但是,即使现代社会都无法达到实质上的男女平等,更何况是几千年前的古代埃及。尽管妇女仍然在政治地位以及其他方面相对于男性处于下风,但与其他古代国家相比,已是一大超越。

在古代埃及社会,实行一夫一妻制,一些富有阶级如法老可以拥有妾,但是法律只承认一个妻子的法律地位。结婚以后新组建的家庭一般不加入父系家族中,而是自力更生、自成天地。缔结婚姻在早期只是以共同居住等方法公示表明,没有严格的要求。③ 之后,演变为男女双方须签订严格的婚姻契约。至今发现最早的婚姻契约是公元前13世纪雕刻在瑞克米尔坟墓墙壁上的,埃及国王拉美西斯二世和赫梯国王哈吐什尔(约公元前1275年~前1250年在位)的长女所签订的合同。此处另有一契约的原文,

---

① 参见由嵘主编:《外国法制史》,北京大学出版社1992年版,第8页。

② [古希腊]希罗多德:《历史》(上册),王以铸译,商务印书馆1985年版,第125页。

③ See Salisbury & Joyce E., *Encyclopedia of Women in the Ancient World*, ABC-CLIO, 2001, p. 93.

从中可以大致了解古埃及当时的婚姻制度。

卡巴什（Knabbash）国王1年阿瑟（Athyr）月，赛蒂尔（Settyr）女士佩特哈泼克里兹（Peteharpokrates）和塞米尼斯（Semminis）之女，对提斯（Teos）、鲍（Paw）和尼斯哈泼克里兹（Nesbharpokrates）之子说："你娶我为妻，给了我两个半银斯塔特作为聘礼。如果我因讨厌你并且爱上别人，要求与你离婚，我应将聘礼的一半归还给你，应将我在婚姻存续期间获得财产的1/3给你。这份契约的副本给你，有在场的16位证人见证，没有你的书面或口头同意，不得修改。佩特哈泼克里兹，公证人。"①

婚姻契约不仅为新成立的家庭关系创建了经济基础，同时也是保护离婚后夫妻双方利益的最好凭证。因此，这份法律文书显示了婚姻的缔结过程，更重要的是还表明了当时夫妻完全可依自己的意愿，自由离婚，而且双方具有同等主张的权利。离婚必须通过司法判决的方式，禁止以任何理由不经法律程序抛弃妻子的行为。在离婚时，古埃及充分考虑适用公平原则处理财产。首先，丈夫和妻子可以索回婚姻存续期间各自所贡献出的财产。其次，其他在此期间所得财产的2/3给丈夫，余下的1/3给妻子。这样可以使妇女在离婚后也能获得经济上的独立，无须在娘家的庇护下生存。如果离婚系出于男方的主张，妻子通常会得到一笔巨款。② 另外，一方死亡也将导致婚姻关系自然终止，另一方可以随时缔结第二次婚姻。

在婚姻存续期间，妻子保留自己的全部财产，而丈夫有义务提供妻子的生活所需。如前所述，为了共同生活，夫妻双方必须提供一定的财产作为夫妻间的共同财产，在离婚后可索回或进行分配。事实上，家庭的财产基本上都是由丈夫所掌控和支配，妻子的主要职责仍然是相夫教子。在人身方面，多数的文献没有提到妻子对丈夫的人身依附性，妻子享有一定的独立性，可以依照自己的意愿实施法律行为，不受丈夫的当然支配。而且，古代埃及的女子还在外从事社会工作，如监工等。不过，从第五王朝开始，夫权逐渐扩张起来，有学者认为是希克索斯人将这一风气引入了埃及。丈夫开始在婚姻中握有实权，占主导地位，妇女的日常生活逐渐以丈夫为

---

① John H. Wigmore, *A Panorama of the World's Legal Systems*, Vol. 1, West Publishing Company, 1928, p. 93.

② 参见由嵘主编：《外国法制史》，北京大学出版社1992年版，第10页。

中心。

在子女方面,法定夫妻所生子女为嫡系、正宗,妾所生子女天然受到歧视,甚至不承认其为家庭成员,更是不能平等地分得财产。如果夫妻结婚多年而无亲生子女,则允许丈夫与女奴同居,所生子女为"收养子女",自动获得自由人身份,并为当然后嗣。父亲的权威不如古罗马时代,但是子女在成年前仍然处于父母的庇护下。希罗多德还提到了在古代埃及"儿子除非是出于自愿,他们没有扶养双亲的义务。但是女儿不管她们愿不愿意,她们是必须扶养双亲的"①。可见,女儿相对于儿子需要承担更多的赡养义务。

(二)继承法

各种铭文以及纸草纸显示,埃及是古代社会中唯一保留子女平等权利制度的国家。一般不遵循嫡长子继承制,全体子女平均地继承遗产,即女儿也与儿子享有相同的份额。如果被继承人没有儿子,其财产当然可以由女儿所继承。若无一子嗣,则由死者的兄弟或姐妹继承遗产。法老及王室贵族通常在生前即决定其死后从遗产中拨一定数量的财产捐献给信奉的神庙,包括土地和其他动产等,以作慰灵祭祀所用,继承人不得私自将此财产占为己有。同样,妻子对丈夫的财产也有一定的继承权,但以承担一定的义务为前提。例如,第十二王朝时,一位丈夫将特定的财产转让给其妻子,同时附有一项义务,即要求妻子将此财产返还给子女,如果其不履行该义务,那么妻子的继承权将被剥夺,其原本所要继承的财产会在子女间重新分配。但是在某些时候,妻子也可以剥夺子女的继承权。诺拉科特(Naunakhte)是拉美西斯时期底比斯坟墓建造工人的妻子,她斥责其三个子女忘恩负义的行为,于愤怒之下剥夺了他们的继承权,且其请求得到了地方法庭的批准与授权。② 所以,财产非平均分配的情况在古埃及仍然存在,还有一些文献提到某男子由于偏爱幼女而明确表示她有权继承其全部财产。③ 除此之外,在部分资料中还提到了另外一项继承的原则:"任何一

① [古希腊]希罗多德:《历史》(上册),王以铸译,商务印书馆 1985 年版,第 125 页。

② See Bard & Kathryn A., *Encyclopedia of Archaeology of Ancient Egypt*, Routledge, London and New York, 1999, p. 440.

③ 参见由嵘主编:《外国法制史》,北京大学出版社 1992 年版,第 10 页。

个为死者举办葬礼的人有权继承其财产。”①这里所说的财产还应当包括死者原本所享有的债权与债务，具体情况详见后文司法程序中所举之例，可见古埃及已经存在概括继承的法律理念。

在古代埃及社会的进化过程中，已出现了遗嘱继承的形式，每个人都有权依自己的意愿订立遗嘱，其中闻名于世的一份是阿蒙纳赫特三世时期（Amenemhet Ⅲ，约公元前1842年~前1797年）的遗嘱，它是世界上现存最早的遗嘱性质文件，据权威的估计，它大约出现于公元前1805年，它的形式和风格表明埃及的遗嘱技术已达到相当高的水平。遗嘱写道：

“我，乌阿（Uah），将我的兄弟安克仁（Ankh-Ren）给我的全部财产遗赠给我的妻子谢夫图（Sheftu），吉沙伯（Gesab）的妇女特塔塞特塞普杜（TetaSatSepdu）的女儿，负责将财产交给后嗣。

我遗赠给她东方奴隶4人，那是我兄弟安克仁给我的。她可将他们交给她的孩子中适合的人。

对于我的墓地，让我死后单独与妻子埋葬在一起。

另外，我兄弟安克仁为我造的房子，我妻子将有权居住而任何人不得驱逐。

代理人塞布（Sebu）将作为我儿子的监护人。

证人如下：开蒙，石柱装潢者；艾普，神庙看守；参伯及其子，神庙看守。”②

从中可以看出，这份文件已经具备了当代遗嘱的雏形，古代埃及的继承法发展到了一个比较高的程度。被继承人立遗嘱时还需要三个以上的证人在场，而且法律规定遗嘱必须要通过行政机关（同时也是司法机关）登记、备案，才能发生效力，用以防止将来争议的发生。

六、刑法

与其他古代社会相仿，埃及当时的刑法制度带有原始社会的遗风，比较血腥、残酷，但是同时也存在保护人权的规定，显示出其向文明社会进化

---

① Bard & Kathryn A., *Encyclopedia of Archaeology of Ancient Egypt*, Routledge, London and New York, 1999, p. 441.

② John H. Wigmore, *A Panorama of the World's Legal Systems*, Vol. 1, West Publishing Company, 1928, p. 22.

的萌芽。

(一)罪名

古埃及的刑法观念中,一切违反玛阿特的行为皆被认为是一种犯罪,是对法律规则的背离。与中国的"十恶"相似,古代埃及最严重的犯罪即是危害国家安全和社会秩序的行为。国事罪或叛国罪,指暴动或叛变,意图推翻法老至高统治的行为被视为最不可饶恕的罪行。而大部分铭文和壁画多刻画有关盗墓罪的规定,尤其是拉美西斯时期盗墓行为猖獗一时,盗墓是对法老坟墓的侵害,埃及人认为这是对法老灵魂的恶意打扰和损害,属于最恶劣的罪行之一。贪污受贿罪,属于官员犯罪的一种。在第十九王朝末期,某人通过贿赂宰相获得官职、从坟墓中偷窃财物、鞭打下属,甚至强占他人妻室。派去调查此案的四个官员被证实与被告进行性交易,结果被剥夺官衔且遭受肉刑惩罚。① 逃工罪,没有及时上工或逃避强制义务劳动也被归入犯罪行为之内。此外,违反宗教祭祀规则、捕杀祭天的动物、不遵守"天书"中规定的医疗章程等,都被视为重大刑事犯罪。还有杀人、欺诈、盗窃、诬告、伪造印章和货币、私制度量衡器,都属于刑法所规制的犯罪行为。②

在古代埃及法中,一些民事违约或侵权行为也被归入犯罪行为的范畴内,比如非法侵占他人财产、不履行债务等。可见,当时刑事犯罪和民事侵权之间没有明确的分界线,而是混杂糅合在一起,这也是所有古代法的特征之一。

(二)刑罚

当时的刑事处罚明显带有原始、野蛮的痕迹。对于各种刑事犯罪,广泛适用死刑和肉刑。死刑中除了斩首外,杀父的罪犯一般被处以肉刑之后将其烧死,另外还存在把犯人扔进河里淹死的刑罚。那些犯有叛国罪的囚徒在被处死后,其尸体还会被掷入河中,意思是不得在国土内安葬,而且对其家人实行株连制。③ 若是官员犯罪,会被允许在审判之处自杀,如果他们

---

① See Redford & Donald B., *The Oxford Encyclopedia of Ancient Egypt*, Vol. 2, Oxford University Press, 2001, p. 281.

② 参见由嵘主编:《外国法制史》,北京大学出版社 1992 年版,第 11 页。

③ 参见由嵘主编:《外国法制史》,北京大学出版社 1992 年版,第 11 页。

这么做了，就不会被执行者处死。① 这种方式与日本的剖腹自杀十分类似，其原因等同于中国的"刑不上大夫"，为王宫贵族官僚们留下一点最后的尊严与体面。一般死刑只能由法老作最后核准，而且一些重大刑事案件如叛国罪、贪污罪等都由法老亲自审理。依照罪行的轻重，还会将犯人驱逐至努比亚或西方沙漠，以及将其罚到采石场和矿场进行强制劳作。在一些严重的案件中，对罪人可以实施杖刑，杖数可达百下，犯人大多承受不了而死亡。古埃及大多数的案件实行的是肉刑处罚，包括割鼻子、耳朵、舌头、四肢及生殖器。某些刑罚类似于古代中国的墨刑，在身体上烙印，成为一种永世的耻辱。还有一些毁誉刑，将犯人绑在刑架上游街示众。对于偷窃罪和非法侵占罪，还处以返还原物以及两倍于原物价值的罚款。同时，民刑不分，对一些民事侵权行为也处以刑罚，比如契约的违约人在败诉后须发誓履行合同，否则将遭受杖刑（通常是100下）作为一种类似罚款的形式。②总之，当时的刑罚以肉刑、耻辱刑为主，死刑适用范围颇广，明显带有未开化的色彩，体现出严刑峻法的特点。

虽然古代埃及刑罚十分的残酷，但是也存在一些保护人权的规定。比如，严禁血亲复仇，但尚无赎罪金的形式。博克霍利斯王为了保护人身和生命，取消了野蛮的债务奴役制。此外，被判入狱的罪犯还可以获得"保释"，由于经济原因成为某位市民或官吏的临时奴隶，同时这位市民或官吏须在文件上签字，保证应检察官的命令随时提供犯人。③ 但是如果罪犯逃跑，那么他的家属将遭到扣押，直到犯人自动或被捕归来。"萨安胡尔的女儿特提，即西斯城工地的书吏手下的一名妇女。31年夏天第3个月的第9天，大监狱接到一个命令要求从法院释执行。书吏杜阿门宣布：'执行，结案。'"④从这个例子中可以推断出，虽然古埃及并不广泛施行株连制，但是罪犯的家属仍然会受到一定的牵连，不过家属当然是不入罪的，在这个方

---

① See John H. Wigmore, *A Panorama of the World's Legal Systems*, Vol. 1, West Publishing Company, 1928, p. 42.

② See Redford, Donald B., *The Oxford Encyclopedia of Ancient Egypt*, Vol. 2, Oxford University Press, 2001, p. 281.

③ See John H. Wigmore, *A Panorama of the World's Legal Systems*, Vol. 1, West Publishing Company, 1928, p. 24.

④ [美]巴里·克姆普：《解剖古埃及》，穆朝娜译，浙江人民出版社2000年版，第157页。

面古埃及的做法与其他古代国家的规定也是截然不同的。

七、诉讼法

(一)司法组织

1. 司法机关

直到第二十六王朝之前,古埃及并不存在真正意义上的、拥有永久办公场所的独立的司法机关以及专职的法官。司法与行政相混同,司法部门尚未从行政部门中分离出来,不能独立行使审判权,通常由司法部掌管有关司法的大小事宜,法庭由那些同时担任行政官职的人员所组成。

法老是埃及境内的最高法官或最高司法机构,拥有重大案件的最终裁定权,而且死刑必须经过他的最后核准,他也有行使宽恕的特赦权,这与古代中国的死刑复核制度有着异曲同工之妙。但是在法律实践中,这种专制的形式使法老常常以自己的喜怒哀乐来定夺案件,全民的生杀予夺大权危险地掌握在法老一人的手中。

一些文献中还提到了王室法院的存在,拉美西斯三世曾任命其所信任的官员包括"圣杯享有者"以及军队官员共同构成一个审判委员会,专门审理"后宫叛变"的案件。由于古埃及妇女地位的特殊性,王室女子常常会参与到谋反政变中篡夺权位,比如著名的克里奥培特拉。这些特别案件通常在一个秘密的地方进行调查取证工作。泊辟一世(Pepy Ⅰ,约公元前2301年~前2262年)曾任命瓦尼(Weni)一人在后宫听取王后的供词并将其记录在案。①

第三王朝时,由一些地方高级官员、军队指挥官以及王子们共同组成"十人委员会",除了行使特定的行政职责外,还参与法律、王室敕令的施行。从第五王朝起,它演变成履行司法职能的机关。古王国后期,又出现了新的"六人院",替代了"十人委员会",成为中央高级法院,两者都由宰相担任主席,而宰相是全埃及境内的首席大法官。

到新王国时期,在底比斯和哈利泊里斯(Heliopolis)出现了两个高级法院,其组成人员是一些高级行政和军事官员,包括"阿蒙神庙的第一先知"、

---

① See Redford & Donald B., *The Oxford Encyclopedia of Ancient Egypt*, Vol. 2, Oxford University Press, 2001, p. 280.

市长(同时也是地方法院的司法官)、先知、监工、高级军队指挥官、宰相麾下的书吏、“王室圣杯的享有者”以及法老所遣派来监督审判的官员,同时由宰相控制大权。这些法官的人数通常为30人,且很明显主要是一些奴隶主阶级和高级行政官员。①

每一个州内都有各自的地方法院,处理各州内的相关案件。在新王国时期的底比斯坟墓群所在地,法院人员由工人们所构成,并由一个“工人首领”担任最高法官,另有少数警察、两个书吏,后者既是书记员又是宰相的代表。据哈姆汉伯敕令以及阿蒙霍特普三世和五世时期的纸草纸记载,其他地方法庭与底比斯坟墓群所在地的法庭组成形式相似,主要是由一些显贵包括市长、先知、普通僧侣以及担任书记员的两个书吏共同构成。

此外,在一些基层乡和镇还存在一些基层公社会议(如“甲甲特”“肯培特”),主持审判事务、经济事务和各种行政事务,其审判权仅仅限于有关家庭权利纠纷案件,特别是遗产纠纷,而且原告和被告的亲属都可以陪审员的身份来处置此案。②

需要指出的是,不同于现代地方法院和高级法院的上下级关系,古代埃及的地方法院和高级法院之间并不存在必然的直接关系,即在地方法院败诉的当事人无权到高级法院提出上诉,而只能在同一法院要求重审。两种法院的区别在于各自审理案件范围的不同,通常比较简单、处刑较轻的案件由地方法院审理,而高级法院有权管辖一些重大案件,比如叛国罪和贪污罪等。两者互相补充,共同组成一个司法整体。

2. 司法阶层

古代埃及究竟是否存在我们现在所定义的法学家阶层？从严格意义上来说,并不存在专门的可以构成阶层的法学家们,但是可以找到一个相近的群体：书吏。他们之所以并没有构成阶层是因为其不是专职的司法官,他们常常也是一些行政官员,只是兼司法职责。书吏通常由那些受过教育的自由民担任,早些时期只能由王宫贵族担任,但是后来一些平民也开始跻身此行列。他们受人尊敬,并且得到法老的大力提拔与赏识,身居

---

① See Redford & Donald B., *The Oxford Encyclopedia of Ancient Egypt*, Vol. 2, Oxford University Press, 2001, p. 280.

② 参见由嵘主编:《外国法制史》,北京大学出版社1992年版,第11页。

高位。第五王朝的一尊书吏坐像将其描绘成一个盘腿而坐,一手拿着记录法律的纸草纸,一手握笔,具有深邃和睿智的眼神,表情里透着自信和乐天精神的知识分子。[①] 但并不是每一个书吏都能成为法官,国王精心挑选那些"公正而有能力","极善言辞、人格高尚、善于分析人类内心世界,并且熟悉宫廷程序和法庭法律"[②]的人担任法官。他们作为司法官时,通常担任法庭的书记员,记录证人和当事人的证词,整理成一份诉讼事实摘要备案和上交。其中的佼佼者更是成为独当一面的法官,参与案件审理与作出最终的裁决。他们代表法老行使司法权,严格地在法律的范围内解决争端、追求公平。他们是构筑古埃及司法制度这一座宏伟"金字塔"的无数坚固基石。

(二)程序与原则

除了与现代法院相同的诉讼职能外,古代埃及法院最与众不同的一点就在于其还承担了公证的职责。古代埃及的大多数人是不会书写的,每一份重要的契约都是到地方法院由书吏当着证人的面记录下来,并进行存档备案。无论何时,一份转移土地所有权的契约都会被记载下来,交与宰相,经其同意之后保存在其"办公室"中,确保当事人对合约的履行以及第三方承诺的执行。

在诉讼进程中,首先是由原告向法院提起诉讼,其必须写明起诉的理由。法庭在做过初步的调查后决定是否受理,受理后传讯被告到庭受审。当时并不存在所谓的调查官,对案件的最初调查是由整个法庭(或者组成一个调查委员会)一同担当的。若是原告起诉他人盗窃坟墓,法庭(或委员会)将调查坟墓被盗后的现场残留情况。然后在庭上询问相关的证人和疑犯、听取当事人的陈述以及检验书面证据的合法性和可采纳性。高级法院还可以遣派一个官员到距离现场最近的地方法院,在后者的协助下听取证词、分割土地。[③] 当时的诉讼形式介于对抗制和纠问制之间,法官并不完全扮演消极的角色,而当事人也可在庭上互相质问辩论。此外,当事人和证

① 参见沐涛、倪华强:《失落的文明:埃及》,华东师范大学出版社 1999 年版,第 12 页。

② John H. Wigmore, *A Panorama of the World's Legal Systems*, Vol. 1, West Publishing Company, 1928, p. 30.

③ See Redford & Donald B., *The Oxford Encyclopedia of Ancient Egypt*, Vol. 2, Oxford University Press, 2001, p. 281.

人必须在庭上发誓，以确保其所言的真实性。法庭可以对当事人实施刑讯，其所得的供状也可以作为证据。

埃及没有律师职业，当事人必须亲自向调查法官陈述事由，并且是口头陈述。但是依据迪奥多西斯的记载，当时已经普遍地采用书面形式，高级法院通常也是采取书面审的方式进行审理，且并非由一个独立的法官进行裁判，而是由部分法官组成法官团进行审理。有文献记载虽然不存在律师，但是可能有某种“司法辅助者”给当事人提供建议，他们通常是法官团之外的一些司法官。①

在法官断案的过程中，他们必须严格遵守法律的规定，不可逾越半步，同时有记录证明其必须受到先例的拘束。在公元前12世纪时，一个底比斯坟墓群建筑工人的父亲生前将丧葬器物通过契约转让给他人。受让人死亡后，其子女拒绝履行支付义务。这个案子随后递交到法庭，存档的契约证实了债权债务关系的存在。此工人提出适用“法老的法律”以支持其诉讼请求，这里“法老的法律”指的是有关“任何一个为死者举办葬礼的人有权继承其财产”的原则。并且原告引用了一则先例：在一个相似的争议中法庭将死者生前的债权判为遗产的一部分（在遗产分割之前）。原告以此要求继承其父的债权，获取其父原本所应当得到的价金，请求法庭给予公平的解决结果。② 这个案例不仅证实了先例原则在埃及的适用，同时也体现了概括继承的规则。

法官在对证据进行勘查、检验后，依照法律的规定作出公平的判决。在判决中一般都载有理由、判决的法律依据、处理案件的庭审辩论经过及判决结果，这与当代的判决书几乎如出一辙。如果在判决下达后，出现了新的事实或证据，可以在原诉法院进行再审。最后的判决书连同执行过程的书面材料，会被整理成一份完整的“诉讼事实摘要”，一并存入法院档案库。

在古代社会一个很长的阶段中，都是采用神明裁判的方式判断案件的事实，埃及也未能幸免。尤其是一些敏感的案件，比如对监工或监工的亲

---

① See Redford & Donald B., *The Oxford Encyclopedia of Ancient Egypt*, Vol. 2, Oxford University Press, 2001, p. 281.

② See Bard & Kathryn A., *Encyclopedia of Archaeology of Ancient Egypt*, Routledge, London and New York, 1999, p. 441.

属提起的有关盗窃罪的诉讼,需要通过神明裁判或是被称为神谕的方式来裁判。神谕由建村者所制定的规则构成,在庆典时,某位德高望重的长老拿着刻有神灵形象的树皮绕村庄游行一周,通过这样的形式神灵将附身于长老,回答众人的疑问。询问采“是”或“否”的回答模式,被神灵附身的人的每一个明显的动作都被视为是神灵的指示,以此来阐明案件的事实真相。没有人甚至是监工和书吏也不能对神明裁判的最后裁决提出反对意见。①

迄今为止,并未发现任何保存下来的判决书原本,只有一些相关的法庭记录,比如著名的民事案件“梅斯诉凯案”,刑事案件多为叛国罪和盗墓罪的审判场景。但是这些有限的资料已在我们面前勾勒出古代埃及司法制度的轮廓和线条,每个司法官员分工明确,他们审理案件时追求最大限度的公平,作为最高司法官的法老掌握着最终的死刑复核权及特赦权,在法老的统治下,最终搭建起一座结构精密、庞大复杂的“司法大厦”。

(三)灵魂审判

在古代埃及下的纸草纸和碑文中,经常可以见到以冥王奥西里斯为首的诸神法官对死者进行审判的场景。奥西里斯静静地坐在他的王座上,他头戴王冠,一手执钩、一手执连枷,其后并立着伊西里丝和娜芙提丝姐妹。奥西里斯神在古埃及被视为土地、植物和尼罗河水的化身。他原是埃及的一位国王,后遭人谋害,死后重生成为冥府的统治者,通常被视为战胜死亡力量的象征。伊西里丝是奥西里斯的妻子与妹妹,是古代埃及的生育和繁殖女神。娜芙提丝是伊西里丝的妹妹,通常被称为“死亡女神”“天堂女神”“生命女神”等。在审判大厅的另一边有42位天神担任助理法官,每一位都对特定违法行为拥有审判权,这些犯罪行为结合起来便构成整个刑法的范围。大厅中间放着巨大的天平,旁边站着记录的透特神。《亡灵书》记载死者的灵魂被带到奥西里斯面前,对每一个罪行都申诉无罪:“我未干坏事,我没有抢劫,我没有入室偷窃,我没有秘密行窃,我没有杀人,我没有出售斤两短缺的小麦,我没有欺诈,我没有抢劫神庙,我没有作伪证,我

① See Bard & Kathryn A., *Encyclopedia of Archaeology of Ancient Egypt*, Routledge, London and New York, 1999, p. 441.

没有偷食物，我没有亵渎上帝，我没有袭击他人，我没有通奸，我没有诽谤……”①同时，一个官吏在天平的左侧称量他的心脏，右侧是正义女神玛阿特的羽毛。如果天平两端平衡，即证明死者是清白无罪的，在其名字后加上“公正者”以资证明，然后他可以进入来世的大门，得到永生。否则，守在一旁的猛兽就把死者连同他的心脏一并吃掉，出现“第二次死亡”。

从末日审判的情形中，我们可以看到早期埃及审判体系的总体特征。其中审判的准绳不是人而是一架天平，这本身就蕴涵着古代埃及人的一种法律价值观，即司法追求一种衡平、公正。同时也表明，犯有罪行的人最终将受到严惩，没有人可以通过巫术等方式逃避裁判与惩罚，每个人在神与法的面前都是平等的。

第三节　古代埃及法的特点与历史地位

一、古代埃及法的特点

通过各种纸草纸和雕刻铭文，我们逐步揭开了古代埃及神秘的面纱，法律端倪依稀可见。作为东方奴隶制法的一种，古埃及法具有其他古代社会法的共性，比如具有原始社会的遗风、维护奴隶主阶级的利益、诸法合体、缺乏比较抽象的原则和概念等。但是诞生在非洲尼罗河畔的古代埃及法却还拥有着超越其他古代法的令人惊叹的特征。

（一）宗教的绝对统治地位

在古代社会，由于人类对未知事物的懵懂和恐惧，宗教迎合了人们的心理，人类自己所创造出的神灵成为宇宙至高无上的主宰，而俗世的统治者却只有借神之名才能获得其权威的合法性和正当性。古代世界中，君主被神化以及王权神授的理论并非个别、偶然的现象。但是，古代埃及法老的神化显然超过了近东的其他民族。国王与神灵从未分离过，每一位法老

① John H. Wigmore, *A Panorama of the World's Legal Systems*, Vol. 1, West Publishing Company, 1928, p. 47.

包括篡位者都是通过君权神授的形式获取和巩固其王权。古代埃及的法老从来都不是人,甚至不是神的代言人,而是神灵本身。法老通常被称为太阳神“拉之子”或者是“伟大的神”等,他们除了自己的名字之外,还拥有荷露斯名即神名。而所有的法律也只不过是神的旨意和命令,整个法律制度披上了一层宗教的外衣,法律的光芒掩盖在宗教之下。同时,宗教地位至上必然会培育出一批所谓的僧侣贵族,他们在古埃及的地位仅次于法老,拥有大量的土地和其他财产,而且受过教育的高级僧侣最终往往会成为埃及国内举足轻重的行政官和司法官。

宗教的权威地位还体现在对丧葬财产的特殊保护中,迄今所发现的法律资料多提及此内容。作慰灵祭祀之用的丧葬财产是属于神庙的特别财产,在古埃及后期神庙对其享有完全的所有权。个人一旦将丧葬财产捐赠,即丧失所有权,不能作为遗产的一部分被继承,更不能自由转让,只能作宗教用途。国王有时仅是名义上的最高所有权人,国家很大一部分财产掌握在祭司手中。

(二)平等和个人主义色彩

在研究几千年前的古代埃及法时,当代研究者最为诧异的一点莫过于法老制定的法律始终坚持以个人为对象,并且体现出平等的民主理念。首先,处于社会最底层的奴隶并非像在古罗马那般低贱,他们可以占有自己的财产并自由进行处分,甚至能拒绝主人的转让命令。其次,妇女拥有一定的独立性,她们不完全依附于丈夫的权威之下,可以外出从事社会工作。同时还享有民事权利,在婚后可以拥有属于自己的财产,依自身意愿买卖、遗赠,另外能够担任契约的证人,尤其是女儿也享有平等的继承权。再次,大家庭没有法定的实质,一个大家庭只限于父母及其子女,个人的社会地位不由他的血统关系所决定。最后,在司法程序中,一切阶级的男女在法律面前平等,法律不仅为王公大臣的利益服务,而且奴隶和下层人民也有权要求法院保护他们的人身和财产免受贵族的侵害。

这种不同寻常的现象和当时埃及的宗教和伦理学有着千丝万缕的关系。来世审判的场景中,每一个人无论其生前的阶级地位如何都要接受神的审判,在神灵的面前人人平等。奥西里斯重生的传说塑造了一种观念:只要一个人生前不作恶,平等地善待他人,就能进入来世的极乐世界,与神同行。埃及的伦理学还发扬了人类尊严的概念:“不要对人施加暴力……

他们都是赖神的眼睛所生，是他流出的血。”赖神是古代埃及的太阳神，是当时埃及人最为敬仰的神灵之一。① 在古代埃及人心目中，人类都是神的子女，应当平等地对待每一个人，他们不断追求的是一种完美和谐的秩序和宇宙的均衡。不过我们也不能就此认为古代埃及社会中人与人之间已经达到了与现代相当的平等程度，一批人仍然奴役着另一批人，只不过相对于其他非洲国家和同时代的西方各国，古代埃及已向前跨越了一大步。

（三）独立性与原生性

不同于现代淡化地域差别以及“地球村”的理念，在古代，地理因素是起决定性作用的。埃及地处非洲东北部，西南面是茫茫无际的沙漠，阻隔了其与非洲大陆其他国家的联系，所以它较少受到非洲其他国家的侵扰，能够在一个稳定的政治环境中依靠尼罗河所赐予的财富蓬勃发展起来，整体法律制度也由此进化到其他非洲国家无可比拟的程度。等到王国后期，法老率军大肆侵略叙利亚、努比亚等国家，作为一个经济和文化水平较高的侵略者，古埃及人更多的是将他们自己的文明成果传播到被攻陷的城池中，而非反过来受被征服者的影响。因此，地理位置的优越性以及政治的连续性导致古埃及较少地被其他国家左右，同时尼罗河以及其他丰富的地理资源促进了经济和文化的发展，一套具有自身特色的法律制度就此不断进化与完善。这种状态一直持续到王国后期。随着航行技术的发达，波斯、希腊、罗马人越过海洋侵入古埃及，在内忧外患中，古代埃及最终沦为外国的行省，希腊法、罗马法以及其后伊斯兰教法的因素开始渗透到其法律制度中，古代埃及法最终被侵蚀殆尽，失去了往日的光辉。

二、古代埃及法的历史地位

（一）古代埃及法系的形成

威格摩尔在其《世界法系概览》一书中将古代埃及法视为世界上最早出现的法系，他所倡导的法系划分标准比较宽泛，而且当时埃及法对周边国家的影响究竟达到怎样一种程度，还有待进一步考证。不过，当时的埃及确实与非洲、亚洲和欧洲的原始民族存在一定联系，其中多为经济贸易

① 参见［埃］G. 莫赫塔尔主编：《非洲通史》（第 2 卷），冯世则等译，中国对外翻译出版公司 1984 年版，第 97 页。

和文化交流,后期则是侵略行为,与此同时也将其法律原则和观念传播到其他国家。古代埃及人如同他们所景仰的太阳神一般,将法律的光芒照耀在广大的土地上。

纵观历史,古代埃及的法律传统一直持续到亚述人、波斯人及希腊人入侵之前。自此以后进入希腊化时代,形成一套埃及式与托勒密式相混合的法律体系。直到后来其沦陷于罗马人之手,才完全被罗马法所替代。古埃及法消失殆尽的原因有二:其一,文字的消逝。当时埃及的法律文献大多是用象形文字雕刻在墓室和神庙的墙壁上,经过几千年的时间,当初深谙此种文字的埃及人没有能够将其传承给下一代,导致今天的考古学家只能依靠有限的资料以及想象力才能翻译出铭文的部分内容。而且,那些记录在纸草纸上的法律文书多数也已在大水泛滥中毁灭。其二,外族的入侵。当年罗马人侵略埃及之时,火烧亚历山大图书馆,烧毁了无数珍贵的书籍和历史资料。之后,罗马人用其法律完全替代了原有的古埃及法。几百年后阿拉伯人将伊斯兰教法传入了埃及,使今天的埃及已经完全为伊斯兰教法所统治,极少有古代埃及法留存下来,其因此被深深埋葬在历史长河中。

(二)古代埃及法对后世的影响

古代埃及法不同于罗马法与日耳曼法,后两者直接为近现代法律所继承,而前者更多的是对后世的间接影响。恰如我们手中的书籍一般,后人不断地在前人的思想基础上进行继承与创新,才蜕变成为具有现代意义的理论原则,最终展现在我们面前的不仅仅是书本身,而是人类历史的缩影。古埃及法便是如此,它逐渐渗透到其他法律中传承下来,与后者水乳交融,近现代的法律是整个历史的沉淀,古埃及法的原则或者确切地说是一种精神,深深影响了其后的法律制度。

1. 对非洲其他地区的影响

大部分的历史书籍常常将古代埃及并入中东地区范围内,无形中将埃及与非洲大陆割裂开来,后者更多地被称为“撒哈拉以南非洲”。其原因是早些时候有学者将古代埃及人确认为白种人,而近期的研究表明,埃及与非洲其他地区的祖先是一样的,属于黑种人。位于埃及南部的另一个非洲古王国库施(也称努比亚)受埃及的影响很大。如库施王国曾仿效埃及法老的官僚体制建立自己的政治体制。[1] 后来,埃及法老率军南下侵略,库施王国大部分国土沦为埃及的行省。此外,埃及还曾向西远征利比亚等马格里布地区。埃及人在那里推行他们的统治,同时将先进的法律也带到了这两个地区。库施帝国瓦解后,原居住民被侵略者赶往西非大陆,与此同时,也间接地将古代埃及的法律制度输送到了非洲内陆。

2. 对欧、亚大陆的影响

埃及北邻地中海,西面俯瞰红海,优越的地理位置使其与欧、亚大陆的联系十分密切。根据资料记载,从古王国时期开始,埃及就与地中海沿岸国家开始了贸易交往。哈特舍普苏特女王曾经派遣一支远征队赴欧洲进行考察,将埃及的文明传播到西方。而腓尼基则成为古埃及与西方之间文明交流的中间走廊,古埃及的法律和其他遗产通过它播撒到希腊、罗马,为后世所继承。

公元前500年前后,一群希腊人访问埃及,一位高级的埃及祭司曾对他们说:"你们希腊人总是孩童,你们中没有一个老人。"这位祭司将希腊人视作无足轻重者,埃及已经进入了第二十六王朝,而这时希腊人才刚刚开始有他们的思想。[2] 古希腊人在酝酿他们自己的文明之初,怀着谦卑、景仰的心情吮吸着古埃及的每一滴文明之水,他们学习古埃及法并选择合适的部门施行于希腊境内。根据希罗多德和迪奥多西斯的记载,古希腊的伟大立法家梭伦就曾经赴埃及考察,其后所制定的法律与博克霍利斯法典有许多相似之处。"古埃及国王阿玛西斯曾规定出一条法律,即每一个埃及人每年都要到他的诺姆的首长那里去报告他的生活情况,而如果他不这样做或是不来证明他在过着忠诚老实的生活时,他便要被处以死刑。梭伦从埃及那里学到了这条法律而将之施用于他的国人之中。"[3]因此,古希腊的法律中隐含着古埃及法的原则和制度,后者得以在国家灭亡后被保留下来,重新焕发光彩。

在圣经中的"出埃及记"中叙述了摩西带领希伯来人逃出古埃及的事

---

① 参见何芳川、宁骚主编:《非洲通史:古代卷》,华东师范大学出版社1995年版,第85页。

② 参见[美]罗伯特·E.勒纳等:《西方文明史 Ⅰ》,王觉非等译,中国青年出版社2003年版,第70页。

③ [古希腊]希罗多德:《历史》(上册),王以铸译,商务印书馆1985年版,第189页。

迹。摩西从小在古埃及王宫中长大,耳濡目染当时的文化和法律制度,其后所制定的"十诫"自然折射出古代埃及法的身影。尤其是古埃及人所倡导的平等与个人主义的思想渗透到圣经中,为日后的教会法所承继,成为现代欧洲法律的先驱。不过需要指出的是,虽然圣经中对此进行了详细的记载,但是迄今为止所发现的埃及文献中并未提到摩西的存在,同时也没有任何有关古埃及军人在追赶希伯来人途中被红海淹死的事迹。

事实上,古代埃及的法律更多的是通过其宗教及伦理学得以被传播、继承。希腊许多神的名字起源于埃及,《旧约》中大量的赞美诗与纸草纸上的记载也并非偶然的雷同,克里特岛上所挖掘出的古埃及的神像更是充分说明了古代埃及文明的广泛影响。古埃及人通过他们的宗教力量,将一种平等的、公正的、宽容的思想与理念灌输到其周围和以后的文明中。被视为世界哲学开创者的希腊人,他们的理论就受到了古埃及思维的影响,而后人从希腊人那里继承的哲学、法律等理念其实已经隐含了古埃及的精髓。我们现代的法律并非一日而成,而是历史的积淀。与其说是承继了前人的法典体例、条文,毋宁说是一种法律的思维、理念或者是法的精神的承继,作为整体的法拥有历史上每一缕曾经存在过的法律体系的灵魂。

若是仍然有人质疑,古代埃及法本身早已消亡,连在现代埃及境内都无迹可寻,何来影响?这里用一位埃及历史学家的话来回击最为恰当不过了:

"如果我们在托勒密时代的开端处结束了这部历史,这不是说古埃及完结了,或是埃及人变成另一个民族了。假如说在几世纪后埃及人变成了基督徒,不再信仰古代的神,再以后又变成伊斯兰教徒,那我们能不能认为埃及精神死亡了?不,事实远远不是这样,因为埃及仍旧是埃及,尼罗河仍旧是尼罗河。使埃及激奋起来并使它达到文明高峰的古代精神还继续保留着,在历史上每次黑暗时期以后,埃及都从黑暗中得到新生,重新开始又一个有成就的和伟大的时期。"①

---

① [埃]阿·费克里:《埃及古代史》,高望之等译,商务印书馆 1973 年版,第 214 页。

第二章　撒哈拉以北：非洲法的伊斯范

第一节　伊斯兰教在北非的传播

撒哈拉以北非洲，包括今天的摩洛哥、阿尔及利亚、利比亚、突尼斯、埃及和苏丹。至公元 7 世纪，与撒哈拉以南非洲相比，撒哈拉以北非洲的法律相对发达。但是除了古埃及等少数国家出现过成文法之外，大多数国家仍只有习惯法，这些法律主要是非洲的本土产物。尽管罗马统治者摧毁了古埃及的法律制度，但面对北非广袤的地区、众多的当地居民、民族文化上的冲突以及罗马人、汪达尔人、拜占庭人统治的频繁更替，当地的习惯法仍然占据着主导地位。

公元 7 世纪，非洲的法律文化发生了第一次重大变迁，那便是伊斯兰教法在北非传播并逐渐取代当地法律或与之融合。伊斯兰教法移植于非洲的过程是自武力征服开始的。

一、伊斯兰教传入非洲之前的发展简史

伊斯兰教产生于公元 7 世纪的阿拉伯半岛，当时的阿拉伯半岛处于原始社会末期，其基本的社会组织形式仍是由血缘氏族或者氏族组成的部落，主要的居民是贝都因（Bedouin）游牧民族。游牧民个人隶属于不同的部落，氏族意识维系着部落的统一和稳定。阿拉伯地区环境恶劣，加之生产力水平低下，各部落之间为争夺生活领

域与物质资源经常发生武力争斗。而习惯法是整个阿拉伯半岛解决各种矛盾冲突的主要规范。

与此同时,在汉志地带(阿拉伯半岛沿红海海岸线宽 48.3 公里的平原北部及其山区的总称)的麦加、麦地那等地区,手工业、商业或者农业较阿拉伯半岛南方要发达,因此传统的氏族部落也在逐步瓦解,居住在那里的阿拉伯人因为较为复杂的社会分工以及繁荣的贸易,形成了共同的利害关系。宗教方面,最初,阿拉伯人信奉万物有灵,各部落都有自己所信仰的不同神祇,除此之外,阿拉伯人同时也信奉上帝——安拉(真主),这个上帝并非从犹太教或基督教而来,但是周围的诸多宗教确实对之有所影响。随着安拉被作为克尔白天房的主神崇拜,位于麦加的克尔白天房也逐渐成为全阿拉伯人的圣地。在此种历史背景之下,统一整个阿拉伯半岛的基础已经形成。"穆罕默德的传教活动之所以获得成功,归根结底是顺应了创建统一的阿拉伯民族国家的历史潮流。"①

穆罕默德出生于公元 570 年前后的麦加(一座在当时已经颇为繁荣的商业城市),他早年便立志改变阿拉伯半岛四分五裂的现实状况,因此进行了不懈的传教活动。穆罕默德拒绝承认自己为占卜者(卡辛,kahin),他称自己为真主的最后一名使者,是宗教上的先知,同时他自己心中又形成了一种统治权的观念,认为自己是权威的立法者。

为了实现其抱负,穆罕默德坚持不懈地进行传教活动,他的改革行动遭到了麦加旧贵族的阻挠和反对。公元 622 年,穆罕默德从麦加迁往麦地那。他集军政教大权于一身,创建神权政体的公社制度。为巩固政权,他与当地的犹太人签订了和平协议,并组织了穆斯林武装,向麦加旧贵族及其他敌对势力宣战,开始了统一阿拉伯半岛的进程。自此,"战斗的伊斯兰"出现在历史舞台之上。穆斯林从一个冥思、被动和祈祷,等候末日审判的团体,短时间兴起成为一个激进的团体。战争在伊斯兰教的产生、存在和发展,以及对外扩张、称霸过程中扮演着重要的角色,穆罕默德以刀剑宣扬伊斯兰教,公元 623 年至 630 年与麦加发生过 70 多次战争。

公元 630 年,穆罕默德撕毁了两年前与麦加贵族约定双方停战 10 年的《乌第比尔和约》,率领穆斯林大军 1 万人,进逼麦加城下。以艾布苏富

---

① 吴云贵:《伊斯兰教法概略》,中国社会科学出版社 1993 年版,第 7 页。

扬为首的麦加贵族被迫无条件投降，接受伊斯兰教，并承认穆罕默德的先知地位。公元630年至632年穆罕默德又把阿拉伯各部落联合成一支庞大的军队，为扩展其势力范围而发动战争，借口替真主征服世界。

自公元632年穆罕默德去世至634年，继任的哈里发（Caliph）为巩固阿拉伯半岛的统一发动了长期的对外征服战争，将穆斯林驱向全世界。阿拉伯人征服了周边的许多国家，建立了一个广阔的帝国。第二代哈里发奥玛尔（Umar）时，哈里发立令，非阿拉伯人不得入住阿拉伯的土地，这些人都被驱逐出境；而对于所征服的土地，若非穆斯林，一律须缴纳较重的人丁税，信奉伊斯兰教的可以减税或完全豁免纳税。这样阿拉伯顿时伊斯兰教化，而各地来归信的穆斯林也与日俱增。被征服或归降的城市，后来成了伊斯兰教传播的基地和伊斯兰教不同支派的文化发源地。

二、阿拉伯人对北非的征服

穆罕默德去世后的第7年，即公元639年12月，奥玛尔派遣大将阿穆尔领兵由巴勒斯坦进入埃及，从而掀开了非洲历史上新的一页。公元642年，阿拉伯人在巴比伦城外建立戍城福斯塔特（Fustat），标志着埃及进入了阿拉伯人的势力范围。早期伊斯兰教的周围充满了混乱和腐败。阿拉伯人入侵埃及之时，东罗马与波斯萨珊帝国之间又相互征战半个多世纪而元气大伤。面对阿拉伯穆斯林的圣战，拜占庭帝国如病重的巨兽一样虚疲不堪，很快退出了埃及。另外，帝国压在埃及民众头上的沉重赋税也使社会矛盾十分尖锐，埃及人不仅对入侵者无动于衷，甚至在态度上有所期待，当地的科普特人（Copts）甚至还倒向阿拉伯人一边。拜占庭人责难科普特人，因为他们背叛了驻扎在要塞里唯一对抗阿拉伯入侵的拜占庭雇佣军，尽管有时是强迫的。①

顺利取得埃及后，阿拉伯人将目标定在了埃及以西的北非地区，这一地区的主要居民是柏柏尔人。作为北非的原住民，该民族历史悠久，且骁勇善战。早在公元前3世纪末，柏柏尔人（当时称为努米底亚人）国王马西尼萨就曾帮助罗马人攻击迦太基。“当时的柏柏尔人常常以野草代替面

① 参见何芳川等主编：《非洲通史》（古代卷），华东师范大学出版社1995年版，第96页。

包,以维持生活;他们除喝水之外再不喝别的东西。”北非内地的部落从未被以往的外来统治者彻底征服过,所以当阿拉伯人想迫使柏柏尔人臣服之时,遭到了拥有自己独立国家与文化系统的柏柏尔人的激烈反抗。阿拉伯人发动了五次大规模的西征,到公元711年才最终确立了其在北非的统治。

从阿拉伯人入侵伊始,伊斯兰教便在北非传播。因为根据《古兰经》的教义,穆斯林有责任传播伊斯兰教。作为战胜者,阿拉伯人不遗余力地在被征服地区发展伊斯兰教信徒的同时,大批的阿拉伯人移民北非。在征服之初,得到了政府种种优遇的阿拉伯部落很快在当地扎下了根,成为阿拉伯人在北非统治的支柱。当地的柏柏尔人虽不满阿拉伯人的统治,但在感情上对伊斯兰教教义并不排斥,因为“柏柏尔人和阿拉伯人的部落组织是很相近的。同时伊斯兰教所提倡的在神面前人人平等,四海之内皆兄弟,又增强了它的同化力量。伊斯兰教教义比基督教简化,宗教仪式也十分简便,这些都适合北非游牧民族与沙漠行商”①,所以许多柏柏尔人在征服伊始就皈依了伊斯兰教。

北非另一个地区东苏丹又称为尼罗河流域苏丹,大致在今苏丹境内,位于尼罗河与红海之间,南至埃塞俄比亚高原。阿拉伯人于公元639~641年征服埃及时,努比亚人已皈依基督教。651年,双方曾在尼罗河谷地的今苏丹地区发生过武装冲突,结果努比亚人屈服,并且每年向阿拉伯人纳贡,但是努比亚仍是伊斯兰世界边缘地区上的基督教国家。

7~13世纪,阿拉伯人不时渗透进努比亚人的王国。特别是9世纪红海沿岸的“淘金热”,导致了阿拉伯人社区在贝加(Beja)地区出现。阿拉伯人控制了许多金矿,并与当地人通婚,遂成为阿斯旺(Aswan)地区的主人。当地首领还曾帮助法蒂玛王朝(Fatimid Dynasty)哈里发哈基姆(Hakim)平定过叛乱。后来哈里发穆塔希姆(Mu'tasim)拒绝向阿拉伯士兵支付薪金和养老金后,一些阿拉伯人的部落向南迁移,逐渐控制了阿斯旺南部的马库拉(Muqurra)王国等国家。在马木路克素丹的干涉下,14世纪下半叶以马库拉为代表的黑人基督教国家陷入了分裂,由阿拉伯人建立的国家取而代之。

① 何芳川等主编:《非洲通史》(古代卷),华东师范大学出版社1995年版,第202页。

伊斯兰教成为北非占统治地位的宗教，随之而来的是北非地区历史上意义重大的阿拉伯化或伊斯兰教化，“它们所表述的，是在中世纪的社会条件下，由阿拉伯人所推动的，以阿拉伯语言文字为工具的，以伊斯兰教为宗教信仰、精神寄托、道德规范和社会生活准则的一种古代文明的渗透、推广及最终确立的过程”①。这个过程之初，也是北非法律文化阿拉伯化与伊斯兰教化之始。

三、中世纪北非的伊斯兰教化

这里的中世纪是指阿拉伯人彻底征服北非至奥斯曼土耳其帝国征服开罗、马木路克王朝灭亡(1517 年)。在这一时期，阿拉伯帝国对北非的控制减弱，北非地区逐渐繁荣并成为相对独立的伊斯兰世界的中心。伊斯兰教总体来说在不断扩张，至马木路克王朝末期，埃及和马格里布基本实现了阿拉伯化与伊斯兰教化。至于苏丹，也在很大程度上伊斯兰教化了。

埃及被阿拉伯人征服以来至倭马亚王朝(Umayyad Dynasty)后期是由阿拉伯贵族统治的。统治者基本保持了当地原有的行政制度，甚至让原来的官吏都保留原职。在伊斯兰教占领区中，敌国居民有一年的时间成为迪米(dhimmis)——犹太人和基督教的社团(称为“持天经者”，the People of the Book)，以缴纳人头税(pou-tax)为条件取得安全保障，并获准在由他们自己的犹太教和基督教的宗教法庭行使的私人身份法之下，维护自己的权益；否则，离开当地。原来土地的所有者在被占领后可以保有土地，不过须向国家纳税。统治者也不干涉异教居民的内部事务及宗教司法，条件也是不断缴纳赋税。伊斯兰教里非穆斯林属民的法律地位，基本上是东罗马帝国公民团体法律地位的照搬。②

在征服初期，异教徒并非一拥而上地改奉伊斯兰教。以科普特人为例，他们的社区自治与宗教生活所受到的干涉还不及拜占庭帝国统治时严重。况且当时异教徒加入伊斯兰教较原来的基督教国家并不能提高其社会地位，所以科普特人依旧信奉其宗教，他们中大多数人仍是基督教徒。

---

① 何芳川等主编：《非洲通史》(古代卷)，华东师范大学出版社 1995 年版，第 201 页。

② 参见[英]诺·库尔森：《伊斯兰教法律史》，吴云贵译，中国社会科学出版社 1986 年版，第 17 页。

科普特人与阿拉伯人混居,建造基督教堂,“在福斯塔特还听得到科普语”①。

阿拉伯人利用本地科普特富人进行复杂的税收工作。这些税收人员向福斯塔特的中央迪旺(Diwan,当时的国家财政部门,分为上下埃及两部门)负责。税收分为人头税与土地税(land-tax)两种。人头税占税收总额的35%,通常由占人口大多数的男性缴付。缴税人的名字都列在当地政府的“税收名单”上,税款最终交至中央迪旺。不同村镇的税收数量并不相同,视各地产出收入的多寡决定。如果某人不能缴纳足够的赋税,他可以用实物或劳役代替。

无论如何,那时伊斯兰教并未在埃及取得主导地位。直至8世纪中叶,基督徒与犹太人仍然鲜有皈依伊斯兰教者。一方面人头税只是异教徒诸多义务的一部分而已,另一方面当局禁止异教徒任意皈依,②异教徒安于自己的宗教。改奉伊斯兰教的主要是两类人:一些是社会上那些道德败坏者与亡命之徒为了获得更高的社会地位而离开旧的宗教团体,加入伊斯兰教;另一些则是身居官位的人物,遭到统治者强迫而入教。

随着政权的不断巩固与发展,阿拉伯帝国的哈里发逐渐成为权力的中心,有了“众生之中第一人”(first among equals)的称号。阿拉伯帝国政府系统发生了较大的变化,旧贵族的统治消失了,阿拉伯人逐渐退出了统治中心,一种由贵族官僚簇拥的专制独裁政体取而代之。在这种背景下,伊斯兰教势力在埃及等地也开始了新一轮的扩张。

倭马亚王朝晚期,阿拉伯帝国开始在埃及大批移民,许多阿拉伯人也自觉地到埃及去居住,主要是贝都因人,他们与科普特人毗邻而居。起初两种人群处于同一社会等级下,不过情况后来逐渐改变。当时政府规定:在不同信仰的社区间通婚时一名科普特男子若要娶一名穆斯林女子必须改信伊斯兰教,而一名穆斯林男子与一名科普特女子所生的子女仍是穆斯林。如此一来,阿拉伯与非阿拉伯穆斯林的人数势必猛增。可以想象,阿拉伯政府在推广伊斯兰教上必然有许多类似的有倾向性的努力,而穆斯林

① G. C. Anawati, *Factors and Effects of Arabization and Islamization in Medieval Egypt and Syria*, in Eryonis Wiesbanen ed., Islam and Cultural Change in Middle Ages, 1975, p. 32.

② 这种情况在北非的突尼斯也曾出现,参见 *Northern Africa: Islam and Modernization*, edited by Michael Brett, Frank Cass and Company Limited, London, 1973, p. 2。

的人口繁衍是皈依增加的主要原因之一。这在城市中特别明显。

伊斯兰教势力的扩张还表现在语言上。早在公元706年，阿拉伯语就被指定为统治阶层唯一合法的语言。出于商业贸易与市政管理的需要，城市在很早就接受了阿拉伯语，但科普特语还是在乡村以口语形式在文盲群体中保留了一段时间。[①] 最后，当科普特农民为了生存不得不说阿拉伯语时，统一的阿拉伯语社会逐渐掩盖了科普特（当然也包括其他非阿拉伯人）皈依者的身份。加上阿拉伯人统治的衰退，信奉伊斯兰教或者成为一名穆斯林变得更加容易，他们不再是低等的毛拉（Mawla）。"新穆斯林与原有的穆斯林同属于一个阶级"[②]，一个世界性的泛穆斯林概念便是诞生于此时的，所有加入信奉伊斯兰教队伍的成员皆能够得到"哈里发的保护与安宁"。

阿拉伯人对外征服的过程中其上层统治集团内部因权力斗争分化为数派。反映在神学上，伊斯兰教也演化为几个基本的教派：逊尼派、哈瓦利吉派（Khawa-rij）和什叶派（Shi'ah）。逊尼派只承认前任哈里发为"正统哈里发"，强调遵循本派逊奈（Sunnah）即传统习惯。与之相对的是什叶派，该派主张仅有第四代哈里发阿里及其后裔才有资格继承哈里发。而哈瓦利吉派则认为哈里发应由普遍选举产生，主张恢复早期教义，提倡原始民主、平等。它们分别支持不同的政治势力，相互争夺帝国的最高权力。

公元750年，尊奉逊尼派的倭马亚王朝被推翻，阿拔斯王朝（Abbasid Dynasty，中国古代又称为"黑衣大食"）取而代之。该王朝初奉什叶，后奉逊尼，都城为巴格达。由于内战，原阿拉伯帝国境内独立邦国林立，阿拔斯王朝对此无能为力。此时唯有埃及仍是阿拔斯王朝的势力范围。即使是这样，这一时期在埃及境内，仍先后出现过相对独立的图伦王朝（Tulunid Dynasty）与伊赫希德王朝（Ikhshid Dynasty）。

在埃及以西的马格里布，"阿拉伯语……传播到西北非，取代了各种柏柏尔语言。柏柏尔人的文化落后，他们很容易就接受了阿拉伯语和伊斯兰

---

① See G. C. Anawati, *Factors and Effects of Arabization and Islamization in Medieval Egypt and Syria*, in Islam and Cultural Change in Middle Ages, Eryonis Wiesbanen ed., 1975, p. 38.

② C. H. Becker, *Islamstudien* Ⅱ, Leipzig, 1924, p. 9.

教”①。但马格里布自被阿拉伯人征服之日起,局势向来不如埃及稳定:一方面这里远离巴格达;另一方面不愿臣服于阿拉伯人统治的柏柏尔人的反抗此起彼伏。公元776年,哈瓦利吉派在大致今天阿尔及利亚中西部地区建立了罗斯图姆王朝(公元776~908年);不久之后又在摩洛哥北部建立了伊德里斯王朝(Idrisid Dynasty,公元788~985年)。公元800年,阿拔斯王朝总督易卜拉欣·伊本·阿格拉布脱离中央建立阿格拉布王朝(Aghlabid Dynasty,公元800~909年)。

公元909年,什叶派迎立的自称为穆罕默德女儿法蒂玛后裔的奥贝德拉建立了法蒂玛王朝(中国古代又称为“绿衣大食”)。该王朝控制了马格里布大部分地区,并于969年征服了埃及,成为北非历史上颇具影响力的伊斯兰王朝。

北非的伊斯兰教在法蒂玛王朝的发展又是一番新景象。法蒂玛王朝对待科普特基督教徒较对待逊尼派教徒宽容,这在很大程度上是由于该王朝尊奉什叶派。由于埃及大多数的穆斯林属逊尼派,为防备这些效忠巴格达的逊尼派教徒,法蒂玛王朝的上层统治者大批起用科普特人参与行政管理。与之相辅相成,以往在穆斯林与非穆斯林之间的深刻界限被磨去了。科普特人不用缴纳一度压在他们头上的不合理的赋税。他们可以翻修陈旧的教堂,甚至可以建设新的教堂。法蒂玛的哈里发同意保护基督徒的人身财产免遭“暴徒”(mob,指敌视异教徒的穆斯林)的侵害。更有甚者,以前因强迫而改奉伊斯兰教的人可以回归自己原来的宗教,穆斯林加入基督教也不受惩罚。②

可以想见,在如此宽松的氛围之下,异教徒们根本不需要改变自己的信仰,基督教徒仍占当地总人口的大多数,伊斯兰教在扩张上止步不前也是理所当然的。

然而法蒂玛的统治方针遭到了穆斯林的反对。他们强烈要求恢复伊斯兰教法中关于非穆斯林地位的传统规定。至哈里发哈基姆时,也许是迫于舆论的压力,也许像西方大多数学者认为的,他是一个“令人诅咒的反常

---

① [英]阿诺德·汤因比:《人类与大地母亲》,徐波等译,上海人民出版社2001年版,第345页。

② See G. C. Anawati, *Factors and Effects of Arabization and Islamization in Medieval Egypt and Syria*, in Islam and Cultural Change in Middle Ages, Eryonis Wiesbanen ed., 1975, p. 39.

人物”，[①]哈基姆对犹太人和基督教徒大肆迫害。虽然因其政策反复无常，这些迫害并未持久，但这却是北非第一次出现国家公然批准的对异教徒大规模的迫害。

法蒂玛王朝至12世纪中叶已衰败不堪，内忧外患使君主权力日益衰微。1171年，宰相萨拉丁（Salahal-Din）自立为王，在法蒂玛王朝的废墟上开创了阿尤比王朝（Ayyubid Dynasty）。

阿尤比王朝之初，异教徒主要是科普特人颇受排挤打压。他们被迫从公共职务上退下来，还得交纳歧视性的高额税款。在那段时间里总体上穆斯林的人数大大增加，这很大程度上是因为阿尤比王朝正在与东侵的十字军作战，君主萨拉丁无法信任基督教徒。

1187年，萨拉丁在希丁大败十字军，不久之后又在南方击败努比亚基督教军队。在此背景下，他减轻了科普特人身上的负担并且又开始让他们参与国家行政事务。科普特人与犹太人可以保留自己的宗教文化。政府还取消了基督教徒过于沉重的赋税。这一系列宽松的政策一直延续到阿尤比王朝末期。

值得注意的是，在13世纪阿尤比王朝统治之下，作为北非伊斯兰国家中基督教徒势力标志之一的科普特语消失了。13世纪出现了文化史上著名的阿拉伯语诗歌文学，这是阿拉伯文学的黄金时代，但是在那个时代只能见到保存科普特语的努力了：人们在科普特语语法的基础上用阿拉伯文字写作来保留科普特语，阿拉伯语与科普特语互译的词典也编纂了出来。这些现象都表明，本地语言科普特语已经死亡。与此相对应，当时的埃及已成为伊斯兰世界的文化中心，阿拉伯人的语言、文化都占最重要地位，法律方面当然也不例外。

在阿尤比王朝，异教徒改奉伊斯兰教的情形也并不多见。这个王朝在历史上以繁荣的经济与安谧的环境闻名，在它的统治下阿拉伯穆斯林适应了他们作为被统治阶层与非穆斯林的同等社会地位，他们与科普特人和犹太人共同分享在政府中的职务。穆斯林、科普特人和犹太人还共同经商，在与欧洲的贸易中发挥着重要作用。三种宗教社区相互间的影响与融合

① 参见［巴基斯坦］赛义德·菲亚兹·马茂德：《伊斯兰教简史》，吴云贵等译，中国社会科学出版社1981年版，第222页。

较以往各时期都盛行。

阿拔斯王朝时期不再实行以往的“慕瓦拉特”(muwalat)佣兵制,以突厥奴隶组成的军队代替了原来的阿拉伯军队。不久这些奴隶首领便将哈里发视若无物,执掌大权。阿尤比王朝后期,为了增强军事力量,大量增加彪悍的马木路克骑兵。1250年,一队马木路克骑兵夺取了政权,建立了马木路克王朝。1258年,蒙古人攻占巴格达,阿拔斯王朝末代哈里发被处死,整个伊斯兰世界面临毁灭的危险。此时马木路克政权却在巴勒斯坦击溃蒙古西征军,顺理成章地成为伊斯兰教的世界核心。马木路克时代可称为“北非伊斯兰的时代”。在此期间,伊斯兰教的势力继续扩张,直至取得完全的统治地位。

4世纪时,埃及有100个基督教大主教区;而14世纪时,埃及仅有40个大主教区。就在13世纪,大主教的职位还长期空缺。这些都令当地的基督会团体丧失了信仰与精神上的支持并导致其衰弱,同时也说明尽管历代伊斯兰王朝对待异教徒十分宽容,但是非伊斯兰宗教还是遭到了当权者的竭力压制。

然而对非穆斯林势力更沉重的打击还在后面。在马木路克王朝初期,异教徒必须按期交纳沉重的赋税以维持这个军事帝国的运转。不过统治者对异教徒生活的干涉并不多,特别是科普特人,他们中不少人参与行政管理,负责税收工作,还替王公们收取地租,因此生活富裕。相反,马木路克繁重的苛捐杂税却使真正的信徒深感痛苦,“虽然宗教法典一再指出这是一种虐政,但这种苛捐杂税仍是国家赋税的主要来源”。① 在广大穆斯林的眼里这越来越难以容忍。早在十字军东征期间,有的穆斯林团体就宣传异教徒背叛国家,向十字军出卖情报。异教徒被渲染为憎恨伊斯兰教的一伙匪徒,异教徒官员也遭指控为尸位素餐、暴虐渎职之辈。穆斯林强烈要求恢复哈里发奥玛尔时代对异教徒进行约束的协定。在国内矛盾持续激化的情况下,马木路克素丹却未采取针对性的有效措施,反而支持对异教徒的这些指控。

随着指控的不断增加,法学界也在理论上对此加以支持。他们将《古

---

① 参见[德]卡尔·布罗克尔曼等:《伊斯兰教各民族与国家史》,孙硕人等译,商务印书馆1985年版,第81页。

兰经》中有关人头税的韵文解释为公开羞辱异教徒而迫使其加入伊斯兰教。法官在对待有关穆斯林与异教徒的案件时也特别谨慎，生怕被指责为偏袒异教徒。著名的教法学家伊本·太伊米叶（Ibn-Taymiya）也曾劝说素丹勿要减少科普特人的赋税。

1293年，因一名科普特人对另一名穆斯林的羞辱而引发的宗教冲突使异教徒的社会地位跌至低谷。冲突中大批科普特人被杀，他们的房屋遭焚毁。素丹屈服于穆斯林的意志，没有积极保护好异教徒，解雇了一批非穆斯林官员。14世纪初期，素丹又下令查封所有的基督教堂，理由是它们侵占未耕种的土地及在购买的奴隶中宣扬基督教。1321年再次发生针对异教徒的暴动，使大批教堂又遭毁坏。

这一系列的暴动显示出穆斯林社区的自我认同感已经形成——暴徒是穆斯林，他们重视伊斯兰教法，将教法作为针对异教徒行动的依据。在暴动的迫害下，异教徒为了保全自己的生命、财产以及社会地位，只好大批地皈依伊斯兰教，若改奉伊斯兰教的异教徒想恢复自己的信仰就会被处死。

遍及埃及的反异教徒暴动得到了政府的支持，马木路克王朝彻底实现了伊斯兰教在埃及的绝对统治。埃及地区由一个混合型的多元社会转变成一个单一的穆斯林占优势的社会。此后只在伊斯兰君主的宫廷中还有少数担任财政官吏的科普特人。

法蒂玛王朝迁都埃及开罗之后，它的大本营马格里布逐渐与之脱离了联系，成为独立的区域。马格里布自11世纪起，先后建立了穆拉比特王朝［Murabit Dynasty，又称阿尔莫拉维德王朝（Almolavid Dynasty）］和穆瓦希特王朝［Muwahhid Dynasty，又称阿尔莫哈德王朝（Almohad Dynasty）］。13世纪下半叶，穆瓦希特王朝又分裂为哈夫斯王朝、阿布德·瓦德王朝与马林王朝。它们分别是突尼斯、阿尔及利亚和摩洛哥三国的前身。马格里布伊斯兰教所面对的主要障碍是柏柏尔人。柏柏尔人与基督教徒相比，接受伊斯兰教要容易得多，因为“他们对于这种新传来的宗教怀有一种原始状态的热情”。[①] 大部分柏柏尔人部落成为穆斯林，少数仍然信奉原始宗教的

① 参见何芳川等主编：《非洲通史》（古代卷），华东师范大学出版社1995年版，第220页。

柏柏尔人不得不退居撒哈拉沙漠深处。总的来说,马格里布地区在很早便皈依了伊斯兰教,实现了全面的阿拉伯化与伊斯兰化。

"由于史料原因,16 世纪之前尼罗河流域苏丹伊斯兰化的开始时间与进行过程不是很清楚,可能是来到这里的伊斯兰圣裔(faki)而非一般的阿拉伯士兵推动了这个过程,这些人来自伊斯兰的中心地区,他们自称为先知的后裔。"①

16 世纪初,随着沿尼罗河河岸的阿拉伯移民与当地努比亚人通婚,在青、白尼罗河周围地区的阿拉伯人确立了自己的统治地位,建立了丰吉素丹(Funj Sultanate)王国。原来马库拉国家北部的努比亚人在 14 世纪之后皈依了伊斯兰教,他们成为虔诚的穆斯林,基督教徒则消失了;不过努比亚人紧紧依附着自己的语言、习惯与生活方式,在南部伊斯兰化与阿拉伯化同时进行。

18 世纪后期丰吉素丹王国陷入了混乱与分裂之中,直到 1820 年被埃及的穆罕默德·阿里(Muhammad Ali)占领。

丰吉素丹王国的三个世纪在苏丹伊斯兰化②的历史上至关重要。16 世纪,尼罗河流域苏丹曾有人去埃及学习,归来后传播伊斯兰教。外面的伊斯兰世界也时有圣裔前来造访,有些圣裔创办了学校,教授教义学与教法,还有人带来了苏非派(sufi)的教义,吸引了一大批追随者。尼罗河流域苏丹的伊斯兰化几乎是自我发展起来的。当地与外界的交往则犹如涓涓细流,一般仅为穆斯林的麦加朝圣。

因此可以这么说,中世纪伊斯兰教在北非取得了全面的统治地位,伊斯兰教法也融入了北非社会,成为北非社会的主流法。北非不仅接受了伊斯兰教法,而且一度成为教法学的中心地区,出现了许多著名的教法学家。伊斯兰教对北非法律的影响是彻底而深远的。

---

① Michael Brett, *Northern Africa: Islam and Modernization*, Frank Cass and Company Limited, 1973, p. 14-15.

② 但不能简单地称为阿拉伯化,因为苏丹的伊斯兰教完全属于另一种文化。

第二节　北非伊斯兰教法的本土化

"尽管所有伊斯兰教文化理论上都向非洲穆斯林开放,但实际上不是所有伊斯兰教文化都会产生影响,因为会受到非洲的社会心理与社会结构阻碍……伊斯兰文化是一种在城市文明之上的文化,而非洲相对缺乏城镇,有的地方连城镇都没有,伊斯兰文化只能在非洲那些城市文明与贸易活动(与城市相关的一种活动)发达的地方才会生根、繁荣。"①而在巩固与吸纳众人的信仰方面,"公共机构——那些团结整个宗教社区的力量——贡献最大,这些机构以沙里亚、神圣法为指导,理论上统治着整个社会生活,伊斯兰教法可以看作与基督教教堂起着同样表达上帝神旨的作用"②。但当它被一股外来的力量的社会变化模式及法律概念与机制所创造的新政治形式突破自己的边界时,情况就不同了。③ 在一个社会中,相对于占统治地位的秩序而言,其他秩序要么改变自己的原则顺从主流秩序,要么被消灭。伊斯兰教法作为强势文化,远比北非当地传统的法律文化要发达及有效率,因为其本身的普遍性与稳定性,在新的人口被纳入伊斯兰的势力范围之内后,为及时建构伊斯兰社区发挥较其他因素更大的作用。"当人们成为穆斯林后,他们不完全接受教法。渐渐地它影响到社会的各个方面……在已建立的穆斯林社区它统摄一切,包括家庭、婚姻、继承等关系"④,因此它成为一种主流秩序,最终取而代之成为北非本土法律文化。

总体上而言,北非对于伊斯兰教法律文化的吸收程度较撒哈拉以南非

① J. Spencer Trimingham, *The Influence of Islam upon Africa*, 2nd edition, Longman Group Limited London and New York, 1980, p. 2-3.

② J. Spencer Trimingham, *The Influence of Islam upon Africa*, 2nd edition, Longman Group Limited London and New York, 1980, p. 57.

③ See Hilda Kuper & Leo Kuper, *African Law: Adaptation and Development*, University of California Press, Berkeley and Los Angeles, 1965, p. 11.

④ J. Spencer Trimingham, *The Influence of Islam upon Africa*, 2nd edition, Longman Group Limited London and New York, 1980, p. 58.

洲要高得多,具体表现为伊斯兰教成为国教、受到整个国家的崇拜,沙里亚被接受并出现了其执行机构,卡迪法院体系建立,司法行政体系分离,接受了伊斯兰的税收系统,神职人员作为法律专家对行政长官产生了限制。①

但是这并不表示撒哈拉以北地区就是全部的伊斯兰化,北非本土习惯法同样也对伊斯兰教法律文化产生了一定程度的反作用。"习惯保留了其基本法律的特性,仅仅被有限的伊斯兰规则修正。"②因为"《古兰经》鼓励在真主庇佑下的民族多样性,古代的伊斯兰教法学家认识到各种文化对于同样的事实的看法是不同的,所以,他们强调应该将各个国家与伊斯兰教基本原则不相冲突的习惯引进法律。结果,今天的伊斯兰国家的伊斯兰教法在许多领域都有显著的不同。比如埃及和摩洛哥的宪法与家庭法就有很大的不同"③。

具体而言,北非的伊斯兰教法文化不同地区的发展是不均衡的,按照伊斯兰教法本土化的程度大小,可以分为埃及、马格里布和东苏丹三个地域分别加以讨论。

一、埃及

"由于尼罗河的存在,埃及是个统一的国家,而并不像马格里布那样分裂。从伊斯兰教的发源地来看,与埃及自己相比也没有什么区别,它就是阿拉伯伊斯兰整体中的一部分,尽管它的地域上的独特性表现出一种独特的文化(folk/fellah culture)"④,而且因为埃及在地理位置上与阿拉伯半岛相连,自从被征服以来,它的伊斯兰文化就极为发达,范围广、规模大。福斯塔特即后来的开罗一直是伊斯兰教主要学派的中心。许多有名的直传弟子、教法学家纷纷进入埃及,为伊斯兰教法的发展作出巨大的贡献,以致

---

① See J. Spencer Trimingham, *The Influence of Islam upon Africa*, 2nd edition, Longman Group Limited London and New York, 1980, p. 57.

② J. Spencer Trimingham, *The Influence of Islam upon Africa*, 2nd edition, Longman Group Limited London and New York, 1980, p. 57.

③ Azizah Y. al-Hibri, *Islamic and American Constitutional Law: Borrowing Possibilities or a History of Borrowing*, University of Pennsylvania Joural of Constitutional Law, Spring, 1999.

④ J. Spencer Trimingham, *The Influence of Islam upon Africa*, 2nd edition, Longman Group Limited London and New York, 1980, p. 5.

当时的阿拉伯半岛学术界亦对其不敢小觑。

后来，沙斐仪也曾在埃及居住了5年，宣传自己的学说。“当时埃及的宗教活动的确很活跃，既研究《古兰经》、‘圣训’、法学和经文诵读，也重视说教，包括劝善和诫恶等。”①早期的艾布·哈尼法学派与著名的马立克学派在埃及同样拥有自己的势力，它们相互之间经常发生争斗。公元10世纪，苏非派在埃及出现——它“不是政治派别，也不是教义学派别或教法学派，而主要是修持方面的一种主张和实践……奉行苏非主义(Sufism)的既有逊尼派穆斯林，也有什叶派穆斯林”②——取代了原来的异端邪说，“它拥有大量的世俗追随者，这种学派曾在埃及和北非其他地方十分风靡”③。

法蒂玛王朝在公元969年控制了埃及，就在此后不久，巴格达的正统教派进入了埃及。中东学术的引进是一个“分水岭”，一方面逊尼派改变了法蒂玛王朝的什叶派教统；另一方面形成了法学家的律条主义与东方传入的神秘主义的招魂术共存共融的局面。

12世纪末到16世纪初，在阿尤布王朝及马木路克王朝统治时期的埃及伊斯兰教的逊尼派已经形成，非洲大多数地方包括马格里布的穆斯林都不同程度地效仿埃及逊尼派的言行和思想。由此逊尼派成功地统一了埃及，甚至在某种程度上可以说统一了整个北非的伊斯兰教。

但是，“埃及，从其根源上来说毕竟是非洲的一部分。非洲的宗教信仰与社会习惯是它的独特文化的基础……这些因素坚强地存活下来，有的一直到今天”④。埃及人的宗教生活与亚洲阿拉伯人的宗教生活不同，如在周五当男人参加清真寺的礼拜(Salatal-jum'a)时，妇女们却在墓地祭祀家族祖先的灵魂，这些妇女维持了非伊斯兰教的崇拜如向自然界的神灵献祭牺

---

① [埃]艾哈迈德·爱敏：《阿拉伯-伊斯兰文化史》(第3册)，向培科等译，商务印书馆1991年版，第88页。

② 王怀德：《伊斯兰教教派》，中国社会科学出版社1994年版，第71页。

③ Michael Brett, *Northern Africa: Islam and Modernization*, Frank Cass and Company Limited, 1973, p. 7.

④ J. Spencer Trimingham, *The Influence of Islam upon Africa*, 2nd edition, Longman Group Limited London and New York, 1980, p. 6.

牲,以及那些类似伊斯兰教的崇拜如在圣人墓地的仪式与巫医职业。①

总而言之,阿拉伯人征服了埃及,却造就了一个特殊的综合体,尽管这个综合体的法律体系与内容几乎完全源于伊斯兰教法。

二、马格里布

马格里布包括摩洛哥、阿尔及利亚、利比亚和突尼斯四国,又被称为“柏柏尔国家”。马格里布是一个多民族混杂的社会,这个社会大致可以划分为城市居民(Hadhari)、定居村民、部落集团和高地居民(柏柏尔山民)。由于马格里布的经济条件落后于埃及,而且当地游牧民族较多,他们很轻易地皈依了伊斯兰教,然而面对发达的上层建筑——伊斯兰教法却没有能力立刻接受。将马格里布与埃及相比较,我们可以看到,后者彻底地伊斯兰化了,而教法在前者表现出了一些与众不同的特点,其中有的特点一直保留至今日。“柏柏尔文化与阿拉伯文化的融合过程从未完成(在伊斯兰传统习惯与柏柏尔人传统习惯之间也是这样)。特别是在马格里布的西部(摩洛哥)40%的人仍在说柏柏尔语。”②

假如从社会结构上分析马格里布的历史,那么正像特里明汉姆所指出的,与埃及不同,马格里布的政治与社会生活仰赖于游牧民族之间的均势,而这种脆弱的平衡极易被强大的游牧部落打破,结果马格里布历史上王朝的更迭都直接或间接地与游牧民族的入侵有关。③ 阿拉伯人征服之初,马格里布缺乏强有力的政权,伊斯兰教法在当地传播混乱;除了信仰之外,当地人几乎没有受到伊斯兰教的其他影响,只有艾巴德派在9世纪起到了正统学派宗教领袖“乌里玛”的权威作用,其是维系一个没有巩固政权的松散的社会的政治力量。它使那种当地社会熟悉的、异教徒在早期所遵循的行为方式继续存在下去成为可能,至少将伊斯兰教的教义代代沿袭了下去。这种情况一直持续到11世纪。

---

① See J. Spencer Trimingham, *The Influence of Islam upon Africa*, 2nd edition, Longman Group Limited London and New York, 1980, p. 47.

② J. Spencer Trimingham, *The Influence of Islam upon Africa*, 2nd edition, Longman Group Limited London and New York, 1980, p. 9.

③ See J. Spencer Trimingham, *The Influence of Islam upon Africa*, 2nd edition, Longman Group Limited London and New York, 1980, p. 8.

11世纪是马格里布整个伊斯兰教的一个转折点。法蒂玛王朝在969年“放弃”了马格里布，进入了埃及。不久之后，大规模的阿拉伯游牧部落从埃及迁入，两种文化接触的结果是柏柏尔与阿拉伯习惯的混合。伊斯兰教褪去阿拉伯民族的外衣，融入柏柏尔人习惯（并未取而代之），成为柏柏尔人自我的一部分。直到此时，它才真正地赢得了柏柏尔人。

与此同时，当穆拉比特王朝与穆瓦希特王朝先后编纂马立克法典作为占统治地位的伊斯兰元素的代表时，信仰上其他的偏差路线已经消失了。凯鲁万造就了一批有名望的法学家和一种正统的观念，它使11世纪时早先那些异端如艾巴德教派（Ibadi Islam）与哈列哲教派（Khariji Islam）几近消灭，只存在于北非少数隔绝的社区之中。正统教派地位的确立为新王朝的诞生也起到了催化作用：阿尔莫拉维德王朝取代东方的法蒂玛王朝成为西方正统伊斯兰的代表，征服了摩洛哥。而继起的阿尔莫哈德王朝的穆瓦希敦（Muwahhidun，指阿尔莫哈德派教徒）又取而代之，征服了整个马格里布。它的宗师伊本·图马特（Ibn Tumart）①与同时代的阿尤比王朝的萨拉丁（法蒂玛王朝已在叙利亚与十字军的夹击下瓦解）都受到过巴格达宗教学术成就的影响。

值得注意的是，尽管大部分柏柏尔人皈依了正统伊斯兰教，在宗教仪式与修持方式上，马格里布却有自身的特色。这些特色产生于当地固有的非伊斯兰文化——柏柏尔文化。由于大多数居民皈依了伊斯兰教且已经阿拉伯化，当地看上去像阿拉伯世界的西翼，但仍有一小部分特别是在摩洛哥的柏柏尔人仍保留着他们自己的语言。柏柏尔人对扰乱他们传统生活模式的法学家定义的宗教抵触情绪较强。这些抵触情绪甚至影响了城市与阿拉伯部落，因此，他们的伊斯兰教包含了与众不同的宗教形式。早期苏非主义与马立克派伊斯兰那种追求人的精神升华和与神沟通的神秘主义的僵化形式相结合并在当地进入繁盛期。

① 伊本·图马特在12世纪发动了阿尔莫哈德运动，他所提出的观点包括：只承认《古兰经》、“圣训公议”的法律渊源地位，对“公议”起到的作用加以限制；推崇麦地那的司法实践，有限地承认“类比”；强烈反对世俗法，因为其不属于马立克派研究的范畴，同时还因为世俗法是当时阿尔莫哈德派所反对的阿尔莫拉维德王朝法学研究的唯一对象；否认穆智塔哈德（Mujtahid，解释伊智提哈德的法学家）的权威；不重视塔克里德（Taklid，先知亲友发表的意见），参见Joseph Schacht，*An Introduction to Islamic Law*，Clarendon Press，1982，p. 64-65。

在伊本·图马特时代以前,马格里布的伊斯兰正统教义首要关心的是制定法规。那时完全没有玄秘冥想与神秘主义的容身之地,也就没有真正的宗教。伊斯兰教变为一种预想、预测和“权衡利弊”的事业,变成通过重复某些单调的仪式,借以保证人们得到报偿的实用主义宗教,这种倾向甚至蔑视对“圣训”的研究。后来经过伊本·图马特的努力,形式主义被否定,马格里布民众的虔诚信仰深深地染上了马立克派的神秘主义色彩。自15世纪起,苏非团体不仅要引导成员进行神秘主义的实践,还要使他们效忠组织的首脑或隐修士,并且要将首脑作为现实世界与精神世界的中间人狂热崇拜。城市中的合法宗教和早期苏非派的神秘传统都没有深入普通人的心,而新产生的宗教形式却渗透了他们的生活方式和思想与情感,伊斯兰教通过这些新的潮流控制了马格里布不同的阶层。马格里布的伊斯兰教形成了一个新的社会体系,尽管阿尔莫哈德王朝之后各政权都是柏柏尔人建立的,但阿拉伯姓氏在每个部落与村落取代了柏柏尔姓氏,当地的部落家族与阿拉伯的圣人的权威联系在一起,在马格里布一代代流传。结果,19世纪宗教圣职和隐修士的流行给马格里布伊斯兰留下了特殊的印迹,直至今天。①

马格里布的伊斯兰教还代表了一种不同的教法理论。以摩洛哥地区为例,马立克派在当地已经形成了一个最活跃的中心,然而这个中心是与外界相对隔绝的,所以这里流行着许多其他学派甚至其他国家的马立克学派并不具备的特点。麦地那司法实践一直在马立克派中发挥着一定的作用,但是当地的马立克派更进一步:与其他学派严格按照法学理论制定法律相反,他们发现不可能完全把理想化的教法理论转化为实践。因此他们转而更加重视通过操纵司法实践行为(但不是习惯或习惯法)的内容来阐明教法原理。该学派坚持“司法实践是最有说服力的理论观点”。这个信条废除了原来的大量法律惯例。②

此外,长期保存下来的柏柏尔人习惯法仍然存在,它们往往与伊斯兰教法背道而驰,“包括马立克派在内的教法理论都不承认习惯是教法的渊

① See J. Spencer Trimingham, *The Influence of Islam upon Africa*, 2nd edition, Longman Group Limited London and New York, 1980, p. 9-10.

② See Joseph Schacht, *An Introduction to Islamic Law*, Clarendon Press, 1982, p. 61-62.

源，但是习惯在赠与和契约法上仍发挥着约束的作用，习惯和习惯法一直与教法理论共存，只是它们存在于教法体系之外。从历史的角度来看，习惯对教法的结构形成影响是巨大的”①。至少要到阿尔莫拉维德王朝时，独特的柏柏尔人的习惯法才似乎在表面上消失了，但实际上它们有些一直延续到今天。例如，北非的柏柏尔人直到20世纪仍然实行以刻板的父权制为特征的习惯法。

在阿尔及利亚的卡伯里地区，婚姻是一种买卖形式。按照这种形式，丈夫向新娘的父亲交付聘礼。待休妻（休妻从来是不可挽回的）时，丈夫可以向妻子的父亲，或向她的新夫索要赔偿金。其数额相当于他所交付聘礼的金额。这种性质的柏柏尔习惯法，在全部民事方面适用于近一半的摩洛哥的穆斯林居民，而它的特征之一，则是否认妇女的继承权。② 在司法制度方面，突尼斯和摩洛哥伊斯兰教法院的司法权仅限于穆斯林的婚姻家庭关系事宜，而大部分民事审判权和全部刑事审判权则掌握在当地部落酋长手中，部落酋长执掌的世俗法庭与卡迪主持的伊斯兰教法院实际上区别不大，但前者在执法时更加重视习惯。另外，伊斯兰教法本身也吸收了大量当地的习惯。③

三、东苏丹

由于东苏丹的地理位置太过于偏僻，与外界的接触相对较少，丰吉素丹王国靠吸收远道而来的学者和圣裔携来的伊斯兰知识填补信仰上的真空。这种接受伊斯兰教的形式在非洲其他地方从未出现过。那些宣扬苏非主义的传教士在东苏丹影响最大，他们的苏丹学生逐渐形成了许多支系。东苏丹建立了一种新的伊斯兰文化模式，其最大的特点即教法学与神秘主义的调和共存。当地盛行的教派是马立克，说明其与上埃及、马格里布有亲缘关系。

在东苏丹，随处都可以发现神灵崇拜的伊斯兰教仪式（在马格里布的非洲人中也是如此），一般有操纵沙子，使用《古兰经》、魔法书、数字或念珠

---

① Joseph Schacht, *An Introduction to Islamic Law*, Clarendon Press, 1982, p. 62.

② 参见［英］诺·库尔森：《伊斯兰教法律史》，吴云贵译，中国社会科学出版社1986年版，第112页。

③ 参见吴云贵：《伊斯兰教法概略》，中国社会科学出版社1993年版，第225页。

等表达方式。伊斯兰教派没有改变当地的现实生活,而是对此加以利用。在更广阔的社会范围内,例如“在缔结婚姻的仪式上,男人进行伊斯兰教的仪式,而女人则进行传统的仪式,如东苏丹的吉尔提克(Jirtiq)仪式”①。

那些典型的伊斯兰国家的特征如公众清真寺、宗教官员、卡迪与穆夫提(Mufuti),在丰吉素丹王国的作用就表现得不太明显。该伊斯兰王国较为明显的特点是圣裔政治。圣裔往往建立圣族并成为其始祖或者成员。伊斯兰教在当地被完全地接受是在“圣裔”家族形成之后,他们虽然没有任命官员的权力,但是通过教导《古兰经》和马立克教法,仲裁纠纷,其影响有时超越了宗教范畴。一些圣裔同时又是教师和法官,另一些主要是苏非派领袖。在没有可匹敌的宗教势力的情况下,伊斯兰教由他们广泛传播。“圣裔并非仅靠实务取悦于民,因为在这里没有严格的教规约束,他们之所以有很大的影响力,是在于当地人对他们的崇拜,圣裔被认为是生与死的媒介,拥有能与万物、故去的祖先、未出生的子孙对话的超能力。他们与统治者的关系多种多样,特别与大多数伊斯兰国家中的乌里玛不同的是,他们并不尊重掌权者。”②

第三节　欧洲殖民冲击下的北非伊斯兰教法

1517年,马木路克素丹在埃及被土耳其人处决,奥斯曼土耳其帝国建立。这个帝国是伊斯兰世界新的领袖,它的军事力量曾极其强大,占领埃及并将其划分为许多小总督辖区;后又分别在1518年、1534年吞并今阿尔及利亚和突尼斯,将其划归总督辖下的一个行省。

土耳其控制埃及后,将政权交给三股势力:帕夏(Pasha,总督)、近卫军和马木路克贝伊(Bey),使之相互制约。马木路克贝伊最终成为埃及实际的统治者,对于土耳其处于独立的状态。而马格里布因为距离遥远,加之

---

① J. Spencer Trimingham, *The Influence of Islam upon Africa*, 2nd edition, Longman Group Limited, London and New York, 1980, p. 47.

② Michael Brett, *Northern Africa: Islam and Modernization*, Frank Cass and Company Limited, London, 1973, p. 17.

伊斯兰国家结构松散，当地仍然或多或少地处于半独立的状态。在阿尔及利亚，帕夏有名无实，后来被德伊（Dey，土耳其贵族在当地的代表）取代。在突尼斯，当地的海盗集团最高首脑贝伊在与德伊的斗争中取得了胜利，直接导致了本地区在1705年独立。19世纪初，摩洛哥也成为独立国家。利比亚的整体设置大体与阿尔及利亚和突尼斯相同。但是，黎波里地区自1711年起由卡拉曼利（Karamanli）家族摄政。剩下的一部分为奥斯曼帝国的摄政管辖区，名义上仍是其行省，实际上享有高度自治权。

此时的基督教文明已进入一个新阶段，探索新世界的欲望与科技的发展使西方世界的侵略性格比善战的土耳其更为强烈，在帝国外围“欧洲各国正在强大起来。……更加不幸的是，土耳其的许多敌手结成有效的联盟”①，在西方各国的包围之下，土耳其内部出于种种原因也急剧衰落，在与欧洲诸强的竞争中处于弱势，成了所谓的“欧洲病夫”。此时与十字军东征时期正相反，伊斯兰文明无法再抵抗基督教文明了。

一、欧洲对北非的入侵

（一）埃及

早在1798年，拿破仑就率军入侵过埃及，②这个事件激化了埃及的国内矛盾，直接导致了当地马木路克集团覆灭，军阀穆罕默德·阿里乘机夺取了政权。

在统一了全埃及之后，军阀采取了一系列高度集权的强制性措施，推行大幅度的改革，埃及的国力因此有所增强，并“从1874年起，享受特别的自治……不适用奥斯曼民法典”③。埃及因此出现了一个所谓的“复兴时期”。不过由于阿里政权本身的专制、封建特征及其对西方列强在经济上的依附，埃及根本无法真正吸收现代化文明并促进自己正常发展。1882

---

① ［巴基斯坦］赛义德·菲亚兹·马茂德：《伊斯兰教简史》，吴云贵等译，中国社会科学出版社1981年版，第422页。

② 参见杨灏城：《埃及近代史》，中国社会科学出版社1985年版，第26页。

③ Francesco Castro, Saria e diritto romano nella codificazione dei paesi Arabi, Isitituto per l'oriente C. A. Nallino, Roma, 1991, p. 43. 转引自徐国栋：《非洲各国法律演变过程中的外来法与本土法——固有法、伊斯兰教法和西方法的双重或三重变奏》，载何勤华主编：《法的移植与法的本土化》，法律出版社2001年版。

年,埃及最终还是沦为英国的殖民地。

(二)马格里布

随着对地中海沿岸商路控制的衰弱和与欧洲国家廉价产品竞争的失败,生产方式落后、经济衰败、统治阶级内部相互倾轧、内乱不断的北非根本不能阻挡欧洲资本主义的侵略。列强通过经济与武力手段,逼迫当地素丹、德伊、君主签订不平等条约,限制卡迪的权力、承认治外法权和领事裁判权,出卖本国利益。非洲人民为了自己的国家利益和民族尊严展开了英勇的斗争,但结果都失败了。

这些斗争失败的原因很多,其中马格里布君主间接管理的结果是当他本人不能领导抵抗时,各地的酋长和谢赫(当地伊斯兰教教长)马上想到的是如何保护自己的特权,为了既得利益他们轻易地就“见风使舵”了。教法在这方面也负有一定的责任,因为几世纪以来圣战在北非都被理解为是防御性的,即只有国家被侵略时,服兵役和缴纳因战争负担而征收税款对每个人才是强制性的。在进攻性战争(几世纪来北非没有发生过)中,捐税和服役都是自愿的。在殖民者入侵时,这种教义的规定限制了人们的抵抗,法学家占上风的意见是须君主负责抵抗,以防煽动和过分放权,所以在反抗前向君主请战、等候命令往往拖延了战机。在危机中宗教或世俗领袖及时的斗争都被视为背叛素丹,又反而有利于殖民者挑拨该国的国内对立与仇恨。①

1830年,法国入侵阿尔及利亚,拉开了列强吞并马格里布各国的序幕。② 突尼斯为了救亡图存,自19世纪30年代始开展了自上而下的改革。然而改革因法国和国内封建顽固势力的阻挠而失败,1881年突尼斯成为法国的“保护国”(protectorate)。利比亚早已进入欧洲列强的势力范围:意大利利用国家之间的利益冲突,于1912年迫使土耳其撤出其在利比亚的权力,攫取了对当地的控制权;1947年根据《巴黎条约》,意大利放弃了对该国的统治权,英国和法国统治该国直到其于1951年独立。摩洛哥自19世纪30年代起就开始受到法国和西班牙的逼迫与威胁,1973年即位的素丹

---

① 参见[加纳]A.阿杜·博亨主编:《非洲通史》(第7卷),中国对外翻译出版公司1991年版,第275页。

② 参见艾周昌、郑家馨主编:《非洲通史》(近代卷),华东师范大学出版社1995年版,第378页。

穆莱·哈桑（Mawlay Hasan）积极推行改革政策，但是列强的阻挠使这次改革的范围受到限制，而且“只要乌里玛不予妥协，素丹就无法触动教育、司法或宗教体制”。[①] 改革最终夭折，1912 年，法国与西班牙签订条约，瓜分了摩洛哥。

（三）东苏丹

1820 年，东苏丹又发生了一场政治巨变，埃及的穆罕默德·阿里占领了丰吉素丹王国的故土，“丰吉素丹王国在阿拉伯世界正统观念的冲击下四分五裂”，[②]穆罕默德·阿里将其变为埃及统治下的一个省。

埃及对苏丹的入侵是一支穆斯林军队对另一个伊斯兰地区的侵略，它对苏丹的伊斯兰产生了两个深远的影响：一是伊斯兰教的触角借由商贸与文化传播渗透到了上尼罗河、接近赤道的更南方；二是出现了外来的埃及和北部苏丹本土的两种伊斯兰制度并存的局面，圣裔与圣族代表了一种在伊斯兰世界边缘的丰吉素丹王国融合而成的伊斯兰制度。在这场变革中，面对伊斯兰世界思想和实践中的变化，他们显得颇具韧性和应对能力，以独特的方式鼓励当地信徒维持自己的信心与希望，保留着苏丹的传统。而与此同时，乌里玛阶层与正统思想作为外来异族政府的代表也不断在苏丹涌现。这在政府和当地传统势力之间必然会出现潜在的分裂倾向，不过政府也试图通过种种努力，比如资助圣裔开办学校来消除双方的矛盾。因此，当反抗埃及统治的马赫迪亚运动（Mahdiya）[③]爆发时，其中的一些领袖就是正统思想的追随者。

1881～1885 年，马赫迪（Mahdist）王国建立。1896 年后，苏丹沦为英埃“共管”，被拥有一套英式殖民地行政管理机构的所谓“共管区”取代。这种情况一直延续到 1956 年苏丹独立。

---

① 参见［尼日利亚］J. F. 阿德·阿贾伊主编：《非洲通史》（第 6 卷），中国对外翻译出版公司 1998 年版，第 36 页。

② See Michael Brett, *Northern Africa: Islam and Modernization*, Frank Cass and Company Limited, 1973, p. 18.

③ 马赫迪亚运动是一场带有民族主义性质的圣裔阶层反抗外来统治者的起义，同时也是一场反对土耳其埃及政府所推动的现代化的运动。其结果是削弱了当地伊斯兰社区中乌里玛的势力，限制了神圣法的适用范围并给予非穆斯林相应的职权。参见 Michael Brett, *Northern Africa: Islam and Modernization*, Frank Cass and Company Limited, 1973, p. 20。

二、殖民时期伊斯兰教法的演变

欧洲列强占据了北非之后,其统治方式表现为两种。第一,"直接统治",即废黜当地人的统治,由欧洲人直接把持当地政府机关。这种统治方式最有效率,因而受到殖民主义者最初的青睐,阿尔及利亚就是典型例子。第二,"间接统治"(又称"联合行政管理")。由于非洲的土地广阔、气候炎热、雨林沙漠众多,白人无法大批殖民,故直接统治并不现实,因此英国将埃及变成自己的保护国,摩洛哥、突尼斯成为法国的保护国,利比亚与意大利的关系也是如此。以摩洛哥为例,"表面上在整个摩洛哥,素丹国家的各种形式都被保留不变……法国的民政监督官(根据伊斯兰教法执行地方行政管理职务的穆斯林官员)只是以顾问身份而不是以监督身份发挥作用,在摩洛哥的西班牙统治区也有类似的安排"①,但是"摩洛哥素丹只是法国殖民者的傀儡"。"间接统治"与"直接统治"的实质是一样的,它们确立的都是宗主国的实际权力。②

在这样的背景之下,伊斯兰教却进一步地扩大了它在北非的传播范围和影响。殖民政府对穆斯林表现出一种矛盾的态度:一方面,他们担心其会抗拒自己的统治;另一方面,他们宁愿选择自己更为熟悉的穆斯林而非当地的异教徒来协助他们统治当地。穆斯林因此被雇用于行政机构中服务,作为政府与异教徒之间的中介人。而由于战争的平定和稳定政权的建立,伊斯兰教向更广泛的地区传播。③ 同时,那些反对殖民统治的起义领导者往往是伊斯兰宗教领袖,这使大众对伊斯兰教产生了更多的好感。虽然伊斯兰教的这次发展到20世纪50年代之后——非洲整个社会基本独立,与非洲民族国家的产生相联系的世俗力量不断增长,与殖民时期遗留的影响一起排斥了伊斯兰教,使其丧失了原来的价值与威信——曾有所停滞,然而伊斯兰教在非洲的扩张直到今天仍在继续。

---

① [加纳]A. 阿杜·博亨主编:《非洲通史》(第7卷),中国对外翻译出版公司1991年版,第262页。

② 参见艾周昌、郑家馨主编:《非洲通史》(近代卷),华东师范大学出版社1995年版,第626页。

③ See J. Spencer Trimingham, *The Influence of Islam upon Africa*, 2nd edition, Longman Group Limited London and New York, 1980, p. 104.

三、北非伊斯兰教法的变革

首先，“穆斯林对西方文明的态度基本上是否定的”①，他们绝不愿意依照欧洲基督教国家的法律改造自己的教法；其次，自从殖民者到来后，卡迪以至伊斯兰教本身的权威都在衰弱，在“沙里亚”被随意违背的局面下，卡迪和市场检察官强烈反对所谓的“治外法权”，也厌恶外国的法律制度。而人民的仇外心态、乌里玛的原教旨情绪、政府的保守，都反映出他们当时的心理，即认为原来的社会一旦与19世纪的自由资本主义相遇就会发生衰退。

然而，冲突的存在并不能阻挡法律移植的进程。正像伊斯兰教法作为一种先进的文化压倒并取代了非洲前伊斯兰时期的其他文化，成为主流秩序一样，欧洲先进的法律文化就是新的主流秩序。无论是间接统治的渗透还是直接统治的强制输入，伊斯兰教法对欧洲法律的继受是被迫也是必然的。

从整体上来看，北非的教法在各方面都有所改革。首先是宪法的出现，其次是在刑法、诉讼法、民商法、法院组织等法律部门分别有不同程度的变革。许多国家已经认识到了沙里亚中的公私法的区别，因此它们在公法领域吸收了西方世俗标准作为订立新法的依据，但是在个人身份地位及私法方面仍然遵循伊斯兰教法。

在这场教法改革中，宗教权威的作用明显降低，国家才是推动法律变化的主导力量。因为现代化意味着政府已从传统神圣法的仆人转变为一个主权者，它可以自主立法，而这一项任务原来是交给伊斯兰教法完成的。如此一来，神圣法与世俗法之间的关系发生了史无前例的变化。当然这种变化并非一蹴而就，乌里玛阶层就对现代化的观念持反对态度，他们的态度就好像中世纪后期的马立克学者一样，在承认顺应社会变化新事物的同时，仍竭力保留传统伊斯兰教法的内容，不过他们的阵地几乎只限于婚姻家庭关系。改革者利用各种手段对原来的法律内容进行更换，比如教法规定统治者有权根据他对时间、地点、主体的看法限制卡迪的权力，还可以在

---

① J. Spencer Trimingham, *The Influence of Islam upon Africa*, 2nd edition, Longman Group Limited London and New York, 1980, p. 107.

古代教法学家的观点间进行选择,卡迪对这些选择必须服从,传统教法学家对此并无良法对抗。①

现代化不仅使伊斯兰教法有了一个新的起点,而且为其成功引进了现代的立法模式与内容。

(一)埃及

埃及虽然沦为英国的殖民地,但英国在这个国家输入其统治印度模式的尝试不是很成功。相反,法国法的影响一直很大,早在穆罕默德·阿里改革时期,《法国民法典》就被引进埃及。之所以埃及会选择法国法而非普通法,既可能是因为埃及历史上曾受到希腊法与罗马法的影响,也可能是因为拿破仑的远征使埃及受到法国文明的强烈影响。

从1875年起,埃及直接引进了法国的刑法、商法和海商法;除建立实施这些法律的世俗法庭外,还制定了《民法典》。这部法典基本上照搬法国的法律,只有少部分条款取自沙里亚。1883年埃及又制定了第二部《民法典》。1916年,埃及在此基础上制定颁布了法典化的《婚姻法》。埃及还在1920年与1929年分别颁布了关于家庭关系的法案,1931年颁布关于调整卡迪组织结构的法案,1943年颁布关于继承制度的法案,1943年颁布关于瓦克夫的法案,1946年颁布关于遗赠制度的法案,1952年颁布废除家庭瓦克夫的法案,1955年颁布取消卡迪法院、统一司法权与世俗法院的法案,1956年通过了旨在约束一夫多妻制以及丈夫单方面与妻子离婚的权利的法案,1962年起草完毕并公布了新的《私人身份法》,1979年进一步修订家庭法,这些法案的颁布及修订对于现实社会生活中的伊斯兰教法或多或少有所影响。

特别是1948年的埃及《民法典》,代表了埃及的法律改革方式从不加区别地采纳欧洲法律向尝试将伊斯兰教传统元素与现代法律元素相结合的努力。埃及《民法典》在制定中吸收了许多西方因素,但埃及在考虑吸收怎样的西方因素时,总是注意吸收那些尽可能与伊斯兰教法保持一致的部分。此外,埃及还直接从沙里亚中吸收了一部分法律原则和规定,对前两部法典中已有的沙里亚法规定,则予以保留或作一定的改动以适应时代的发展。

---

① See Joseph Schacht, *An Introduction to Islamic Law*, Clarendon Press, 1982, p. 106.

除了立法之外，埃及还注重将传统法律法典化和进行司法改革。早在1875年官方就赞助将哈乃斐派的家庭和继承法法典化，这样做的目的是给世俗法院提供一个比较方便的手段以理解卡迪运用的法律，但没有被官方公布。其他国家在埃及的激励下也开始了一系列法典化运动。1880年以来，埃及开始建立法院层级体系和上诉机制，将伊斯兰教法院作为法院系统的一部分，这些举措都被大多数伊斯兰国家所继受。

埃及对传统沙里亚的改革方式同样也是北非甚至是阿拉伯国家的榜样，如1943年埃及《继承法》的突出特征是"孤立原则"，即撇开各教法学的理论，专门选取少数法学权威的观点，将其作为制定法律时对某些细节进行改造的依据。

1946年埃及的《瓦克夫法》采用了一种"选择"方法，即把不同渊源、不同性质的成分生拉硬扯地混合在一起。例如，关于非穆斯林之间的相互继承权的问题，埃及法律（假定两国之间存在互惠的条件）允许居住在非伊斯兰国家的犹太人，继承居住在一个伊斯兰国家里的基督徒亲属的财产。而按照哈乃斐法律，这是不可能的，因为他们双方属于不同国籍；按照马立克的法律，也是不可能的，因为在该派法律里，非穆斯林亲属之间宗教信仰的差别构成继承权的障碍。所以，改革者们宣称马立克派支持不同国籍不妨碍相互继承权的观点，哈乃斐派支持不同的宗教信仰不妨碍相互继承权的观点。而这两种观点的结合，则引发一项新的原则，对此在任何逊尼法学派里都找不到权威的依据。①

（二）马格里布

在北非诸国中，自阿尔及利亚1850年建立法国的殖民统治制度以后，当地的穆斯林居民就受制于法国的《刑法典》和《民法典》。伊斯兰教法被降格为"私法"，仅适用于有关穆斯林私人身份的事情。在法国殖民化的过程中，阿尔及利亚的伊斯兰教法发展在某些方面与印度在英国统治之下的伊斯兰教法发展类似，但两者在结果上极为不同。印度最后越来越多地适用了英国法，而在阿尔及利亚大部分地区，卡迪们继续按照马立克学派的原则适用教法解决那些原本就属于他们职责的案件，直至1959年相关法

---

① 参见［英］诺·库尔森：《伊斯兰教法律史》，吴云贵译，中国社会科学出版社1986年版，第162-164页。

案废除了卡迪,由世俗法院掌握统一的司法行政权。实际上,埃及早在1955年已有相同的举措,阿尔及利亚是对埃及的模仿。

1962年阿尔及利亚正式宣布独立,在法律问题上,阿尔及利亚并未同过去一刀两断,而是留任了一批法国人作为司法人员;与此同时,进行了大规模的法典编纂工作,力图制定自己的法律。1959年颁布的未成年人的监护与婚姻及离婚程序的法令,1975年颁布的埃及模式的《民法典》,反映了该国力求调和现代法与伊斯兰教法的努力。

相比之下,摩洛哥、突尼斯直到20世纪50年代,现代法制改革仍未取得明显的进展。究其原因主要有二:一是历史上教法的影响历来较小,而广大民众中流行的一种宗教形式则是带有民间色彩的苏非崇拜;二是殖民统治者出于需要,有意采取了"维持现状"的政策,而未直接加以干预。[①]

1906年,突尼斯确实编纂了一部《债法和契约法》,但是它原原本本地以伊斯兰教渊源为依据,而且其目的只是实现法律实施的一致性和明确性。[②] 这一地区的现代法制改革始自战后时期,此时法国的法律才被直接继受。1954年,摩洛哥以法国刑法为基础制定了一部《刑事法典》;之后,突尼斯也以法国法律为基础,颁布了1959年的《商法典》、1960年的《民商程序法典》和1962年的《海商法典》。

两国之中,站在本国传统伊斯兰教一边,而不盲从土耳其等近东国家的改革模式是摩洛哥法律改革的特色。摩洛哥长期遵循传统,普遍承认卡迪的权威,但是在法国统治下,其司法系统有宗教法院和世俗法院之分。法国于1930年曾颁布"柏柏尔人的敕令",规定在柏柏尔部落中,所有犯法行为,原来按伊斯兰教法律归卡迪管辖的,今后仍归酋长管辖;所有民事、商业诉讼、关于动产和不动产方面的诉讼,应归专门的司法机关。[③] 因此,柏柏尔人仍沿袭他们的习惯法,甚至在家庭与继承关系上也排斥沙里亚。

---

① 参见吴云贵:《伊斯兰教法概略》,中国社会科学出版社1993年版,第224-225页。

② See Schacht, *Problems of Modem Islamic Legislation*, Studia Islamica, Fase. Ⅶ, 1960, p. 123. 转引自[英]诺·库尔森:《伊斯兰教法律史》,吴云贵译,中国社会科学出版社1986年版,第129页。

③ 参见郭小凌、杨宁一主编:《北非各国》,北京语言文化大学出版社1998年版,第139页。转引自徐国栋:《非洲各国法律演变过程中的外来法与本土法——固有法、伊斯兰教法和西方法的双重或三重变奏》,"壹、北非国家,三、马格里布",载何勤华主编:《法的移植与法的本土化》,法律出版社2001年版。

更必须要考虑到的是，独立前的摩洛哥包括三个法域：法属摩洛哥 1891 年就有了自己的商法典；西班牙属的摩洛哥——这里很可能适用过西班牙法；国际共管的丹吉尔——该地区有自己的商法典、刑法典和债法典。独立后的 1965 年，法院实现了世俗化和一元化，并且，三个法域已经统一为一个法域。① 1957 年《个人身份法典》颁布，新的情况才出现，该法既吸收了马立克学派的“公共利益”原则又承认近代的伊斯兰教法学。

再来看突尼斯。传统上，哈乃斐派与马立克派的学说在突尼斯有着同等的地位。1956 年，取得独立的突尼斯成为现代化运动的最前沿。第一，它废除了公益瓦克夫，将其资产充为国有财产。这一举动与埃及仅仅废除家庭瓦克夫相比，意义要深远得多。同年家庭瓦克夫在突尼斯也被废除。第二，在埃及 1955 年法案的影响下，卡迪的独立管辖权被废除。第三，1956 年《个人身份法典》制定，这部法典仍然确认了国内承认的两大学派理论之下的许多具体细节内容，但是它并非仅限于沿用传统伊斯兰教法。一夫多妻被该法禁止，如有违反视为犯罪，立法者理由是《古兰经》第四章第 129 节与第四章第 3 节相互矛盾，因此，推论先知实际是不赞成一夫多妻制的，这种观点在伊斯兰国家前所未见。该法规定了最低婚龄、婚姻登记制度、婚姻自由，还规定离婚应当由法院依法判决，配偶一方可根据法典载明的理由提出请求，还可以双方同意离婚或一方要求离婚并提供担保。这种规定提高了妻子在婚姻中的地位。该法的继承部分曾原封不动地照搬传统原则，但是 1959 年的一项法律增加了整整一章对此作了重大修改，增加了子女的继承权规定。

突尼斯还在 1959 年颁布了《商法典》，1960 年颁布了《民商程序法典》，1962 年颁布了《海商法典》；在司法体系上，1956 年废除了宗教法庭和世俗法庭的二元制，排除沙里亚与卡迪主持的传统伊斯兰教法院，建立了统一的世俗法院系统。因此，至 20 世纪中期，突尼斯的法律既不同于传统伊斯兰教法又不同于世俗法，独具特色。

早在 19 世纪 30 年代，土耳其人就在今天利比亚的黎波里实行改革，

---

① 参见徐国栋：《非洲各国法律演变过程中的外来法与本土法——固有法、伊斯兰教法和西方法的双重或三重变奏》，“壹、北非国家，三、马格里布”，载何勤华主编：《法的移植与法的本土化》，法律出版社 2001 年版。

试图根据奥斯曼帝国“坦志麦特”(Tanzimat,即“改革”)的原则,按照欧洲模式建立行政和司法机构,改组了行政机关、司法制度、征税法等。1851年,土耳其又在黎波里建立了一个混合法庭。[①] 由于奥斯曼、土耳其对利比亚的控制较北非其他国家强,因此在法律改革上,土耳其对该国的影响也很大,比如在所有的马格里布国家中,只有利比亚适用过《奥斯曼民法典》。但在成为意大利的殖民地后,利比亚适用意大利殖民地法与当地的宗教法。突尼斯法也影响过利比亚法。这里甚至还有私人尝试编纂伊斯兰教法。[②]

1951 年利比亚独立后制定法律、编纂法典时,往往聘请意大利人、英国人和埃及人为法典的起草顾问,但该国在法律改革上受埃及影响最大。1953 年利比亚制定了《民法典》《商法典》《民商诉讼程序法典》《刑法典》《刑事审判程序法典》(没有《私人身份法》),合称“五典”。[③]

1969 年,卡扎菲发动政变夺取政权,开始将利比亚引入“伊斯兰教复兴”的道路之上。利比亚在当年制定的宪法中宣布伊斯兰教为国教,国家的目标是实现广泛的阿拉伯统一;1972 年颁布法令,禁止在自然人(而非法人)民商事交易中支付利息;1972 年还颁布了另一道法令,重申伊斯兰刑法的效力,宣布对偷窃者处以断手之刑;1973 年的一道法令恢复了对通奸罪的惩罚(但刑罚与传统的不同)。

利比亚法律似乎在卡扎菲上台后退回了保守的教法之中,其实该国还是在许多方面进行了改革,上述恢复通奸罪名但不恢复通奸罪刑罚就是一例。卡扎菲政府还立法禁止童婚,赋予妇女离婚的实际权利。总的来说,“伊斯兰教复兴”只是一种政治上的口号,这并没有改变利比亚法律改革的进步性质。

(三)苏丹

在英国和埃及共管下的苏丹,适用盎格鲁-印度的法律模式,许多英国为印度制定的法典、法条被引进。1889 年苏丹颁布的《刑法典》就是以《印度刑法典》为基础,稍作修改而成的。在社会组织较发达的地区,同印度类

---

① 参见[尼日利亚]J. F. 阿德·阿贾伊主编:《非洲通史》(第 6 卷),中国对外翻译出版公司 1998 年版,第 371 页。

② 参见何勤华主编:《法的移植与法的本土化》,法律出版社 2001 年版。

③ 参见吴云贵:《当代伊斯兰教法》,中国社会科学出版社 2003 年版,第 230 页。

似，伊斯兰教法仅限于家庭法领域，而在那些仍然是按照部落的基础组织起来的社团中间，保留了少量伊斯兰教制度，如过失杀人案件里支付血金。1899年、1975年、1983年和1991年，苏丹四次制定了《刑法典》，1983年制定《刑法典》的同时还制定了《刑事诉讼法典》。最后一部1991年《刑法典》没有对非穆斯林人口占大多数的南部诸邦适用教法的胡杜德刑罚。

最初苏丹除在破产、证券交易和股份有限公司等方面有立法之外，没有编纂民法法典；20世纪70年代受埃及的影响采用了埃及模式的《民法典》，而后它又被废除，回到盎格鲁-印度法律体制。1984年，苏丹制定了《民事交易法典》，它受约旦《民法典》的影响，把民法的模式与沙里亚的规则嫁接起来，后来还颁布了新的《民事诉讼法典》和《穆斯林家庭法》。①

由于英国是苏丹的宗主国，在司法体制上，苏丹实行双轨制。一是土著习惯法。其又分为适用于穆斯林的属人法沙里亚法（由于英国殖民统治时期输入正统学说对教法的改造，哈乃斐派在苏丹占统治地位）和适用于非穆斯林的属地法。这种法无成文的规范，像在印度一样，借助“公正、平等和良心”的原则解决争议。二是英国法。今天苏丹的法庭接受英国普通法的指导原则但不受其约束，苏丹还自1898年开始定期公布判例法。上述法律渊源体制决定了苏丹独立后的法院体制是三元的，伊斯兰教法院解决穆斯林之间的争议，习惯法法院解决地方种族共同体成员之间的争议，适用英国普通法的法院解决其他案件。三种法院统一于最高法院。

对于沙里亚法庭的审判权，1902年的苏丹《穆罕默德法庭条例》作出了相关规定，其中宣布这些法庭有权在穆斯林起诉人起诉的案件里，“受理与结婚、离婚、未成年者的监护或家庭关系……瓦克夫、赠与、继承、禁治产权或禁治产者的监护以及与失踪者有关的任何问题”②。

---

① See Francesco Castro, Saria e diritto romano nella codificazione dei paesi Arabi, Isitituto per l'oriente C. A. Nallino, Roma, 1991, p. 263. 转引自徐国栋：《非洲各国法律演变过程中的外来法与本土法——固有法、伊斯兰教法和西方法的双重或三重变奏》，“壹、北非国家，二、苏丹”，载何勤华主编：《法的移植与法的本土化》，法律出版社2001年版。

② Anderson, *The Modernisation of Islamic Law in the Sudan*, The Sudan Law Journal and Reports, 1960. 转引自［英］诺·库尔森：《伊斯兰教法律史》，吴云贵译，中国社会科学出版社1986年版，第128页。

四、伊斯兰教法的复兴

近现代北非伊斯兰教法改革,是受欧洲先进文化影响的所谓"精英阶层",特别是新兴法学阶层所推动,通过政府自上而下进行的。因此这些运动有时难免专断,损害了其他社会阶层的利益。但是就整体而言,这次改革在客观上促进了北非国家的发展,增强了各国的经济实力,摆脱了欧洲列强的统治,提高了北非的国际地位。其历史意义是深远的。

在现代北非,尽管欧洲法律文化已经给伊斯兰教法律文化带来了巨大的冲击,但是我们应当看到,伊斯兰教法律文化早已深深扎入北非人的灵魂之中,这是不可能被欧洲法律文明完全取代或改变的,"伊斯兰世界仍然热心地钻研超过一千年历史的教法传统,利用它鼓舞世俗立法"①。

北非各国仍然强调沙里亚对国家的主导作用。例如,埃及在现行宪法中规定"伊斯兰教为国教……伊斯兰教法是制定法律的主要来源";②又如,摩洛哥在宪法中同样规定"伊斯兰教为国教",③还规定国会议员若破坏教法规范,则不享受豁免起诉、逮捕、监禁和审判的待遇。④

自20世纪60年代末以来,伊斯兰世界的法律领域发生了新的变化,主要表现在一些国家断然宣布废除原来取自西方的法律,恢复使用伊斯兰教法。这一转变被称为"伊斯兰复兴运动"或宗教激进主义运动。宗教激进主义作为一种复古主义思潮,其思想传统是同现代主义开创的法制改革新潮流相对立的,它所提倡的"改革"与"复兴",正是为了改变近代以来伊斯兰国家在民族主义和伊斯兰现代主义影响下所采取的宗教与社会改革。与此相对应,北非国家也对本国西方化的法律及制度进行了一系列新的改造,提高了伊斯兰教法作为法律渊源的地位,对传统民商法、婚姻家庭法、刑法和司法组织也有所恢复。例如,埃及通过1980年宪法修正条款规定伊斯兰教法是埃及立法的主要渊源,高于其他渊源,并于1980年对当时通

---

① Joseph Schacht, *An Introduction to Islamic Law*, Clarendon Press, 1982, p. 111.

② 参见1980年修订阿拉伯埃及共和国《宪法》第2条。

③ 参见1996年摩洛哥王国《宪法》第6条。

④ 参见1996年摩洛哥王国《宪法》第39条。

行和新制定的法律是否与伊斯兰原则相一致进行审查。[①] 1984 年苏丹的《民事交易法典》废除了原来的《买卖法》、《契约法》、《代理法》及其他有关法律。1983 年新《刑法典》规定，对饮酒者，如是穆斯林，可处鞭打 40 次或处监禁；对非穆斯林，可处鞭打、罚金或监禁。[②]

---

① 参见高鸿钧：《伊斯兰教法：传统与现代化》（修订版），清华大学出版社 2004 年版，第 360 页。

② 参见高鸿钧：《伊斯兰教法：传统与现代化》（修订版），清华大学出版社 2004 年版，第 360 页。

第三章　撒哈拉以南：非洲习惯法

第一节　非洲习惯法概述

德国哲学家黑格尔在《历史哲学》中，将非洲分为三部分：一是“非洲本土”，即撒哈拉以南的非洲；二是“欧洲的非洲”；三是“亚洲的非洲”。我们这里研究的是第一部分，即撒哈拉以南的非洲，其居民主要是黑种人，“这是一个极为广阔的区域，从非洲西部的塞拉利昂，到非洲东部的努巴人居住的地区，向下至南部的开普”①。

撒哈拉以南的非洲人民创造了灿烂辉煌的文明，对世界文明的发展作出了一定贡献。在这当中，非洲习惯法源远流长而特色鲜明。英国学者戴维·沃克(David Walker)说：“习惯法至今仍在世界上广泛存在。非洲的大部分地区是服从习惯法的，尽管有些地方也有西方式的法律作装饰。”②

一、习惯法的概念

法律的起源与人类的文明有着不解之缘。人类从蒙昧、野蛮通向文明的历程，就包括人类对自身行为进行社

---

① ［英］帕林德：《非洲传统宗教》，张治强译，商务印书馆1999年版，第6页。

② ［英］戴维·沃克：《牛津法律大辞典》，光明日报出版社1988年版，第236页。

会调整（包括法律调整）的产生和发展的进程。法律随着人类从蒙昧、野蛮走向文明、理性，由禁忌、习俗到习惯法，再到成文法，不断地发展。

“在社会发展某个很早的阶段，产生了这样一种需要：把每天重复着的生产、分配和交换产品的行为用一个共同规则概括起来，设法使个人服从生产和交换的一般条件。这个规则首先表现为习惯，后来便成了法律。”① 这个“很早的阶段”，就是原始社会，这个“法律”就是我们所说的习惯法。“习惯法”这一概念最早由西方学界提出，《牛津法律大辞典》中记载：“习惯法是人们公认并被视为具有法律约束力的一些习惯、惯例和通行的做法。”②

很多学者认为习惯法是民间约定俗成的或社会集体成员自发制定的，并为人们所共同遵守的行为规则，而不需要由国家机关认可。例如，梁治平认为“习惯法原本就是人民生活方式的一部分”，③是民间的具有强制性的准法规范。彼德罗·彭梵得也说：“由习惯制定的法叫习惯法，即由习俗认可的法。”④“习惯法是独立于国家制定法之外，依据某种社会权威和社会组织，具有一定强制性的行为规范的总和。”⑤“习惯法是依据一定的社会权威而存在，并被保证在违反时对强制执行或对违反者予以责罚的行为规范的总和。”⑥“一切法律均源于行为方式，在行为方式中……习惯法渐次形成；也就是说，法律首先产生于习俗和人民的信仰。”⑦总之，习惯法是“几代人生活经历的总结，是一种知识传统，是一部深思熟虑的法典，是几代人用他们的经验和智慧通过一定的方法而制造出的一种联系”⑧。它生自民间、出于习惯，在乡民长期生活、劳作、交往和利益冲突中显现。我们

---

① 中共中央马克思恩格斯列宁斯大林著作编译局编：《马克思恩格斯选集》（第 2 卷），人民出版社 1972 年版，第 538-539 页。

② ［英］戴维·沃克：《牛津法律大辞典》，光明日报出版社 1988 年版，第 236 页。

③ 参见梁治平：《清代习惯法：社会与国家》，中国政法大学出版社 1996 年版，第 52 页。

④ ［意］彼德罗·彭梵得：《罗马法教科书》，黄风译，中国政法大学出版社 1992 年版，第 17 页。

⑤ 田成有：《“习惯法”是法吗？》，载《云南法学》2000 年第 3 期。

⑥ 邹渊：《习惯法与少数民族习惯法》，载《贵州民族研究》1997 年第 4 期。

⑦ ［德］弗里德里希·卡尔·冯·萨维尼：《论立法与法学的当代使命》，许章润译，中国法制出版社 2001 年版，第 11 页。

⑧ T. O. Elias, *The Nature of African Customary Law*, Manchester University Press, 1956, p. 189.

同意这种观点,当然,“习惯法虽不由国家制定,也不由国家强制力保障实施,欠缺制定法所必备的国家意志性,但是它仍然具有法的其他重要特征”①。

也有学者认为,必须经由相应国家机关承认的习惯才能称为习惯法,即经国家认可的以习惯形式存在的法律。例如,我国非洲法学者洪永红认为,习惯法“不是简单地由习惯‘自然地’上升为习惯法,而必须通过一定的立法形式才可实现”②。对于违反习惯法者来讲,国家设有专门机关依法对其有组织地集中统一行使制裁权。而对于违反习惯者,则是由社会、团体、行业组织或者特定地域的人们对其进行舆论谴责或予以排斥,且往往任意专断,不加限制。“一般而言,习惯要成为法律形式渊源的习惯法,即具有法律效力必须具备悠久性、持续性、自发性、合理性、确定性和一致性。”③

法国学者卢梭说:“在行政法、民法和刑法这三种法律之外,还需要加上一个第四种法,而且是一切之中最重要的一种,这种法律是铭刻在公民的内心里……当其他法律衰老或消亡的时候,可以复活那些法律或代替那些法律……我说的就是风尚习惯……具体的规章不过是拱顶上的桥梁,而缓慢诞生的风俗习惯才是拱顶上难以撼动的基石!”④

在这里,卢梭指的第四种法就是习惯法。习惯法作为一种传统,历经文化长河的洗礼,却早已深入到这些地区人们的思想意识及行为中,成为他们心理意识的一部分,适应了他们的经济关系、人文模式。因此,生长在这种文化环境中的人们都在自觉或不自觉地遵守着它。习惯法已成为这些特殊地区、特殊人群的标准法律规范。

我们认为,习惯法是一种虽不具备国家强制保障力,但被一定的群体所自觉地共同加以遵守和维护的行为规范,是一种依靠非官方权威加以维系的准法律系统;其在特定的民族、部落等局部区域内实施,着眼于集体成员的秩序管理和维护,内容简单且生活性强,大多为口头制定,依靠民间权威即社会舆论、首领威望和民族的传统观念实施,并不设立专门的司法机构。

---

① 包姝妹、陈曦:《试论习惯法》,载《前沿》2002 年第 5 期。

② 洪永红:《非洲习惯法立法形式》,载《西亚非洲》2000 年第 2 期。

③ 由嵘主编:《外国法制史》,北京大学出版社 1992 年版,第 479-480 页。

④ [法]卢梭:《社会契约论》,何兆武译,商务印书馆 1980 年版,第 73 页。

二、非洲习惯法的概念

“非洲习惯法”这一名词最早在19世纪五六十年代,由英国著名的非洲法学家阿洛特首先提出,从法律的起源和发展进程考虑,来研究非洲法的过去和未来。但是,在理论上,还没有形成对非洲习惯法的统一认识,学术界对其概念的确定一直存有歧义:弗朗西斯·斯奈德(Francis Snyder)和西蒙·罗伯特(Simon Roberts)是“殖民产物”观点的典型代表。弗朗西斯·斯奈德认为非洲习惯法是近代的产物,是殖民时期的一种创造,作为一种历史现象,它是在特殊的历史环境下发展起来的,并与殖民国家有着密切的联系。① 西蒙·罗伯特认为非洲习惯法是一种与过去有些联系的法,为殖民主义制度所支持,甚至被喻为“创造出来的传统”,它应用于殖民时代建立起来的法院系统中,存在于移居国外的政府官员的头脑中,也广泛存在于非洲人的头脑中,这样它才能流传至今。②

殖民时期非洲一些国家对“习惯法”下过定义。例如,加纳《土著法院(殖民地)条例》第2条将其定义为关于权利及其密切相关的义务的规则或规则体,这种规则或规则体来自已确立的土著惯例(native practice),适用于所有特别的原因、行为、诉讼、事件、争议或问题,也包括任何依据1944年《土著政权(殖民地)条例》第30、31条所记载或修正的土著习惯法。③

非洲独立后一些国家也对“非洲习惯法”下过定义。④ 1960年加纳《解释法》第8条第1款规定:“包含在加纳法律中的习惯法是由习惯形成的法律规则所组成的,这样的法律规则适用于加纳的特殊社区。”1958年尼日利亚联邦《证据法》规定:“习惯法是一些在特定区域内由于长期使用而具有法律效力的规则。”坦桑尼亚《解释法》第2条第1款规定:“习惯法

---

① See Francis Snyder, *Customary Law and Economic*, Journal of African Law, 1984(1&2), p. 34-36.

② See Simon Roberts, *Some Notes on African Customary Law*, Journal of American Law, 1984(1&2), p. 2-3.

③ See Antony Allott, *Essays in African Law*, Butterworth & Co. (publishers) Ltd., 1960, p. 164.

④ 参见洪永红、夏新华等:《非洲法导论》,湖南人民出版社2000年版,第62页。

意指包含某些权利和义务的任务规则或一系列规则,它建立在坦喝尼喀非洲人社区习惯的基础上,并具有法律强制力,而一般地被这些社区所接受。”

我国非洲法学者夏新华认为:“非洲习惯法乃是这样一些行为规范,它是非洲各个传统社会中(主要指村社)属于各个族体人民在长期的生活与劳动过程中逐渐形成的,被用来分配人们之间的权利和义务,调整和解决他们之间的利益冲突,且主要在一套特殊的崇拜神灵、崇拜祖先等关系网络中,以口述方式被贯彻实施的。”[①]另一位非洲法学者洪永红则认为“非洲大陆并没有一种统一的习惯法,而且在一国之内也不只有一种习惯法”,“非洲习惯法是非洲大陆各民族、各部落习惯法的统称”。[②] 我们认为前一种观点失之偏颇,而后一种观点比较符合非洲的现实。

三、非洲习惯法的产生

(一)思想基础

在人类历史的初期,支配人们日常生活的自然力量被人们幻想地反映在精神世界中,反映了非洲人特殊的价值观。

非洲传统社会低下的生产力水平和落后的科学技术使人们无法理解自然现象;在远古时代的非洲人看来,日月盈亏、光明黑暗、山崩地裂、云遮雾扰、风暴雷雨都是变幻莫测和不可捉摸的。人们只好求助于虚构的超自然力量,将希望寄托在祖先和神灵身上。

首先,非洲传统社会里的人们将精神寄托在想象中的至上神身上。他们认为至上神至高无上、主宰一切、无所不知、无处不在、卓越超群,他是万物的创造者:他创造了有形的天体、无形的灵魂,苍天大地、日月星辰、山川河流无不是他的作品;他赋予了万物生命,他是一切人的最后审判者。例如,祖鲁人认为“乌库鲁库鲁”规定了男女应从事的工作,确立了风俗习惯和秩序,建立了割礼、祭祀的各种仪式等。[③]

人们赋予至上神无与伦比的崇高地位,各部落以崇敬和敬畏之心给予

① 夏新华:《论非洲习惯法的概念与特性》,载《西亚非洲》1999 年第 3 期。

② 参见洪永红、夏新华等:《非洲法导论》,湖南人民出版社 2000 年版,第 64 页。

③ See Mircea Eliade, *Encyclopedia of Religion*, Vol. 6, MacMilam, 1986, p. 592.

至上神充满荣誉和赞美的称呼：塞拉利昂的门德人称至上神为“恩格沃”（Ngewo）；巴苏陀人称之为“莫里默”（Molimo）；尼日利亚的约鲁巴人称之为“奥罗伦”（Oborun）；赞比亚和坦桑尼亚的许多部族称之为“莱扎”（Leza）；阿散蒂人称之为“尼阿美”（Nyame）；祖鲁人称之为“乌库鲁库鲁”（Unkulunkulu）；奥瓦姆博人称之为“卡伦喝”（Kalunga）；肯尼亚的吉库尤（Kikuyn）人称之为“木隆古”（Murungu）；伊博人称之为“秋库”（Chuku）；巴尼亚卢旺达人称之为“伊玛纳”（Imana）；加纳南部的喝人称之为“尼欧莫”（Nyonmo）；巴干达人称之为“卡通达”（Katonda）；刚果的恩功贝人称之为“阿匡果”（Akongo），等等。

虽然各部族人们对至上神的称谓不同，但都包含了极具赞美和尊崇的含义，包括伟大的化身、伟大之中最伟大者、天上的酋长、超级神灵、永恒之神、时序循环之神、命运之神、不可抗拒者、灵魂的制造者、大慈大悲者、一呼可惊世骇俗者、恩重如山者、阳光的赐予者等。① 但奇怪的是，非洲大部分的部族很少定期祭祀至上神甚至不修建至上神的塑像和寺庙。因为他们认为至上神实在太伟大了，遥不可及，不能把他局限在某一空间，他无所不知、无处不在，所以也不用定期膜拜，一般情况下通过众神和祖先与他打交道，但是在遇到紧急情况下，求助于众神或祖先都失灵时，可以不顾至上神的伟大和遥远，不通过任何媒介自发祷告，直接呼吁。

其次，祖先崇拜。祖先是家族的长者，同时他们又处于灵魂状态，能够有超人的能力，“可以无阻碍地接触到事物的本质”。② 正如恩格斯所说的，“在远古时代，人们还完全不知道自己身体的构造，并且受梦中景象的影响，于是就产生一种观念：他们的思维感觉不是他们身体的活动，而是一种独特的、寓于这个身体之中而在人死亡时就离开身体的灵魂的活动”。③

万物有灵、形灭而灵魂不灭是远古人类的共性认识；非洲人认为人是有灵魂的，那是一种与躯体相分离的独特物质。祖先超脱死亡后，生活在

---

① 参见［英］帕林德：《非洲传统宗教》，张治强译，商务印书馆 1999 年版，第 39 页。

② 参见史宗主编：《20 世纪西方宗教人类学文选》（下卷），上海三联书店 1995 年版，第 858 页。

③ 中共中央马克思恩格斯列宁斯大林著作编译局编：《马克思恩格斯选集》（第 4 卷），人民出版社 1972 年版，第 219 页。

精神世界中,但仍密切关注家族的事务;相对于至上神,祖先更为贴近人们的日常生活,始终陪伴着生者,干预尘世间的事情。在非洲人看来,世世代代,包括活着的人和死去的祖先组成了社会生活的整体,“没有生者与死者的界限,没有现实和虚幻的界限,也没有过去、现在和将来的界限”,“我们与活着的人讲话,同时也同祖先交谈,就像他们就在我们跟前一样”。①

为了与祖先沟通、向祖先求助,非洲传统社会形成了各具特色的祭祖仪式。他们认为经常祭祀才会得到祖先之灵的恩惠、保佑;而一旦怠慢则会遭致祖先的惩罚,面临灾难和不幸。人们试图用祭祀的方法压制祖先或安抚祖先。但是,祖先喜怒无常。不是祖先仁慈的保护,而是他们的伤害力和对人们日常生活的袭击,使人们感觉到祖先的存在。祖先观念在非洲人的精神世界中起着重要的作用:“没有祖先的存在和祖先的能力,他们每日的生活,或许我们可以不过分地说,他们每时每刻的生活就毫无意义了。”②祖先被认为是部落风俗和法律的监护人;这种思想会产生一种非常强烈的道德约束力,这些就是法律的基础。所以,“不细致地了解祖先崇拜,就无法了解人们的宗教信条,也就无法了解人们的生活”③。

最后,图腾崇拜也是非洲人传统宗教的一个重要组成部分。图腾是被同一氏族的人奉为祖先、保护者的某种动物、植物、器物或某种标志。非洲各族认为与他们在同一地域里相伴相随、关系密切的动植物是神秘莫测的,是本氏族的渊源,他们相信该物种与本氏族之间存在某种血缘联系。因此,只要对图腾真诚膜拜,图腾就能赋予人们一切美德、生机、活力,否则就会受到严厉的惩罚。

非洲传统宗教要求人们依照神灵立下的准则,尊奉祖先的传统和伦理道德规范行事。在古代非洲人日常生活中具有权威地位的习惯法即源于这种特殊的价值观念。霍贝尔认为,在这里,所有法律问题都是“家庭的事务”,通常由受人尊敬的老者解决。

---

① See Leopold Sedar Senghor, *The Collected Poetry*, translated by Melvin Dixon, University of Virginia Press, 1991, p. 25.

② [英]帕林德:《非洲传统宗教》,张治强译,商务印书馆 1999 年版,第 59 页。

③ J. O. Kayode, *Understanding African Traditional Religion*, University of Ife Press, 1984, p. 70. 转引自李保平:《非洲传统文化与现代化》,北京大学出版社 1997 年版,第 14 页。

(二)社会背景

人类文明与生态环境之间有着密切的联系。整个非洲,尤其是撒哈拉以南非洲在地理结构上的特点,其异乎寻常的气候地带,以及其特有的地形和资源条件,对非洲人各族的影响是显而易见的。

撒哈拉以南非洲显著的地形特征是它具有完整的块状结构,强烈起伏,其隆起面常常形成高原与台地、盆地和裂谷。海拔200~2000米的台地和高原占总面积的86%以上,"高原大陆"这一名称确切地反映了非洲的地形特征。撒哈拉以南非洲的气候、自然植被、土壤类型、动物种属等的分布规律,和这一特征有密切的关系。同时,块状结构形态也影响了水系的发育,有大量河段不宜航行。

非洲大陆显著的气候特征在于非洲是世界唯一的赤道横贯中部的大陆。这使非洲的热带和亚热带地区特别广大,并成为世界唯一的热带大陆。撒哈拉以南非洲绝大部分地区的年平均气温都在20℃以上,越靠近南北回归线,气候越干燥,旱季和雨季的对比越强烈,而且旱季越来越长;从赤道向南北回归线的方向延伸,随着纬度的升高而降雨量递减。

在撒哈拉以南的非洲,各族遇到的自然地理环境方面的挑战是很多而且很严峻的:炎热、多雨、土壤呈酸性而缺乏盐分、老鼠和鸟雀为害甚多、寄生虫和微生物横行无忌,诸如寄生虫病、细菌性疾病、病毒和真菌性疾病等都很流行。

恶劣的生存环境、低下的生产力,决定了人类必须以群体的方式组织起来,进行生活、生产活动。人类活动的基本单位是氏族,两个或两个以上的兄弟氏族构成胞族,两个以上的胞族构成部落,若干亲属部落构成部落联盟。氏族是以血缘关系为纽带而连接起来的纯粹人的联盟,是原始社会的生产单位和经济组织,在氏族里人们共同劳动、共享劳动成果。氏族还是全体成员的自治组织,人们在实际合作与精神团结上都须直接接触团体,形成了集体至上的精神信仰和团结协作的生活习惯;这也深深地影响了非洲人的思维和诉讼方式,如解决争端重在和解,首先要能保证集团的一致和恢复集团成员的协调和谅解。

在非洲社会各细胞的相互关系中,占统治地位的根本信条即主要规则,就是绝对的团结和互助。集体利益决定个人利益,只有共同体的利益得到保障,才谈得上各个成员的利益。互相依赖和互相帮助是共同体的道德责任。“任何对集体的损害都是对个人的损害,一个人置身集体之外,那他就毫无价值。”①

四、非洲习惯法的特征

(一)和宗教、巫术有着密不可分的关系

自从亨利·梅因时代以来,人们普遍认为法起源于宗教;虽然这一观点后来受到了很多批判,但用于撒哈拉以南非洲的传统社会还是很恰当的。正如前面所说,非洲人具有广泛的信仰精神力,他们敬畏自然,崇拜祖先,信仰神灵。

宗教深入社会生活和个人生活的方方面面,包含了一切被现代文明分离的行为领域,如法律、伦理、科学等。“宗教需要整个的地方社会以使分子共同崇拜圣物与神祇,同时社会也需要宗教以维持精神上的律法与治安。”②

巫术是非洲人精神世界中除宗教外的另一个重要方面。与宗教通过祈祷求助于神灵不同,巫术是巫师运用咒语的虚幻的力量来控制自然,在想象中支配世界。

人类社会的初期,人们对神秘力量和神圣对象在观念上有所意识,在体验上有所感受,往往会在情绪上产生惊奇、恐惧、畏惧或者尊敬、爱戴等感情。这种敬畏感往往在行为上表现出来。其在人与神秘力量和神圣对象的关系上,体现为对自己行为上的限制和禁戒规定,这便是禁忌。宗教、巫术与非洲习惯法的联系便体现在禁忌上。

禁忌是法在人类文明史上最早的表现,是一种由超自然力来制裁的社会的禁令:违反禁忌将给本人和自己的部族带来不幸,遵守禁忌则会得到和平和繁荣。禁忌作为一种最原始、最特殊的社会规范形式,起源于人们对宗教和巫术的敬仰和恐惧,包含在经由传统的积淀而形成的习俗中。它实际上是人类最古老的无形法律,最起码也是类似于法律的初级社会控制形态,在很大程度上扮演着法律的角色,发挥着调节社会关系的作用。对

---

① [上沃尔特]阿尔贝·萨尔福·巴利马:《上沃尔特的起源》,尚杰译,上海译文出版社1980年版,第14页。

② [英]马林诺夫斯基:《巫术 科学 宗教与神话》,李安宅译,中国民间文艺出版社1986年版,第38页。

违反禁忌者的通常处置方法是献祭和忏悔、罚款、施以酷刑等。

禁忌本身是神圣观念的伴生物，反过来又强化了神圣观念的神秘性，把神圣对象置于神秘莫测、神圣不可侵犯的地位，是人们必须遵守奉行的无上命令。它能对人的本能行为进行限制，制止和预防潜在危险，保护群体成员的生存，实现控制危害性自然力的企图。随着社会的发展，那些为大多数社会成员所公认的禁忌成为习惯法的组成部分，巩固了自身作为社会控制方式的强制性和权威性，兼具神意与世俗的双重保障，逐步具有了法的特性。禁忌是人类自律与群体约束最基本、最原始的形式，有人甚至认为它是原始社会唯一的社会约束力，"是人类社会中家庭、道德、习俗、宗教、政治、法律等所有带有规范性质的禁制的总源头"。①

法律的绝大部分内容都为宗教的控制作用所取代。只有当宗教的制裁不灵或禁忌的规范一直为人们所忽视时，法律才作为最后的救济手段来维护宗教的权威。②

（二）主要通过口耳相传的方式传播和记载

口头语言是传统社会传播信息和分享文化的主要的或唯一的媒介，撒哈拉以南非洲各地的传统文明在传播和继承方式上就是以口传或口述为主的。正如 J. 范西纳所说，"撒哈拉沙漠及其以南地区的非洲文化在很大程度上属于口传文化"。③ 法律规范、伦理道德、雕刻、绘画、舞蹈等博大精深的文化遗产深藏在人们的心中，由一代又一代人口耳相传、口授心记、言传身教保留下来，成为世界文化宝库中一颗璀璨的明珠。

口头文学是"保存和传播一代又一代非洲人民积累的社会和文化创造品的真正活宝库"④。非洲黑人通过口头语言展示其传统思想、伦理道德、意识形态、宗教信仰、风俗习惯等。

L. 克斯特洛说："口头文学不仅夸张了神秘的宝库和民众丰富的想象

---

① 参见任骋：《中国民间禁忌》，作家出版社 1990 年版，第 14 页。

② 参见［美］E. A. 霍贝尔：《初民的法律》，周勇译，中国社会科学出版社 1993 年版，第 294 页。

③ ［上沃尔特］J. 基-泽博编辑：《非洲通史》（第 1 卷），中国对外翻译出版公司 1984 年版，第 104 页。

④ ［上沃尔特］J. 基-泽博编辑：《非洲通史》（第 1 卷），中国对外翻译出版公司 1984 年版，第 147 页。

力,而且传述了历史、谱系、家族传统、习惯法及宗教仪式和道德尺度。”①习惯法活生生地存在于非洲各族人民的日常生活中,世代口耳相传,反复适用,形成了约定俗成的规则和程序。口头文学有许多种形式,以诗歌、故事和谚语为典型。非洲人在诗歌中表达人和自然的关系,流露出浓烈奔放的热情和朴素的道德观念;在故事中描写非洲社会生活和各类人物,将他们坚守的伦理道德、行为规范灌输到具有美德的人物身上,并不断赞美传诵,成为后人效法的典范;谚语是民间各种交往形式在长期实践中无数次重复的产物,在一代又一代的流传和承袭中提炼成形,规定了乡民的行为和社会生活。谚语短小精悍,富有哲理,引人深思,耐人寻味,涵盖面广泛,将生活真谛高度浓缩,闪烁真理的光芒,被奉为道德训诫和规范行为的信条。

“正是在谚语中,我们可以找到非洲宗教和哲学智慧中的最古老的形式。”②谚语具有祖训的作用,是某种制度、习俗、道德的权威根据。“没有谚语的语言,就像没有血肉的骨骼,没有灵魂的躯体。”③谚语来自不同的特定的文化背景,同时又反映、折射着非洲丰富多彩的文化传统。刚果人说“一只手洗脸不方便”,斯瓦希里族人说“一个人拉不动一条船”,以增强人们互帮互助、团结合作的道德责任感。

此外,即便在诉讼中,非洲习惯法的“口头”特色也活生生地体现出来。在诉讼方式上,尼日利亚东北部的伊多马族使用一种传统的司法程序,即在一种基本上是戏剧性的场面中利用半合唱方式判案,把音乐与辩论结合为正式的司法体制。具体程序是,以合唱式应答为背景,争讼双方就像正式演员那样陈述各自的理由,审判过程持续两天以至一周。马里、几内亚等国的班巴拉人和东非的图西人也有与此类似的司法程序。④

口头传播内容的可靠性主要依赖讲述人非凡的记忆力,其他人包括君主及周围同辈、长者的监督,以及传统宗教信条的约束。“在非洲传统社会

① 艾周昌主编:《非洲黑人文明》,中国社会科学出版社 1999 年版,第 205 页。

② John Samuel Mbiti, *African Religions and Philosophy*, London, 1969, p. 67. 转引自李保平:《非洲传统文化与现代化》,北京大学出版社 1997 年版,第 142 页。

③ R. 芬尼根:《非洲口述文学》,牛津大学出版社,第 415 页。转引自李保平:《非洲传统文化与现代化》,北京大学出版社 1997 年版,第 129 页。

④ 参见宁骚主编:《非洲黑人文化》,浙江人民出版社 1993 年版,第 352 页。

里，深远而神圣的联系把人的行为与语言结合为一体，人们必须信守自己讲过的话，并受其约束，他就是他的言语，他的言语就是他自身的证明。社会的协商依靠言语的价值和对言语的尊严。"①

（三）体现了非洲人独特的精神取向

在非洲国家中，村社有一套严密的组织系统，社会中存在年龄等级制度。各种不同年龄等级的人组成同龄会。人的一生分为若干个自然阶段，在每个阶段都有一个相应的特定阶层，同一阶层或等级的人有明确规定的责任，有特定的名称、标志和饰物，他们一起度过一生，做同样的事情，占据同样的社会地位，享受同样的权利。② 他们朝夕相处，共同的行为规范和道德准则使他们荣辱与共、休戚相关，培养了深厚的感情，一般富有团结协作的集体主义精神。同时，他们又极为原始、迷信、无知，他们没有知识，但有无限丰富的想象力，他们认为生存的环境里充斥着各种可能带来不幸的邪恶精灵，所以必须发展出强烈的集体精神来抵御各种神秘而邪恶的影响。

同时，老人受到特别的敬重。一是因为他们有智慧。老人辈分高、阅历深，历经沧桑，是经验、知识和智慧的化身，是文化遗产和古老风尚的传人，是习惯法流传的中介。二是因为年龄也意味着权力。老年人往往身居要职，担任酋长或长老会成员，参与处理部落的大小事务，解决纠纷，审理案件，在家庭中更是具有崇高的地位。在精英文化稀缺、崇拜经验、尊重传统的非洲社会里，人们十分敬重长者的学识和权威。所以非洲社会中的老人尤其是那些德高望重的老人格外受尊敬，在传统社会中起着十分重要的作用。正如谚语所说，"一个老人就是一座图书馆"，"人老智慧至"。

在非洲传统社会中，集体精神、团结互助、尊重权威对维持社会秩序是不可或缺的。

（四）涉及人身关系的法律较为发达

非洲传统社会结构基本上由家庭、家族、氏族和部落组成，由血缘关系加以维系。社会关系主要是亲属关系，社会规范主要是那些靠亲属关系结合起来的社会组织得以产生、维系和运行的规则。在这种亲属关系基础上

---

① ［上沃尔特］J. 基-泽博编辑：《非洲通史》（第 1 卷），中国对外翻译出版公司 1984 年版，第 122 页。

② 参见［英］雷蒙德·弗思：《人文类型》，费孝通译，商务印书馆 1991 年版，第 80 页。

结合起来的社会组织必然打上烙印,影响社会生活的各个方面。家庭、氏族、部落的建立、运行和维持都必须遵循一套复杂的原则和社会规范,所调整的对象主要是涉及人身关系方面的社会事务,比如如何在人一生的不同阶段举行象征性的仪式,婚姻要遵循怎样的原则和程序,如何划分亲属关系,如何处理氏族、氏族内部成员的相互关系以及一些相关的原则,等等。

第二节　非洲习惯法的维持

一、人们遵守习惯法的原因

非洲传统社会的人们遵守习惯法,甚至在没有司法机关施加外在强力的情况下也是如此。究其原因,可以说传统社会非洲习惯法的维持主要靠习惯法的权威性,这种权威性属于社会民间权威,是社会外在禁令和惩罚的力量与人们内心对超自然力的坚固信仰力量的合二为一。

习惯法是依据社会政治、经济、文化等各方面的需要从日常习惯中提炼出来的,是一定范围内的群体必须共同遵守、共同维护的行为规则。它具备法的强制性,这种强制性体现为部落、家族、民族等特定区域内的特定人对违反其规范的人所采取的特定惩戒,而且这种惩戒具有其特定的程序和方法,不能轻易被改变或被破坏;法律本身和它的裁决都作为社会的重要组成部分被接受。

同时人们遵守习惯法也是自愿的和自发的。习惯法对每个社会成员来说都有很重的分量,遵守它需要大量的自我牺牲;并且出于道德上的、情感上的和现实的原因,人们内心的信仰表现为尊敬和畏惧的心理状态。

在原始状态中,传统对于社会有无上的价值,所以再也没有比社会分子遵守传统更为重要的了。必须严格地遵守前代遗留的民俗与知识才能维持秩序与文明。[①] 在非洲传统社会,卓越的祖先以其昔日的功绩指引人

① 参见[英]马林诺夫斯基:《巫术 科学 宗教与神话》,李安宅译,中国民间文艺出版社 1986 年版,第 23 页。

们今天或明天该做什么，告诉活着的人应如何应对生活的挑战。人们尊重祖先规定的行为规范就是尊重祖先。在人们心目中，祖先确立的共同体的传统规范必须得到遵守，因为它是从伟大的和威严的祖先那里一代代传下来的，是列祖列宗惨淡经营得来的无价之宝，来之不易。因此，这些行为规范都被赋予了神圣性和权威性，祖先不允许后人去违反它们。“我们的祖先如何如何”乃是证明行事正确的最雄辩的理由。传统因此而被圈上“圣圈”，打上超自然的“印记”。

但是，“法律建立在超自然权威的基础上，同时这种超自然的权威还会惩罚触犯法律的人。当一个关于更加可怕而必然的罪行来自人们的精神世界时，人类社会根本不用采取制裁措施”①，而会因为恐惧而自觉地遵守习惯法。“对于活着和已死的人来说，部落都是一个连续的实体”这样的理论成为宗教裁决的基础，使人们产生恐惧的思想，不敢违背祖先的法律。祖先既令人尊敬又使人畏惧的特点，反映了非洲人爱怕交织的矛盾心理，这种心理“使人们变得驯服恭顺，社会秩序得以维持”②。他们怕天地之间的一切精灵，所以天长日久，他们的祖先才定下那么多规矩，那是从世世代代的经验和才气中得到的，他们不知道也猜不出原因在哪里，他们遵守那些规矩是为平平安安过日子；凡是不知道的东西他们都怕，身边见到的东西他们怕，传说和故事里讲的东西也怕，他们只好按老规矩办，只好遵守他们的禁忌。

二、专职人员

1. 超自然力量

在非洲的许多地区，至上神被称为法官，他往往用闪电、不妊或难以解释的死亡惩罚恶人。正如谚语所说，至上神悄悄地行惩治邪恶之举（巴隆迪族）；至上神是最高裁判者（门德族）；至上神的裁判是不能上诉的（肯尼亚）。

在非洲人的心目中，至上神是伟大的创世主，他不仅创造了自然物质，

---

① T. O. Elias, *The Nature of African Customary Law*, Manchester University Press, 1956, p. 61.

② ［英］帕林德：《非洲传统宗教》，张治强译，商务印书馆 1999 年版，第 62 页。

也创造了自然规律,规定了人们必须遵守的原则,制定了人类的风俗习惯和法律制度。至上神参与人类的活动,干预人间的事务,通过自然现象表达态度,他是人类最终的依靠,是最高的上诉法院,人们祈求至上神主持公道,给善良的人们以同情、庇佑和恩惠,给恶毒的人以训诫、威慑和惩罚。这种对至上神的信仰提供着社会本身所不能提供的约束力,提供着靠世俗的约束力所不能维持的道德和法律规范。

同时,一切已死的先辈们的传统,像梦魇一样纠缠着活人的头脑。人们以景仰之心缅怀那些功勋卓越的祖先,他们一般是统治者或巫师、军事领袖等为后人立下功绩的人,他们成为后人不朽的典范、效法的榜样,那些祖先的言行举止也往往成为衡量后人行为规范、道德水平的标准。在他们看来,祖先们留下的传统规范必须得到遵守,因为这些规范被赋予了神圣的权威性,祖先们不允许后人违反,否则将受到惩罚。所以非洲人极端珍视祖先的习俗和规范,人们将遵守祖先制定的行为规范,作为尊重祖先的最好表现方法。社会的福祉有赖于他们与给予其帮助和保护的祖先维持一种良好的关系。

所以人们知道,应当好好地祭祀神灵和祖先,因为他们高兴,就会护佑风调雨顺,万事如意;他们发怒,则会降下灾祸,使人畜不兴。所谓公共"法律"典型的惩罚手段就是宗教的超自然的惩罚。

2. 担任法官的人

在传统非洲社会里,人们会自觉地服从于风俗习惯和那些部落"权威",这些"权威"包括神灵、祖先、部落首领和有超自然预知能力的神职人员。

从家族和村落的头领直到最高首领,一切团体的政治首领都是诸神和祖先的灵魂派来管理人类事务的总督,他们判决案件的公正性来自神灵意志的启示,在神意指引下统治得公正而又智慧。在大多数酋长那里,不服从命令即对酋长的冒犯,因而也是对神灵即祖先的冒犯。

在非洲传统社会里,主要是超自然的神支撑着现存的社会结构,而神职人员们知道怎样运用恐吓手段来维护社会秩序的稳定。[①] 神职人员一般包括祭司、通灵人、占卜师和巫医,他们从氏族成员中独立出来执掌宗教事

① See Elman R. Sercice, *Origins of the State and Civilization*, The Process of Culture Evolution, p. 92-94.

务，要经过严格艰辛而专业的训练，潜心学习数年之久。他们使宗教仪式程序化、复杂化，使众人不能直接和神交往，而必须以他们为中介。他们传述神谕、卜测命运、治病救人、裁决案件，是非洲人传统社会中的重要人物，备受尊敬，威望很高。他们对禁忌的遵守进行监督并有权惩罚违反禁忌的行为人，他们比一般的人更熟悉禁忌与图腾的内容与仪式，以一种能与“上天”沟通的面貌出现在大众面前。渐渐地，他们就享有了惩罚违反禁忌规范的权力。这个惩罚的特殊权力的被认同、被确定，就使一个社会的权威机构出现在原本绝对平等的社会中。

三、审理程序

“也许非洲是世界上法律机构最发达的起源地之一。”[①]最著名的机构是那些我们今天仍然能在南部非洲讲班图语的国家里找到的法庭。在那里，地方长官是坐在法官席上的法官之一。坐在法官席上的人包括这个社会团体中所有重要的社会组织的代表。法官们形成一个规范的、明确的等级差异，他们排成一排或以弧形排列座位，地方首领坐在中间，他右边紧靠的是排第二位的长者，坐在他左边的是排第三位的长者，坐在第二位长者右边的是排第四位的长者，坐在第三位长者左边的是排第五位的长者。这样左右依次排列下去，直到法庭的部署不多不少刚好形成一个弧形。

开庭审理时，诉讼当事人站立一边，但更多情况下坐在地上。法庭中还有专门为证人、贵族、随从人员以及当事人的支持者、旁听人员准备的席位。一般在室外开庭，但也有在室内进行的。审理要按照公认的仪式和秩序进行。首先，由原告宣读起诉书，只要他说得合理且切中要害，就可以读完整个起诉状。其次，由被告作答辩，并阐述他自己对该案的看法。再次，传唤证人，包括专家证人和一般证人。最后，在被告阐明自己的立场、证人说完证词之后，法官席上的成员从弧形的最外面开始，按照顺序依次发表判决意见。他们的意见可能包括道德训诫，包括为被告辩解在当时情形下的正当行为，他们还可以援引先例判决。某一判决意见可能为坐在另一端的长者认可，但他紧邻的长者可能会不同意，而且会加入新的观点和意见；接下来是排倒数第三位的长者，按照这样的顺序排下去，一直到弧形的中

---

① Paul Bohannan, *Africa and Africans*, Natural History Press, p. 199.

间位置,由主审法官宣读最终判决。那时,主审法官已经听完了其他人的意见,而且有足够的时间衡量证据的分量、下级法官的意见和判决。在庭审过程中,主审法官处于消极的地位,他一般要综合考虑其他参与人的意见。他的判决是终极的,将得到遵守和执行,而且还可能成为先例。

在艾维族,主审官坐在前台,原告和被告轮流陈词,证人经过审查合格后在法庭上作证,然后由双方进行辩论,其他参加的人也可以发表意见。辩论结束后,法官退庭商定和宣布判决结果。

在由酋长或部落长者召集的裁断案件、调解纠纷的法庭上,谚语被广泛使用。因为传统的村社法庭处理的案件不少是利害关系不大的民事纠纷,因而利用谚语中的道理进行处理往往很奏效,能起到调解纠纷、化解仇怨、弥合裂痕、减轻或缩小对抗程度的作用。诉讼当事人除了列举事实外,还要援引谚语,利用谚语中的道理指责对方或为自己的论辩增加分量。在非洲传统社会的法庭上,人们时常使用谚语解决问题,被采用的谚语往往起到了法律的作用。贾博族在程序的特定阶段,法庭辩论主要通过引用谚语来进行。比如,原告指责有前科的被告"一只狗不怕棕榈的刺,它就不怕箭猪刺扎",指做贼的不怕再次偷东西而犯案;而被告则会辩解:"孤独的鹁鸪穿越了丛林再也没有离开正道。"听众席中的同情者可能会说:"打翻了粥锅不过是损伤了大草原的一块小地",意思是被告所为只是小事一桩。在伊比比奥族社会中,在双方相持不下时,引用谚语多且得当的一方往往能赢得更多的同情。在尼扬贾族社会中,法官的判决也可能借助谚语。约鲁巴谚语说:"熟知谚语的法官断案快且公正。"约鲁巴法官在争执将结束时可能会告诫年长的一方"勿因黑猩猩丑就杀死它",意即不要为年轻人的冒犯而动怒;可能如此警告有关人士不要介入争执:到癞蛤蟆家做客只能自贬身份。①

为了充分地阐述非洲习惯法,有必要形成一个新的理论框架:非洲习惯法包括有国家或酋长组织的社会的法律和那些无国家或酋长组织的社会的法律。当我们探索那些无国家或酋长组织的社会在经历殖民统治和现在建立独立政府所改变的方法时,这样一个框架尤为重要。

在无国家或酋长组织的社会中,习惯法也是有效的,但运作方式不同。

---

① 参见李保平:《非洲传统文化与现代化》,北京大学出版社 1997 年版,第 140 页。

每个案子都要经过调解协调，这和形成国家或酋长组织的社会大大不同之处在于先例的作用变得微弱，制裁的作用扩大了。婚姻法中的差异最能显示出这种区别。衡量家庭的法律涉及离婚、禁止虐待儿童等方面，但从狭义上看大部分的家庭行为并不在实体法规定的范围内。

在无国家或酋长组织的社会里，由特定主体听审案件、解决纠纷是很少见的。确切的情况是，案件是由一些团体会议解决的。团体会议中一般存在两个派别，不同案件中两个派别的人数多少是不同的，这取决于他们与犯罪者的亲密程度。用一个明确的词来描述这些团体会议，即"集会"。集会和法庭不同，它是社会组织的一种模式，而法庭属于政治国家领域。在非洲传统社会中，法庭和集会一般都并存。法庭的司法权被限制在特定类型的案件上，或对不同村庄之间纠纷的解决上，许多其他的案子由集会作裁判。当然，除了法院和集会之外，还有其他的解决纠纷的机构。

在无国家或酋长组织的社会，最主要的制裁方式是制度化了的自力救助，如甲直接从乙处拿回所有权属于自己的山羊。在所有法律体系中，一定程度的自力救助都会被宽恕或者也可以说有时是必要的。当然，如果自力救助失去控制，它将是违法的。在一个健全的司法体制下，自力救助的使用界限应当是确定的。在形成国家的社会中，这样的界限是通过立法或先例确定的。在无国家的社会中，也存在使用界限，但稍有不同：在上面那个"拿回山羊"的例子中，如果乙想拿回山羊，那么乙所在的团体成员将会为他辩护；但是，如果他们知道乙并没有合理的所有权，则不会冒着损害自己声誉的危险去庇护他；又如果乙曾经犯过错误或者犯过罪，那么他们在某种程度上也会认为不应该将山羊判给他。

超自然力还作为一种法律程序的救济手段渗透到法律的习惯之中，当人们没有确凿的证据以查明案件的真实情况时，作为一种判决的方式和执行手段。求助于它的方法是立誓、占卜和神判。神灵无所不知；如果祈求的方式恰当，他们将对此案作出裁断。[①] 的确，整个非洲都广泛地使用神明裁判，求助于预言家和占卜者。在缺少证人或者以经验评判不可取导致证据不足时，神明裁判就会被采用。没有人认为神谕或神明裁判和审判活动

---

① 参见[美]霍贝尔：《初民的法律》，周勇译，中国社会科学出版社 1993 年版，第 293 页。

有直接的关系,但是认为它们的确起到审判案件的作用。神明裁判从发誓开始,由犯罪人面对着有毒的物质发誓。这些物质对人和动物都有毒性,但是不一定致命。如果动物或人没有死亡,那么他就会被认为无罪。例如,中非一个奉青藤为图腾的部落,当发生有关土地、房舍以及杀伤、窃盗等较为重大的纠纷时,酋长就会召集双方当事者,摘来青藤叶子,让巫师念过咒语后请双方嚼吃。据说,心亏理屈的人吃了就会死掉,临场怯食就等于自己认输。[①] 许多部落,如苏丹的阿赞德,可能会进行第二次神谕以加强证明力。之所以如此,是因为“在部落中,占统治地位的思想不是理性,而是神明。神明裁判是公正的,而理性裁判却是不公正的。在部落审判中,无须说明理由,因为它是非理性的”[②]。

审理纠纷一般选择在对当事人双方都合适的日子。在整个审理过程中,原告、被告双方都要到场。审理是公开的,由以下人员参加:部落领导组织中的男人,他们面对着法官坐成一个大的半圆形;证人单独坐在一边,要在听力所及范围之外。开始后,首先由原告起立,陈述案情,然后由被告作回答,接着由证人陈词;在双方证人停止说话前,不可以打断,但是另一方的当事人可以发问或提出抗辩。在参加开庭时,男人一般站着,妇女和儿童可以作为证人或被告,单独站或坐在一边。如果参加审判的长者们对证人不满意,他们将暂时休庭然后传令其他证人。所有的当事人离开后,证人要留下来。长者们要仔细斟酌,所有参加审判的成年人都有权提出自己的观点,但是案件的最终审理结果由那些具备敏锐洞察力和审判才能的三四位长者决定。

一个人如果不服部落领导组织中长者对民事纠纷的判决,他可以求助于其他的领导组织。如果这一组织的成员认为他确实受到了不公正的对待,就会与先前审判的长者们讨论这一案件;如果是重要的事件,还要开一个大会,那些以公正审判闻名的长者们将被邀请,在主审法官的主持下仔细讨论案件。一般来说,一个证人推测的或谣传的证词,将不被采纳。在一些案件中,如果长者们怀疑当事人隐瞒实情,将会采取宣誓的方式求助

---

① 参见宁骚主编:《非洲黑人文化》,浙江人民出版社 1993 年版,第 138 页。

② T. O. Elias, *The Nature of African Customary Law*, Manchester University Press, 1956, p. 28.

于超自然力量的惩罚。这种惩罚的效果不会立竿见影，但其导致的心理作用会使犯罪的人供认不讳。

诅咒和宣誓的目的是在特定案件中逼犯罪的人招供。比如在一个男人否认通奸的案子中，长者们将决定采取哪种宣誓的方式。只有成年人才可以宣誓。如果一方当事人拒绝发誓，那么法官就会立刻惩罚他；如果双方都同意发誓，那么誓言就会成为对有罪一方的诅咒。诅咒的效果在两三年内可能看不出来，但是咒语不仅会影响发誓的人而且还会纠缠着他同族的人。

一般不同的纠纷采用不同的宣誓方法。例如，在解决和牛相关的纠纷时，被告将长矛刺进树洞里，并且说道："如果我做了坏事，就会像这个长矛的头一样被吞噬。"也可以在路上挖一条小沟，里面放进木条，然后点燃，由当事人双方一边浇水扑灭火，一边说道："如果我撒谎，我的生命也将会像火苗一样被扑灭。"还可以将一个有孔的管子系在风箱中木炭的末端，然后在管子里装满水，由双方当事人喝掉管中的水，发誓谁撒谎就会得病。又如，在解决盗窃纠纷时，将一个裂口中夹着石头的木叉扎进树中，犯罪嫌疑人对着说："如果是我干的，我将像这块石头一样失去生命。"再如，解决因巫术引起的纠纷时，将一种狒狒的爪子放在嫌疑人的屋顶上，象征有灾难降临到嫌疑人的身上；或者嫌疑人挥动剑，从背后杀死一只山羊，他有罪的话灾难就会降临。[①] 诅咒也可以同样的方式撤销而不发生效力。社会秩序的遵从由积极的和消极的惩罚共同维持。一般而言，侵权和刑事犯罪被认为是对社会平衡的扰乱，因此要对其处置以从根本上恢复社会秩序。处置的原则有：和解、恢复原状、赔偿、罚款、无力支付金钱则要经受体罚、放逐，等等。

四、制裁方式

侵犯他人的处理原则一般是对受害方或其家族作出赔偿。一个人被侵犯的时候可以自卫；但是酒后伤人或经轻微挑衅后伤人不能作为防御理由，必须要对受害方赔偿。加害人通常要寻求谅解，否则将会被部落领导组织中的长者提审。在楠迪，最严重的伤害行为是年少者对年长者的侵犯

---

① See G. S. Snell, *Nandi Customary Law*, Kenya Literature Bureau, 1981, p. 81.

或一个男子对他人妻子的侵犯。①

侵犯他人所要承担的惩罚主要是赔偿,即使伤害是偶然的也要赔偿。赔偿的数额根据伤害程度的轻重、被伤害的人数以及加害人财产的多少而有所不同。如果伤害一两个人,那么罚一头牛就可以了;但如果伤害了三个人以上,显然一头牛就不够了。如果加害人很贫穷,那么罚一只山羊或蜂蜜就可以了。在必要的时候,受害人将所罚动物的肉烤熟吃掉,把血喝掉,以恢复元气。那些主持公道的长者也会得到一小部分,相当于支付我们现在的诉讼费。如果加害人自身没有赔偿能力,则由他的家族中的近亲属代为赔偿。

因雷闪放电、被蛇咬或战争行为而受伤属于天灾。被动物咬伤,动物的主人不用赔偿,但那个动物要被屠宰,以避免受害人死去。动物的后半身给受害人,其余部分给动物主人。然后受害人轻击一小块动物的皮,表示这件事已经过去了。这种象征仪式源于以前的两件事:伤人的动物没有被杀死,而两个事件中的受害人都死掉了。一个男人如果伤害了他的妻子,那么他就要杀一只山羊给妻子吃,伤害了他的孩子也一样。如果一个人被其他家族的人伤害致死,那么这个人的家族就要从加害人或其家族中拿回"血债钱"。如果一个人经常犯严重的伤害罪,那么他将被判处死刑。

惩罚杀人行为的一般原则是:不论故意或过失,死者的家族成员都可以要求犯罪人的家族支付"血债钱";如果犯罪者和死者为同一家族,则无须支付"血债钱"。在实践中"血债钱"的支付有一些规则:(1)杀死没有子女的妻子,要支付给她的家族;(2)杀死有子女的妇女,则不用支付;(3)杀死兄弟,不用支付;(4)杀死未婚或已婚但未生育的姐妹,不用支付;(5)杀死已生育的姐妹,支付给她的丈夫;(6)杀死父亲,不用支付;(7)杀死母亲,则要支付;(8)杀死母舅,支付给他的继承人;(9)杀死叔叔,不用支付。② 杀人行为发生后,只要杀人者或其近亲属送一头小牛给死者的家人,死者的家人就不得报仇;但只有在部落领导组织的长者判决后,支付了"血债钱",这件事才算了结。"血债钱"因死者性别不同有所差异。杀死一个男人,要赔 10 只动物(5 头牛和 5 只羊);杀死一个女人,则要赔 9 只动物(5

---

① See G. S. Snell, *Nandi Customary Law*, Kenya Literature Bureau, 1981, p. 62.

② See G. S. Snell, *Nandi Customary Law*, Kenya Literature Bureau, 1981, p. 63-64, 81.

头牛和4只羊）。同时还要支付一只动物给裁断的长者。除了支付“血债钱”外，就没有其他惩罚了；但如果杀人者是惯犯，则他本人会被处以死刑，他的亲属要为他赔偿“血债钱”。

非洲的许多部落盛行巫术。巫术的形式一般由部落的人们决定。如果巫师实施巫术致人死亡，将受到严厉的警告；如果他还继续作恶，则会被处死。

一般判处死刑的案件主要有利用巫术蓄意杀人，屡次犯重大罪行，背叛部落，等等。执行方法也有多种，如打死、绞死、淹死等。例如，在楠迪，死刑的执行要根据部落领导组织长者的命令，由犯罪人的亲属实施。最常见的方法是用一根树皮做成的粗绳，绕在犯罪人的脖子上，几个亲属一起用力往相反的方向拉，直到绞死，然后其他的旁观者还要用棒子打、用石头砸。

第三节 非洲习惯法的内容

非洲习惯法的内容非常丰富，尤其是涉及人身方面的尤为发达。这里我们仅列举一些比较重要的制度和规则。

在非洲传统社会中，人生的重要事件似乎极被重视，所以人的一生都和“仪式主义”密切相关。除了经济和政治上的目的，部落重视宗教仪式和信仰。他们经常把历史和宇宙观相联系。简言之，“他们将家庭这个小世界和整个自然世界联系，而最终和超自然的世界联系”①。

非洲人把人生划分为几个自然阶段，并人为地以各种仪式加以区分，赋予不同的责任，使人在人生的转折阶段清楚地知道自己将要拥有的地位和阶层。那些仪式逐渐成为固定的、公认的、有效力的规则。如果不参加仪式，便被认为不是完整意义上的部落成员。例如，一个儿童到了青春期，从生理上看已经不再是儿童，但是他并不能自然而然地成为所在部落的正式成员，而必须通过某种仪式，为群体见证、认可和接受。所以，非洲社会

① Paul Bohannan, *Africa and Africans*, Natural History Press, 1971, p. 170.

非常重视各种仪式,一个人从出生,经历青春期、结婚到死亡,在人生的每一个关键时期都有相应的仪式表明生命的过渡状态。可以说,这些仪式规定包括了个人从生到死全部生活的法则,以及他在娘胎中的法则和进了坟墓以后的法则。①

一、生育制度

非洲人自生命之始便有一套繁复的信仰与仪式。

在非洲的传统社会里,生儿育女并不仅仅是夫妻两人的事,而是关系他们所在共同体的集体的事。对于怀孕到儿童期的教育,各地区都有一套确定的行为模式。

怀孕的妇人必须持守某项禁忌,奉行某种礼节,有时丈夫也要参加。妇女必须按社会规范的要求选择做和不做,如不得接触男子以及他们使用的东西、不得接触生病的儿童、禁止穿衣服打结、禁止夫妻同房、禁止用白粉或其他颜色的粉末涂满孕妇的全身等。如果孕妇没有履行这些规则,出生的孩子就被认为是恶产,会给父母、同族的人乃至部落带来灾祸,所以往往逃避不了被杀死的命运。同时,家人要向神灵、祖先献祭祷告,祈求保佑妊娠平安、生产顺利、母子健康,产前产后与生产期间都有各样的巫术仪式以避危险,而且会举行巫术、净礼、全群欢聚等。

到分娩时,非洲各传统社会做法不一,但人们都必须遵循他所在那个共同体的风俗习惯和评价标准。例如,布须曼妇女一般在灌木丛里分娩;霍屯督妇女回娘家生产;有些部族的妇女在自家田地里分娩;干达族妇女则抱住院子里的香蕉树或柱子生产。一般情况下,由本家的妇女接生,禁止男人和处于不洁状况(如月经期)的女人进产房。

孩子出生后会得到全村人的欢呼和庆贺,并按一定的习惯规则掩埋胎盘,因为胎盘被认为是婴儿已死的"同生者",在脐带脱落后应妥善保存。但掩埋的地点千奇百怪,各个部族风俗各异,或埋于香蕉林、浴室、树旁,或埋于陶罐、葫芦里。

对于孪生子女,不同的部族认识不同。有的部族认为孪生子女是不祥之兆,孩子刚生下就会被杀死,其父母也被认为有厄运。而有的部族视孪

① 参见宁骚主编:《非洲黑人文化》,浙江人民出版社1993年版,第75页。

生子女为大吉大利，要举行一些繁复的仪式；如果不履行既定的仪式，据说会给家族和民族带来灾难。富尔贝族人认为双胞胎中，如果两个都是男孩则克母，如果两个都是女孩则克父，只有一男一女最好。

通常孩子出生后的第七、八天举行隆重的命名仪式。虽然孩子自降生就会有乳名，但那不是正式的，只有通过亲戚集聚证明认可的仪式得到自己的名字，才被认作加入了这个家族。一般仪式由当地最受尊敬的老人起名或向神祭祀，请求神的降旨，他们喜欢取某个祖先的名字或所崇敬的神的名字，希望他们的灵魂能寄寓于孩子的身躯中庇佑他健康成长。取好名字后要做祷告，把酒洒在地上祭奠祖先或地神，还要带孩子尤其是那些取了祖先名字的孩子去祖坟。

孩子在幼婴阶段接受他所在的部族的社会规范和价值观念的系统教育，父母加入自己的期望和社会的规定性行为，运用他所在群体的规范、风俗、习惯教育子女，使他们不知不觉地适应他所在社会的行为模式。习惯法通过这样的方式不知不觉地代代相传。

二、成人仪式

在众多的仪式之中，尤受重视的是成人仪式，它是"社会、文化和宗教生活中一个极为重要的部分"。[①] 作为社会中的人，只有身体的成熟是不够的，个人要获得作为社会一员所必需的各种资格、能力，并通过一定的程序、经所在的群体认可，才能成为社会的人。这种证明的礼仪规则既是庆典，又是锻炼和考验，是一个人所经历的各种人生环节中最重要的一环。"这种行为不但使个人生活具有社会的意义，而且发生精神上的变化；这等变化既与生理有关，又在重要意义之上超出生理阶段。"[②]

非洲人认为，在成人仪式之前，儿童被委托给各单个家庭抚育；而一旦进入青春期，少男少女只有经受住肉体上的疼痛和一定时间、意志上的磨炼，才能和童年告别，感受到作为社会共同体一员肩负的责任和可分享的荣誉，这样才能被认可，成为完全的社会成员。所以，一位青年由童年过渡

---

① 参见[加纳]A. 阿杜·博亨主编：《非洲通史》(第7卷)，中国对外翻译出版公司1991年版，第418页。

② [英]马林诺夫斯基：《巫术 科学 宗教与神话》，李安宅译，中国民间文艺出版社1986年版，第23页。

到成年而将入世为人,都要经过长久的隔离时期和预备时期,要经过一套试验使肉体毁伤。成人仪式有许多象征性的意义,它是童年和成年的区分标志,是参与社会活动的资格认证,是心理成熟和能力完全的标准。“加入社会而有的仪式是正式的宗教行为……这类行为的功用就在创造心理习惯与社会风俗。”①

非洲各族的成人仪式种类繁多,比较常见的有两种:割礼和野外培训。

有为数众多的部族把割礼作为成人仪式的一部分。当然,具体做法也会因国家、地区不同而有所差异。割礼是集体举行的,十分隆重,被视为庆典,男子一般在七八岁以后进行,将包皮割下即可;女子一般在 10~15 岁进行,分轻、重两种类型,轻者割去阴蒂即可,重者则相当于外阴切除封闭手术。手术相当简陋、粗糙,极不卫生,由戴上面具的持刀人主刀。伤口愈合后,亲属会带礼品来探望,以表示对他/她成人的称赞和祝贺。

在非洲人的心目中,自然造成的男女差异不够完整,“完整的性器官是与孩子的童真状态、被动状态和性征模糊状态相联系的”,②只有通过割礼这样的手术割断和童真的联系,肉体上的变化才将使个体自觉地意识到社会地位的变化。在这以后,男女才可以结婚生育,从依赖双亲的状态走向独立自主。同时,割礼也是一种精神上的考验,当事人要表现得意志坚强、勇敢无畏,从而得到社会的更多赞赏。与之相反,那些未行割礼的男孩和女孩将无颜在共同体里立足和生存,父母也不承认他们,更不用说娶妻或者嫁人。

同时,为了介绍并使之了解和适应成人生活,参加成人仪式的年轻人将离开村庄,与社会中的其他人分开,被带到隐秘的地方,在充满挑战和神灵的大自然中过一段冒风险的自立生活;少男少女分别在各自的集体当中,学习、模拟家庭生活所需的能力。他们要接受各种各样的培训,长者将传授他们各种知识,包括社会规范、生存要领、传统歌曲、传说故事、神话谚语、宗教教义、生产技能、医学知识,以及性的知识。

仪式中还伴随一定程度的肉体考验,如鞭打、干重活、拷问、拔牙、隔

---

① [英]马林诺夫斯基:《巫术 科学 宗教与神话》,李安宅译,中国民间文艺出版社 1986 年版,第 23 页。

② 参见李保平:《非洲传统文化与现代化》,北京大学出版社 1997 年版,第 42 页。

离、吃干硬的食物，有时被考验者还要装作当场死亡又复活，以锻炼他们的勇气和耐力，培养独立行动的能力，使他们适应群体生活、遵守公共纪律，从自然生物上升为文化上的人。

有些部族有影响巨大的“秘密社盟”，其被称为“丛林学校”，承担着举行成人仪式的任务；这里由戴假面具的精灵代表在世或已故长辈的权力和威望，教授知识和独特语言。

成人仪式是对人的第一次严峻考验和磨难，将使之终生难忘。这是一种在精神世界中死亡、生存和死后复生的象征性体验，经受磨炼的人重回家庭意味着新生和失去童年，有的甚至要取新的名字，他们将受到全村人的欢迎。

入世仪式的主要作用是表现原始社会里面传统的无上势力与价值，深深地将此等势力与价值印在每代人的心目中，并且极其有效地传延部落的风俗信仰，以使传统不失、团体固结。

三、婚姻制度

1. 婚姻的成立要件

非洲传统社会普遍遵循订婚的习俗，这是婚姻成立的关键。一般事先必须在征得父母同意或者由父母包办决定后，由男方家人带礼品去女方家征求意见。但是在大多数情况下，如果父母不同意婚事，当事人就会私奔。[①] 各个部族的礼品大相径庭：肯尼亚的基西吉斯族以木棍和牛油为订婚礼物；坦桑尼亚的哈亚族以“摸脚”表示定亲；坦桑尼亚的齐古阿族、西非的富拉尼族人带鸡相亲；刚果人送玉米棒子。如上面所说，所有部族的订婚必须征得父母同意，甚至有的地方如尼日利亚的一些部族须由家族会议讨论决定，南非的科萨人则由双方亲戚给男女双方打分决定结果。从这一点来看，虽然年轻人在婚姻问题上受父母的限制比较大，但他们的恋爱自由度还是比较高的，可以符合一定习俗的求爱方式大胆开放地挑选中意的对象，但是他们本身需要完成成人仪式。

婚姻成立的另一个关键是送彩礼。一般而言，在大多数非洲社会，彩礼有实物和货币两种形式，也有付出劳役的方式。具体实物因地而异，可

① See Paul Bohannan, *Africa and Africans*, Natural History Press, 1971, p. 162.

能是牛、羊、鸡、长矛或铁器。男方家长通过这种方式表达对女方父母养育之恩的感谢,也含有以财产交换劳动力的意思;更为重要的是,送彩礼具有契约和保险的意义,使婚姻获得法律上的约束力。从某种意义上来说,非洲人“买妻”的说法是有一定道理的,①但这并不是说在市场上进行买卖。婚姻是丈夫和妻子之间的契约,他们可以相互得到一些权利,同时承担一定的义务。彩礼的作用就在于取得对妻子的权利和象征性的义务。举个例子:东非有句习语说,如果一个女人“背着奶牛”,那么她的孩子就属于那个买下奶牛的男人和他的社会群体。但是,正像一位研究东非的欧洲女性所言,“彩礼并不能被认为是用于买一件商品或获得一个奴隶”。如果彩礼可以被看作买妻子的费用,那么嫁妆也可以被看作女方父亲为女儿买丈夫的费用。不管彩礼属于什么性质,它都是婚姻成立的必要条件。起初,彩礼作为担保,其目的是保证丈夫能履行义务,以维护妻子的利益。随着担保的性质发生变化,彩礼的目的也发生变化,成为子女合法化的标志。

经过“订婚”和“送彩礼”这两个关键步骤以后,合法的婚姻关系就确立了,但还要举行某些婚礼仪式以获取社会共同体成员的认可。婚礼仪式可以被认为是婚姻的开始,通常要举行持续几天的欢庆活动,活动内容丰富多彩,舞蹈、音乐、宴席、游戏是比较常见的。

2. 婚姻的形态

婚姻的形态一般有三种:一夫多妻、一夫一妻、一妻多夫。

一夫多妻制在广大的非洲地区十分流行:娶妻如同兜里头多了条蛇(南部非洲谚语);聪明的丈夫能与四个妻子平静地生活在一起(斯瓦希里族谚语)。

小部分实行一夫一妻制,如布须曼人、班布蒂人、霍屯督人、博尼人、多罗博人、金迪加人、桑达维人等,但他们也并非绝对坚持一夫一妻,一夫多妻有时也是可以被接受的。

一妻多夫的比较少见。卡塔布人比较典型,每个已婚妇女同时有两个甚至几个丈夫。

同性恋这种类型的婚姻更为罕见,但当时已经出现。例如,阿赞德的战士如果娶不起妻子,通常与男性结婚,在程序上履行和正常婚姻相

① See Paul Bohannan, *Africa and Africans*, Natural History Press, 1971, p. 166.

似的程序。

在一夫多妻制下，男子娶妻的数目不受限制。实际上一个普通男子娶3个左右，酋长则可以娶20个甚至更多的妻子。众多妻子的地位并不同，一般正妻高于其他妻子，负责管理集体事务。这些妻子有的是父母指定的，有的是作为奴隶买的，有的是兄弟的遗孀，有的是妻子的姐妹。非洲人多娶妻主要出于两个方面的考虑：一是在传统的非洲社会中，人们把人丁兴旺、子孙满堂作为富有和声望高的重要标志，十分看重生儿育女、繁衍后代，视之为生命力得以在尘世间永远延续的条件；二是经济方面的原因，娶妻多，孩子多则劳力多，财富自然也多。正如库纳马族的谚语所说，"妻子多，孩子多；孩子多，家人多；家人多，长矛多"。"家族像花，盛开成簇。"（阿散蒂族谚语）

在一夫多妻制的家庭中，妻子住在不同的屋子里，相互分开。妻子之间的权利义务关系事先得以明确规定，就像父母与子女，丈夫与妻子之间一样。在众妻之中，要成为一个好妻子，必须知道什么应该做，什么不应该做；如果她能遵守前者而限制后者，那么无论其他妻子是否也是这样，她个人都会被认为是个好妻子。一夫多妻制的家庭要比一夫一妻制的家庭复杂得多。在这样的家庭里，妻子必须学会接受各种各样真实或想象的冷落境遇，成为母亲后，还要忍受自己的孩子遭遇到的确实或想象的冷落。但一夫多妻不同于纳妾。在非洲社会的许多地方，存在包括"纳妾"在内的好几种"不完全"婚姻，它不能获得"完全"婚姻的地位，但可以存在性和其他方面的关系。"非洲社会展示了婚姻安排的多样可能性。"①

3. 婚后居住的地方

婚后居住的地方也是有讲究的，各个部落规定不同。最常见的、占主导地位的是从男方父系居；但从男方母系居，尤其是从舅居的情况也很多；还有混合居，即一开始从女方居，过一段时间后从男方居。

4. 婚姻的原则

非洲传统社会的大部分部落实行外婚制，即选择家属群或部族之外的人结婚。无论结婚或性生活，族内婚是绝对的戒律，违犯者将招致全村的愤慨，道德上的责难将逼得其走向死路。而且，这种违犯可能遭到超自然

① Paul Bohannan, *Africa and Africans*, Natural History Press, 1971, p. 166.

的病死惩罚。因此,非洲传统社会严守族外婚,绝不违反。① 无论法制上还是形式上对氏族内婚、亚氏族内婚以及家系关系明确的亲属内结婚都同样禁止;同一个图腾的氏族内不允许性交往和结婚,具有事实亲属意义的氏族小范围内更严格禁止如此;对于有同一家系祖先的两个人,这一戒律尤其严厉。

为防止部族成员在性和婚姻上破坏血统规则、确保外婚制,非洲传统社会确定了一套规则加以制约。回避规则是其中的一种,它规范亲生父母及其子女之间、直接衔接的上下辈、儿女亲家等之间的关系,要求他们不得直视对方、不得与对方交谈,对方在场时不许进餐、不许直呼对方姓名,等等。在苏丹典型代表——霍屯督人社会里,绝对禁止同一父母而出的兄弟和姐妹之间在一起说话或单独相处。与回避规则完全相反的是亲昵规则。在这种礼仪下,有亲属关系的人们有权在节日期间互相讥笑嘲讽,言语不羁,互相侮辱谩骂、嘲弄、推撞,甚至一起嬉笑游戏,无论如何出格都被认为合情合理。

另外,在一些部落中存在"寡妇与亡夫兄弟结婚"的原则。在大部分非洲社会,支配妇女的权利是可以被继承的。如果一个人的父亲或兄长去世,留下两三个妻子,那么这个人就要继承其父或兄长对于这些女人的权利,当然他自己的母亲除外。因为权利和义务是相对应的,所以更为确切地说他继承了父亲或兄长对于妻子的义务。② 而这种继承的习俗逐渐成为惯例,并具有约束力。一种情形是寡妇被继承后成为妻子;另一种情形则全然相反,寡妇成为他死去丈夫的兄弟的"妻子",可以和他生育子女,但是死去的丈夫仍然被认为是这些子女合法的父亲。后一种情形是真正意义上的"寡妇与亡夫兄弟的婚姻",即兄弟获得对于寡妇在家庭和性上的权利,但是不能取得成为自己亲生孩子父亲的权利,因为这一权利是亡夫的"灵魂所有权"。但寡妇也有可能不和亡夫的亲属一起生活而嫁给他人,那么彩礼要返还。

---

① 参见[英]马林诺夫斯基:《未开化人的恋爱与婚姻》,孙云利译,上海文艺出版社1990年版,第306页。

② See Paul Bohannan, *Africa and Africans*, Natural History Press, 1971, p. 167.

5. 女性的地位

女性的社会地位要根据一个特定的非洲社会中有序的社会、经济甚至军事的特殊模式来判断。

在一些部落，一夫多妻制并不影响妇女的地位。她们享有较高的社会地位：有合法的权利，承担宗教和政治责任，在经济上保持独立。① 例如，达荷美（今已更名为贝宁共和国）的女人们有男子气概而且骁勇善战，她们负责和部落的敌人作艰苦的战斗，而她们柔弱的丈夫则留在家里处理家务。② 在巴库巴，国王一般被他的人民视为至高无上的神的化身，但他要将统治的优先权交给他的母亲。

即使在那些女性没有达到如此优势地位的社会里，女性也是有一定地位的。妇女的生活和男人的生活很不同，她们有自己的领域；那些已为人母的妇女作为部落传统文化的保卫者，拥有一定的道德支配力，她们经常对部落成员的命运产生相当大的影响。就其法律地位而言，大多数非洲已婚妇女拥有一部分家庭的土地，尤其在那些以农业为生的社会中；在城市中，妇女则能像她的兄弟们一样分到一部分房屋，她可以居住或者作其他用途。在有贸易行为的社会中，妇女一般要为她们自己的个人债务或违约行为负责，而且她们可以自己的名义提起诉讼。

有一些部落的妇女几乎不涉足公共领域，她们的责任就是相夫教子。她们在家族中的地位取决于她的孩子。在她初次嫁人后，她出生的家庭对她就没有义务了，所以不孕妇女的命运是悲惨的。只有为丈夫家族生了孩子才会有地位。如果一个寡妇有许多孩子，而这些孩子属于她已故的丈夫的家族，那么她本人在那个家族里就会有重要的地位。正如非洲谚语所说，“你经年累月朝夕相处的妻子会成为你的姐妹”。因此，她只有再嫁给那个家族的人才合情合理。

6. 离婚

离婚在不同的部落规定是不同的。例如，在新几内亚特罗布里恩群岛，土著人社会是典型的母系社会；在那里，男女夫妻双方的财产各自分

---

① See Paul Bohannan, *Africa and Africans*, Natural History Press, 1971, p. 162.

② See T. O. Elias, *The Nature of African Customary Law*, Manchester University Press, 1956, p. 101.

开,保持相互的独立,离婚是常见的事情,离婚的手续也很简单。

但在楠迪,是否允许离婚要根据生育情况来决定。一旦孩子出生就不可以离婚,但是法定分居的形式还是存在的。与之相伴的仪式是:在像蝎子草那样的植物的空茎中填入优质的土壤,由夫妻双方抓住,然后劈开,同时还要念叨对方的名字。这样的仪式只有经部落领导组织的长者同意并监督举行才有效,但那些丈夫指控妻子迷惑他或妻子长期与他人通奸而且拒绝与他过性生活的情况是例外。如果夫妻双方都认为无法容忍对方,他们的继续同居毫无意义,也可以采用分居这一权宜之计。但是,妻子没有权利提出离婚或分居的诉讼。

分居后,妻子要带着出嫁时陪嫁的用品回到娘家。有一种取消分居效力的仪式:夫妻双方拿着蝎子草那样的植物的茎,由一名长者在茎上涂满肥油,并在双方当事人的臂膀上涂油,吐上啤酒,作为祈祷的象征,以此象征性地宣布植物的茎已经进入休息状态失去作用了。此时只要男方再次送上彩礼,那么无须再次举行结婚仪式,婚姻关系就自动成立。但婚后如果没有生育孩子,那么宣布婚姻无效或离婚则是可能的。

离婚的主要原因有通奸、乱伦、强奸等。如果离婚,结婚时的彩礼要退还,双方和对方的家族脱离关系。但是对于再婚行为的法律地位,学者有不同的看法:有的认为如果离婚妇女的第二个丈夫支付了彩礼,那么他将获得对于妻子的全部权利;有的则认为第一个丈夫只要重新支付自己的彩礼并返还第二个丈夫的彩礼,就可以要求宣布妻子的再婚是无效的,那么妻子与第二个丈夫所生的孩子也属于第一个丈夫和他的家族。①

四、亲属关系

亲属关系是使家庭、家族、氏族建立、运行和维持的基础,它用一定的规则将每个人分配到一个明确规定的,承担着特定的权利、义务的亲属关系中,从而提供了主要社会活动的结构。

非洲人的亲属关系中有夏威夷型、易洛魁型、克罗型、奥马哈型等亲属称谓类型,流传最广的是苏丹型。它要求一个特定群体内部(如一个氏族)一代人的所有成员,不论其真实的血缘如何,一律互称“兄弟”和“姐妹”,

---

① See G. S. Snell, *Nandi Customary Law*, Kenya Literature Bureau, 1981, p. 30.

父辈一代人均被称为“父亲”或“母亲”,晚辈的那代人均被称为“儿子”或“女儿”,等等。这样的群体关系使团体更富有亲和力和凝聚力。

除上面涉及的回避规则和亲昵规则外,继嗣规则也是一项重要的社会规范。它是指一个人获得亲属成员资格的规则,通过这种规则,人们了解从哪里继承财产或社会地位,向哪一组亲属寻求支持和帮助。在非洲传统社会中,主要有两种类型:父系继嗣和母系继嗣。父系继嗣最为常见;母系继嗣规则是通过女性把个人与两性亲属相联系,子女属于母亲的亲属群体,认母亲这边的祖宗,从舅舅那里继承地位和遗产,但仍然继承父亲的姓氏。

另外一条重要的亲属关系规则是等级制。根据性别、年龄、世系的区别,血缘群体内部有一套等级体系,每个人都有一个为习惯所确认的特定地位,和比自己级别高的人或级别低的人打交道,要对前者表现出尊敬,对后者施以保护。如果违背等级规则行事,会受到社会的唾弃。年龄等级制还常和秘密盟会结合,使村社组织更牢固、严密。“在非洲没有年龄等级的民族只有本巴人(赞比亚)和塔伦西人(加纳)。”①年龄等级的划分具有教育和行政管理方面的意义,如年轻人负责保卫方面的任务,成年人承担指挥和管治的职责,而老年人则充当顾问咨询。

在那些已经有强大集权的政治组织的非洲社会中,亲属依附关系或多或少受到一些限制。在那些血缘关系很紧密的成员组成的家庭,一般的经济和社会义务仅仅限制在几个直系家庭成员身上,一般是兄弟姐妹和父母。而在那些没有形成高度集权的非洲社会中,亲属依附关系起到了非常重要的作用,个人的行为举止在很大程度上受到他所在亲属群体的影响。但是亲属群体并不是一个独立的自我抑制发展的团体,而是由那些有创新意识的成员组成,有时也会改变特点;同时,社会中存在许许多多的亲属群体,而且各不相同。不管在哪种亲属群体中,心理上的区别必然导致在社会价值判断上不可避免的区别。所以从整个社会的角度来看,传统非洲不同部落社会成员的权利和义务自然有所区别。

那种基于血缘关系的家族纽带非常牢固,成员遵守集体行为规则,尊重族长权威,集体劳动,创造共有财富。但是,我们可以说极少的非洲社会

---

① ［法］皮埃尔·古鲁:《非洲》(上册),蔡宗夏等译,商务印书馆 1984 年版,第 113 页。

团体能确保其部落成员组成和亲属关系的纯粹和单一性,大部分部落变得异质化:(1)吸收战俘、异族通婚;(2)部落内部以交易或联合冒险(如打猎)的形式进行经济上的合作,使个体处于一种新的经济依赖形态,这种依赖赋予家庭或家族自治权和部落特权;(3)成人仪式聚集了更为广泛的社会成员,而不仅仅是有血缘关系的成员。这会带来更加紧密的忠诚关系。年龄等级团体、勇士阶层、特殊社会团体、秘密联盟等都起到了非常重要的作用,扩大了个人经济和社会利益的范围,而一般的家庭或家族做不到这一点。①

当社会以亲属关系为基础转向纯粹的经济、社会关系时,个人之间的商品交易自然而然就发展了起来;家庭或部落中成员的权利和义务产生不可避免的经济联系,亲属联系自然就受到更多的限制。即使在非洲社会内部,这些个人权利和义务也会因不同的社会组织形态和社会组织凝聚力不同而不同。因此,在那些缺乏政治组织的社会中,亲属关系作为社会团结的纽带,更具有强大的力量。但当血统范围扩大,社会群体的团结一致在社会成员的日常生活中不那么重要时,家庭以及亲属关系就淡化了。

五、丧葬仪式

宗教给人以解救的信仰,这种信仰在丧礼、祭礼等与死者相联系的各种仪式中借着崇拜等变得表里充实、具体而可捉摸。②

具体的仪式因部族不同、社会地位而有区别。酋长的葬礼比普通人复杂,一般要有人殉葬,而且死后要埋于王室墓地或圣林里。对遗体的处理方式也很不同:有的穿上白布葬衣;有的洗净尸体后穿上最好的衣服,戴上最好的饰物;有的则剃头、脱衣,去掉装饰物,像出生时一样赤裸裸进坟墓。遗体处理好后,大多会土葬,但也有火葬、水葬、树葬、洞葬等;下葬时放一些随葬品,即一些所谓灵魂能在冥界使用的物品。

丧葬时家人、朋友要以各种形式哀悼。不管在尸体的装殓或处置上,还是在葬后的礼仪或祭祀上,死者最近的亲属都具有某种程度的反感与恐

---

① See T. O. Elias, *The Nature of African Customary Law*, Manchester University Press, 1956, p. 86.

② 参见[英]马林诺夫斯基:《巫术 科学 宗教与神话》,李安宅译,中国民间文艺出版社1986年版,第33页。

惧,这是同真诚的爱恋混在一起的。文化上有价值的信念,使人相信永生,相信死后脱离肉体的生命。体面的葬礼出于对亡灵的恐惧或尊敬,使灵魂得以安息。他们相信灵魂不灭,如果尽心尽责,死者就会顺利找到通往阴间的路,以后会眷顾和佑护族人。如果生者没尽到对死者的义务,死者将游离在阴阳两界,以超自然的能力带给家族灾难。不尊重丧葬仪式会受到强有力的合法处罚,生者认为遵照已制定的法律是确保死者升往天堂的保险。

六、土地制度

非洲传统习惯法在土地所有权问题上的做法大体是一致的,以村社公有制为主。

村社土地公有制是撒哈拉以南非洲土地制度的主要形式和显著特点,即土地属于集体,成员参与集体分配,只有土地的使用权而无所有权。

大家庭土地的集体所有制和自给自足的自然经济是村社制度赖以生存的基础。土地实际由大家庭支配,小家庭可取得保持生活所需的土地;但也有一些特定的小块土地可以分配给那些年老或有足够能力开发土地资源的人。那些已经达到一定年龄的人能够成立家庭时,会分到一块土地建房屋。分配给个人的土地可以由最初的受领人无限制地遗传给他的子孙,可以被用于任何符合良好的房屋管理和土地耕作目的的用途。仅有的限制是土地所有者家庭成员不可以转让土地,除非满足以下条件:第一,家庭事先已经作出允诺;第二,土地在所有有资格的成员之间作了划分,某一成员仅仅转让属于自己的一部分。只有满足这两个条件,个人才能随心所欲地处理土地。[1] 部落成员占有一份土地也要满足一定的条件:一是必须有效地进行耕种;二是必须缴纳贡税,服一定兵役,并为集体的公益事业效力或者为酋长、村头人提供劳动服务。酋长通常以全体人民代表的身份充当公有土地的保护者、管理者和分配人的角色。每个部落成员有权从公有土地中分得一份耕地,并有权使用公共的牧场、森林、猎场和捕鱼水域。部落成员对分得的土地只有占有权和耕种权,没有所有权,不能转让、出售和继承。一般家庭的家长和部落的首领,可以得到额外的份额。

---

① See T. O. Elias, *The Nature of African Customary Law*, Manchester University Press, 1956, p. 83.

在大多数撒哈拉以南非洲国家,土地习惯法的规定是大同小异的。比如加纳,根据习惯法,土地可以分为三类,即“凳子土地”、家族土地和公共土地。家族土地在本族各个家庭中分配,各家只拥有土地的用益权,土地不归他们所有,但他们可以继承,在无人继承时才转归村社。公共土地包括牧场、森林以及未开垦的土地,由村社成员共同使用。“凳子土地”也就是“酋长土地”,收益归酋长家庭所有,用于酋长及其家庭的需要,或作为举行公共仪式的费用。坦桑尼亚在乌贾马文件中也明确地说明,根据习惯法基本生产资料(包括土地)为大家族全体成员所有。

七、酋长制度

政治是经济的集中反映,经济基础决定政治组织。非洲经济的长期停滞和不发达导致了政治组织系统停滞式的结构:酋长国—村社—家族。家族是非洲传统社会的基础,是最基本的政治单位,由有血缘关系的大家庭组成。大家庭是社会的基本细胞和社会的基层组织。这种大家庭有几个特征:归属感;家庭财产共有观念;家庭目标的一体化;共同的祖先崇拜等等。[①] 村社就是基于这样的血缘大家庭发展了起来,它以单个或若干个大家庭为单位自愿组成地方共同体。以班图人为例:起初,“由各家的家长组成最高的权力机构,他们坐在一起研究如何改善全氏族的生活并行使审判权”;后来,“这个地方以势力最大的家族的名字命名”。[②]

在非洲的血缘氏族时期,氏族长者、首领是全氏族的权威,他们一般由氏族议事会推举产生,大多是年长者,阅历丰富,熟悉本族的历史、法规和习俗,在族内外有较高声望。他们的主要职责是依照习惯法规和民意管理内部事务,调解氏族成员之间或不同氏族之间的纠纷。在氏族发展为部落,由血缘部落演变成地缘部落之后,部落内部出现了多层次的关系和矛盾,内部事务也不断增多和复杂化;为了协调部落内部各个氏族之间的种种关系和矛盾,协调因各个部落划定明确地域边界之后产生的毗邻部落之间的关系,产生了部落酋长制度。[③]

---

① See T. O. Odetola, *Man and Society in Africa*, Longman, 1983, p. 17.

② 参见[上沃尔特]J. 基-泽博编辑:《非洲通史》(第 1 卷),中国对外翻译出版公司 1984 年版,第 418 页。

③ 参见彭坤元:《略论非洲的酋长制度》,载《西亚非洲》1997 年第 1 期。

在非洲的不同地区、部落、民族，酋长的称谓和具体内涵有所不同。例如，布尼奥罗族、津札族和哈亚族等称其最高首领为穆卡马（Mukama）；隆达族称为卡曾贝（Kazembe）；坦桑尼亚境内的苏库马族、尼亚姆韦齐等族称最高首领为恩特米（Ntemi）；祖鲁族把最高酋长称为恩科西（Nkosi），恩科西之下的酋长特别是军事首领称作英杜纳（Induna）。[①] 酋长是氏族、部落共同体的首领乃至早期王国的统治者和管理者。他们被认为是太阳的儿子，是世界的中心。他们掌管立法、司法、执行神裁、受理诉讼、倾听属民意见、支配全族财富、控制各年龄组的群体、亲自出征督战。他们还是祭司、法术师，是祖先、众神和至上神之间的一个重要环节。酋长的职位和身份紧密联系在一起，身份不仅是社会性的差别，而且伴随统治权力。酋长有资格接受崇高尊敬的象征，或要求他人顺从或劳役。酋长按规定可从属民交纳的贡税、裁判所收取的诉讼费和罚金（大多用牲畜和谷物交纳）里提取一定比例作为自己的报酬。另外，农牧民会因得到种种帮助而给酋长送礼；对于集体打猎的猎获物、战争中获得的战利品，酋长也可得到比别人多的一份。酋长的妻子也是受人尊敬的对象，同样不可侵犯。

酋长虽然位高权重，但受习惯法和传统宗教等因素的影响，其职权受到一定的制约，并不能为所欲为。例如，在村社这一级机构，各家庭或家族的家长组成议事会，选出酋长；酋长根据议事会的意见合理使用权力，对议事会提出意见。“一个酋长是没有自己意见的，他只能表述人民的意见。”[②]又如，有些部落的习惯法规定，最高酋长必须身体健康，肢体健全，残疾者不能担任该职；酋长患重病或年老体弱时，不能任其自然死亡，而要由其重臣或贴心顾问将他窒息而死或者举行仪式自杀，以显示自愿归天为神而非因病身故。再如，大部分部族有重要的长老议事会和小酋长议事会，以限制酋长的权力，可将不称职的酋长罢免。

非洲传统社会自给自足的自然经济是酋长制度稳固的经济基础，非洲的传统宗教观念是酋长制度得以长期存在的精神支柱。酋长制度在撒哈拉以南地区存在了相当长的时间，直到今天，这一制度仍然在不少国家发挥作用。

---

① 参见彭坤元：《略论非洲的酋长制度》，载《西亚非洲》1997 年第 1 期。

② ［英］威·恩·弗·瓦德：《加纳史》（上册），彭家礼译，商务印书馆 1972 年版，第 151 页。

第四章　近代非洲法:西化与近代化

第一节　概　述

非洲法的近代化,是指近代非洲在受到来自西方的资本主义工业国家的殖民侵略后,宗主国的法律被引入殖民地,殖民地原有的法律制度受到宗主国法律的影响,由原始的或封建的法律向资本主义法律转变的过程。这一转变过程从西方国家在非洲建立第一个殖民地开始,至第二次世界大战后各非洲国家摆脱西方的殖民统治、实现国家的独立而告终,前后经历了500多年的时间。

一、西方殖民者对非洲的殖民侵略

广袤而富饶的非洲大陆是人类文明的发祥地之一,这片古老而神秘的土地曾经孕育了古代埃及灿烂辉煌的文化。但是到了近代,非洲的发展脚步放缓了。而在与之相近的欧洲大陆上的国家,却随着资本主义的萌芽和发展日趋强大。从15世纪开始,随着西方航海家在地理上的发现,欧洲新兴的资产阶级在资本原始积累的内在要求的驱动下开始对非洲进行殖民侵略。

1415年,葡萄牙国王若奥一世及其子带领一支船队,在北非摩洛哥的休达地区建立了最早的一个殖民据点。这一事件是欧洲列强入侵非洲的标志和起点。从此以后,英国、荷兰、法国等欧洲国家殖民者纷纷涌入非洲,劫掠非洲丰富的自然资源,进行罪恶的奴隶贸易,给非洲人民带来了深重的苦难。在殖民活动的早期，欧洲殖民者的活动主要集中在非洲沿海地区；直到19世纪中叶，西方殖民者对非洲的侵略还没有深入内陆腹地。究其原因，除了非洲各族人民对外来侵略者的英勇反抗外，非洲内陆地区茂密的森林、湍急的河流、多变的气候等恶劣的自然环境也是阻止西方殖民者将侵略魔爪进一步伸向非洲内陆的一个重要因素。18世纪60年代末，西方殖民者开始深入非洲内陆进行"地理考察"活动。这些考察活动解决了地理上的许多重要问题，使西方列强了解和掌握了非洲内陆的山川、气候、物产、交通、居民分布等情况，这些资料为西方殖民者对非洲内陆进行侵略进而瓜分非洲准备了条件。

19世纪末和20世纪初，西方资本主义国家纷纷进入垄断资本主义阶段。这时，资本主义国家由于生产和资本的日益集中和垄断，人民生活的不断贫困和购买力的不断下降而常常发生"生产过剩"的危机。在这种情况下，国内市场已无法满足垄断资本家榨取高额利润的要求。为转嫁经济危机，最大限度地实现垄断利益，垄断资本家们已不满足于从事商品输出的贸易掠夺，而要求向别的国家和地区输出资本。而当时美洲、大洋洲已经被瓜分完毕，对亚洲的瓜分也已接近尾声，在这样的历史环境下，广阔富饶的非洲就成了资本主义各国激烈争夺和瓜分的目标。自19世纪70年代起，西方殖民者开始了强占和瓜分非洲的狂潮；到20世纪初，这一过程基本完成，只有埃塞俄比亚和利比亚保持了形式上的独立。①

欧洲列强对非洲的殖民侵略，直到第二次世界大战结束后，才随着非洲人民独立意识的觉醒和斗争慢慢退出历史舞台，这一过程持续了500多年。在此过程中，各个殖民地的宗主国完成了从资本原始积累时期到自由资本主义时期、垄断资本主义的过渡。各殖民地的宗主国处在不同的资本主义发展阶段，它们根据自己的需要和被殖民地区的社会发展程度以及地理环境的特点，对殖民地采取了不同的侵略策略和手段，因此其对非洲殖民地造成的影响也有很大差别。

二、殖民者入侵前非洲法律的发展状况

在殖民者来到非洲以前，非洲已经存在两种类型的法律。一种是非洲

① 参见顾章义：《崛起的非洲》，中国青年出版社1999年版，第63页。

从远古流传下来的祖先法。这是一种习惯法,主要在撒哈拉以南的非洲地区盛行,其内容涉及家庭生活、部落内部关系的调整、贸易往来以及祭祀等。这种法律发展的状态与撒哈拉以南非洲地区政治发展的文明程度息息相关。

除了非洲自古流传的古老的习惯法,在殖民者来到非洲之前,非洲大陆上还实行着另一种与非洲祖先法截然不同的法律——伊斯兰教法。伊斯兰教对非洲的影响并非局限在北非。从7世纪开始,阿拉伯人以贸易的方式将伊斯兰教带到撒哈拉以南的非洲。通过这种和平的方式,伊斯兰教影响了广大的撒哈拉以南非洲地区,并为这些地区的伊斯兰化打下了坚实的基础。根据安德逊教授的观点,非洲的伊斯兰教法在各种不同的情形下起着作用,在下面的地区表现较为明显:①

(1)全部或大部分是穆斯林的地区或国家。在这里,伊斯兰教法是公开被承认的基本法,私法领域尤为如此。例如,北部非洲前欧洲殖民地摩洛哥、阿尔及利亚、利比亚、突尼斯、埃及等国,以及索马里和"非洲之角"的毗邻地区、桑给巴尔,东非沿海岸带部分地区、苏丹的北部地区,北部尼日利亚和法属西非的一些地区如塞内加尔等。

(2)伊斯兰教法和制度占统治地位的地区。在这些地区,伊斯兰教法院和同性质的法院对所有本土居民实施普遍管辖权,尽管这些居民中包括大量非穆斯林教徒,而且他们通常是非洲传统宗教和制度的拥护者。例如,尼日利亚中部和北部的一些地区和后来法属西非的一些地区,都属于这种情况。

(3)居民的构成上一般为非穆斯林,但其成员也包括个体或团体穆斯林的地区。这些穆斯林的团体并不能对全体居民行使政治或审判权。例如,东非的部分地区、刚果、西非的部分地区和南非的部分地区。

伊斯兰教法在非洲的适用过程中也经常会根据非洲的习惯法进行部分修改以适应当地的传统风俗。例如,伊斯兰马立克学派的交易教规规定,一个离婚或者寡居的母亲除非极不称职,否则应全权监护她的孩子,直

① See A. Kodwo Mensah-Brown, *Introduction to Law in Contemporary Africa*, Conch Magazine Limited (publishers), 1976, p. 54. 转引自洪永红、夏新华等:《非洲法导论》,湖南人民出版社2000年版,第129页。

至男孩进入青春期或女孩出嫁。男孩子也许在5~7岁时就被其父亲或其他监护人声称到了青春期而剥夺母亲的监护权，虽然这只是少数观点，但在被穆斯林统治者强制推行正统马立克学派伊斯兰教法的北尼日利亚，一个母亲行使监护权的最大年龄就是5~7岁。经过比较，不难发现，与那些占支配地位的教令相比，非洲的伊斯兰教法与当地习惯法的联系更为紧密。①

三、西方的殖民活动对非洲法律的影响

在殖民活动的早期，欧洲各国还处在资本主义的原始积累时期，殖民者对非洲的侵略和掠夺大多集中在罪恶的奴隶贸易上，所控制的区域也主要集中在沿着非洲大陆的海岸线附近，对非洲内陆则还未深入。这一时期，欧洲殖民者在非洲的殖民活动没有产生任何建设性的作用，非洲的社会经济结构和社会制度没有发生变化。这一时期，非洲法仍然以自己原来的方式发挥作用；只是在奴隶贸易集中的几个沿海城市，奴隶贸易带来的西方民商事法律对当地的法律产生了影响。

随着西方资本主义世界完成资本的原始积累，并逐渐由自由资本主义时期过渡到垄断资本主义时期，欧洲殖民者对非洲的殖民政策发生了新的变化。对非洲神秘的内陆进行的考察和探索，为西方列强对非洲内陆进一步侵略做好了准备。自1876年起，殖民主义列强又将眼光专注于非洲，在30余年（1876~1912年）间完全瓜分了这块"最后大陆"并建立了6个大殖民帝国（英属、法属、德属、意属、比属和葡属殖民帝国）。②

在殖民者对非洲的殖民过程中，西方的基督教文明和西方法律文化也随着殖民者的殖民步伐先后来到了非洲，并对非洲固有的习惯法和伊斯兰教法产生了巨大的冲击和影响。

（一）殖民时期基督教传入非洲后对非洲社会的影响

1. 基督教在非洲的传播与发展

早在基督教兴起之初，罗马帝国即将其作为帝国的统治工具传播到北

---

① See J. N. D. Anderson, *The Adaptation of Mushim Law Sub-Saharan Arica*, in Hilda Kuper and Leo Kuper eds., Africa Law: Adaptation and Development, University of California Press, 1965, p. 154. 转引自洪永红、夏新华等：《非洲法导论》，湖南人民出版社2000年版，第130页。

② 参见郑家馨主编：《殖民主义史》（非洲卷），北京大学出版社2000年版，第11页。

非地区,使之成为最早传入非洲的外来宗教。2世纪,基督教在北非的埃及和突尼斯建立了两个传教中心,并在北非迅猛发展。但后来随着罗马帝国的衰落、外来势力的入侵和教会内部的分裂,北非教会衰落了。到7世纪时,由于伊斯兰教的扩张,北非的基督教逐渐消亡。

基督教再次传入非洲是与西方殖民主义者的入侵联系在一起的。近代基督教在非洲传播的历史,就是西方殖民主义国家侵略非洲的历史。在殖民主义活动的早期,葡萄牙、西班牙、荷兰、英国等殖民国家先后向非洲进行传教,但都以失败告终。

18世纪英国工业革命之后,欧洲、北美逐渐进入工业资本主义时期。欧洲国家从发展资本主义的需要出发,开始把非洲看作有希望的原料产地和商品销售市场。基督教会打着禁止奴隶贸易的旗号在非洲掀起了传教热潮。当时,新教的传教活动以英国为主,天主教则以法国为主。

西方大规模的传教活动始于19世纪中叶的殖民探险活动。此后的100年间被史学家称为基督教在非洲传教事业的黄金时代。几乎每个殖民国家都成立了众多的传教团,它们在瓜分非洲的狂潮中大批涌入非洲。不少传教士身兼“探险家”,他们不仅充当了欧洲列强殖民侵略的先遣队,甚至还直接参与了列强瓜分非洲的勾当。当时,基督教不仅在非洲的沿海地区牢牢地立足,而且已经深入非洲的腹地。1884年柏林会议更是揭开了基督教在非洲大传播和大发展的帷幕,促使基督教在非洲获得了长足的进展。帝国主义列强在非洲利益的冲突和势力的不均衡,也导致了各殖民国家基督教会之间的尖锐竞争,造成了基督教在英属殖民地新教占优势,而在法属、比属和葡属殖民地天主教居主导地位的分布格局。进入20世纪后,罗马教廷为了维护其传教利益,支持新老殖民主义,更加关心非洲天主教会的发展。教皇本笃十五世于1919年发表了《夫至大至圣之任务》通谕,呼吁加强天主教会在非洲殖民地的地位。1926年庇护十一世在《圣教会以往之成绩》通谕中重申了上述呼吁。

需要指出的是,近代基督教在非洲的传播,是非洲逐渐沦为殖民地的屈辱史,也是非洲人民不屈不挠反抗的血泪史。西方传教士活动最频繁的地方,也往往就是非洲人民反抗殖民侵略最猛烈的地方。①

① 参见洪永红、夏新华等:《非洲法导论》,湖南人民出版社2000年版,第149-150页。

2. 基督教教会法对非洲社会的影响

在西方殖民者瓜分非洲之前，基督教的传教主要集中于非洲沿海，以及埃塞俄比亚；这一时期教会法在非洲的影响是非常有限的。

在殖民时期，基督教在非洲的传播造成的政治法律上的影响主要表现在两个方面。一是导致非洲传统权力的非神圣化。基督教的传播进一步削弱了传统权威的精神基础，使之失去了赖以寄存的政治合法性的来源。二是基督教通过潜移默化的方式将其教义教规的影响辐射到非洲社会的各个层面。基督教传教士对非洲的宗教和文化持否定态度。他们鼓吹反对一切传统的习俗。与此同时，基督教传教士大力宣传说，只有在圣经中启示其性格特点的那个上帝，才是唯一的上帝，圣子耶稣才是最终的启示，是人类唯一的救世主。而教会法则是神的恩典唯一施与的地方，否则就得不到灵魂的拯救。因此，要成为一个基督教徒在很大程度上就意味着不再是一个非洲人，而将欧洲文化作为衡量一切的标准。①

（二）殖民时期非洲的伊斯兰教法

1. 殖民时期伊斯兰教法在非洲的发展

在西方殖民者来到非洲之后，非洲的伊斯兰教法处于一个特殊的地位。在西方殖民者看来，伊斯兰教虽然与基督教文明有很大的不同，但与传统的非洲宗教相比还是一种较为开明的宗教形式，而伊斯兰教法也是相对较为先进的社会习惯制度。例如，在西苏丹，伊斯兰化的非洲社会在社会组织、商业活动、手工业、文化教育、道德教养等方面的水平都要高于仍信奉拜物教的部落。在习惯制度方面，较之拜物教司法的不明确和随意性，伊斯兰教的法律或教规提供了一种相对规范的尺度。因此，殖民当局希望利用它为自身的利益服务。在非洲某些地区，穆斯林的领导者被殖民者赋予较大的权力，适用伊斯兰教法的法庭得以在殖民地建立。

另外，在非洲人的眼中，伊斯兰教和伊斯兰教法经过长达几个世纪的融合，已经成为非洲人宗教和法规的一种。当殖民主义者来到非洲，用武力强制推行西方的法律制度和价值观念时，伊斯兰教和伊斯兰教法又成为非洲人反抗殖民压迫、抵制西方文明的武器。在殖民时期，非洲人以伊斯兰教的名义发起了一系列圣战。其中最著名的就是苏丹的马赫迪大起义。

① 参见洪永红、夏新华等：《非洲法导论》，湖南人民出版社2000年版，第154-155页。

这些反抗斗争不但沉重地打击了殖民者的侵略势力,而且在很大程度上直接或间接地扩大了伊斯兰教的影响并促进了伊斯兰教在非洲的传播。

因此,在西方殖民统治时期,非洲的伊斯兰教和伊斯兰教法没有像非洲原有的传统宗教和习惯法一样受到殖民者的压制。相反,在殖民当局的默许甚至是鼓励之下,19 世纪下半叶至 20 世纪初期,非洲的伊斯兰教在特定的历史条件之下出现了"大发展",传播到非洲更广大的地区,非洲穆斯林的人数也因此而成倍地增长,如 1891 年至 1931 年,塞拉利昂的穆斯林人数从 1891 年占人口的 10%增至 1901 年的 12%、1911 年的 14%、1921 年的 19.5%和 1931 年的 26.2%。①

2. 殖民时期西方法律对伊斯兰教的影响

在殖民统治时期,伊斯兰教和伊斯兰教法在非洲得到了很大的发展,同时受到西方法的强大影响,按照西方法律的价值判断和立法技术进行了较大的世俗化改革。例如,埃及以法国民法典为蓝本制定了两部民法典。这两部民法典除很少几条伊斯兰教法的内容外,基本上是对《拿破仑法典》的直接搬用。

(三)殖民时期西方法律对非洲习惯法的影响

西方法律在殖民地适用的过程中与殖民地本身的固有法律发生了剧烈的冲突。这源自西方法律文化与非洲法律文化之间广泛的冲突,二者甚至可以说是格格不入的。

因为存在诸多文化差异,西方殖民者在占据各个殖民地后开始希望能以本国的法律取代殖民地"野蛮"的法,但是这种做法常常遭到非洲人的强烈反抗。这是因为非洲社会中法律常常与宗教习俗有着紧密的联系,否定非洲的法律往往也就意味着否定了非洲当地的宗教。这种观念、价值上的对立使非洲人不愿意放弃自己世世代代流传的习俗而去接受一个从未接触过的、不了解的外来文化。这是西方法律在向非洲移植过程中所遇到的文化背景上的阻力。另一个使西方法律没能完全取代非洲当地固有的法律的重要原因是非洲殖民地人民的英勇反抗和斗争,这使西方列强认识到非洲人民反抗侵略的决心和力量。因此,为缓和矛盾,欺骗被殖民地的人

---

① 参见[加纳]A. 阿杜·博亨主编:《非洲通史》(第 7 卷),中国对外翻译出版公司 1991 年版,第 420 页。

民，殖民者将当地原有统治机构作为自己的代理人进行统治。极富殖民统治经验的老牌殖民主义国家英国就在非洲殖民地推行“间接治理”的统治策略。这种间接治理政策的一个重要特征就是利用当地原有权力机构对当地事务进行管理。这样非洲殖民地上出现了非洲原有法律与宗主国的法律二元并存的现象。

非洲大陆上在殖民主义统治之前就已经存在并广泛适用的习惯法在殖民统治期间虽然并未被完全废止，但毋庸置疑地受到了诸多限制。因为“总的来说，各宗主国都首先引用自己的法律制度或其法律制度的不同部分作为殖民地的根本法和一般法律，然后才允许非洲法律和司法制度的调整具有其连续性，但上述法律并不包括其违反殖民机构要求或被认为和正义与人性的‘文明’概念相抵触的部分”①。

(四)殖民时期西方国家的法律对非洲法律发展产生的交叉影响

在欧洲殖民主义入侵非洲之时，欧洲各国从本国的利益出发，力争在非洲大陆上尽可能多地占据殖民地。非洲大陆殖民者之间也常常爆发争夺殖民利益的争斗。斗争的胜方成为殖民地新的主人，从而将本国的法律施加于该殖民地，因此，非洲国家和地区在殖民期间法律的发展往往会受到几个殖民国家法律文化的交叉影响。例如，埃及在被法国入侵之后按照法国的模式对本国法律进行改革。但英国军队自从 1882 年占领埃及以来长期控制埃及，虽然出于种种原因埃及最终没有接受英国法律，但是英国的占领对埃及法律的发展还是产生了影响。南非法律发展演变的道路则是西方国家对非洲法律发展产生交叉影响的一个典型案例。

南非的法律史演变在殖民时期经历了三个时期，即荷兰东印度公司时期(1652~1795 年)、第一次英国占领与巴达维亚共和国时期(1795~1806 年)以及英国殖民统治时期(1806~1910 年)。在第一个历史时期，荷兰人来到南非建立殖民地，将当时通行于荷兰的罗马-荷兰法带到这一块尚没有成熟的法律机构存在的大陆，由此奠定了罗马-荷兰法在南非的基础。第二个历史时期和第三个历史时期是英国普通法在南非的移植时期。英

① A. Kodwo Mensah-Brown, *Introduction to Law in Contemporary Africa*, Conch Magazine Limited(publishers), 1976, p. 11. 转引自洪永红、夏新华等：《非洲法导论》，湖南人民出版社 2000 年版，第 35-36 页。

国殖民者这一时期在南非的殖民统治长达100余年,将英国的普通法慢慢渗入南非,并和南非的罗马-荷兰法逐渐混为一体,为后来南非混合法的形成奠定了基础。

西方列强在非洲的殖民统治给非洲人民的生活带来了深远的影响,打乱了非洲自然而缓慢的发展进程,在经济上逐渐瓦解了非洲传统的自给自足的自然经济模式,将非洲卷入了资本主义全球经济体系。在政治、文化上各宗主国通过文化殖民输出,也改变了非洲固有的制度和观念,非洲的法律也随之逐渐开始向近代化的方向转变,“尽管这种交互作用是给非洲人民带来了巨大痛苦的血腥侵略的结果,但作为其伴生物的文化碰撞却带来了进步”①。

第二节 近代非洲法律的西方化

一、撒哈拉以北地区

撒哈拉以北地区有7个国家和地区,它们分别是埃及、苏丹、马格里布地区(包括摩洛哥、阿尔及利亚、利比亚和突尼斯4国)和西撒哈拉。7世纪时,阿拉伯人的铁骑席卷撒哈拉以北的广大地区,随之而来的是伊斯兰教。经过几个世纪的融合,北非的7个国家和地区全部伊斯兰化,伊斯兰教已经逐渐成为北部非洲的当地宗教。在西方殖民者来到北非的土地上时,伊斯兰教法已被殖民者看作殖民地的固有法律之一。它们与西方列强带来的西方法发生互动、融合,开始向近代化转变。

殖民者在占领殖民地后首先做的事情是掠夺殖民地的土地。例如,在征服阿尔及利亚后,法国殖民当局在1830~1873年的44年里相继颁布了一系列法令、国王敕令和议会法案,它们构成了殖民土地政策的主要内容。这一系列法令的目的是消灭土著居民的集体所有制财产,并将其转变为自

① 徐国栋:《非洲各国法律演变过程中的外来法与本土法——固有法、伊斯兰教法和西方法的双重或三重变奏》,载何勤华主编:《法的移植与法的本土化》,法律出版社2001年版。

由买卖的对象,从而使土地最终转移到法国征服者手里。法国殖民者以这种手段掠夺了阿尔及利亚的大量土地。据统计,1850 年殖民者在阿尔及利亚占有土地 15 万公顷;1860 年是 36.5 万公顷;1870 年达到了 76.5 万公顷。[①] 法国殖民土地制度的实施,使阿尔及利亚传统的社会结构分崩离析。

伊斯兰国家对西方国家法律的态度有两个不同的阶段:第一次世界大战前对欧洲大陆国家的法主要是法国的法律盲目接受,不加选择地照搬;第一次世界大战后则一般按照"沙里亚"的原则和精神进行广泛选择,不再独尊法国法,而是吸收了欧洲大陆许多别的国家的法律。新制定的法典糅入了更多"沙里亚"的内容,实行了伊斯兰教法与欧洲大陆国家法律的混合。绝大多数伊斯兰国家的商法、民法、刑法、程序法、证据法等领域中取自西方(主要是大陆法系)的内容占了主导地位,传统的"沙里亚"在这些领域的作用越来越小。在上述领域中,受西方影响的世俗法律已占了统治地位。相应的世俗法院也占据了绝大部分审判权。传统"沙里亚"的审判权仅限于婚姻、家庭、继承和宗教公产方面;而埃及等国家则彻底废除了"沙里亚"法院。在最靠近宗教的部分的婚姻、家庭法领域,第一次世界大战后,绝大多数伊斯兰国家受大陆法系影响而将婚姻、家庭和继承法予以法典化。必须指出的一点是,虽然伊斯兰教法中的婚姻、家庭部分在近代化的进程中发生了许多重大的改革,但其一般原则和具体制度仍贯穿着"沙里亚"的精神。

二、撒哈拉以南英属殖民地

长期以来,欧洲对非洲的殖民侵略活动都局限于非洲的一些沿海港口城市。茂密的森林阻挡了欧洲殖民者对撒哈拉以南非洲大陆侵略的步伐。因此,直到 19 世纪中叶,这片非洲大陆对欧洲人而言仍然是充满神秘色彩的。但是随着西方对非洲内陆探险活动的进行,非洲内陆的地理环境已经不能阻止西方列强侵略扩张的野心。19 世纪下半期开始,殖民主义者开始对非洲南部大陆进行殖民侵略,并于 20 世纪初完成了这一进程。

英国作为一个老牌殖民国家,在世界各地拥有广泛的殖民地,号称"日不落帝国"。英国很早就对非洲进行了殖民侵略,英国的利物浦、布列斯托

---

① 参见郑家馨主编:《殖民主义史》(非洲卷),北京大学出版社 2000 年版,第 302 页。

尔等港口城市完全是靠奴隶贸易繁荣兴旺起来的。进入帝国主义时期后,英国参与了对非洲的瓜分,在撒哈拉以南的非洲大陆上占据了大量的殖民地。英国在殖民地的统治过程中总结以往的经验教训,实行利用当地原有势力帮助英国进行统治的"间接统治"制度。这一制度的实行使殖民地的固有法律得以较好地留存下来,但其严重违背英国法律的原则或英国的殖民利益的部分则当然地被英国统治者废除。经过长期的殖民统治,英国的法律原则和法律文化逐渐传入非洲,对非洲固有的法律规定和法律观念造成了很大的冲击,使这些殖民地的法律开始了近代化的进程。

三、撒哈拉以南欧洲大陆国家的殖民地

除了英国,葡萄牙、西班牙、法国、德国、比利时、意大利、荷兰等欧洲大陆法系国家也在非洲占据了大量的殖民地。这些国家对非洲的殖民统治对当地法律都产生了不同程度的影响。

葡萄牙是最早侵入非洲的国家;到 18 世纪末,葡属非洲殖民地基本趋于稳定。它们包括佛得角、几内亚比绍、圣多美和普林西比以及安哥拉和莫桑比克,其中以安哥拉和莫桑比克最为重要。荷兰人则最早来到南非的开普并在那儿建立了欧洲人在非洲大陆的第一个"真正的殖民地"。它的后裔布尔人后来和英国殖民者共同统治了这一块大陆。西班牙在非洲的殖民地很少,在撒哈拉以南非洲只占据了赤道几内亚一个殖民地。这主要的原因是当列强于 19 世纪后半叶开始夺取非洲时,西班牙经过美西战争,已经丧失了海上霸权,沦为二等国家,丧失了殖民能力。

相对而言,德国是最后获得非洲殖民地并最先失去殖民地的欧洲大国。1878 年,它还没有一平方米的殖民地;过了 20 年,却在非洲的东部、西南部、中部和西部拥有大片领土,并占领了太平洋上的若干岛屿和群岛,其海外领土面积居世界第三位。但在第一次世界大战后,德国作为战败国,它的海外殖民地都被国际联盟以委任统治的形式瓜分给了英国、法国、比利时和南非。德国的非洲殖民地从得到失,前后只经历了 35 年的时间。因此,德国法律在其殖民地的影响相对较小。

比利时国王在 1885 年建立了刚果自由邦并将它作为私人的产业。由于他在刚果自由邦的专制统治激起了国际社会的愤怒和国内人民的不满,最终他不得不将私人的殖民地卖给比利时国家。比利时的其他非

洲殖民地都是第一次世界大战后从德国手上获得的,包括布隆迪、卢旺达等国家。

从1887年克里斯皮入主内阁开始,意大利政府大力推行殖民政策。意大利1889年征服阿比西尼亚,使之成为本国的保护国;1890年,以简单的国王法令,把红海海滨的领地建成厄立特里亚殖民地。由于印度洋畔的奥比亚和米朱提亚苏丹接受意大利保护国的地位,形成了意属索马里。1935年,墨索里尼也发动过侵略埃塞俄比亚的战争,次年征服了该国,意大利国王同时称埃塞俄比亚皇帝。

在所有侵略非洲的大陆法系国家中,法国作为一个老牌殖民国家在非洲的殖民统治时间最长,占据的非洲殖民地面积最大,对非洲固有法律的影响也最大,最能体现大陆法系在非洲的影响。

与英国在其非洲殖民地实行的"间接统治"不同,法国在其殖民地上实行的是"直接统治"。这种统治手段的实行和法国以"同化"为中心的殖民理论紧密相连。法国殖民者在其非洲殖民地打着法国大革命时期雅各宾派"自由、平等、博爱"思想的旗帜,声称凡殖民地的人民在某种意义上都是法兰西民族,或法兰西社会的成员。这种理论将种族主义巧妙地掩盖起来。在其非洲殖民地,法国坚持在各级学校中进行法语教育,认为法语是通向法兰西文明的唯一途径。在对待土著酋长的态度上,法国殖民当局完全摧毁当地原有的统治机构和统治力量;但为了减少非洲原有统治势力的敌对态度,法国殖民当局以任命的方式将土著酋长们镶嵌在严密有序的法国殖民行政体系中。这样,非洲的土著酋长们就不再是当地的独立的政治力量的领袖,而是法国的行政官员之一。到20世纪30年代末,在法属西非,法国只任命118名法国人任行政区长官。其在非洲的面积达几百万平方公里的殖民地都是通过2206名法国区长或部落酋长、48,049名非洲人村长来治理的。

按照"同化"理论,非洲社会的传统政治制度、司法制度都在摒弃之列。这一点在立法和司法领域表现得尤为明显。在立法方面,法国殖民政府在非洲的立法有两种形式:(1)殖民中央政府。殖民中央政府立法是非洲殖民地立法的主要形式。无论是法国国会颁布的法律,还是行政部门的法令、条例或命令都可在非洲直接施行。(2)殖民地地方政府立法。这是法国法引入非洲殖民地的另一种形式。按照集中立法的原则,所有普遍适用的法律都在巴黎颁布。但是第二次世界大战以后,这种情形发生了改变,殖民地地方政府立法权限增大。殖民地总督、联邦总督在不与法律、法令或巴黎政府确认的规章相抵触的前提之下可以根据殖民地的需要颁布行政和治安规章、执行法律和条例的细则。

法国法在殖民地的实施方法分为两种:(1)由法国官员在非洲殖民地直接实施法国法。这种方式适用于法国在非洲的直接领地,如塞内加尔的圣路易、戈雷、卢菲斯克和达喀尔等地。(2)由法国人扶持的非洲人负责实施。由于在非洲的扩张速度太快,法国短时间内占领了非洲大量的领土,以致法国行政官员无法对所有新近征服的土地实施有效的统治。于是,他们就扶持一些顺从他们的酋长作为代理人实施法国法。这些酋长隶属于法国地区官员和省府专员,后者则向各殖民地的法国总督负责。需要指出的一点是,这种方式仅仅是在特定条件下的临时性应急措施。一旦力所能及,法国就在其殖民地建立起有法国官员的行政管理机构,法属几内亚、象牙海岸(今科特迪瓦)和贝宁等殖民地就是如此。

第一次世界大战后,法国的直接统治政策有所变化,开始转向间接统治。自20世纪20年代起,一些殖民官员逐步认识到殖民统治的效力取决于殖民当局与非洲传统权力的契合。于是一部分人开始检讨以往政策的失误,总结经验教训。这一方面是由于过于僵硬的直接统治在许多地区的效果并不理想,另一方面是由于当地非洲人包括一小部分酋长进行了强韧的抵制。第一次世界大战后,国际联盟有关委任统治地的民族应逐渐自决或自治的思想传入非洲,以及一批人类学家对传统社会的研究成果开始受到重视,也使殖民者更多地了解到非洲当地的实际情况,这一切终于导致了部分法属殖民地统治策略的变化。

必须指出,这些变化只是在一定程度上的变化。实际上,法国的土著政策仍一直在摇摆中寻求平衡。罗贝尔·德拉维盖特在论及第二次世界大战前法国对非洲酋长政策时写道:“我们陷入了某种必须的矛盾:一方面,我们强烈地感到,让县级酋长(Chef de Cauton)权威的传统特征保持不变,充分利用其固有的封建精神,这是不可或缺的;另一方面,受同样的殖民化力量的驱使,我们又要让他们屈从于我们的管理精神。”①

① 郑家馨主编:《殖民主义史》(非洲卷),北京大学出版社2000年版,第473页。

总体来看，法国与英国的殖民统治策略形成了比较明显的对比，这种差异使法国法律制度和法律观念对殖民地的法律变革进程产生了很大的影响。法国的殖民统治给法属非洲殖民地带来了深重的苦难；但是毋庸讳言，法国法的输入对加快非洲法律近现代化的进程是具有积极作用的。第二次世界大战后，法国对非洲的殖民统治随着非洲民族独立运动的高涨而退出历史舞台。但是，法国法对非洲的影响仍然存在。几乎所有法属非洲殖民地独立后都在少量删除带有浓厚殖民色彩的法律后，大量保留了法国殖民统治时期所制定的法律规定。

第三节　埃塞俄比亚和利比里亚

在非洲国家中，埃塞俄比亚和利比里亚是两个一直保持独立的国家。利比里亚是美国为安置释奴而建立的国家，因此没有受到欧洲列强的侵略。而埃塞俄比亚虽然不断地受到殖民主义者的侵略，但仍然保持了国家的独立。

一、埃塞俄比亚

埃塞俄比亚是非洲大陆上除埃及以外最古老的国家，有着 3000 年以上的历史。高山环绕的地理环境是它在抵抗近代欧洲殖民主义侵略时所拥有的天然武器。在所有的非洲土地都被欧洲列强瓜分完毕之后，埃塞俄比亚是当时仅有的独立国家。因此，后来才加入欧洲殖民队伍的意大利一直把埃塞俄比亚视为它在北非殖民侵略的中心。但与英法等老牌帝国主义国家相比，1871 年才完成国家统一的意大利国力较为脆弱。这个曾经被俾斯麦轻蔑地讥讽为“牙齿不好，胃口却不小”的国家在侵略埃塞俄比亚的过程中遭到猛烈反击。1896 年意大利大举进攻埃塞俄比亚，与孟纳利克统率的埃塞俄比亚军队会战于阿杜瓦，意军惨败，一万多名意军几乎全军覆没。根据 1896 年的亚的斯亚贝巴条约，意大利被迫承认埃塞俄比亚主权和领土完整。

与其他撒哈拉以南非洲国家不同，埃塞俄比亚很早就有了自己的文字和历史,创造了自己的法律文化。1世纪时一位希腊水手记载,阿克苏姆的阿杜利斯港,是“根据法律建立起来的港口”。在这个国家,确实曾有一部叫作“诸王之法”(*Fatha Negast*)的汇编。它是信仰基督教的埃塞俄比亚人的主要的传统法律渊源,是13世纪的科普特教徒伊本·阿萨尔用阿拉伯文写成的规则集,受到拜占庭的影响,内容既有教会法,也有民法和刑法。此书宗教色彩浓厚,经常引用《圣经》中的话作为王权之证明。[①]

二、利比里亚

利比里亚的建立是美国废奴运动的结果。18世纪初,美国种族主义盛行。自由黑人的工作和生活由于种族歧视而无法得到保障,从而构成了困扰美国社会的“黑人污点”问题。当时美国流行着黑人和白人不能生活在同一社会的种族主义理论,因此将黑人送回非洲便成为解决黑人问题的基本方案。1816年12月,华盛顿成立了美国殖民协会。鉴于独立战争硝烟未散,美国政府不便直接参与殖民活动,只能根据1819年《奴隶贸易法》向该协会提供资助,该协会以安置释奴为名,实施在非洲建立居留地的计划。

1818年,美国殖民协会派出代表去西非考察未来殖民地的地址。1820年,第一批来自美国的数十名黑人移民在米歇尔布罗岛登陆。但是,移民不适应当地环境,短短几月已有许多人死亡,加上当地非洲人和英国商人从中作梗,迫使移民继续向南航行以寻找居留地。1821年12月,第一船释奴移民在梅苏纳多角的一处天然良港登陆。他们用武力威胁并说服当地的酋长,仅用价值300美元的货物就换得1.3万余平方公里的土地。1822年1月7日,来自福拉湾的移民在梅苏纳多角的一处海湾登陆,并在附近建起主要居民点。从这时起,移民登岸的日子被定为“先锋日”(国庆日)。1824年,这块移居地被命名为“利比里亚”(意为自由之邦),主要居民点则按美国总统门罗的姓氏称“蒙罗维亚”。

1822~1839年在利比里亚的历史上被称为初创时期。以蒙罗维亚为中心的居民区,击退了德族人的几次进攻,巩固了居留地,开始了领土扩

① 参见徐国栋:《非洲各国法律演变过程中的外来法与本土法——固有法、伊斯兰教法和西方法的双重或三重变奏》,载何勤华主编:《法的移植与法的本土化》,法律出版社2001年版。

张,在其他领域也进行了开拓。与此同时,美国一些州的殖民协会展开了独立的移民运动,在其毗邻的地区相继建立了大巴萨姆、西诺埃和马里兰等移民区。殖民协会对移民实行殖民统治,移民展开了争取自治权的斗争,要求通过选举建立议会和市镇委员会。结果,1824 年通过《格利宪法》,移民取得选举副代表以下各级官员的权力,但最后决定权仍属美国殖民协会代表。至 19 世纪 30 年代后半期,美国殖民协会除保有委任或选择总督的权力外,其余权力均由移民行使。

1839~1847 年是利比里亚历史上的联邦时期。1839 年 4 月 1 日,蒙特塞拉多、大巴萨姆和西诺埃等移民区联合,组成以蒙罗维亚为中心的利比里亚联邦。根据有关法律,联邦政府设总督一人,由美国殖民协会任命,拥有行政司法权和武装力量指挥权;设立法委员会,协助总督行使立法权。移民仍享有较大程度的自治权。1841 年以前,总督一般由白人担任;1841 年以后,具有非洲血统的移民开始被任命为总督。

联邦的建立加强了利比里亚的力量,但它同英国的关系日趋紧张。双方围绕土地和关税问题展开激烈斗争,直至相互截留对方船舶。英国渐生鲸吞利比里亚的图谋。1843 年,英国政府致函美国政府,要求说明利比里亚的地位及其对利比里亚的政策,美国政府未予明确回答。利比里亚立法委员会呼吁美国援助利比里亚,但美国政府有意延宕。英美的政策激发了利比里亚的独立要求。1845 年,利比里亚立法委员会要求美国殖民协会允许利比里亚独立。美国殖民协会犹豫再三,终于在 1846 年同意利比里亚联邦成为独立国家。1846 年,利比里亚公民投票,赞同独立。1847 年 7 月,立法委员会通过独立决议。1847 年 7 月 5 日,利比里亚召开制宪会议,通过了独立宣言和独立宪法,制定了国旗和国徽。1847 年 7 月 26 日,利比里亚共和国正式宣布独立。利比里亚历史自此进入共和国时期。19 世纪 50 年代,蒙特角和马里兰等移民区先后加入利比里亚共和国。

利比里亚的《独立宪法》是根据资产阶级民主原则制定的,其政治体制也基于欧美的政党制度。该法规定,行政权属于普选产生的总统,总统是武装力量的最高统帅。利比里亚共和国的立法权归利比里亚立法会议,它由参众两院组成。司法权由最高法院行使。随着利比里亚共和国的诞生,该国还出现了两党制。

在利比里亚,缉获释奴人数不多,自初创时期以来的 40 年间进入利比里亚的这类非洲人仅 5722 人。[1] 他们以民族集团为基础,形成具有自身特色的社会团体。来自美国的美国-利比里亚人不仅在政治经济上居于统治地位,而且对文化的形成和发展施加了决定性的影响。因此,相比塞拉利昂的克列奥尔这种完全的混合文化,利比里亚文化是一种具有非洲文化因素的欧美文化。[2]

第四节 非洲法近代化评说

非洲的近代史是一幅悲壮的画卷。在世界各大洲中,非洲遭到殖民主义侵略和统治的时间最长,所受苦难最深。然而,在殖民主义到来之前,非洲大陆总体而言还处于原始社会末期,而且各国家、各地区文明发展程度大不相同。封建制度、奴隶制度和半原始的制度在这片土地上并存。广大的撒哈拉以南非洲的许多地区还处于从部落向民族国家过渡的时期,法与国家的概念还不清晰。非洲主要的社会结构模式还是千百年流传下来的村社制度。殖民主义者征服非洲以后,凭借西方文明的力量优势和质量优势将他们的社会模式、法律制度和价值观念强行向殖民地移植。非洲传统社会受到西方文明的强烈冲击,原有的社会模式受到结构性的震撼,开始朝着现代化的方向加速前进。以北非的阿尔及利亚为例,在殖民者到来之前,阿尔及利亚的社会结构还以村社为主,乡村民众固守着以血缘关系为准则的父系家族结构;在血缘关系上,他们奉行"同胞兄弟"和"堂(表)兄弟"相互平等的原则;部落首领由各级酋长选举产生;人们共同拥有土地,在劳动中互相帮助;任何事情都从血缘和家谱世系的角度加以定夺。[3] 在法国殖民者占领阿尔及利亚后,法国殖民制度在这一地区的实施使这种落后、自给自足的传统社会结构模式迅速瓦解并开始朝着现代社会模式转

---

① See *The Cambridge History of Africa*, Vol. 5, p. 193. 转引自艾周昌、郑家馨主编:《非洲通史》(近代卷),华东师范大学出版社 1995 年版,第 427 页。

② 参见艾周昌、郑家馨主编:《非洲通史》(近代卷),华东师范大学出版社 1995 年版,第 423-428 页。

③ 参见郑家馨主编:《殖民主义史》(非洲卷),北京大学出版社 2000 年版,第 308 页。

变。殖民统治客观上为非洲的现代化提供了启动的引擎，加速了非洲社会政治、经济、文化现代化的步伐。甘恩（Gann）等人在《殖民主义在非洲》一书中说到，仅在相当于一个普通非洲人寿命的时间中，非洲就被拖出早期铁器时代，进入蒸汽和内燃机时代。①

非洲近代史是色彩斑斓的。非洲近代法律的发展与变迁过程尤其如此。欧洲殖民主义者将他们各个国家的法律带到其各自的非洲殖民地，并通过长期的殖民统治使本国法律在殖民地上留下了极深的痕迹。撒哈拉以南非洲固有的祖先法和早期移植到非洲并逐渐为非洲国家所接受的伊斯兰教法都受到西方法的影响，甚至在很多方面被宗主国的法律制度所代替。整体而言，在非洲这个世界第二大洲上，几乎所有法系都在这里投下了自己的影子。英国法、法国法、葡萄牙法、意大利法、西班牙法、德国法、荷兰法这些代表现代西方发达国家的文明的法律制度与非洲原有的土著法律和早期来到非洲的伊斯兰教法奇妙地融合在一起，构成了西塞罗意义上的“法的共同体”。②

相对于制度的移植而言，西方文明的价值标准和法律理念在非洲的传播是潜移默化的，而其对非洲法律发展的影响也许更为深远。例如，在政治制度上，非洲传统的模式是宗教领袖和世俗权力共同掌管国家或部落，宗教领袖不但掌管宗教事务，而且常常在政治、经济和军事上握有重权。西方殖民主义者的殖民统治给非洲传统宗教势力以沉重的打击。他们只承认非洲世俗统治者的权力，宗教势力在政治上的影响力大为减弱，这导致了殖民地权力结构的变化。这一时期基督教在非洲的传播是非洲传统宗教影响力下降的另一个重要原因。传统宗教日益失去其旧日的信徒。根据一位传教士的报告，“对物神的信仰已经削弱，特别是青年一代，他们再也不相信物神了”③。艾利斯在1886年参加非洲的一次宗教典礼时也注

---

① See *Colonialism in Africa*, Vol. 4, p. 690. 转引自艾周昌、郑家馨主编：《非洲通史》（近代卷），华东师范大学出版社1995年版，第493页。

② 参见徐国栋：《非洲各国法律演变过程中的外来法与本土法——固有法、伊斯兰教法和西方法的双重或三重变奏》，载何勤华主编：《法的移植与法的本土化》，法律出版社2001年版。

③ D. Brokensha, *Social Change at Larteh*, p. 10-15; Ansah, *The Centenary History of the Larteh Presbyterian Church* 1853-1953. 转引自李安山：《殖民主义统治与农村社会反抗——对殖民时期加纳东部省的研究》，湖南教育出版社1999年版，第63页。

意到年轻人与老人在对待传统宗教时态度上的巨大区别,“在观察者中,老人们特别是老妇人们,对她们所看到的显得印象深刻,她们对整个程序的真实性明显地具有毫无保留的信仰……而在那些青年人中,很多看上去持怀疑态度,有些甚至公开发笑”①。

在非洲人的头脑里,习惯是与神话中的宇宙秩序联系在一起的。服从习惯就是尊敬祖先。祖先的骸骨虽已入土,但其灵魂仍在照应生者。② 违反习惯可能会招来大地诸神不知怎样的不利反应,因为在这个世界上,自然的与超自然的、人的行为与自然现象,一切都是有关联的。③ 非洲人的这种习惯与他们基本上静止的世界观有关,而这种世界观对于非洲的发展和进步是一种妨碍。西方的法律制度和基督教文明传入非洲后,这种情况发生了改变。许多非洲原始的习惯被迫进行了改变。更重要的是,习惯的权威被动摇了。原有的习惯即使继续适用和被尊重,但它们在非洲人的心目中已经丧失了它们以前所具有的那种超自然的必然性。大家还是像以往那样生活,但西方法律的观念已经渐渐渗透进非洲人的思想中,人们有了不同于习惯而高于习惯的社会和道德秩序观念。例如,在家庭方面,非洲传统上的亲属关系的纽带和义务的束缚有所松弛,救助的义务已经淡化。许多家庭成员的法律义务开始个体化,人们往往有意无视其惯常的亲属关系的义务,拒绝为具有法律义务的亲属进行赔偿或捐助,相应地也就放弃来自同样义务的帮助。在继承方面,非洲人也根据西方法律模式确立书面遗嘱,这样就使财产所有人能通过他自己单方面的行为确定其财产的继承人,而不会被其家庭成员剥夺他的后嗣和继承人的财产继承权,这按照原有的传统是很可能发生的。④

在非洲人的传统观念中,劳动不只是一种谋生手段,而且是在同自然

---

① Ellis, *The Tshi-speaking Peoples*, p. 136-137. 转引自李安山:《殖民主义统治与农村社会反抗》,湖南教育出版社 1999 年版,第 63 页。

② Verdier(R.), chef de terre et terre de lignage, Etadesde droit africaoh et de droit malgache (J. Poorier, dir.), 1965, p. 333-359. 转引自[法]勒内·达维德:《当代主要法律体系》,漆竹生译,上海译文出版社 1984 年版,第 515 页。

③ Verdier(R.), deschamps(H.), lesfondements du droit quotidian malgache, ibidem, p. 19-25. 转引自[法]勒内·达维德:《当代主要法律体系》,漆竹生译,上海译文出版社 1984 年版,第 515 页。

④ 参见洪永红、夏新华等:《非洲法导论》,湖南人民出版社 2000 年版,第 250 页。

力量的一致中建立的一种生活方式，并且有履行宗教仪式的含义；而接受约束、替某个陌生人干活以求挣得一份工资的契约观念则是不可想象的。[①]这或许与非洲富饶的土地上盛产各种食物，使生活于此的人们无须为温饱和生存担心有关，但是非洲人的这种观念不利于资本主义经济在非洲大陆上的发展。这一传统观念的改变得益于西方殖民者在其殖民地强制推行的“强迫劳动”制度。1875 年葡萄牙颁布了最早的强迫劳动法令《土著劳动法》；1899 年颁布在全帝国内实行土著劳动的法令，规定所有“土著居民均须履行道德和法律上的义务，即以劳动来维持生存及改善自身的生活条件……若有拒不履行该义务者，公共权力机关可予以强迫，劳动期限为三个月至一年”[②]。第一次世界大战后，随着葡萄牙对安哥拉、莫桑比克内陆“绥靖”的完成，强迫劳动制在整个殖民地推行。1928 年《土著劳动法令》、1930 年《殖民地法令》等法律授予各级殖民官吏推行强迫劳动制的权力。[③]殖民者在非洲殖民地推行强迫劳动制度的目的是给本国的资本家提供廉价的劳动力，促进本国经济的发展。但从另一个角度看，强迫劳动制度的实施确实在一定程度上改变了非洲人拒绝雇佣劳动的观念，给非洲带来了一些新的变化。

毋庸置疑，欧洲列强近代在非洲的殖民统治给非洲人民造成了痛苦。但也毋庸讳言，由此而来的非洲传统文明与西方现代文明的融合，使非洲传统法律制度和法律观念迅速向现代发展和转变。这不但加快了非洲发展的步伐，而且在世界经济一体化浪潮迅速到来的今天，为非洲较为顺利地与世界接轨铺平了道路。

---

① 参见[法]勒内·达维德：《当代主要法律体系》，漆竹生译，上海译文出版社 1984 年版，第 523 页。

② James Duffy, *A Portuguese Africa*, Cambridge, 1959, p. 155. 转引自郑家馨主编：《殖民主义史》（非洲卷），北京大学出版社 2000 年版，第 511 页。

③ 参见郑家馨主编：《殖民主义史》（非洲卷），北京大学出版社 2000 年版，第 511 页。

第五章 普通法系在非洲:以英属非洲法为中心

第一节 英国对非洲的殖民侵略

从15世纪开始,非洲的发展受到西方殖民主义者的入侵带来的深远的影响。西方列强从最初的海上贸易、贩运黑奴到柏林会议之后"正当"地瓜分殖民地,将非洲置于自己的完全控制之下。实际采取过殖民行动的欧洲国家有法国、英国、葡萄牙、西班牙、比利时、意大利、荷兰、德国。除了德国外,上述殖民国家都在非洲法律上留下了自己的痕迹。这些国家的法律根据特征主要分为以英国为代表的普通法系和以法国为代表的大陆法系。这两个国家分别占有非洲29%和35.6%的土地,成为当时非洲最大的两个宗主国。虽说英国在非洲的殖民地面积不及法国,但无论是从土地质量还是气候条件来进行比较,英国都占有绝对的优势。

总体来说,英属殖民地的各非洲国家(甚至整个非洲)的法律史可以分成三个阶段:殖民前时期、殖民时期和殖民后(独立)时期。在研究殖民地时期的法律特点时,我们不能忽视殖民统治对非洲法律发展的历史性影响。尽管对于一个非洲国家的占领与发布殖民地相关立法文件的时间准确无误,但实际上对于法律的研究与继受是不可能得到清楚的界限的。"在正式的吞并或统一保护延伸之前,一些被英国用武力征服或由其枢密院令统治的地区（典型的如非洲西海岸的加纳、尼日利亚、赞比亚和非洲东海岸国家），已经开始逐渐地甚至是潜移默化地受到英国的影响与司法管辖。”①英国在非洲的殖民统治广大而深远，并且发展出了一套间接统治的殖民政策；与此相适应，英国法通过间接移植的方式改变了英属非洲的法律面貌。

一、早期的奴隶贸易及英国殖民扩张

我们可以按照西方资本主义的发展，把近代西方资本主义对非洲的掠夺分为三个时期：资本原始积累时期、自由资本主义时期和帝国主义时期。自“新航路发现”始直到18世纪末英国产业革命时止，是西方资本主义的原始积累时期。列强在非洲的角逐最初集中于争夺贸易权，葡萄牙人充当了这场贸易战的急先锋，西班牙与荷兰也尾随而来。17世纪是荷兰在非洲的极盛时期。

早期的殖民主义者仅在非洲的沿海地区展开通商活动，因此，各国商法首先开始影响到非洲的法律制度。但这种影响由于范围的狭窄而并未使非洲本土法律产生变化。16世纪中叶，英国的商船开始来到非洲的西海岸。1553年，英国的“考察队”到了黄金海岸，寻求黄金、象牙和香料，和葡萄牙人发生摩擦。1562年，英国冒险家霍金斯来到塞拉利昂，劫掳了一船奴隶，揭开了英国在非洲奴隶贸易的序幕。17世纪初，英国人开始建立商站和堡垒。1618年，英国在冈比亚河口建立了第一个据点。在1660~1690年的30年间，英国在西非建立的据点就达10个之多。在与荷兰人的竞争中，英国从荷兰夺取了圣赫勒拿群岛（1651年）作为中途站，继而夺取了荷兰的开普殖民地。在以后的几次战争中，荷兰在西非的优势逐渐转移到英国人的手中。在非洲，英国同样在贸易战中占了优势，它的贸易额几乎相当于其他欧洲国家贸易额的总和。从17世纪中期开始，奴隶贸易走向高潮，特别是在黄金海岸，各国的堡垒和商站鳞次栉比地排列在沿海地带。在这场罪恶的奴隶贸易竞争中，英国赢得了最后的胜利。据估计，它从非

① Antony Allott, *Essays in African Law*, Butterworth & Co. (publishers) Ltd., 1960, p. 10.

洲运走的奴隶要比其他诸国运走的总和还要多四倍。[①] 在1783~1793年的11年中,仅利物浦的商船就航行了900次,贩运的奴隶价值为1500万镑,从中获利1200万镑,平均每年获利超过100万镑。与此同时,英国的经济得到了迅猛发展。1719~1792年,利物浦港口进出口的船只吨位由18,371吨发展到260,382吨。在1701~1800年的百年间,英国棉织品的出口总值也增长迅猛。

二、柏林会议与殖民扩张

(一)英国人的早期考察与渗透

进入自由资本主义时期以后,英法在非洲的优势争夺开始占据主导地位。首先,这表现为深入腹地的探险和传教活动。1778年,资本主义发展最早的英国率先在伦敦成立了“非洲内地考察协会”,拉开了考察的序幕。英国的考察协会首先致力于对尼日尔河的考察,后经尼罗河、红海,足迹几乎遍及整个非洲。他们以学术研究的名义在非洲内地探险。一方面,这些从事考察的探险家们,历经艰辛,为科学事业作出了贡献,收集了非洲当地大量的信息。但另一方面,他们也扮演了英国文化的传播者与灌输者角色,传播“基督福音”。他们的活动在一定程度上或直接或间接地为殖民主义者进一步侵略和瓜分非洲铺平了道路。

其次,英国的侵略目标已不再限于西非和南非,它还积极向埃及、苏丹、埃塞俄比亚和东非渗透。在南非,英国不断侵占科萨人的土地以扩大开普殖民地的疆界,并于1843年从荷兰人后裔布尔人手里夺取了纳塔尔。在西非,英国于1851年一度占领拉各斯,次年又向拉各斯派驻领事,成为那里实际上的统治者;英国在塞拉利昂和黄金海岸的沿海据点也扩大了管辖。在东非,英国于1840年迫使索马里沿海统治者“出售”和割让了两个岛屿(穆沙群岛和奥巴群岛),并获得了向伯贝拉派遣驻扎官员的特权。

如此迅猛与有计划的行动,使得英国成为这一时期对非洲瓜分狂潮的典型代表。据统计,各殖民主义国家在1876年共占领非洲10.8%的领土;而英国一国就占其中的41%,大大超过当时居第二位的法国(占28%)。

---

① 参见[美]威廉·福斯特:《美国政治史纲》,冯明方译,三联书店1961年版,第95页。转引自杨人楩:《非洲通史简编》,人民出版社1984年版,第233页。

（二）柏林会议——殖民侵略的“合法”通行证

1876年,比利时国王利奥波德二世召开了除比利时以外,英、德、意等国参加的国际会议,成立了“国际非洲协会”,规定各参加国可分设委员会。这次会议为帝国主义列强瓜分非洲拉开了序幕。在北非,英国于1882年武装干涉埃及,把这个名义上隶属奥斯曼帝国的国家,置于自己的实际统治之下;在南非从开普殖民地出发向北推进,占领了赞比西河以南的广大地区,把奥兰治和德兰士瓦两个布尔人的共和国孤立起来。此外,英国在西非尼日尔河三角洲和东非索马里沿海地带抢占了一些地区。同时,其他欧洲国家也在与英国展开激烈的殖民竞争。仅凭上述一纸空文,根本无法约束各国之间的行动,更不能满足诸列强众口难调的野心,因此它们之间产生了尖锐的矛盾。尤其是比利时国王在刚果河地区的活动,使诸国之间的矛盾突然激化。为了缓和列强在刚果河流域的具体矛盾,柏林会议召开。

柏林会议是在德国首相俾斯麦的倡议下,于1884年11月15日~1885年2月26日在柏林举行的一系列谈判。这次会议,完全反客为主。与会西方列强,擅自决定了非洲的命运,自行规定了瓜分非洲的原则,却没有任何一个非洲国家的代表。会议签订的议定书共38条,长达6万多字,而其灵魂全在于第36条的规定上。该条文规定此后列强在非洲沿岸占领土地或建立保护国时,必须通知该协定书上签字各国,使它们能够及时提出其要求,才能视为有效占领。这意味着列强在非洲有所谓“势力范围”。在此后分割非洲的竞争中,列强一再引用这个条文进行所谓“有效占领”来实现其夺取领土的野心。① 柏林议定书为帝国主义在非洲占领殖民地提供了便利与“合法”保证。

（三）英国在非洲殖民地的确立

柏林会议后,列强分割非洲的竞争进入最高潮。在不到30年的时间里,它们几乎把非洲分割完毕,并且进入了再分割的阶段。作为老牌资本主义国家的英国当然也不会放过这个扩张的大好时机,而且可谓是行动迅速,战果累累。此时,英国的政策有所转变,不再以维持霸权、夺取势力范围或半殖民地为主要目标,而力图夺取尽可能多的殖民地,建立从“开普到

---

① 参见杨人楩:《非洲通史简编》,人民出版社1984年版,第269页。

开罗”的殖民帝国。英国在非洲的殖民地主要是在 1885 年以后,尤其是 1890~1902 年这 10 多年中抢到手的。

英国的扩张包括两个内容:一方面,英国殖民主义者使用威胁、利诱和欺骗的手段同非洲各地统治者订立“保护”条约,将对方纳入其殖民地的范畴,同时加紧侵略和征服非洲人民;另一方面,英国同时加快与列强(主要是法、德,以及意、葡、比)争夺地盘,完成对非洲的瓜分或再瓜分。1869 年 1 月~1908 年 2 月,英国与欧洲各国签订了无数的协议。这些协议以及英国和意大利、埃塞俄比亚签订的另外一些协议基本上规定了英国的非洲殖民地、保护国①的疆域。当然,地盘抢夺激烈,兵戎相见也时有发生。英布战争是 19~20 世纪之交英国争夺和瓜分非洲最后也是最激烈的一战。从此,英国在非洲的殖民帝国版图基本定局,直到第一次世界大战才有新的扩大。

英国在非洲的殖民国家为:埃及、南非、苏丹、加纳、英属索马里(今索马里)、尼日利亚、塞拉利昂、冈比亚、乌干达、肯尼亚、尼亚萨兰(今马拉维)、北罗得西亚(今赞比亚)、南罗得西亚(今津巴布韦)、贝专纳(今博茨瓦纳)、斯威士兰、巴苏陀兰(今莱索托)、桑给巴尔、塞舌尔群岛、毛里求斯群岛、圣赫勒拿群岛等。这些地区的面积约为 886 万平方公里,约占非洲总面积的 29%,为英国本土面积的 36.3 倍。② 英属非洲殖民地是非洲经济价值最高的土地,有四五千万非洲人处于其殖民统治之下。

第二节 英国法在非洲的间接移植

孟德斯鸠曾经有这样的阐述:“为某一国人民而制定的法律,应该是非

---

① 英国对征服地区区分为殖民地、保护国、托管地三类。保护国的居民不属于英国臣民,仅作为受英国保护的人。殖民地居民属于英国臣民。托管地的居民从严格的法律意义上说既不属于英国臣民也不属于受英国保护的人,但从外部关系角度看他们有权享受行政权力的保护。实际上,这三种地区都受到英国法律的控制与奴役,只是在程度与表现方式上有所不同。

② 参见葛佶主编:《简明非洲百科全书:撒哈拉以南》,中国社会科学出版社 2000 年版,第 86-87 页。

常适合于该国的人民的；所以如果一个国家的法律竟能适合于另外一个国家的话，那只是非常凑巧的事。”①不论英国法在本国范围内的适用性是否已经达到了近乎完美的极致，都可以推断出法律的移植存在许多方面的障碍。卡恩·弗罗因德根据孟德斯鸠所讲的构成“法的精神”的各种关系，②将这些障碍分成两大类可变因素。一类是环境因素，其又可分为三种：一是地理因素（包括气候、地理位置、土壤等）；二是社会和经济因素（包括生活方式、人口、财富和贸易等）；三是文化因素（包括宗教、传统和习惯等）。另一类是“纯粹政治因素”（如政体的性质和原则等）。显然，卡恩·弗罗因德过分夸大了所谓“纯粹政治因素”的力量，将其单列为一大类可变因素。因为我们可以很清楚地看到，在英属殖民地时期英国法在非洲土地上的移植已并非区区一种政体所能阻挠或左右的了。但上述种种因素确实是法律移植过程中必须加以考虑与斟酌的。同时作为殖民地时期所特有的法律移植特点，宗主国的政府控制在其中起到了举足轻重的作用。基于这两种客观与主观因素，英国法在非洲的移植过程既具备一般法律移植的特征又发展出了间接移植的特点。而在论及这一极富特色的法的间接移植方式时，我们绝不能忽视间接统治的巨大推动力量。

一、卢加德与间接统治

间接统治是指征服者通过当地的传统首领或政治机构对被征服者或殖民地实施统治的一种行政方法。殖民当局用在土著管理制度上的“间接统治”，包括两个方面的含义：一是承认非洲传统社会早已存在的权力机构，二是“帮助”传统的首领“适应地方统治职能”。

其实间接统治制度并不是一项新的统治制度。从古罗马到法兰西帝国，再到英国较早占领的亚洲和非洲一些地区，如印度、斐济、南非、苏丹、布干达等，都有间接统治的痕迹，但都未成体系。到20世纪初，英国在北尼日利亚进行殖民统治时将这种间接统治制度进一步发展完善，形成了一套独特的殖民统治制度，并且最终在英属非洲的较多殖民地得到了应用，成功地实现了英国法在非洲的间接移植。在间接统治制度建立的过程中，

---

① [法]孟德斯鸠：《论法的精神》（上），张雁深译，商务印书馆1961年版，第6页。
② 参见[法]孟德斯鸠：《论法的精神》（上），张雁深译，商务印书馆1961年版，第7页。

英国历史上著名的殖民主义活动家和理论家弗雷德里克·J. D. 卢加德(Frederick·J. D. Lugard,1858~1945年)"功不可没",是他首先把间接统治方法系统化和总结为一种理论。卢加德于1894年为皇家尼日尔公司服务,主持军事侵略活动,1897年任西非边防司令,1900年又任北尼日利亚高级专员。卢加德曾作为英国下级军官在印度服役,深受英国殖民统治技巧的熏陶。作为一名军人,卢加德在乌干达和北尼日利亚的侵略战争中立下了汗马功劳。他不仅在军事指挥上表现出残酷、狡诈、迅猛的秉性,作为一名殖民统治的高级官员,更是表现出殖民主义理论家的深邃学识与娴熟技巧,成为英国垄断资产阶级利益的忠实代表。英国的非洲殖民地间接统治就始于卢加德在尼日利亚做行政官时期对这一制度的总结和推广。卢加德在其1922年出版的名为《英属热带非洲的双重委任统治》一书中指出间接统治是英国的法规。凭借这个间接统治制度,就可以用寥寥可数的几个欧洲人有效地管理英国最大的殖民地。

(一)间接统治制度产生的原因

1. 直接统治的弊端与英国政府的政治策略

(1)"直接统治"的失败

英国在尼日利亚实行间接统治并非一朝一夕的决定。一方面,拉各斯殖民地建立后,英国十分重视对土著代理人的扶植。1861年,英国外交大臣在指示占领拉各斯的文件中指出"女王陛下政府极不愿意因英国在拉各斯建立统治权而使该岛现任首脑多苏木的权利遭受任何损害",并指示"从该岛的岁入中拨给他一笔适当的年金"。① 但另一方面,皇家尼日尔公司在殖民地统治中推行粗暴的直接统治,它将350多个奴役性的"保护条约"强加给各族人民,垄断一切贸易,主要依靠武力来维持其权力。它在名义上控制的范围很广,而实际上只限于河上船舰的大炮射程之内的地区。南部尼日利亚人民不断掀起反抗皇家尼日尔公司的斗争。1883年的阿萨巴起义和1895年1月27日的布腊斯人大起义摧毁了皇家尼日尔公司的商站和仓库,对皇家尼日尔公司的打击最为沉重。

英国政府马上认识到这是直接统治制度的失败。这种制度会过多地

① 参见[英]A. 伯恩斯:《尼日利亚史》,上海师范大学《尼日利亚史》翻译组译,上海人民出版社1974年版,第188页。

干涉部落政府的行政职能，作为宗主国应当让酋长统治臣民，同时不断监督，以便阻止非正义和谬误的行为。于是，卢加德"临危受命"。1897 年，英国政府负担经费，并从英军中调来军官，建立西非边防军，任命卢加德上校为旅长。这意味着英国政府开始调整其在尼日利亚的殖民政策。

与此同时，英国在尼日利亚的统治面临双重危机。东面德国占领了喀麦隆，1886 年和 1893 年两次与英国缔结条约，处心积虑地要扩张其势力范围。西面法国发动了强大攻势，1893 年占领了象牙海岸，1894 年征服达荷美，并继续北进和东进。1898 年 5 月，英法就尼日利亚西部和北部边界问题初步达成协议。这种国际形势也要求英国政府必须尽快采取新的措施来稳固它在尼日利亚的殖民统治。

（2）行政人员的缺乏

当时，与当地庞大的居民人数相比，卢加德手下用以应付日常行政事务与维持传统的案件审理方式的欧洲高级文职官员就显得极其微不足道。北尼日利亚保护国面积达 8.3 万左右平方公里，1906 年人口约有 700 万，而当时卢加德用来统治与管理北尼日利亚保护国的文职官员在 1900～1901 年为 104 人；1901～1902 年为 155 人；1902～1903 年为 163 人；1903～1904 年为 231 人；1904～1905 年为 248 人；1905～1906 年为 266 人。其中有不少因病或休假不在北尼日利亚。因此，实际出勤率更少了。[①] 如此稀少的文官数量实在难以应对当时刚刚建立的烦琐而复杂的殖民地管理任务，即使想直接统治也是心有余而力不足。

（3）军队力量的弱势与不稳定性

英国在非洲的殖民地广大，泛及整个非洲。虽然英国殖民主义者采取了欺骗、赎买等"和平"占有方式，但多数情况下，武力才是彻底解决殖民企图的方式。这就意味着必须有一支兵源充足、装备较为精良的军队武装力量。但英国这样一个面积狭小的岛国要完全控制大于其自身面积几十倍的非洲殖民地绝非易事。首先，英帝国主义东征西讨，到处扩大占领面积；其次，对于已经占领的殖民地或保护国又要实行政治监控，镇压此起彼伏的反英势力与独立斗争。在当时来说，欧洲兵源明显不足。1903 年卢加德

---

① See Margery Perham, *Lugard: The Years of Authority*, 1898–1945, Collins, 1960, p. 144. 转引自李智彪：《卢加德与北尼日利亚》，载《西亚非洲》1988 年第 1 期。

进攻卡诺的军队中有700余名非洲士兵,只有30名欧洲人。与此同时,英国还在黄金海岸进行阿散蒂战争。南非进行英布战争时,卢加德曾受命派部队去增援。第一次世界大战爆发后,英国政府又从尼日利亚前后赴喀麦隆对德作战。在此条件下,即便英国殖民者想要在尼日利亚实行直接统治也是力不从心的。

(4)安抚民心

卢加德曾经明确指出:"从印度的叛乱到乌干达和塞拉利昂的造反,英国的殖民历史已经表明,仅仅有少数英国官员,而没有一个能在危机中和英国站在一起且其自身利益和英国完全一致的阶级,将发生危险。"①英国殖民主义者深知一个完整的代理政权远比一个系统的殖民政府更加利于笼络人心。

事实也证明了这一点。卢加德在北尼日利亚的征讨每前进一步都受到当地人民激烈的反抗。1903年6月,当时的英国代理高级专员华莱士在给殖民部的信中惊恐地汇报说:"(索科托和卡诺的)造反产生了一些没有想到的严重情况……人们似乎一致响应苏丹的号召;男人、妇人和孩子丢下他(她)们的村镇去追随他,显示出一种我从来不认为他(她)们会有的狂热精神。"②虽然尼日利亚人民的抗英斗争失败了,但使英国殖民者感到了强大的精神压力,使他们认识到人民群众中蕴藏着不可估计的力量,单一的武力镇压并不能从根本上平息殖民地人民的反抗心理。同时,英国殖民者还认识到非洲的土著酋长和国王有着较为广泛的威信和号召力。英国殖民者积极宣传和土著酋长间的"互谅合作,彼此得益",声称酋长们经受训练,能够胜任新的职责,培养他们自己管理自己的能力,实现政治上"自治"的目的。卢加德曾经说:我们可以用两三代人的时间为黑种人做榜样,然后他们就会让我们离开,那时我们将土地交回它的主人,并感到他们会把我们当作比其他白种人更好的贸易上的伙伴。③

2. 殖民地的条件

(1)较为完善的政权组织机构

尼日利亚是西非的文明古国之一,早在殖民主义者到来之前很久,北

---

① I. M. Okonjo, *British Administration in Nigeria* 1900-1950, Nok Publishers, 1974, p. 25.

② I. M. Okonjo, *British Administration in Nigeria* 1900-1950, Nok Publishers, 1974, p. 35.

③ 参见[美]约翰·根室:《非洲内幕》,伍成译,世界知识出版社1957年版,第393页。

部豪萨族的七城邦即十分兴盛，农业和手工业已达到较高的发展水平。1804 年富拉尼族教长奥斯曼·丹·福迪奥统一了豪萨城邦，建立起以索科托为中心的大帝国，拥有一套自己的土著政权和行政系统，有法律、法庭和监狱，还有税收制度和国库。在英国入侵前，虽然索科托王国已经由盛转衰，但索科托、苏丹和 10 多个埃米尔国之间仍保持着形式上的隶属关系。它们之间有着统一的宗教信仰、一套与首都索科托相似的政权机构，只是官职的名称在各地有所不同。与这套完整的行政管理体制相适应，各埃米尔国的税收制度和司法制度也比较健全。农产品什一税、土地税、牲畜税、手工业税、市场税和商旅税，都是确立已久、严格规定的捐税。除此之外，埃米尔每年向索科托、苏丹纳贡以示臣服。这些贡礼事实上是变相的捐税，这就为英国人以后的税收制度提供了理由。

英国人利用这些完整的权力体制和政府组织机构来统治非洲人，只需要由英国殖民当局在国王或酋长的首府设置驻扎官进行监督，通过统治"统治者"的办法来统治非洲人。当时，英国在北尼日利亚用以进行统治的土著政权有 151 个。到第一次世界大战以后，在南尼日利亚建立了 224 个土著政权。

（2）地理与气候条件

由于非洲的气候条件，除阿尔及利亚和南非等少数国家外，其他地区一般被欧洲人认为不宜大量移民，因而难以进行有效的直接统治与管理。英国的非洲殖民地更是如此。其中只有东非与南非地区的气候、土地条件尚可，能吸引大批移民。西非地区气候炎热、潮湿，疾病流行，移民十分稀少；从移民较集中的拉各斯来说，1916 年有 975 人，到 1921 年也只有 1216 人。

（二）间接统治制度的主要内容

间接统治制度由卢加德一手修改与完善。它的核心主要包括至高无上的宗主权、土著政权、土著税收、土著法院四项内容。

1. 至高无上的宗主权，这是实行间接统治的前提。

这种宗主权包括对全部土地的最高所有权、任命埃米尔和所有国家官员之权、立法权和征税权。卢加德认为，英国独一无二的宗主权是土著政府存在的前提，土著统治者只有接受和承认英国的宗主权，他们的权势与地位才得以保存和维持。他在对卡诺首领的讲话中说："英国政府将成为这个地区的宗主国,不仅行使任命埃米尔,而且行使任命国家主要官员的权力,但要保存现存的统治者;一般不干预这个地区的继承权、任命权或选举惯例,但高级专员将拥有否决权,国王或酋长胡作非为将失去其职位。”①

2. 土著政权。在英属殖民地中,土著政权是整个间接统治制度的基础。

英国当局十分重视土著统治者。1907 年英国驻尼日利亚总督吉罗阿德颁布了《土著政权公告》。1916 年卢加德宣布废止该公告,颁布了更完善的《土著政权法》。该法令肯定了各级土著政权的“合法性”,尊重它们在本族中的神圣地位,维持土王和各酋长的荣华富贵与权势。各级土著领袖的头衔由英国总督授予,发给委任状,并宣誓效忠英王,服从法律。一方面,只要土著领袖不听从殖民当局的“劝告”,证明是“不可救药”的,当局就有权以“不轨行为”为由撤换土著统治者,而“由一个人民所拥护的继承者来取代其职位”。另一方面,英国殖民统治者又用物质利益和种种封建性的“荣誉”来收买他们。凡是为殖民当局效劳的土王、酋长及其下级官员都可以领到定额的薪金。这些薪金主要源于殖民当局的拨款和土著政权征收的税款。

法律规定土著政权的主要职责是维持地方“治安”,也就是维持殖民统治,在第一线执行镇压人民的任务。为此,土著政权可以拥有少量警察,可以设立监狱,有权捕人,但绝不能组建军队,甚至少量的土著警察也必须由殖民当局派人来训练、指挥和监督。殖民当局还允许高级土著政权颁布有关市场贸易、市镇建设、酒类生产、婚丧事宜、公共卫生和森林保护等方面的法令,不过均须经总督批准方能生效,总督可以任意废止其中的任何一条。至于全国的军事、外交、财政等重大问题的决策,土著政权是根本不能过问的。但殖民当局十分重视地方土著政权在贯彻执行法令方面的作用。殖民当局需要征用某片森林,一般要履行与土著政权谈判并签订协议的形式。总督与驻扎官到各地巡视,颁布指示,总得由埃米尔或各级酋长陪同。这样造成一种表象,似乎酋长们仍是地方的实际领导者,并享有与英国官员同等的地位。

---

① Margery Perham, *Lugard: The Years of Authority*, 1898–1945, Collins, 1960, p. 144. 转引自李智彪:《卢加德与北尼日利亚》,载《西亚非洲》1988 年第 1 期。

卢加德在给英国政府的报告里解释推行这种制度的目的是“利用本地的酋长们，借助于他们的智慧和统治的权力，通过他们进行管理”①。这种制度实质上还是为了巩固英国当局的统治地位。其实，原土著政权的地位并未得到任何加强，反而降低为一个地方性的政权机构，原有的实权被削弱了。英国加强了土著政权对殖民当局的依赖性，使之变成殖民地政治体制中的一个组成部分，最终成为英国的忠实代理人。

3. 土著税收，这是间接统治制度的经济支柱。

老谋深算的英国殖民主义者明白从经济上控制一个地区是尽快取得统治权的必由之路。在征服北尼日利亚后不久，卢加德领导下的殖民当局就宣布埃米尔和酋长们可以继续收税，当局将“尽可能保留土著法律和习惯所确认的古老的税收”，并在 1903 年和 1904 年分别公布了《土著收入公告》和《土地收入公告》。法律授权各省的驻扎官在北尼日利亚征收年度直接税，由英国官员协助土著首领确定村、镇的应纳税额，土著官员负责实际征收，他们可以扣除 5%到 10%自用。土著政权可留取所征税额的较大部分（索科托可留取 66%，卡诺可留取 60%，还有一些埃米尔国可留取 50%）用来支付土著官员的薪水和公共事业建设费用，其余部分则上交殖民当局。1906 年公布的《土著收入公告》对土著政权所留税的使用作了更严格的规定，奠定了土著金库制度的基础。随后殖民当局又对名目繁多的苛捐杂税进行了整顿，于 1917 年颁布了《土著收入法》。

土著金库是土著政权的重要组成部分，担负着它的经费开支。各金库每年要编制收支预算，交殖民当局批准，并汇报执行情况。金库的主要支出项目包括土著政权各级官吏和警察的薪金，英国地方官员和技术人员的部分薪金，地方教育、卫生、交通的部分修建费用等。所以，这套税收制度及土著金库的设立，既能减轻殖民当局的财政负担，又能轻而易举地获得当地的财政收入。

4. 土著法院，这是间接统治制度的保障。

卢加德很重视从司法方面维护土著政权，主张要尽可能缩小英国法律和司法程序的适用范围，充分利用土著政权的司法职能。1900 年和 1906

---

① “1900 年 1 月 1 日至 1901 年 3 月 31 日北尼日利亚报告”，载《殖民地年报》第 346 号。转引自陆庭恩编著：《非洲与帝国主义》，北京大学出版社 1987 年版，第 96 页。

年颁布的《土著法院公告》确认了原有的土著司法机构的地位,允许其对土著居民拥有司法权。1916 年颁布的《土著法院法》明文规定土著法院作为初等法院在全国普遍设立,按权力大小分成 A、B、C、D 四个等级。A 级法院(分布于索科托、卡诺、博尔努和扎里亚等地)可以判处死刑,但要经过高级专员批准才能执行;其他三级法院无权宣判死刑,只能判处有期徒刑和各种罚金。土著法院的首脑由埃米尔或最高酋长担任,成员由他们任命,但必须获得英国驻扎官批准方能任职。同时,高等法院和省法院参照英国本国法律制度建立,审理欧洲人之间以及欧洲人与土著居民之间的各种纠纷。

土著法院与上级法院并无隶属关系,但殖民当局通过省法院和高等法院严格控制着土著法院的活动。驻扎官可以列席庭讯,随时查阅审判记录,甚至可以延缓、削减乃至修改法院的判决。同时,殖民当局还一再命令禁止开业律师在省法院出庭,更不允许他们到土著法院出庭。这种限制被卢加德称为阻止"律师们煽动诉讼"。[①]

土著法院的判决依据仍然是伊斯兰教法典和传统的部落习惯法。这些存在许多原始社会和奴隶社会残余的封建法规受到殖民当局的尊重和保护。穆斯林的宗教信仰受到坚决的维护。《土著法院公告》明文禁止土著居民向由英国人组成的法院上诉,他们只能向当地酋长主持的司法会议上诉,极力维持土著统治者的司法权威。

(三)间接统治制度的特点与表现形式

1. 间接统治制度的特点

(1)赎买政策。传统土著统治者拥有很高的年薪。卡诺、索科托的埃米尔的年收入为 6000 英镑,是省驻扎官薪水的两倍、副总统的一倍。[②]

(2)注重酋长对传统土地的分配权和调解土地纠纷的权力的保留。酋长在战时是部落土地的传统保卫者,在和平时是土地纠纷的调停者。土地则是大多数非洲人的唯一生存方式。因此保留酋长的土地分配权,才能稳定土著居民的生活。

(3)尽力鼓励酋长们运用来自传统地位的影响力。卢加德告诫英国官

---

① 参见张象、姚西伊:《论英国对尼日利亚的间接统治》,载《西亚非洲》1986 年第 1 期。

② See R. L. Buell, *The Native Problem in Africa*, Vol. 1, New York, 1928, p. 697.

员们“要作为热心的顾问、参谋行事，小心不要干预以致降低酋长的威信或导致他们失去对工作的信心”①。

2. 间接统治制度的表现形式

由于英属非洲各地区的历史、政治、经济状况的差异与各地总督的积极性不一，间接统治制度在各地推广的方法也略有不同，主要表现为以下几个方面。②

(1)恢复传统

恢复传统，即恢复那些非洲传统首领的地位，把直接统治变为间接统治，如坦噶尼喀、北罗得西亚和黄金海岸的阿散蒂等。坦噶尼喀最初为德国人占领，第一次世界大战后转归英国委任统治。首任总督比亚特基本上保存了德国人的行政制度。1925年，曾任尼日利亚首席秘书的卡梅隆接任总督后，着手全面推行间接统治。他将全坦噶尼喀划分省(初为11个)、地区(48个)，设省专员、地区专员管辖，地区以下从基层找出传统酋长建立土著政权，授予行政权、司法权、财政权，让他们负责治安、征税、护路、普查人口、登记牲畜数量等事宜。1926年他颁布了坦噶尼喀(今坦桑尼亚大陆部分)《土著当局法令》，宣布各地由非洲人的传统权力机构进行统治。例如，北罗得西亚在1923年以前基本上实行直接统治；1927年开始实行间接统治，颁布了建立土著当局和土著法院的法令；1928年，共建立了45个高级土著当局、296个初级土著当局、36个一级土著法院和317个二级土著法院，从而恢复了当地非洲传统首领的地位。

(2)调整体制

调整体制，即在原来采取某些间接统治方法的地方，根据北尼日利亚的模式进行调整改革，建立全套间接统治制度，目的是加强殖民控制和使土著机构更好地为殖民统治服务，如南尼日利亚的西区、黄金海岸殖民地(不包括阿散蒂和北方领地)和南部非洲的贝专纳等。南尼日利亚西部各城邦在19世纪末先后被英国征服或降服，1900年成为南尼日利亚保护国的西方省。英国主要根据签订的几十个双边条约和协定对这些原城邦进行管辖，行政关系较为混乱。英国派驻各城邦的驻扎官只起领事作用。

① Frederick J. D. Lugard, *The Dual Mandate in British Tropical Africa*, London, 1929, p. 201.

② 参见洪永红、夏新华等：《非洲法导论》，湖南人民出版社2000年版，第217-219页。

1900 年建立的“土著议会”实际上是地区长官领导的法院,只起司法职能,而不是土著政府。1914 年南北尼日利亚合并后,卢加德着手引入北尼日利亚的土著政权制度。他取消了同各城邦所订条约,明文规定总督在立法、行政和维持法律秩序方面的权威。1916 年颁布第 14 号土著当局法令,逐步建立了土著行政程序,特别是实行了直接税制,设立了土著金库。黄金海岸殖民地建于 1874 年。1878 年后英国殖民当局给了当地各土邦(state)酋长及其议事会(土邦会议)制定地方法和司法方面的较多行动自由。1894~1922 年,英国殖民当局至少五次想改变司法制度,因当地酋长和非洲人团体反对而作罢。之后,英国政府要求殖民当局按北尼日利亚原则改革土著行政制度。1927 年黄金海岸殖民当局通过《土著政府(殖民地)法令》,1939 年又通过《土著政府金库法令》,前者主要是加强总督和省专员在司法方面的权力,后者则规定各邦必须建立土著金库,并由政府对其支出进行审核;1944 年又通过两项法令,对土著政府进行了改革。

(3)人为地划定政治实体,指派土著首领

这种形式的典型例子如尼日利亚东南部、乌干达北部和坦噶尼喀、肯尼亚等。具体以乌干达为例。乌干达地处东非,属赤道气候,欧洲人很难适应居住。英国殖民政府在当地完全依靠当地的上层人物进行统治;采取挑拨、歧视的政策,专门扶植当地最发达地区的统治者——布干达的封建主来统治全境,通过他们向英国殖民当局提供税收和以棉花、咖啡为主的农产品。总之,英国人在这些地方划定行政区域,组织土著会议,任命土著首领,给予他们合法的地方统治权。这类土著首领被称为“委任酋长”,普遍存在于上述地区。

(四)间接统治制度的影响

1. 为英国法的“间接移植”提供了充分条件

在间接统治制度下的北尼日利亚地区成为殖民当局的地方政权,各级土著统治者则成为英国人的代理人。它围绕着殖民当局的政治与经济利益,由上至下牢固地控制了北尼日利亚的政治与军事力量。同时,卢加德还采取分而治之的伎俩,分散或降低土著首领的实体权力,使各级土著政权从此互不相属而只对英国官员负责,便利了驻扎官和区专员的控制与监督。随着间接统治制度的不断成熟,卢加德最终实现了南北尼日利亚间接统治的合一。为此,卢加德修改了他的《政治备忘录》,颁布了一系列新的

《土著当局法》《土著收入法》《土著法院法》等法令。他在1922年出版的《英属热带非洲的双重委任统治》一书中,对他的殖民统治(包括间接统治)见解进行了全面而深刻的论述,这本书成为英国殖民地官员必备的教科书。一位曾在卢加德手下供职的英国政府官员甚至把卢加德称为"摩西",把他的《政治备忘录》奉为"圣经"。①

在英国的殖民统治下,非洲传统社会的权力机构已经改变了原有的性质。例如,尼日利亚南部的约鲁巴族人居住的地区,原本国王的权力已经日渐衰弱,但通过英国殖民政府的庇护,反而日益壮大起来。在冈比亚,英国对当地人群集体历史上形成的分布情况未做半点考虑就硬性分割各个地区,利用非洲酋长进行管理;到1930年时,地域狭小的冈比亚竟有45个酋长分治各个地区。英国殖民者通过这种间接统治制度将英国法律源源不断地输入非洲,同时又避免了伴随征服而出现的政治骚动和经济混乱。

但间接统治制度也并不是殖民统治的"万灵丹"。加纳、塞拉利昂、冈比亚于20世纪30年代引进间接统治制度,但效果并不理想。加纳的殖民地和阿散蒂地区长期处于自由放任政策之下,资本主义经济比较发达。殖民当局每一次改革立法都会遭到广大地区人民的强烈抵制和反对,间接统治在那里被称为"短命的土著政权体系"。塞拉利昂建立的土著政权也不完善,酋长无权征收地方税。冈比亚的保护国地区部落混居,传统势力极难寻到。该地总督也承认间接统治发展下去最后还是由英国在该殖民地直接施政。②

2. "间接移植"中的两种模式

在间接统治的实践过程中逐渐产生了两种不同的模式,即"尼日利亚模式"和"坦噶尼喀模式"。③

(1)"尼日利亚模式"

在尼日利亚和几乎所有西非的英国殖民地,习惯法法院或土著法院与

---

① See I. M. Okonjo, *British Administration in Nigeria* 1900-1950, Nok Publishers, 1974, p. 25.

② 参见陆庭恩、彭坤元主编:《非洲通史》(现代卷),华东师范大学出版社1995年版,第51页。

③ *The Evolution of Law and Government in Modem Africa*, in Hilda Kuper and Leo Kuper eds., Africa Law: Adaptation and Development University of California Press, 1965, p. 188.

英设法院体系相结合。英设法院体系由二级或三级治安法官法庭和一个高等法院组成,最高可上诉至西非上诉法院甚至英国女王的枢密院司法委员会。这种四级习惯法法院体制有自己的上诉体制和案件移送程序。对于上诉至治安法官法庭或高等法院的案件将依据制定周详的习惯法法院的特别程序进行审理。在有些地区,习惯法上诉法院作为习惯法法院和英设法院的中介而设立。这种垂直或相互结合的法院体制在西非这个特殊殖民地的施行,使法律的双重性得到了有效控制。

(2)"坦噶尼喀模式"

"坦噶尼喀模式"盛行于东非和中非的英属殖民地。这种模式趋向在习惯法法院或本土法院与英设治安法官法院和高等法院之间的平衡。英设法院还设有重审和免罚制度,通过司法推事助理(judicial assessors)来保证行之有效的司法公正。这些地区没有采用陪审制,而是采用了司法推事助理这样一种类似于陪审员的角色。就陪审制度本身而言,非洲法本身的实践过程中也有相似的概念,即犯罪应该由其同伴、朋友,而不是一个法官来审判。习惯法中也规定了严格的公审制度。但当时的英国法规定陪审员应以秘密的方式达成判决的一致性,这使非洲人对判决的公正性产生了怀疑,从而对陪审制度失去了信心。总的来说,陪审制主要集中在最高法院或高等法院,并且大多处理严重的刑事犯罪案件。在巴苏陀兰(今莱索托)、坦噶尼喀、乌干达、贝专纳(今博茨瓦纳)、斯威士兰、北罗得西亚(今赞比亚)、尼亚萨兰(今马拉维)这些国家都未曾出现陪审制,而采用司法推事助理来协助庭审的进行。司法推事助理有如下的基本原则:庭审中,在司法推事助理与法官并肩审判前,不必宣誓或确认;所诉事项不必正式交由司法推事助理掌管;判决有罪或无罪不是司法推事助理的责任;司法推事助理们的意见不必全体一致。法律规定司法推事助理的主要职责是保护被告的权益,避免审判不公(miscarriage of justice)。这也是为什么在所有的案件审理中,都要求司法推事助理在庭上公开发表自己的意见。这一点与陪审员是截然不同的。不过,很少见从改良后的传统法院至英设法院的直接上诉。

二、英国法的间接移植

法律移植的成功在于法律的本土化,即将移植来的法律融入本土的法文化中，不断进行磨合、调整、适应，最终将其吸纳的过程。法律本土化源于法律赖以存在的社会结构的特殊性、社会主体交往行为的特殊性及社会集体意识的独特性等因素。非洲的法律文化格局复杂多样：除各种本土习惯法外，外来的伊斯兰教法也已经在这片土地上生根发芽，历经几世纪的融合，成为非洲本土法的一部分。英国法作为非洲历史上的重要外来法，与非洲本土法存在实质上的差异。在社会结构上，不同的法律文化体系以不同的社会结构形式为前提和基础，而不同的社会结构形式则体现着不同的社会关系结合形式。因此，英国法律文明与秩序表现为人与人之间、人与社会之间的一种理性化契约。而在传统的非洲社会，从法律文明形成时开始，血缘亲属关系在社会关系体系中就占有十分突出的地位，部族和村社是社会生活的基本单位，个人与个人、个人与社会之间结合成牢固而狭窄的宗法血缘体制。在社会主体交往的行为方式上，以争议纠纷解决的方式选择为例，在英国社会，人们更多地选择通过法院诉讼来解决争端；而在非洲传统社会，人们宁愿选择非诉讼的调解方式，甚至神明裁判的方式来解决纠纷。因为在非洲人看来，“在部族中，占统治地位的思想不是理性，而是神明。对部族而言，神明裁判是公正的，而理性裁判却是不公正的”①。在本位论上，英国社会较早就形成了权力本位社会；而非洲传统社会表现为一种权利扩散社会的典型。在法律形态上，英国法作为发达的法律形态，其精良的法律结构、晦涩的法律术语和纷繁的判例法体系与非洲法当时法的初级形态相比差距甚远。这些都为英国法的移植增添了难度。

然而，法律既然可以移植，则说明不同法文化之间仍然存在共通性。可以说当时的非洲本土法符合现代的法制思想和精神，非洲的法理学说与欧洲的法理学说也基本相同。同时非洲的习惯法也有权利、责任、直接证据和间接证据、传闻证据、陪审等观念。此外，英国民法责任的概念也与非洲习惯法的概念非常相似。这些都为英国法在非洲的间接移植提供了法律基础。

在间接移植的前提下，英国人首先从自己的法律制度中引申出殖民地的根本法，然后在不违反根本法和英式的正义与人性的“文明”概念的前提

---

① T. O. Elias, *The Nature of African Customary Law*, Manchester University Press, 1956, p. 28.

下,“允许非洲法律和司法制度的调整具有连续性”。[1] 同时,英国殖民主义者还比较重视英国法在非洲的适应范围与本土化。

(一)英国法的间接移植形式与方法

1. 枢密院敕令或其他特权证书(orders in Council or other prerogative instruments)

枢密院敕令在殖民地起着根本法的作用,分为一般规定和特殊规定两种。[2] 前者如“1889 年枢密院非洲敕令”,该敕令为英国政府行使司法权的所有非洲地区规定了一套管理制度,具有宪法性质。后者如“1884 年枢密院桑给巴尔敕令”,这是枢密院为某一特定殖民地国家颁布的敕令。

2. 地方立法

对上述统一的枢密院敕令未涉及的领域甚至某些已涉及的领域,殖民地立法机关(核心立法权威主要包括总督、专员、行政首长或特殊殖民地的一院制议会)可以自行制定相应的法律填补空白。不仅如此,殖民地立法还可以修改、撤销法律的任何部分(除宪法性条款或其他与特殊程序或保留权力有关的法律)而不需要任何进一步的外部授权。例如“1889 年枢密院非洲敕令”第 13 条规定:“基于该敕令的其他规定,在条件允许的情况下,应当采用英国法中现时的原理并与其保持一致来审理前述民事与刑事案件。”“1879 年枢密院东非敕令”第 45 条规定:“专员有权制定‘女王法规’。”第 52 条规定:“在得到国务大臣允许的情况下,专员有权为‘本土法院’的司法管理指定规则。”

各殖民当局对此也有具体规定。1874 年 7 月 24 日黄金海岸制定的“帝国宪章”设立了“一院制议会”,并规定该议会可制定不与任何英国法律相抵触的规则、条例等。枢密院敕令方式还使英国法得以进入中非和东非。不久,当地殖民管理机关便可较自由地行事了。“1911 年北罗得西亚敕令”第 21 条规定,根据当时英国有效的法律并符合其精神,北罗得西亚当局可行使刑事和民事审判权。

这种赋予殖民地行政长官以一定自治立法权的方式,考虑到了非洲当

---

① See A. Kodwo Mensah-Brown, *Introduction to Law in Contemporary Africa*, Conch Magazine Limited(publishers), 1976, p. 11.

② See Antony Allott, *New Essays in African Law*, Butterworth & Co. (publisher) Ltd., 1970, p. 15.

地法律文化与英国法律文化的巨大差异性。对于许多非洲已经自成体系的习惯法,“每个殖民地政府都得有相当程度的自治,大多数的行政决议和大多数的法律,与其由伦敦的殖民部和国会制定,还不如由殖民地内部制定”①。

3. 法律适用因人因事而异

(1)因人而异

英国法可适用于非洲殖民地的所有人,而习惯法的适用则因人而异。

通过对著名的雷·伯特伯尔(Re Betbell)案的判决的分析,我们可以得出这样一个结论:只有非洲人才可以选择习惯法来调整他们之间的关系。该案认为一名英国人不能以习惯法中的结婚方式与一名北罗得西亚巴拉龙族(Baralong)的非洲妇女结婚,因为该部族默认一夫多妻制。但这种判决的基础无论在法律上还是在逻辑上都似乎是有欠妥当的。在逻辑上,巴拉龙族的习惯法并没有排除适用于英国人。实际上,当地的长者按习惯法仪式为这对夫妇举行过婚礼。在法律上,并未证明他们的婚姻是一夫多妻,而仅仅因为一方是英国人就不能适用非洲习惯法。

(2)因事而异

几乎所有输入到非洲的英国相关立法中都要求:除了与婚姻、家庭、土地所有权和传统习惯相关的方面外,法院对有争议的事实作出判决时,必须适用英国法。这样,习惯法和传统的调整内容就被排除在英国法或英设法院职权范围之外。

4. 法官的双重权力

英国殖民当局对非洲殖民的司法系统实行双轨制的二级法院体制,即土著法院和英式法院体系。英式高等法院对土著法院享有绝对的控制权,这就意味着高等法院的法官可以在特定案件中适用英国法律的特殊规范,从而使英国法在非洲更具韧性,较为贴切地输入殖民地。同时,这种创造性的修改为非洲殖民地的法官提供了广阔的自由裁量空间,即非洲的法官拥有双重的权力:一是可以完全删除一些可能引起争议的英国法律条款;二是可以改变或修改这些可能引起争议的条款,通常是通过拓宽其含义或

① [英]J. D. 费奇:《西非简史》,于珺译,上海人民出版社1977年版,第350页。

拒绝遵守一些不可行的细则来达到这个目的。[①]

法官对法律的解释权不限于制定法,也包括普通法和衡平法。法官的这种权利可来自殖民地法律明确或不明确的授权,无须注意过多的细节。"对法庭来说,在不影响法律实质内容的前提下,就字面修改作出一致的解释是合法的。这种一致的解释对法庭适用法律的一致性,也许同样是必不可少的。"[②]

同时,高等法院的英国法官还可以决定与习惯有关的关键问题的案件。法官们会应用他们自己的法律原则来确定习惯法的规则并用英语法律词汇作出表述。在加纳甚至特别地发展出了一种所谓"司法习惯法"(Judicial Customary Law),但它与非洲人原本习惯和理论上的习惯法已有了本质的区别。

5. 司法顾问运用"抵触条款"修改习惯法

许多英国殖民地在殖民地政府内部任命一位或几位"司法顾问"或"土著法庭顾问"来监督本土法庭的工作。此外,一些非洲长者和知晓当地习惯法的人被邀请为当地习惯法的司法顾问,法律上他们不具有陪审团的性质,因此首席法官不一定接受他们对争端的看法,但可能在判决时参考他们的意见。本土法庭可以在管辖地区适用习惯法,但不得违背英国法中的自然正义、公正和良知。这种条款被称作"抵触条款"(the repugnancy clause)。[③] "抵触条款"在程序、婚姻家庭关系、财产等方面都发挥着重要作用,为英国法庭和监督本土法庭的"司法顾问"们肆意删除、修改习惯法提供了便利。

6. 本土化进程中的法律培训

阿兰·沃森(Alan Watson)认为,西方法律制度的"移植偏好"是与法律职业的性质有关联的。法律职业者(包括立法者、法官以及法学家)在社会中形成了一个制定法律的精英群体,他们被赋予解释、保存、发展法律的任务。对于这个群体,沃森指出:他们是习惯的创造物,倾向于把法律规则视为自己的最终目的。在改变法律的时候,他们寻求要么缩小改动的范

---

① 参见夏新华:《英国法在非洲的本土化》,载《西亚非洲》2001 年第 3 期。

② Antony Allott, *New Essays in African Law*, Butterworth & Co. (publishers) Ltd., 1960, p. 15.

③ 参见洪永红、夏新华等:《非洲法导论》,湖南人民出版社 2000 年版,第 246-247 页。

围，要么从某些具有伟大威望和权威性的外国法律制度中借得规则。可见，拥有一支学识精良、忠心耿耿的法律职业者队伍对英国法的传播与稳固是何等重要。为了加快对殖民地的控制，同时消除当地民众的抵触情绪，殖民当局特别重视培养具有英国法律思维方式的非洲本地人，对其进行"法律洗脑"。他们受雇于中央政府的司法或行政机构，对英国法中的一些要素有初步的了解，其中许多人曾有在地区专员处或地方法院工作的经验，他们在法院实施习惯法这一精细工作时，就会自觉或不自觉地把熟识的英国法的理论付诸实践。正是因为这种特殊的法律传播手段，导致我们很难去判断习惯法的纯粹发展究竟能走多远，它是一种混合的、有意与无意的、非洲人与英国人血统交织的产物。英国法也正是通过他们被间接移植到非洲本土法律中，于是他们也被称为"黑皮肤的英国人"。

（二）对英国法间接移植的具体分析

众所周知，古老的英国法在其漫长的发展与演进过程中产生了自己独特的法律形式，即普通法、衡平法和制定法。那么，当英国法进入非洲这片陌生的土地时，这三种法律形式是如何得到贯彻与继受的？对这个问题的仔细研究能帮助我们了解英国法这样一种既精良又晦涩，既先进又保守的法律是怎样征服非洲并最终与非洲本土法律水乳交融的。

1. 英国普通法在非洲的适用

（1）关于普通法在非洲的争议

对于英属殖民地的法律是否为英国的普通法存在一定的争议。本尼恩认为，殖民地所引进的不是英国普通法，而是"作为世界范围内的普通法和衡平法法律制度"。他指出加纳 1960 年以前的立法并没有特别地引进英国普通法。他认为早期的立法不符合法院令的形式，输入加纳的堡垒和殖民地的英国程序法也是如此，法官和有关作者之前也是这样认为的。

我们认为，总体上来说，在殖民地适用的法律确实是英国普通法。但这种概念是具有广义性质的。我们应当承认英国普通法在非洲的存在。虽然各殖民地对普通法的定义较晚，但就内容来说应当是清晰的。加纳（1960 年）、塞拉利昂（1961 年）、肯尼亚（1962 年）、乌干达（1967 年）先后分别在本国相关的法案中详细定义了普通法，承认自己曾经继受了普通法。肯尼亚和塞拉利昂明确指出该国继受的是英国的普通法。乌干达也间接指出了普通法的存在。肯尼亚指出普通法包括衡平法，尽管其在继受形式中将这二者加以区分。加纳的定义较为深入,认为普通法不仅包括衡平法和普遍适用的制定法(statutes of general application),也包括习惯法中被吸收适用的规则。

我们所要否认的不是英国普通法这个大概念,输入非洲殖民地的法律是经过修改适合各个殖民地的英国法律。殖民地法律方针中详细指出一块新殖民地继受的是英国的普通法和制定法。地方立法和帝国枢密院令都明确指出输入非洲的确实是英国法:"英国的普通法和制定法"("1884年枢密院赞比亚令"第8条);"在英国现行有效的法律"("1889年枢密院非洲敕令"第12条,在其扩展条款的相应内容见"1911年北罗得西亚敕令"第21条);"英国的普通法和制定法"("1897年枢密院东非敕令"第11条);"英国现行有效的法律与实践"("加纳、北罗得西亚离婚与遗嘱检验事务");"英国的法律"("1844年枢密院黄金海岸管辖令");"英国领域内所有有效的法律和制定法"("1857年2月21日塞拉利昂法令");"英国所有有效的法律"("1876年黄金海岸与拉各斯高等法院令"第14条旁注);"不与英国法相抵触"("1874年黄金海岸解除令"第2条);"英国的普通法"[尼日利亚西部的英国法(适用)];"英国现行有效的民法与刑法"("1885年枢密院西非敕令")。1876年黄金海岸与拉各斯高等法院令在处理如何选择习惯和统一法的注释中也提到了相关的"英国法"。

现在,学者、法官和官方权威都已经肯定了英国法在非洲的适用。我们认为应当明确的是,虽然每个殖民地继受英国法的时间都是有相关记载的,但对普通法和衡平法的继受却是无止境的。因为一旦普通法以一种明确的法律渊源开始存在于某一殖民地,那么该地区的普通法就与国际私法中的外国法产生了明显的区别。① 它成为法院司法管辖和听讼断案的依据,且不可能是一成不变的,因此,我们在看这些国家的普通法的时候应当把其理解为英式的法律体制和法律思维习惯的集合,而不能仅仅将其局限于普通法的英式内容和某个版本。

同时,我们不应忘记一切法律现象都和政治、经济的发展联系在一起。英国当时是资本主义生产关系最为发达的国家,其法律关系必然是围绕着

① See Antony Allott, *New Essays in African Law*, Butterworth & Co. (publisher) Ltd., 1970, p. 34.

这种制度展开的。对于非洲法律体制来说，英国的法律体制可谓博大精深，经济、社会发展异常落后的各个非洲殖民地国家自然很难适应这种法律体制。正是这种法律移植过程中法的鸿沟使英国普通法不得不在非洲的土地上调整它原本的一些法律结构从而达到统治的安定。

(2)奥蒂罗安葬权案(the Otieno Case)

奥蒂罗安葬权案是一个1986年年底发生在肯尼亚的英国普通法与非洲习惯法产生激烈冲突的著名案件。[①] 该案的主要内容是死者的遗孀与他的族人争夺对其遗体的安葬权。

奥西鲁斯·梅勒·奥蒂罗(Silvanus Melea Otieno)是肯尼亚卢奥(luo)族的一位著名律师，1986年12月20日突然死亡，当时未留下任何遗嘱。奥蒂罗的遗孀万布伊(Wambui)属于吉库尤族，她希望将丈夫葬于他生前经营的农场里，而奥蒂罗所属的卢奥族的族人们坚持要将奥蒂罗的尸体运回故土奈米拉(Nyamila)村子安葬。双方为此争执不下。在调解无效的情况下，此案诉至高等法院，该院以奥蒂罗按1902年殖民地政府颁布的《婚姻法》结婚，并未举行部族或传统风俗的仪式，也没有支付聘金为由，判决奥蒂罗的遗孀胜诉。但上诉法院否决了上述判决，认为依据卢奥族传统习惯之规定，死者应安葬在其父的庄园里，具体地点由卢奥族的族人们确定；如果奥蒂罗夫人同意合作，双方可以共同将奥蒂罗的遗体安葬在他家乡的小村庄里。但奥蒂罗夫人对裁判不服而上诉。最终法院驳回了上诉，但执行由于受到奥蒂罗夫人及其两个儿子的阻挠而变得异常艰难。直至奥蒂罗逝世146天后，在其妻儿缺席的情况下，他的遗体才被安葬在他的故土。

这起看似简单的安葬权案诉讼长达5个月，原因在于其所引发的法律冲突问题是相当值得探讨的。该案的处理核心在于对英国普通法和非洲习惯法到底应当适用哪一个。从各级法院的判决结果来看，我们不难看出诸法官对普通法和习惯法的适用条件也产生了一定的疑惑。在奥蒂罗的遗孀看来，他们夫妇二人举行的是基督教的婚礼，符合相关法律的规定，故他们将不再受部族传统的约束，而应接受普通法的约束。但奥蒂罗的族人们认为：奥蒂罗从始至终是一个卢奥族人，当然应受卢奥族习惯法的约束。他的妻子与儿子也是他家族成员的一分子。况且，一个可靠的证人声称，

---

① 参见洪永红、夏新华等：《非洲法导论》，湖南人民出版社2000年版，第238-244页。

奥蒂罗先生生前曾表达了死后要安葬在他父亲墓旁的愿望。因此其于情于理都应接受习惯法的约束。

其实当事人双方的争论理由都是有一定道理的。英国当局在对每个殖民地颁布法律时都有统一的原则,其中一条就是允许非洲人因所受的教育或其他方式完全脱离或基于某些特殊的业务关系、人际关系而脱离习惯法,从而接受西方法律体系。① 而此案中具有法律效力的婚姻可以使奥蒂罗夫妇脱离习惯法的管辖而接受英国普通法的约束。但对于死者的安葬权问题,肯尼亚的成文法中尚未涉及。传统习惯法在民商法、诉讼法、司法制度等方面都有选择适用的余地。在不违背正义和道德,不与任何成文法相抵触的情况下,殖民地各级法院都应以习惯法为指导进行审理。正是在这项原则的指导下,法院驳回了奥蒂罗遗孀的上诉,最终支持了奥蒂罗族人的请求。但该案的尘埃落定并不能彻底解决普通法与习惯法的冲突。这种冲突的根源在于法律移植中不同法律的差异性,这种法与法之间的磨合将是旷日持久的。

2. 英国衡平法在非洲的适用

标准继受模式中的第二种元素为衡平法,或者更精确地说是衡平法准则(the doctrines of equity)。衡平法在英国起初作为对普通法缺陷的补充,是由大法官审判实践而产生的一套法律体系,因其注重“公平”“正义”而得名。尽管衡平法具有独特的弹性和优于法规主义的良知,但至19世纪末它的组成结构高度复杂化,拥有相当多的技术规则,已经脱离了相对松散的原有体系。而正是这样一种衡平法被移植到了非洲的土地上。

衡平法同样也是“抵触条款”中的一项重要元素。它控制着或者部分控制着习惯法的适用,表现为该项法律或习惯不得与自然正义、公正和良心相矛盾。原始的西非习惯法应用条款还规定:衡平法可在当早已界定的冲突规则无相应规则可以适用的情况下作为一种补充规则;对一些案件中无特别规则可适用的争论,法院可以依据正义原则、衡平与良心进行审判。

19世纪的立法经常规定非洲殖民地仅继受英国“普通法和制定法”。在这种情况下,普通法也就理所当然地包括了衡平法。衡平法作为普通法

① See Antony Allott, *New Essays in African Law*, Butterworth & Co. (publisher) Ltd., 1970, p. 14.

的一种补充与解释，在许多领域占有一席之地。在立法中，法律与衡平法的融合在非洲是毋庸置疑的，这与在英国别无二致。许多非洲的普通法司法辖区（如尼日利亚、塞拉利昂、赞比亚等）都有与原黄金海岸“1876 年殖民地高等法院令”第 18 条相似的条款，该条款规定：高等法院在处理民事案件时，法律与衡平法应同时发挥效力；在处理同一事件时，衡平法规则与普通法规则发生冲突或有任何不一致的，衡平法规则优先适用。

在英国，衡平法对普通法有一定的约束性。这种情况在早期特别明显，可谓之“立法的衡平性”。但这旨在促使法官运用更加广阔的视野去理解与解释立法，而不仅仅拘泥于字面意思。但在非洲，这种立场就不太鲜明了，至少部分是这样的。原因在于在非洲实行的英国立法可能从未在该地颁布过，主要以普遍或特殊继受的形式出现。而这些外来法已经具备了一定的适用性，它们或要求“普遍适用”，或要求继受立法与普通法应“仅在条件允许的情况下”适用。

在西非，殖民地条款对习惯法的特别规定只在“与自然正义、公正和良心不产生矛盾”的情况下适用。但这一规定也是值得商榷与推敲的。如果这段话的意义仅限于“自然正义”，那么专门性的衡平法无权干涉习惯法；如果“衡平法”不但可以被理解为普遍的衡平与正义，还可以是专门性的衡平法，那么我们又要探讨经过衡平法修饰的习惯法的范围。

这种争议其实一直存在，这源于非洲习惯法与英国法之间的本质区别，深刻地体现了法律移植过程中本土法与继受法之间的摩擦。在加纳，这一问题 20 世纪 60 年代才得到了确切的解决。同时，自然正义、公正和良心这三个元素之间有明显的重叠与相似之处。在东非与中非上述模式为（或正成为）“与正义道德相矛盾”，这样在正义和公正的内涵中又增添了道德评价。

实践证明，这种措辞上的微小差异无关重点，并不会影响法官们的行为。一位中非的法官会用上述模式来找出习惯法与道德相抵触的地方，而他西非的同行则会以良知来治理与之不同或相反的习惯。

但不管怎样，我们可以肯定的是，衡平法对经过殖民后的英属非洲，尤其是西非，产生了如下影响：第一，衡平法上的赔偿方式有时可以用来执行习惯法上的权利；第二，衡平规则已被用来控制习惯法上的主张的行使，这是专门性的衡平法影响习惯法最显著的一种方式；第三，衡平法上对土地的利益可以说从未建立在习惯法上,但在对待习惯法上的抵押物时,如认为有必要,法院可以运用衡平法上的效力来处理抵押关系或主张习惯法上的利益之诉讼。

3. 普遍适用的制定法在非洲的适用

"英国普遍适用的制定法"在某一特定的日子被输入每个英属殖民地,但对于这方面的规则我们并没能发现较为详细周全的整理或认定。那么,到底什么是普遍适用的制定法呢?对这个问题,作为一名在非洲拥有广泛经历的学者,艾利森·拉塞尔(Alison Russell)先生在他的"立法草案"(该份草案用于指导英属殖民地的起草者)中谈道:"起草者在许多殖民地都会遇到'普遍适用的制定法'这个词。一项法案是否是普遍适用的制定法,有时是含混不清的。从某种意义上说,每一项制定法都是普遍适用的规则。从另一种意义上说,每一项规则又都是特别适用的。由此,普遍适用的制定法的含义是在历史上具有深厚根基的规则,而特别适用的规则的含义则是为符合某种条件而制定的现行制定法。"①但这种观点在实际操作中是不能令人信服的。东非和西非的法院经常认可那些具有现代创新意义的普遍适用的制定法,比如1881年的产权转让法案和1888年的贫困法修正案,这些制定法绝无历史上深厚的根基。其实,在对于一些规则的理解当中,我们确实很难区分这些规则具有普遍适用性与否。例如,英国的婚姻法,在与其他一些法律相比之下,它具有普遍适用性,但和另外一些法律相比又具有特殊适用性。

因此对于"英国普遍适用的制定法"的理解我们可能陷入了一种误区。我们应当将之理解为"英国有效的普遍适用的规则"。但这些制定法在非洲的适用还要考虑到当地的人种、宗教、文化等。基于此,我们在对这些规则作出判断的时候应当依据如下标准。

第一,须是英国或联合王国内公开普遍适用的规则(可以是案例),而不是私人或地方立法。

第二,须于一定时间内在英国有效,在此有效期内,该法律在英国的修改或废止并不影响其在殖民地的应用。

第三,无须得到全英国法院、各阶层的人、各地区(这一点可能会有某

---

① Antony Allott, *New Essays in Africa Law*, Butterworth & Co. (publisher) Ltd., 1970, p. 48.

些例外)的适用。

第四,须宜于输出,可在英国以外的地区普遍适用。

第五,如果该法律根据英国某一地区的情况专属设立,那么该法律就不适合输出。

第六,有时一项法律宜于从英国输出却不适合某一特定的继受国。因此,普遍适用的规则在适用时只对某一特定的国家具有普遍性,而不及于别国,甚至其邻国。

第七,只有当一项规则在某一特定国家执行后,才可以确定该项规则是否已得到了普遍适用和输入。正常情况下,英国法由于其技巧性和深奥性而很难适用于一个简单的社会。但有时情况恰恰相反,由于某项英国法是根据早期英国未完善的立法技术或经济条件而制定的,非洲的法院往往拒绝适用。

第八,须宜于从英国输出,适于输入到另一个国家,但在继受国的适用取决于具体案件或案件的级别。限制适用的根据和采用的形式依各国情况而不同。

第九,英国的普通法和衡平法在未有立法决定其普遍适用之前,应当迟延适用。

第十,当一项普遍适用的立法与后来制定的地方立法相似时,地方立法可以对其中不相同的部分优先适用。法院则可更进一步认为地方立法建立了一种可供选择的体制,即使在条款上并不与地方立法相抵触,英国法律也将完全不适用。

(三)有关继受日期(the Date of Reception)

非洲国家对英国的继受形式上通常都有一个继受日或相关的英国法得到确立的日子。每个国家对继受日的选择与英国法的转折点无关。这纯粹基于英国法是否被继受这样一个事实。继受日的出现是为了标明该地区法治历史中的重要节点。例如,为了纪念殖民地成为一个殖民地国家或为了纪念殖民地首次接受一个立法机关。任何一个地区都可以修改继受日。例如,拉各斯殖民地成立的最初日期是1863年1月1日。后拉各斯殖民地在1874年被纳入黄金海岸殖民地后,继受日被改为1874年7月24日。尼日利亚合并为一个独立的行政区后,继受日变更为1900年1月1日。

唯一的例外是西尼日利亚,自1959年起,随着普遍适用的规则的废止,其再也没有添加对于英国法的继受日。在赞比亚南部地区,对罗马-荷兰法和南非法的继受也有相似的继受日。对于英国法分支的部分或特别继受也有相关的特殊日子。坦噶尼喀就于1922年1月1日采用了英国的动产和不动产法。同时,在某些特定情况下,英国法的适用可随时间的变化而变化。例如,加纳、尼日利亚、赞比亚和塞拉利昂的遗嘱检验和离婚诉讼程序。若英国议会以立法形式改变了离婚法,那么加纳和尼日利亚的离婚法就会自动得到修改。至少可以这样说,这种情况较为有反常规。它无须得到英国议会的准许,而由非洲立法者自愿立法来接受这种远程控制。

当立法中未有特别条款来确定对一外来法的继受日期时,一般原则是依据制定法颁布实施的日期来确定。该项原则始于哈萨那里·R.戴德诉土地特别委员会案(Hassanali R. Dedhar v. Special Commissioner, etc., of Lands)。该案中规定:在行使对抗罚金让渡救济的权力时,法院可以在英国法的原则与衡平法教义的指导下进行。

主要英属殖民地国家的继受日分别为:尼日利亚,1900年1月1日;肯尼亚,1897年8月12日;乌干达,1902年8月11日;坦桑尼亚,1920年7月22日;北罗得西亚(今赞比亚),1911年8月17日;南罗得西亚(今津巴布韦),1891年6月10日;尼亚萨兰(今马拉维),1902年8月11日;巴苏陀兰(今莱索托),1884年9月29日;斯威士兰,1904年10月15日。

三、间接统治与尼日利亚的土地制度

尼日利亚在英国的非洲殖民地中占有十分特殊的地位。英国人在这里发展了适合统治非洲的间接统治政策,使尼日利亚与加纳、冈比亚和塞拉利昂一起成为"间接统治"的"模范地区",进而影响了英属非洲其他殖民地。

尼日利亚继受的英国法具体有:1571年英国《财产和产权转让法》和与之相似的1571年《产权转让欺诈法》,1670年《分配法》,1833年《不动产限制法》和《产权转让法》,1837年《遗嘱法》,1897年《土地转让法》等。

除此之外,尼日利亚有部分法律与英国法完全等同。在这种情况下,英国法对尼日利亚本土法律体制的影响就更加深刻了。但是我们不得不承认本土法的强大生命力。虽然它一直接受着英国法的挑战,并逐渐被削弱、改变,可是从来没有退出过我们的视线。以尼日利亚的土地法为例,在真正确切地了解一种情况之前,不求助于对以前存在的事实、习惯的探讨与研究而想凭空断案,几乎是异想天开的。因此,处理任何实体问题时如果忘记了它的历史组成,在一定程度上就显得不甚令人满意且不那么全面、透彻。因此,在解析尼日利亚土地法律制度的时候,我们只有通过历史分析的方法才能明白其中的变革。①

(一)殖民统治前的土地关系

尼日利亚的土地关系和加纳一样也是所有权公有制。1910年任命的委员会在调查后所提出的报告中证明整个尼日利亚的土地关系都是如此。在英国征服尼日利亚之前,尼日利亚的土地制度发展参差不齐。

北部的豪萨-富拉尼人刚由奴隶社会向封建社会过渡时,社会组织比较严密。富拉尼人实行的是土地分封制,土地最高所有权掌握在富拉尼统治者——苏丹和埃米尔手中。分封的土地分两类:有世袭权的领地和无世袭权的领地。在领地内,村社的自由民或半自由民有土地占有权或使用权。埃米尔对苏丹、下层封建主对埃米尔,接受封地时都有一定的权利和义务。自由民和半自由民要交土地税、谷物税等。税收带有明显的纳贡性质,一般以实物为主。这种封建土地制并不成熟。因为掌握土地所有权的苏丹和埃米尔除要求下属纳贡和交税外,并未改变豪萨村社原有的土地占有关系,土地分配权仍由各村社酋长和族长掌握,而土地也由村社或家族成员共同使用。同时,埃米尔也没有明确的租佃关系,主要利用政权进行各种榨取。这是一种较为原始的封建制,它更类似于西欧早期的封建领地制。

西部的约鲁巴族是父权制的民族关系和宗法关系,一些城邦国家已经建立,基层组织是由各大家庭组成的村社。约鲁巴人的土地所有权属于各个村社,由酋长或族长进行管理和分配,每个村社成员对分配的土地有充分的使用权,但不得转让或继承,酋长或族长作为村社土地的托管人,在处理土地事务上也没有绝对的权利,有关土地上的重大事务必须经过村社长

① See M. G. Yakubu, *Land Law in Nigeria*, Macmillan Publishers, 1985, p. 21-22.

老们商量共同作出决定。[①] 村社成员没有像北部那样有定期或固定的税负,而以礼物或纳贡为主。[②] 总之,"在一切生活领域里,集体的权力都超越于个人的权力之上"[③]。

在东部,伊博族社会的基本单位仍以大家庭和村社为主,在地区集团上没有形成统一的政权机构。家族土地所有制是伊博族盛行的一种土地制,即土地属于整个家族共有,不存在酋长或中央政权对土地的控制,土地的使用在家族或亲属集团内调整,[④]由家族中最老的男子管理和分配土地。对伊博族来讲,土地所有权以三个重要原则为基础:"土地归根结底属于集体,非得集体同意不得转让;在集团内部,个人对他所需的牧场、菜圃、耕地的使用权应有充分的保障;集体的每一成员均应有土地可使用。"[⑤]

(二)英国殖民时期的土地政策

随着间接统治制度在尼日利亚的实行,英国的土著土地法也率先在北尼日利亚开始了其实施的过程。该地的土地立法正式开始于 1900 年,但英国与北尼日利亚第一次订立官方土地合同是在 1885 年。1900 年颁布的《土地公告》和 1902 年修正后重新颁布的《土地公告》都确认土著居民可继续依照土著习惯法取得土地,但非土著居民未经殖民当局允许不得获得任何土地利益。同时,1902 年的《土地公告》将北尼日利亚土地分为公共土地、皇室土地两类。皇室土地指的是卢加德在北尼日利亚担任高级专员时期以皇家尼日尔公司的名义占有的土地。公共土地指那些从富拉尼统治者那里取得的土地和从未被富拉尼人占领的异教徒部落那里取得的土地。皇室土地和公共土地有较为明显的区别。前者是受政府管理、控制和支配的私有财产。政府有权对其进行出售、租借以及其他为了殖民地的福利和

---

① 参见沈跃萍:《英国统治时期尼日利亚土地制度的演变》,载《西亚非洲》1989 年第 5 期。

② See L. Hailey, *Native Administration in the British African Territories*, Vol. 3, West Africa, London, 1951, p. 13.

③ 中国世界古代史学会编:《古代世界城邦问题译集》,时事出版社 1985 年版,第 399 页。

④ See L. Hailey, *Native Administration in the British African Territories*, Vol. 3, West Africa, London, 1951, p. 13.

⑤ [英]威廉·艾菲厄斯·韩顿:《非洲的命运——目前冲突的起源》,齐干译,世界知识出版社 1958 年版,第 2 页。

繁荣的相关行为。后者的所有权归土著居民所有,适用习惯法,唯一的限制是未经高级专员允许,任何本地居民都不得将土地转让给非本地居民。①卢加德的继任者帕西·戈拉尔德(Percy Girouard)对土地问题兴趣颇浓,通过相关委员会的调查与资料收集,于1908年7月29日提交了一份土地报告。该份报告得到了英属殖民当局的国务大臣的赞同。同时帕西·戈拉尔德也全力支持,称其为"实质上同意殖民地土地国有化公告"。

皇室土地和公共土地的区别就此开始变得模糊。1910年《土地和土著权利公告》第9条就是以委员会建议为蓝本的。1916年的《土地和土著权利法令》规定:"使用和享受保护领地以及领地上出产的果实,以此提供充足数量的必需的生活资料给当地居民是他们的一种习惯性权利,这种权利应当得到肯定、保护和保留。同时,现有的与使用和占有土地相关的土著习惯应尽量维持。政府在涉及北尼日利亚殖民地范围内的所有有关土地的权利和义务时……以及耕种者权利和义务及其他声称对该土地享有利益的都应依法处理。"该法令同时将穆斯林和非穆斯林对土地的所有控制权和优先权都转移给了政府。

实际上,政府控制了每一片土地的授予权,削弱了习惯权利的运用和土著首领的权力,土地习惯法被成文法所取代。在习惯法下,不论是穆斯林、非穆斯林还是土著首领都对本部族所有的土地享有控制、管理权和使用、收益权。不存在单独的土地所有者,这些土地所有者都是不确定的或永久性的。

当然,土地私有制概念并没有被北尼日利亚所接受。英国殖民当局对本土法律的改变是十分小心谨慎的,以至此后都未曾有大的变动,也没有征收土地的年租与年税。

在南尼日利亚,除了少部分土地适用制定法以外,有关土地所有权的法律仍然保持了习惯法的状态。1861年割让条约以及以后的类似条约中转让的只是最高统治权。相关条约从未涉及当地居民的所有权,而只是对土地的纯粹行政控制权。除此以外,1900年的《土地公告》中规定:"从1900年1月1日开始,不是保护国的土著居民,未经高级专员的书面同意,不得直接或间接地从当地居民手中索取南尼日利亚境内的任何土地权益。

① See M. G. Yakubu, *Land Law in Nigeria*, Macmillan Publishers, 1985, p. 15-17.

任何未经允许的有关土地取得的利益和权利都将是无效的。”1906 年的《皇室土地管理公告》也确认了政府对皇室土地的管理权、控制权和处分权。另一项有关土地的重要法令是 1908 年的《土著土地取得令》,该法令规定了外国人从土著居民那里取得土地的方法。1917 年该法令被撤销,新规定如下:“任何外国人从土著居民那里取得殖民地任何土地利益或权利时,必须得到政府批准的证书,否则均为无效。”同时还规定了相应的刑事处罚条款。南尼日利亚的整个土地立法限于对土地在土著居民和非土著居民间转让的行政控制。土地的使用与收益权人是土著占有者。①

(三)英国殖民时期的土地政策对民事法律关系的影响

随着土地政策的变化和经济的发展,尼日利亚原有的土地制度发生了变化。土地私有的观念及行为逐步扩大。经济作物的种植使农村经济商品化、私有化和家庭化,产生了长期的土地使用权,最终演变成事实上的所有权。同时,土地的交换价值上升、成为商品,产生了土地继承权、租赁权和所有权等一系列新的法律关系。土地开始趋向私有化。负债、破产等原因促使了抵押和出售土地的出现,村社农民的土地使用权开始向所有权转化。到 20 世纪二三十年代,土地买卖、出租及抵押现象已经在尼日利亚盛行,导致土地占有上的不均及村社土地公有制的瓦解。旧有土地制的瓦解也冲击了酋长的地位,酋长从土地上获得的传统收入也下降了。这种新形成的小农经济在一定程度上提高了现有土地的利用率,增加了尼日利亚的农业产量,为资本主义工业发展提供了原料,扩大了市场。但这种对土地的改良和农业机械投资是极其有限的,最终将导致农业中的资本主义关系难以充分发展。

第三节　殖民地时期加纳的法律

加纳位于非洲西部,南濒几内亚湾、北接布基纳法索、西邻科特迪瓦、东毗多哥,国土面积 23.85 万平方公里(相当于我国广西壮族自治区面

---

① See M. G. Yakubu, *Land Law in Nigeria*, Macmillan Publishers, 1985, p. 14-15.

积)，海岸线长约562公里。加纳国家成形于3世纪，至10～11世纪进入极盛时期。“加纳”一词原是国王的称号，意思是“战时统帅”，国王又称卡雅·马甘(Kaya Maghan)，据《研究者编年史》的著者卡迪的解释，意即“黄金之王”。① 作为非洲西海岸地理位置优越、资源富饶的文明古国，英国殖民主义者很早就开始了对加纳的政治与经济侵略，而英国法作为这一切的必然附随品也深深扎根在了加纳。

英国在加纳的统治采取的是“直接统治”和“间接统治”相结合的方法，以缓解当地的抵触情绪。1874年，殖民政府在加纳建立，设总督代表英王直接统治。总督之下有一个行政委员会和一个立法委员会。其成员虽然前后有所变动，但从来没有一个非洲人。同时，殖民当局保留了当地传统的部落酋长制度，将原有部落酋长变成领取薪金的官吏，由殖民当局任免，充当殖民当局的统治工具。

一、殖民初期英国法与加纳本土法的关系

最早来到非洲通商的葡萄牙殖民者，率先在加纳海岸修筑了碉堡，以掠夺黄金。随后，欧洲人陆续踏上非洲西海岸，重点掠夺黄金和其他贵重物资。16世纪中叶，英国在西非虽然还未建立特权合股公司和堡垒，但在1553年、1555年也已从黄金海岸运回大量黄金。这意味着英国对加纳殖民侵略的开端。

历史学家一般都认为19世纪的英国殖民政策可分为三个阶段：1820年以前、1820～1870年、1870～1900年。19世纪70年代有一个变化：1850年，黄金海岸脱离了塞拉利昂殖民总督的管辖，组成了一个单一的政府，并建立了自己的立法委员会和行政委员会。1872年，英国接管荷兰人在黄金海岸沿海的几个城堡，接着又派兵北侵，占领阿散蒂王国首府库马西，迫使国王割地赔款。1874年2月，英国打败了阿散蒂，双方签订“福门纳条约”，英国对黄金海岸的殖民政策逐渐变化；7月24日皇家敕令和8月6日英国枢密院令的颁布导致了黄金海岸保护国(包括黄金海岸和拉各斯)的建立。在沿海地区，英国人曾于1859年撤出了安洛，但在1874年又重占这一地区并将其归入黄金海岸保护国。这一举措主要有三个目的：制止走私贸易；

① 参见杨人楩：《非洲通史简编》，人民出版社1984年版，第133页。

阻止法国人入侵这一地区的企图;推行在沃尔特河以西实施的财政和土地政策。

这一时期的英国法与加纳本土法关系表面上并行不悖,互不影响,但实际上英国殖民者从未放弃对加纳本土法的侵蚀与控制。英国早在1807年宣布废除奴隶贩卖后,便在塞拉利昂设立法庭专门审理在西非涉嫌贩奴的人。[①] 后来,英国在加纳建立了海岸角法院,但该法院只适用英国法审理英国人的案件,加纳的土著人仍适用本土习惯法。1817年9月,英国和加纳中部的阿散蒂王签订的协议中明确规定,阿散蒂同"在英国碉堡及黄金海岸殖民地保护下的一切非洲国家和平相处"。该条约第8条进一步规定,英国应把任何在海岸角"犯了重罪"的阿散蒂旅客送回阿散蒂,"按其本国法律治罪"。[②] 但该条约的英译本中竟增添了所谓阿散蒂答应给英国总督以"出面调解的机会"条款,而这一条款在阿散蒂译本中是不存在的,也从未获得阿散蒂人的认可。1844年3月,英国政府同沿海8个邦国的酋长签订条约,后者承认英国的行政权和司法权,但绑架、谋杀、抢劫及其他违法犯罪行为要受到女王的司法官员和各地区酋长的联合审讯。[③] 但在该条约英文版中赫然出现了"法律的首要目标是保障个人和财产的安全","使这个国家的习惯,符合英国法律的通则"。这些条款显然违背加纳本土法的意愿,而强行将英国法的精神贯彻到加纳司法体制中。这标志着英国在加纳的司法统治权的初步实行。1853年,第一座高等法院在加纳建立,但它仍只适用英国法,且只在加纳海岸角一带的沿海地区有管辖权,主要管辖在这一地区的英国人,对非洲本土人基本不适用。

英国人早期在加纳建立的法律未成体系,但已开始表现出老牌资本主义帝国的政治优越感。一方面,英国法与加纳本土法的矛盾不断,有时甚至会推翻约定而强行适用英国法。这种矛盾最终导致了1863年的第七次阿散蒂战争。另一方面,英国殖民者并未因此而有所退让与反省,反而认为"加纳人对英国政府不是归顺的主客体关系,而是出于对开明进步的邻

---

① 参见[英]J. D. 费奇:《西非简史》,于珺译,上海人民出版社1977年版,第260页。

② 参见[英]威·恩·弗·瓦德:《加纳史》(上册),彭家礼译,商务印书馆1972年版,第272页。

③ 参见艾周昌、郑家馨主编:《非洲通史》(近代卷),华东师范大学出版社1995年版,第816页。

国法律的尊重,这也是加纳所寻求的保护与建议"①。这种观点只是英国人的一厢情愿,缺乏历史根据。但由于殖民初期英国人相比加纳人实力尚不处于优势,故英国对加纳的本土法律在政策上还是比较尊重的,这一时期的英国法移植的范围不广,表现出试探与妥协相融合的态度,出现了英国法与加纳本土法并行的局面。②

二、殖民地时期的英国法与加纳本土法

从 1874 年英国宣布建立"黄金海岸殖民地"开始,英国法在加纳的地位发生了质的变化。英国在黄金海岸殖民地的权限包括保卫和平,创制和执行法律,废止奴隶贸易,禁止人祭和其他野蛮的习惯,举办公共工程、公共卫生、教育、警察、监狱、自治组织,解决酋长之间的纠纷以及征收捐税。1874 年 8 月,英国枢密院颁布一项敕令,授权新成立的黄金海岸殖民地的立法会议以条例形式为该殖民地制定法律。

(一)土地制度

加纳的本土法是习惯法。作为一个西非文明古国,加纳的习惯法已经自成体系。它指的是那些适用于特殊部落的习惯,这些习惯未被英国法以任何立法形式确立为普遍适用。

在这些由习惯所组成的规则中,有关土地的使用和分配是个关键问题。加纳的土地概念由三个部分组成:土地本身、土地的使用权或占有权、土地上存在的和土地分属的农作物、树木、房子等。根据加纳的习惯法,一切土地属于"祖先"所有,即公社所有,其他人只享有土地的用益权。阿散蒂人根据用益权人的不同,把土地分为以下三类。

第一,"凳子土地",即国王(酋长)土地。"国王或酋长并不占有国家的所有土地,他仅对三种土地具有控制权:他的祖先遗传下来的土地,属于国王或酋长职位的土地(这也只能在议事会议的同意下才能处理),国家的一般土地,他对这些土地具有最高权力。"③其收益归酋长家庭所有,用于酋长及其家庭的自身需要,或作为举行部族仪式的费用。

---

① C. W. Newbury, *British Policy Towards West Africa* (select documents 1786 - 1874), Clarendon Press, 1965, p. 549.

② 参见洪永红:《殖民时期加纳的本土法与英国法》,载《西亚非洲》1999 年第 3 期。

③ 李安山:《殖民主义统治与农村社会反抗》,湖南教育出版社 1999 年版,第 79 页。

第二,家族土地,指在本族各个家庭中分配的土地,各家长掌握土地的用益权。人们可继承这种土地,只有在无人继承时,这种土地才归公社。

第三,公共土地,是未分配和开垦的土地,这类土地全部部族成员都可利用。根据一份 19 世纪末发表的有关报告,家族土地可以追溯到个人土地:"家族财产可以追溯到个人占有权。一个人是一块土地的绝对占有者,即该块土地为他自己所取得,他有权通过口头或者书写文件来处置它。如果没有做到这一点,土地根据西非的继承法传下来,从而成为了家族财产。"①

从历史上考察,家族土地和个人土地都在酋长控制范围之外,但土地通过出卖而获得现款,那么最高酋长有权取得 1/3 的份额。在加纳人和阿当贝人中间也是一样。凡是自己获得的土地可以出卖,而不必经过其他社区首领的认可;家族土地的出卖只须征得家族的同意。由于地产已成为国王(酋长)年金收入的一个来源,将国王(酋长)土地全部出让的情况极少,卖地须有正当理由,如为了某种重要目的而筹集款项,或为了偿还债务,或为了教育集资,或为了给病人支付药费,等等。

这种将土地作为共有财产的观念与资本主义的私有制是背道而驰的。随着英国法的移植,私有财产的概念和原则开始进入加纳。一方面,由于奴隶贸易禁止以后,合法贸易导致了经济作物如棕榈油和橡胶的生产,土地买卖开始频繁起来。人们开始认识到土地的潜在价值。同时,随着 19 世纪 80 年代的"淘金热",以及可可种植业的不断发展,到 20 世纪加纳南部地区的土地日益减少。而当地人口的增长,又使这个问题变得显著。另一方面,英国人的法律观念、不动产和抵押的概念以及现代货币制度的引进都冲击着加纳本土法律与居民的思想。

英国人在一开始并未认识到加纳的传统公地所有制。在以殖民为策略的基础上,占有土地是最基本也是最必要的私有制生产方式。因此,土地之争在所难免。1874 年开始,英国殖民政府企图在黄金海岸建立对"荒地"的皇家所有权,拉开了强迫加纳人接受土地法规的序幕,一种全新的土地概念开始进入加纳。1876 年,英国当局颁布了《公共土地法令》,使政府公共建筑有权占用土地。② 19 世纪 80 年代的"淘金热"使土地的交换价值

① 李安山:《殖民主义统治与农村社会反抗》,湖南教育出版社 1999 年版,第 79 页。

② See H. W. Hayes Redwar, *Comments on Some Ordianances of the Gold Coast Colony*, Sweet & Maxwell, 1909, p. 68.

上升。可可种植业的发展也迅速吞噬了大片土地。各级酋长及其他一些人开始参与出卖和出租土地，同时也卷入了因土地争执而产生的诉讼案件。1894 年，为了控制土地租让行为的泛滥，殖民政府宣布了《皇家土地法案》。该法案旨在将加纳各地的所有荒地和林地给予英国女王以供殖民地政府使用。这项法案彻底改变了加纳的土地占有状况，将加纳人民的财产无偿让给了殖民政府，剥夺了加纳人民对自己土地的控制权。这一法案引起了加纳各地国王、酋长和人民的反对。1895 年，殖民当局只好将这项法案暂时搁置，同时在 1895 年 10 月的《政府公报》上发布了一个通告，表示政府不认可任何没有总督或者他的代表签字的租让土地的文件。1897 年英国当局又颁布了《土地公有法案》，规定殖民地的所有公有地可以由殖民地政府"管理"。这一法案的序言指出：政府希望使私人购买公有地更为便利，但需要受租借法庭的控制，其目的是制止乱伐林木的现象，"以保护荒地、林地以及正被各外国公司不顾后果随意开采的矿物"。实际上，该法案最终还是表现出公有地的获得应由政府"根据普遍的利益"来掌握的意图。英国当局显然要将所有加纳人按用益权划分的公有地和尚未通过让与或地契而转让出去的土地，以及还未经政府占用供建造公路、铁路、公共建筑等之用的土地都视为无主，且由殖民地政府管理。由加纳习惯法可知，实际上，加纳并不存在无主土地。于是，这一原则遭到了加纳人民声势浩大的强烈反对，示威游行、抗议集会、请愿书接踵而至。迫于多方的压力，英国政府最终达成妥协，规定只有《土地公有法案》中处理租借问题的第三部分被修正后以《租借法令》而获得通过。这一法令的主要原则为以下三点：

第一，殖民地的土地被认可为本地人的财产。

第二，对土地本身或对土地的处置权利的转让，只有在最高法庭认可后才视为有效。

第三，土地的租借期不得超过 99 年；采矿地的租借不得大于 12.95 万平方公里，作为其他用途的租借地不得大于 51.8 平方公里。①

《租借法令》的通过标志着英国试图对加纳土地控制策略进行沉重打击。我们可以看到尽管土地已日益成为重要的生产资料，但传统的公地所有制思想仍然存在，而且很难得到彻底的改变，因而阻碍了资本主义生产

① 参见李安山：《殖民主义统治与农村社会反抗》，湖南教育出版社 1999 年版，第 86 页。

关系的发展。通过购买来获得土地并未阻止土地成为一个家庭的共有财产。生产资料归属家庭、家族,甚至归属邦国。与英国的资本主义社会不同,私有制在这里并不享有某种神圣地位,因而,生产关系的限定并不十分清楚。然而,这并不能阻挡英国殖民者对加纳的资源掠夺。资料表明,土地租让仍是英国政府最关心的问题。在《租借法令》通过后,可可的生产迅速膨胀。在1901~1902年又爆发了第二次"淘金热"。这两者大大刺激了土地租借,同时土地交易和土地纠纷不断增加。此时,土地问题已经成为无孔不入、复杂棘手的难题。英国上层官员之间不断交换意见,症结还是英国政府没有控制土地,又不能从法律上进行任何干涉。最终,殖民政府对土地的野心再一次暴露无遗,只是这次改变了一下形式,变成《森林法案》。该法案于1911年11月通过,和之前的《皇家土地法案》与《土地公有法案》如出一辙。《森林法案》赋予殖民官员很大的权力,明确规定在法令有效期内,总督可以确定任何土地为森林保护区。同时,该法案将"未占地"定义为"没有用于永久居住同时10年内没有被耕种的"土地。这显然会造成一部分土地流入当局的管辖和控制之中,存在摧毁整个传统制度的组织结构的危险,即土地所有制的变化将意味着对非洲政治结构和社会体制的直接打击。这项法案自然也难逃被抵抗的命运。最后,殖民政府又不得不放弃了《森林法案》的原有方针,但土地问题的矛盾仍在继续。1926年经修改的《森林法案》通过,规定政府有权确立森林保留地,但这些保留地仍为酋长的财产。在接下来的20多年中,有关土地问题的方针和内涵争议与建议此起彼伏,可见殖民统治者对土地问题的关心与重视程度,而这一系列法案也在悄悄改变着加纳传统的小规模的农民所有制。

(二)英国政府对土著政权的扶植与控制

英国殖民当局十分重视对当地土著政权的扶植,因为这关系到间接统治的根基。其早在1878年就颁布了《土著权限条例》;1883年又颁布了第二个《土著权限条例》,并于1910年和1924年进行了两次修改。这些条例规定酋长和酋长会议只能制定地方法,并在程序上应征求顾问们的同意,得到总督批准才有效。这些条例授予总督撤销或罢黜酋长职位的权力,1904年的《酋长条例》又授予总督批准酋长当选和就职的权力。①

① 参见洪永红、夏新华等:《非洲法导论》,湖南人民出版社2000年版,第231页。

1927 年《土著权限条例》修订为《土著政府条例》。该条例承认部族酋长的土邦会议,其职权是处理一切有争论的选举和罢黜酋长以及非法扣押部族地产的问题。该条例还把加纳酋长分为最高酋长、分区酋长、普通酋长和头人 4 等,下级酋长必须服从上级酋长的领导,分区酋长和最高酋长的选举、就职和废黜应该根据土著习惯法进行,破坏和篡夺酋长的权力和职位都是违法行为。同时分区酋长和最高酋长的选举、就职和废黜如果遭异议,应报告地区行政长官,其结果也应在《政府公报》上发表;如果邦议会未能解决争端,"总督的裁决具有决定意义"。该条例将土著政权牢牢置于殖民政府的控制之下,剥夺了酋长的自治。但同时,这种控制时时遭到当地人民的反抗。原本酋长享有自己的权力和威望,同时能得到臣民们的供奉,有的还能从附属邦国获得贡物。而此时,他们丧失了所有这些特权。他们既不愿意受制于殖民当局又不得不依附于当局的权威而维持自己日渐衰落的权力。一方面,酋长代表着一种缺乏由下至上制衡机制的独裁权力;另一方面,他又是殖民政府的一种工具,因而缺乏行使这种权力的合法手段。这样,酋长往往处于一种进退维谷的境地。他越对殖民政府负责,得到的权力越多,他在人民中的威信就越低。酋长们如此慢慢地失去自己独立生存的能力,眼看着土著政权力量的削弱却又沉迷在殖民当局建造的温床里逐渐走向"死亡"。

1944 年通过的《土著职权条例》则进一步规定英国中央政府和土著当局都是一个统一的政府体系中的组成部分。该条例取消了土著当局由加纳人选举的规定,改由总督直接任命,总督选任人员的唯一限制,只是被任命者必须是有关地区的土著人。这样一来,"这个人就不再是土著当局了",而是"黑皮肤的英国人"。这实际上是将殖民当局和土著当局并为一体了。

(三)税收制度

向殖民当局纳税是西非殖民地的普遍现象。英国殖民当局主要抽取间接税,而直接税由土著当局征收。1852 年英国殖民当局颁布了《人头税条例》,开始向加纳人强制征税;1858 年又引进了第一个《市自治机构法令》和茅屋税。由于加纳人从不知税收为何物,从而产生了数次武力抗争,酋长们也动员臣民们不缴纳新的税款。英国人不得不在 1861 年被迫废止了相关条例。这样,英国殖民当局只能间接征税而不向加纳人直接征税。

1930 年和 1931 年黄金海岸受到世界性商业萧条的影响,政府陷入窘境,试图实行开征直接税来补充间接税的不足。这再次引起强烈反抗。1936年,英国殖民者通过了一项修正条例,授权最高酋长建立土著金库,向人民征税,推行直接税。这种方法很奏效,因为加纳人按传统习惯经常向酋长们纳贡,英国殖民者采取偷梁换柱的办法以这种新税来代替旧贡,为达到以假乱真的目的,还把这种税收称为贡税,因而实行贡税并未遇到多大困难。土著当局的税收,从1933年的860英镑增加到1937年的将近4万英镑。

第二次世界大战期间,英国加快了对各个非洲殖民地的剥削。在加纳,出口税作为一项战时措施开始征收,但战后就保留了下来,税额还增加了一倍。世界经济危机时期,各个殖民地都提高了原来的税率并开征消费品的进口税。加纳原来没有直接税,现开征"所得税",并且当时实行的所得税是一种仿照英国附有折扣办法的累进税。英国政府通过酋长的帮助最终达成了税收制度的实施。

(四)司法制度

在殖民地时期,加纳形成了双轨制的法院体制:英设法院——枢密院、西非上诉法院、黄金海岸最高法院和治安法院、土著法院。"1876年最高法院令"的通过标志着加纳的现代法律体制正式建立。该法令建立了一个最高法院,最高法院下管英国高等法院,有权掌控加纳的所有法律,包括习惯法、普通法、衡平法和统一适用的制定法在内的自1874年7月24日起在英国现实有效的全体法律,以及在1874年以后帝国立法中明确规定在加纳适用的法律和加纳自己颁布的立法。"1883年本土司法管辖令"以及后来各式各样的本土司法管辖令中都规定设立土著法院。这些法院作为本土行政管理的一部分,以当地制度为基础而主要适用习惯法处理案件,拥有一定的自由裁量权,但通过上诉这一司法程序,它们仍受制于英国法的控制。同时,土著法庭的设立须得到殖民政府的授权,只能审理土著人之间争议标的超过25英镑的细小民事案件和标的在50英镑以内的遗嘱案件,以及关于租佃关系、地方习惯和违反土邦法律的案件。"1876年最高法院令"和"1883年本土司法管辖令"一直有效至1966年10月1日。[①]

1927年以后,土著法院的权限包括根据土著习惯法审理关于结婚、离婚、土地、继承等民事案件。关于诉讼的金额,最高酋长法院承审案件以

---

① See A. N. Allott, *Judicial and Legal Systems in Africa*, London Butterworths, 1970, p. 26.

100 英镑为限;分区酋长法院以 25 英镑为限;在刑事案件中也作了相关规定。

1944 年的《土著法院条例》进一步规定:土著法院要由总督来设立,法院的成员要由总督任命;未经总督委任,任何人都不能以土著法院成员的资格出庭听审。土著法院分 4 级,每一级法院的司法权力都有明文规定。同时,该条例对于手续费、提供证词、诉讼程序和上诉等项也作了详细规定。该条例第 9 条授权英国法官把一个土著法院的案件移送到另一个土著法院,或移送到他自己的法庭,或者送到分区的或地区的法院审理;第 10 条规定由县政治官对各级土著法院进行例行监督。该条例设置了一个叫作司法顾问的官职,其职责是审查各级土著法院的判决是否适当,有权命令发回重审,批驳法院的制度,另立新制度;有权批驳或削减法院的费用,或者"订立土著法院本身能够订立的制度并通过它本身能够通过的判决,或进一步订立为案情所需要的更多的这类规章"。实际上,土著法院并无独立司法权。①

第四节 普通法系对非洲本土法律体系的影响

一、在实体法领域的影响

(一)民法领域

英国民法对非洲法的影响比较广泛而深刻。在商业贸易法中,英国的商人与商业法占主导地位。其中主要有公司法、合伙、合同与代理、货物销售、海陆空货物运输法、票据法、银行与银行业务法等。另外,受到英国普通法规制的民法内容有侵权法、信托与衡平法、劳动法和冲突法(国际私法)。尽管上述部分法律的基础是英国普通法和制定法,但仍然存在因时因地的地方变化与特色。民法中,习惯法对英国侵权行为法和合同法方面的英式理念的吸收较刑法和其他立法更为强烈。

① 参见洪永红、夏新华等:《非洲法导论》,湖南人民出版社 2000 年版,第 235 页。

英属非洲国家继受英国民法主要表现在以下几个方面。[①]

1. 财产法

在财产法方面,世袭财产以前在自治的部族成员中根据个人的需要和赏罚共同分享,现在已经逐渐让位于个人权利的要求和其经济地位上的自立。自由选择处分财产权利的观念在非洲已经深入人心。例如,在传统的支付概念中,出现了土地出租人与承租人的租金支付的可行性,尽管这种趋势经常为家庭与家族的习惯关系所打断,而缩小了个人对家族的责任意识。

2. 侵权行为法

在侵权行为法方面,英国侵权行为法中诸如自身的过失,妨碍行为,请求返还扣留物的诉讼,盗用公款、动物应负的责任,诱拐妇女等一些基本概念,如同非洲习惯法中的过错、自助等概念一样,已为非洲人所熟悉并习以为常,在使用过程中不会让人觉得陌生或神秘。当然,英国侵权责任中也存在一些技术性的精辟之处,如人为地区分要约人对被要约人应负的伤害责任,许可证人对所持许可证应承担的责任,场地所有人对闯入者的责任,这些都会令非洲人感到迷惑而不知所措。

3. 合同法

在合同法方面,英国法的理念得到了吸收,尤其体现于用书面形式来保证交易行为合法化(以前必须有人证)。英国法禁止行为人签订违法的或不道德的协议,而非洲习惯法中也规定必须维护团体的社会统一性,对于那些干扰社会稳定统一的反社会活动者必须予以抵制,可见两者的本质、目的是一致的。英国法有关合同成立的要件、违约责任及合同双方权利义务的规定与非洲习惯法的规定有一定的相似性。然而,英国合同法规则中一些精炼的表述加大了非洲诉讼当事人的理解难度。例如,通过邮件方式发出要约和承诺或反要约,单方、双方和普通过错之间的细微区别等。

4. 婚姻家庭法

在婚姻家庭法方面,虽然典型地适用习惯法,但实际上所有的英属殖民地都传入了一夫一妻的宗教婚姻或英国国内的婚姻制度,这就使非洲人

---

① See T. O. Elias, *The Nature of African Customary Law*, Manchester University Press, 1956, p. 281-284.

可以选择合适的婚姻形式。家庭方面，在新经济和技术观念的影响下，非洲人的亲族纽带关系与责任感逐渐转淡；同时，个人的习惯权利得到了扩展，相应的义务则逐渐缩小。人们开始注重个人的独立性，在不破坏社会和谐的情况下追求个人的自由最大化。因此，非洲许多家庭成员的法律义务逐渐个体化，他们已不再愿意充当他们“兄弟的看护者”。人们往往有意无视其惯常的亲属关系的义务，拒绝为具有法律义务的亲属进行赔偿或捐助，相应地也就放弃来自同样义务的帮助。当然，这种改变的确切范围经常是不确定的。

5. 继承法

在继承法方面，保留了习惯法。不过受习惯法影响的非洲人也已根据英国法律确立书面遗嘱，其后果是财产所有人可以不征求家庭其他成员的意见，而通过遗嘱自主剥夺其继承人的财产继承权。在这种情况下，西非高等法庭一般承认立遗嘱者的遗嘱占主导地位。

总之，我们看到英国民法责任概念与非洲习惯法的观念十分相似。英国法在这一领域的影响既自然又协调。它不是两种完全不同且难以协调一致的思想体系产生的不可吸收的堆砌物，而是一种思想体系与另一种思想体系的简单、逐渐一体化的融合过程。

（二）刑法领域

在刑法方面，英国刑法不仅以间接的方式也以直接的方式进入非洲国家。除塞拉利昂这个特例外，其他非洲殖民地都以《刑法典》和《刑事诉讼法》的形式继受刑法。

东非在这方面的发展恰恰相反。东非一直继受的是印度《刑法典》，直到 1930 年英国殖民当局以尼日利亚《刑法典》为基础推出的“现代刑法典”取代了印度《刑法典》，成为坦桑尼亚、乌干达、肯尼亚、罗得西亚、马拉维和冈比亚刑法的范例。

英国刑法中关于盗窃罪的规定种类繁多，包括挪用公款、雇工与委托人的盗窃、欺诈性侵占等，而对暗设诡计的盗窃罪、欺诈取财罪、欺诈骗取罪和普通法上的欺诈这类概念的区别时常使人感到迷惑不解。诸如此类的问题使英国刑法对非洲法的影响不同于英国民法对非洲法的总体影响。

英国刑法中的刑事正义理念与非洲刑法不同。最典型的一个例子就是有关监禁的适用。欧洲的刑法学将监禁作为处置罪犯的最好方式，罚金适用得很少,鞭刑也受到排斥。而在非洲习惯法中,刑事犯罪和侵权行为之间的界限十分模糊。例如,一个人犯了过失杀人罪而被投入监狱却没有按照习惯法的要求付给受害者亲属一定数额的赔偿金,这种方式是受害者家属乃至社会公众无法容忍的。同时,非洲人对监禁的认识与英国人截然不同。他们认为监禁是一种高级的生活趣事,可以从中学到一门手艺,而这些在家中是不可能学到的。此外,犯人在监外的劳动主要是诸如修筑公路、保护公共建筑物的整洁等公益服务,而这些工作按惯例通常被认为是男子们值得骄傲和热心公益的事情,因而犯人们感到适得其所,并以此而自豪。人们有时甚至会故意犯罪来达到这种目的,有些家长也鼓励孩子们这么做。因此,在许多土著法院,对于犯了像过失杀人罪等类似罪行的人都依照刑法判刑入狱,但只执行一半的刑期,在执行刑期之前或之后要给予受害者家属一定的习惯赔偿。

但监禁对殖民当局有利,为其提供了额外的劳动力。同时,要想完全消除监禁也是不可能的。因此,在非洲监禁仍然存在,只是其适用范围要比英国法中原本的适用狭窄得多,并灵活地运用其他方式代替了监禁的执行。例如,对某些类型的杀人罪适用死刑,对其他类型的杀人罪和各种程度较轻的犯罪适用赔偿,对一般犯罪和其他个人违法行为适用罚金,对反社会行为实行流放,对其他违法行为适用鞭刑(女性不用),对违法持有的财产适用原物返还等。① 所有这些刑罚已被习惯法吸收认可。

二、在程序法领域的影响

随着间接统治制度的深入,非洲的英属殖民地形成了法院体系的"双轨制",即双重的或平行的法院体制。一方面引进了西式的法律;另一方面又有本土法律,包括各式习惯法和得到认可的伊斯兰教法。前者形成了英设法院或称一般法院,通常设有各级治安法院,可由此上诉至高等法院,这些法院在涉及非洲人的案件时可以适用非洲习惯法;后者形成的是本土法院(又称本土法庭、非洲法院、当地法院、习惯法法院等),其由当地传统的酋长或村社的长者组成,按属人主义原则,在通常情况下援用的是法院辖

---

① See T. O. Elias, *The Nature of African Customary Law*, Manchester University Press, 1956, p. 284-290.

区内所通行的习惯法,只对非洲人有管辖权。[①] 由此可以看出,对于法院的选择通常也就决定了法律的适用。

英国法在司法领域所引起的变革导致了各种传统审判方式通过成文法的认可得以重组。非洲传统社会结构基本上由家庭、家族、氏族和部落组成,由血缘关系加以维系。社会关系主要是亲属关系。因此,非洲传统的审判方式允许诉讼当事人由亲属或其他关系人代理出庭。纠纷主要通过当地的仲裁和谈判来解决,同时注重和解,保证集团的一致和恢复集团成员间的协调和谅解,社会道德主张宽容和谦让,胜诉的人常常放弃判决的执行。诉讼中通行神明裁判,宣誓示证是法定的诉讼程序。[②]

同时,英国法的一些审判习惯与机制也影响着殖民地国家。例如,本土法院开始保存一定数量的记载审结案件的卷宗和重要判例,适用传唤当事人和证人的成文步骤,培训法庭成员,法庭成员的最后选举以他们的资格而不以他们的习惯法的地位为基础等。在这当中,法务助理和翻译在庭审中的作用较大,有时甚至超过了法官在案件审理中的地位。这一点在一系列的英设法院如治安法官法庭或最高法院尤为明显。他们倾听那些文化浅显的诉讼当事人的陈述,同时充当法官与当事人的媒介将案件提交给法官。由此,当事人甚至认为他们有义务也有权左右法官的判决。

三、总结

尼日利亚著名历史学家阿贾伊认为殖民主义只是非洲历史的一个插曲。这种观点曾经流行一时,但现在看来,他的观点远远低估了英国法在非洲的影响。从英国人踏上这片陌生的土地开始,英国法的渗透就开始了。作为当代最具影响的法律体系的代表之一,英国法经过长期的前期文化影响、政府策略、大规模的法律移植,在诸多方面改变了非洲本土法,同时也弥补了非洲传统法的不足,解决了新的商业经济价值所导致的习惯法的不适应[主要体现于刑法、程序法、商法(如银行业务、保险、流通票据和汇票)和调整新兴的劳资双方关系的劳资法]。同时,英国法的判例体系、

① 参见上海社会科学院法学研究所编译:《司法制度和律师制度》,知识出版社 1981 年版,第 296-297 页。

② 参见洪永红、夏新华等:《非洲法导论》,湖南人民出版社 2000 年版,第 246 页。

推理方法以及复杂的程序和独特的概念术语等在非洲殖民地的本土化过程中也遇到了巨大困难。为了使非洲人内心理解、接受并习惯外来法,英国殖民当局从政治策略、生活习惯、地理环境、法律基础与法文化差异、司法体制等诸多方面进行了考察、分析和实践调整。其首先对早先存在的法律体系进行认可和改造;其次对殖民地法庭进行本土化修改;最后对殖民地立法机关进行地方性修改。①

法律移植的过程绝不是一个生搬硬套的过程,而是一个历时久远、充满了技巧与调和的过程。而英国法在这里确实有它的出色表现。英国法对非洲法的渗透有时甚至到了水乳交融的程度,它在本土法庭实施时,连本土法庭的法官也不知道它是被创制的本土法还是经过吸收的英国法。这表明英国法已经成功地渗透到非洲法之中。

英国法作为西方法的一种,是调整此岸关系的世俗法,以国家为基本实行单位。非洲习惯法所适应的时代,正是非洲从部族社会走向民族国家的发展过程。英国法的移植破坏了非洲法原有的自然发展进程,"强迫非洲人注重世俗生活和物质利益,发展起所谓资本主义精神"②。这也就预示着英国法与非洲法的融合中必然存在冲突与矛盾,一些移植到非洲传统法中的英国法的概念与规则并未按移植者的本意发挥作用,如英国法中著名的陪审制度、刑法中的监禁制度等。非洲法在这样一种本土法律与英国法律的矛盾中前行、变化、发展,开始了它新的历史进程。

---

① 参见夏新华:《英国法在非洲的本土化》,载《西亚非洲》2001年第3期。

② 徐国栋:《非洲各国法律演变过程中的外来法与本土法——固有法、伊斯兰法和西方法的双重或三重变奏》,载何勤华主编:《法的移植与法的本土化》,法律出版社2001年版。

第六章 大陆法系在非洲:以法属非洲为中心

第一节 大陆法系国家在非洲的殖民统治

大陆法系在非洲的移植是与欧洲大陆法系国家对非洲的侵略和殖民统治密不可分的。自 1415 年葡萄牙殖民者在非洲建立第一个殖民据点起,先后有 8 个欧洲国家入侵非洲大陆,并建立各自的殖民帝国。其中除英国外,其他 7 个国家都属于大陆法系国家,它们分别是法国、意大利、比利时、德国、荷兰、西班牙和葡萄牙。大陆法随着这些国家殖民统治的建立得以在其各自的殖民地和附属国全面移植,成为当代非洲大陆的主要法律形态之一。

一、法国在非洲的殖民统治

大陆法系各国中,法国的统治是最具典型性和影响力的。法国对非洲的殖民扩张可分为两个时期。在 19 世纪 70 年代之前,法国完全确立殖民统治的非洲属国只有阿尔及利亚;在热带非洲,法国只在西非沿海塞内加尔圣路易港周围的 4 个城镇施加过行政管理。相比英国这个有 2250 万平方公里殖民地的庞大帝国,法国当时的海外殖民地仅 90 万平方公里。而随着 19 世纪 70 年代后世界资本主义逐步过渡到帝国主义阶段,殖民地的重要性日渐增加,各资本主义强国开始加快殖民扩张,法国也加入了这个队伍。在柏林会议后的19世纪最后15年,法国通过军事征服建立起了非洲大陆上最大的殖民帝国,占非洲全部领土的35.6%,包括法属西非、法属赤道非洲、阿尔及利亚、摩洛哥、突尼斯、马达加斯加、法属索马里(今吉布提)、科摩罗群岛和留尼汪群岛等。

与英国的间接统治形式不同,法国在非洲的殖民统治主要有三种方式:直接统治、间接统治和有限自治(直接领地)。当然它们的差别"只是在程度上而不是在性质上,只是在方式上而不是在本质上"①,其目的都是尽可能掠夺和压榨殖民地人民,以便为宗主国的经济、政治乃至社会利益服务。

(一)直接统治制度

法国在非洲设置的殖民地最多,而其中连成一片最大的是法属西非和法属赤道非洲。在这两块地方,法国人实行的是直接统治。

在殖民统治之初,法国并未立即实行直接统治,这是因为法国与其他列强抢占非洲土地的同时,并没有任何的殖民化的预先计划,更没有成套的殖民政策。而由于扩张速度过快,法国也难以派出足够的人员来管理占领的土地,因此这一时期法国主要采用与土著领袖签订保护条约的方式,依靠传统酋长来弥补其行政力量的不足。只要那些土著领袖承认法国的宗主权,法国就保证其传统的政治制度、法律秩序、宗教习俗不受触动,但这只是权宜之计。随着在非洲大规模领土扩张行动的结束,法国开始向直接的殖民统治过渡。1894年3月14日,法国正式创建殖民部。法国还创办殖民学校,为非洲培训和输送官员。法国在非洲的殖民统治开始由军事征服阶段向文官统治阶段过渡。

直接统治制度的建立归因于法国以"同化"为中心的殖民理论。这种"同化"理论强调所有的殖民地都是法国的行政区,所有的殖民地人民在某种意义上都是法兰西民族或法兰西社会的成员。因此,尽管非洲不同的文化和自然障碍打破了法国试图在殖民地创造的行政管理结构的一致,但这并没有改变法国的基本原则,即权力集中在巴黎,宗主国的利益凌驾于殖民地之上,以及将法国及其海外属地联为一体。作为法国殖民理论在实践

---

① [加纳]A.阿杜·博亨主编:《非洲通史》(第7卷),中国对外翻译出版公司1991年版,第1页。

上的反映,到 1895 年,法国直接统治的层次结构基本建立起来。在西非,宗主国设立了一个大总督,初由驻在圣路易的塞内加尔总督兼任,有权管辖其他几个法属西非领地的总督。后来,在 1902 年,大总督府移驻达喀尔,大总督之职由专人担任,包括圣路易的塞内加尔总督和其他法属西非领地的总督受其节制。这样,与宗主国的权力框架搭连在一起,法属非洲形成了一个“金字塔”般的殖民统治体系。在“金字塔”顶端的是法国总统和殖民部长;其下便是西非大总督,代表母国在殖民地颁布法令;接着便是各领地的总督们;第四层是各领地的省和郡两级法国行政人员;最下面的一层是法国殖民者委派任命的众多成为殖民走卒的土著官员,他们一般担任各领地的郡和村两级官员和地方酋长。法属赤道非洲的权力结构与法属西非相似。

与直接统治结构的建立相对应的是非洲传统权力结构的瓦解,这一点最显著地体现在非洲酋长角色的变化上。最初,殖民主义者采取一种承认现实的态度,尽量依靠酋长进行统治,但随着殖民统治稳定下来,法国便宣布所有的土地为法国所有,拆散并重新划分传统行政区,废除原有的国家和部落组织,将部分酋长贬黜和流放。受法国大革命中激进派思想的影响,法国殖民者最初并未意识到酋长在非洲传统统治结构中独特和重要的作用,而只是单纯地将其视作压迫阶级,代表的是一股保守的反动势力,“酋长什么都不是,只是一些放荡的贼”①。他们自诩是来解救非洲农民的,对这些酋长进行了清除。仅尼日尔一地,从 1911 年到 1920 年,共有 52 名酋长被废黜。此外,1904 年殖民政府颁布土地法案,宣称西非所有空地和无主地均归法兰西国家所有,从根本上摧毁了酋长的权力基础。与此同时,殖民政府重新任命了一批不同级别的酋长,但他们的地位和职能与传统酋长相比已完全不同。他们只是殖民政府的办事员,由驻扎官推荐,副总督任命,“作为外来命令的传声筒”。② 一位历史学家在评价英属冈比亚和法属殖民地锡内-萨鲁姆两地酋长时曾说,法国人更多地把酋长看作一个地区的行政管理人员,而英国人则将之视为一个法官。

---

① L. H. Gann & Peter Duignan, *Colonialism in Africa*, 1870 - 1960, Vol. 3, Cambridge University Press, 1970, p. 56.

② 参见[美]罗伯特·罗特伯格:《热带非洲政治史》(下),上海电影译制厂翻译组译,上海人民出版社 1977 年版,第 659 页。

(二)间接统治制度

法国殖民者在大部分非洲属地实行殖民统治,而在突尼斯和摩洛哥两国实行的则是保护国制。这是一种法国式的"间接统治"方式。

19 世纪 80 年代前,法国因为其他殖民列强的反对未能侵占这两个北非国家。但不久,法国便卷土重来,首先利用突尼斯政府的财政危机,通过经济手段控制突尼斯的财政,然后于 1881 年借口突尼斯边境的克鲁米尔部落袭击阿尔及利亚领土,以武力逼迫突尼斯贝伊签署"保护条约",彻底控制了突尼斯。

法国在控制突尼斯后保留了侯赛因王朝及贝伊,地方政权结构也基本上未受触动。在间接统治制度下,各种立法和行政命令都以贝伊名义颁布,但立法权和行政权实际掌握在法国人手里。贝伊的法令只有经总督签署后方能生效,法国总督身兼外交大臣和武装部队司令。

法国对摩洛哥保护制度情形与突尼斯相似。1912 年,法国与素丹签订保护制条约并开始向摩洛哥派驻总督。素丹只负责签署并公布总督提出的敕令或法案,"在获得法国政府同意之前不得签订任何国际性条约,不得直接或间接地借贷任何国债或私债,不得以任何形式出让任何利益"。不过,法国人在地方事务,尤其是宗教和司法事务上保留了当地人大部分权力;1930 年甚至颁布了"柏柏尔人法敕令",将柏柏尔部落的刑事审判权由伊斯兰教法官转到柏柏尔酋长手中,并设立习惯法法院以受理民事诉讼案件。

(三)有限自治制度

法国在非洲进行殖民统治的第三种方式是在自由贸易的幌子下通过强迫种植单一作物将农民推向市场。收购价格由殖民政府规定,借贷由政府分配,运输由政府控制,非洲对宗主国的依附表现在既依靠它收购自己的经济作物,又依靠它提供生活必需品。在法属赤道非洲,法国公司垄断了所有的贸易并从事农业、林业和矿业的投资,这些公司以租让的形式侵占了大片土地,最后完全以占有者的身份从事剥削。在阿尔及利亚,殖民政府将王室土地和教会地产收为"国有",又将敌对者和反抗者的土地没收。定居于此的欧洲移民将获得的财富源源不断地运回宗主国。

(四)第二次世界大战后法国殖民统治政策调整

第二次世界大战结束后,法国的殖民统治政策发生了重大变化。早在

1941 年,为了动员殖民地人民支援反法西斯战争,“自由法国”颁布了《埃布埃公告》,开始改革殖民政策。其内容主要是:恢复土著的一些传统权力,承认土著政治机构,以殖民地权力和土著机构权力的结合取代原先的直接统治;经济上鼓励自耕农经济,发展生产以支援战争;文教方面颁布法令,鼓励创办学校及各种文化俱乐部、青年俱乐部,设立新法院等。1944 年,各殖民地总督在布拉柴维尔开会,讨论在何种现实基础上通过逐步建立共同体来代替法国在整个非洲领地实施的直接管理。[①] 该会议为未来法兰西第四共和国的殖民政策构建了大致框架。1946 年《法兰西第四共和国宪法》通过,规定以法兰西联邦取代法兰西帝国,联邦包括各海外省、领地和保护国。该法还规定:法国和海外人民在权利义务上一律平等,在联邦内居住的法国人和当地人都具有法国公民的身份,拥有参加地方议会选举的权利;殖民地改为“海上领地”,每个领地成立由选举产生的领地议会,将大总督改为高级专员,总督改为专员。

二、比利时在非洲的殖民统治

比属殖民地包括今天的刚果(金)、卢旺达和布隆迪三国。其中比利时在刚果(金)即刚果民主共和国殖民时期最长,其殖民统治制度也最为典型。卢旺达和布隆迪原属德国东非殖民地,第一次世界大战后德国战败,国际联盟将之委任给比利时统治,后联合国托管委员会又于 1946 年交给其托管。

比利时在刚果(金)的殖民统治主要分为两个时期:刚果自由邦时期和比属刚果殖民地时期。在此之前,在今刚果民主共和国境内的是卢姆、隆达、姆西里等小王国。1885 年在柏林会议上,列强达成协议,将此地划为比利时国王利奥波德的私人领地,称为“刚果自由邦”。因此,这一时期刚果自由邦的主权属于利奥波德个人,整个刚果自由邦都是他的私人财产。利奥波德二世曾自称刚果自由邦的“业主”。[②] 刚果自由邦的中央政府设在布鲁塞尔,国王之下设国务秘书,一个总司库和三个秘书长,分管外交、财

---

① 参见吴秉真、高晋元主编:《非洲民族独立简史》,世界知识出版社 1993 年版,第 253 页。

② See L. H. Gann & Peter Duignan, *Colonialism in Africa*, 1870－1960, Vol. 1, Cambridge University Press, 1977, p. 262.

政和内政事务。[①] 国王在刚果自由邦派驻总督,负责统领官员和军警。[②] 刚果自由邦划分为15个区,每区设一名专员负责地方事务。在经济上,1885年颁布的《刚果自由邦宪法》确立了国家对土地的所有权,将原来属于村社成员共有的未开垦的土地收归国有或者利奥波德个人所有,并在此基础上建立起直接榨取制和租让制两种刚果自由邦的主要经济制度。直接榨取制通过向非洲人收取实物税的办法,迫使其充当比利时国王掠夺殖民地财富的劳动力。租让制则是国家将土地出租给商业公司,由其代理征收国有土地上的物产和实物税。

刚果自由邦的殖民制度的残酷性引起了国际社会的谴责。迫于压力,再加上财政上出现了困难,利奥波德二世只好于1908年将刚果转交给比利时政府,刚果自由邦终止存在,转而成为比属刚果殖民地。比利时政府接管刚果自由邦后,于1908年通过了《殖民地宪章》,对原制度进行了一些改革。在政治上,保留了国王的行政权和司法权,但规定其全部命令必须由殖民委员会审批方为有效;将国王的许多权力委托给总督,并设立不归总督领导的保护土著委员会,专门负责管理土著事务。[③] 在经济上,废除了颇受非议的直接榨取制,将实物税改为货币税,但仍保留了土地国有制及租让制。另外,比利时殖民统治的一个特色是尊重非洲酋长和当地领导人的权威,允许非洲人按自己的习惯法来治理国家。他们将土著居住区划分为酋长区,地界由地方专员按传统习惯划定。酋长领取国家的薪金,负责维持公共秩序,执行收税和人口普查,征募劳工用于公司经营的矿山和种植园,以及修筑道路、桥梁、河道等。这使刚果人在政治上较其他殖民地更为独立。

比利时在卢旺达、布隆迪的统治方式与在刚果(金)的基本一致。

---

① 参见[法]罗贝尔·科纳万:《刚果(金)历史》,史陵山译,商务印书馆1974年版,第237-239页。

② 参见艾周昌、郑家馨主编:《非洲通史》(近代卷),华东师范大学出版社1995年版,第800页。

③ 参见[法]罗贝尔·科纳万:《刚果(金)历史》,史陵山译,商务印书馆1974年版,第339-340页。

三、葡萄牙在非洲的殖民统治

葡萄牙是最早在非洲建立殖民地的国家之一。其殖民地包括安哥拉、莫桑比克、佛得角群岛、葡属几内亚、圣多美和普林西比等，主要殖民地是安哥拉和莫桑比克。中世纪，安哥拉分属刚果、恩东戈、马塔姆巴和隆达4个王国。1482年葡萄牙在安哥拉沿海一带开始入侵活动，1560年侵入恩东戈王国，1576年建立罗安达城。1884年柏林会议上，安哥拉被划为葡萄牙殖民地，1922年葡萄牙占领安哥拉全境。莫桑比克位于非洲东南部。13至16世纪，莫桑比克属于莫诺莫塔帕王国的一部分。1505年葡萄牙殖民者侵入莫桑比克。1700年莫桑比克沦为葡萄牙"保护国"，1752年由葡萄牙总督进行直接统治，该地被称为"葡属东非"。葡萄牙对非洲的统治是通过立法实行的。除通过葡萄牙共和国《宪法》对非洲殖民地作出规定外，葡萄牙还曾颁布《海外组织法》《海外行政改革法》《殖民条例》《莫桑比克省条例》《安哥拉省条例》等法律。①

（一）葡属非洲殖民地的政治制度

葡属非洲殖民地的政治统治采取的是直接统治的形式。葡萄牙在殖民地的行政管理具有浓重的独裁色彩。各殖民地由葡萄牙殖民事务部总管，部长由总理任命，对总理负责。殖民事务部部长指派各殖民地总督，并直接领导。总督有权决定划分殖民地为若干行政区域，设省、州、区三级地方政府。有些区又分为白人区和土著人区，一个土著人区下辖若干哨所，每个哨所负责控制若干个非洲人的村庄。各级行政官员，甚至一些哨所所长均由总督亲自任命，由白人担任。每一级官员都对其上级负责，最终建立起一个巨大的"金字塔"型统治机制。虽然葡萄牙有国会，在殖民地也有立法会议，但是它们对殖民地事务的决策、法令都没有决定权。各殖民地基层官员是所辖地区的"土皇帝"，有相对的独裁权。他们除了是行政官员外，还是当地的最高法官、警察总领，控制着商品交换的价格和规模、监督银行，决定土地的使用和农作物的种植，执行葡属殖民地的独有经济制度——强迫劳动制。哨所所长在他的辖区内是"至高无上的，他的话就是

① 参见洪永红、夏新华等：《非洲法导论》，湖南人民出版社2000年版，第181页。

法律,支配着非洲人的一切:自由、土地、劳动、刑罚和迁移”①。支撑着独裁统治的是一支随时听候调遣,负责征服和镇压,在征税、征召劳工、强占非洲人土地等方面扮演重要角色的军队。因此,独裁和军事高压构成葡属非洲殖民地政治制度的两大特色。在这种制度下,非洲人没有任何政治权利,不能进入行政管理机构;在殖民地立法机构中除了一两个对殖民当局死心塌地的土著酋长略作点缀外,也没有黑人的席位。非洲人长期没有选举权和被选举权。

在推行专制统治的同时,葡萄牙殖民当局也注重与非洲传统权力相结合。从20世纪30年代开始,他们恢复了世袭酋长的地位,将之作为其利益的代理人,还在殖民地设立了“土著委员会”以保护土著权力。此外,还设立了由葡萄牙官吏负责,有两个非洲人助理法官辅助的土著法院,并把非洲人习惯法和葡萄牙《民事及刑事犯罪法》结合起来审理案件。

葡萄牙在非洲的直接统治制度表面上与法国的相同,但其在功能上存在很大差别,其主要服务于葡萄牙独有的殖民地经济制度——强迫劳动制。

(二)葡属非洲殖民地的经济制度

马克思说过,“劫掠方式本身又决定于生产方式”②。葡萄牙在所有的殖民宗主国中是最落后的国家。到20世纪初,它仍是一个农业国,没有重工业,加工工业仍停留在作坊状态,自身经济发展水平十分落后。它拿不出足够的资本对殖民地投资,而葡属非洲殖民地生产水平又极其低下,仍保持着自给自足,以氏族和部落为主的原始经济和社会状态,因此葡萄牙殖民者只好采用强迫劳动制这种最落后的剥削方式来进行殖民掠夺。1875年葡萄牙颁布了最早的强迫劳动法令《土著劳动法》;1899年颁布在全帝国内实行的土著劳动法令,该法令规定所有“土著居民均须履行道德和法律上的义务,即以劳动来维持生存及改善自身的生活条件……若有拒不履行该义务者,公共权力机关可予以强迫,劳动期限为三个月至一年”③。1928年《土著劳动法令》、1930年《殖民地法令》等法律授权各级殖

---

① Enmark Anders & Westbery, *Angola and Mozambique: The Case Against Portugal*, London, 1963, p. 39.

② 中共中央马克思恩格斯列宁斯大林著作编译局编:《马克思恩格斯选集》(第2卷),人民出版社1972年版,第100页。

③ Jams Duffy, *A Portuguese Africa*, Cambridge, 1959, p. 155.

民官吏推行强迫劳动制。强迫劳动制有四种形式：(1)义务劳动，主要用在公共工程中，由政府指令性指派的强制性劳动。(2)契约劳动，劳工用于种植园、矿山和原料加工厂，与雇主签有契约，规定劳动年限和报酬，但报酬除供应粗劣伙食外仅仅具有象征性意义。(3)输出劳工，一类是殖民帝国内部的劳工输送，主要是从安哥拉输往圣多美和普林西比的种植园；另一类是输出到南部非洲的国家和地区，主要为南非兰德金矿等地区。(4)强迫种植，根据宗主国和世界市场的需求，殖民当局与特权公司强迫非洲人种植经济作物，然后以低价垄断收购。

征召劳工成为殖民当局的主要工作。殖民当局把征召任务层层下达，由处于基层的官吏、非洲人首领、头人来完成，并把劳工交给地方殖民长官安排使用。因此，葡属非洲殖民地的直接统治方式与强迫劳动制的经济制之间存在必然的内在联系。

四、意大利在非洲的殖民统治

意大利的殖民活动主要集中在北非和东北非。在北非，1911～1912年意大利发动意土战争，从土耳其夺取利比亚。在东北非地区，意大利于1890年在红海南岸建立了厄立特里亚殖民地，此后又占据非洲之角南部，建立了意属索马里殖民地。意大利两次发动对埃塞俄比亚的战争，第一次遭到惨败。1935年意大利再次入侵埃塞俄比亚，并于1936年建立意属东非帝国。然而好景不长，随着世界反法西斯战争的胜利，意属非洲殖民帝国迅速土崩瓦解。

相比其他国家，意大利在非洲的殖民统治虽然时间最短，但有其独特之处。意大利的殖民统治充分体现了法西斯主义的特色：建立了法西斯式的高度中央集权的统治结构；对殖民地的经济掠夺是赤裸裸的；推行明目张胆的种族主义政策。意大利的殖民活动以国家为主体展开，特别是在法西斯上台后，从殖民地的经济建设到一般社会生活，法西斯国家无不插手干预。

(一)意属索马里

意大利在索马里殖民地的统治可分为两个时期。前期，它入侵这一地区主要是出于政治目的：争取大国形象。因此这一时期，它没有大量输入资本，并将该地区先后交给菲洛纳迪和贝纳迪尔公司管理。到1905年，意大利的殖民政策开始发生根本性变化,收回了管理权,由政府直接管理。1914 年意大利开始向这一地区派遣驻扎官。1923 年,法西斯头目德韦基出任索马里总督,殖民统治进入法西斯主义时期。

政治上,意大利根据 1908 年制定的《意属索马里殖民地根本法》,建立了一套完整的行政体系;在摩加迪沙设总督,统辖殖民地事务。各地最初设 4 个专员辖区,20 世纪 20 年代意大利合并了朱巴河口地区并消灭了北部的保护国后,又增设 3 个专员辖区。专员辖区下设驻扎官和副驻扎官辖区,全殖民地共设有 33 个。① 驻扎官们通过领取薪金的地方头人来控制地方,任命专门的伊斯兰教法官依据伊斯兰教法律来处理索马里人的一般案件。各个专区设有土著军政法庭,由专员、驻扎官组成,审理索马里人危害殖民统治的案件。殖民政权组建了一支由阿拉伯人、索马里人和厄立特里亚人组成的土著军队,由十几名意大利军官统率,作为巩固殖民统治的工具。

经济上,意大利比较重视索马里农业开发,初期垦殖活动收效不佳,索马里人不愿到农场做工,为此殖民当局实行了强迫劳动制。1920 年,意索农业公司开始经营,在政府的资助下投入巨资改善农业生产,情况开始转变。之后采取的是“合作”劳动制度:由意索农业公司与当地班图部落签订协议,由公司提供生产工具和土地给班图人,班图人必须在一半土地上种植棉花等作物,按公司规定价格售给公司。

(二)埃塞俄比亚

1936 年意大利法西斯占领埃塞俄比亚后宣布将东北非的殖民地合并为意属东非,首都设在亚的斯亚贝巴,由大总督代表国王统治。意属东非下辖 6 个总督辖区:厄立特里亚、阿姆哈拉、哈拉尔、奥罗莫-锡达缅、索马里和亚的斯亚贝巴。总督区下设专员辖区,基层为驻扎官辖区。这个“金字塔”型行政机构中,全部官员由意大利法西斯党徒和现役军官担任,部分投降的埃塞俄比亚大贵族只保留荣誉称号,中小贵族则成为驻扎官们向民众传达命令的中介。意大利殖民当局为巩固殖民统治、镇压反抗力量,实行法西斯恐怖政策,同时推行种族主义政策,颁布法律禁止意大利人与当地人通婚。经济上,意大利组织了大规模的移民,鼓励当地工商业发展,排

---

① 参见[英]刘易斯:《索马里近代史》,钟槐译,商务印书馆 1973 年版,第 194 页。

济外国资本。

(三)利比亚

意大利对利比亚的殖民统治是以法西斯理论为指导的。它在利比亚建立高度集权的法西斯统治。在中央,任命总督统辖利比亚全境。利比亚北部地区设黎波里、米苏腊塔、班加西和德尔纳4个省。1939年这4个省作为意大利王国的第19个地区并入意大利。利比亚南部建立南方军区,以胡恩为首府,下辖5个行政区。殖民政府采取多种措施瓦解土著人的部落体制,废除部落长老会议,每12个人委派一名头领,均置于殖民政府的区长直接管辖之下。在思想控制上,削弱部落意识,灌输服从中央的观念,在青年中宣传法西斯主义,建立法西斯组织。

五、德国在非洲的殖民统治

德国在非洲的殖民时间很短,从19世纪80年代中期到第一次世界大战丧失其殖民地,只有30多年的时间。其殖民地主要包括坦噶尼喀(今坦桑尼亚大陆部分)、西南非洲(今纳米比亚)、喀麦隆和多哥等。

在1866年普奥战争之前,德国四分五裂,自顾不暇,这限制了其殖民扩张。普法战争结束后,随着德国统一进程完成,德国国内要求俾斯麦政府支持、保护工商业资产阶级在海外进行商业扩张的呼声越来越高,[①]德国开始走向对外殖民扩张的道路。1884年,德国在不到半年的时间里,一下子在非洲占据了三块殖民地[②]——西南非洲、喀麦隆和多哥。柏林会议结束后,德国又马上把殖民主义侵略的矛头对准了东非地区。在此之前,已有一批以卡尔·彼得斯为代表的德国冒险家组成的"德国殖民协会"在东非地区活动。[③] 这个组织的活动起初并未受到德国政府的公开支持,它以软硬兼施的方式,同乞力马扎罗地区的非洲人酋长签订多项条约,把这些酋长属下的土地置于德国的保护之下。柏林会议一结束,俾斯麦一改过去

① See Peter Duginan & L. H. Gann, *Colonialism in Africa*, 1870-1960, Vol. 4, Cambridge, 1975, p. 76.

② See L. H. Gann & P. Duignan, *The Ruler of German Africa*, 1884-1914, Stanford University Press, 1977, p. 9.

③ See L. H. Gann & P. Duignan, *The Ruler of German Africa*, 1884-1914, Stanford University Press, 1977, p. 9.

犹豫的态度,宣布德国承认该组织的活动,并着手建立东非公司,授予特许权,由该公司直接统治被占领土地。1884~1886年,东非公司发动了18次攫取土地的远征,到1888年4月,在坦噶尼喀境内共建立18个贸易商站和殖民据点。① 随着这些扩张活动,德国人的势力范围从沿海地区向坦噶尼喀内地急速扩展。

与老练的英国殖民者相比,德国殖民者对非洲社会缺乏了解,也没有殖民管理的经验。在殖民扩张的过程中,它不懂得利用当地社会上层,而只会用僵硬的普鲁士军国主义手段对非洲部落社会进行野蛮的征服,从而激起当地人民一浪高过一浪的起义。1891年德国政府从东非公司手中接管了坦噶尼喀,并套用德意志帝国中央集权体制对之实行直接统治,派出总督作为殖民地的最高统治者,掌握殖民地的行政、军事、经济大权。其统治方式同样受到普鲁士军国主义传统影响,较多采用军事征服和超经济强制手段。德国对坦噶尼喀殖民地境内的部落酋长一般采取不信任态度,殖民政权几乎不发挥部落酋长的作用。除西北边远的卢安达、乌隆迪、布科巴3个地区保留部落酋长,其他地区都由德国人自己直接统治。即使是这3个地区的非洲人部落酋长,也须在德国官员的严密监督下行使其行政权力。1901年德属东非殖民地共划分为10个行政区,24个军事辖区,13个警备区。② 后期反抗渐渐平息后,军事辖区和警备区的数目才逐渐减少。但一直激烈反抗的卡伦加地区和马亨戈地区,到1914年仍由殖民军和警察直接控制。③ 德国人在每个行政区实行直接统治,殖民当局派一名行政长官和少数白人官吏,负责维持当地治安和税收工作。此外,殖民地面积广大,而德国人官吏数量有限,催生出德国殖民地独特的统治制度——"阿基达"制度和"莱瓦利"制度。这两种制度都是任用当地人(主要是沿海的斯瓦希里人)做代理人进行统治的制度,不同之处在于:"莱瓦利"是指在沿海地区城镇中的统治代理人;"阿基达"是指在内陆偏远乡村中的统治代理人。德国殖民当局通过这些代理人推行强迫劳动制,强征人头税、茅屋税,维持殖民统治。但是这两个制度存在重大缺陷:这些代理人多是从沿

---

① See Iliffe, J, *A Modern History of Tanganyika*, Cambridge, 1979, p. 91.

② See Gann & Duignan, Vol. 4, p. 71.

③ See Fage & Oliver, *The Cambridge History of Africa*, Vol. 7, p. 654.

海地区招募的，而且深受伊斯兰文化的影响，并不熟悉内陆非洲土著人的文化习俗，与之也没有多少共同利益。这种制度完全忽视了非洲传统的社会结构。

六、荷兰在非洲的殖民统治

尼德兰革命后的荷兰资本主义发展相当迅速，殖民扩张也因此很快展开。16 世纪末，荷兰的商船就已到达非洲，在黄金海岸建立了布特里商站。[①] 17 世纪上半期，它夺取了葡萄牙在西非沿岸的据点和堡垒，继葡萄牙之后独占西非的贸易。17 世纪中叶是荷兰在非洲扩张的极盛时期，它还一度占领安哥拉，进攻葡属东非。1652 年，它在好望角建立了开普殖民地。但是，荷兰人的殖民优势没有保持多久。随着英法等新兴殖民强国的崛起，荷兰在殖民竞争中失利，其势力被逐渐挤出了非洲。

荷兰殖民主义的一大特点是其殖民侵略活动主要以两大特权垄断公司——东印度公司和西印度公司为主角。这两个公司以好望角分界，好望角以西为西印度公司控制，其主要业务是从西非向美洲贩卖奴隶；好望角以东归东印度公司，其主要负责在开普殖民地的统治。

荷属开普殖民地是荷兰在非洲建立的第一个白人居留地。1652 年，东印度公司派范里贝克率领 3 艘三桅帆船到达好望角，开始了荷兰在南非的殖民统治。初期东印度公司建立该殖民地只是为了服务于其在印度尼西亚诸岛的香料等贸易，为往返的荷兰船舶提供补给和作为战时舰队基地，因此殖民地发展十分缓慢。最初的移民主要是公司的雇员和退伍的军人及罪犯，后来才有来自荷兰和德意志等地的农民以及逃到荷兰被公司遣送过来的法国胡格诺教徒。直到 1795 年，开普殖民地的欧洲居民也只有 1.6 万至 2 万人。他们被称为“自由公民”并得以分配土地经营农牧业。这批人的后裔被称为“布尔人”，在非洲的殖民历史上扮演过重要的角色。公司为了获得最大利润，对他们的产品实行专卖制度，不允许私自买卖，同时引入黑奴和马来奴供其使用。

东印度公司对殖民地实行“双重领导”。殖民地司令官或总督（1672 年改称总督）由设在阿姆斯特丹的公司董事会任命。总督受制于“17 人董

① 参见杨人楩：《非洲通史简编》，人民出版社 1984 年版，第 206 页。

事会"和设于巴达维亚的公司总部。开普殖民地的日常事务是由政策会议(the council of policy)负责处理的。该会议由总督主持,既是行政机关又是立法机关和司法机关。政策会议制定的政策,对象主要是公司雇员、自由公民、奴隶,后来也包括当地非洲人。地方法庭在最开始设立时,只有政策会议的成员才能参与审判,以后逐渐允许自由公民和下级官员参加。随着自由公民逐渐向内地迁移,居住地离沿海政权机构所在地越来越远,在斯泰伦博希和斯韦伦丹等内地的调解法庭发展成为地方法庭。东印度公司不得不将民事审判案件划归当地的地方委员会审理。后来,荷兰派遣的巡阅使范里德巡视内地时,规定了地方委员的权限,使之一身而二任:既充当法官,又担负地方行政长官的职务。1682 年又任命了区长,作为地方委员会的首长。

荷兰在南非的殖民持续了 150 年,17 世纪英国占领了开普殖民地。英国接管后,荷兰及其他欧洲国家移民的后裔布尔人与英国殖民当局发生了激烈的矛盾,开始向北部迁徙。这些布尔人习惯了掠夺非洲人土地和剥削奴隶的生活,在迁徙的过程中,他们大规模地夺占土地,既与当地人民发生激烈的冲突,也为英国殖民者所不容。最终,他们几经迁徙在奥兰治河以北地区建立了德兰瓦士共和国和奥兰治自由邦两个布尔人国家。

七、西班牙在非洲的殖民统治

西班牙在非洲的殖民地主要有两块:摩洛哥的里夫地区和赤道几内亚。

(一)里夫地区

西班牙于 1912 年 3 月 30 日与在摩洛哥确立"保护国"统治的法国签订条约,确定摩洛哥北部沿地中海平原地区,南面包括里夫山区归西班牙管辖,法律上仍属于"保护国"的领土。西班牙殖民当局在里夫地区依靠暴力推行强迫劳动制,掠夺殖民地丰富的煤、铁等矿产资源。它们颁布了"工作证"条令,由警察向非洲人发放工作证,并规定持有者在一年时间里去指定的西班牙企业做几个月的工,违抗者要受到惩罚,轻者强制劳动,重者逮捕入狱。① 在这种制度的帮助下,该地区出现了许多西班牙垄断资本集团,

① 参见陆庭恩编著:《非洲与帝国主义》,北京大学出版社 1987 年版,第 298 页。

如"诺尔特-非洲""谢托拉扎尔矿区""西班牙的米斯和里夫公司"等。殖民当局还以征收"多余"土地为名剥夺非洲人的土地,并将这些土地划归给西班牙土地公司或欧洲移民。残酷的剥削最终激起了里斯人的反抗,爆发了著名的里夫起义。

(二)赤道几内亚

西班牙为在非洲寻找一个殖民据点从事奴隶贸易,于1777年从葡萄牙手中购买了比奥科(Bioko)、安诺本(Anobon)和科里斯科(Corisco,也称帕格卢)岛,①从而开始了其在赤道几内亚地区的殖民。1817~1844年,西班牙曾将比奥科岛租给英国,英国人在岛上种植棕榈树,开发棕榈油产业,并获益良多。其后,西班牙和英国在殖民利益上的矛盾不断加大,西班牙于1843年收回该岛,并正式派驻了第一位总督。1860年西班牙开始在岛上部署军队。19世纪晚期,随着西班牙实力衰退,其非洲殖民活动受到其他国家的排挤,最终它在几内亚湾陆地上的面积缩小到今天的木尼河(the Rio Muni)地区。

自1858年起至1968年赤道几内亚独立时止,西班牙共向赤道几内亚派驻了99任总督。1902年,西班牙政府成立了一个直属政府的非洲事务顾问委员会(负责监督赤道几内亚地区的法律、公共事务、税收和经济),并向马拉博派驻一个省督。西班牙将木尼河地区分为两个区域,分别派驻官员管辖。安诺本则由向两个直属总督负责的官员负责管理。在20世纪初,西班牙政府曾计划将赤道几内亚地区以特许方式交给外国公司经营,但直到1914年才将之纳入年度预算中,此计划始终没有实施。1936年西班牙佛朗哥政府成立,西班牙政府对赤道几内亚的政策着重在于保持西班牙在赤道几内亚地区的势力。1942年,赤道几内亚被西班牙称为"几内亚湾西班牙领地"。1950年,西班牙政府将西属撒哈拉地区统称为"海外省"。1956年8月12日,西班牙当局正式将赤道几内亚地区改名为"几内亚湾西班牙海外省"。1960年4月,赤道几内亚被划为两个省,总督以下设立两个省督。

---

①　今赤道几内亚共和国由中非西海岸一块大陆和5个岛屿组成,总面积28,051.46平方公里,大陆部分称为木尼河地区,面积26,000平方公里,岛屿部分面积2051.46平方公里,主要岛屿有比奥科岛、安诺本岛、科里斯科岛、大埃洛贝岛(Elobey Grand)、小埃洛贝岛(Elobey Chico)。

第二节 大陆法在非洲的移植

法律移植是指“特定国家(或地区)的某种法律规则或制度移植到其他国家(或地区)”[①]。随着欧洲大陆法系国家在非洲殖民统治的建立和各种殖民政策的推行,大陆法必然被引入非洲大陆,替代或部分替代其原有的法律,从而成为非洲国家法律的组成部分。这个过程就是大陆法移植到非洲的过程。

第二次世界大战后,特别是20世纪60年代,欧洲列强殖民下的非洲各国纷纷独立,建立民族国家。但是,这些国家的独立并不意味着这一法律移植的终结,相反,大部分殖民时期的法律仍然被保留了下来,并成为各独立国家自己的法律。这些国家的宪法都规定:除非与宪法相抵触,否则法律法规仍继续有效直至被修订或废除。正如加蓬上诉法院1963年指出的,独立的影响之一就是使现存的在加蓬生效的法国法“民族化”,使它们成为加蓬的法律。[②]

一、法国法在非洲的移植

与其他殖民地一样,法属非洲的法律移植是伴随法国的殖民统治和强行推行其法律完成的。法国殖民统治以直接统治方式为主,因此法国法在非洲的移植表现为一种“直接移植”的形式,即在政治强制力的驱动下,直接移植到非洲法律土壤中去。法属非洲殖民地在殖民时期的法律可分为三类:(1)殖民中央法(the Law of Metropolitan Origin),即法国中央立法机关制定的法律,其中有一些是专门为殖民地制定和颁布的,只适用于殖民地,有一些则既适用于殖民地也适用于法国本土;(2)殖民地法,即法国在殖民地的地方当局制定的法律;(3)习惯法,即非洲原有的法律和习惯,它们并不是殖民时期的产物,但法国殖民当局制定了一些适用这些习惯法的

① 沈宗灵:《论法律移植与比较法学》,载《外国法译评》1995年第1期。

② See Judgment of January 8,1963,73 Recueil Penant,p. 548-550(1963).

规则,从而使之得以沿用。

(一)殖民中央法

殖民中央法是指法国殖民中央制定和颁布的法律,包括专门在殖民地适用的法律以及其他在法国本土同样适用的法国法律(law/loi)、行政部门的法令(decree/décret)、条例(ordonance)或命令(arrěte)。

大陆法的渊源主要是成文法,因此法属非洲殖民地本土法的主要渊源是制定法,判例没有法律效力。大陆法的另一特点是对编纂法典的偏好。成文法典也使得大陆法在传播的便利性上优于普通法。法国本土颁布的许多法典,如著名的《拿破仑法典》、1806 年《民事诉讼法典》、1808 年《商法典》、1811 年《刑事诉讼法》和《刑法典》都直接在殖民地适用。

1. 立法的原则

法国对殖民地立法有两条基本原则,即特别立法原则和集中立法原则。前者要求颁布殖民地法律必须在巴黎进行特别的立法行动。因此,在殖民地主要的立法是通行的中央法(general metropolitan law)。根据立法机构集中立法原则,殖民地的立法权属于巴黎的中央政府,而不是撒哈拉以南非洲的地方政府。① 殖民中央法的立法是以这两项原则为指导的。

(1)集中立法原则

在大部分殖民时期,法属殖民地的立法权都归属于巴黎的中央政府。因此,在撒哈拉地区生效的大部分法律都来自法国本土机构而非非洲当地的机构。一个例外是早期法国的殖民地还仅限于塞内加尔时,殖民地方当局常常拥有制定法律的权力。例如,法国民法被强制适用于塞内加尔,不通过法国元首令(decree of the French head of state)或议会立法,而通过当地殖民机构的命令推行。但是,大约在 19 世纪中期的时候,地方殖民机构的立法权开始受到了限制。1840 年 9 月 7 日法令②规定:“法国本土的法律、条例和规章只有通过中央政府的命令才能生效。”③

---

① See A. Kodwo Mensah-Brown, *Introduction to Law in Contemporary Africa*, Conch Magazine Limited(publishers), 1976, p. 74-75. 转引自洪永红、夏新华等:《非洲法导论》,湖南人民出版社 2000 年版,第 188 页。

② 人们一般根据制定的日期来为法律文献命名。1840 年 9 月 7 日法令即 1840 年 9 月 7 日制定的法令。

③ Art. 50, [1840] Bulletin Des Lois(9th ser.), pt. Ⅱ at 671.

虽然法国在大部分时期在为殖民地立法中都贯彻了集中立法原则,但为殖民地立法的特殊机构却因法国国内局势和宪法的变化,在各个时期有所不同。

①复辟时期(1815~1830年)。复辟王朝的1814年《宪法》规定:殖民地受到特别法(particular laws)和规章的调整。① 但该宪法没有区分法律和规章各自的调整范围。"规章"的意思是王室敕令(royal ordinance),但实际上,在这一时期,唯一的法律渊源只有这种命令,因为"特别法"并没有制定过。

②七月王朝时期(1830~1848年)。七月王朝时期的1830年《宪法》规定:殖民地受特别法(particular laws)的调整,②删去"规章"(regulation),王室敕令不再是法律渊源。

③1848年宪法时期(1848~1852年)。这一时期,殖民地的立法主要是以国家元首令(decree of head of state)的方式进行的。

④第二帝国时期(1852~1870年)。在第二帝国时期,法国参议院专门为殖民地制定了一部叫作"元老院参议"(Senatus-Consulte)的法律,以后的殖民地立法皆以之为基础。元老院参议赋予皇帝通过政令行使殖民地的行政权力。因此,皇帝的政令成为这一时期法律的主要渊源。

⑤第三共和国时期(1870~1940年)。这一时期,议会获得了对殖民地的立法权,但元老院参议仍然没有被废除,国家元首仍可以通过发布法令就议会立法未涉及的领域为殖民地立法。因此,法令仍是主要的法律渊源。

⑥法兰西联邦时期(1946~1958年)。第二次世界大战后,根据1946年《宪法》,殖民地成为法国的海外领土,只有议会才能为海外领地制定关于刑事、民事权利、行政组织方面的法律。共和国总统的政令可以为议会立法未涉及的方面立法。

⑦法兰西共同体时期(1958~1960年)。1958年,法国将其所有的海外领地转为在法兰西共同体框架内的自治共和国,除几内亚为获得完全独立而脱离共同体外,其他领地都成为共同体的成员,并拥有对国内事务的

---

① Art. 73, [1814] Bulletin Des Lois(5th ser.), Vol. Ⅰ at 197.

② Art. 64, [1830] Bulletin Des Lois(9th ser.), pt. Ⅰ at 51.

立法权。但是,根据1958年《宪法》,共同体保留了对外事务、国防、普遍经济和金融政策、货币、战略原材料政策方面的权力。

(2)特别立法原则

在法国本土生效的法律并不自动适用于法属非洲殖民地,必须另外进行特别的立法行动。因此,一般来说,必须在该法律本身或其他法律有明确规定的情况下,其才能适用于殖民地。同时,即使规定了直接适用于殖民地,但如果该法律后来修改了,除非另有规定,否则修改的内容并不当然适用于殖民地。而且,法律只对其生效时的法国殖民地有效,对新的殖民地也不当然适用。

2.殖民中央法传入的过程

(1)法属西非殖民地

法属西非殖民地包括今天的塞内加尔、科特迪瓦(原象牙海岸)、毛里塔尼亚、马里、布基纳法索(原上沃尔特)、尼日尔、几内亚和贝宁(原达荷美)8个国家。17世纪至19世纪下半叶,随着不断进行的殖民扩张,法国逐渐控制了整个西非地区。1895~1904年,通过一系列法令,法国将这些陆续获得的殖民地整合成一个殖民联邦,称为法属西非。同样,法国还将其在中非地区的殖民地整合成第二个殖民联邦,称为法属赤道非洲。法国对这两个殖民地的法律输入,是以殖民联邦为单位的。

法国在西非的殖民统治建立后,纷纷建立地方行政机关并开始运作,欧洲移民也开始源源不断地来到殖民地,这都促使殖民者将法国法引入非洲。这个过程在普通法系叫作“法律接受”。在法属西非它是随着法国殖民扩张的进程而通过两个步骤完成的。首先,法国殖民者将法国法引入塞内加尔。塞内加尔在整个法国法移植的过程中充当着重要的角色:它是法国最早建立的殖民地,法国后来的殖民扩张都是以塞内加尔为基地向西非内陆逐步进行的,因此塞内加尔也被称为法属中西非的“母殖民地”。法国占领塞内加尔后,法国法便被引入塞内加尔的民法、商法、刑法、公司法以及其他法律中,这些法律也相应地分为法国本土即已生效的法律和为塞内加尔特别制定或特别为其修改的法律。除塞内加尔之外的其他法属西非殖民地都是法国后来陆续征服的,法国并没有将本国法直接移植到这些殖民地,而是采用颁布接受条例(reception provision)的办法,将塞内加尔的法律适用于这些殖民地,从而间接引入法国法。一般来说,每建立一个新的殖民地,法国当局便会颁布一个接受条例。该条例会规定在该殖民地适用塞内加尔的法律。譬如,法国在几内亚殖民地建立时颁布了1892年5月11日法令。该法令规定:法属几内亚法院的一切事务都必须遵守塞内加尔的民法、商法,只要它与现行法令不相抵触。在1894年7月26日法令①和1896年12月16日法令②中也有类似规定,这两个法令分别将塞内加尔的法律引入达荷美(今贝宁)和象牙海岸(今科特迪瓦)。但是受到特别立法原则的影响,每个接受条例只能引入颁布当时的塞内加尔的法律,而这些接受条例颁布的时间又不一致,这就造成了各殖民地的法律或多或少会有不同。为了统一法属西非殖民联邦的法律,法国又颁布了1901年8月6日法令③和1902年4月15日法令④,将其作为整个法属西非总的接受条例。

(2)法属赤道非洲殖民地

法属赤道非洲殖民地包括今天的加蓬、刚果民主共和国、乍得共和国和中非共和国。法国在赤道非洲的殖民扩张模式与在西非的基本相似。19世纪早期,法国在加蓬沿海建立了用于贸易、传教、燃料补给的据点,进而向内陆扩张,到20世纪初已经控制了很大一片地区。法国最初将所得殖民地合并成法属刚果,后又于1910年建立第二个殖民联邦——法属赤道非洲。

殖民中央法在赤道非洲殖民地的传入与在西非也基本相似,即通过制定接受条例的办法将塞内加尔的法律适用于法属赤道非洲。第一个接受条例是1878年6月1日法令,它规定"法属加蓬应当继续受到塞内加尔民法、商法和刑法的调整"。⑤ 在约20年后,法国又为新成立的法属刚果制定了接受条例——1903年3月17日法令,规定在任何事务上,法国在法属刚果的法院都应当遵守塞内加尔民法、商法和刑法。⑥ 这个接受条例没有再被修改过,后来法属赤道非洲殖民联邦成立后,也没有重新制定新的接受

---

① Art. 23,2 Penant,454(1894).

② Art. 23,6 Penant Ⅲ,17(1896).

③ Art. 17,10 Penant Ⅲ,117(1901).

④ Art. 17,11 Penant Ⅲ,122(1902).

⑤ Art. 14,[1878]Bulletin des Lois(12th ser.),pt. Ⅱ at 533.

⑥ Art. 12,Penant Ⅲ,118(1903).

条例。因此,这个接受条例成为整个法属赤道非洲总的接受条例。

(3)法属喀麦隆和多哥

与其他法国殖民地不同,多哥和喀麦隆原来是德国的殖民地。第一次世界大战爆发后不久,法国和英国占领了这两块殖民地,并通过一系列条约将其瓜分。德国战败后,根据《凡尔赛条约》,德国放弃前殖民地的所有权利,1922 年国际联盟将多哥和喀麦隆的法占区托管给法国。因此,多哥和喀麦隆名义上是法国的托管地而不是殖民地。

特别立法原则和集中立法原则也是法国为多哥和喀麦隆立法的指导原则。国际联盟 1922 年 7 月 20 日法案中确认了法国在多哥和喀麦隆有"完全的行政和立法权"。但这并不意味着法国法可以自动适用于这两块托管地。特别立法原则虽然从未在法律中明文表述过,但根据法国议会在托管地立法上的长期实践,它仍是立法的指导原则。因此,必须是明确宣布可以在多哥和喀麦隆适用的法律才能在这两块托管地生效。从法国占领多哥和喀麦隆到国际联盟将之托管给法国的这一段时期,主要是法国在两地的代表行使立法权,并引入许多殖民中央法,但这种情况只是暂时的。1924 年 4 月 16 日法令规定了法国生效的法律、法令、规章只有得到法国元首令的确认才能适用于多哥和喀麦隆,从而在多哥和喀麦隆进一步确立了集中立法原则,将立法权收归法国中央政府。

在将殖民中央法引入多哥和喀麦隆的过程中,法国再次利用了接受条例。与法属西非和法属赤道非洲不同的是,接受条例引入的对象不再是塞内加尔的法律,而是法属西非和法属赤道非洲的法律。这是因为这时法属西非和法属赤道非洲两个殖民联邦已经建立而其法律也已统一。在喀麦隆,1924 年 5 月 22 日法令规定:法国于 1924 年 1 月 1 日前在法属赤道非洲颁布的法律和法令在法国托管下的喀麦隆领土上生效。[①] 1924 年 5 月 22 日颁布的另一个接受条例规定法属西非在 1924 年 1 月 1 日前生效的法律适用于多哥。[②] 这两个法令同时规定:这些法律只有不与特别为喀麦隆和多哥制定的法律法规相抵触时才有效。

第二次世界大战后,多哥和喀麦隆从国际联盟的委任地变成了联合国

① Art. 1,33 Penant,202(1924).

② Art. 1,33 Penant,202(1924).

的托管地。但根据托管条约,法国仍然对多哥和喀麦隆拥有完全的立法权。1946年《法国宪法》规定二者属于法兰西联邦的领土。直到20世纪50年代,法国开始承认多哥和喀麦隆一定程度的自治。根据1956年8月24日法令,多哥被宣布为一个自治共和国并拥有了广泛的立法权。但法国对其仍在外事、国防、刑法、商法、公民权利等方面有所保留。1957年3月22日法令和1958年2月22日法令缩小了法国的保留范围,最终1958年12月30日法令承认多哥在所有内政上的完整权力。但直到多哥1960年独立,法国仍保留了对其在外交、国防、金融方面所制定的法律的否决权。喀麦隆的情形与多哥基本相似。根据1957年4月16日法令,喀麦隆获得了许多内政事务方面的立法权,但法国也有所保留;根据1958年12月30日法令,喀麦隆获得了内政上的完全自治,但直到喀麦隆独立,法国仍保留了对喀麦隆在金融、外交、边境安全和国防方面的立法权。

(二)殖民地法

相对于中央机构制定的殖民中央法,法国法的另外一种传入方式便是殖民地法。殖民地法指法国殖民地地方机关制定的法律。它包括两种法律:(1)由殖民总督和专员颁布的法律;(2)由殖民地代表机关颁布的法律。

由于集中立法原则的影响,制定普遍适用的法律的权力归巴黎中央政府,法国各殖民地的当局的立法一直受到限制。这些限制表现在:立法权主体被严格地限制为总督和委任专员;立法权行使的范围被限制在颁布如下命令和决议——行政和治安规章、执行法律和条例的细则。[①] 比如,1840年9月7日塞内加尔的一项组织法令(organic ordinance)在规定法国法律和规定只有在得到法国中央政府的确认才能在塞内加尔适用的同时,还规定总督可以在行政事务、治安事务以及法律的执行方面作出命令和决定。实际上,这也说明在限制地方立法权的同时,法国中央政府也尊重地方当局在执行法律和维护殖民统治上的机动性。这些由总督和专员制定的殖民地法在整个效力等级中处于最低位置。由殖民中央机关颁布的殖民中央法可以修改或废除这些殖民地法,而殖民地法与殖民中央法相抵触者无效且不得超越权限干涉应该由殖民中央法调整的事务。

① 参见洪永红、夏新华等:《非洲法导论》,湖南人民出版社2000年版,第190页。

代表机关直到第二次世界大战后才出现。1946 年 10 月 27 日，法兰西联邦宪法规定在各殖民地成立议会。随后，在法属西非的 8 个地区和赤道非洲的 4 个地区成立了地区议会，而法属非洲和赤道非洲还各自成立了联邦议会。开始时这些代表机关只是一个咨询性质的机构，其活动范围狭窄且受到严格的限制，只能对同级地方政府的某些特定的活动，比如对公共财产的规定、道路的规划和建设、公共工程、银行储蓄、城市规划、诉讼费用、社会福利、某些税收事项等进行管理和作出规定。而且，这些代表机关所制定的法律必须有地方总督和中央政府的批准才能生效。到 1956 年，这种情况开始发生变化，法国对西非和赤道非洲殖民联邦与其下的地区之间的权力关系进行了调整。联邦的政府和议会的权力被大大削减，只负责涉及联邦共同利益的事务；此外，地区议会的权力大幅增加，可以对公共健康、土地、国内商业和航海、农业、森林、旅游以及由习惯法规制的日常事务制定法律；更为重要的是，地方议会开始有权修改这些事务上的属于殖民中央法的法律、法令，从而第一次享有了对以前专属于法国中央机关的立法事项的立法权。但这只是第一步，随着法兰西共同体代替法兰西联邦，各殖民地成为自治共和国以及 1958 年《法兰西共同体宪法》的颁布，各自治共和国才拥有了真正意义上的立法权。在这之后，“共和国被授予广泛的立法权，可以自由地立法，而法国议会终止了在法语非洲的基本立法权”①。虽然从 1958 年到各自治共和国完全独立期间，法国议会停止了为法属非洲制定法律，但法兰西共同体仍保留了部分事务上的立法权，并归法国总统行使。

（三）习惯法

法国法的移植给法属非洲带来了法国法，但这并不意味着传统的非洲法被彻底废弃。实际上，尽管法国一直试图在政治和文化上同化殖民地，但它仍不得不重视非洲本土的法律资源，在推行法国法的同时保留了许多非洲传统的法律制度。从法律文化的角度说，一种外来的法律文化必须与本土资源相结合才能得以在本土法律文化的土壤中扎根。索鲁司（Solus）

---

① A. Kodwo Mensah - Brown, *Introduction to Law in Contemporary Africa*, Conch Magazine Limited (publishers), 1976, p. 40. 转引自洪永红、夏新华等：《非洲法导论》，湖南人民出版社 2000 年版，第 190 页。

曾说过:“事实上,所有立法的优点都有实质性的联系,最好的法律是那种与政治和社会条件相适应的、满足经济条件的、满足宗教信仰和可以规制那些人们必须要被规制的法律关系的法律。”①许多法国法的概念与传统非洲法存在根本性的冲突,如果强行推行一些法国法,特别是有关婚姻家庭、财产继承、土地制度等方面的法律,有可能带来灾难性的后果。法国殖民者逐渐认识到这一点,并开始在法属非洲各殖民地建立起一套双重的法律体系:一方面是法国法;另一方面是非洲本土的法律。这些本土的法律构成法属非洲殖民时期的第三种法律渊源,并为独立后各国法律所继承。

1. 对习惯法的承认

在塞内加尔,对习惯法的承认是经过一个过程的。最初,法国殖民者受同化思想的影响,一直试图用法国法完全取代非洲法。根据1830年11月5日法令,法国《民法典》不加区别地适用于所有法国移民和塞内加尔本地人。到1857年,法国开始承认塞内加尔原有的伊斯兰教法的效力。1857年5月20日法令规定伊斯兰教法院有权审理“穆斯林之间的与婚姻、继承、赠与和遗嘱有关的民事纠纷”②,但未列出的事项仍适用法国法。

法属西非和赤道非洲两个殖民联邦成立后,法国在殖民地正式建立了两套法院系统:一种法院主要依据法国法审理案件;另一种法院则只运用习惯法处理土著人之间的案件。不过,这时的习惯法的适用范围已远远超出1857年5月20日法令所列举的婚姻、继承、赠与、遗嘱4项。随后,法国殖民者还将这两套法院系统搬到了多哥和喀麦隆。

然而,习惯法本身是十分庞杂的,对习惯法的承认给法院审理案件带来了许多问题。在法属殖民地习惯法法院适用的习惯法主要包括部落习惯法和伊斯兰教法两大部分。首先,各部落保留了大量的各种各样的习惯而且相互之间并不相同,这些部落习惯弹性极大,由许多不成文规则组成,随时有可能改动。实践中,法官往往没有注意区分不同部落之间习惯的区别,或者怠于发现习惯发生变化的情况。其次,许多地区存在伊斯兰教法与当地习惯并存的情况。随着伊斯兰教在撒哈拉以南地区的传播,伊斯兰教法和当地习惯相互影响共存多年。这些习惯并没有被伊斯兰教法消灭,

---

① Solus, Traite de la Condition des Indigenes en Droit prive, at 83.

② Art. 2, [1857] Bulletin des lois(11th ser.), pt. Ⅱ at 878.

仍保持着顽强的生命力，而伊斯兰教法在传播的过程中受到当地习惯的影响，许多原则都被修改。因此这些习惯法运用起来十分复杂。为此，法国当局对习惯法进行了一些整理和修改。

2. 习惯法的适用范围

（1）对人的适用范围

在1946年以前，法属非洲殖民地的居民被分为两类：公民和臣民。前者主要是法国移民，他们具有公民权，受法国法支配。后者主要是非洲当地居民，他们没有公民权，受习惯法支配。因此，决定对某人是适用法国法还是习惯法主要看他是否取得公民权从而成为法国公民。法国殖民者总喜欢将个人权利与其公民身份联系起来，但公民与臣民的划分并不是固定不变的；受到同化理论的影响，法国殖民者试图将殖民地人民同化为法国公民。他们提供了一种转化程序使非洲当地居民有机会成为法国公民。1912年《入籍法》规定，凡出生在法属西非、担任公职不少于10年、拥有一定财产、具备良好品质并受过法语教育或在服兵役期间获得奖赏者，可以获得法国公民权。1937年，这5项资格条件增加到11项，还有7项附加条件。一旦一个非洲当地人成功地从臣民转为公民，他及他的配偶、子女便开始接受法国法的保护，并不再受习惯法约束。不过这批人的数量很少，只有少数土著上层才能达到这些条件，归化民仅在达喀尔、圣路易、吕菲克斯和戈雷岛这4个法国在塞内加尔的老据点才多一些。到1918年，整个法属西非获得公民权的仅有24,997人，其中22,711人居住在塞内加尔。到1926年，法属西非人口已达1349.9万，而成为法国公民的非洲人仅有9.7707万。①

第二次世界大战后，法国的政策发生了改变。根据1946年5月7日法令和1946年法国《宪法》，所有法国海外领土的居民都是法国公民，不再有公民与臣民之分。同时，1946年法国《宪法》第82条规定："属于习惯法调整范围内的公民只要没有拒绝习惯法可继续保持原来的状况。"这意味着，后来取得法国公民身份的土著居民可以自行在法国法和习惯法之间作出选择，决定自己受何种法律的规制。任何一个年满21周岁的非洲人，可以在法庭审理案件之前发表一份声明，选择适用自己的法律；但这一声明的效力仅及于他个人及其未成年子女，对其他亲属不发生效力，而且一旦作

---

① 参见郑家馨主编：《殖民主义史》（非洲卷），北京大学出版社2000年版，第497页。

出选择,便不能再行改变。

(2)对事的适用范围

除1857年5月20日法令对习惯法对事的效力范围有所规定外,其他法律对此都没有明确规定,一般仅规定当地人之间的民事和商事案件适用习惯法审理。在1946年以前,刑事方面也可以适用习惯法,但第二次世界大战后,所有法国海外领地统一适用《法国刑法典》。

3. 习惯法适用的例外

法国法规定,下列情况不适用习惯法。

(1)习惯法的适用不得违背“法国文明原则”

与英国在其殖民地立法时规定“如果习惯法与自然正义、公平、良心相违背则不能适用”一样,法国在许多法令中规定本土的法律和习惯在违背“法国文明原则”时不能适用。① 违背“法国文明原则”的习惯法指的是那些允许用人祭祀、使用奴隶、杀人或者侵犯种族平等,比如族长可以体罚通奸的成年族员或将族员永久性驱逐出村庄之类的习惯法。而那些只不过与法国文化不同的习惯则不在此列,比如一夫多妻制就并没有违背“法国文明原则”。

(2)在习惯法未规定情况下适用法国法

如果习惯法在某一事项上没有规定,或者该习惯法无法查明,则法官就会依据法国法进行审理。一个例子是:在喀麦隆海港城市杜阿拉,一位雇员在驾驶雇主的卡车时,因疏忽大意将原告撞伤,原告将雇主告上法庭,要求雇主负责赔偿,但杜阿拉的习惯法中没有雇主是否应对雇员的行为负责的规定,法庭于是援引了法国法,判决被告承担责任。②

(3)当事人的选择权可以排除习惯法的适用

无论是1946年以前受习惯法规制的非洲人还是1946年以后根据法国法选择受习惯法规制的非洲人,在整个法国殖民时期,他们都可以在某些特定事项上选择适用法国法来处理他们之间的纠纷。例如,两个受习惯法规制的非洲人可以在订立合同时规定以法国法解决可能发生的合同纠纷;一个穆斯林也可以根据法国法来为自己订立遗嘱。他们选择法国法后就排除了习惯法的适用。

---

① E. g. ,A. O. F:Decree of August 16,1912;Art. 36,21 Penant Ⅲ,282(1962).

② Judgment of September 28,1933,43 Penant Ⅰ,157(1934).

4. 法律冲突

殖民地存在众多的习惯法，再加上法国法，必然导致法律规定的相互冲突。而人口的流动使得不同习惯法背景的人相互融合，更加剧了这些冲突。在法属殖民地，法律冲突主要包括两类：法国法与习惯法的冲突以及不同习惯法之间的冲突。

（1）法国法与习惯法的冲突

法国从未制定任何法律来解决这种冲突，因此人们只能从少量的案例和法学家的著作中总结一些冲突规则。在合同纠纷中，法庭通常适用当事人选择的法律。婚姻关系当事人可以选择适用法国法或习惯法，而财产继承则适用被继承人的属人法。

（2）不同习惯法之间的冲突

法国在建立习惯法法院的法令中同时规定了解决不同习惯法之间冲突的原则，这些原则至今在部分非洲国家仍然沿用。

关于结婚、子女抚养、婚姻关系解除时女方的权利，由双方订立的婚姻契约所规定的习惯法调整。在没有订立婚姻契约的情况下，根据女方的习惯确定。关于遗嘱与继承适用死者属人法。关于合同纠纷适用合同缔结地法。其他纠纷，适用被告的属人法。

二、葡萄牙法和比利时法在非洲的移植

（一）葡萄牙法在非洲的移植

葡萄牙法在非洲大陆的移植的整个历史，取决于其对于葡属几内亚、安哥拉和莫桑比克等殖民地的习惯法和伊斯兰教法的认可，以及葡萄牙对非洲的征服和统治进程。葡萄牙早就宣布葡萄牙法适用于非洲殖民地，但直至 19 世纪末，仍被限制在非洲沿海狭小地带。根据宗教法规规定，“土著人”在天主教教堂，在牧师面前举行婚礼的情况下，适用葡萄牙民法。1926～1961 年葡萄牙对非洲人采取“同化”政策：只对符合同化条件、成为“文明人”的非洲人适用葡萄牙法，其他广大非洲人仍适用习惯法或伊斯兰教法。在葡属非洲人民蓬勃开展的反对殖民统治、要求民族独立的斗争运动中，葡萄牙宣布废除《土著法》，所有葡属非洲人都是“葡萄牙公民”。①

---

① See Narana Coissoro, *African Customary Law in Former Portugal Colonies between* 1954－1974, Journal of African Law, 1994(1 & 2), p. 73－75.

(二)比利时法在非洲的移植

比利时在非洲移植法律的情况与法国、葡萄牙大同小异。1908 年 10 月,比利时国王颁布《殖民地宪章》,规定了殖民地的基本原则和立法权、行政权和司法权的行使,以及殖民地居民的“权利”或“自由”。

根据《殖民地宪章》的规定,比属刚果的立法权属于比利时国王。国王在殖民大臣的协助下,通过颁布敕令行使立法权。殖民大臣草拟法案,并附署在敕令上。国王的敕令须得到殖民地委员会的审批方能生效。殖民地委员会由 14 名委员组成,其中 8 名由国王任命,3 名由下议院任命,另 3 名由上议院任命。殖民地委员会由殖民大臣主持,他还在赞成和反对票相等时享有裁决权。1946 年比利时设立参政院作为最高司法机关,其职权范围包括殖民地和托管地。立法组可以在被咨询时,对实施敕令的细则提出意见。参政院分立法和行政两组。总督是国王的总代表,也有立法权,可以颁布法令。除国王敕令和总督法令外,非洲的习惯法也是殖民地法律渊源之一,但主要在民事领域发挥作用。

比属刚果设有检察院。起初检察院官员不隶属于总督。1921 年的法律进行了修改,规定检察院归总督领导。比属刚果还设有保护土著委员会,负责向国王报告有关土著的事务。该委员会由“首都上诉法院”的检察长主持。

比属刚果的法院系统有成文法法院和习惯法法庭两套。成文法法院包括:最高法院(设在布鲁塞尔)、上诉法院(分设在利奥波德维尔和伊利沙伯维尔)、初审法院(每省设一个)、检察法院、地区法院和县法庭(或称治安法庭)。习惯法法庭在基层分为酋长区法庭、杂居区法庭和不受本族原来习惯法约束的中心法庭三种。

第三节 殖民时期的马达加斯加法律

一、马达加斯加法概述

马达加斯加是世界第四大岛屿,地处非洲大陆东南面的印度洋上,面积59.1万平方公里。其人口中有近600万是非洲大陆和印度尼西亚移民后裔的马尔加什人,其官方语言为法语和马尔加什语。

法国在马达加斯加有60多年的殖民统治历史。从16世纪开始,法国人尝试在该岛建立定居点,但一直未能如愿。到1831年,法国仅控制了位于马达加斯加东南面的圣玛丽岛。当时,马达加斯加2/3的地区被位于该岛中部高地的印度尼西亚裔的麦里那(Merina)人控制。1840年,法国与岛内几个与麦里那人敌对的部落的酋长签署了保护条约。该条约赋予法国对近海岸的岛屿,包括贝岛(Nossi-Be)和马达加斯加本岛西北海岸某些地区统治权,并成为法国在马达加斯加建立殖民统治的法律基础。

1878年,一名曾在马达加斯加经商的法国商人让·拉博(Jean Labord)去世,他在马达加斯加留下大笔遗产,而麦里那人的法律禁止外国人拥有土地,拒绝他的后代继承遗产。法国借口这一事件违反1840年的保护条约,出兵占领了海岸城镇马任加港(Majunga)、塔马塔夫(Tamatave)、第哥苏勒兹(Diego-Surez)和沃赫马(Vohemar)。1885年,麦里那女王拉纳瓦罗纳三世(Ranavalona Ⅲ)被迫与法国签订保护条约。根据该条约,法国得以在塔那那利佛(Tananarive)设立驻扎官,代表法国利益并享有对马达加斯加外交事务的控制权。1895年,法马之间再次爆发战争,拉纳瓦罗纳三世被迫与法国签订保护条约,马达加斯加沦为法国的保护国。1896年8月,法国正式宣布马达加斯加为其殖民地,并废掉了麦里那女王。

二、殖民时期的马达加斯加法律的主要内容

与法属西非和赤道非洲的情况相同,殖民时期的马达加斯加法律主要有三大渊源:法国殖民中央法、殖民地法和土著法。

(一)法国殖民中央法

1. 立法原则:特别立法原则和集中立法原则

与在其他法国殖民地一样,特别立法原则和集中立法原则是法国为马达加斯加制定法律的基本原则。在整个殖民时期,法国在马达加斯加坚持这两项原则的态度与在撒哈拉地区殖民地一样坚定。不过,不同的是在马达加斯加找不到任何明确规定了这两项原则的法律,这两项原则只体现在立法实践当中。从殖民初期到第二次世界大战后,马达加斯加的法律主要

来自法国国会立法,而非其当地政府。

2. 殖民中央法的传入

法国殖民中央法在马达加斯加的传入分两个步骤:首先是在占领初期法国法大规模引入,从而以法国殖民中央法律制度为模板重建了殖民地的法律体系;其次是在殖民时期相对零散的立法。

第一个步骤的完成再次借助了接受条例。在占领马达加斯加后,为防止英国借此干涉,法国制定了 1895 年 12 月 28 日法令。该法令规定马达加斯加的法院适用法国在该岛及附属地颁布的法国法和总督知道的当地法律。但这个法令不久即被 1896 年 6 月 9 日法令取代。新的接受条例规定:“对民事和商事案件,法院适用在法国实施的民法典和商法典。对刑事案件,不可以判处法国法设立的处罚以外的处罚。”①由于该法令仅规定了民事、商事和刑事方面的案件适用法国法,因此引起了法国法是否也适用于其他方面的争论。从法国上诉法院审理过的大量案件来看,1896 年 6 月 9 日法令并不局限于将法国民法、商法和刑法引入马达加斯加,其引入的范围应该包括所有的法国法。在接受条例颁布后,马达加斯加的法律与法国本土已经基本一致,第一个步骤基本完成,之后开始进入第二个步骤。依据特别立法原则,在以后的殖民统治时期,法国为马达加斯加制定大量的法律,这两部分法律构成了马达加斯加法律的第一个渊源即殖民中央法。

(二)殖民地法

马达加斯加在殖民时期的殖民地法主要经过三个阶段,即 1946 年以前,1946 年至自治,自治至独立。

1946 年以前的殖民地法主要是总督的立法。总督可以在公共服务、警察和治安、卫生等方面以命令的形式制定殖民地法,但其效力最低。

第二次世界大战后,马达加斯加根据 1946 年 10 月 27 日《法兰西联邦宪法》成立了代表机构,代表机构以审议的形式进行立法,由总督负责执行,但其权力受到了严格的限制。

根据 1958 年《法兰西共同体宪法》,马达加斯加成为法兰西共同体下的自治共和国,拥有除外事、国防和货币之类的事务以外的完全的立法权。自治后,马达加斯加成立了两院制议会,负责行使自治共和国的立法权。

---

① 5 Penant 394,456(1896).

（三）土著法

在法国占领马达加斯加之前,该岛主要的法律是部落的法律和习惯。各部落之间的法律各不相同,因此在马达加斯加并没有统一的土著法。岛内的部落数目因为民族融合的原因,无法准确统计,在13~20个。主要部落是麦里那、贝希米扎拉卡(Bestsimisaraka)、贝希略(Betsilia)、希梅郝迪(Tsimehety)和萨卡拉瓦(Sakalava)。

1. 麦里那人的法律

麦里那人控制了马达加斯加2/3的地区,因此麦里那法是土著法中最重要的。与撒哈拉非洲及马达加斯加某些部落不同,麦里那人的法律主要是成文法而非习惯法。因为麦里那民族的祖先是印度尼西亚后裔,其法律具有亚洲法律的一些特点。

（1）国王安德里亚纳姆伊尼麦里那(Andrianampoinimerina)统治时期(1787~1810年):习惯法和口谕

18世纪末,国王安德里亚纳姆伊尼麦里那成功地统一了麦里那民族,并建立了君主制国家。在该王国中,国王兼有立法权、行政权和司法权。在安德里亚纳姆伊尼麦里那时期,麦里那法律基本上还是习惯法,除习惯法外,国王的口谕是另一个重要的法律渊源。这些口谕所包含的原则至今仍有影响。例如,离婚时夫妻财产应将其中2/3分给丈夫、1/3分给妻子的规定,就出自安德里亚纳姆伊尼麦里那国王的口谕。口谕常常只起到将习惯法明确化、正式化的作用。①

（2）国王拉达马一世(Radama Ⅰ)统治时期:西方文字的传入

1810年安德里亚纳姆伊尼麦里那国王逝世,其子拉达马一世继承了王位。在他统治时期,麦里那人在马达加斯加控制的范围得到了进一步扩大。这一时期并没有重大的立法活动,但正是这一时期,新传教士将西方文字带入了马达加斯加,从而对以后的法律产生了重要影响。

（3）女王拉纳瓦罗纳一世(Ranavalona Ⅰ)统治时期:首部成文法典

1828年,女王拉纳瓦罗纳一世登基,不久,她颁布了马达加斯加首部成文法典。这部法典包括48个条款,主要是关于犯罪和刑罚方面的规定,也

① See Ramangasoavina, *Du Droit Coutumier aux Codes Modernes Malgaches*, 72 Penant 327, 329(1962).

涉及遗失物和债务偿还等民法方面的内容。

(4)拉达马二世(Radama Ⅱ)和女王拉梭赫里娜(Rasoherina)时期:三部法典

1862年,拉达马二世颁布了一部法典。他在位仅两年,其继任者女王拉梭赫里娜登基后又颁布了两部法典。第一部法典16个条款,第二部法典68个条款。这三部法典都是刑法典,主要用于维持治安。但其中也包括一些私法方面的内容,如拉梭赫里娜的第一部法典第6条规定父母有权剥夺那些忘恩负义、目无尊长、奢侈浪费的子女的遗产继承权,第二部法典规定了遗嘱的法定形式及继承的相关规则。

(5)女王拉纳瓦罗纳二世时期(1868~1883年):法典和敕令

女王拉纳瓦罗纳二世统治时期颁布了一部新法典,该法典是马达加斯加第一部公开出版的法典。1878年,拉纳瓦罗纳二世发布了对萨凯拉姆波希特拉的敕令。这份敕令主要用来处理公法和行政法方面的事务,同时也是马达加斯加第一部否定一夫多妻制的法律。1881年,拉纳瓦罗纳二世颁布了《305号法典》,这部法典的意义十分重大。在它之前的各个法典主要内容都是刑事方面的,而这部法典是第一部真正意义上的民法典。

(6)女王拉纳瓦罗纳三世时期(1883~1897年):伊麦里那规章

拉纳瓦罗纳三世是最后一位麦里那国王,在被法国废黜和流放之前,她颁布了最后一部重要的麦里那成文法——伊麦里那规章。该规章于1889年颁布,主要规定了程序方面的规则,但也规定了某些民事实体规则。

从以上麦里那王国各个时期立法来看,我们可以知道,麦里那法的主要渊源有三类:习惯法、口谕和成文法。麦里那成文法立法虽然很多采取了法典的形式,但这些法典相互之间没有分工,具有"诸法合体"的特点,起到了补充习惯法的作用。马达加斯加岛内的其他部族分别有其自己的法律体系,主要由习惯规则组成。

2. 土著法的适用

与其他法属非洲殖民地一样,法国保留了马达加斯加的土著机构和法律。这体现在法国为重建岛内司法制度而颁布的许多法令当中,这些法令常常规定:对民事事务,土著法院适用本地法律和习惯。① 除此之外,殖民

---

① See E. g., Decree of March 3, 1909, art. 1, 18 Penant, 108(1909); the early Decree of June 9, 1896, art. 16, which stated: "The native courts shall hear, in conformity with provisions of local legislation, all civil matters..." 5 Penant, 394(1896).

地总督还于1907年2月28日专门发布了一条命令，规定："麦里那的土著法中没有被废除的条款继续有效。"

麦里那法律中的成文法是用马尔加什语书写的。后来，这些成文法被翻译成法语以供法官适用，比如斯塔夫·朱利安（Gustave Julien）翻译的《305号法典》被当作法院适用的官方版本。殖民地法院也承认习惯法的效力，但由于习惯法是一个灵活、动态的规则体系，其内容不断地变化，在适用过程中遇到一些问题。例如，在一个案件中，一名离婚妇女要求其前夫支付孩子的抚养费，法院初审时认定习惯法中没有这方面的规定；但马达加斯加上诉法院认为，该岛在20年内发生了巨大变化，丈夫离婚后向前妻支付抚养费已作为一项原则被习惯法承认。法国曾努力将这些习惯法法典化，虽然一直未能成功，但仍经常发布一些法令或命令对习惯法规则进行修改或废除。例如，1909年11月5日的一项法令修改了麦里那习惯法关于继承、夫妻财产和禁酒令方面的规定。

（1）土著法对人的适用范围

马达加斯加的居民根据受管辖的法律被分为两类：受土著法管辖的人和受法国法管辖的人。是否取得法国公民身份决定受何种法律支配。马达加斯加的土著居民最初都被视为臣民，而非公民。1909年3月3日法令规定："土著人……是法国的臣民，仍保留其土著身份，继续由马拉加什法律和习惯管辖。"①因此，大多数土著人，至少在私法领域，并未受到法国法的影响。但圣玛丽岛的土著居民是一个例外。由于该岛在法国吞并马达加斯加之前已经是法国的殖民地，根据1883年的法律，该岛的居民已取得完全的公民权和政治权，成为法国公民。因此，他们已不再属于土著法的管辖范围，而直接受法国法的支配。

受同化殖民理论的影响，法国为土著居民取得公民身份提供了转化程序。用法国殖民部长的话说，其宗旨是"授予那些通过受教育而使自己接近我们的、已适应我们的文化或在服役中十分出色的土著居民以公民身份"②。马达加斯加土著居民要获得公民身份，必须年满21周岁、品行良好、熟悉法国语言与文化或曾被法国授予勋章或军队荣誉。一旦取得公民

---

① 18 Penant, 108 (1909).

② 19 Penant, 108 (1910).

身份,土著法就不再对其及其配偶子女适用。这与法属西非和法属赤道非洲相同。

1946 年,根据 5 月 17 日颁布的拉米尼 · 古埃尔法(Lamine Gueye)及 10 月 27 日颁布的《法国宪法》的规定,所有法国海外领地的居民都成了法国公民,包括马达加斯加居民。殖民地双重法律体系并未就此废除,虽然马达加斯加的土著居民已取得法国公民身份,但以前受土著法管辖的人仍可选择继续受土著法管辖;同时,如果他年满 21 周岁,又非一夫多妻,他也可去适用法国法的法庭发表一份简单声明宣布断绝与土著法的关系,从而接受法国法的规制。但到 1959 年,马达加斯加上诉法院规定,由于自治的马达加斯加共和国已于 1958 年成立,马达加斯加人不再有权放弃土著法而选择法国法。

(2)土著法对事的适用范围

指导土著法适用的各项法令并未列举出土著法具体可以在哪些事项上适用。总的来说,土著法主要适用于私法方面的事项,特别是家庭、继承、监护等事项。至于是否也适用于合同和债务,学术界曾经发生争议。但现在一般的观点认为除非殖民立法作出了特别的限制或修正性规定,否则应该是可以适用的。① 土著人犯罪一直适用土著法处理,直到 1946 年法国《刑法典》才开始适用于马达加斯加的土著人。

(3)土著法适用的例外

①土著法与殖民地公共政策相违背时适用法国法

与法属非洲的其他殖民地一样,马达加斯加土著法的适用不得与殖民地的公共政策相违背,否则不能适用。② "公共政策"从未被精确定义过,但一般而言,法院遇到违反公平、正义观念的土著法规定时会援引这一原则,排除土著法的适用。例如,塔那那利佛上诉法院曾否定一份以奴隶为抵押品的借款保证合同的效力。③

②土著法未规定的情况下适用法国法

在土著法对某一事项未作规定,或规定不明确的情况下,法院也会适

① Thebault Traite De Droit Civl Malgache 19(1951).

② E. g. ,Decree of May 9,1909,art. 116; 18 Penant,122(1909).

③ Judgment of November 14,1907,18 Penant,207(1909).

用法国法。法国最高上诉法院规定:“当马尔加什土著法不完全或不充分,需要适用法国法时,应适用法国法在这一问题上的规定,从而将两种法律结合起来适用。”①

③特定事项上土著当事人可选择适用法国法

受土著法管辖的人对于某些特定事项如签订合同、订立遗嘱,可以选择适用法国法,但这种选择权是有限的,如有土著法背景的马尔加什人不能按照法国民法结婚。

第四节　殖民时期的刚果(金)法律

刚果(金)位于非洲大陆的中部,面积 234.4 万平方公里,是非洲大陆面积第二大国家。全国拥有 1500 多万人口,包括 200 多个部族。刚果(金)在独立以前是比利时的殖民地。比利时在刚果(金)的统治从 1885 年到 1960 年达 75 年之久。其间分为两个时期:从 1885 年到 1908 年的刚果自由邦时期和从 1908 年到 1960 年的比属刚果时期。1960 年 6 月 30 日,比属刚果获得独立,成立刚果民主共和国,即刚果(金)。

刚果(金)今天的法律制度与比利时的殖民统治是密不可分的。在整个殖民时期,比利时在刚果(金)强行推行其法律,而这些法律并未随着刚果(金)独立而被彻底地废除,相反,它们构成今天刚果(金)法律制度的基础。刚果(金)独立时的临时宪法②及后来颁布的 1964 年 8 月 1 日宪法③和 1967 年 6 月 24 日宪法④,都规定殖民时期的所有法律继续实施直至被修改或废除。由于比利时在刚果(金)的殖民史由刚果自由邦和比属刚果两个阶段组成,这使法律移植的过程也相应地被划分为两个阶段。

① Cass. Civ. ,May 7,1918;28 Penant,146(1909).

② Fundamental Law of May 19,1960,art. 2;[1960] Moniteur Congolais[hereinafter cited as MC],at 1535.

③ Art. 179,MC,August 1,1964,at 1.

④ Title Ⅸ,art. 1,MG,July 1-7,1967,art. 1 (See Appendix).

一、刚果自由邦时期

在1908年以前,刚果(金)是比利时国王利奥波德二世的“私人领地”,利奥波德二世于1879年向刚果(金)派遣了一支远征军,与当地酋长签订了许多政治和商业条约,随后几年又在刚果(金)建立了贸易站。到1884年,利奥波德的代理人与刚果(金)的酋长或自愿或强制地签署了500多个条约,从而确立了国际刚果协会的统治权。[①] 在1884年11月到1885年2月的柏林会议上,利奥波德以其娴熟的外交手段,成功地使会议承认“国际刚果协会”是一个“主权国家”。[②] 1885年4月,比利时众议院和参议院授权利奥波德为国家元首。议会还特别规定:“比利时和新国家专属国王个人。”这个规定意味着比利时和刚果(金)的唯一的联系是两个国家的国王是同一个人,因此,这个时期刚果(金)并不是比利时的殖民地而是利奥波德个人的殖民地。此后,国际刚果协会更名为“刚果自由邦”。

(一)刚果自由邦时期的法律渊源

利奥波德在比利时只是君主立宪制下象征意义的君主,但在刚果自由邦他则绝对是一个专制君主。他拥有完全的立法权和行政权,其行为不用对任何人负责。[③] 刚果自由邦政府由在布鲁塞尔的中央政府和在刚果自由邦的地方政府组成。中央政府的职能与法国中央政府对殖民地的职能相似,拥有高度集中的决策权,所有的重要决定都由布鲁塞尔作出。地方政府只负责殖民地方的日常事务和执行中央政府的决策。因此,刚果(金)在自由邦时期的主要法律渊源有以下几种。

1. 国王的法令

在刚果自由邦存在的23年里,国王拥有最高的立法权和行政权,仅受柏林会议的国际协定的限制。他通过颁布国王的法令来行使权力。相对地,地方政府的行政性规章和法律被称为命令。

2. 总督的条例

利奥波德只将很少的权力授予殖民地地方当局,但他也授权总督可以

---

① See Paulus, Droit Public du Congo Belge 439(1959).

② 在柏林会议之前,已有一些国家承认了国际刚果协会,第一个承认的国家是美国,承认时间是1884年4月。

③ Blanchard, op. cit. supra note, at 239.

在必要时通过条例的形式立法。① 这些条例必须得到国王的批准,否则其有效期只有 6 个月。② 不过,事实上,总督在决定何时立法上是相当自由的,利奥波德通常都会批准这些条例。

3. 习惯、法律的一般原则和衡平观

与法国、英国一建立殖民地便急忙输入本国法律并在殖民地建立西方法律体系不同,利奥波德并不急于这样做。因此,刚果自由邦并没有强行推行比利时的法律。为了填补这一法律真空,刚果总督在利奥波德国王的批准下,颁布了 1886 年 5 月 14 日条例。该条例规定:"当某一事务已颁布的法令、命令、条例没有规定时,在刚果司法管辖权范围内的争议按当地习惯、法律的一般原则和衡平观处理。"③这一条例虽然最初只作为临时性的立法,但长期适用。

因此,根据 1886 年 5 月 14 日条例的规定,习惯、法律的一般原则和衡平观也是刚果自由邦的法律渊源。该条例还规定了法院如何识别和执行刚果自由邦不成文的习惯。对于法律的一般原则和衡平观如何界定,刚果自由邦总督在给国王的报告中作出了解释:"对于尚未制定法律的事项,法官常根据比利时法律的一般原则和当地习惯处理,只要这些习惯不与法令和文明社会的更高原则相违背。"④因此,刚果自由邦的法院一般从比利时法律中寻找一般原则和衡平观念。但对某些事项,也不仅限于比利时法律,法院会对世界上其他法律进行考察。例如在一个刑事案件中,被告切掉了一个正与其妻子通奸的男人的耳朵,法院根据"所有法律都原谅当一个男人惊愕地发现其配偶在通奸时实施的侵害行为,或认为其行为具有一定的正当性"⑤处理。

(二)刚果自由邦时期的法律发展

刚果自由邦持续了 23 年,这一时期的法律发展对今天刚果(金)的法

---

① E. g. ,Decrees of March 28,1886,April 16,1887,June 22,1889,and February 28,1890,1 Ruleic 106,154,and 352; Decree of October 10,1894,2 Ruleic 202(1892-1897).

② Fouré,*Les Sources du Droit Public et du Droit Administratif Congolais*,77 Penant 33,37 (1967).

③ 1 Ruleic at 110(1876-1891).

④ 1 Ruleic at 589(1876-1891).

⑤ Ministère Public v. G. ,Tribunal d'Appel de Boina,September 6,1904,1 Jeic 396(1890-1904).

律制度产生了重大的影响。自由邦时期颁布的某些法令和条例现在仍在适用,现在刚果(金)法律中的许多基本概念和理论也起源于这一时期的立法。

1. 民法

刚果自由邦的民法是由一系列不同时期颁布的单行法令组成的。1888 年,利奥波德首先颁布了债法,该法现已成为今天刚果(金)《民法典》第三编的基础。债法的条款在起草时由于时间紧急,大致照抄了《拿破仑法典》的传统原则。[①] 1895 年颁布了亲属法,该法由比利时国家法学家委员会起草,广泛参考了各国法律,被认为比比利时本国的亲属法更为优秀,后来成为现在刚果(金)《民法典》第一编的基础。但刚果自由邦的民法并不完整,物权法直到比属刚果时期才颁布。

2. 商法、民事诉讼法及刑法

除民法外,刚果自由邦时期利奥波德还颁布了一部《商事组织法》、一部《民事诉讼法》和一部《刑法》。其中《民事诉讼法》一直实施到独立前夕,《刑法》则实施到 1940 年。

3. 双重法律体系:成文法和习惯法

从法律渊源上,我们知道,刚果自由邦有双重法律体系:成文法和习惯法。成文法即国王法令、总督的条例及颁布的其他法律。而由于刚果自由邦成立之前,其社会主要适用当地习惯,因此,与马达加斯加不同,其土著法即习惯法不包括伊斯兰教法或土著成文法。一般情况下,成文法不适用于土著人,但后来利奥波德建立了登记制度,凡达到某些条件的刚果人可以通过登记使自己改由成文法规制。[②]

4. 土地法

刚果自由邦时期的土地制度是双重的,一方面利奥波德颁布法令规定"土著酋长权力管辖下的由土著人占有的土地,继续由当地习惯管辖";[③]另一方面又规定:"所有闲置的土地应被认为是国家的。"[④]因此,凡是闲置的无主土地归国家所有或者归国王利奥波德所有,而不再属于习惯法的管辖范围。但土著人占有的土地则仍由习惯法管辖。利奥波德将其所有的

---

① Verstraete, Apercu de Droit Civil du Congo Belge 18(1947).

② Order of Governor-General of May 18,1900, art. 4,3 Ruleic 284(1898-1900).

③ Decree of September 17,1886, art. 2,1 Ruleic 128(1876-1891).

④ Decree of July 1,1885, art. 2,1 Ruleic 51(1876-1891).

土地或转让或出租给欧洲企业，以牟取巨额利润。

二、比属刚果时期

由于利奥波德在刚果自由邦的统治和掠夺过于残酷，故其遭到了国际社会的同声谴责，最终被迫将其在刚果自由邦的统治权移交给了比利时政府。1907 年 7 月，比利时政府与刚果自由邦开始谈判。1907 年 11 月 28 日双方达成一致，签署了转让条约。该条约规定："国王放弃在刚果的统治权以及由此衍生的权利和义务。"1908 年 10 月 18 日，比利时国会批准了该条约。刚果（金）从此进入比属殖民地时期。

（一）《殖民地宪章》和宪法原则

在批准转让条约的同一天，比利时国会颁布了《殖民地宪章》。该宪章具有宪法性质，规定了殖民地政府机构、居民的某些权利，殖民地与宗主国的关系等。尽管后来经过几次修改，该宪章直到刚果（金）独立前一直是比属刚果的根本法。

《殖民地宪章》确立了以下几项原则。

1. 特别立法原则

《殖民地宪章》第 1 条规定："比属刚果与宗主国不同，受特别法律管辖。"这一条只是对比利时《宪法》已有条款的重复。① 根据该原则，比利时的法律不能自动适用于殖民地。即便在审理案件时特别法没有相关的规定，法院也不能推定引用比利时的法律作出判决。一个早期的案例对这一原则进行了表述："当刚果法律条文的解释不确定时，考虑到这些法律是参照比利时法律制定的，法院可以参考比利时法律的规定。但这项权力不得扩张到直接适用比利时的法律，因为这些法律没有在殖民地颁布过，法律也没有授予适用这些法律的权力，适用和执行这些法律缺乏必要的批准。"②

2. 刚果自由邦时期的法律继续适用

《殖民地宪章》第 36 条规定："在殖民地已实施的法令、法规和其他法

---

① 1893 年 9 月 7 日通过的《比利时宪法修正案》第 1 条第 3 款规定："比利时的殖民地、海外领地、保护国均受特别法律管辖。"

② Ministère Public v. G., Tribunal d'Appel de Boma, March 5, 1912, [1913] Jurisprudence et Droit du Congo 240, 241.

律仍然有效力,除与现行法律相违背而被废除的以外。”因此,大部分刚果自由邦的法律被保留了下来,成为比属刚果法律的一部分。

3. 建立制定法体系

由于在刚果自由邦时期,利奥波德并未将比利时法律大规模引入刚果,而陆续颁布的法令、法规也是分散、零星的,比属刚果没有一套完整的制定法体系。《殖民地宪章》规定要为比属刚果建立完整的制定法体系,并明确了比属刚果的法律渊源有制定法、法律的一般原则和衡平观念、习惯法。

(二)制定法

比属刚果的立法分为两类:比利时的中央立法机构的立法和刚果地方立法机构的立法。理论上立法的权力集中在布鲁塞尔中央,但实践中,当地总督也制定了许多重要的法律。

1. 中央立法

(1)法律

此处的法律指的是由比利时议会制定的规范性文件。《殖民地宪章》第7条规定比利时议会有权对比属刚果的所有事务制定法律。国会可以特别为殖民地制定法律,也可以宣布比利时的某项法律可以适用于殖民地。法律在效力等级中处于最高等级。

(2)法令

《殖民地宪章》第7条规定:“国王可以对法律未规定的事项通过法令行使立法权。”实际上,整个殖民时期,国会立法很少,大部分的制定法主要是国王的法令,如刑法、刑事诉讼法、民事诉讼法、物权法等都是以国王法令的形式颁布的。同时,国王的立法权是有限的,诸如对外缔结条约、财政预算、政府贷款等事项只能由法律规定,国王无权对这些专属于议会立法权限范围内的事项进行立法。国王的法令的效力也在法律之下,《殖民地宪章》确立了法院只适用不与法律相违背的法令的原则。

(3)行政规章和命令

《殖民地宪章》第8条规定:“行政权属于国王。国王通过规章和命令行使其行政权。”该宪章没有对立法权和行政权作出定义,也没有进一步规定二者之间的权限划分。国王同时享有立法权和行政权,他既可以制定法令,又可以颁布规章和命令,但法令和规章、命令之间的调整范围却没有进一步的区分。法学界也未对二者作出精确界定。该宪章仅规定,除非行政规章与法律和法令一致,否则法院不予采用。

2. 地方立法

整个殖民时期,比利时都没有在比属刚果设立专门的立法机关。地方立法权是由代表国王的总督行使的。总督既享有立法权又享有行政权,因此其所制定的法律有些是立法性的,有些是行政性的。

(1)立法性条例(legislative ordinance)

《殖民地宪章》将立法权授予比利时议会和国王,同时在第22条规定立法权禁止委托。这有点像法国,似乎也确立了集中立法原则,但该条规定了一个重要的例外条款:“总督在地方政府中作为国王的副职,在紧急状况下,可以暂时中止执行法令并颁布具有法律效力的条例。”这种条例的效力类似于自由邦时期的总督条例,可以对法律调整外的事项作出规定,但须得到国王的批准,否则有效期只有6个月。

(2)行政性条例(executive ordinance)

行政性条例是总督为行使行政权而颁布的条例。其性质与法属非洲的殖民总督所颁布的殖民地法相当,主要是根据法律和法令对具体行政事务作出的规定或法律和法令在殖民地适用时的规则。

(3)命令

隶属于总督的比属刚果各省政府和下级政府也拥有一定的立法权和行政权。它们的立法行为主要表现为发布命令。

(三)法律的一般原则和衡平观念

由于特别立法原则的影响,比利时本土的法律不能自动适用于刚果自由邦;到比属刚果时期,当地制定法仍不足以完全满足社会经济生活的需要,而土著的习惯法不成文且零散,这就有可能造成无法可依的局面。刚果自由邦时期法院可以援引法律的一般原则、衡平观念审理案件的做法因而得以继续。法官会从世界各大法系的法律中概括出普遍的原则来审理案件,不过,大多数情况下,他们主要还是在比利时的法律中寻找这类原则。这种做法客观上使大量在当地法律中不存在但在比利时法律中存在的法律概念被引入了当地的司法实践中。例如,比属刚果民法并未像法国和比利时民法那样规定法律不能撤销其颁布以前已完成的交易,但利奥波德维尔上诉法院则将之作为一项法律的一般原则而适用于刚果。

(四)习惯法

在刚果(金)领域内分布着200多个部落,每个部落都有各自的习惯法。比属刚果继承了刚果自由邦对土著习惯法的政策,没有将之废除,而继续予以保留和利用。《殖民地宪章》第4条规定:“土著居民享有殖民地法律赋予的权利,同时也享有他们的习惯赋予的不与制定法和公共秩序相抵触的权利。”

刚果(金)的习惯法具有习惯法的一些共性即不确定性、开放性、不稳定性,它不是一种相对静态的法律体系,而是会随着社会经济生活的变化不断自我调整和改变,但同时刚果(金)的习惯法也具有一些自身的特点。殖民统治打破了其赖以生存的非洲传统的社会组织结构,许多土著刚果人离开了祖祖辈辈居住的村落而进入欧洲工商业企业工作,并接触到欧洲的思想和文化。这使传统的刚果(金)习惯法受到欧洲法律文化的影响,许多比利时的法律原则被引入习惯法体系中来。因此人们可以在土著法院的一些案件所适用的习惯法中找到某些比利时民法中才有的原则和法律概念。①

1. 习惯法的适用原则

法院在适用习惯法时遵循两条原则:首先,与公共政策相违背的习惯法不得适用。公共政策的概念从来没有精确的定义,一般而言,违反公共政策的习惯指的是“不尊重人格尊严和国家机构”的习惯,比如允许将奴隶作为抵押物或者违背夫妻意愿处理婚姻关系的习惯。一个例子是:在一个关于借贷纠纷的案件中,贷方借给借款人3000法郎,利息为每月800法郎,这么高的利息虽然为当地习惯法所允许,但法院认为禁止高利贷是一项文明社会的基本原则,因此这一习惯法违反了公共政策而无效。法院一旦认为某一习惯违背公共政策而无效,并不会转而适用制定法来解决案件,而会依“衡平观念”作出判决,即法官会综合考虑该习惯产生的背景和当事人

① Boniface v. Oussoumani, Parquet, Haut Katanga, June 9, 1956, 9 J·T·O·M·11(1958) and note following.

双方所生活的社会的基本原则作出判决。[1] 其次,与制定法相抵触的习惯法不得适用。这一原则的含义更为明确,根据 1938 年 5 月 13 日的国王的命令,土著法院在适用法律时如果要适用的习惯规则已被相应的制定法取代,应适用该制定法。

2. 习惯法的适用范围

(1)对人的适用范围

一般来说,习惯法只适用于土著居民,不适用于在刚果(金)的比利时人和其他欧洲人。但并不是所有的当地土著居民都受习惯法管辖。在刚果自由邦时期,利奥波德二世设立了登记程序,经过登记的土著人不再受习惯法管辖而改受制定法管辖。不过,这一时期经过登记的土著人极少。比属刚果建立后,《殖民地宪章》保留了这种登记程序,并在其第 4 条中对经过登记的土著人的法律地位作出了规定:比利时人、殖民地已登记的比属刚果人和外国人享有比属刚果制定法所规定的所有权利。在比属刚果时期,登记程序经过了几次修改。国王颁布的 1952 年 5 月 17 日法令完全修改了登记程序,将之作为同化政策的一部分。凡"具有与享有制定法规定的权利和履行制定法规定的义务的能力相应的受教育程度和生活方式"的成年人可以被准许登记。[2] 这种登记的效力还及于被登记人的配偶和子女。申请登记的人首先必须得到所在法院的裁定,该裁定应对其具有"与享有制定法规定的权利和履行制定法规定的义务的能力相应的受教育程度和生活方式"予以认可。由于程序复杂、条件苛刻,经过登记的土著人仍然不多。

(2)对事的适用范围

习惯法主要适用于发生在土著人之间的私法方面的事务。例如,法院在处理关于婚姻、继承、遗嘱和土地所有权归属等方面的案件时适用习惯法的情况最多。公法方面的事务则主要适用制定法。例如,除轻微犯罪外,法院在审理刑事案件时一般适用刑法而非习惯法。

---

① Report of the Colonial Council accompanying the Decree of March 17,1938,[1938]BOCB 471.

② Civil Code,art. 34. 1 PIRON & DEVOS,CODES ET LOIS DU CONGO BELGE 50(8th ed. 1960).

第五节 葡萄牙法与非洲习惯法

葡萄牙的非洲殖民地包括今莫桑比克、安哥拉、圣多美和普林西比、几内亚比绍、佛得角等地。葡萄牙在殖民统治期间通过各种方式强制将葡萄牙法移植到非洲,对非洲本土习惯法造成了极大的影响。这些影响主要涉及行政、立法和司法三个方面。①

一、从行政看葡萄牙法对非洲习惯法的影响

葡萄牙法在非洲的移植以及非洲本土习惯法的命运总是与葡萄牙在非洲的殖民扩张和殖民统治相联系。葡萄牙是最早侵入非洲的欧洲国家,最终侵占了安哥拉、莫桑比克、几内亚比绍、马德拉群岛、佛得角群岛、亚速尔群岛和圣多美和普林西比等。但直至19世纪末,葡萄牙在非洲的有效统治实际上仍被限制在沿海狭小地带。

葡萄牙政府对葡属非洲殖民地开始称作“占领地”、“统治区”或“领地”,1910年则开始采用“殖民地”这一名称,1951年后改称“海外省”。葡属殖民地的基本法是1933年的《葡萄牙共和国宪法》、《海外组织法》。根据这些法律,葡属殖民地的最高行政当局是葡萄牙共和国总统。他任命内阁总理——内阁会议主席,内阁总理任命掌管“海外省”(海外殖民地)的部长。“省”的最高当局是总督。总督由内阁会议任命,任期4年,任期可以延长。总督的等级相当于部长,是葡萄牙共和国在葡属殖民地的最高代表、“土著居民的保护人”和国库的管理人。

总督可任命秘书长一人,省务秘书两人,协助总督处理除财政管理外的各项行政事务。秘书长由海外部部长同总督磋商后任命。两名省务秘书由总督向部长推荐任命。这些秘书的任期与总督任期相同。

除总督外,尚有立法会议和行政会议。这两个机构只具有咨询职能。

① 参见洪永红:《论殖民时期葡萄牙法对非洲习惯法之影响》,载《湘潭大学社会科学学报》2001年第1期。

如果总督不同意在立法会议中通过某一决议，他可以把这个决议呈交海外部部长作最后决定。在立法会议闭幕期间，总督也可以同行政会议磋商而行使立法职能。立法会议成员部分选举产生，部分由行政机关任命，部分直接由总督任命。凡年满 21 周岁、能读写葡语并在“海外省”居住 3 年以上而非现职公务人员的葡籍居民，都有被选举为议员的权利。

总督也是行政会议的主席，行政会议同样是咨询机构。行政会议由秘书长、一名省务秘书、武装部队司令、总检察官、财政局长和两名由立法会议选出的、每年由总督任命的代表组成。秘书长和省务秘书都是行政会议的副主席。

殖民地日常的行政事务由总督秘书处和总秘书处领导的行政管理局负责。行政管理局下设交通、邮政、民政、军事、公用事业和黑人事务等工作机构。

总督以下设各州州长和县、市、镇的一至三级行政官员。每个行政官员下设主任若干人，这些主任是官方承认的酋长或由政府委派的酋长的上级。酋长下面设置村长。他也行使调解员的职务（不是作为法官），必须负责公共治安，防止贩卖酒精饮料，向主任报告非常事件。此外，他负责下属耕种菜地土地或和白人签订劳动契约的事务。酋长下面的村长则不发月薪，他们只能在年终时拿到一笔津贴费，津贴费的多少取决于他这一地区所征捐税的数额。村长负责所在村庄周围的公路保养。在某些村里，有一个老人委员会协助村长工作。总督有权设置新的县或镇，取消旧的县或镇，变动县、镇的界线和官署所在地，但不能变动州的界线。

葡萄牙殖民者从行政方面对非洲习惯法的影响主要表现如下。

第一，殖民行政机构拥有极大的权力，对习惯法施加影响。例如，总督的主要职权包括：管理其管辖范围内的各项事务，接受当地人的申诉和请愿；提出法律或条约尚未确定的支出预算原则，以便呈请立法会议批准；拟订由行政会议表决的预算方案；批准 200 万埃斯库多（葡萄牙加入欧元区前发行的货币）以内的政党支出预算；督促改善非洲人的精神方面和物质方面的生活条件，促进改善他们的教育、训练、安全和进步等；采纳、更改或取消非洲人缴纳的各种捐税；检查对黑人的政策的执行方法，特别是监督那些保障人身自由及工作、财产和风俗习惯自由的法律是否受到重视。总督可以利用这些职权，肆意践踏非洲人的习惯权利，干预非洲人的习惯生活方式。此外,行政管理局下的非洲人事务机构主要负责拟定对非洲人的政策、处理非洲人劳动关系等。

第二,按非洲习惯法传统,酋长是当然的执法者,殖民政府通过对非洲传统当局的控制,削弱习惯法的作用。酋长虽然通常从酋长家庭成员中选出,但殖民当局认为只有“开化的人”才可以当酋长。所谓“开化的人”,就是指被殖民政府同化,接受西方文化的人。如果酋长家族中没有殖民者认为的“开化的人”,他们可以任命其他人(如退役军人)担任酋长。

第三,排除或限制非洲人的参政、议政权。葡萄牙从不允许非洲人在殖民政府和行政机关中担任高级(主任以上)职务。立法会议和行政会议中没有非洲人代表。在国防军中,有色人种永远不能当军官。

第四,殖民当局还有直接的司法权。葡萄牙法律规定,行政官员和主任除实际负责民政管理外,还负责下列事务:街道的保养和扩建;建造桥梁;按照有关部族的习惯法会同地方陪审官进行审判。因而一些西方学者也承认,在非洲全部领土内,“传统法作为行政手段被使用”。在每个案件里殖民当局是真正的统治者,也就是说,殖民行政制度高度集中并且有绝对权威。

二、从立法看葡萄牙法对非洲习惯法的影响

葡萄牙为了巩固和加强其在非洲的殖民统治,在立法方面采取了积极的态度,制定了一系列法律法规。这些法律层次多样、范围广泛,从宪法规范到实施细则,囊括刑事、民事、行政和诉讼法等各方面。这些法律有的是葡萄牙本土的法律直接在非洲殖民地适用,有的则是专门为殖民地而制定。

1951 年的《葡萄牙共和国宪法》(修正案)和《殖民地法》均对非洲习惯法作出规定,如“地方习惯将存于海外的殖民地,无论何时它都是必要的,并且根据人口的发展,在葡萄牙公法和私法影响下制定的特别法和司法制度都遵从地方习惯的司法。只要这些地方习惯不与人类道德或葡萄牙主权的自由行使相违背”。根据相关条文可以明白,葡萄牙政府同意在非洲适用本土习惯法。这并非葡萄牙政府对非洲的恩赐,而是基于两大理由。其一,非洲人民对于葡萄牙在非洲的殖民统治从未停止过反抗。例如,安哥拉民族女英雄恩津加领导非洲人民进行了长达 40 年的反殖民主义斗

争,最后迫使葡萄牙于1654年签订《和平协定》。其二,葡萄牙本身的力量弱小,难以对广大殖民地进行有效统治。葡萄牙仅在非洲就攫取了206万多平方公里的土地,约是葡萄牙本土面积的23倍。

葡萄牙颁布"同化"法令,在1926年至1961年对非洲人实行"同化"政策。同化政策的基本目的是迫使非洲人接受葡萄牙文化,服膺葡萄牙法律,培植忠于葡萄牙殖民政府的非洲人。已同化的非洲人称作"文明人",在法律上不受非洲习惯法的管辖,只适用葡萄牙法律。根据1954年5月20日第39.666号法令规定,非洲本土习惯法只适用于"土著人"。

那么,什么是"土著人"呢?葡萄牙制定的《土著法》第2条将"土著人"定义为或出生或通常居住在几内亚、安哥拉、莫桑比克省并且不具备葡萄牙公法和私法所要求的、葡萄牙公民应具有的教育水平、社会地位和个人生活习惯的非洲后裔。该法为了强调"土著人"身份与"黑人人种的个体"相伴随,而不论他身处何处,附加了"个体的父母亲是土著人,即使在他父母亲暂时迁至的外国地区出生,也被视为土著人"。根据这些法律,土著人的规定也适用于圣多美和普林西比、佛得角的移民工人。1954年后葡萄牙制定统一的《民事诉讼法》和《刑法》,适用于非洲所有种族。

葡萄牙殖民政府在殖民立法方面还与宗教势力勾结,与罗马教廷制定一些宗教法规。例如,葡萄牙曾与罗马教廷达成协议规定,"土著人"在天主教教堂的牧师面前举行婚礼的情况下,适用葡萄牙民法。1941年4月,葡萄牙和罗马教廷又共同制定了《传教条例》。该条例规定,对"未开化"的非洲人的教育由教会负责;传教士的教育目的是让非洲人"自己被迫放弃异教惯例和迷信",即非洲传统法律,而遵循葡萄牙法,因为葡萄牙的"行为规则是上帝意志的表达,对它的遵循可改善人类的精神"。

第二次世界大战后,日益高涨的民族独立运动和反殖民战争也促使葡萄牙殖民立法发生深刻变化。1961年9月6日颁布的第43.983号法令废除了《土著法》,规定殖民地的所有非洲人都是葡萄牙公民,享有完全的公民权。该法的起草者之一莫雷拉教授阐述这次变法的理由是:"既然《土著法》的主要目的是尊重所有种族的个人生活,我们废除它,就是为了葡萄牙的每一个人服从于一个统一政治法(political law),在这个法律中没有种族、宗教或文化的区别……"按莫雷拉的观点,赋予非洲人葡萄牙公民权是对非洲人的恩赐,是"法律面前人人平等"的体现。这是十分荒唐的,因为非洲人根本就不想成为其憎恨的殖民国家的“公民”,也不想服膺殖民者的“政治法”。

葡萄牙殖民政府也明白不可能完全废除非洲习惯法,故在其第 43.897 号法令同时规定:“地方习惯,不管成文或不成文都予以承认,并且在所有司法中适用。”这一规定看似对非洲习惯法给予了充分的肯定和尊重,实际上则是对非洲习惯法的另一种否定或修正。因为根据第 43.983 号法令,葡萄牙废除了非洲传统法院,代之以葡式法院,换言之,非洲习惯法要由葡式法院来适用。更为重要的是,这些法院适用非洲习惯法时,不管是“成文的”还是“不成文的”,都可适用。我们知道,非洲习惯法大多是不成文的,葡萄牙立法为什么加上“成文的”呢?这是为葡萄牙政府改造非洲习惯法制造法律依据。此后,葡萄牙政府开始了大规模编纂习惯法的工作,试图将习惯法“成文化”。当然,现代非洲国家在对习惯法的现代化的过程中也确实采取编纂的方法,使“口头法”逐步成文化。问题的核心不是是否采取“成文化”的方式,而是由谁来负责实施“成文化”的工作。如果让葡萄牙殖民者来负责实施成文化的工作,他们就会将殖民主义的法律观移入非洲习惯法中,最终损害非洲习惯法,更损害非洲人的利益,将非洲习惯法改造成为殖民统治服务的“殖民习惯法”。

三、从司法看葡萄牙法对非洲习惯法的影响

在葡萄牙殖民统治的大部分时期,葡萄牙政府在建立葡式法院、适用葡萄牙法的同时,承认非洲传统法院适用非洲习惯法。葡萄牙在莫桑比克曾设有 80 所部族法院适用传统习惯法。“开化的人”只受葡萄牙法律管辖,“未开化的人”则只在比较严重的情况下受葡萄牙法律管辖。葡式法院设初级法院、上诉法院和最高法院三级,曾在洛伦索-马贵斯设有初级法院 13 个,上诉法院 1 个,最高法院则设在里斯本。

就葡式法院体制本身而言,其无疑会对非洲习惯法产生影响。葡式法院是殖民者强制移植而来的司法机构,它适用葡萄牙法,不适用非洲习惯法,这已背离了非洲传统的审判方式,危及非洲习惯司法体制。就葡萄牙承认的传统法院体制而言,由于葡萄牙对法院适用非洲习惯法作出种种限制,因而葡萄牙法在司法上对非洲习惯法的影响也很大,主要表现如下。

1. 在双重体制下，葡萄牙政府通过优惠措施诱使非洲当事人选择葡式法院，而限制非洲习惯法的实施。

殖民政府法律规定，葡式法院的审判是免费的，而在传统法院需要很高的费用。这对于贫穷的非洲人来说，与其说是“诱惑”，不如说是“胁迫”。因为那些本想通过传统法院解决纠纷的非洲当事人因为交不起昂贵的诉讼费，而不得不选择葡式法院。此外，当一方当事人选择向葡式法院起诉，另一方当事人选择向传统法院起诉时，葡式法院往往具有优先管辖权。这样，当事人经常宁愿选择葡式法院解决纷争，也不愿选择完全处于从属地位的传统法院。另外，当事人如果对传统法院的判决不服，可以向每个地区的葡式法院提起上诉。这无疑又通过上诉程序树立了葡式法院的权威，削弱和贬低了传统法院的判决效力。

2. 改革非洲传统法院，使之逐步殖民化。

适用习惯法的非洲传统法院大多由酋长或长老担任审判官。殖民当局为了削弱酋长的权力，建立所谓的“土著私法法庭”，但殖民者仍害怕土著人对实施法律信念的增长会造成殖民者本身法律被废止，故最终建立行政法院对非洲人行使管辖权。这些法院由殖民当局委派经过殖民者法律培训的人担任法官，只聘请通晓习惯法的传统首领作为法律顾问。此外，殖民政府鼓励接受基督教的“传教学徒”经常在土地、水域等纠纷中充当仲裁人。这些人由于受基督教的熏陶，倾向于葡萄牙法律文化，因而在处理纠纷中将葡萄牙法律引入非洲习惯法。

3. 通过一些特别条款，限制非洲习惯法的适用。

(1)通过“抵触条款”排除习惯法的适用。面临葡萄牙法和习惯法的冲突时，法官借助公平来解决不可调和的矛盾，当习惯法公然违反“良心”和“人性”时便不适用。也就是说，法官可以在司法中创制习惯法，形成阿洛特所称的“司法习惯法”。

(2)通过特别管辖条款排除习惯法的适用。非洲人在一定情况下应接受葡萄牙法特别管辖。例如，白人殖民者集中的居民中心或城镇郊区（如罗安达或洛伦索-马贵斯）的非洲居民应受葡式法院管辖，葡萄牙殖民者认为这种白人聚居区是非洲领域内真正的“属岛”。在这些地区，即使白人是少数，但从社会角度看，由于欧洲人的定居，这一地区已成为“成人社会”。在这种“成人社会”中做仆人或职员的非洲人理应接受他们每日接触的欧洲规则和价值观。葡萄牙规定了特殊诉讼制度,所有“土著人”参加的犯罪都被当作“公诉”对待,并不允许上诉。

(3)通过选择条款限制习惯法的适用。殖民政府规定,法官在适用法律时,经过编纂的习惯法具有优先适用权;只有在没有汇编或编纂的习惯法可适用时,才适用“土著惯例”。葡萄牙第43.987号法规定,法院在适用法律时,如果两个或多个习惯法之间、习惯法和葡萄牙普通法之间、习惯法和宗教法之间发生冲突,则按如下方法解决。

①凡是关于个人财产的案件,或其他任何葡萄牙立法者已经规定由普通法管辖的案件,均适用葡萄牙法。

②凡是两个习惯法之间的冲突,当事人可以协议选择适用其中之一。

③该案件不能适用普通法,或者当事人之间没有达成协议,法官有权根据心中的公平原则和良心审理。从解决国内法冲突的方法中可以看出,殖民者通过选择条款限制了传统习惯法的效力。

4. 通过推行西方生活方式,修改非洲传统习惯法。

葡萄牙殖民者在非洲的定居点逐渐发展为欧洲式的都市。在这些都市中生活的非洲人自觉或不自觉地接受欧洲的生活方式,接受葡萄牙的法律观,而逐渐淡化非洲习惯法观念。例如,以前习惯于以实物获得报酬的非洲人在为殖民者劳动中只能获得现金报酬,他们逐渐改变了过去“物物交换”的习惯,而进行现金交易。又如,他们还按葡萄牙法律订立合同、积蓄私人财产、购买或租赁房屋,其遗产也根据葡萄牙民法进行继承,差不多已背离了传统习惯法。殖民主义商品生产完全改变了非洲人的财产权观念,土地的划界分割打破了习惯法所鼓励的连续小块分割。到20世纪60年代,安哥拉和莫桑比克的传统当局已愿意接受动产交易且不反对个人土地权益的注册、登记;一些非洲人也放弃传统的婚姻观,向殖民行政机关注册、登记结婚。

尽管葡萄牙殖民者从行政、立法、司法等方面对非洲习惯法进行了多方面、多层次的限制和打击,但仍没有完全以葡萄牙法取代非洲习惯法。在殖民时期,当事人即使出于各种原因选择了葡式法院,但经过葡式法院审判后,他们“仍向传统法院交费、申请根据习惯法来执行,以平息他们祖先的盛怒”。

第七章　当代非洲法:现代化与本土化

第一节　当代非洲法综述

20 世纪五六十年代撒哈拉以南非洲各国独立以后，非洲法经历了历史上的第三次重大变迁，开始了非洲法的当代化进程。如今非洲各国的法律制度仍处于这次重大法律变迁的进程之中。当代非洲法的进程开始于非洲国家的独立运动，独立以前的非洲各国的法律制度绝大多数是殖民者制定的，服务于殖民者控制殖民地的目的。独立后，非洲独立国家改变了原有的法律制度，删去了含有殖民主义色彩的法律，确立了以大陆法系和英美法系为特征，包含传统法律文化的新型法律制度。一方面，西方的先进法律文化得到了较好的继承与发展；另一方面，独立后的非洲各国在引进西方先进法律制度的同时，注意对传统法律文化的传承，重视利用本土的法律资源，重视原有的非洲习惯法的积极作用。这两个方面的有机结合推动了当代非洲法律文化的发展进程。

非洲法的当代化意味着非洲法在 20 世纪五六十年代以来的历史巨变。非洲原有法律的巨变对西方的极端殖民主义者来说，意味着他们苦心经营，以控制殖民地人民的法律体系的崩溃。而相对于西方殖民者的管理当局和非洲各国的社会上层有学识的人士来讲，他们认为当代非洲法的变迁是非洲各国实现现代化的唯一出路，同时通过这种法律的当代化进程，在保持非洲本土法律传统的同时,也必然吸收很多英美法系和大陆法系的内容,这也在一定程度上使非洲走上了西方的发展轨道,尤其是在政治制度的变更上,向西方的所谓民主体制靠拢。非洲独立后的各国领导人认为,非洲法的当代化变迁有利于非洲以一个崭新的面貌出现在历史舞台上,有利于独立后的非洲国家尽快融入当今世界发展的潮流。

勒内·达维德指出,非洲各国独立后,"所有殖民强国制定的欧洲法都在新的国家里得到承认",并且出现了"使其更加完美的愿望"。[①] 当代非洲法意味着独立后的非洲各国在继承非洲殖民者制定的一部分适应非洲各国国情的法律制度的同时,也废弃了那些有辱国家主权以及带有歧视性和殖民主义色彩的条款。这方面的法律保留以非洲各独立国家的宪法最为明显。例如,前英属殖民地乌干达 1962 年 1 月 9 日的《独立宪法》将当时实行的法规一概加以保留;1967 年的《宪法》又重申了同样的规定,该法第 115 条规定保留的所谓"现行的法规"包括以前历届议会所制定的法规,还包括在殖民统治时期所制定的 1902 年《乌干达敕令》和 1962 年《乌干达独立敕令》。其他非洲国家的做法也大致如此。西方的法律文化在非洲经过一段时期的发展,逐渐扎根于非洲的传统法律文化之中,西方的法律精神在独立后的非洲各国的法律保留与改革中得到了反映。例如,西方的一夫一妻制被非洲独立后国家的精英阶层所接受。突尼斯总统布尔吉巴主持了私法领域的改革运动,于 1956 年 8 月 13 日颁布了《个人身份法典》。该法第 18 条明确提出的"禁止一夫多妻制"尤为引人注目,影响巨大。索马里 1975 年《家庭法》规定了女子与男子享有同等继承权。几内亚总统也向人民鼓励选用现代法官制度。

由于历史、宗教、语言和风俗习惯等因素的差异,西方法律制度并未在非洲法律文化中占据所有领地。独立之初,非洲国家大多照搬了原宗主国的政体,原英属殖民地国家一般采用"威斯敏斯特"式议会制,而多数原法属殖民地国家则仿照法国实行总统制。这些政治体制的基础都是资产阶级宣扬的自由、民主、平等。但是这种传统在绝大多数非洲国家是不存在的,它们并不符合独立后非洲各国的国情以及各国历史上的政治传统。

---

① 参见[法]勒内·达维德:《当代主要法律体系》,漆竹生译,上海译文出版社 1984 年版,第 530 页。

刚独立的非洲国家内部矛盾重重，武装政变、部族之间的冲突频繁，导致采取这些政治体制的国家并没能像其原宗主国所宣称的那样，获得所谓的繁荣与稳定。事实的反思迫使非洲各国在积极促进本国法律现代化转型的同时，更加重视原有的符合本民族传统习惯的法律价值理念；殖民者在殖民时期对非洲各国的剥削与压迫更促使独立后的非洲国家正确对待本国的传统法律的价值，达到增强本民族自尊心与自信心的目的。同时独立后的非洲各国认识到了传统习惯法所建立起来的团结协作精神是一种尤其值得保护的积极因素。因此非洲各国在宪法中，明文确认了传统习惯法作为重要法律渊源的地位，并在民商法、诉讼法、司法制度等方面有选择地适用习惯法。例如，肯尼亚 1967 年《法院组织法》第 3 节规定了一个适用传统习惯法的原则，即“当事人一方或各方受非洲习惯法的支配或影响的民事案件，只要这些习惯法可以适用而且不违背正义和道德，不与任何成文法相抵触，高等法院及其所属的一切法院应以这些习惯法为指导进行审理并按照正义的实质加以判决，不得过分拘泥于程序方面的技术问题，不得有不当的迟延”。在尼日利亚，习惯法已被描绘成一面“公认为惯例的镜子”，这暗示着习惯法不是一种凝固和僵硬的法律体系，而是时刻在发展，并根据社会变化不断改变。殖民主义国家在非洲各国的习惯法未能调整的领域内制定了新法。在宗主国看来传统的习惯法调整的领域不再适合由习惯法调整时，则废除了当地的习惯法。法属非洲采取了各种措施，旨在免除人们的某些地役或者提高妇女的地位。

在英属非洲，法庭如认为习惯法的规定与正义、公平或良心相违背可以拒绝适用。但是传统的习惯法并非一味地排除发展。早在殖民时期，当新的政治集团形成时，特别是在伊斯兰教和基督教的影响下，习惯法已经有了相应的变化，如各国的家庭采取了父系式而不是母系式。同时，在法属西非和马达加斯加这些国家中，负责执行习惯法的法院及其本身发生了根本的变化，传统的权力机构已经由行政方面的官员所替代，仅有根据习惯产生的陪审员助理而已。相反在英属非洲，按照“间接管理”的原则，由传统的权力机构在英国行政官员的一般监督下负责审判，但习惯法并没有得到大的发展。

经过独立前后的发展，许多非洲国家的法律又不同程度地受到相对法系的影响，形成了自己的特点并朝混合法类型演进，已不是纯粹的大陆法系或英美法系了。

综观当代非洲各国的法律体系,它主要由三种类型构成。其一,属于普通法系类型的英属殖民地和附属国,主要有西非的冈比亚、加纳、尼日利亚、塞拉利昂、利比里亚,东非和中非的肯尼亚、马拉维、乌干达、赞比亚等。1922 年以前处于英国控制下的埃及受英国法的影响也很深。其二,属于大陆法系类型、具有民法传统特色的欧洲大陆国家如法国、葡萄牙、西班牙等国的殖民地和附属国,主要分布在非洲的东部、西部、中部、北部的广大地区,包括北非的阿尔及利亚、摩洛哥、突尼斯、利比亚,西非的贝宁、几内亚、象牙海岸、马里、毛里塔尼亚、尼日尔、多哥、布基纳法索、塞内加尔、几内亚比绍、圣多美和普林西比、佛得角、赤道几内亚,中非的乍得、刚果(金)、加蓬、刚果(布)等,东非的科摩罗、塞舌尔、布隆迪、莫桑比克、马达加斯加等,以及非洲南部的安哥拉。此外,一直保持国家独立且没有沦为殖民地的基督教国家埃塞俄比亚在法律上也深受大陆法系成文法传统的影响。其三,兼具大陆法系和普通法系两大法律特色的混合法类型的国家和地区,主要是南部非洲地区的南非共和国、博茨瓦纳、纳米比亚、莱索托、斯威士兰和西非的喀麦隆以及东非的索马里共和国。另外,埃及、阿尔及利亚、摩洛哥、突尼斯等阿拉伯国家的法律,兼具大陆法系和伊斯兰教法两种因素,也称得上混合法类型。西方法律和非洲传统习惯法的双重作用,促进了非洲国家现代法律制度的逐渐建立。此外,非洲大陆还有固有的习惯法与伊斯兰教法。这些法律与西方法并存适用,构成非洲双重或多重法律齐奏共鸣的现代法大合唱。非洲法成为当今世界法律的“万花筒”。

第二节　当代非洲主要法律制度

20 世纪 90 年代是非洲国家法律制度发展的一个“分水岭”。在国家民事、刑事基本法律制度保持稳定的同时,所有的非洲国家都先后走上了民主化改革的道路,宪法和政治制度出现了比较大的变化。

一、宪法法律制度

独立初期,非洲国家基本上继承了原宗主国的政治模式。除了独立后仍保留在英联邦内,承认英国女王为国家元首,实现君主立宪制的国家以外,大多数法语非洲国家和英语非洲国家实行共和政体。20 世纪 60 年代中期以后,大部分非洲国家抛弃了独立初期确定的西方政治制度模式,开始强调政治稳定和政治秩序;在政治制度上也相应地确立了总统大权独揽的总统制、一党制甚至军人政权等专制性较强的政治制度,其认为经济不发达的国家只有通过专制和集中才能保证经济的振兴和国家的强大。

20 世纪 70 年代末至 20 世纪 80 年代末是变革时期,其突出的特点是许多国家宣称走社会主义道路。非洲社会主义流派繁多,内容各异。有的称"非洲式社会主义",有的称"乌贾马社会主义",有的称"民主社会主义",有的称"科学社会主义"等。这些国家在政体上的一个共同特点是从议会民主制向集权制转变。它们修改宪法,在经济上采取国有化措施,强调民族经济的发展,反对外资渗入;在政治上,它们大多废除多党制,实行一党制。

20 世纪 90 年代,非洲政治体制的变革是非洲独立以来政治进程的一大转折。在非洲人看来,实行多党制是民主、政治多元化在非洲的胜利,是走向政治现代化的必然结果。非洲大陆掀起了以多党民主选举为主要内容的民主化浪潮,几乎所有的非洲国家都进行了程度不同、效果各异的政治改革。在公法领域,宪法改革仍是政治改革的重点,从国家元首的产生方式上看,一些国家已经将通过立法机构或执政党间接选举产生国家元首改为通过公民投票直接选举产生国家元首。同时实行了多党制并通过修改宪法等措施确立了多党制的法律地位,多数非洲国家通过法律对政党活动作了限制性规定。这次转型就目前来看既有成功也有失败。尽管非洲国家 20 世纪 90 年代的转型受制于冷战结束和西方压力等多种外来因素,但总的来看,非洲仍一直处于探索适合本国国情的宪法制度的阶段。实际上,20 世纪 90 年代以来,非洲的政治变革是非洲各国政府为维护其统治对政治体制所作的一次大的调整,是非洲国家长期实行"以专制求发展"政策失败的必然结果。

(一)宪法规定具有强烈的价值倾向

通过对非洲国家宪法文本的分析我们可以发现,非洲国家的宪法文本表现出比较强烈的价值倾向。首先,这种价值倾向表现为非洲各国宪法普遍承认反映在各种国际法文件、国际社会接受和认可中的原则和规范。例如,在非洲国家的人民多具有比较强的宗教传统的情况下,各国宪法普遍规定了世俗民主政体。其次,在这些承认国际社会精神价值立场的基础上,非洲国家的宪法文本又将自己定位为整个国家的价值共识基础,如规定宪法对整个社会生活的方方面面都具有普遍约束力,不仅适用于公民与国家之间,更适用于公民之间的"私"生活领域。再次,许多非洲国家的宪法文本中规定了详细的公民义务清单,这表明非洲国家的宪法多希望借助宪法实施来教育国民,塑造出制宪者期待的公民群体。最后,在这种强烈的价值使命感中,非洲国家的宪法更纷纷为国家发展规定了方向和目标,普遍承认公民的经济、社会和文化权利,即第二代权利,更将各种扶助弱势群体的纠偏行为合宪化。这些规定反映出非洲国家的制宪者们不仅希望借助宪法实施来教育国民,更想推动整个国家朝着预期的目标发展,将宪法作为推动国家、社会发展的蓝图。

1. 普遍接受和尊重国际社会的价值原则和精神

在目前54个非洲国家中,有46个非洲国家的宪法提及了国际人权法与本国宪法制度之间的关系。① 不同的国家采取了不同的具体规定形式,有的国家会在宪法序言或者正文中规定本国宪法应当遵从国际人权法的精神。例如,布基纳法索《宪法》序言规定:"我们布基纳法索人民……遵守1948年世界人权宣言以及有关经济、政治、社会和文化问题的国际文件。"②刚果民主共和国《宪法》第45条规定:"公共权力有义务保证对本宪法、世界人权宣言、非洲人权与人民权利宪章以及其他得到正当批准的世界与地区人权公约以及国际人道法的传播与教育。"③加纳《宪法》第37.3

① 8个没有提及国际人权法与本国宪法制度之间关系的国家是:博茨瓦纳、厄立特里亚、莱索托、利比里亚、毛里求斯、尼日利亚、塞拉利昂和赞比亚。

② 布基纳法索《宪法》(2015年最后修正)。本章中的非洲国家宪法文本英文版都来自https://www.constituteproject.org/,2023年12月23日最后访问。

③ 刚果民主共和国《宪法》(2011年最后修正)。

条规定,国家在履行宪法规定的职能时,应当以国际人权文件为指导。① 安哥拉《宪法》第 26 条规定,与基本权利有关的宪法和法律概念,应当以符合《世界人权宣言》、《非洲人权和民族权宪章》,以及安哥拉批准的各种国际条约的方式来进行解释。②

在这些对国际人权法精神的承认之外,许多非洲国家的宪法还进一步明确规定了国际人权法对本国国内法的法律约束力。有 3 个国家(布隆迪、苏丹、马里)的宪法明确规定,本国批准的国际人权法文件中的规定具有与宪法同等的效力。例如,布隆迪《宪法》第 19 条规定,布隆迪批准的国际人权法文件中的权利和义务将构成本国宪法的组成部分。③ 19 个非洲国家④的宪法规定,被本国政府批准的国际人权文件的规定,具有高于普通法律的效力。例如,卢旺达《宪法》⑤第 95 条规定法律的位阶是:宪法、组织法、卢旺达批准的国际条约和协议、普通法律、命令。圣多美和普林西比《宪法》⑥第 13 条规定,被批准的国际公约中的规定,比宪法之下的任何国内立法文件的效力要高。需要注意的是,这 19 个国家都曾为欧洲大陆国家的殖民地。另有 6 个非洲国家⑦的宪法规定,对本国有约束力的国际法规定是国内法律秩序的组成部分。例如,马拉维《宪法》第 211.3 条规定,国际习惯法在不与宪法和议会立法相抵触的情况下,是本国法律的组成部分。⑧

上述三种类型的国家存在交叉情况,即有的国家同时采取了两种及以上的规定方式,如贝宁同时采取了三种规定方式;刚果民主共和国、尼日尔、几内亚和摩洛哥同时在宪法序言和正文中宣布接受国际法文件和原则的指导;埃及、塞内加尔、南非共和国、索马里、埃塞俄比亚和马拉维在宪法

---

① 参见加纳《宪法》(1996 年最后修正)。

② 参见安哥拉《宪法》(2010 年最后修正)。

③ 参见布隆迪《宪法》(2005 年最后修正)。

④ 这 19 个非洲国家是:贝宁、佛得角、刚果共和国、刚果民主共和国、吉布提、几内亚、喀麦隆、科特迪瓦、卢旺达、马达加斯加、马里、毛里塔尼亚、莫桑比克、尼日尔、塞内加尔、圣多美和普林西比、突尼斯、乍得共和国、中非共和国。

⑤ 参见卢旺达《宪法》(2015 年最后修正)。

⑥ 参见圣多美和普林西比《宪法》(2003 年最后修正)。

⑦ 这 6 个非洲国家是:摩洛哥、埃及、纳米比亚、南非共和国、马拉维、肯尼亚。

⑧ 参见马拉维《宪法》(2017 年最后修正)。

正文中宣布接受国际法文件和原则的指导,并承认相应的直接法律约束力。

最受这些国家的青睐或者说重视的国际法文件是《世界人权宣言》,有23个国家在其宪法序言或者正文中提到了它;其后是《非洲人权与人民权利宪章》,有16个国家的宪法提及该文件;《联合国宪章》排在第三位,有10个国家的宪法文本提及该文件。

另外一个值得注意的问题是,世俗共和政体基本上成为非洲各国宪法的选择。目前只有3个非洲国家,即莱索托、斯威士兰、摩洛哥采取君主立宪制,其他国家都建立了共和政体。这些非洲国家都在宪法中规定了定期选举议会和国家元首的制度。

由于北非和西非地区受到伊斯兰教的影响比较强,因此在这一地区中,有12个国家①的宪法文本中对伊斯兰教作出了优待性的规定,非洲其他地区的国家没有此类规定。② 优待伊斯兰教的规定主要表现为三种:一是在宪法序言或正文中将伊斯兰教规定为国家的官方宗教,这些国家有阿尔及利亚、埃及、吉布提、科摩罗、利比亚、毛里塔尼亚、摩洛哥、索马里和突尼斯9国;埃及和索马里进一步规定了公民接受强制性的伊斯兰教宗教教育义务,而摩洛哥禁止在宪法修改时改变伊斯兰教的官教地位。二是建立专门执行沙里亚的宗教司法机关,这些国家有冈比亚、肯尼亚、尼日利亚3国;有趣的是这3国都没有在宪法序言或者正文中规定伊斯兰教的官方宗教性质,但是专门的伊斯兰教法院规定表明其已经变相承认了伊斯兰教的官方宗教地位。三是其他优待伊斯兰宗教信仰的规定,例如要求国家最高元首的候选人应当具有伊斯兰教宗教信仰,这样的国家有阿尔及利亚、毛里塔尼亚、索马里、突尼斯4国。

不过需要注意的是,在前文的讨论中我们已经指出,非洲国家宪法表

---

① 这12个国家是:阿尔及利亚、埃及、吉布提、科摩罗、利比亚、毛里塔尼亚、摩洛哥、索马里、突尼斯、冈比亚、肯尼亚和尼日利亚。

② 赞比亚《宪法》在其序言中的同一条款中宣称自己是一个基督教国家,与此同时维护所有人的良知与宗教自由权利。赞比亚《宪法》没有在其《宪法》正文中提及基督教,反而在其《宪法》第19条进一步肯定了公民的宗教信仰自由。从这些规定上看,至少相对于这12个对伊斯兰教作出特别优待规定的国家来看,赞比亚《宪法》远远没有达到将基督教树立为国家的官方宗教的程度。

现出对国际法非常强烈的尊重和接受色彩，其中被各国宪法文本引用最多的分别是《世界人权宣言》《非洲人权与人民权利宪章》《联合国宪章》。其中《世界人权宣言》第2、16、18条规定了宗教平等和宗教自由，《非洲人权与人民权利宪章》第2条和第8条规定禁止基于宗教背景而歧视公民、公民享有良知和宗教自由，《联合国宪章》第1、13、55条规定了宗教之间的平等。在上述12个明文或者变相规定了伊斯兰教官方宗教地位的国家中，只有利比亚和尼日利亚的宪法文本中没有明文规定国际法的指导地位或约束力。在其他10个国家中，国际法的要求和官方宗教规定有可能会发生冲突。

正是由于这种潜在的冲突，这12个国家的宪法文本都出现了一些看起来有些自相矛盾的规定。例如，除去毛里塔尼亚，其他9国都承认了宗教平等和宗教自由原则。即使在利比亚和尼日利亚的宪法文本中，也有关于保护宗教平等和宗教自由的规定。吉布提、利比亚、摩洛哥等国的宪法中对宗教平等或宗教自由的规定，与关于伊斯兰教官方宗教地位的规定位于同一条款中，显示出一定的矛盾性。这种矛盾性的一个代表是索马里《宪法》第17条，它在规定每个人都可以自由地实践其宗教信仰之后，立刻规定不可以在索马里联邦共和国传播伊斯兰教以外的其他宗教。在3个建立了伊斯兰教法院的国家中，冈比亚《宪法》第100.2.c条、肯尼亚《宪法》第8条、尼日利亚《宪法》第10条都规定不得建立任何官方宗教，但是这并没有阻止这些国家的宪法文本对伊斯兰教法院的权力做出明确的宪法承认。从这些矛盾中我们可以看到，即使是这些为数不多的承认伊斯兰教特殊地位的非洲国家，也不得不面对世俗国家这一现代宪法的普遍标准，对自己优待伊斯兰教宗教的态度，至少在宪法文本中作出妥协性的规定。这种现象或许可以进一步验证非洲国家宪法对国际社会基本价值的认同态度。

2. 宪法将自己规定为全社会的价值共识基础

经典自由主义的宪法观认为，宪法只用于调整公民与政府之间的关系，是公民权利的保证书，其目的是保证公民免受政府权力滥用的侵害。基于这种理论逻辑，制宪者不应在宪法中写入公民的义务，有关公民对社会和政府的义务应当由刑法和行政法来规定。至于公民与公民之间的关系，则应当留待民事法律去调整，即宪法不应当具有水平适用效力。但是非洲国家的宪法显然没有全盘接受这种自由主义的宪法观。

在54个非洲国家中，首先，有21个国家的宪法文本明确规定：宪法具有普遍适用力，可以适用于公民之间的关系；在私人主体之间也可以适用宪法条款，尤其是规定在宪法中的基本权利和自由。根据这些规定，宪法的调控范围将渗透到整个社会生活的方方面面，成为无处不在的万能法。其次，47个非洲国家的宪法文本规定了公民对国家的宪法义务。有些国家的公民宪法义务规定还相当细致。例如，多哥、卢旺达、索马里、刚果共和国、刚果民主共和国、科特迪瓦、布隆迪、苏丹这些国家，专章规定了公民的多项义务，涵盖服兵役、维护国家的团结和统一、接受基础教育、保护公物、爱护环境、服务社会等，这表明这些国家的制宪者力图通过宪法这一制度工具，来塑造其期待的宪法公民形象。① 规定宪法的普遍适用力、规定公民宪法义务的这两类国家一共有51个。只有博茨瓦纳、科摩罗和毛里求斯这三国的宪法文本中既未规定宪法在公民之间的普遍适用效力，也没有规定公民的宪法义务。其中博茨瓦纳和毛里求斯的宪法是非洲大陆最古老的宪法，代表的更多的是经典自由主义的宪法观。科摩罗目前的民主法治建设非常不理想，宪法文本也只有短短47条，简短而粗糙，没有规定宪法的普遍适用力和公民的宪法义务，这或许更多的是制宪者没有认真思考此类问题的表现。

宪法的普遍适用力与公民宪法义务的作用非常类似，会助推宪法突破其“公民权利保证书”的经典自由主义思想限制，上升为整个社会的行动纲领；宪法条文中大量具有鲜明价值立场的规定，将使宪法转变成整个社会的价值共识基础文件。

需要注意的是，非洲国家宪法普遍规定公民义务的做法，与它们普遍承认国际法约束力的情况存在一定的相关性。前文的讨论已经指出，在最受非洲国家宪法文本青睐的国际法文件中，《非洲人权与人民权利宪章》的明文引用频率排在了第二位。《非洲人权与人民权利宪章》第一编第二章专章规定了公民的义务，其中包括要求公民对其家庭和社会承担责任、尊

---

① 关于宪法公民义务作用的讨论，以及在宪法中规定公民义务将反映出制宪者怎样的思想这些问题，可以参见王锴：《为公民基本义务辩护——基于德国学说的梳理》，载《政治与法律》2015年第10期；姜峰：《宪法公民义务条款的理论基本问题：一个反思的视角》，载《中外法学》2013年第2期。

重同胞、保卫国家安全、促进社会和国家团结、努力工作和诚实纳税、保护非洲的文化价值、促进非洲统一等。① 公民义务同时受到了非洲国家国内宪法和地区人权公约的双重强调，这反映出以宪法来界定公民义务并最终督促公民履行自己的宪法义务，是在非洲国家宪法实施机制中一种具有共识性质的制度设计方式。

3. 制宪者希望利用宪法制度来指导和推动国家发展

非洲国家的制宪者希望宪法成为全社会的价值共识基础，希望在宪法实施的过程中公民可以按照宪法的价值目标要求接受教育和改造，更希望宪法实施可以推动整个国家朝着其期待的目标发展。这一点尤其通过非洲宪法文本中普遍规定了国家发展目标、公民的经济社会权利，并对国家的纠偏行动进行明确授权表现出来，这样的国家一共有 47 个。

有 28 个非洲国家的宪法在其文本中明确规定了国家的发展目标，其中往往包括法制、政治、经济、文化甚至国际关系方面的内容，为国家、社会的发展和建设规划了详细的蓝图。

有 43 个非洲国家的宪法文本规定了公民的经济、社会和文化权利，即第二代权利。在第二代权利更多地表现为积极权利的情况下，实现这些公民权利，需要国家提供相应的资源或者积极作为。由于非洲国家普遍比较贫穷，依靠社会力量来实现这些公民权利非常不现实，这更加重了国家在实现第二代权利时的责任。也正是非洲国家的经济和社会发展水平普遍不高，使政府本身可以利用的资源也非常有限；如果认为第二代权利像第一代权利一样对政府具有直接的法律约束力，则会对国家财政施加沉重的负担，有时会沉重到使得国家陷入根本无力兑现自己承诺的尴尬境地。所以，肯尼亚、津巴布韦、厄立特里亚、布隆迪、南苏丹这五国宪法在规定了第二代权利的同时，又明确规定国家实现这些第二代权利应当考虑到可用资源的限制。莫桑比克《宪法》第 91 条规定，国家有义务“根据国家的经济发展情况”向公民提供住房。而南苏丹《宪法》在规定了大量第二代权利的同时，却又在第 44 条规定：“除非宪法或者普通法律特别规定，本章中列明的权利不具有法律约束力。”这实际上是将这些第二代权利下降到了国家活动指导方针的地位。

---

① Art. 27-29, African Charter on Human and Peoples' Rights.

为了解决本国在经济和社会发展中存在的问题,有20个非洲国家的宪法文本中授权国家从事纠偏行动,如优待妇女、老弱病残、少数族群。这些承认纠偏行动的宪法文本尤其重视对妇女的扶助,并且重点体现在国家公职机关中为妇女保留确定比例的任职资格。例如,马拉维《宪法》第68.4条规定,应当保证参议院中一半以上的成员为女性;塞内加尔《宪法》第61条规定,2/5的参议员应当是妇女;南苏丹《宪法》第109.3条规定,总统应当保证部长会议中至少有25%的成员是女性;等等。

只有博茨瓦纳、毛里求斯、吉布提、喀麦隆、科摩罗、利比亚、毛里塔尼亚这7个国家没有在宪法正文中,以上述三种方式中的任何一种对国家的发展方向、国家应当积极推进实现的政策目标作出明确的规定。其中博茨瓦纳和毛里求斯两国作为经典宪法的代表,自然又在其列。其他五国虽然没有在正文中采取这三种规定方式,但是都在序言中比较详细地讨论了国家的建设和发展目标,实际上也在间接为国家发展规定目标和方向。

(二)宪法制度设计存在限制民众参与的倾向

非洲国家普遍承认世俗共和政体,所有的非洲国家都建立了由国民选举产生的议会。此外,32个非洲国家的宪法文本规定了各种类型的全民公投程序,可以由全民公投议决的事项也比较宽泛,包括批准国际条约、领土变更,决定国家权力组织问题,等等。在许多国家,当有权的国家机关如阿尔及利亚的总统、纳米比亚的国民议会通过独立的政治判断认为存在必要性时,可以针对任何事项提起全民公投。而安哥拉《宪法》更慷慨地规定,1/5的国会议员和议会中的某一党团就可以启动全民公投程序,比一般的立法程序的门槛还要低。这似乎显示出非洲国家的制宪者对国民政治素质的充分信任和尊重,对实现国家政治生活民主化的坚定决心。

但是进一步的分析将揭示出,非洲国家的宪法更多的是追求形式上的民主化,即从制度形式上看,国家权力的行使建立在民众普遍同意的基础上,尤其通过对选举制度细致、全面的规定反映出来。但是深入的分析将揭示,非洲国家的宪法设计最终很难称得上让普通民众对国家政治生活拥有实质话语权,甚至表现出对普通公民民主政治素质存在一定的不信任。在这种不信任的制宪心态中,本国民众参与国家政治过程的权利、方式,甚至议会的组成方式,都受到了许多国家宪法的明文限制。至于国家民主政治的根基,对地方自主性的保护,也受到了非洲各国宪法有意的忽视甚至否定性的对待。

1. 对本地政治文化的不信任

语言是文化和教育活动的载体,对一种语言的态度也表现出对这种语言背后的文化的认同程度。如果一国宪法将非本地语言作为官方语言,则不可避免地反映出该国制宪者对本国文化的不信任。

这种对本国政治文化的不信任态度的确存在于非洲国家的宪法文本中。在非洲国家普遍国内族群构成复杂,而每个族群往往都有自己历史悠久的语言的情况下,49 个非洲国家宪法文本都规定了本国的官方语言或者国家语言,许多国家规定了一种以上的官方语言或国家语言,这反映出非洲国家的制宪者对语言文化问题的重视态度。其中 39 个国家的宪法文本,将历史上曾经对本国进行殖民的宗主国的语言规定为本国的官方语言。在这 39 个国家中,更有 22 个国家的宪法文本仅规定了殖民宗主国语言的官方语言地位,没有提及任何一种具体的本国语言的宪法地位。

对于宪法将历史上殖民国家的语言作为本国官方语言的现象,人们可以找到许多解释。例如,因为国内族群众多、相互之间不信任,为表示在族群间的中立,只好选择一种外邦语言;殖民语言实际上已经是本国行政系统中长期使用的语言,规定其为官方语言只不过是对现状的承认;本国上层精英为了保护自己对国家的政治、经济和社会生活的垄断地位,有意利用本国大部分民众都不会使用的殖民语言来维护其既得利益;等等。① 在下文的讨论中我们很快就会看到,冈比亚、塞拉利昂、博茨瓦纳、马拉维、毛里求斯这些国家的宪法要求某些国家公职候选人应当具有一定的英语读写能力;赞比亚、塞内加尔宪法规定某些国家公职人员的候选人应当具备国家官方语言的读写能力,而这种官方语言分别是英语和法语。这实际上抬高了参与国家政治生活的教育背景门槛。

无论在具体的国家中这种以异邦人语言为官方语言的制宪目的究竟

---

① 参见[喀麦隆]梅曼·钦丹等:《非洲的语言与文化认同》,高尹倩译,载《国际博物馆》(中文版)2008 年第 3 期;[日]梶茂树:《非洲的语言与社会》,徐微洁译,载《非洲研究》2016 年第 2 卷。

如何,这些规定总会反映出制宪者对本国政治文化的不信任。当一种语言不能进入国家正式的宪法实施过程和政治活动,或者最多只能享受次等地位时,这种语言代表的政治文化也将在国家的政治生活中被逐渐边缘化。在短时间内这些本地文化在普通民众中依然拥有巨大影响力的时候,宪法中规定的官方语言代表的“宪法文化”与“本地文化”的疏离,最终很有可能使宪法成为一种异己文化的载体。

2. 基于财产状况或教育程度限制公民的被选举权

有 22 个非洲国家宪法文本对于参选国家公职人员如中央和地方议会的成员、总统、部长,规定了财产状况或者教育程度方面的限制。财产方面的限制主要是禁止处于破产状态的公民参选公职,一些国家的宪法进一步规定当选议员破产将立即失去议席,如塞拉利昂《宪法》第 77. 1. i 条,博茨瓦纳《宪法》第 62 条,毛里求斯《宪法》第 34 条。教育程度方面的限制规定主要表现为要求候选人获得一定的教育资格证书,或者具备读写本国官方语言的能力。

在欧美国家宪法发展史的早期,同样存在基于财产状况和教育程度限制公民选举和被选举权的情况,这些限制规定的目的是阻止下层民众借助行使选举权参与到政治过程中来。① 目前非洲国家的宪法文本没有根据财产状况和教育程度直接规定选举权方面的限制,但是这 22 个基于财产状况或教育程度限制被选举权的国家,还是会间接影响公民选举权的实现,实际上还是一种对公民政治参与的限制性规定。②

在一个健康的民主政治过程中,人们本可以期待该过程中的博弈和选民挑选活动将那些不负责任的候选人排除出决策圈。这些依然保留在宪法文本中的对公民政治参与的限制性规定,实际上反映出非洲国家制宪者的想法,即仅仅依靠选民的认同和挑选并不能推举出符合宪法实施需要的

---

① 关于欧美国家宪法发展中,以财产状况和教育程度为标准限制公民政治参与,尤其是限制行使选举权和被选举权的情况的论述,参见陶文昭:《选举权发展的历史审视》,载《天津行政学院学报》2010 年第 2 期;范伟:《美国公民选举权的历史演进》,载《改革与开放》2014 年第 21 期。

② 对被选举权的限制会同时限制公民选举权,这些限制的设立原因是对国民素质的不信任。对这些问题的讨论,参见韩大元、周望舒:《试论被选举权享有者的资格限制》,载《法制与社会发展》1997 年第 4 期。

国家公职人员,甚至有可能将一些文盲、破产者等无政治素质或责任心的人士输送到国家重要的政治领导岗位上。这种不信任是对国家政治结构的不信任,是对民主政治过程的更深层次的怀疑态度。其中博茨瓦纳和毛里求斯这两个非洲民主法治建设的“排头兵”国家,在其宪法文本中同时规定了对候选人财产状况和教育程度方面的限制。这表明这种不信任早在非洲国家独立之初就存在了,经过这么多年后,也没有得到根本的改变。在非洲国家的宪法文本普遍表现出比较强的价值倾向,并肩负着教育公民、引导国家发展方向的重大使命的情况下,这些价值倾向和不信任态度将起到相互加强的作用。

3. 议会中存在受国家元首指定的代表

16个非洲国家宪法文本对议会组成人员规定了议会外指定成员,即不通过议会选举过程产生且不受议会控制的议会组成人员。这些指定代表都是由该国的国家元首,即总统或国王(如斯威士兰)任命产生。在规定这些指定代表时,这些国家的宪法很少规定总统任命这些代表的标准和理由,即使规定也只是含糊地说应当是杰出人士(如布基纳法索、阿尔及利亚),或者为提高议会的代表性(如赞比亚)。这些内容含糊的规定,赋予了国家元首干涉议会组成的极大权力。这些国家元首往往也同时控制着国家行政机关,并且会更多地考虑行政机关利益;在这种情况下,这些指定代表的存在会为行政机关反向控制议会提供绝好的制度渠道。这些指定代表的存在也表明,许多非洲国家的议会在宪法制度设计中就处于相对弱势的地位,制宪者没有对议会的政治地位提供充分的保护。议会是在现代民主政治中,与民众的政治距离最接近的国家机关。当非洲国家的议会本身难以保证其宪法权威的时候,公民对议会政治活动的参与如选举议会成员,将使议会的政治影响力不可避免地要打上一定的折扣,将更多地表现出形式而不是实质上的民主意义。

4. 地方自主权受到了宪法文本的严重忽视

当一个国家内部族群众多时,如果处理不当,易于产生族群冲突。为了防止这些冲突的产生,该国的宪法文本似乎应当对地方政府的组织和运作、中央与地方政府之间的关系进行更细致的规定,这也是维持国家政治稳定、实现宪法顺利实施的关键问题。但是有些令人惊讶的是,非洲国家的宪法文本对地方组织制度的规定非常简要,甚至到了潦草的地步,地方的自主权甚至很少获得宪法的明文肯定。

在54个非洲国家中,只有埃塞俄比亚、尼日利亚和索马里这三个国家明确将联邦主义作为国家组织的基本原则。不过有27个国家的中央议会由两院组成,即除去由选民直接选举产生的代表院,还会设置专门代表国家内部各领土单元的第二院。第二院的代表选举基本上都以中央政府以下的第二级政府管辖的领土范围为选举单位,由该领土范围内的选民直接选举,或者该地区的代议机关间接选举产生,其显然是为了反映国家内部不同地区的特殊利益。此外,一些国家在设置第二院时,其目的不仅是更好地体现国家内部不同地区的利益,还希望它能够体现不同族群、不同社会群体,如青年、妇女、残疾人的利益。例如,埃塞俄比亚《宪法》第61条规定,联邦院代表不同的民族、种族和人民,每一民族、种族和人民都应当在联邦院中获得代表。这使非洲国家议会第二院的设置具有更强的多元主义色彩,而不仅代表地区利益,这反过来也会弱化第二院的地区利益表述功能。

需要注意的是,有资料显示,在2003年左右,只有16个国家在中央议会中设置了两院;到了2017年,已经扩大到27个。超过一半且越来越多的非洲国家在中央议会中建立了第二院的事实说明,非洲国家的制宪者意识到了回应国家内部各族群多样诉求的需要。如果制宪者认真回应这些诉求,人们有理由期待在非洲国家的宪法文本中看到许多对地方自主性的保护性规定,至少应当对地方政府的组织制度、中央和地方的关系,在宪法文本中给出一个明确且具有可操作性的制度框架规定。

但是令人惊讶的是,非洲国家的宪法文本在地方政府的组织方面,规定得都非常潦草;有些国家的宪法文本,不仅没有对地方政府的自主权提供宪法保护,反而更多的是在赋予中央政府干涉地方政府的权力。这种现象,也将在下文讨论强势中央政府时得到进一步的体现。

首先,在27个规定了中央议会第二院的国家中,有19个国家赋予了代表院相对于地区院的优势地位,即埃塞俄比亚、索马里等19个国家。这种优势地位主要表现为,当议会两院存在不同意见时,代表院只需要通过简单多数就可以压倒第二院的不同意见,这使第二院对于代表院的决策过程只具有延缓作用,不能形成实质制约。在这种情况下,如果不考虑我们将在下文讨论的合宪性审查制度,在54个非洲国家中实际上只有8个非洲国家在国家权力组织结构中为地方政府提供了专门的强有力的保护机制,这使地区利益很难在中央政府层面上得到实质性的尊重。

其次,非洲国家的宪法对中央与地方政府之间的权力划分,规定得非常潦草。只有14个国家的宪法文本明文规定了中央与地方政府的立法权分配的问题。在这14个国家中,尼日利亚、科摩罗、南非、肯尼亚四国更在宪法中规定,所有的剩余权力归属中央政府而不是地方,进一步凸显了中央政府在国家生活中的强势地位。有些讽刺的是,尼日利亚是非洲三个在宪法文本中明确规定了联邦主义原则的国家之一。至于中央法律的执行、中央与地方的财政资源分配方式、地方政府的组织等事关地方自主权的核心问题,也很少出现在非洲国家的宪法文本中。例如,在非洲国家普遍比较贫穷,中央政府的收入因为依靠国家自然资源出口、国际援助而比地方政府相对宽裕许多的情况下,地方政府的发展离不开中央政府的财政援助。如果宪法想落实对地方自主权的保护,似乎理应在宪法文本中明确规定中央政府对地方的扶助义务。但是非洲各国宪法文本表明,只有13个国家的宪法文本中规定了有约束力的中央政府扶助地方政府发展的法律义务。例如,尼日利亚《宪法》第227条规定地方政府有权分享整个国家的财政收入;加纳《宪法》第252条规定,全国议会应当将加纳总收入的5%拨付给区议会;苏丹《宪法》第192条规定,至少2%的石油收入应当提交给产油州;等等。但是这13个国家毕竟在整个非洲大陆属于明显少数,这些宪法制度设计严重不足的情况,不可避免地表现出非洲国家的制宪者对地方自主制度建设的轻视态度。

(三)宪法制度设计高度重视维护国家的政治稳定

非洲国家的宪法民主制度设计,更多的是追求一种形式上的民主化。这种制度设计倾向实际上已经在一定程度上反映出非洲国家的制宪者更多地考虑如何保证制宪目的,使宪法相对独立于易于受到政治操控的普通民众的影响和参与,进而得到稳定实施。追求国家政治生活的稳定的确是非洲各国重要的制宪目的,主要表现如下。首先,非洲各国宪法普遍引入了自卫民主理论,例如禁止修改宪法中的一些原则和制度,赋予公民一定的反抗权。其次,相对于从选举组织到成员组成受到重重限制的议会,非洲各国宪法在规定行政机关的权力时却非常慷慨,普遍造就了一个强势的行政机关。最后,许多非洲国家的宪法赋予了中央政府对地方政府的干涉权,在非洲国家的宪法本已对地方自主权规定寥寥的情况下,更创设了一个强势的中央政府。

1. 采用自卫民主理论

第二次世界大战后,联邦德国《基本法》首先引入了自卫民主理论,规定宪法的某些条文和原则不可被修改,公民、社团和政党都不得破坏《基本法》"自由民主的基本秩序",否则将会失去相应的基本权利。①《基本法》第 20 条进一步规定,对于任何企图推翻该秩序的个人,在没有其他救济的情况下,所有的德国人都有权反抗。

自卫民主理论提出后,对世界宪法史的发展形成了深远的影响。积极认同国际社会价值原则的非洲国家宪法,也广泛采取了该理论。在 36 个非洲国家的宪法文本中,存在类似的基于自卫民主理论思考规定的条款,并且基本表现为禁止修改宪法的某些原则和条款。

在禁止修宪条款中,被提及最多的是政体、领土完整和宗教问题;最受重视的是国家的政体问题,有 19 个国家的宪法文本中禁止涉及国家政体性质的修宪。其中摩洛哥王国《宪法》禁止修宪时改变国家的君主制,另外 18 个国家禁止修宪时改变国家的共和政体。有 15 个国家禁止修改宪法中的宗教原则规定,这些国家又分为两种情况:阿尔及利亚、摩洛哥、索马里、突尼斯这 4 个国家禁止在修宪过程中改变伊斯兰教在国家的国教地位,其他 11 个国家则禁止在修宪过程中改变国家的世俗国家或者政教分离原则。有 14 个国家禁止会影响到国家领土完整的修宪活动。这或许可以表明,在非洲国家制宪者看来,政体、宗教和领土完整问题是影响国家宪法实施的首要问题。

其他禁止修宪的内容包括基本权利、总统任期、民主政党原则等问题。有 9 个国家的宪法文本还规定了公民针对组织、个人或者行为的反抗权(贝宁、冈比亚、南苏丹、加纳、坦桑尼亚、布基纳法索、多哥、马里、刚果共和国);在贝宁、冈比亚、南苏丹、加纳、多哥这五国,与这些现象做斗争,甚至是公民的宪法义务。

---

① 有关联邦德国基本法自卫民主理论及其实践的相关讨论,参见程迈:《民主的边界——德国〈基本法〉政党取缔条款研究》,载《德国研究》2013 年第 4 期。

2. 规定强势行政机关

相对于议会,非洲国家的宪法文本对行政机关的设置表现出更加重视的态度,这种重视表现如下。首先,36 个非洲国家①的宪法文本将对行政机关组织和权力配置问题的规定,安排在了对立法机关的规定之前,宪法这样的篇章安排就已经反映出了非洲国家的制宪者更重视行政机关的倾向。其次,41 个非洲国家②的宪法文本中规定了由公民直接选举产生的总统,进一步反映出非洲国家的制宪者们偏爱强势的行政首脑。另外,埃塞俄比亚《宪法》第 71 条规定,议会经 2/3 的多数选举产生总统,这种超多数的规定无疑也塑造了一位强势总统。在偏爱强势的行政首脑的同时,这 41 个非洲国家中还有 11 个国家③规定总统可以独立地任命政府组成人员,其中包括总理(如果该国宪法规定了总理),而且议会没有以不信任表决的方式罢免政府或者政府组成人员的权力。在这 11 个国家以外,多哥、卢旺达、马里这三国的宪法,虽然规定了议会针对政府或者政府组成人员的不信任权,以要求政府或者特定的政府组成人员辞职,但是这一不信任多数为 2/3,大大提高了议会要求政府对其负责的难度。赞比亚《宪法》规定议会只能驳回两次总统的任命决定,到了第三次时,总统对政府组成人员的任命决定将自动生效。赞比亚《宪法》没有规定议会的不信任表决权。这四国的宪法,实际上也在一定程度上赋予了总统相对独立的政府人事任免权,强化了行政机关的地位。

此外,斯威士兰是君主制国家,国王从议会下院中任命总理,并从两院成员中挑选其他政府组成人员。议会下院同样只能以 2/3 的多数才能通

---

① 这 36 个非洲国家是:阿尔及利亚、安哥拉、贝宁、博茨瓦纳、布基纳法索、布隆迪、赤道几内亚、佛得角、冈比亚、刚果共和国、刚果民主共和国、吉布提、几内亚、加纳、加蓬、津巴布韦、喀麦隆、科摩罗、科特迪瓦、马达加斯加、马里、毛里求斯、毛里塔尼亚、莫桑比克、纳米比亚、尼日尔、塞拉利昂、塞内加尔、塞舌尔、圣多美和普林西比、斯威士兰、苏丹、坦桑尼亚、赞比亚、乍得、中非共和国。

② 这 41 个非洲国家是:阿尔及利亚、埃及、贝宁、布基纳法索、布隆迪、赤道几内亚、多哥、佛得角、冈比亚、刚果共和国、刚果民主共和国、吉布提、几内亚、加纳、加蓬、津巴布韦、喀麦隆、科摩罗、科特迪瓦、肯尼亚、利比里亚、马达加斯加、马拉维、马里、毛里塔尼亚、莫桑比克、纳米比亚、南苏丹、尼日尔、尼日利亚、塞拉利昂、塞内加尔、塞舌尔、圣多美和普林西比、苏丹、坦桑尼亚、突尼斯、乌干达、赞比亚、乍得、卢旺达。

③ 这 11 个国家是:贝宁、赤道几内亚、冈比亚、刚果共和国、吉布提、几内亚、津巴布韦、科摩罗、科特迪瓦、马拉维、莫桑比克。

过针对政府的不信任案,迫使政府辞职。

非洲行政机关的强势地位,不仅体现为行政机关相对独立的人事任命权,更体现在行政机关具有的不受议会控制的宪法权力上。23 个非洲国家的宪法文本中规定了行政机关独立于议会控制的权力。其中比较多见的第一类条文,即不属于法律事项的其他事项都是行政立法范围内事项,其保证了行政机关相对于立法机关独立的立法权。第二类比较常见的权力,是议会不能在指定时间内通过预算案时行政机关有权以行政法令的形式通过第二年的预算案。需要注意的是,这两类规定也存在于目前的法国第五共和国《宪法》文本中,而这 23 个国家除去赞比亚都为过去的法国、比利时、葡萄牙和西班牙这些欧洲大陆国家的殖民地,这反映出非洲国家的宪法制度受到原来的宗主国制度影响的情况。第三类比较常见的行政机关独立权力,是关于紧急状态的权力。例如,阿尔及利亚《宪法》第 93 条规定,总统可以在国家处于某些危急状况时发布紧急状态令,且这种紧急状态令不受到议会事先甚至事后批准的控制。而贝宁《宪法》第 101 条规定,部长会议可以宣布进入戒严状态或者国家紧急状态,只有在将该紧急状态延长至 15 天以上时,才需要得到国会的批准,实际上赋予了行政机关 15 天内独立行动的权力。第四类权力,则是行政机关独立宣战的权力,像阿尔及利亚、赤道几内亚、刚果共和国、马达加斯加、摩洛哥、尼日尔、赞比亚这七国宪法都赋予了行政机关独立宣战或者使用武装力量的权力。这或许是行政机关拥有的最强大的独立权力。

3. 中央政府对地方政府的干涉权

非洲国家的宪法文本对地方政府的组织乃至自主权的保护是不充分的,在地方组织制度的设置、地方自主的保护方面多语焉不详,在非洲国家的地方政府普遍财政紧张、资源不足的情况下,又没有从制度上保证地方政府有权享有充分的自治资源。通过对非洲国家宪法文本的分析我们甚至还会发现,有 13 个国家的宪法文本中规定了中央政府接管地方政府职权的权力。中央政府干涉的理由包括地方政府违反宪法、违反法律、存在失职行为、侵害国家其他地区的利益或者陷入了政治危机无力自我维持运作,有的国家会同时规定这几种干涉的理由。8 个国家(埃塞俄比亚、喀麦隆、乌干达、刚果民主共和国、尼日尔、莫桑比克、纳米比亚、尼日利亚)的宪法规定,这些中央接管地方职权的决定,需要事先得到全国议会或者议会第二院的批准;5个国家(几内亚比绍、佛得角、安哥拉、肯尼亚、南非)的宪法规定,行政机关可以独立决定是否要按照宪法或者法律的规定接管地方政府。无论这种具体的程序是如何规定的,人们都可以发现地方政府在这些程序中绝对消极、被动的地位,其基本上没有事先主张异议的机会,至多只能利用事后的救济程序。这种强势中央政府的规定,在反映出非洲国家的制宪者普遍对地方政府的稳定运作能力信心不足的同时,又进一步强化了中央政府,尤其是中央政府行政机关在国家权力组织体系中的强势地位。

(四)宪法制度设计高度重视宪法的规范约束力

强烈的价值倾向、形式化民主观、对政治稳定的高度重视,这些态度不断透露出非洲国家制宪者对民主政治过程的不信任态度。这些都决定了非洲国家的宪法将承担对国家政治生活重要的规制使命,需要拥有实实在在的规范约束力。为了实现这种规范约束力,大多非洲国家至少在形式上建立了比较发达的宪法审查制度,赋予公民广泛且在制度形式上较便利的获得宪法救济的制度渠道。在此基础上,非洲各国又期待宪法能够有效约束国家政治生活的走向,于是赋予了宪法审查机关广泛的裁判政治争议的权力。在此之外,许多国家还建立了专门的宪法实施监督机关,以促进宪法实施、营造尊重宪法的社会文化。

1. 仅有两个非洲国家未建立宪法审查制度

非洲国家对宪法规范约束力的重视,首先通过绝大多数非洲国家建立了宪法审查制度表现出来。目前只有利比亚和卢旺达两国的宪法中,没有明文规定宪法审查制度。其中利比亚的宪法属于过渡宪法,对于国家组织制度只作出了一些大纲性的规定,具体制度需要等待国家局势稳定下来后,由未来的正式宪法规定。因此,实际上只有卢旺达一国没有在自己的宪法文本中规定宪法审查制度。

在52个建立了合宪性审查制度的非洲国家中,只有几内亚比绍①和埃塞俄比亚②规定由中央议会审查各种法律和政府行为的合宪性,实行的是所谓的立法机关审查模式。其中几内亚比绍议会实行的是一院制,全国代

① 参见几内亚比绍《宪法》第56条第5、6项。

② 参见埃塞俄比亚《宪法》第83条。

表大会有权决定全国代表大会作出的各种决定、法律和其他法律文件的合宪性。埃塞俄比亚是非洲大陆三个在宪法中规定自己的联邦国体的国家之一,中央议会中设置有联邦院;根据其《宪法》第61条的规定,联邦院代表由各州议会或者各州人民直接选举产生。联邦院对宪法争议和宪法解释问题拥有最终决定权。埃塞俄比亚《宪法》设有宪法调查委员会,该委员会主席和副主席由联邦最高法院的主席和副主席担任,其他9名成员由议会和总统共同决定。宪法调查委员会有权调查各种宪法争议。如果在普通诉讼过程中发生对某项联邦或者州法律的合宪性争议,该审判法院或者利益相关人可以向宪法调查委员会提交该争议,由该调查委员会对是否要提交给联邦院作出最终决定。在普通诉讼过程中产生了宪法解释的需要,宪法调查委员会认为没有必要解释时,可以发回原审法院,利益相关人可以直接向联邦院上诉;宪法调查委员会也可以将自己的建议提交给联邦院,由联邦院作出最终的解释。① 从这些规定中可以看到,埃塞俄比亚的立法机关审查模式中也混合了一些司法机关审查的因素。

有31个非洲国家②建立了专门宪法审查机关。在这31个国家中,对专门宪法审查机关的称谓又分为两种:宪法委员会和宪法法院。有9个非洲国家③的宪法将本国的专门宪法审查机关规定为“宪法委员会”,这9个国家中除了莫桑比克曾经为葡萄牙殖民地外,其他8个国家都为前法国殖民地。在22个建立了宪法法院的国家中,也不乏前法国殖民地(如多哥)、比利时殖民地(如布隆迪)、西班牙殖民地(如赤道几内亚),这说明宪法法院制度已经超越了不同非洲国家的宗主国法律传统,受到了更多国家的青睐。而且宪法称谓不一定会决定宪法审查机关的权限差别,当法国的宪法委员会不会接受公民宪法诉愿的时候,四个非洲国家(吉布提、科特迪瓦、乍得、莫桑比克)的宪法委员会依然向公民敞开自己的制度救济大门。再

---

① 参见埃塞俄比亚《宪法》第82~84条。

② 这31个非洲国家是:吉布提、科特迪瓦、乍得、阿尔及利亚、喀麦隆、毛里塔尼亚、塞内加尔、莫桑比克、布基纳法索、刚果共和国、加蓬、津巴布韦、南非共和国、尼日尔、苏丹、中非共和国、安哥拉、贝宁、刚果民主共和国、摩洛哥、圣多美和普林西比、索马里、突尼斯、布隆迪、马里、马达加斯加、赤道几内亚、几内亚、多哥、科摩罗、埃及。

③ 这9个非洲国家是:吉布提、科特迪瓦、乍得、阿尔及利亚、喀麦隆、毛里塔尼亚、塞内加尔、莫桑比克、布基纳法索。

考虑到其他19个非洲国家由普通法院审理宪法诉讼的情况,这进一步显示出非洲国家宪法设计在建立宪法审查制度上的热情。

2. 为公民提供了便利的宪法诉愿制度渠道

非洲国家的宪法强烈倾向于将自己定位成整个社会的价值共识基础。例如,21个非洲国家的宪法文本规定,宪法可以直接在公民个人之间适用。这种直接适用的规定,实际上已经打开了在普通法院的诉讼程序中适用宪法的制度之门。在这种宪法普遍约束力的规定之外,还有43个非洲国家的宪法文本普遍明确赋予了公民发动宪法审查程序即提出宪法诉愿的权利,[①]其表现为三种模式:(1)如果该国采取的是分散审查的模式,即所有的普通司法机关都拥有宪法审查的权力,普通诉讼中的当事人已经自动获得了发起宪法诉愿的权利;(2)如果该国建立的是集中审查的模式,普通当事人可以在普通诉讼程序中针对法律的合宪性问题,要求审判法院向宪法审查机关提出审查要求;(3)普通当事人可以直接向宪法审查机关提出审查申请请求。后两种模式在有的国家可以同时适用。

无论采取何种具体的制度形式,这些规定至少在制度形式上赋予了普通公民非常便利的宪法救济渠道,使公民可以最大限度地利用宪法规定,保护自己的宪法权利,实现宪法对国家和社会生活的普遍规范约束力。只有10个非洲国家[②]的宪法既没有规定宪法的普遍规范约束力,也没有明文规定公民的宪法诉愿制度。此外,卢旺达《宪法》虽然规定了宪法的普遍规范约束力,但是没有明文规定任何宪法审查制度,包括公民诉愿程序。这11个非洲国家都曾是法国、比利时、葡萄牙殖民地,这些宗主国自身的宪法审查制度也尚处于发展完善过程中;可能是受到前宗主国制度传统的影响,这些非洲国家的宪法审查制度建设步伐还显得比较滞后。但是43个规定了公民宪法诉愿制度的国家中包括具有各种殖民历史背景的国家,这再一次显示出建立公民宪法诉愿制度是非洲各国制宪者普遍认同的制宪设计方案。

---

① 11个没有在宪法中明文规定公民宪法诉愿机制的国家是:阿尔及利亚、喀麦隆、毛里塔尼亚、塞内加尔、布基纳法索、安哥拉、马里、几内亚比绍、埃及、利比亚、卢旺达。

② 这10个非洲国家是:阿尔及利亚、埃及、安哥拉、布基纳法索、喀麦隆、利比亚、马里、毛里塔尼亚、几内亚比绍、塞内加尔。

3. 明文规定宪法审查机关具有政治争议裁判权

宪法诉愿程序虽然为公民提供了便利的制度救济渠道,但是这种救济渠道只是为公民提供了获得救济的可能,公民最终并不一定获得需要的救济。公民寻求的救济最终能否得到实现,还取决于许多外部因素。需要认识到的是,这些因素不会伴随宪法诉愿制度的建立而自动产生。而且在各国宪法诉愿程序运作中一个比较尴尬的现实是,一旦该制度真正活跃地运作起来,宪法审查机关往往会不堪重负,最终不得不采取各种各样的措施筛选、分流各种诉愿。例如,享有盛誉的德国联邦宪法法院,在其 2019 年受理的所有公民宪法诉愿程序中,只有 1.54%的宪法诉愿获得了其救济。① 面对这种困境,保持国家民主政治的稳定,构建一个良性的政治环境,是向公民兑现各种宪法承诺的最根本手段。在构建这种良性民主政治过程中,同样需要一个有权机关保障宪法实施,并对国家政治生活中发生的各种政治争议按照宪法的精神和要求作出裁判,以保证国家政治生活按照宪法设想的目标和方向发展。从这一意义上说,宪法审查机关扮演的政治争议裁判机关角色,相对于其公民宪法诉愿受理机关角色,更加重要。这一点同样在联邦德国《基本法》制定时对联邦宪法法院的定位的讨论中反映出来。最初通过的《基本法》中只规定了联邦宪法法院的机关争议解决权力,没有规定公民的宪法诉愿程序。②

此外,非洲各国宪法强烈的价值不仅体现在对保护公民宪法权利的坚定承诺上,更表现为对国家的发展目标和方向也作出了明确的规定。为了保证国家的政治生活沿着宪法指明的方向前进,非洲国家的宪法同样具有强烈的需要:建立一个可以按照宪法精神和要求,解决各种政治争议的宪法裁判机关。

或许正是在这些考虑的共同作用下,有 38 个非洲国家的宪法明文规定了宪法审查机制解决各种政治争议的权力,尤其是给予政治过程中的少数派,如议会中的少数代表、地方政府获得宪法救济的可能。而且宪法审

---

① 参见德国联邦宪法法院 2019 年统计公报,https://www.bundesverfassungsgericht.de/SharedDocs/Downloads/DE/Statistik/statistik_2019.pdf?__blob=publicationFile&v=4,2020 年 7 月 19 日最后访问。

② 对于联邦宪法法院管辖权的变更情况,参见程迈:《政党与德国联邦宪法法院:创建、博弈与双赢》,载《政治学研究》2016 年第 3 期。

查机关的争议解决权限宽泛,许多国家,尤其是法属非洲国家的宪法文本更规定,各种组织法、议会议事规则在颁布实施前,必须先在宪法审查机关审查其合宪性,在其合宪性获得肯定后才可颁布实施。另外,在这38个国家之外,埃及《宪法》第181条规定,地方政府之间的权限争议由省级议会解决,省级议会的权限争议由国务委员会的法律委员会决定。埃及《宪法》虽然没有将该权力授予最高宪法法院,但是也可以视作建立了一种政治争议解决机制。

但是需要注意的是,非洲国家宪法审查制度的这种政治争议解决功能,更多地发生在中央政府层面上,地方政府利用该机制的规定非常少见。只有11个国家①的宪法文本明文赋予了地方政府向宪法审查机关申诉的权利,这再一次验证了非洲国家宪法对保护地方自主权的轻视态度。

4. 建立专门的宪法实施监督机关

绝大多数非洲国家都明文规定了宪法审查制度,从向提供公民宪法诉愿和解决政治争议两个角度,落实宪法的要求和承诺。但是,宪法审查机关能做的基本上只是提供事后救济或者解决争议的渠道,而宪法实施的根本目标是保证国家政治生活按照宪法的原则和精神运作,使得政治过程中的各种当事人可以自发自觉地遵守宪法、维护宪法。非洲国家的宪法多具有强烈的价值倾向,大多规定了公民遵守宪法、树立宪法意识的义务,这些情况表明非洲国家的制宪者们实际上想在全社会营造一种宪法文化。宪法审查机关在其持续运作中可以通过不断作出个案判决来深入阐释国家宪法的价值和精神要求,起到教育国民的作用;但是这种个案积累的教育过程,势必是一种非常漫长的过程。在非洲国家普遍属于后发民主法治国家的情况下,其显然需要一种更主动、更积极的宪法实施监督机制,以保证国家政治活动和社会生活方式能够尽快地转变成宪法期待的模式。

或许正是基于这种考虑,许多非洲国家的宪法中在专门的宪法审查机关之外,又规定了专门的宪法实施促进与监督机关,明确规定这些机关的使命就是支持民主政治发展、促进宪法实施、弘扬宪法文化。这样的非洲国家有24个。考虑到欧洲国家对非洲国家宪法的重要影响力,许多非洲

① 这11个国家是:埃及、刚果民主共和国、喀麦隆、科摩罗、马达加斯加、南非、南苏丹、圣多美和普林西比、苏丹、索马里、坦桑尼亚。

国家的宪法也设置了早就存在于北欧国家的护民官等制度(Ombusman,在非洲国家多称为 public protector),这些制度的存在还不能称作非洲国家宪法制度设计的特色。非洲国家宪法的特色在于根据非洲大陆在民主法治建设过程中面临的各种问题,特别建立了有针对性的宪法实施促进与监督机关。其中最受重视的是"人权委员会",19 个非洲国家[①]建立了该机关,这表明许多非洲国家的制宪者意识到,非洲国家在实现人权方面还任重道远,保护人权是宪法实施最需要重视的一个方面。为了区别于可以接受公民宪法诉愿的宪法审查机关,各国的人权委员会都不具有作出有法律约束力决定的权力,其主要职能在于调查各种侵犯人权的活动与事实,发布相应的报告,并将有关侵犯人权的事实报告转交给有权的国家机关处理。

例如,南非《宪法》第 184 条规定,南非人权委员会的使命是促进对人权的尊重以及人权文化,促进对人权的保护、发展与实现,监视与评估人权要求被遵守的情况。该委员会的权力包括对有关人权问题的各种事项进行调查并发布报告,当发生侵犯人权的情况时保证适当的救济机制可以发挥作用,从事各种研究与教育活动。针对第二代人权的实现需要借助国家积极作为的情况,南非《宪法》在规定人权委员会的职权时还要求,南非各相关国家机关每年都需要向人权委员会提供实现宪法中规定的住宅、医疗、食物、水源、社会保障、教育与环境人权的进展报告。从这些规定中我们可以看到,人权委员会功能的实现需要依赖整个国家和社会对人权的尊重,并且最终取决于尊重人权的宪法文化的产生;人权委员会基本上只能利用政治责任而不是法律责任,向相关当事人或者国家机关施压。

除去人权委员会,一些曾经有过严重的种族对立和战争的国家的宪法还规定了专门促进国家团结与和解的机构。例如,索马里(真相与和解委员会)、布隆迪(国家团结与和解委员会,国家防止并消除种族屠杀、战争罪与反人类罪委员会)、卢旺达(全国团结与和解委员会,全国与种族屠杀行为做斗争委员会)。

---

① 这 19 个非洲国家是:南非、坦桑尼亚、肯尼亚、刚果共和国、津巴布韦、赞比亚、马拉维、毛里塔尼亚、乌干达、尼日尔、索马里、斯威士兰、摩洛哥、多哥、几内亚、南苏丹、苏丹、卢旺达、突尼斯。

二、刑事法律制度

(一)当代非洲刑事法律制度概述

在刑法方面,殖民地的宗主国从一开始就竭力禁止某些野蛮的习惯法,取缔一些过分的行为。这种来自宗主国的干预越来越强、越来越主动。经过一段时期的发展,法国的《刑法典》已经于1946年适用于整个法属非洲和马达加斯加,只是在实施中结合当地的风俗作了若干调整;同时,法国法的法院对刑事案件取得了专属管辖权。英属西非洲引进了以英国刑法为基础的刑法典和刑事诉讼法典,除了塞拉利昂实施普通法而未制定法典。

和世界上其他国家一样,非洲各国的刑法属于公法,是涉及国家与其成员之间关系的法律,是关于犯罪和刑罚的法律。由于历史背景和文化传统的差异,非洲各国对刑法的称谓不尽相同,有称为"刑罚法"的,如苏丹、坦桑尼亚等国;也有称为"犯罪法"的,如加纳、肯尼亚、尼日利亚。

在历史上受英国法影响较大的有关非洲国家,其刑法一般被认为属于西方国家法学家所称的普通法系,其刑法的效力渊源主要包括制定法、判例法和习惯法等。在历史上受大陆法或社会主义法影响较大的有关非洲国家的刑法一般被认为属于西方国家法学家所称的大陆法系或社会主义法系,其刑法的效力渊源主要是成文法,具体包括刑法典、单行特别刑法和附属特别刑法等。非洲国家的刑法除了上述各种表现形式外,还包括各自本土的习惯法中的刑法。

大多数非洲国家以西方国家的刑法为基础,颁布了独立的刑法典,并且废除了刑事法律中落后的制度和观念。血亲复仇和私下交纳赎罪金以求和解的传统做法遭到禁止。伊斯兰国家的刑法典放弃了把犯罪划分为"经定型"犯罪和"酌定型"犯罪两大类的传统方法,代之以重罪、轻罪和违警罪三大类的现代划分。多数国家的刑法典仍保留了若干传统的罪名和刑罚,尽管很少使用,但它表明现代刑法并非完全建立在传统法律之外,而是对传统法律进行扬弃的结果。

(二)犯罪的概念和分类

1. 犯罪的概念

在非洲,对于犯罪的定义,主要有实质意义与形式意义两种理解。从实质意义上讲,犯罪是侵害社会即破坏社会生活共同秩序的行为,既包括成年人实施的侵害行为也包括未成年人实施的侵害行为。从形式意义上讲,犯罪不包括未成年人或者精神不正常的人实施的侵害行为。但是单纯从刑法的角度看一般都采用犯罪的形式定义。这样,犯罪不仅与不道德行为有明显区别,而且也不同于民事侵权等一般违法行为。

2. 犯罪的分类

由于非洲各个国家刑法的历史渊源和效力渊源有所不同,因此各自对犯罪划分的标准以及所划分的种类也不尽一致。

没有刑法典或者历史上受英国法影响较大的国家,将犯罪划分为制定法犯罪与普通法犯罪。前者是指制定法所规定的违法且有责的可罚行为,如涉及国家安全和国家行政管理方面的犯罪等;后者是指判例法所创制的违法且有责的可罚行为,如谋杀、放火、殴打、强奸、抢劫、盗窃等犯罪。

在有刑法典的非洲国家的刑法理论中,一般根据犯罪所侵犯的法律,将犯罪分为侵犯个人权益的犯罪、侵犯社会利益的犯罪与侵犯国家利益的犯罪。其中,侵犯个人权益的犯罪主要包括谋杀、杀人、过失杀人、故意伤害、暴行、胁迫、过失伤害、侮辱、非法拘禁、强奸、抢劫、盗窃、诈骗、伪造等犯罪;侵犯社会利益的犯罪主要包括放火、投毒、堕胎、重婚、乱伦等犯罪;侵犯国家利益的犯罪主要包括叛国罪、脱逃罪以及蔑视法庭、拒不执行裁判、作伪证等犯罪。

(三)刑罚的种类和适用

1. 刑罚的种类

在非洲,由于各国的具体国情不同,因此其各自刑法中的刑罚种类也不一样。概括而言,非洲刑法的刑罚种类主要有死刑、监禁、没收财产、罚金等。

(1)死刑。目前,大部分非洲国家的刑法中都有死刑。但是也有个别国家,如南非、安哥拉,其刑法中原有的死刑现在已被废除。

(2)监禁。在许多国家,对于被判处监禁刑的犯罪人还要强制其服一定的劳役,劳役的期限不定,很多情况下都可能与监禁的期限不同。

(3)没收财产。没收财产是指剥夺犯罪人所有的财产归国家所有的刑罚。

(4)罚金。至于交纳金额的多少,非洲刑法中一般不予确定而由法院依法判处。

除上述刑罚外,有的非洲国家刑法中还有鞭刑或笞刑,如尼日利亚、肯尼亚、坦桑尼亚、塞拉利昂等国的刑法就是如此。有的非洲国家刑法针对特定的犯罪人、未成年人、伊斯兰教徒还专门规定一些特别的刑罚,这样做的国家有南非、尼日利亚等国;有的非洲国家,如南非等国把宣告为惯犯作为刑罚。有的非洲国家,如冈比亚等国的刑法甚至把吊销或者不能申领驾驶执照作为刑罚。

2. 刑罚的适用

在非洲,刑罚适用原则就是根据犯罪本身的情况以及犯罪人本人的情况和犯罪人所处的社会环境等,裁量决定所判处的刑罚种类与轻重。具体而言,主要有罪刑相适应原则、从轻原则以及从重原则。一般来说,有利于犯罪人或者被告人的情形主要有三类:第一类是行为本身的情节,如正当防卫、紧急避险等;第二类是犯罪人或被告人自身的情况,如未成年、激愤、相信巫术、精神病、经济困难等;第三类是犯罪人自身所处的社会环境因素,如社会习惯、宗教等。从重原则是根据具体情况在存在不利于犯罪人的情形时应对犯罪人判处较重的刑罚。一般而言,不利于犯罪人的情形主要有犯罪行为的方式、犯罪时犯罪人的心理态度、前科、利用优势地位或特殊身份等。

三、民事法律制度

(一)所有权制度

独立之后,大多数非洲国家编纂的民法典中有所有权制度的规定。在经济活动中,大多数非洲国家实行自由经济政策,私有、私营经济成分较多,尤其是许多经济部门为外国资本所垄断。20世纪70年代,非洲国家纷纷采取国有化措施,征收外国资本,发展本国资本,国有化范围包括了地下资源、动力、信贷货币系统、大工业企业、交通运输等。有些非洲国家宣称走社会主义道路,实行国有经营,对一些私营经济部门、个别工业企业和股票控制额也实行国有化。几内亚比绍、莫桑比克、埃塞俄比亚等国宣布土地归国家所有,坦桑尼亚、阿尔及利亚等国则实行部分国有化。非洲各国宪法规定巩固和发展国营经济。在多数非洲国家,国有经济在工业、信贷货币系统中占据主导地位。许多非洲国家的对外贸易均由国家垄断。非洲各国政府还鼓励合作化,尤其鼓励农村合作化。许多非洲国家规定,土地改革时分得土地的农户必须加入农业社。有些非洲国家试建合作化农村,为迁居新开发区农民发放贷款,建造医院和学校。

由于采取过激的社会经济改革措施,一些非洲国家的经济形势开始暗淡;特别是自20世纪70年代末起,因不断受到资本主义世界经济危机的冲击和连年不断的自然灾害的袭击影响,其经济形势更是迅速恶化。一些非洲国家尤其是非洲社会主义国家在实践中不断遭到困难和挫折,因此势必不断进行政策调整和经济改革以求摆脱困境、继续前进。

自20世纪70年代以来,宣称奉行社会主义的非洲国家都放慢或停止实行国有化政策和兴办新的国营企业,特别是大中型国营企业,而把重点放在发展同人民生活密切相关的小型企业上,并且对现有国营企业大力进行整顿,主要措施是:关闭严重亏损的国营企业或将之改为公私合营或私营企业,实行国营企业独立核算、自负盈亏;改革不合理的工资福利制度,努力提高劳动生产率;大力培训经营管理干部和技术人员等。

在整顿国营企业的同时,非洲国家大多也采取措施,扩大和扶持私人经济的发展。一些非洲国家在实践中逐渐认识到多种经济成分并存的重要性和必要性,因此强调私人企业与国营企业互为补充,成为加速国民经济发展的伙伴,从而改变了过去优先发展国营企业的经济方针,注意摆正国营经济和私人经济的关系,充分调动民族私人工商业的积极性以搞活经济,增加生产,改善人民生活。

20世纪90年代以后,非洲国家迫于国内经济现状和西方国家的压力,在政治民主转型的同时,在经济上大规模推行自由化政策,纷纷将国营企业私有化。

(二)债权制度

独立之后,大多数非洲国家编纂了民法典,对债与合同制度作了规定。例如,突尼斯于1967年制定了《债与合同法典》,其编制如下:第一编,债的一般规定;第二编,具体合同和准合同。显然,这是一部包括债的总则和债的分则两个部分在内的完整的债法典。马达加斯加于1966年7月2日颁布的法律包含了债的一般原理并把已经制定的各种有关法律编成法典。上述法律在很大程度上受到法国法的影响,但是仍与法国法有区别,这表现在它不断努力改善债权人的地位上。在侵权行为法中,立法者规定了由于无过失责任而造成的人身伤害或财产损失应负赔偿之责，以便使受害人得到更大的保护。在合同方面则采取合意主义、罚款办法和损害赔偿制度，这些制度都为了共同利益而起着保证所定协议得以适当履行的作用。马达加斯加于 1977 年 7 月 2 日颁布的法律则进一步强调债的成立不得违反公共利益原则，尤其是不得违反“用以保护国家利益而保证国家生产力组织的那些指令性规定”。

（三）婚姻与家庭制度

大部分非洲国家在独立初期并没有立即废除殖民时期双重的婚姻家庭法律体系，而是维持原状，采取的是比较现实的政策，即将殖民时期的婚姻家庭法予以保留并适用于全国。非洲国家在独立初期的这种现实政策尽管不利于婚姻家庭法的统一及现代化，但对维护当时的社会稳定是必要的。

1. 婚姻的类型

在非洲婚姻家庭法中婚姻形态多种多样。非洲国家一般认可五种形式的婚姻：根据婚姻法或条例缔结的婚姻、根据地方习惯法缔结的婚姻、根据伊斯兰教法缔结的婚姻、根据印度教法缔结的婚姻、根据基督教法缔结的婚姻。目前非洲国家很难以单一的婚姻制度取代各种不同的婚姻制度，因而婚姻习惯法成为非洲习惯法的主要内容。

在加纳有三种婚姻形式，即习惯婚姻、条例婚姻以及伊斯兰婚姻。加纳人一般有权选择按照习惯法结婚还是按照制定法结婚。但是不管婚姻属于何种类型，夫妻以及父母与子女之间的权利义务都受当地通行法律的约束，丈夫有责任扶养他的妻子和子女并为他们提供生活必需品。

在赞比亚，有三种婚姻形式是合法的，即依据习惯法、制定法和普通法订立的婚姻。印度教和伊斯兰教婚姻不再被认为是合法的，但仍在部分人中发挥作用。

2. 结婚与离婚制度

在非洲婚姻家庭法中，男女结婚的条件在不同的婚姻形态中的要求并不相同。在实践中，男女结婚往往须得到女方父母的同意，男方须向女方家庭交付一定的彩礼。离婚的标准是婚姻关系确已破裂且无和好的可能，离婚的理由通常有通奸、遗弃、分居等。

关于结婚和离婚，肯尼亚有三种类型的法规：（1）制定法的结婚和离婚。它是以英国法为基础的,不论种族和宗教,任何人都可适用。(2)习惯法的结婚和离婚。肯尼亚的大多数非洲人受这种法律的支配。(3)印度教的结婚和离婚,现在已经编成《印度教结婚和离婚法》,仅适用于印度教徒。

在几内亚,离婚只能由法院裁决并宣告。配偶的任何一方都能以对方与人通奸为理由要求离婚,但妻子提出离婚要求的前提是丈夫已把他的姘妇带进家内。离婚的其他理由是丈夫短欠妆款,离婚为配偶共同意愿,以及配偶任一方或双方严重且反复地违反婚姻的义务和责任。在离婚诉讼程序中,法官必须使用一切可能的方法促使双方和解;除非已经不可能使双方共同生活,否则就不能宣布离婚。

在摩洛哥,《个人身份法典》重新体现了伊斯兰教的准则即丈夫可娶四个妻子;但在妻子有可能受到不公平的待遇时,不适用该规定。同时该法规定了两种解除婚姻的方法:遗弃及离婚。遗弃是男方的行为导致婚姻关系中止;遗弃既可以是书面的,也可以是口头的,但必须由两名公证人记录,同时丈夫必须给予妻子补偿。

随着现代社会的发展,一些非洲国家的习惯婚姻/结婚离婚登记法也应运而生。

3. 继承制度

在非洲的继承法中,继承分为遗嘱继承和无遗嘱继承。在遗嘱继承中,死者的遗产通常按照遗嘱人的意愿进行分配。而无遗嘱继承则很复杂。不过根据传统的法律,在无遗嘱继承中,死者的配偶及其子女的利益通常被忽视,更多的是考虑死者家庭的利益。例如,突尼斯的《个人身份法典》规定男性继承人仍有权取得女性继承人所取得的份额的两倍。然而,在某些案件中,如果有权继承的都是女性则她们有权继承全部财产。一方面,立法通过采用强制继承 1/3 遗产的方式而在继承法中采用了以前没有规定的代位继承原则。有权获得继承的人可分为两类:份额继承人(如父亲或母亲)及全继承人(如直系卑亲属)。遗嘱必须符合形式上和实质上的某些要件。其中必须提到的是同一个人不能兼有遗嘱受益人及无遗嘱继承人的双重身份,除非其他继承人表示同意。另一方面,法律规定遗嘱人始终有权处分 1/3 的遗产。

四、经贸投资法律制度

(一)非洲国家对外贸易的法律

非洲国家是第三世界的重要组成部分,独立后已与世界各国发展了经济关系,其内容涉及贸易、投资、援助、经济技术和劳务合作等,而其中贸易和投资是对外关系的主渠道。20 世纪 60 年代以来,非洲的对外贸易经历了发展较快(20 世纪 60~80 年代)、恶化(20 世纪 80~90 年代中期)和振兴(20 世纪 90 年代中期以来)三个时期。

许多非洲国家采取贸易保护政策,也有少数国家采取较为自由的贸易政策。非洲国家的对外贸易法律主要是关税法律制度、进出口许可证法律制度和外汇管理法律制度,同时实施出口津贴和优惠贷款等以刺激本国出口。

1. 关税法律制度

许多非洲国家实行高关税和差别税制,其基本原则是基本所需物品低关税,奢侈品高关税;中间产品和资本物品低关税,消费品高关税;本国不能生产的产品低关税,本国能生产的产品高关税。例如,尼日利亚一度对所有进口商品征收进口税,而且由于其工业较发达,故禁止许多商品进口,进口税率也较高,如洗涤剂为 100%、工业原料为 50%、钢材为 60%、电冰箱为 100%。1989 年尼日利亚大幅度开放产品市场。

南非为发展制造业曾对进口实行过高关税的严厉限制。后来,随着南非制造业竞争能力的提高,其在逐步降低关税的同时实行进口许可证和确定产品进口份额的办法。南非将进口货物分为 21 类,按不同税率征税。进口关税主要有普通关税、从价税、附加税和反倾销税等。南非对与其有外贸关系的国家和地区制定了不同的进口关税标准:南部非洲关税同盟成员国享受货物免税待遇;关税贸易总协定成员国享受最惠国待遇;包括中国在内的 30 个国家享受一般关税税率待遇。

2. 进出口许可证法律制度

非洲国家审批进出口许可证的原则与实行关税税率的原则基本相同。例如,肯尼亚采取了区别对待进口商品的控制办法,分为三类:(1)优先进口商品如药品、原料、机器配件、农业机械;(2)其他工农业特别是石油加工业所需产品,按正常需要规定进口比重;(3)当地可生产的商品及奢侈品只有在国家外汇满足前两类商品进口出现剩余时才被批准进口。

有些非洲国家的进口管理制度相当严格。例如,喀麦隆规定:(1)所有进口货物必须依据1988年12月1日所颁布的法令,严格接受出口地远东公证公司的查验;(2)出口商根据喀麦隆海关的规定,在出口前按远东公证公司的要求提供发票、订单、货品清单及其他远东公证公司认为有必要附带的文件副本;(3)进口商必须接受远东公证公司对货物质量、品质及货价的检查;(4)所有非进口许可证签发范围的货物,价值超过100万西非法郎者均须向喀麦隆商业部申请进口意愿书;(5)进口商须缴纳进口离岸价的0.95%或最少每次5万西非法郎的上船检验费。

3. 外汇管制法律制度

非洲国家的进口许可证一般与外汇管制相结合。例如,赞比亚每年1月和7月分别发给拥有进口权的单位一定数额的外汇配额,得到外汇配额的进口单位可申请进口许可证。坦桑尼亚规定出口商外汇收入可留存35%,需存入坦桑尼亚国民商业银行,但动用时无须经过批准;1984年起允许私商自有外汇进口;1988年2月开始发放通用进口许可证,并公布产品清单,凡清单上列名的产品均可申请进口许可证及外汇配额,目前列名的产品已经达到350多种。肯尼亚的进口许可证由商业部和中央银行联合签发,名为“进口许可证及外汇配额许可证”;进口许可证的签发要由商业部、中央银行、财政部外汇管理局和国家发展部组成的审批小组讨论决定,因审批程序复杂,一般从申请到批准需要4个月时间。1989年4月,肯尼亚政府决定全面放宽进出口限期,降低关税并全部取消价格管制,同时也加快了许可证管理制度。

(二)非洲国家的外国投资法

独立初期的非洲各国由于经济发展的道路不同,对外资的法律和政策不尽一致;而且同一个国家不同时期对待外资的政策也不尽一致。在投资法领域,为了发展经济,许多非洲国家相继颁布了新的投资法律法规;在对外政策方面放弃了过去以国有化、本土化、非洲化为手段的对外资的限制和打击政策,采取各种形式吸引和鼓励外资流入非洲。尤其是20世纪90年代中期,非洲国家采取了更优惠的政策吸引外资,有的国家甚至开放了除军工以外的所有经济领域。总之非洲国家无论是大陆法系国家还是普通法系国家,在外资法律规定方面都采取成文法形式,它们先后制定了一系列的法律、法令和条例,而且随着情况的变化不断加以修改、补充和完善。

1. 对外国投资领域的鼓励和限制的规定

非洲国家独立后,对外国投资本国的领域进行了划分,有的采取鼓励措施,有的采取限制或禁止措施。例如,贝宁把农业和支农工业、基础设施和社会公共设施、化学和机械工业、采掘和冶金业等列为外国投资的优先部门。又如,阿尔及利亚和尼日利亚对于作为国家主要经济收入的资源如石油、矿产的开发,在独立初期曾采用租让制的方法,即将开采权租让给外资,政府收取一定的租借费,从产品的出口中收取各种税收。

2. 税收的优惠规定

非洲国家一般规定,外资在一定期限内可免缴利润税、营业税、固定资产税、商品注册税、股息税;外资企业所需先进设备、原材料的进口和产品的出口,一般减免关税;外资所得的利润或技术转让费如在当地再投资也给予减免税的优惠。但外资享受的各种减免税优惠的时间和减免税的幅度不同,短的 5 年,长的 10 年。

3. 利润汇出和资本返回的规定

摩洛哥、科特迪瓦、突尼斯、加蓬、肯尼亚等国规定利润纳税后即可自由汇出。而阿尔及利亚等国有一定限制,利润汇出的额度只能占来自国外投资的 15%。

4. 关于国有化的规定

20 世纪 70 年代许多非洲国家采取措施,开展本地化或国有化运动;但后来又把外国资产或股份归还给对方或进行了补偿,同时也规定国家确实需要征用时采用补偿办法不使外资吃亏。采取这种政策的国家大都是宣称走社会主义道路的国家。20 世纪 70 年代后期,这些国家经济遇到困难被迫调整政策,开始吸收外国私人直接投资。例如,刚果共和国在 1979 年萨苏执政后对外实行开放政策,制定了新的投资法吸引外资;1981 年制定了条件较优惠的新投资法,允许外国资本单独或与刚果共和国合资;还制定了与私人企业的合作规定,保护私人合法权益。

5. 管理外资的机构设置

在管理外国投资方面,有的非洲国家成立了专门机构,有的在政府相应部门设立投资委员会。例如,埃及政府专门设立了外国投资和自由区管理总局、外国投资管理委员会和阿拉伯世界经济合作局。

五、司法制度

非洲各国自民族独立以来,大多制定和颁布了各自的刑事诉讼法典、民事诉讼法典或民事商事诉讼法典,但这并不表明其与西方司法制度的彻底决裂与根本革命。相反,无论在立法体制上还是立法技术上,其都或多或少地借用了原宗主国的做法,采纳了大陆法系国家或英美法系国家的法院组织制度、法官制度、辩护制度、检察制度和诉讼制度,这是非洲人利用西方司法制度并使其尽可能地本土化的结果,有效地实现了外来司法制度与本土司法制度的有机融合。由于独立前宗主国长期推行本国法律,西方资本主义司法制度或在这种制度影响下形成的司法制度一般来说在非洲广大地区逐渐占据了主导地位,传统司法制度适用的范围不断缩小。非洲各国独立后继承了这份历史遗产,但是经过独立前后的发展,许多非洲国家的司法制度又不同程度地受到相对法系的影响并形成了自己的特点,已不能说它们是纯粹的西方产物了。为了促进本国经济的发展,以经济独立巩固政治独立,并逐步提高人民的生活水平,使本国能自立于世界民族之林,非洲国家在继承原宗主国司法制度历史遗产的基础上,坚持司法制度的现代化。除继续参照资本主义国家司法制度的原则外,一些非洲国家吸收了社会主义司法制度的原则。以埃及为例,埃及现在实施的法律几乎全部来自西方国家尤其是大陆法系国家,1950 年的埃及《刑事诉讼法典》和 1968 年的埃及《民事和商事诉讼法典》等与法国立法体例一脉相承。埃及的司法制度大体也源于法国,普通法院系统由三级组成:简易法院和初审法院、上诉法院、最高法院。特设行政法院负责处理各类行政诉讼,它分为三级:处理行政案件的高级行政法院;设在开罗和亚历山大的行政诉讼法院;附设于各部或各行政部门的行政法庭。埃及的检察院就刑事案件提起公诉,它们都设在各级法院,最高法院的代表是总检察长。这些做法都源于法国。

阿尔及利亚、多哥、加蓬、马里、布基纳法索等原法属殖民地的诉讼法也基本上以大陆法为蓝本。从法律渊源上看,尼日利亚在民事诉讼方面始终继受英国的诉讼程序规则,后者是前者的主要渊源之一,其他原英属殖民地国家也基本上以英国法为蓝本。

（一）非洲的法院组织

1. 初审法院或治安法院

大多数非洲国家在基层设立初审法院或治安法院。例如，阿尔及利亚有 133 个初审法院负责对民法、商法、刑法和劳工法事项的审理。

2. 上诉法院、高级法院和最高法院

非洲国家一般都设立了上诉法院、高级法院或最高法院。例如，阿尔及利亚和摩洛哥等国均有上诉法院负责审理上诉案件。

3. 特别法院和特别法庭

大多数非洲国家设立的劳工法院或产业法院负责审理雇佣合同等引起的劳资争议，也负责审理有关社会保险立法的案件。

（二）非洲的刑事和民商事诉讼法律制度

1. 刑事诉讼制度

（1）刑事证据制度

在刑事诉讼中，非洲大多数国家受西方法的影响，奉行无罪推定的原则。刑事证据的种类一般包括证人证言、书面证据、实物证据及其他证据。一般情况下任何人都有出庭作证的义务。证人提供证言遵循两条规则：一是证人应在法庭上公开提供证言；二是证言必须基于证人目睹的事实。

（2）刑事检察制度

非洲的检察机关设立较晚。英属非洲国家独立后一般在中央设总检察署，其负责人是总检察长和副总检察长，各地设检察官领导各地方检察署并受总检察长的直接领导。

从法国、意大利等大陆殖民国家统治下独立出来的非洲国家，一般没有在政府或法院以外建立一个纵向的、结构严密的、独立的检察机关体系；检察机关归属司法部，由派驻各级法院的检察官员组成；司法部下设总检察院，院内设总检察长、副总检察长及主管行政的官员，司法部长是全国检察官员的总管。

2. 民商事诉讼制度

（1）法国模式的民事、商事诉讼程序

阿尔及利亚和布基纳法索的民商事诉讼程序最为典型。

（2）英国模式的民事、商事诉讼程序

尼日利亚和加纳的民事、商事诉讼程序采取典型的英国模式。

(3)混合模式的民事、商事诉讼程序

埃塞俄比亚的民商法案件诉讼程序是典型的混合模式。喀麦隆的诉讼程序兼具法国和英国模式的特征。

(三)当代非洲的律师制度和仲裁制度

1. 非洲的律师制度

在殖民地时期,非洲的律师既是殖民政府和处于其统治下的各民族间的中间媒介,又是最早对这种统治表示反抗的民族主义者。在殖民统治结束后,独立后的非洲各国的律师职业得到了长足的发展,律师队伍的不断壮大促进了非洲各国的法治进程。

2. 非洲的仲裁制度

独立后的非洲各国均通过了各自的仲裁法,以期与世界法制进程发展潮流相一致。

第三节 对当代非洲法的反思

非洲法律文化从传统转入现代化这一历史性变迁,是世界近代法律史上最重大的事件之一。非洲传统社会中丰富多彩的法律文化都趋向以西方为范式的现代型法制,这便是非洲法律文化的第三次重大变迁。这次变迁是在变革和继承传统的基础上进行的。在经过相当长时间的实践后,大多数非洲国家逐渐认识到脱离传统、割断历史最终还是不能完全建立现代型的法制社会,引进与改造并举才是走向现代法制社会的正确道路。尼日利亚史学家阿菲格博指出:"非洲文化对西方新事物的反应是多种多样的,非洲不光是扬弃和改变了某些风俗习惯和信仰,而是在社会的一个阶层里保留了些,同时在另一阶层里又作为新的选择对象被接受。"事实上,没有任何非洲社会同欧洲接触而不受相当程度的影响,也没有任何非洲社会在接触中遭受毁灭。①

---

① 参见[加纳]A. 阿杜 · 博亨主编:《非洲通史》(第 7 卷),中国对外翻译出版公司 1991 年版,第 394-395 页。

展望第三次法律文化变迁,21世纪非洲法律文化的现代化进程将会延续下去,继续转移到与各民族历史文化传统相联系的轨道上来,在法制类型上继续朝混合法类型演进。扬弃后的传统习惯法会更加适应现代社会发展的需要。这种趋势很可能在一定程度上成为第三世界国家法律文化未来的发展方向。

我们认为非洲各国在走向法律文化现代化的进程中,应该注意解决以下几个方面的问题。

第一,要重视利用本土法律资源,充分发挥传统习惯法的合理作用。独立后非洲各国确认和颁布的西方式法律并没有完全覆盖原习惯法的管辖领域,农村的广大农民仍然像他们的祖先那样生活,遵守古老的传统习惯法,置身于整个法律现代化运动之外。非洲传统的习惯法是非洲本土法律文化的重要组成部分,有其存在的合理价值。目前,一些非洲国家已采取措施重视发挥传统习惯法的积极作用。例如,新南非司法制度的一个特色就是固有习惯法和酋长法庭的作用和地位在制宪原则、临时宪法和新宪法中均得到了承认。

第二,要推进伊斯兰教法的改革,努力寻找宗教准则与世俗力量之间的合理结合点。由于多数国家中的法律现代化没有突破法律与宗教的传统关系,法律在很大程度上难以摆脱对宗教的依附地位,改革容易出现反复。20世纪70年代末以来泛滥的宗教激进主义思潮就因此强烈地波及非洲的伊斯兰国家,这说明对传统法律的改革既不能过于保守也不能操之过急,必须契合各国的政治、经济、社会文化发展状况。未来的改革应该在宗教准则与世俗力量之间找到一个合理结合点:既不使法律完全抛弃宗教基础,以免使法律改革失掉社会基础而招致失败;又应该使法律摆脱对宗教的依附地位,享有相对独立的结构和形式。总之,非洲国家要重视以自身的国情开展原有法律制度的改革,在契合国情的基础上引进西方法。

第三,非洲各国没有足够的职业法学家阶层,没有足够的法律从业人员,也没有完备的法律教育机构,这样的国情决定了引进西方国家的法律必须根据本国实际,循序渐进地进行。此外,由于法律基础教育的缺乏,非洲相当多的一般民众不懂法律,他们既不了解自己的权利也不会行使自己的权利。在这种情形下,简单地模仿照搬欧洲国家的模式而脱离本国实际将会给非洲国家的发展带来负面影响。因此非洲国家在实施现代法律时必须从国情出发,努力创造法的实施条件。

第四,要继续朝混合法类型演进,体现出更多的非洲特色。法律和其他社会文化一样,是一个持续发展的复合物。随着各种文明的冲突与融合,属于人类文明一部分的各民族各地区的法律文化,正在朝混合法的方向发展。也就是说,人类法律文明将会遵循冲突—交流—融合—发展的道路走向混合法。经过独立前后的发展演变,许多非洲国家的法律格局正在朝混合法类型演进,已经不能说它们是纯粹的大陆法系国家或英美法系国家了。例如,毛里求斯独立前曾先后沦为法国和英国的殖民地,适用过大陆法和普通法;1968 年独立后,毛里求斯一方面实施法国法,另一方面在工业产权方面又借鉴英国法,在诉讼程序方面也糅合了法国法和英国法。一些国家除继续参照资本主义国家法律外还吸收了一些社会主义法律的原则和制度。南非的法律在非洲法中独具一格,是一种典型的混合型法律制度。在南非这样一个不断变动和发展的社会中,其法律经常进行修订、补充和发展,以适应形势变化的需要。时至今日,南非的现代法律仍然以罗马-荷兰法的原则为基础,并在立法和判例方面受到英国法的影响。

第五,要克服法律地方主义,促进非洲法律统一化进程。这种统一化包括非洲国家内部的法制统一化,以克服狭隘的民族主义化,促进整个非洲大陆的现代化。一些非洲国家已经意识到法律地方主义的危害性,在法律的统一化进程中做了许多工作。只要非洲国家不使自己的法走向狭隘的民族主义化,那么正如法国比较法学家勒内·达维德所说,非洲国家法的发展将有事半功倍的效果。①

第六,独立后的非洲国家间关系错综复杂,部族、种族、经济、政治等诸多矛盾混杂,这种状况导致了法律的地方主义倾向。这种地方主义既违背各国发展的长远利益,又与法的观念格格不入。非洲国家首先要统一立法,摒弃一些落后的不适应时代发展的法律,并根据国情吸收世界先进的法律,以不断完善本国的法律体系;其次要实现司法统一,对目前的司法组织统一划分管辖权,以避免司法冲突。

第七,要加强法制教育,强化国民的法律意识,让国民能自觉守法。教

---

① 参见[法]勒内·达维德:《当代主要法律体系》,漆竹生译,上海译文出版社 1984 年版,第 541 页。

育是社会发展的基础和保障。非洲国家要加大对教育的投入,在提高国民整体文化水平的同时,提高其法律意识。建立法治国家,人人守法,是必不可少的,更是非洲经济发展和社会进步的基石。

第八章　当代非洲法：普通法系

第一节　非洲普通法系概述

一、非洲普通法的概念

英国普通法包括判例法、衡平法和制定法三种基本形式。普通法是指12世纪前后发展起来的、由英国王室法庭实施于英国的普遍适用的习惯法和判例法。衡平法是指12世纪前后为弥补普通法自身缺陷，通过大法官审判实践而产生的一套法律体系，因其强调“公平”“正义”而得名。制定法是在13世纪随着议会成为立法机构，议会以成文法形式颁布实施的法律规范。英国法在中世纪形成了上面三种基本形式，后来英国法的发展都是在这三种法律形式的基础上进行的。在这三种基本法律形式中，制定法是普通法和衡平法的补充，普通法则是英国法的基础和主要构成部分，它体现了英国法的基本特点，故通常称英国法为普通法。后来，随着英国的殖民扩张，逐渐形成了以英国普通法为基础建立起来的世界性法律体系——普通法系。非洲普通法是普通法系的一部分。

非洲普通法是对前属英国殖民地和附属国以及美国前殖民地非洲国家法律制度的统称。这些非洲国家有尼日利亚、塞拉利昂、利比里亚、冈比亚、加纳、肯尼亚、塞舌尔、坦桑尼亚、乌干达、赞比亚、马拉维等。

二、非洲普通法的演进

19 世纪初,英国开始了其在非洲的殖民统治,到 20 世纪初,英国通过在非洲的大肆殖民扩张,拥有了 20 多个殖民地附属国。为了治理这么多分布面积广、总面积比英国大几十倍而国情大不相同的附属领地,英国在实践中总结出了一套“间接统治”制度,即英国殖民地当局通过当地的传统首领或政治机构而对被征服者或殖民地实施统治的一种方法。① 在法律移植方面的具体表现是英国殖民者主要采用“间接移植”的方式向非洲输入英国法。英国人首先从自己的法律制度中引申出殖民地的根本法,然后在不违反根本法和英国式的正义与人性的“文明”概念的前提下,“允许非洲法律和司法制度的调整具有连续性”。②

因为地区差异的存在,英国法的“间接移植”在西非和东非地区呈现不同的特点,可以称为“尼日利亚模式”和“坦噶尼喀模式”。③ 在尼日利亚和其他西非英国殖民地,习惯法法院或土著法院与英设法院体系相结合,它由二级或三级治安法院和一个高等法院组成,最终可上诉至西非上诉法院甚至英国女王的枢密院司法委员会。尽管垂直的或相互结合的法院体制在西非某个特定地区施行,但法律的双重性仍处于有效控制之中。而在大多数东非、中非殖民地盛行的“坦噶尼喀模式”则趋向于在习惯法法院或土著法院与英设治安法官法庭和高等法院之间的平衡,很少有直接从传统法院到英设法院的上诉。④

19 世纪 20 年代,美国兴起“回到非洲去”的运动,将一部分美国黑人移民到西非,建立殖民地。这些殖民地最后扩张成现今的利比里亚。

这些国家独立后,继承了英、美殖民者留下的法律遗产,普通法被独立各国确认和实施,只是废除了一些违反国家主权或带有歧视性和殖民主义色彩的条款。英语非洲国家大多称为非洲普通法国家。

---

① 参见高晋元:《论英国在非洲的“间接统治”》,载《西亚非洲》1989 年第 3 期。

② See A. Kodwo Mensah-Brown, *Introduction to Law in Contemporary Africa*, Couch Magazine Limited(Publishers), 1976, p. 11.

③ See Hilda Kuper & Leo Kuper, *African Law: Adaptation and Development*, University of California Press, 1965, p. 188.

④ 参见洪永红、夏新华等:《非洲法导论》,湖南人民出版社 2000 年版,第 219-220 页。

三、非洲普通法的特点

1. 深受英国法的影响

作为曾经的英国殖民地或附属国,英国法在这些国家的法律制度发展的过程中产生了巨大的影响。英国法在诸多方面改变了这些国家的习惯法,同时也弥补了这些国家传统法的不足。英国法对非洲法的渗透程度很深,连本地法庭的法官在适用法律时也不知道本土法是习惯法,还是经过吸收的英国法。在非洲人民推翻了英国的殖民统治之后,他们仍然较完整地保留了英国法。① 这些独立国家的一些专门立法也以英国法为基础,如尼日利亚 1968 年的《公司法》就是以 1948 年英国的《公司法》和英国《詹金斯委员会报告》中建议为模式的;加纳 1962 年的《买卖法》是以英国 1893 年的《货物买卖法》为蓝本的。

2. 法律制度的复杂性或多重性

这些非洲国家,既有本土化的英美法,又有英国化的非洲本土法,而且存在本土习惯法和伊斯兰习惯法,甚至这些国家本土习惯法在各地又有许多不同,譬如尼日利亚,在一个州里很小的一个镇的习惯法制度可能在很多方面不同于它邻近的一个镇的习惯法制度,即使这两个镇的所有本地居民属于同一个部落群体。② 因此,这些国家法律制度的复杂性是显而易见的。

3. 注重成文法的制定

英国是典型的不成文法国家。作为英国的前殖民地,这些非洲国家却没有继承这一传统。因为实行英国的普通法需要复杂的配套环境和高素质的法律从业人员。在达不到这种要求的非洲,作为权宜之计,英国出于殖民地的需要而不得不把自己的普通法制定为法典,在这些非洲国家引进了以英国刑法为基础的刑法典和刑事诉讼法典(但塞拉利昂除外,大多实施普通法而未制定法典)。这些国家独立后,这种状况表现得更为明显。

---

① 参见夏新华:《英国法在非洲的本土化》,载《西亚非洲》2001 年第 3 期。

② See A. O. Obilade, *The Negerian Legal System*, Sweet & Maxwell, 1979, p. 4.

第二节 当代尼日利亚法

一、尼日利亚法概述

尼日利亚全称为尼日利亚联邦共和国，位于非洲西海岸紧靠赤道线的热带非洲，国土面积923，768平方公里，人口2.06亿人（2021年），①是非洲人口最多的国家，也是非洲大陆一个举足轻重的地区性大国。

尼日利亚系非洲文明古国。公元8世纪，扎格哈瓦游牧部落在乍得湖周围建立了卡奈姆-博尔努王国，该王国延续了1000多年。从10世纪开始，约鲁巴族在尼日尔河下游建立了伊费、奥约和贝宁等王国。11世纪前后，豪萨族在尼日利亚北部地区建立了7个城堡王国，又称“豪萨七邦”。1472年，葡萄牙入侵。16世纪被西部的桑海帝国所征服。16世纪中叶，英国入侵。1914年，尼日利亚沦为英国的殖民地。1963年10月1日成立尼日利亚联邦共和国。独立后多次发生军事政变，长期由军人执政。1998年6月，阿布巴卡尔接任国家元首，制定还政于民计划。1999年2月前国家元首奥巴桑乔当选尼日利亚第四共和国总统，②尼日利亚由此进入了新的历史时期。

尼日利亚法的形成和发展可分为下面四个阶段：

第一阶段为习惯和习惯法发展时期。在远古尼日利亚法的起源时期，其法律制度经历了由习惯发展为习惯法。在尼日利亚境内约有250个部落，其中最大的有三大族，即豪萨-富拉尼族、约鲁巴族和伊博族，信奉拜物教，适用习惯法。公元8世纪在该境内曾建立卡奈姆-博尔努王国。

第二阶段为9～18世纪，主要是伊斯兰教法与尼日利亚本土习惯法的交汇与融合，并形成了一种新的法文化构架。伊斯兰教在尼日利亚的传播

---

① 参见商务部国际贸易经济合作研究院等编：《对外投资合作国别（地区）指南》（尼日利亚），2021年版，第11页。

② 参见《世界知识年鉴》编辑部编：《2003/2004世界知识年鉴》，世界知识出版社2003年版，第477-478页。

约在9世纪以后,最早的传教者为商人。到9世纪时,阿拉伯-柏柏尔穆斯林迁居到尼日利亚,开始了伊斯兰教与古代尼日利亚地区原始拜物教的正面交锋。10世纪以后,撒哈拉沙漠绿洲中的两个穆斯林家族迁到卡奈姆,卡奈姆王室开始穆斯林化。许多伊斯兰教的政治思想、法律规范及宗教礼仪引入朝廷,基本实现了政教合一。许多穆斯林学者在朝廷担任要职,玛伊(国王)本人既是皇帝又是素丹(全国穆斯林首领),尤其是博尔努国王玛伊阿拉马在位期间,强制其臣民遵循伊斯兰道德准则,竭力清除和改革一切流行的非伊斯兰习俗,并用伊斯兰教法律取代习惯法。为了做到严格遵守《古兰经》和符合穆罕默德的善行,他把一切争讼都移交给博学的穆斯兰法官,并全权委托他们作出各种判断,这就剥夺了各部落酋长传统的司法职能,从而大大地促进了伊斯兰教法在该地区的传播。[①] 自14世纪,尼日利亚豪萨诸城邦也奉卡奈姆-博尔努王国为榜样建立起各城邦的政治、行政机构,伊斯兰教再次得以在尼日利亚扩大。伊斯兰教在豪萨地区传播开后,豪萨商人对伊斯兰教的进一步传播起了很大的作用。此外,伊斯兰教在民间的传播还依赖于一些专职穆斯林神职人员。到16世纪,尼日利亚森林以北部分地区已普遍伊斯兰化。到18世纪,伊斯兰教在尼日利亚南部得以推广。[②] 伴随伊斯兰教在尼日利亚的传播,作为其重要组成部分的伊斯兰教法也在尼日利亚扎下了根。

第三阶段为18世纪末到1960年英殖民统治阶段。主要是英国普通法律随着英国对尼日利亚的殖民统治而在尼日利亚全面移植。大约在19世纪前,英国和其他外国商人已经开始同非洲西海岸的本地人之间进行贸易。后来,英国政府于1849年任命了在尼日利亚的首任领事,以管理发生在英国商人和本地人之间的事务。1861年,英国政府通过条约的形式迫使尼日利亚割让了拉各斯。[③] 1862年,英政府使拉各斯成为英国在尼日利亚第一个殖民地。同时,英国在那里建立了法院,英国政府把英国法引入这

---

① 参见何芳川、宁骚主编:《非洲通史》(古代卷),华东师范大学出版社1995年版,第253-254页。

② 参见刘鸿武等:《从部族社会到民族国家——尼日利亚国家发展史纲》,云南大学出版社2000年版,第52-53页。

③ 参见[英]A. 伯恩斯:《尼日利亚史》,上海师范大学《尼日利亚史》翻译组译,上海人民出版社1974年版,第234页。

个殖民地,英国法从1863年3月4日在那里生效。[①] 从此,英国开始了在尼日利亚的殖民扩张。伴随英国的殖民扩张,英国法也随之在扩张的地区实施。1886年7月,英国政府授予“国民非洲公司”以“皇家特许状”,授权该公司代表英国政府实行对尼日尔口岸地区的政治统治、[②]行政与司法管辖、贸易与商业独占权。随后不久,该公司正式改名为“皇家尼日尔公司”。该公司在阿卡萨建立了总部、高级法院和警察局,成为英国殖民地向内地扩张的大本营。1885年,英国宣布建立“油河保护国”,到1893年将其改名为“油河与尼日尔河岸保护国”,并以皇家尼日尔公司作为保护国的统治机构。

1900年1月2日,英国政府在废止“皇家尼日尔公司”特许状后宣布将“尼日尔公司”在北方占领的土地合并成“北尼日利亚保护国”。与此同时,在南方将“尼日尔河岸保护国”改名为“南尼日利亚保护国”。到1906年,英国又将“拉各斯殖民地”与“南尼日利亚保护国”合并,成立“南尼日利亚殖民地与保护国”。到1914年1月1日,英国将“北尼日利亚保护国”与“南尼日利亚殖民地与保护国”合并,正式建立统一的英属“尼日利亚殖民地和保护国”。这样,英国判例法、衡平法和制定法在整个尼日利亚地区实施。由于英国政府在尼日利亚殖民地实行的是间接统治,即殖民当局承认现存的非洲传统政治机构,将它们置于自己直接监督、控制之下,通过这些传统势力来统治广大民众。因此,英国政府建立了土著法院(在北方是区域法院)。根据1900年颁布的《土著法院公告》,土著法院按伊斯兰教法或土著习惯法对土著居民案件实行审判,其审理受到殖民当局的严密监督。其管辖权主要限于民事案件,并拥有有限的刑事审判权。至于白人之间及白人与土著人之间的各种纠纷,则由参照英国法律制度建立的高等法院和省法院审理。[③]

依据1914年《最高法院条例》,[④]在尼日利亚殖民地和保护国建立了最

---

① 参见刘鸿武等:《从部族社会到民族国家——尼日利亚国家发展史纲》,云南大学出版社2000年版,第125-126页。

② 参见刘鸿武等:《从部族社会到民族国家——尼日利亚国家发展史纲》,云南大学出版社2000年版,第125-126页。

③ 参见钱榆圭、李起陵:《尼日利亚》,载《西亚非洲》1983年第3期。

④ The Supreme Court Ordinance 1914(No. 6 of 1914).

高法院,其适用的法律包括英国普通法、衡平法原则和1900年1月1日在英国开始实施的普遍适用的制定法。最高法院对民事和刑事案件有初审和上诉审管辖权。

根据1914年《省法院条例》,[①]在殖民地和保护国建立了相当于现在的州高等法院的省法院。依据1918年《土著法院条例》[②]的规定,在这个国家建立了土著法院。该土著法院有四级,即A级、B级、C级和D级。土著法院的管辖权取决于它的级别。A级法院管辖权最高,而D级法院管辖权最低。一般而言,土著法院对所有土著人有管辖权。

1933年,根据《保护国法院条例》的规定,建立了高等法院和治安法院。高等法院和最高法院的管辖权基本上是一样的,但在两者之中,只有最高法院享有对遗嘱认证、离婚和婚姻的案件、海事案件及依据特别条例进行诉讼的案件的管辖权。根据条例建立的英国式法院(高等法院和治安法院)对土著人有关土地权利或利益的案件及有关婚姻、家庭身份、未成年人监护、继承或遗产处置的案件没有管辖权,这些案件的初审管辖权专属于土著法院。治安法院对简易的民事和刑事案件有管辖权,可以管辖涉及不超过100英镑的诉讼,并被授权审理即决犯罪。

1943年,为审判青少年犯罪和保障青少年的权益,设立了少年法院。1954年,尼日利亚颁布了联邦宪法。宪法规定,尼日利亚是由北区、东区、西区和联邦地区(拉各斯)组成的联邦。依宪法在全国建立了一个联邦最高法院,拉各斯和每个区都建立了高等法院,另外,在每个管辖区还有治安法院。西区和东区建立了习惯法法院,北区建立了土著法院。1960年9月30日,一种新的习惯法上诉法院即沙里亚上诉法院取代了原来的穆斯林上诉法院。同一天,为了裁定发生在高等法院和沙里亚上诉法院的管辖权争议,建立了裁判法院。

1960年10月1日,尼日利亚成为一个独立的联邦国家。

第四阶段为1960年至今。尼日利亚的独立为其法律文化真正走向现代化创造了前提条件,当代尼日利亚继承了殖民时代的法律遗产,重视传统法律资源,其法律状态表现出现代法律与传统法律的结合。然而,这注

① The Proviancial Courts Ordinance 1914(No. 7 of 1914).

② The Native Courts Ordinance 1918(No. 5 of 1918).

定是一条不平路。按照独立之初的宪法，联邦政府对国防、外交、海关、银行和其他涉及全国性的事项具有管辖权。1960 年关于尼日利亚《宪法》的附录中，有一个“专辖立法项目表”，其中规定只有联邦议会可以制定法律；还有一个“共辖立法项目表”，其中规定联邦和区的立法机关均可制定法律。如果区立法机关制定的法律同联邦议会有充分根据制定的任何法律相抵触，则联邦的法律继续实施，区的法律无效。凡不包括在上述两个立法项目表里的项目，则均在区立法机关权限之内。[①] 联邦首席法官同联邦法官组成了联邦最高法院。联邦宪法规定，除了普通法上有藐视法庭罪外，任何人都不能被确定为犯罪，除非该犯罪已被成文法所规定并且对其设定了刑罚。[②]

1966 年 1 月 17 日，尼日利亚发生了独立以来首次军事政变。同年 7 月 29 日，军事政变再次发生。1975 年 7 月 29 日，尼日利亚发生了第三次军事政变。因此，在这不到 10 年的时间里，尼日利亚的法律制度很不稳定。不过，在这期间建立的联邦税务法院还是得以保存了下来，成为现今尼日利亚非常有特色、作用非常大的法院。1976 年，根据联邦宪法第二部修正案的规定建立了联邦上诉法院。联邦上诉法院除了拥有对各州高等法院、联邦税务法院以及其他同级别的法院的上诉案件拥有上诉审管辖权外，还对以下两类案件有初审管辖权：一是有关联邦与州之间以及州与州之间关于法律本身或者事实的争议的案件；二是有关法律权利的存在和与权利范围的争议案件。同年，为了处理有关劳资纠纷和集体合同纠纷的案件，依据 1976 年《劳资纠纷法案》第 14 条规定建立了国家劳工法院。

1979 年，奥巴桑乔军政府颁布了“尼日利亚第二共和国”宪法。该宪法明确规定尼日利亚的联邦制是一种总统制下的立法、司法、行政，国家的行政权力划分为三级，即联邦政府、州政府、地方政府；国会是国家的立法机构，由参众两院组成；国家司法权归联邦最高法院，同时在各州设立高等

---

① 参见[英]A. 伯恩斯：《尼日利亚史》，上海师范大学《尼日利亚史》翻译组译，上海人民出版社 1974 年版，第 389-391 页。

② See Nigeria (Constitution) Order in Council 1960 (s. 2. 1960, No. 1652), Second Sched, s. 21(10).

法院,地方设地方法院,在有些地方还设有习惯法法院。[①] 这部宪法基本上构建了现今尼日利亚的国家制度,现行的 1995 年宪法就是以该宪法为蓝本的。

二、宪法

(一)尼日利亚宪法的形成与发展

尼日利亚宪法的历史可以追溯到 1922 年。该年英国政府颁布了《克利福德宪法》,这部宪法的一个重要内容是成立了一个由总督控制下的殖民地立法会议。[②] 第二次世界大战后,随着尼日利亚殖民地民族主义运动的高涨,英国殖民当局决定对 1923 年宪法进行重大修正,制定一个具体的更便于英国人统治尼日利亚的宪法。因此,《理查兹宪法》于 1947 年正式实施。该宪法以根本大法的方式正式提出了在尼日利亚实现"地区分治主义"的原则。该法规定将尼日利亚分成三个部分,即北区(北部诸省)、西区(西部诸省)、东区(东部诸省)。[③] 1951 年《麦克弗逊宪法》肯定了分区制原则,规定全国分为北、西、东三大区,并规定中央设立中央议会,称为众议院,作为全国的最高立法机构。众议院由总督主持,具有立法创制权。尼日利亚实行联邦内阁制,即在中央设立部长会议,作为全国最高行政机构。[④]

1954 年颁布了《李特尔顿宪法》,其主要内容为:(1)将"尼日利亚殖民地与保护国"改名为"尼日利亚联邦",实行在英帝国范围内的自治,联邦设大总督,由英国女王任命的英国人担任;(2)尼日利亚联邦实行分区制,全国分成北区、西区、东区、拉各斯直辖区和喀麦隆南区(该区于 1961 年 10 月经投票并入喀麦隆)五部分组成;(3)设尼日利亚联邦众议院作为国家最

---

① 参见刘鸿武等:《从部族社会到民族国家——尼日利亚国家发展史纲》,云南大学出版社 2000 年版,第 211-212 页。

② 参见[英]A. 伯恩斯:《尼日利亚史》,上海师范大学《尼日利亚史》翻译组译,上海人民出版社 1974 年版,第 367 页。

③ 参见刘鸿武等:《从部族社会到民族国家——尼日利亚国家发展史纲》,云南大学出版社 2000 年版,第 153 页。

④ 参见刘鸿武等:《从部族社会到民族国家——尼日利亚国家发展史纲》,云南大学出版社 2000 年版,第 153 页。

高立法机构；（4）北区、西区设酋长院，酋长院议员由穆斯林大酋长数十人组成；（5）建立联邦内阁制政府，组成大总督领导下的内阁；（6）设立尼日利亚联邦最高法院，各大区和拉各斯分别设立高等法院。①

1960 年，尼日利亚通过独立宪法。该宪法规定尼日利亚是联邦制国家。联邦会议由英国女王、联邦参议院和联邦众议院组成。联邦总督由英国女王任命，同时设立联邦内阁，由内阁总理主持的联邦政府行使联邦的行政权力。参议院由各区代表组成，主要是一些传统部落酋长、宗教领袖和总督指定的代表。各大区实行联邦制下的自治。

1963 年 10 月 1 日，尼日利亚联邦改称"尼日利亚联邦共和国"，废除总督，实行共和制，成为英联邦内的一个主权独立的共和国（史称"尼日利亚第一共和国"）。1963 年以后尼日利亚多次发生政变。

1979 年奥巴桑乔军政府颁布了"尼日利亚第二共和国"宪法。② 该宪法规定尼日利亚实行联邦共和制，实行总统责任制下的立法、司法、行政制度。总统是国家元首、联邦首席执行官、武装部队总司令。宪法规定尼日利亚的总统由全民选举产生，总统任期 4 年，可以连任一次。国家的行政权力划分为三级，即联邦政府、州政府、地方政府。国会是国家的立法机构，由参众两院组成，参议院议员由每州选出 5 名议员组成，众议院议员按各州人口比例分配，总数为 450 名。两院议员由各州选民直接选举产生。国家司法权归联邦最高法院，同时在各州设有高等法院，地方设地方法院。宪法还规定设立习惯法法院。在 1979 年宪法颁布之后，尼日利亚政局并不稳定，发生了几次动荡。

1993 年尼日利亚颁布新宪法，第三共和国成立。但是第三共和国存续还不到半年，尼日利亚又经历了军事政变，第三共和国宪法还没有正式运作就胎死腹中。③

1998 年，尼日利亚军政府领导人暴毙，军政府重启了还政于民的过程，

---

① 参见刘鸿武等：《从部族社会到民族国家——尼日利亚国家发展史纲》，云南大学出版社 2000 年版，第 151-158 页。

② 参见刘鸿武等：《从部族社会到民族国家——尼日利亚国家发展史纲》，云南大学出版社 2000 年版，第 211 页。

③ 参见程迈：《坎坷动荡转型路——尼日利亚的宪法改革与教训》，中国政法大学出版社 2013 年版。

并于1999年5月29日公布了建立在第二共和国之上的新宪法,即第四共和国宪法。该宪法一直适用至今,成为了尼日利亚独立以来实施最稳定的一部宪法。

(二)1995年宪法的主要内容

1. 行政区划

根据《宪法》规定,尼日利亚实行联邦制,设联邦、州、地方三级政府。全国划分为1个联邦首都区、36个州以及774个地方政府。①

2. 国家机构

(1)立法机关

国民议会是尼日利亚最高立法机构,由参众两院组成,议员由直接选举产生,任期4年。参议院由经过直接选举产生的109名议员组成,每个州选举三名参议员,首都区选举一名参议员。众议院由全国选出的360名议员组成,每个州选举10名众议员。宪法还规定设立州议会和地方议会。

(2)行政部门

根据《宪法》规定,总统是国家最高行政长官,是国家元首、联邦首席执行官、武装部队总司令。总统由全民选举产生,任期4年,可以连任一次。国家的行政权力划分为三级,即联邦政府、州政府、地方政府。

(3)司法部门

根据《宪法》规定,联邦最高司法机构是尼日利亚最高法院,行使最高管辖权。同时在各州还设有高等法院,地方设地方法院,而且地方可以根据实际情况设立习惯法法院或伊斯兰"沙里亚"法庭。联邦最高法院的法官由联邦首席大法官、联邦法官、各州法院首席法官共同组成。联邦法官由总统任命,参议院批准。

(三)尼日利亚宪法的特点

1. 深受美国宪法的影响

作为前英国的殖民地,尼日利亚整个法律制度都深受英国法的影响,但是在宪法中,美国对尼日利亚影响更大些。例如,尼日利亚实行的是联邦共和国制,总统是国家元首、联邦首席执行官、武装部队总司令。总统地

---

① 参见商务部国际贸易经济合作研究院等:《对外投资合作国别(地区)指南 尼日利亚》(2021年版)。

位与美国宪法规定的总统地位基本相同，而且两国都实行联邦共和制。而英国实行的是君主立宪制。尼日利亚宪法之所以深受美国宪法的影响，主要是因为美国作为当今世界的超级大国，对非洲国家有巨大的影响力。

2. 宪法修改频繁

从1960年尼日利亚宣布独立以后，尼日利亚分别在1960年、1963年、1979年、1989年、1993年、1999年制定了6部宪法，在独立不到50年的时间里，就制定了如此之多的宪法，足见尼日利亚政治的不稳定性。

3. 宪法具有兼容性

例如，其引入了立法、行政、司法制度，实行联邦共和制等，又保留了自己的特征，如在地方设立习惯法法院等。

三、民商法制度

（一）民商法的历史与发展

尼日利亚民商法的沿革是同英国法被引进尼日利亚密切相关的，因为尼日利亚法律在这几个方面主要受英国法的影响。

尼日利亚开始有民商法和政府管理商业的规章应归功于接受英国法。大部分民商法的原则都是源于普通法的原则，以及包含在1900年以前普遍适用的法规中的原则。

民商法也可以在习惯法中找到它们的渊源。因为通常如果当事人双方都受习惯法管辖，或者其中一方受习惯法管辖，如适用英国法显失公平，那么就要适用习惯法。在商法方面，如果当事人在交易时明示或默示以英国法为依据，或习惯法对此没有作出规定，则适用英国法。

（二）民商法的主要内容①

1. 贸易法规体系

尼日利亚与贸易相关的主要法律法规有《尼日利亚进口许可证程序协定》（Nigeria Import - Licensing Procedures）、《强制性合格评定程序》（Standard Organization of Nigeria Conformity Assessment）、《尼日利亚进口指导原则》（Guiding Principles for Nigerian Import）、《商标法》（Trade Marks

---

① 参见商务部国际贸易经济合作研究院等：《对外投资合作国别（地区）指南 尼日利亚》（2021年版）。

Act)、《尼日利亚海关货物管理法》(Nigeria Customs Goods Administration Law)和《海关和税收管理法案》(Customs and Revenue Administr-ation Act)等。

2004年1月,尼日利亚联邦政府单方面宣布对41种产品实施进口禁令,2005年和2006年尼日利亚财政部签发了禁止进口商品修订清单,对原来的禁止进口商品清单做了进一步调整。禁令清单涵盖了中国对尼日利亚出口量较大的部分商品,如纺织品、鞋类、箱包等。2010年年底,尼日利亚政府再次修订禁令清单,取消了对牙签、木薯,以及部分家具和纺织品的禁止进口措施,同时放宽二手机动车准许进口的车龄,由10年延长至15年。

尼日利亚对包括石油产品和发电机组在内的部分产品的进口实施特别许可证管理制度。进口许可证申请须在货物到港前3个月内提交。许可数量由尼日利亚政府根据进口来源国、进口商品、进口商做个案处理。

尼日利亚禁止出口以下产品:玉米、原木及木板(柚木)、动物生皮、废金属、未加工的乳胶与橡胶凝块、文物与古董、珍稀野生动物及制品。

2. 进出口商品检验检疫制度

2005年9月起,尼日利亚正式实行合格评定程序(SONCAP),对出口到尼日利亚的部分产品,包括电子电气产品、汽车轮胎、汽车玻璃、汽车零件、汽车电池、燃气器具、玩具、镀锌钢铁制品、发电机等强制执行安全认证。初次向尼日利亚出口某一特定类别受管制产品的生产商或出口商,必须提供有资质的实验室按尼日利亚标准局认可的标准(大部分为国际标准或发达国家标准)检测后出具的检验报告,与认证申请一起交给尼日利亚标准局办理认证,以获得“产品证书”,通常情况下证书3年有效,但需每年审核1次。

每一批受管制货物在装船前,还必须由尼日利亚标准局授权的第三方机构在原产国进行抽检,检测合格由第三方机构发放“SONCAP证书”,作为尼日利亚海关办理通关手续必需的法定文书。自2013年4月1日起,尼日利亚标准局开始执行新的SONCAP操作流程,即第三方检测机构不再拥有发放SONCAP证书的权力,而是在抽检后对出口商发放“合格证”(COC证书),然后由进口商凭有效的COC证书向尼日利亚标准局申请SONCAP证书。最终清关所必需的SONCAP证书由尼日利亚标准局亲自发放。

受管制产品除办理产品认证和 SONCAP 强制认证手续外，必须同时符合其他现行的进口程序规定，比如装船前检验。

3. 海关管理规章制度

《关税和消费税管理法案》是尼日利亚海关管理的主要法律制度，于 2004 年施行。

尼日利亚 2004 年平均进口关税税率为 28.6%（其中农产品平均关税税率为 50%，非农产品平均关税税率为 25%），是发展中国家平均关税税率的 2 倍多。尼日利亚通过关税升级鼓励本国工农业生产。对生产所用基本原料和生产资料（包括生产设备）的进口实行低关税，对工业制成品、食品、消费品和奢侈品的进口实行高关税。世界贸易组织在关于尼日利亚的国别报告中指出，在过去几年中，尼日利亚已成为越来越强硬的贸易保护主义国家。尼日利亚主要进口产品关税情况概括为：

（1）农产品与食品：高粱、小麦面粉等少数农产品禁止进口。大米进口关税税率为 100%，小麦、裸麦、大麦等为 5%～20%，蔬菜、水果、食用油等为 30%～40%，一些面食品如面条、面包、糕点、饼干等达到 80%以上。

（2）烟草品：未加工烟草进口关税税率为 15%，烟草制成品，如雪茄及其他吸用烟草关税税率高达 150%。

（3）纺织品：大多数纺织原料如生丝、羊毛、亚麻等进口关税税率为 15%，棉花为 5%，棉线、棉纱等进口关税税率为 30%～40%，成品及成衣在 55%～75%。

（4）机械及机械设备：进口关税税率一般为 5%～15%，部分机械进口关税税率为 0，如农业机械设备等。

（5）家电及车辆：空调、冰箱整机的进口关税税率为 45%～55%，而零配件为 25%，对真实的组装生产空调 CKD 件及压缩机则为 5%，摩托车整车在 25%～40%，自行车为 25%，对摩托车、自行车组装 CKD 件征收 5%的关税。载人汽车关税税率在 25%～50%不等，但组装生产进口 CKD 件关税税率为 5%。

（6）化学制品及药品：化工原材料及其制品进口关税税率为 10%～15%，药品为 15%～20%。

（7）钢铁产品及某些金属产品：原始形态及半成品钢铁，如铁锭、钢锭等关税税率在 5%～20%，但钢丝、螺纹钢等关税税率高达 65%。

(8)木制品:原木关税税率为15%,装饰板、胶合板等在30%左右,木制家具则达100%。

尼日利亚是西非国家经济共同体(ECOWAS)关税同盟的成员国。该关税同盟已于2005年7月正式启动,税则共分为4种税率:必需品为零税率,初级产品为5%,半成品为15%,制成品为20%。出于保护本国产业目的,制成品附加税税率不超过30%。2005年9月,尼日利亚批准了西非国家经济共同体对外统一关税(CET)的关税体系,将关税税率由过去的20档调整为5档,分别为0、5%、10%、20%和50%。新关税体系自2005年10月1日起开始实施,截止日期为2007年年底。新关税体制规定的进口关税税率如下:归于海关税则第84~89章下的药物药剂和工业机械设备享受为期1年的进口关税零税率;原材料、其他生产资料和零部件进口关税税率为5%;半成品为10%;制成品为20%;大米进口关税税率为100%;香烟由原先的150%降为100%;化肥进口关税税率为0并免征增值税;植物油禁止进口,但橄榄油除外。

4. 外国投资法规

(1)投资行业的规定

《尼日利亚投资促进委员会法》(Nigeria Investment Promotion Commission Act)是尼日利亚政府规范和鼓励国内外投资的基本法。尼日利亚政府于1998年对该法进行了修订,并成立尼日利亚投资促进委员会(NIPC)负责其境内的所有投资事务,同时承担联络投资者和政府各部门及其他相关机构的作用。该法令取消了外国投资可持股份的上限,外国投资者可以在除油气以外的其他投资领域拥有100%的股权。禁止外国投资者进入的领域为武器、军火、麻醉剂的生产贸易以及军队、警察、海关人员服装的生产。

该法规定:①外国投资者可用任何可汇兑货币购买尼日利亚公司的股份;②扩大外国股份支付方式,包括零配件、原材料和其他所需业务资产,无须支付外汇;③保证外国投资者可以不加限制汇出和转让利润和红利,甚至撤回资金,无须政府部门批准,外国投资者只需凭适当文件,由相关的尼日利亚公司证明所得利润,指示指定的外汇经纪人转移资金,以便吸引外国投资者;④通过尼日利亚公司获取和支付外汇贷款和利息,无须事先征得政府部门同意;⑤尼日利亚政府保证投资者资本不会被国有化、没收(如果由于国家或公共利益需征用,政府将给予公正足额的补偿,所有权人同时有权就补偿事宜提起诉讼)，或以其他形式强制转让。

为吸引外资，尼日利亚政府将本国竞争力弱的69个行业确定为优先发展的先锋行业，并享受一定的优惠政策。按照尼日利亚法律规定，除油气领域外，公司所得税税率为30%，先锋产业可享受5年的免税待遇，在一些经济欠发达地区可延长到7年。为获得先锋行业地位，企业需满足以下条件，并主动向尼日利亚投资促进委员会提出申请：①所属行业在政府所列先锋地位之列；②外资或合资企业注册资金在1000万奈拉以上、投资在500万奈拉以上，本土公司注册资金在1500万奈拉以上(需相关部门出具报告证实投资已到位)；③免税仅限于企业生产的属先锋地位之列的产品；④在开始商业生产后的1年内提出申请。

(2)行业鼓励政策

尼日利亚的行业鼓励政策主要表现在以下方面：

①赋予部分产业/产品更重要地位。尼日利亚政府对包括农业、制造业、矿业、制药、化学、机械、印刷、通信、旅游、房地产、基础设施等领域的69个细分产业/产品授予先锋地位，给予投资于先锋产业的企业免税待遇。投资于先锋产业的企业可享受5年免税期，在经济落后地区可享受7年免税期。

②从事研究和开发的企业可享受税收优惠。如果该项研究和开发在尼日利亚境内进行，并与该企业的业务密切相关，那么用于研究和开发费用的12%免于征税；如果使用尼日利亚本地的原材料从事研究和开发，那么用于研究和开发费用的14%免于征税；如果企业从事长期研究，投入的费用将视为资本支出，免于征税。

③补贴。在尼日利亚经营的制造企业，每年获得的补贴不得超过其可评估利润的75%；其他企业，不得超过66%。与农业相关的企业不受此规定限制。如果出租的资产用于农业相关领域，该企业可获得100%的资本补贴。如果出租的资产是农业机械或设备，企业的上述投资还可以获得10%的额外补贴。

④公司内部培训。内部建立培训设施的企业可享受2%的税收减免，期限为5年。

⑤基础设施建设投资。如果公司投资修建通常由政府负责的基础设施，包括道路、供水和供电，公司上述投资的20%免于征税。

⑥劳动力密集型企业。劳动力密集型企业可以获得税收减免优惠。雇用1000人及以上的企业可享受15%的税收优惠;雇用200人及以上的企业可享受7%的税收优惠;雇用100人及以上的企业可享受6%的税收优惠。

⑦本地增加值。对从事本地生产(不仅是进口零部件进行装配)的企业,可以享受10%的税收优惠,期限为5年。

⑧再投资补贴。如果制造业企业将资本用于扩大再生产,包括扩大生产能力、提升生产设备现代化水平以及相关产品的多样化经营,企业可以获得再投资补贴。

⑨本地原材料的使用。达到本地原材料使用最低水平的企业可享受20%的税收优惠,期限为5年。农业相关行业,本地原材料使用最低水平为70%;工程行业,本地原材料使用最低水平为60%;化工行业,本地原材料使用最低水平为60%;石化行业,本地原材料使用最低水平为70%。

⑩出口企业优惠。保税区内的制造业企业进口原材料和中间产品用于再出口的生产,享受免税;企业进口原材料生产后再出口,享受60%退税;出口创汇企业凭相关证明享受出口补贴;政府设立出口发展基金为私营出口企业提供企业开办初期的费用支持等。

⑪地区鼓励政策。投资于经济落后地区的企业可享受7年免税的优惠及资本折旧补贴。当地政府鼓励投资比较集中的地区主要为首都阿布贾和第一大城市拉各斯,以及三角洲产油区。

(3)投资方式的规定

尼日利亚涉及并购的法律主要包括:《投资证券法令》《证券交易委员会规则和条例》《公司及相关事务法》《银行及其他金融机构法》《保险法》《公司所得税法》等。其中,《投资证券法令》是尼日利亚规范并购活动的基本法律,第六章专门针对并购进行了规定,涉及反垄断审查内容;《证券交易委员会规则和条例》依据《投资证券法令》,对并购相关规定进行了细化,主要包括信息披露及申报程序等内容。

根据《投资证券法令》第99条的规定,无须经过证券交易委员会审批的收购活动主要有两类:一是控股公司纯为投资目的收购股份;二是联邦政府所属机构依法受权完成的交易。

根据《投资证券法令》第100条的规定,并购主要要求和流程包括:一是有关公司独立或共同向联邦高等法院提出收购或合并计划,后者召集召开各公司独立会议讨论收购或合并计划;二是各公司决议同意通过收购或合并计划,至少需要获得 3/4 股份或股权同意;三是收购或合并计划通过后,方可提交证券交易委员会审批;四是收购或合并计划获证券交易委员会批准后,有关公司独立或共同向联邦高等法院提出申请,后者须就此作出裁决;五是联邦高等法院裁决须在 7 日内转交公司事务委员会以便办理公司注册、变更等相关手续;六是联邦高等法院裁决须在政府公报及一家以上在全国发行的报纸上予以公布。

尼日利亚允许外国公司在境内以设立独资公司、合资公司、子公司、分公司等方式从事经营活动,所有外资参与的企业在公司组建或注册后,应到尼日利亚投资促进委员会进行注册。

尼日利亚允许外资并购当地企业,外资企业可用任何可兑换的外国货币购买尼日利亚企业的股份,也可以设备等方式入股。按照尼日利亚规定,外国投资者的投资收益可自由汇出,但实际上难以实现。但若外国投资者投资尼日利亚银行,单个外国个人或机构投资者购买的股份不得超过尼日利亚最大单个个人或机构股东所持股份,同时外国投资者总持股比例不得超过银行总资本的 10%;若外国银行要并购尼日利亚银行,该外国银行必须在尼日利亚经营 5 年以上,并在尼日利亚 2/3 以上的州设立分行(不包括州首府),同时外国银行在并购后的持股比例不得超过合并体总资产的 40%。

外国机构投资者在尼日利亚证券市场进行证券交易必须事先得到证券交易委员会的批准,获得注册证书。

(4)BOT/PPP 方式

建设-运营-移交(BOT)方式在尼日利亚被视为公私合营(PPP)模式的一种类型。PPP 模式相关法律包括:《基础设施特许经营监督管理委员会法》《公共采购法》《公共企业(私有化和商业化)法》《公用事业收费委员会法》《公路法》《联邦道路维护机构法》《拉各斯州道路、桥梁和公路基建法》等。

根据《基础设施特许经营监督管理委员会法》,设立了基础设施特许经营监督管理委员会(ICRC),负责规范和监督 PPP 合同的签订和执行;《拉各斯州道路、桥梁和公路基建法》建立了拉各斯州公路特许经营的法律框架,是尼日利亚公路特许经营领域为数不多的法律之一。根据公私部门投入、风险分担以及合同期限长短不同,PPP 合同可以分为服务合同、管理合同、租赁合同、特许经营合同、BOT 方式等多种类型。特许经营年限一般为 25~30 年。

5. 文化投资领域的规定

虽然尼日利亚宪法中确有关于尼日利亚人民发展和促进文化权利并将其文化作为促进民族认同和团结的工具的规定,但该国并未出台详解国家文化政策及其主要目的的法律法规。

尼日利亚宪法的立法清单(The Legislative List)规定了联邦政府以及州和省当局在文化领域的任务。根据清单,尼日利亚各级政府对促进和发展当地文化负有独家责任。

尼日利亚国民议会的相关法案确定了各类文化专门机构的作用和运作方式。联邦和各州通过的专项法律是设立艺术委员会和其他地方机构的法定依据。

作为尼日利亚投资领域的根本法,《尼日利亚投资促进委员会法》在文化产业领域并无详细规定和限制。实际操作中,以广播电视为例,除需要在尼日利亚国家广播委员会(NBC)进行备案,并获得相应的经营牌照、频段等技术性规定外,没有市场准入方面的特殊规定。

6. 税收法律制度

(1)税收体系和制度

尼日利亚有比较完整的税收法制政策体系。《国家税收政策》于 2012 年制定,2017 年重新修订。其是为尼日利亚税收制度的有序发展提供基本的指导方针。

尼日利亚的主要税法包括个人所得税第 104 号法令(1993 年)、《公司所得税法》(CAP60,1990 年)、《石油利润税法》(CAP354,LFN,1990 年)、《资本收益税法》(CAP42,LFN,1990 年)、增值税第 102 号法令(1993 年)和教育税第 7 号法令(1993 年)。

尼日利亚有比较完整的税收法律体系,并实行比较系统的税收征管体系,与其三级政府管理制度相对应,尼日利亚的税收征管部门也是实行联邦政府、州政府和地方政府三级管理。1999 年,经联邦政府批准,联合税务委员会(Joint TAX Board)对三级政府的征税权限进行了严格的划分,避免三级政府出现重复税收、征税矛盾、多头征税等问题。

①联邦政府征税

尼日利亚联邦政府负责增值税、公司所得税、预提所得税、个人所得税、石油利润税、资本利得税、教育税、印花税等税种的征收管理工作。其中,个人所得税仅限于以下范围:陆军、海军、空军和警察服役人员;外事服务部门从事外事工作的人员;阿布贾联邦首都区居民;非居民个人(在尼日利亚工作有相应的工作收入和经营所得与利润)。预提所得税仅限于企业、阿布贾联邦首都区居民和非居民个人。

②州政府征税

州政府负责征收其管辖区范围内的居民个人所得税、预提所得税(只限个人)、资本利得税(只限个人)、博彩税、公路税、市场税、企业经营场所注册费、发展费、道路冠名注册费、土地使用费等税费。

③地方政府征税

地方政府负责征收其管辖区范围内的店铺税、物业税、屠宰税、市场税(不含州政府收取的市场税)、土地使用费(联邦和州政府收取土地使用费以外的土地)、停车费、车辆违停罚款、酒类经营许可费、家畜许可证照费、宗教场所建设许可费、广告牌许可费、土葬许可费等税费。

尼日利亚税务征收以纳税人申报为主,税务机关负责监督和催缴。纳税的基本程序如下:

纳税人在就近的联邦税务局办公室或地方税务部门注册,取得税务编号;纳税人在规定的纳税期内开展自评,计算出应缴税额;纳税人根据自评结果填写税务申报表,连同审计报表、固定资产表、负债表等报表,到税务部门核准的银行缴税。银行代收税款及各种申报表后,向纳税人出具收款凭证;纳税人依据银行凭证向税务部门换取正式收据,并办理完税证明。

尼日利亚目前已与中国、英国、加拿大、比利时、法国、南非、荷兰、菲律宾、巴基斯坦、罗马尼亚等国签署了14个双边税收协定。

(2)主要税种和税率

①公司所得税

根据尼日利亚《公司所得税法》,在尼日利亚境内的各种类型的企业(除勘探企业外)应就其一个纳税年度内的全部收益缴纳所得税。应税收益包括经营收入、租金、分红、利息、折扣、特许权使用费、养老金收益、年金,以及来自短期货币工具,如政府债券的收益等内容。

1)纳税人。在尼日利亚从事经营活动并获得收益的所有公司,均构成纳税义务人。但在尼日利亚注册设立的公司,以其全球范围内的收益计算应税收益,外国公司仅以其在尼日利亚获得的收益缴纳所得税。

2)税率。一般企业所得税税率为应纳税所得额的30%,小型企业为应纳税所得额的20%。

尼日利亚公司应该就以下五类资金中最高者缴纳15%的特别税款:A.已缴资本的40%;B.资本或法定储备金的20%;C.一般储备金的15%;D.长期贷款的20%;E.600万奈拉。

任何公司在组建后6个月内若没有开始营业,则必须在第一年度缴纳500奈拉,如果之后还没有营业,则缴纳400奈拉,直至其营业以后才按照以上的规定征缴公司所得税。

除此之外,每年每个公司要在核税通知发出后的两个月内,按照应纳税利润的2%缴纳教育税。该项规定自1993年1月1日起正式实施,主要目的是支持尼日利亚教育事业发展。

3)税收优惠。尼日利亚联邦政府为了促进本国基础设施建设以及经济发展,公布了一系列税收优惠政策,其中比较重要的是从事先锋产业企业的免税待遇。

尼日利亚联邦政府对某些对国家经济发展具有重要意义的产业或产品授予了先锋地位,对投资先锋产业的企业给予免税待遇,以使这些企业在投产后的几年内获得合理利润,用于未来扩大再生产。投资先锋产业的企业可享受5年的免税期,在经济落后地区的更可享受7年的免税期。要获得先锋地位,合资企业或外商独资企业的资本投入不得低于500万奈拉,本土企业不得低于15万奈拉。申请获得先锋地位的企业须在开始商业生产后一年内提出申请。截至2018年年底,尼日利亚联邦政府共批准了96个产业/产品享受先锋地位。

4)纳税时间。公司从事经营超过18个月的,申报所得税的时间应为企业会计年度结束起6个月内。新设立的公司则应在设立后的18个月内,或会计年度结束后的6个月内申报所得税。

②个人所得税

根据尼日利亚《个人所得税法》,个人应就其一年内的全部收益缴纳所得税。应税收益包括个人工资、奖金、交易盈余、利息、分红、养老金、年金，以及来自许可他人使用或占用其财产所获得的收益等。

1）纳税人。与公司所得税的规定相同，尼日利亚居民应就其全球范围内的收益缴纳个人所得税，非尼日利亚本国居民仅就其在尼日利亚获得的收益缴税。但尼日利亚法律规定，非尼日利亚居民在12个月期间内，如果在尼日利亚居住183天以上（含183天），则被视为尼日利亚居民。

2）税率。尼日利亚个人所得税实行的是超额累进税率，2012年1月1日起开始执行的税率如下：应税额小于3万奈拉的部分，税率为7%；应税额3万~6万奈拉的部分，税率为11%；应税额6万~11万奈拉的部分，税率为15%；应税额11万~16万奈拉的部分，税率为19%；应税额16万~32万奈拉的部分，税率为21%；应税额大于32万奈拉的部分，税率为24%。

当职工的年度总收入低于25万奈拉时，或超过了25万奈拉，但扣除减免项目以后没有应纳税收入，按收入总额的1%缴纳最小额度的个人所得税。

3）税收优惠。根据尼日利亚《个人所得税法》，以下收入可享受免税：

A. 企业职工在完成本职工作过程中，发生费用的单据报销，而在此过程中企业职工并没有从中获得额外收入；

B. 企业职工的医疗（看牙病等）开销；

C. 退休补助金和失业补偿费；

D. 企业职工因离开或回到尼日利亚所发生的差旅费用；

E. 企业职工取得用于孩子抚养或教育的收入，如果该收入从下一年度该职工的个人救济金中扣除，则不征收个人所得税；

F. 无偿援助的收入；

G. 企业职工的租金补助金；

H. 交通补贴费；

I. 休假补贴，该补助金额可达年基本薪金的10%；

J. 餐费补贴，每年最多补助金额为5000奈拉；

K. 娱乐补贴，每年最多补助金额为6000奈拉；

L. 多功能补贴，每年最多补助金额为1万奈拉。

③增值税

尼日利亚的增值税对销售商品和提供（独立性）劳务的收入及商品与

劳务的进口等课税。

1)纳税人。增值税是对在尼日利亚境内销售货物或者提供劳务,以及进口货物的单位和个人征收的一种流转税。税法没有对需要做增值税税务登记的营业额进行限制,尼日利亚企业需要在开始营业6个月内,完成增值税税务登记。

2)税率。现行增值税税率为5%,对应税货物或劳务的发票账载金额的5%计征增值税,包括进口货物。

根据尼日利亚增值税法,下列商品及劳务享受增值税零税率,同时允许抵扣进项税:

A. 非石油相关货物出口;

B. 为外交人员提供的商品或服务;

C. 为人道主义援助项目提供的商品或服务;

D. 进口商用飞机、飞机零件以及用于固体矿产开采的机械设备。

3)税收优惠。根据尼日利亚增值税法,下列商品及劳务予以免税:

A. 所有出口的商品和服务;

B. 所有医学和药物的产品;

C. 基本的食物;

D. 书籍和教育资料;

E. 进口的机械设备供自由贸易区使用的;

F. 进口机械设备用于天然气开采及用于下游石油开采的;

G. 肥料、农业和兽类医药、农场机器设备和农业运输设备;

H. 社区银行及贷款机构提供的服务;

I. 教育相关的行为;

J. 处置短期尼日利亚中央政府发行债券所得;

K. 处置短期的地方及公司债券所获得的收益;

L. 股票佣金。

④预提所得税

根据尼日利亚《个人所得税法》和《公司所得税法》,在支付某些特定商品或服务费用的过程中,付款方有义务代政府向收款方扣去一定比例的税款,并在扣款后30天内上交税务部门。

预提所得税实际上并不是单独的税种,而是由付款人代政府收取的公司所得税和个人所得税。这主要是出于所得税收取的便利，特别是避免纳税人隐瞒收入规避所得税，因而由法律规定付款人在支付费用时直接按比例代扣。收款方可以凭付款方开具的发票，在申报所得税时予以抵免。

根据尼日利亚《公司所得税法》和《个人所得税法》，预提所得税涵盖的商品和服务范围相同，但公司和个人扣缴的税率有所不同，具体包括：分红、利息、租金，公司扣缴的税率 10%，个人扣缴的税率 10%；特许权使用费，公司扣缴的税率 10%，个人扣缴的税率 5%；代理费、咨询费、技术和管理费、专业人员费，公司扣缴的税率 10%，个人扣缴的税率 5%；建筑费，公司扣缴的税率 5%，个人扣缴的税率 5%；供应合同费，公司扣缴的税率 5%，个人扣缴的税率 5%。

⑤资本收益税

资本收益税是尼日利亚联邦政府对企业或个人在处置资产过程中的收益征收的税种，税率为所获收益的 10%。如果纳税人处置资产未获得收益，如亏损贱卖，则不需缴纳资本收益税。但是，纳税人在某笔资产处置中遭受的损失，不得抵扣其在其他资产处置中获得的收益，仍应就获益的资产处置缴税。处置股票或买卖股份不缴纳资本收益税。

根据尼日利亚《资本收益税法》，资本收益税按年度缴纳，即计入纳税人处置资产当年的纳税年度予以缴纳。采取分期付款方式处置资产，且付款期限超过 18 个月的，应将应税收益按每年付款的比例摊入不同年份缴纳。

⑥教育税

根据尼日利亚教育税第 7 号法令（1993 年），在尼日利亚注册的公司应以其应税收益的 2%，向联邦税务局缴纳教育税。教育税的计税基础为公司所得税或石油利润税下计算的应税所得额（不考虑资本免税额扣除的调整后所得额）。教育税以年为征收单位，与公司所得税一并缴纳。

⑦房产税

房产税适用于房屋建筑物，由建筑物使用人缴纳。房产税税率通常根据房产的租赁价格进行核定。例如，拉各斯州的房产税是按房屋租赁价格的 10%进行缴纳。

⑧土地占用费

土地占用费适用于各州的城市土地和区域。各州对该费率的规定不同。

⑨信息技术发展费

根据尼日利亚《信息技术发展局法》,特定领域的企业年营业额超过1亿奈拉的,应向联邦税务局缴纳信息技术发展费,费率为企业税前收益的1%。具体的纳税企业包括:A. GSM服务提供商和所有的电信公司;B. 信息技术公司和因特网提供商;C. 银行、保险公司及其他金融机构;D. 与养老金有关的公司及经理人。

⑩印花税

尼日利亚对大部分法律文件征收印花税,包括协议、证券、租赁协议和收据等。但是对于股权或股票的交易不征收印花税。政府的印花税应税文件免税。一般情况下,印花税由联邦政府和州政府共同执行,税率因活动类别不同而不同。

⑪石油利润税

石油行业的企业,不适用一般公司所得税法,需要根据1990年修订的《石油利润税法》缴纳石油利润税。参与石油行业经营的公司所获取利润应根据《石油利润税法》缴纳石油利润税。

与尼日利亚国家石油公司签订产品分成合同的石油公司适用税率为50%。在其他情况下,石油利润税税率为85%。然而,尚未实现商业化生产销售的石油公司,在其生产前成本摊销完毕之前,适用65.75%的税率。另外,石油企业接受其他企业提供服务,需要就对外支付的服务费按6%代扣代缴石油利润税。

7. 特殊经济区域规定

根据尼日利亚有关规定,经济合作区内企业可享受免除各级政府税费、进口原材料关税、增值税等有关税收;外资投资股本可随时撤出;签证配额不受限制;产品可自由销往全国各地以及24小时电力供应;"一站式"服务;园区内不得罢工等优惠政策。但实际执行过程中,因尼日利亚海关,财政部,工业、贸易和投资部,出口加工区管理局等执法部门间缺乏协调配合,很多优惠政策难以落地,且出口加工区管理局管理方式较弱,合作区所在州政府对运营管理拥有更大话语权。

尼日利亚的一般自贸园区/出口加工区的优惠措施包括:免除所有联邦、州、地方政府的税收、关税、费用;所有审批、许可提供"一站式"服务;用于生产出口产品的原材料进口免关税、国内税；资本货物、消费品、零配件、机械设备、家具进口免税；100%加工产品或进口产品可以在尼日利亚国内市场销售，在国内市场销售的产品关税仅以进口的原材料或零配件价值计收；园区企业可由外资100%控股；企业的资本金、利润、分红可100%汇出；所有进出口不需政府许可；企业雇用外籍员工没有配额限制；禁止罢工；工厂建设期前6个月免土地租金等。

尼日利亚对于石油天然气自贸园区也存在一定的优惠措施，如免个人所得税；100%的资本和利润可自由汇出；免进口货物的装船前检验。

8. 劳动就业法规

尼日利亚1978年修订的《劳工法》（Labour Act）对劳动合同、解聘、工时和加班、工薪和社保待遇作出了如下规定：

尼日利亚雇主在雇员开始工作3个月内需要同雇员签署书面劳动合同。劳动合同需注明工资、每周工时、节假日和加班工资等事项。如果是定期合同，需要注明合同起止时间。

如果要解聘雇员，需要视其已工作时间长短提前至少1日或至多1个月通知，并视其已工作时间支付额外工资补偿。如果雇员有违法行为，可直接解聘，无须支付任何费用。

根据2019年4月《最低工资法案》（Minimum Wage Act，2019），尼日利亚法定最低工资为3万奈拉（约84美元）/月。尼日利亚法定工作时间每日不超过8小时，一周不超过40小时。连续工作6小时以上应允许雇员至少休息1小时。加班需支付加班费。

尼日利亚雇主应通过现金、支票或汇款方式向雇员支付工资。雇主可替雇员代扣代缴养老金或工会组织会费，但不得任意扣除员工工资。除基本工资外，雇主应向员工提供住房补贴、交通补贴，以及必要的医疗费用。尼日利亚的社会保险只有养老金，每月应缴纳工资收入的15%，其中7.5%由雇主缴纳，这7.5%从雇员工资中扣除。

尼日利亚全职工作的最低年龄为14岁。尼日利亚雇员享有12周的带薪产假。产假期间工资为此前的50%，由雇主支付。哺乳期的雇员享有哺乳假期。尼日利亚全职工作的最低年龄为14岁。

尼日利亚对外籍劳务人员实行配额制管理，即对在政府或企事业单位工作的具有一定专业技能的外籍劳务人员发放工作许可证。对于投资类企业,根据投资额多少,政府分配一定的外籍劳务人员名额。尼日利亚《移民法》规定,“凡有不良记录、从事损害尼日利亚利益或从事有损本国人商业活动者均不得在尼日利亚工作”,“外资和外商的正当经营活动不受限制”。在尼日利亚雇用外国人必须向内政部提出申请,获取相应的配额后方可办理工作签证和绿卡。

外国人在尼日利亚不能从事政府、医生及律师工作,其他工作岗位没有限制。尼日利亚对专业领域外籍人才需求量较大。

尼日利亚没有劳动力市场需求测试,但要求申请工作配额者必须有大专以上学历及相关岗位的工作经验。

9. 外国企业在尼日利亚获得土地/林地的规定

依照尼日利亚宪法和1990年《土地使用法》(Land Use Act 1990)的规定,全国土地属于人民,尼日利亚联邦、州和地方三级民选政府代行管理权。其中,联邦政府负责首都区及划拨给联邦政府机构的其他土地,州政府负责各州的城镇区域的土地,而所有农业用地则由774个地方政府负责管理。政府划拨土地给开发商进行保障性住宅建设或者商业配套。其中:政府所有土地,给开发商一定年限的经营权;私人所有土地,产权99年,主要指开发商从政府手中购买土地或者到私人手中购买土地;集体所有土地,产权99年,主要指政府行政部门建设用地。

私人投资者可以从政府手中获取土地,也可以在土地市场上向其他土地所有者以转让的形式购买。例如,通过中介公司、政府出让土地信息部门,或者直接从私有土地主手中购得;私人投资者之间可以自由转让土地,然后缴纳相关的税费,到相关政府部门进行变更手续即可,但是建筑指标必须按规划部门要求;私人投资出让土地一般都有政府规划用途、使用年限,不同地段和不同用途土地价格均不同,但使用期限最长99年,到期后可以办理相关手续继续使用。

土地分为农业、工业、住宅、商业、混合用地、城市保留用地、基础设施用地等不同类型。不同类型用途土地转换非常困难,手续极其烦琐,且多数存在违规操作。

根据尼日利亚《土地使用法》规定,外资可以取得最长不超过99年的土地使用权,也可以通过租赁使用土地。外资可以取得最长不超过99年的农业耕地所有权和承包经营权,基本没有附加条件。

10. 外资公司参与当地证券交易和金融投资的规定

1995 年，尼日利亚联邦政府废除了限制外国投资者参与尼日利亚资本市场的法令，取消外国资本参与尼日利亚证券投资的限制，外国投资者无须经过尼日利亚财政部的批准便可以作为经营者和投资者参与尼日利亚证券市场，且拥有公司资本的比例没有限制。

外国投资者须选定当地证券授权交易商，然后双方商定在当地的银行开户，在投资者向开户银行账户汇入资金后，开户银行出具资本输入证书（CCI），然后投资者就可以通过授权交易商进入证券市场参与证券交易。

外国投资者在获取 CCI 后，就自动享有把外汇汇出境外的资格。外国投资者退出证券投资时，可凭借 CCI 向境外汇出税后收益等外汇，包括投资产生的股利和利润、外国贷款的还款、投资的售出或清算所获得的收入。

根据《尼日利亚投资促进委员会法》，尼日利亚对于外国投资没有明确要求，对于资本汇入汇出也没有限制。金融业主要监管部门为尼日利亚中央银行金融政策和监管司，设立银行等金融机构须从该司获得相应的许可证。

11. 环境保护法规

为了保护环境，尼日利亚联邦政府制定了一系列的法律和法规，主要包括：

《联邦环境保护署法案（1988 年）》（Federal Environmental Protection Agency Decree，FEPA 法案）、《环境影响评估法案（1992 年）》（Environmental Impact Assessment Decree，EIA 法案）、《有害废物法案（1998 年）》和尼日利亚石油资源局 2002 年颁布的《尼日利亚石油工业环境指南和标准》（Environmental Guidelines and Standards for the Petroleum Industry in Nigeria）。

此外，尼日利亚各州也有权制定本州的环保法规，比如巴耶尔萨州的《环境保护法》（Environmental Protection Decree）和三角洲州的《环境保护规范与标准》（Environmental Protection Guidelines and Standards）等。

尼日利亚的环境保护法规的重点在于对现存和新的森林保护区要加强保护；对森林资源进行可持续管理，以确保尼日利亚森林资源为当代和后代尼日利亚人持续提供产品和服务，确保尼日利亚环境的稳定；保护河流和水体周围的防护林，对河流和水体周围退化的防护林要进行恢复；加强城市森林带建设，为城市增加绿化、休闲、社会和经济价值；保护并提高尼日利亚的空气质量,以改善公众健康和福利,提高尼日利亚人口、动物和植物的发展和繁殖能力;保护尼日利亚的水体;消除和控制水体污染;设定水体质量标准,以保护公共健康和福利,提高水质;工业废水要进行处理,达标后方可排放;废物来源单位负责废物的收集、处理、运输和最终处置,并负担有关费用;企业或其他机构应对废物的清除、环境的清洁和恢复负责,如有必要,应向受影响的各方支付赔偿金。

除尼日利亚法律允许外,严禁向尼日利亚的天空、土地、水体或海岸排放有害物质。违反上述法律的个人将被处以不超过10万奈拉的罚金或不超过10年的监禁,或者两者并罚。违反上述法律的公司,将被处以不超过50万奈拉的罚金(如果非法行为继续进行,另外处以每天1000奈拉的罚金);公司有关负责人如不能证明自己不知情或采取了一切必要的防范措施,也将受到相应处罚。此外,违法的个人或公司还要承担清除有害物质、清洁和恢复环境的费用,并向有关各方进行赔偿。购买、销售、进口、运输、储藏有害废物者将处以终身监禁。由于自然灾害、战争或蓄意破坏而违反有关法律造成污染的,有关人员和公司将不承担法律责任。

尼日利亚环境评估相关法律主要有《环境影响评估法案(1992年)》。该法要求相关项目建设必须进行环境影响评价,涵盖农业开发、机场建设、排灌系统、围填海工程、渔港建设、林地使用、住房建设、工业建设、基础设施建设、港口建设、矿产开发、油气开采、发电输电、采石作业、铁路建设、交通设施、旅游设施、废物处理、供水项目等领域。

12. 反对商业贿赂的规定

尼日利亚反对商业贿赂相关法律主要有:《腐败犯罪及其他相关犯罪法》《经济和金融犯罪委员会法》《公共采购法》等。其中,根据《腐败犯罪及其他相关犯罪法》规定,尼日利亚政府设立反腐败和相关犯罪独立调查委员会(ICPC),负责预防和打击贿赂、贪污等腐败行为及其他相关犯罪行为;根据《经济和金融犯罪委员会法》规定,设立经济和金融犯罪委员会(EFCC),负责调查和打击洗钱、非法费用转移、合同欺诈等各类经济和金融犯罪活动。

《腐败犯罪及其他相关犯罪法》第18、19、22条分别对公职人员的贿赂行为、与拍卖有关的贿赂行为、在合同方面提供协助的贿赂行为等进行了界定,并就不同犯罪行为规定了对行贿人及受贿人的处罚措施,包括3~7

年监禁、重体力劳动、5 万~100 万奈拉的罚金等。

根据尼日利亚《选举法(2010 年)》规定,只有 18 岁以上的尼日利亚公民有权参加当地政治竞选。任何个人或机构对候选人的赞助不得超过 1000 万奈拉,对政党的赞助无金额限制,需实名捐赠,且超过 100 万奈拉时需建立相应的捐赠档案。

13. 外国公司承包当地工程的规定

外国承包商在尼日利亚当地承包工程需遵循 1990 年《劳工法》等法律法规。尼日利亚要求外国承包商在当地注册公司,在项目所在州政府或联邦政府部门进行承包商注册,并要求每年更新。外国自然人需以公司名义承揽工程承包项目。尼日利亚对工程建设无具体规定,但项目执行多采用英国标准或世界银行标准。尼日利亚对外国承包商的施工领域没有限制,绝大多数工程均可由外国承包商建设。绝大多数项目实行公开招标,少数项目业主会采取邀标方式。

14. 保护知识产权的规定

尼日利亚的知识产权保护法律包括《商标法》、《专利和设计法》(Patents and Designs Act)、《版权法》(Copyright Act)、《国家工业技术产权办公室法》(National Office of Industrial Property Act)。尼日利亚工业、贸易和投资部负责专利、商标等事务的管理,尼日利亚科技部下属的国家工业技术转让促进办公室负责工业技术事务的管理,尼日利亚司法部下属的版权委员会负责版权相关事务的管理。

《商标法》用于规范商标的注册,规定商标所有权人对产品已注册商标的独占权。商标注册后保护期为 7 年,可以不断延期,每延期一次有效期延长 14 年。

《专利和设计法》用于规范专利和设计的登记注册,规定一旦授予专利,专利所有权人享有制造、进口、销售和使用专利产品的独占权。专利保护期 20 年。工业设计保护期 5 年,可延期 2 次,每次 5 年。

《版权法》规定,未经版权所有者允许,一切仿造、进出口、再生产、展览、表演或销售版权所有人的著作行为都属非法。文字、音乐、艺术作品的著作权保护期为作者死亡或第一次出版次年起 70 年,电影和照片、录音、广播的版权保护期为第一次发行、录制、播放次年起 50 年。

《国家工业技术产权办公室法》规定成立国家工业技术转让促进办公

室,负责对外国技术的购买实施监管,并对外国技术转让的商业合同和协议进行注册登记,为国内外技术转让、开发、推广提供便利,促进和鼓励本国的技术创新和发明。

有关法律规定侵犯知识产权的行为受法律制裁,视情节侵权人可被判处罚款直至最多7年监禁。

15.解决商务纠纷的主要途径及适用法律

在尼日利亚解决商务纠纷主要通过法律诉讼程序,适用尼日利亚本国法律(英美法律体系),并可要求国际仲裁或异地仲裁。例如,尼日利亚油气领域投资纠纷可通过伦敦国际仲裁法庭提起诉讼。此外,作为WTO成员方,其完全遵守WTO争端解决机制项下的各项程序。

尼日利亚涉及投资管理的主要法律是《尼日利亚投资促进委员会法》。此外,还有1990年《公司及相关事务法》(Companies and Allied Matters Act, 1990)、1990年《劳工法》、1995年《外汇控制与杂项规定法令》[Foreign Exchange Monitoring and Miscellaneous Provisions Act(Decree No. 17 of 1995)]、《投资证券法令》。

(三)尼日利亚民商法的特点

1.深受英国法的影响。尼日利亚民商法方面深受英国法的影响,尤其是在商法方面更是如此。例如,尼日利亚《公司及相关事务法》就是以1948年英国《公司法》和英国《詹金斯委员会报告》中的建议为蓝本而制定的。其他如财产法、信托法、知识产权法等,无论是从概念还是分类,再到具体规定,无不有很深的英国法烙印。

2.在与人身关系比较密切的领域,体现了尼日利亚本土法与英国法的结合。在婚姻家庭、继承等与人身关系比较密切的领域,一方面尼日利亚保持了自己的传统;另一方面又吸收了英国的做法,如在结婚形式上,就存在英国式和习惯法式等结婚方式,而离婚案件的诉讼依据是习惯法离婚还是非习惯法离婚由不同类法院管辖。

四、银行法

(一)尼日利亚银行法的形成与发展

尼日利亚第一家国有商业银行成立于1892年。1958年,尼日利亚中央银行依据《尼日利亚中央银行法》而建立。该法于1991年被尼日利亚中央银行第 24 号法案所废止。1959 年,尼日利亚中央银行正式开业,并发行了新尼日利亚货币。随着 20 世纪 80 年代经济自由主义化的发展,尼日利亚的商业银行和商人银行的数量激增,从 1986 年的 42 所增加到 1993 年的 120 所。很多新增加的银行基本上是通过将原来的银行办事处改组而来,有的是为接受公众存款而设立的。这些银行因为经济管理不善而濒临破产。有的银行成为金融诈骗的工具。为了防止资金大量流失,1994 年尼日利亚设立一个"破产银行"(债务回收银行),并颁布了《银行金融渎职法》。该法规定了建立银行特别裁判所,以审判和处罚那些被指控犯有诈骗罪及违反经济法规的银行职员。1994 年年底,政府颁布了一项政策,开始着手关闭那些经营陷入危机的银行。1995 年,官方又接管了 22 所破产银行。在 1997 年的国家预算中,政府采取措施来挽救银行业的萧条。这些措施包括:一是将商业银行和商人银行的最低保证金要求增加至 5 亿奈拉(约 590 万美元);二是在 1998 年之前完成增加对其他现存银行达到所要求最低保证金的要求,并清偿银行所欠债务。在 1997 年,中央银行一共吊销了 26 所经营陷入严重危机的商业银行和商人银行的营业执照(这些银行所欠的债务最终在 1998 年被彻底清偿)。

(二)尼日利亚银行法的主要内容

1. 银行的类型

尼日利亚的银行体系中包括中央银行、商业银行、商人银行和社区银行等。商业银行和商人银行都是依据 1991 年《银行及其他金融机构法》来开展银行业务的,而社区银行则依据 1992 年制定的《社区银行法》来开展银行业务。

发展银行包括尼日利亚工业发展银行、城市发展银行、尼日利亚联邦抵押银行、尼日利亚工商业发展银行和尼日利亚农业合作银行。发展银行是依据联邦政府法令设立的,主要是为那些经济特别部门或者次级经济部门提供低利率贷款。发展银行接受中央银行的监管,但是不能吸收公众存款。

(1)中央银行

尼日利亚中央银行是政府的银行,发行的银行,银行的银行,其履行以下传统职责:

①货币发行;

②促进金融稳定;

③保持国家外汇储备的稳定;

④作为政府的银行金融顾问;

⑤外币兑换的管制;

⑥促进一个健全的经济体系的建立;

⑦审批和监管银行。

(2)商业银行

商业银行可以经营以下业务:

①通过活期存款、储蓄账户以及相类似的账户来吸收存款;

②为客户托收或兑付支票;

③提供财政资金;

④设备租赁;

⑤代收账款;

⑥经中央银行行长批准的其他业务,或者是经官方公报所刊登的法律规定授权从事的业务。

商业银行和商人银行的股票投资受到限制,即除了符合以下条件外,这两类银行都不允许购买有关农业、工业和风险资本的公司的股份,也不可以持有这些公司的股份,这些特殊条件是:

①银行只能持有小规模或者中等规模的、工业和农业企业所发行的股份(具体是哪些企业则由中央银行规定);

②持有由中央银行批准的那些中等规模的工业、农业企业,风险资本公司或其他公司所发行的股份时,所持股份不能超过银行固定资本的10%,也不能持有超过被投资公司总股本的40%;

③商业银行投资的股票的合计收益不能超过其固定资本的20%(商人银行的要求是不超过50%)。

这些条件并不适用于银行以前出于善意而签订的合同。

任何商业银行、商人银行和社区银行无论是出于自己的利益还是出于授权,都不得从事批发、零售和进出口贸易,但是也有两项例外:

①为了必需的日常经营和服务而预先准备;

②在获取债务偿还过程中。

(3)商人银行

商人银行可以经营以下业务：

①通过存款账户接收存款；

②提供资金；

③为公司事务和投资事务提供顾问和咨询；

④接受任何人的委托而从事或者代理投资业务。

商人银行不能经营以下业务：

①接受以支票形式的存款；

②接受任何低于中央银行多次指出不能接受的数额存款；

③在从事一项股票投资业务时，除非有法律的特别授权，否则不得持有一个公司的股票超过6个月。

(4)社区银行

社区银行是由社区发展协会、合作社团以及当地农民、手工业者或生意人组成的社团建立的一种银行。社区银行的成立是为了满足小额存款和使用小额信用的需求，它们发展了传统的信用流转方式，即"esusu"方式。虽然社区银行的营业执照是由中央银行颁发的，但对其进行规制和监管的是全国社区银行董事会。在尼日利亚设立社区银行会受到相当严格的地理限制。

2. 银行监管

中央银行可以给通过了审批的银行颁发经营许可证。而且，中央银行和尼日利亚储蓄保险公司还共同对尼日利亚的银行业进行监督管理。这两个机构的作用是相互结合的，储蓄保险公司对银行进行直接的监督管理，而中央银行采取一种间接的监督方式，即由被监管银行定期提交报告，包括资产负债表、收入报告书和补充计划书。如果中央银行发现有银行存在问题，则要对该银行进行特殊的直接审查。

储蓄保险公司的董事会有责任确保银行的存款量、确保银行发展的稳定和银行业务的有效开展。于1988年建立的储蓄保险公司就是为了执行储蓄保险计划，该计划要求所有银行以及其他金融机构确保它们储蓄总量的稳定。如果某个银行破产，则储蓄保险公司必须保证支付每个储户最高50,000奈拉的储蓄款。

另外，储蓄保险公司还有以下权力：

(1)检查所有经营保险业务的银行的经营状况,并有权要求这些银行提交调查情况所需要的任何其他文件;

(2)为那些已经陷入经营危机的银行提供经济援助;

(3)如有必要,有权接管经营陷入危机的银行;

(4)在适当的情况下,储蓄保险公司还有权建议中央银行吊销破产银行的经营许可证,如果中央银行在储蓄保险公司提出建议后的30天内没有采取行动,则储蓄保险公司有权将建议直接提交给总统。

3. 银行的规制

尼日利亚中央银行采用了巴塞尔委员会制定的《关于市场风险的资本协议》来避免本国的银行信用危机,即规定银行保持的最低资本充足率为8%,另外要求银行资本中至少要有50%的核心资本,而银行的附属资本至少保证在1%~10%。

银行必须每年从纯利润(还没有实行分配之前的税后利润)中提取一部分资金作为风险储备资金,当该银行的储备资金低于核心资本的储备比率时,必须提取纯利润的30%,如果等于或者高于核心资本的储备比率,则只须提取纯利润的15%。

在银行提取足够的准备金之前不允许向股东支付股息,并且该准备的提取比率需要得到中央银行的认可。而提取准备金的目的是弥补风险资本经营中出现的亏损和偿还债务等。

银行必须保证有30%的现金流动比率。没有中央银行的事先批准,商业银行不得对那些拥有超过20%银行未动用清算资本的单独客户提供任何预付、贷款和信用便利或作出任何金融担保或其他任何导致负债的业务。对于一个商人银行而言,这个比例是50%。

根据《破产银行(债务回收银行)法》和1996年《银行金融渎职法》的相关规定,对那些从事各种各样的违法行为的银行领导、职员以及雇工等实施相当严厉的处罚措施。凡违反银行惯例和规定特批贷款和预付款、没有采取任何安全措施就提供担保或者作信用保证等行为,可能受到刑事处罚。

(三)尼日利亚银行法的特点

1. 采用双重监管体制

尼日利亚中央银行和尼日利亚储蓄保险公司共同对尼日利亚的银行

业进行监督管理。储蓄保险公司对银行进行直接的监督管理，而中央银行采取一种间接的监督方式，即由被监督银行进行定期提交报告包括资产负债表、收入报告书和补充计划书，如果中央银行发现有银行存在问题，则要对该银行进行特殊的直接审查。

2. 对商业性银行的限制比较多

1986年尼日利亚对金融系统放得过开，商业性银行的数量激增，导致尼日利亚金融系统陷入混乱，致使一半的商业银行和商人银行经营陷入危机，严重冲击了尼日利亚的银行体系，因此尼日利亚采取了一些严格的措施，对商业银行和商人银行规定了诸多限制。譬如将商业银行的最低保证金要求从以前的5000万奈拉增加到5亿奈拉，商人银行的最低保证金从以前的4000万奈拉增加到5亿奈拉；除了符合严格的限定条件，商业银行和商人银行都不允许购买有关农业、工业和风险资本的公司的股份，也不可以持有这些公司的股份等。

3. 设立了有本地特色的社区银行

尼日利亚的社区银行由社区发展协会、合作社团以及当地农民、手工业者和生意人组成的社团建立。社区银行是从当地实际情况出发，以满足当地小额存款和使用小额信用的需求。它们发展了传统的信用流转方式，且具有严格的地域性。这样，既满足了当地经济发展的需要，又减轻了金融风险，是一种很有尼日利亚特色的银行。

五、刑法

（一）尼日利亚刑法的形成与发展

在英国殖民者到来之前，尼日利亚的习惯法就有关于刑事犯罪与处罚的规定。但是刑事犯罪与侵权行为之间的界限十分模糊，而且其刑罚极不科学：一是刑罚残酷，大量存在死刑、肉刑；二是刑罚与民事制裁不分。除了针对国家的犯罪以及一些针对个人的严重犯罪之外，对大量针对个人的犯罪的处罚只是向被害者及其亲属进行赔偿。[①] 1863年以后，随着英国法在尼日利亚的某些地区实施，英国的刑法也逐渐在这些地区实施。普通法的犯罪分类法被引入，如在拉各斯地区就把犯罪分为重罪、轻罪和违警罪。

---

① 参见何勤华、李秀清主编：《外国法制史》，复旦大学出版社2002年版，第550页。

逐步建立了现代的刑罚制度,如大量减少死刑,广泛废除肉刑,区分刑罚与民事制裁,设置监狱,确立罚金刑、监禁刑等。现在尼日利亚刑事法的大部分内容被包含在两个单独的法典里:一个是尼日利亚和拉各斯联邦政府于1958年制定的《刑法典》(第42号),该法典适用于南部各州;另一个是1959年制定的尼日利亚《北部州刑罚典》(第18号),它适用于北部各州。这两部法典都直接或间接起源于英国的普通法。然而,从1966年其独立后第一次军事政变以后,尼日利亚大部分时间处于军政府的统治之下。由于军政府信奉法律的工具主义,因此在这期间制定了大量的单行特别刑法,如1975年《石油生产与销售(反破坏)法》、1984年《公共财产(特别军事法庭)回收法》、1986年《叛国及其他罪行(特别军事法庭)法》、1987年《国内动乱法令》、1990年《公司及相关事务法》、1994年《倒闭银行(债务回收)和金融业玩忽职守银行令》等。

(二)尼日利亚刑法的主要内容

1. 犯罪的定义与分类

在尼日利亚,犯罪被定义为违法且有责的作为或不作为。[①] 犯罪可从程序和实体上分为两大类。

从程序上可划分为:可诉性犯罪和非可诉性犯罪。区分可诉性犯罪与非可诉性犯罪的重要性在于审判方法和逮捕权力行使。

可诉性犯罪是指:(1)被判处2年以上监禁的犯罪;(2)被判处400奈拉以上罚金的犯罪;(3)没有被制定法规定为以简易审判处罚的犯罪。[②]

可诉性犯罪以外的犯罪就是非可诉性犯罪。

可诉性犯罪按普通程序审判,但在某些情况下则可能适用于简易程序。非可诉性犯罪则适用简易裁判而非普通程序审判,能否在某个案件中,在没有逮捕令的情况下逮捕某人,则取决于这个案件是不是可诉性案件。[③]

从实体上可划分为:重罪、轻罪和违警罪。

重罪是被法律规定为重罪的犯罪或是有可能被判处死刑或3年以上监禁的犯罪。轻罪则是法律规定为轻罪或监禁刑期在6个月以上3年以

---

① See Criminal Code(Lagos Law 1973,Cap. 31),s. 2.

② See Criminal Procedure Law(Lagos Law 1973,Cap. 32),s. 2.

③ See Criminal Procedure Law(Lagos Law 1973,Cap. 32),s. 10,s. 12.

下的犯罪。除了重罪和轻罪之外的犯罪都属于违警罪。①

重罪、轻罪与违警罪的区分有很重要的意义。第一，它决定了某个案件对犯罪的逮捕权。譬如，根据拉各斯州《刑事诉讼法》第 12 条的规定，任何人当他有合理理由怀疑犯罪嫌疑人正在实施重罪时，无论是在白天还是在晚上，他都有权逮捕该犯罪嫌疑人。第二，它从犯罪故意、犯罪预备、放任犯罪发生、共同犯罪和协助犯罪等方面考虑，决定着刑事责任和处罚。②第三，它决定了法院对犯罪嫌疑人准予保释的范围。譬如，根据拉各斯州《刑事诉讼法》第 118 条的规定，一个被指控为该处以死刑的人不能被法院准予保释，而一个被指控为除该处以死刑之外的重罪的人是否被准予保释，则由法官自由裁量。但如果犯罪嫌疑人所犯的不是重罪，则法官必须准予保释，除非其发现任何适当的相反的理由。

2. 刑罚

（1）死刑

根据刑事诉讼法，死刑一般采用绞刑的方式，③但也有可能采取火刑这样特殊的刑罚来处死犯人。④

如果妇女被法庭判处死刑时怀孕，那么她就不能被处死，而代之以终身监禁。犯罪时不满 17 周岁所犯的死罪也不能被判处死刑。⑤

（2）监禁

监禁可能伴随大量劳动，也可能没有。一般而言，在法庭没有进行特殊判决时，监禁时必须服劳役。⑥ 当法庭对一个案件的被告有判处监禁而无判处其罚金的权力时，法庭可能适用罚金以取代监禁。由州高等法院审理的案件，在判处监禁不超过 2 年时，可以用罚金代替监禁。⑦

由治安法院作出的罚金，罚金数额必须依法律规定不能超过最大数额。另外，用来代替监禁的罚金依拉各斯州《刑事诉讼法》第 390 条第 2 款

---

① See Criminal Code (Lagos Law 1973, Cap. 31), s. 3.

② See Criminal Code (Lagos Law 1973, Cap. 31), ss. 508-521.

③ See A. O. Obilade, *The Nigerian Legal System*, Sweet & Maxwell, 1979, p. 262-263.

④ See A. O. Obilade, *The Nigerian Legal System*, Sweet & Maxwell, 1979, p. 262-263.

⑤ See A. O. Obilade, *The Nigerian Legal System*, Sweet & Maxwell, 1979, p. 262-263.

⑥ See A. O. Obilade, *The Nigerian Legal System*, Sweet & Maxwell, 1979, p. 262-263.

⑦ See Criminal Procedure Law (Lagos Law 1973, Cap. 32), s. 382(1).

规定,如表8-1所示。

表8-1 用来代替监禁的罚金

监禁期	罚金
7天	不到1奈拉
14天	1奈拉以上不到2奈拉
1个月	2奈拉以上不到20奈拉
2个月	20奈拉以上不到60奈拉
4个月	60奈拉以上不到100奈拉
6个月	100奈拉以上不到200奈拉
1年	200奈拉以上不到400奈拉
2年	400奈拉以上

若法律允许,法官在被告被判罪后,可以判处被告2年以上或更长时间的监禁。① 必须指出的是,能用罚金代替的监禁不可以达到成文法就此类案件的规定的法定最高刑。②

(3)罚金

综上所述,根据拉各斯州《刑事诉讼法》第382条的规定,被告处以罚金一般是被告可能被判处监禁时附加的。该法第389条规定案件被告可能被处以:①监禁附加罚金,或单处罚金;②监禁或单处罚金,或用罚金代替监禁,被代替的监禁必须是已确定刑期的。

(4)笞刑

拉各斯州《刑事诉讼法》规定,笞刑必须使用桦树小枝条或棒条,笞刑的数目是特定的而且不能超过12下。根据该法规定,无论罪犯犯有多少应被判处笞刑的罪名,笞刑总数也不得超过12下。③ 法律规定罪犯不得因同一案由被判处两次或两次以上的笞刑。④ 法律还规定对超过45周岁的

① See Criminal Procedure Law(Lagos Law 1973,Cap. 32),s. 390(30).
② See Criminal Procedure Law(Lagos Law 1973,Cap. 32),s. 382(4).
③ See Criminal Procedure Law(Lagos Law 1973,Cap. 32),s. 386.
④ See Criminal Procedure Law(Lagos Law 1973,Cap. 32),s. 384.

罪犯不得适用笞刑。①

(5)放逐

拉各斯州《刑事诉讼法》规定:(1)如果罪犯是尼日利亚公民则会被放逐至尼日利亚边境附近的地区;(2)如果罪犯不是尼日利亚公民,若法庭判处罪犯监禁刑,考虑罪犯自己的意愿和平时品行,法律有可能以放逐代替监禁。② 这只是放逐会适用的一种情况。当罪犯到达被驱逐地的住所后,委员会可以推迟对罪犯的监管。③

(三)尼日利亚刑法的特点

1. 深受英国刑法的影响

作为前英国殖民地,尼日利亚的刑法毫无例外地深受英国的影响,如现在尼日利亚实施的《刑法典》就是直接或间接源于英国普通法。在犯罪的分类方面,尼日利亚也按照英国关于犯罪的分类,把犯罪分为诉讼程序上的犯罪和普通法上的犯罪。其中,诉讼程序上的犯罪包括可诉性犯罪和非可诉性犯罪,普通法上的犯罪包括重罪、轻罪、违警罪。

2. 在刑罚方面,既有引进,又有保留

尼日利亚在刑罚制度上,既保留了从英国引进的诸如监禁、罚金等现代刑罚制度,又相对保留了传统的笞刑等刑罚,形成了具有尼日利亚特色的刑罚制度。

3. 特别注重单行特别刑法的制定

由于尼日利亚大部分时间处于不断变动的军政府统治时期,因此除了《刑法典》外,还制定了大量的单行特别刑法,比如:1990年《公司及相关事务法》、1994年《倒闭银行(债务回收)和金融业玩忽职守银行令》、1995年《反洗钱法令》和2000年《腐败犯罪及其他相关犯罪法》等。

六、法院体系

(一)尼日利亚法院体系的形成与发展

尼日利亚法律制度的发展经历了不同的发展时期,在不同时期尼日利

① See Criminal Procedure Law(Lagos Law 1973, Cap. 32), s. 385.

② See Criminal Procedure Law(Lagos Law 1973, Cap. 32), s. 404.

③ See Criminal Procedure Law(Lagos Law 1973, Cap. 32), s. 409.

亚法院体系的设置不同。在1862年尼日利亚成为英国殖民地之前,各州就已经有了它们自己的法院体系,有一部分地区的地方法院适用成文伊斯兰法律,另外一部分地区适用不成文习惯法,当时主要设置的法院就是土著法院。到了1862年,拉各斯地区成为英国殖民地,并于1863年建立英国式的最高法院。1900年英国在尼日利亚成立了南北两个保护国,在南尼日利亚保护国设立了最高法院,与拉各斯地区最高法院的地位相同,在该保护国内与最高法院并存的还有土著法院(包括两种类型:低级法院和土著委员会)。但值得注意的是,这个时期的土著法院已经不再是原来依据习惯法审理案件的土著法院,而是被英国殖民政权认可的法院。这在一定程度上剥夺了原土著法院的权限。在北尼日利亚保护国,则设立了最高法院、省法院、县法院和土著法院(与南尼日利亚保护国的土著法院性质相同)。到了1914年,南北两个尼日利亚保护国被合并组成一个尼日利亚殖民地与保护国。当时建立了三种类型的法院,即最高法院、省法院和土著法院。但1933年尼日利亚进行司法改革,又新设了两种英国式法院,即高等法院和治安法院。尼日利亚最终于1960年成为一个独立的联邦国家,但其法院制度与独立前基本保持一致。直到1966年后三次军事政变的发生,尼日利亚联邦共和国的法院体系才基本定型。具体包括如下一些法院:联邦最高法院、联邦上诉法院、沙里亚上诉法院、裁判法院、联邦税务法院、州高等法院、治安法院、地方法院(北部地区)、习惯法法院(区域法院)、少年法院、国家劳资法院、战争法院和裁判所。

(二)尼日利亚法院体系的主要内容

1. 尼日利亚法院体系的划分

尼日利亚的法院体系有很多种划分方式,其中最重要的有两种:一是分为高级法院和初级法院;二是分为记录法院和非记录法院。高级法院通常被认为拥有完全管辖权,因为国家对高级法院的限制一般都很小,而且限制往往只针对具体的案件类型,如州高等法院。初级法院则是指司法管辖权在有关案件的类型与价值上均受到限制的法院,如治安法院。在尼日利亚,初级法院通常要接受高级法院的司法监督。①

记录法院是指将所有诉讼活动与审判程序记录下来的一种法院,并有

① See A. O. Obilade, *The Nigerian Legal System*, Sweet & Maxwell, 1979, p. 191-192.

权对藐视法院者予以惩罚。而没有该种权限的就属于非记录法院。记录法院既可以是高级法院，也可以是初级法院。如州高等法院就是一种高级记录法院，而治安法院则是一种初级记录法院。高级记录法院有权即时惩罚直接或间接藐视法院者，而初级记录法院只有权惩罚直接藐视法院者。

在尼日利亚法院体系中，联邦最高法院、联邦上诉法院、沙里亚上诉法院、裁判法院、联邦税务法院和州高等法院属于高级记录法院。治安法院、地方法院（北部地区）、习惯法法院（区域法院）属于初级记录法院。另外在尼日利亚还设有一些特别法院，如少年法院、国家劳资法院、战争法院以及裁判所等。①

2. 高级记录法院体系

（1）联邦最高法院

联邦最高法院根据 1963 年联邦宪法设立。联邦最高法院法官中一人是首席大法官，法官总人数不超过 10 个。首席大法官由联邦军人政府首脑任命或解聘，其他法官则由联邦最高军事议会任命或解聘。② 现在，联邦最高法院就设在拉各斯州和其他部分州的首府中。联邦最高法院的合议庭至少由 3 位法官组成，而且一般情况下都是 3 人，但如果遇到非常重要的案件，也会有一个由 5 人组成的陪审团参与案件的审判。③ 在联邦最高法院，独任法官也可以行使任何法律规定其可以行使的权力，但是他不能对某一案件的程序或者事实作出最终裁决。而且，在刑事案件中，如果某个独任法官驳回公民的诉讼请求，则公民可以将请求直接提交给联邦最高法院。联邦最高法院对所有民事和刑事案件都享有上诉管辖权，但它只对两类案件行使初审管辖权，即管辖对"初审管辖权"本身有质疑的案件和对藐视其自身法院的案件。④ 联邦最高法院受理来自联邦上诉法院、国家劳资法院和沙里亚上诉法院的上诉。

---

① 参见洪永红：《尼日利亚的司法制度》，载《人民法院报》2005 年 3 月 25 日，第 8 版。

② See Constitution of the Federation (Act No. 20 of 1963), s. 112(1) as amended by (a) the Constitution (Suspension and Modification) Decree 1966 (No. 1 of 1966) and (b) ss. 13(3) and 14(2) of the Constitution (Basic Provisions) Decree 1975 (No. 32 of 1975).

③ See Supreme Court Act 1960 (No. 12 of 1960), s. 9.

④ See Act No. 20 of 1963; Obeya v. Soluade (No. 1), 1969 N. N. L. R. 17.

(2)联邦上诉法院

联邦上诉法院建立于1976年10月1日。其法官首先经过司法顾问委员会商议,然后由联邦最高军事议会任命。[①]《联邦宪法》第121条第2款对法官的任职条件规定如下:①必须在尼日利亚的法院中曾经担任过法官,并在民事和刑事诉讼程序中有完全审判权限,或者在尼日利亚的上诉法院中曾经担任过法官。②必须拥有在尼日利亚从事法律职业的资格证,并且其执业年限不低于10年,其在拿到执业资格证后的实习年限和当治安官的工作年限也被包括在10年内。该院主要受理上诉案件,对来自各州高等法院、联邦税务法院以及其他相同级别法院的上诉案件享有完全管辖权,并且在全国建立了4个巡回审判区域。根据宪法规定它还对两类案件享有初审管辖权:一是有关联邦与州之间以及州与州之间关于法律本身或者事实的争议案件;二是有关法律权利的存在与权利范围的争议案件。[②]

(3)沙里亚上诉法院

只在尼日利亚北部10个州设有的沙里亚上诉法院接受来自高级区域法院对有关穆斯林属人法案件所作判决的上诉。[③] 但在刑事案件管辖权上,仅仅有权审理藐视其自身法院的案件。[④] 该院就只有一名首席卡迪即法院院长和两名法官。法院开庭时由两名法官组成合议庭,他们必须是35岁以上的伊斯兰教徒,并且要担任过阿尔利,即伊斯兰的法律顾问10年以上,或者持有在由军事首脑批准的学校里圆满读完有关研究伊斯兰教法课程的证书,并且是研究伊斯兰教法的杰出学生。[⑤] 这些法官由司法顾问委员会商议后由联邦最高军事议会任命。

(4)裁判法院

裁判法院也只设在尼日利亚北部10个州。它包括一名首席卡迪,他其实是州高等法院的法官,由州高等法院的首席大法官任命为首席卡迪。另外一名法官则是沙里亚上诉法院的法官,由裁判法院首席卡迪任命。在

---

① See Constitution of the Federation (Act No. 20 of 1963), s. 112(1) as amended by the Constitution (Amendment) Decree 1972 (No. 5 of 1972).

② See Constitution of the Federation (Act No. 20 of 1963), s. 121E(1).

③ See Sharia Court of Appeal Law (N. N. Laws 1963, Cap. 122), s. 3.

④ See Sharia Court of Appeal Law (N. N. Laws 1963, Cap. 122), s. 3(2).

⑤ See Sharia Court of Appeal Law (Amendment) Edict 1977 (No. 8 of 1977) (kano).

对案件作出判决之前，如果法官意见存在分歧，则以首席卡迪认可的意见为准。裁判法院对州高等法院和沙里亚上诉法院之间有关管辖权争议的案件行使管辖权，虽然在具体案件中往往不会出现这样的冲突，但是如果两个法院都认为自己没有管辖权，则裁判法院有权指定由哪个法院来行使管辖权。裁判法院的判决是最终判决。①

(5)联邦税务法院

联邦税务法院对有关公司与个人所得税、关税和消费税以及银行储蓄、外汇兑换、现金交易等案件具有初审管辖权(在联邦税务法院设立之前，这些案件由州高等法院管辖)。② 法院由 1 名首席大法官和 4 名以上的其他法官组成，审判庭成员就只有一个法官，这些法官都由司法顾问委员会商议后由联邦最高军事议会任命。联邦税务法院在全国设有 4 个司法审判区域。它除了有初审管辖权外，还有一定的上诉管辖权，如由上诉委员会委员依据 1961 年《公司所得税法》或《个人所得税法》的规定而作出的裁决可以上诉至联邦税务法院。为了尽可能地使有关税收案件优先于其他经济案件审理，联邦税务法院还允许有陪审员协助案件审判。

(6)州高等法院

尼日利亚各州的高等法院在法院结构、人事组织和审判权限上基本相同。在本州一般都设有两个或两个以上的司法巡回审判区域。当然也有不同之处，即北方各州的高等法院在任何诉讼程序中都没有权利对任何地方法院或者沙里亚上诉法院发布训令、诉讼文件移送命令书、诉讼中止令或者在责问下级法官享受特权时发布禁止令等。而其他地方的州高等法院则通过这种方式行使司法监督权。另外还有一点，即在所有设有习惯法法院或者地方法院的州，州高等法院对限定的习惯法案件没有初审管辖权，这类案件由习惯法法院或者地方法院管辖(普遍认为习惯法法院或者地方法院对于习惯法更精通)。③

---

① See Court of Resolution Law, s. 3(1) as amended by the Chief Justice of a State(Change of Title) Decree 1976(No. 41 of 1976).

② See Federal Revenue Court Decree 1973, s. 7(1)(2).

③ See e. g. , High Court Law(W. R. N. Laws 1959, Cap. 49), s. 9, Proviso.

3. 初级记录法院体系

(1)治安法院

尼日利亚每个州都设有治安法院。依据治安官的不同管辖权限与权力可以分成不同的等级,如拉各斯州的治安官就分成五等,即首席治安官、资深治安官、一级治安官、二级治安官和三级治安官。当然各个州的划分方式不完全一样。这些治安官必须曾经担任过州高等法院的出庭律师,或者在联邦部分地区有完全管辖权的法院中担任过民事或刑事案件的初级律师,而且在其工作期间,他必须每年都被公告证明合格。南部各州的治安法院既可以行使民事审判权,又可以行使刑事审判权,但都受到一定限制。如在民事审判权上,拉各斯州治安官就对有关土地案件,遗赠、遗产案件和有关遗嘱与财产赠与效力期限的案件没有初审管辖权。北部各州的治安法院只能行使刑事审判权,但南北各州的规定也不完全一样。在南部地区,刑事犯罪案件被分成两类:公诉罪与非公诉罪。公诉罪是指需要对犯罪分子判处两年以上刑罚或是需要判处400奈拉以上罚金的犯罪,南部地区的治安法院只能受理非公诉犯罪,而北部地区则没有这样的分类。①

(2)地方法院(北部地区)

根据1976年的《过渡时期洲设立法》,尼日利亚北部地区的10个州都设立了地方法院,地方法院中除了一个院长外,其他的法官都被分成四个等级,即高级资深地方法官、一级地方法官、二级地方法官和三级地方法官。其中三级地方法官由州首席大法官任命,其他地方法官由该院临时司法审判委员会任命。北部地区的地方法院是一种行使民事审判权的法院,与南部地区行使民事审判权的治安法院的地位相同,所以,它的审判权限也与之相似。②

(3)习惯法法院(区域法院)

在尼日利亚共有17个州依据习惯法规定设立了习惯法法院或区域法院(这两种法院性质相同,只是称谓不一样,如拉各斯州叫习惯法法院,而尼日尔州叫区域法院)。下面以拉各斯州为例对习惯法法院进行简要介绍。该州习惯法法院的合议庭有两种组成方式:一是庭长加2个法官;二

① See Magistrates' Courts Law(Lagos Laws 1973,Cap. 82).

② See District Courts Law,s. 7.

是庭长加 4 个法官。这些法官必须满足以下条件：会使用英语，至少拥有初级或者标准的资格证书或与该证书相等和相适应的实践经验，是该习惯法法院所在地区的本地居民。习惯法法院在该州有完全的民事管辖权，在刑事管辖上，除了杀人罪、叛国罪和其他一些需要判处死刑的犯罪以及暴动罪、强奸罪、淫乱罪、侮辱少女罪、侵犯国家机密罪外，对其他刑事案件都有完全管辖权。①

区域法院一般分成四个等级，即高级区域法院、一级区域法院、二级区域法院和三级区域法院。法官都由该州区域法院的临时司法审判咨询委员会任命。每个法院都可以行使民事和刑事管辖权，但如果有特殊法律规定，也可能只行使民事或刑事管辖权中的一种。在民事诉讼中，不同等级的区域法院所能受理的案件也不同，如涉及债务、征收和损害赔偿的案件，高级区域法院有完全司法管辖权，但对于一级、二级、三级区域法院而言，则不能审理所涉金额分别超过 1000 奈拉、400 奈拉和 100 奈拉的案件。在刑事诉讼中，所有区域法院都无权审理杀人案件。一级、二级、三级区域法院的判决可以上诉到其所在地区的高级区域法院，所以高级区域法院既有初审管辖权，又有上诉管辖权。高级区域法院对有关穆斯林属人法案件所作的判决还可以被上诉至沙里亚上诉法院，对其他案件的判决则可以被上诉至州高等法院。区域法院一般都接受州高等法院的管辖。②

4. 特别法院

(1)少年法院

依据尼日利亚《儿童与青少年法》在阿南布拉、本代尔、克罗斯、伊莫、拉各斯、奥贡、翁多、沃约和河流这 9 个州设立的少年法院，主要是为了审判犯罪的青少年，并保障他们的合法权益。尼日利亚的“儿童”指年龄不超过 14 岁，北部地区法律规定“未成年人”的年龄在 14 岁到 18 岁，其他地区的法律规定“未成年人”的年龄在 14 岁到 17 岁。③ 少年法院不对社会公众开放。法院开庭时，除了法院工作人员、案件的诉讼当事人、他们的律师或

---

① See Customary Courts Law(Lagos Laws 1973, Cap. 33), s. 4(1).

② See High Court Law(N. N. Laws 1963, Cap. 49), s. 27.

③ See Children and Young Persons Law(Lagos Laws 1973, Cap. 26); Children and Young Persons Law(W. R. N. Laws 1959, Cap. 20); Children and Young Persons Law(E. N. Laws 1963, Cap. 19).

者辩护人以及与案件直接相关的人以外,其他人一律不得旁听。但也有一个例外,即那些善意的报纸或者新闻媒体记者可以进入该法院旁听(除非该法院颁布了特别法令不允许他们进入)。法律规定对犯罪的青少年的惩罚给予优待。例如,不能将儿童关进监狱,在有其他更恰当合适的惩罚方式时也不能将犯罪的青少年关进监狱,年龄小于 17 岁的青少年不能被判处死刑等。①

(2)国家劳资法院

依据 1976 年《劳资纠纷法案》第 14 条规定而建立的国家劳资法院主要是处理有关劳资纠纷和集体合同纠纷的案件,而且这方面的纠纷国家劳资法院一般都有绝对的初审管辖权。该法院由院长和 4 个法官组成,这 4 个法官必须对联邦委员会所管理的劳工福利和劳工雇用条件非常熟悉(奇怪的是对于院长竟然没有这样的要求),而且这 4 个法官中至少有 1 个法官在经济、工业和贸易方面有着相当丰富的知识。国家劳资法院的院长在经过司法审判咨询委员会的商议之后由最高军事议会任命,其他法官也由最高军事议会任命,但不需要经过司法审判咨询委员会的商议。②

(3)战争法院

尼日利亚的战争法院只管辖和审判与本国武装力量有关的案件,即有关陆海空三军的案件。③

(4)裁判所

在尼日利亚,有很多人认为"法院"并没有履行法律所规定的审判职能,相反是"裁判所"在履行这些职能,因此"裁判所"被认为是一种具有特殊审判权限的"法院"。设立"裁判所"的主要原因在于立法机关认为需要这样一个由特殊领域内的专家组成的特殊机构,采取与一般法院不同的特殊诉讼程序,以迅速处理某些特殊案件。尼日利亚的裁判所都是依据特别法规设立的,如依据 1970 年的《抢劫法》和《枪炮管理法》分别设立了抢劫罪裁判所和枪炮犯罪裁判所;依据 1974 年的《侵犯人权法》设立了专为审

① See Children and Young Persons Law(Lagos Laws 1973,Cap. 26),s. 17.

② See Trade Disputes Decree 1976,s. 16(1).

③ See Non-members of the Armed Forces are subject to the jurisdiction of the special military tribunal established by the Treason and Other Offences(Special Tribunal) Decree 1976(No. 8 of 1976).

理绑架案件和处私刑案件的裁判所等。

（三）尼日利亚法院体系的特点

1. 尼日利亚法院体系表面上虽然只分成高级记录法院与初级记录法院两级，但实际上有 4 个等级。联邦最高法院是最高级，联邦上诉法院、沙里亚上诉法院和国家劳资法院是第二级，裁判法院、联邦税务法院和州高等法院是第三级，而治安法院、地方法院（北部地区）、习惯法法院（区域法院）是最低一级。

2. 由于尼日利亚是一个联邦共和国，所以南北地区各州的法院体系又很不一样，如北部地区，最低级别的法院就有两种，即由治安法院行使刑事审判权，地方法院行使民事审判权，而且有个别州还单独设有习惯法法院（区域法院），如包奇州。但在南部地区，最低级别的法院就只有治安法院一种。当然，也有一些州单独设有习惯法法院（区域法院），如拉各斯州（17 个州设有习惯法法院或区域法院）。这些初级记录法院之间互不隶属，都只对法律规定的属于本院管辖的案件行使审判权。它们作出的判决一般都可上诉至州高等法院，但区域法院中的高级区域法院对有关穆斯林属人法案件的判决必须上诉至沙里亚上诉法院。尼日利亚法院类型较多，这与尼日利亚的国情紧密相连。

3. 在尼日利亚法院体系中，还有一个值得关注的地方，即有关验尸官的规定。一般而言，州治安法院的治安官也就是验尸官，他们有权对死于暴力或者非正常死亡的人的尸体和死于监狱的囚犯尸体以及他们认为有必要进行检验的死于精神病院或其他地方的人的尸体进行检验。尼日利亚验尸官的作用就相当于中国的法医，但是中国的法医是一个专门职业，而尼日利亚的验尸官就是由治安法院的治安官所担任。

七、诉讼法

（一）尼日利亚诉讼制度的形成与发展

在西方殖民主义者入侵前，尼日利亚主要经历了血缘氏族时期和地缘部落时期。在血缘氏族时期，氏族长者、首领是全氏族的权威。他们一般由氏族议事会推举产生，主要职责是依照习惯法和民意管理内部事务，调节氏族成员之间或不同氏族之间的纠纷。在地缘部落时期，部落内部出现了多层次的关系和矛盾，为了协调部落内部各个氏族之间的种种关系和矛盾,协调因各个部落划定明确的地域边界之后产生的毗邻部落之间的关系,产生了部落酋长制度。这时的诉讼制度带有浓厚的行政专横性质和宗教色彩。在土著法院的发展早期,审判只是法官或者宗教权威者的武断的决定,且双方当事人必须服从判决。经常采用习惯上的宣誓断案,推崇证人宣誓的有效性和使用习惯誓言的适当性,把宣誓作为断案的一种手段。①

英国入侵尼日利亚后,为加强殖民统治,推行英国法,建立英国式的法院。尼日利亚独立以后,在继承殖民时期英国法的基础之上,逐渐形成了具有本国特色的诉讼法制度。

(二)诉讼制度的主要内容

1. 刑事诉讼制度的主要内容

(1)法律渊源

尼日利亚刑事诉讼法规的主要渊源是《刑事诉讼法令》《刑事诉讼法案》《东尼日利亚刑事诉讼法》《拉各斯州刑事诉讼法》《刑事诉讼法典》。

(2)刑事诉讼的提起

根据尼日利亚刑事诉讼法的规定,刑事诉讼的提起一般有以下几种方式:一是原告在法庭的宣誓或不宣誓的起诉;二是州检察长对州内犯罪行为的起诉或总检察长对联邦内的犯罪行为的起诉;三是被告因伪证而被法官或初级法官根据刑事诉讼法规作出判决后,提交州高等法院进行的诉讼;四是被告经审讯后由初级法官根据刑事诉讼程序的有关法规作出判决后,向州高等法院提起的诉讼。

如果一个原告向初审法院提出诉讼,并作出要求法庭发出传票传唤罪犯或发出逮捕证逮捕罪犯请求,那么初审法院可依此发出传票或逮捕证迫使被控诉人出庭,传票对已犯罪的被告是一种命令,它须载明控诉的实质以及要求他在48小时内到庭接受询问。② 在有些情况下,即使发出传唤,被告也可以被免除出庭义务。初审法官对被告不出庭的申请以被告书面认罪或有法律代理人出庭并作出书面认罪代表活动为条件。逮捕令一般不会仅因原告的申请作出,除非原告在法庭上宣誓其控诉的真实性或有确

① 参见洪永红、夏新华等:《非洲法导论》,湖南人民出版社2000年版,第434页。

② See e. g. , Criminal Procedure Law(Lagos Laws 1973, Cap. 32), ss. 83 and 85.

凿的证据证明被告有罪。

控诉必须包含犯罪控告说明，或在同一个控诉中有一个以上控诉罪行，每一罪行在控诉中称为独立犯罪指控，控诉中的一个独立犯罪指控必须以罪行的简述开始，称为犯罪陈述。这种陈述必须用最简单的语言描述，尽量避免使用专业术语，也不用描述有关犯罪的所有犯罪要素。犯罪细节须在犯罪陈述中用普通语言表明，成文法对犯罪细节陈述作了规定，犯罪细节陈述要求在控诉细节中体现出来，控诉中应有一个以上独立犯罪指控，对此要有序的阐述。

询问由治安法官进行。治安法官应根据控诉内容对被控方进行询问。修正后的《东尼日利亚刑事诉讼法》第340条第2款规定不能对可诉性犯罪提起控诉，除非控诉由检察官在法官面前宣誓并有大量的证人证言，或控诉由法官亲自指导或同意或是按照规定对被指控作伪证的人提起的控诉。

(3)证据审查

公诉案件的证据审查由司法部法律官员进行，自诉案件的证据审查则由自诉检察官进行并且所有案件的证据审查都由总检察长领导。[①] 法令规定以下几种犯罪需要证据审查：①经济犯罪；②可判处无期徒刑的犯罪；③州高等法院管辖的可诉性犯罪。[②] 证据审查应包括：对被告的指控；关于被告被州高等法院提审的事实；诉讼程序将传唤的证人的所有资料；诉讼程序将不传唤的证人的所有资料；如果接下来的诉讼程序需要一名（不在名单上）证人出庭，那么该证人必须出庭；所有记录的复印件，如果可能的话，还需要医生出具的被告神志清醒的证明；犯罪记录，受证人可信度影响；被告的情况；所有被当庭呈现的物证；其他程序中可能会需要的文件记录。

如果总检察长对证据审查后觉得案件存在初步证据足以将被告送上法庭，那么他必须对被告提起公诉。如果总检察长认为证据不足以将被告

---

① See Criminal Procedure (Miscellaneous Provisions) Edict 1974 (No. 19 of 1974) (E. C. S), s. 4.

② See Criminal Procedure (Miscellaneous Provisions) Edict 1974 (No. 19 of 1974) (E. C. S), s. 5.

送上法庭,那么他必须书面通知法官,法官在收到通知后须立即释放被告。①

(4)简易审判程序

简易审判程序一般适用于以下情况:在州高等法院审理的可诉性或非可诉性犯罪;在治安法院审理的非可诉性犯罪。适用简易程序,第一步都是传唤案件的当事人。② 若被告出庭而原告没有,那么法庭必须撤销诉讼。控辩双方都出庭的,必须经过听审和审查。③ 案件听审后,控辩双方都已出庭时,法庭须向被告提出原告的指控并询问被告是否认罪。若被告认罪并且没有免除刑罚的理由,则法庭必须作出刑事责任判决。若被告否认有罪,则法庭必须让所有证人退庭,但法庭可留下专业的或技术性的证人。

若在质证结束时,法庭认为证据不足以判定被告有罪,法庭就必须撤销对被告的指控。④ 若质证结束时,法庭认为出现了案件有初步证据的情况足以使被告必须作出辩护,法庭将要求律师为被告辩护。⑤ 法庭要在合议时或推迟合议时,决定是撤销对被告的指控还是宣布被告有罪。在适当情况下,法庭也可作出其他决定。⑥

州高等法院或治安法院在审理青少年犯罪案件时,必须适用《儿童与青少年法》。⑦ 除了金融犯罪外,治安法院可能会对成人所犯的其他可诉性犯罪案件适用简易程序。

(5)刑罚和法庭判决令

刑罚的种类包括:死刑、监禁、罚金、笞刑、放逐。

裁决分为以下几种:驳回指控令、无罪宣告令、释放令、交付审判令、损害赔偿令、依军事长官或联邦军政府首领所下的拘捕令、没收犯罪非法所得令、支付诉讼费令、补偿损失令、赔偿损害令、缓刑令、其他根据青少年所下的判决令。

---

① See Criminal Procedure(Miscellaneous Provisions)Edict 1974(No. 19 of 1974)(E. C. S), s. 13(2).

② See Criminal Procedure Law(Lagos Laws 1973, Cap. 32), s. 279.

③ See Criminal Procedure Law(Lagos Laws 1973, Cap. 32), s. 283.

④ See Criminal Procedure Law(Lagos Laws 1973, Cap. 32), s. 286.

⑤ See Criminal Procedure Law(Lagos Laws 1973, Cap. 32), s. 287(1)(b).

⑥ See Criminal Procedure Law(Lagos Laws 1973, Cap. 32), s. 299.

⑦ See Lagos Laws 1973, Cap. 26.

2. 民事诉讼制度的主要内容

民事诉讼法的渊源由制定法和附属立法构成。附属立法所占的比重大于制定法。民事诉讼法可以分为两类：根据尼日利亚成文法制定的实践与诉讼程序的规则（法院规程）和接受英国的实践与诉讼的规则。

对于包含了法院规程的当地法令所不能解决的案件，英国最高法院规程可以适用于尼日利亚所有的司法管辖。

（1）当事人

在拉各斯州高等法院的民事诉讼程序中，只有在法律中作为自然人的实体才可以起诉或应诉，但是存在一些特定自然人的群体是无行为能力的。例如，未成年人和精神病患者。一个未成年人必须通过其“法定代理人”进行起诉，并且必须由其“法定监护人”为其答辩。他的法定代理人通常是他的父亲或具有代替父母地位的人。精神病患者必须通过他们的受托人来起诉或辩护。专业的受托人、执行人以及管理人必须作为产业代表起诉并且作为产业代表应诉。一个组成法人的社团是法律中的自然人。它应该以公司名义起诉或应诉。

（2）诉讼程序的开始

拉各斯州高等法院的诉讼可以因传唤令（writ of summons）、初次传票、动议的初次通知和请求而开始。传唤令通常被称作“令状”，是指原告提起诉讼后要求被告人出庭的命令。令状上应写明高级法院的名称、司法部门以及案件当事人的姓名。一份令状还包括背书——权利请求背书和正式的背书。

一份传唤令自签发日期开始 12 个月内有效。[①] 传票、动议的初次通知和请求开始进行诉讼的文件，要经登记官员正式确认之后，由其将副本送达被告。但是当被告的律师担保其接受令状并出庭时，就无须这样。当送达不可能时，当事人可以向法院提出诸如公告等送达方式。

（3）出庭

被告接到令状后必须出庭。被告应在收到令状后 8 天内提出答辩，或在审判前的任何时候提出参加庭审。当被告在令状规定时间内没有出庭，法院可以缺席裁判。一个缺席裁判可能是最终的，也可能是临时的，这由

---

① See High Court (Civil Procedure) Rules (Lagos Laws 1973, Cap. 52), Ord. 5, r. 5.

原告依据令状的背书获得。

在许多案件中,紧随被告接到令状出庭后的程序是提起反诉或答辩状。在关于债务和损失的诉讼中,被告必须在出逃之后向法院缴纳一定数额的保证金以支付原告的诉讼费用。被告必须给予原告交费通知。[①] 原告可以(假定无须法院或法官的许可)在收到被告答辩状或收到之后没有继续下一诉讼程序(除诉讼中间提交的申请)之前撤销其诉讼。[②]

(4)正式书面的诉状

正式书面的诉状是诉讼一方当事人送达对方的书面陈述,包括这一方当事人相信的事实陈述。这使当事人双方能够确定他们一致的地方和他们有矛盾的地方。某些当事人陈述的事实会得到抗辩人的同意,这种案件中的事实无须证明。诉状的主要类型如下:原告的诉讼请求,被告的抗辩声明。原告的诉讼请求是原告提出的作为诉状的第一份答辩状的正式书面诉状。被告的抗辩声明是被告在抗辩过程中提出的答辩状。被告的抗辩声明中必须包括抵消这一特殊的请求。抵消本质上是抗辩。这个请求是在原告提出赔偿的诉讼中,被告也向原告提出赔偿。这样,原告提出的数额可能和被告提出的相抵消。在普通法中,不能请求抵消,除非双方的索赔对于相同的当事人都应支付并且数额相等,或双方的索赔都已清算。

在交换起诉书或答辩书之后,律师可能要求其当事人的抗辩人交换在这一过程中所有与案件相关的文件。一方当事人向对方当事人传送他所持有、报告或有权使用的与案件相关的文件清单。在得知抗辩人持有那些文件之后,当事人应通过调查文件的步骤去调查这些文件。

书面质问是一方当事人出于发现事实的目的送达抗辩人的问题。应向法院或法官作出获得传送书面质问许可的申请。申请的提出仅关于对公正处理案件或节约成本所必需的书面质问。

(5)审判

为了给法官准备审判时间,原告可以在确信答辩状了结后的7天之内发出提示状(summons for directions)。这样,法官必须尽可能快地处理提示

---

① See High Court(Civil Procedure)Rules(Lagos Laws 1973,Cap. 52),Ord. 19,r. 1.

② See High Court(Civil Procedure)Rules(Lagos Laws 1973,Cap. 52),Ord. 23,r. 1.

状并且对诉讼过程进行监督，保证诉讼公正、迅速处理。一般情况下，提示状必须由原告作出。当原告没有发出提示状时，被告应发出提示状或申请驳回诉讼。当案件已在每周案由清单上列出，并且诉讼当事人都不到庭时，法庭应去掉这一案由，除非有相反的理由不得撤销。当原告出庭，被告没有出庭时，原告可以证明其请求是合法的。当被告出庭，原告没有出庭时，如果被告没有提出反诉，他有权决定驳回诉讼，但如果他提出反诉，他可以举证证明其反请求是合法的。当法庭确认当事人不出庭，可以缺席判决。

当答辩状提出之后，具有举证责任的当事人从尊重事实和诉讼当事人的争端出发，开始陈述案情。随后他必须出示证据和询问证人。这一方当事人有权总结给出的证据并作出评论。反之亦然，双方轮流举证、质证。最后，双方当事人有权对整个案情进行概括性的总结。法庭辩论结束之后，法官作出判决和交付费用的裁定。

（6）第三人的诉讼程序

诉讼中的被告可向法庭或法官申请“第三人通告”。他可以对第三人作出如下请求：

①第三人分担一定的责任和赔偿；

②第三人对原告提出的原诉讼请求提供法律补救措施；

③任何与原告和被告提出的争夺在本质上相同的与所谓的客观事实相关的争端应不仅在原告与被告之间作出判决，还应在原告与被告以及第三人之间或在这三方中任意两方之间作出判决。

如果原告已对第三人正式起诉，在送达第三人的通知发生效力之后，第三人成为诉讼当事人，在答辩方面享有同等的权利。

（7）交互诉讼

当一个占有金钱、货物或有形财产的人错误地将其交给了他人，则可能引起交互诉讼。

在拉各斯州，当司法行政官依据查封令执行判决，拍卖占有的货物时，如果第三人声明该货物不属于债务人而属于他本人，依据《司法行政官及民事诉讼规程》①以及《审判（执行）规则》②的规定可构成交互诉讼。

---

① See Lagos Laws 1973, Cap. 127, s. 27.

② See Lagos Laws 1973, Cap. 12.

(8)判决的执行

判决生效后,债务人拒不执行判决,债权人可以依据《司法行政官及民事诉讼规程》以及《审判(执行)规则》责令强制执行。强制执行的主要方式有:查封及拍卖财产,扣押第三债务人保管的财产,归还土地或动产给所有权人。法院可以对拒绝或阻碍执行的债务人下达关押他的入狱执行书。①

(三)尼日利亚诉讼制度的特点

1. 深受英国诉讼制度的影响

通常,对于包含了法院规程的当地法令所不能解决的案件,英国最高法院规程可以适用于尼日利亚所有的司法管辖区。

2. 不同地区适用不同的法令

例如,《刑事诉讼法令》在奥贡州、翁多州、奥约州有效。《东尼日利亚刑事诉讼法》在阿南布拉州、克罗斯州、伊莫州和河流州有效。

3. 充分尊重被告的权利

在刑事诉讼中,法庭必须询问被告是否对证据质证或提交自己的证据,同时法庭必须聆听其相关解释。在法庭适用简易程序之前,法庭必须先告知被告有向州高等法院申诉的权利,接着便可询问被告是否适用简易程序。民事诉讼法规定被告必须向法院交付保证金以支付诉讼费用,原告可以撤销诉讼。

4. 注重诉讼的效率

比如民事诉讼法中对正式书面答辩状的规定,使当事人双方能够确定他们一致的地方以及他们有矛盾的地方。某些当事人陈述的事实会得到抗辩人的同意,这种案件中的事实无须质证。

八、习惯法

(一)概述

习惯法由一个群体成员共同接受的对他们有拘束力的习惯组成。在尼日利亚,习惯法根据它的性质可被分为两类,即部族或非伊斯兰教习惯

① See Sheriffs and Civil Process Law(Lagos Laws 1973, Cap. 127), ss. 55 and 56. Judgements (Enforcement) Rules(Lagos Laws 1973, Cap. 127), Ord. 10.

法和伊斯兰教法。[①] 在尼日利亚，部族习惯法是土生土长的。这种习惯法的各个制度适用于特定种族群体的成员。伊斯兰教法是以伊斯兰信仰为基础对信仰伊斯兰的成员适用的宗教法。在尼日利亚，伊斯兰教法不是土生土长的而是作为伊斯兰教的一部分传入这个国家被接受的习惯法。

部族习惯法是不成文的。在尼日利亚有几个不同的部族习惯法制度，每个种族群体有他自己的独立的制度。譬如，在奥贡州的一个镇的习惯法制度可能不同于这个州的邻近的一个镇的习惯法制度，即使这两个镇的土著人都是约鲁巴族人，因为约鲁巴族是由几个种族组成的。这种习惯法制度的多样性是各个州的习惯法统一的一个主要障碍。必须注意的是，一个地方的种族习惯法同另一个属于同一部落的人的地方习惯法在许多方面是相似的。因此，有某些习惯法规则适用于这个国家的所有约鲁巴人。

不像部族习惯法，伊斯兰教法主要是成文法。在尼日利亚，实施的伊斯兰教法是马立克派伊斯兰教法。[②]

（二）习惯法的特征

部族习惯法是"一面公认为惯例的镜子"。[③] 部族习惯法的另一个特征是它的灵活性。它的规则不时变化，尤其是正在变动的社会和经济环境里。它的灵活性可从土地习惯法的一个例子中看出来。譬如，根据拉各斯州的习惯法规定，土地的完全转让是不被允许的。土地是属于家庭的，任何个人绝对不能拥有哪怕一小块的土地。但是后来这个习惯为适应社会需要而开始改变。因此，现在习惯法允许土地的权利完全转让给私人。此外，伊斯兰教法主要是成文法，因而相对刻板，它的内容是不容易受社会变化影响的。

（三）习惯法的认可方法

在法庭上，对习惯法的认可有两种方法，即通过证明和司法认知。

1. 习惯法的证明

（1）习惯法法院和区域法院外的法院的证明

在习惯法法院和区域法院外的法院认可习惯法的依据为《证据法》第

---

① See A. O. Obilade, *The Nigerian Legal System*, Sweet & Maxwell, 1979, p. 83.

② See A. O. Obilade, *The Nigerian Legal System*, Sweet & Maxwell, 1979, p. 83.

③ See A. O. Obilade, *The Nigerian Legal System*, Sweet & Maxwell, 1979, p. 84.

14 条第 1 款的规定:如果第 14 条第 1 款 A 项所规定的习惯法可以被司法认知或可被证据证明为存在,那么它将被作为调整特定情况的法律一部分被采用。该习惯法的举证责任应该由声称该习惯存在的人承担。

因此,除非一项习惯法是司法认知,否则主张其存在的一方当事人需要把它作为一种事实去证明。换句话说,它不得不通过证据证明它的存在。[①] 根据规定一方当事人被要求传唤他自己的证人去证明一项有疑问的习惯法。但是有时法院会传唤酋长提供这方面的证据。证据规则允许证据文本的使用。譬如,《拉各斯州证据法》第 58 条规定:"任何被土著人作为法律权威接受的书籍或手稿可以证明习惯法的存在。"须注意的是,《拉各斯州证据法》第 58 条规定的相关证据不仅指土著人作为法律权威接受的书籍或手稿,而且包括土著酋长或其他具有习惯法特别知识的人的意见。

起诉的一方当事人不能仅仅证明他所依据的习惯法的存在而胜诉。为了获胜,他必须证明与特定情况有关的习惯的存在。[②] 换句话说,他必须证明存在的习惯法调整这种情况。

(2)在习惯法法院和区域法院的证明

根据证据法,习惯法是一种事实问题。在阿南布拉州、克罗斯州、伊莫州和河流州实施的证据法规定:本法律不适用于在习惯法法院的司法程序。[③] 在包奇州、奥贡州、翁多州和奥约州实施的《证据法条例》规定:除非根据条例的规定作出特别命令,否则本条例不适用于习惯法法院的司法程序。习惯法法院被假定通晓它管辖地区的习惯法,因此,这种习惯法对习惯法法院而言是法律问题而不是事实问题。对具有该地区管辖权和通晓该地区习惯法的法院而言,该地区的习惯法是一个法律问题是很明确的。

①在法院管辖区域的习惯法的证明

有疑问的习惯法如果是习惯法法院管辖区域的习惯法或法院至少有 1 名法官通晓该习惯法,在这种情况下,是不必要证明习惯法的。有疑问的习惯法如果是法院管辖外的地区的习惯法且法院里没有法官通晓该习惯

---

① See A. O. Obilade, *The Nigerian Legal System*, Sweet & Maxwell, 1979, p. 84.

② See A. O. Obilade, *The Nigerian Legal System*, Sweet & Maxwell, 1979, p. 86.

③ See A. O. Obilade, *The Nigerian Legal System*, Sweet & Maxwell, 1979, p. 88.

法，在这种情况下，习惯法的证明是必要的。

②法院管辖外地区的习惯法的证明

如果有疑问的习惯法不是习惯法法院管辖地区的习惯法时，那么该习惯法的证明是必需的。在该习惯法法院上这种习惯法对它而言可能相当于外用法。根据习惯法的规定，法院不被认为通晓外用法，因此，在适用的习惯法不是习惯法法院管辖地区的习惯法的情况下，习惯法的证明是必需的。[①]

2. 司法认知

某些事实如此明显以致他们无须在法庭上被证明。譬如，没有必要去证明人有手，水是液体或马是动物。这种事实被法院称为司法认知。证据法不适用习惯法法院，而且在一般情况下，证据法不适用于区域法院。很显然，与司法认知有关的证据法的规定不适用于习惯法法院或区域法院。[②]

(1)在习惯法法院和区域法院外的法院的司法认知

在习惯法法院和区域法院外的法院的司法认知现在由《证据法》第14条第2款调整。该款规定如下：

如果本款A项习惯法已被该地区的上级法院或同级法院所适用到这种程度——该地区有关的人或阶层在相似的情况把该习惯作为对他们有拘束力的规则来看待，那么，法院可以对该习惯法进行司法认知。

可被法院作为司法认知，这些词语表明根据该条款的规定，一个法院并不一定要采用习惯法的司法认知。[③] 如果该条款陈述的条件被满足，那么法院可以采用习惯法的司法认知。其中的一个条件是该习惯法已被该地区的上级法院或同级法院所采用。“在同一地区”意味着习惯法被强调适用在族群地区或穆斯林群体地区。[④] 因此，一项在约鲁巴的一个镇阿贝奥库塔可适用的习惯法作为适用这一情况的“同一地区”意指在阿贝奥库塔地区而不是在约鲁巴岛，并且相关的人是阿贝奥库塔人而不是约鲁巴人。

在一位法官采用一项习惯法的司法认知之前，必须被满足的条件是上

---

① See A. O. Obilade, *The Nigerian Legal System*, Sweet & Maxwell, 1979, p. 93.

② See A. O. Obilade, *The Nigerian Legal System*, Sweet & Maxwell, 1979, p. 94.

③ See A. O. Obilade, *The Nigerian Legal System*, Sweet & Maxwell, 1979, p. 94.

④ See A. O. Obilade, *The Nigerian Legal System*, Sweet & Maxwell, 1979, p. 94.

一级或同级的法官已经适用了该习惯法,使该习惯法或为该地区相关的人或阶层在相似的情况下作为一项有拘束力的习惯法适用。

毫无疑问,在习惯法法院外的法庭上,习惯法是一个事实问题。当它在一个案件里被证明或司法认知时,它就变成了一个法律问题。

(2)在习惯法法院的司法认知

习惯法法院没有被授权去实施程序性的普通法。司法认知的普通法原则组成了程序法的一部分。因此,普通法原则不能在习惯法法院适用。在没有任何规定司法认知制定法的习惯法法院,法定司法认知也不在习惯法法院适用。但是在某些情况下,涉及习惯法存在和内容的某些事实的证明,不必在习惯法法院证明。[①] 这样的事实就叫在习惯法法院的司法认知。因此,习惯法法院的司法认知仅仅由习惯法来调整。一个通晓其管辖地区的习惯法的法院被授权采用习惯法的司法认知。换句话说,该法院被视为了解那些习惯法因此在这些法院里习惯法的证明是不必要的。因此,习惯法法院管辖的地区的习惯法对于通晓该习惯法的法院而言是一个法律问题。

(四)习惯法的效力

习惯法的规则有效性的考验由制定法规定,除非一项可适用的习惯法已通过考验,否则它不能被实施。有三种这样的考验:第一种考验是该习惯法不与自然正义、公平和良知相矛盾;第二种考验是不能直接或间接地同当前实施的任何法律不相容;[②]第三种考验是它不与公共政策相矛盾。

根据《拉各斯州高等法院法》[③]第26条第1款的规定:高等法院应该遵守和执行可适用的和不与自然正义、公平和良知不相容,也不直接或间接不符合目前实施的任何法律的所有习惯法的规定。[④] 另外,《证据法》的第14条第3款的但书部分包含了矛盾与公共政策考验。其规定:“如果习惯法与公共政策相矛盾不符合自然正义、公平和良知,那么任何司法程序作出的任何习惯法案件不应被执行。”

---

① See A. O. Obilade, *The Nigerian Legal System*, Sweet & Maxwell, 1979, p. 99.

② See A. O. Obilade, *The Nigerian Legal System*, Sweet & Maxwell, 1979, p. 100.

③ See A. O. Obilade, *The Nigerian Legal System*, Sweet & Maxwell, 1979, p. 100.

④ See A. O. Obilade, *The Nigerian Legal System*, Sweet & Maxwell, 1979, p. 100.

1. 矛盾考验

如果一项习惯是不文明的，那么它与自然正义、公平和良知是不相容的。这并不意味着如果它不符合已在社会发展达到较高级阶段的群体，譬如，英国人接受的行为标准，它就不符合矛盾考验。枢密院在某一案件中曾表达了这样一种观点：在一个一夫多妻制被普遍接受的国家可适用的自然正义、公平和良知的原则是不能与根据一夫一妻制的规则调整的社会的可适用的自然正义、公平和良知的原则相等同的。① 但是在任何文明行为标准之下，习惯都将被认为与自然正义、公平和良知不相容。

2. 不相容考验

尼日利亚法律规定：被执行的习惯法必须不与目前实施的任何法律不相容。其他一些地区性法律规定：习惯法必须符合任何成文法。② 譬如《拉各斯州高等法院法》第 26 条第 1 款规定如下：

高等法院应该遵守和执行可适用的和不与自然正义、公平和良知不相容，也不直接或间接不符合目前实施的任何法律的所有习惯法的规定。

那么"目前实施的任何法律"包括哪些法律呢？是否包括被接受的英国法和直接运用于尼日利亚的英国法？这个问题在尼日利亚是有争议的。但是必须注意的是：习惯法与英国法不相同以致根据英国法的规定的不相容考验会导致习惯法实质上的取消。这种破坏性的结果似乎并不是立法机关希望看到的。

因此，"目前实施的任何法律"应被适当地解释为目前实施的当地法规。在本代尔州实施的 1964 年《高等法院法》第 13 条第 1 款规定的不相容考验依据的是任何目前实施的成文法。③ 在本代尔、奥贡、翁多和奥约这些州实施的解释法是这样定义"成文法"的：④"成文法包括所有的条例和法律、所有的命令、宣言和特许状及所有在尼日利亚或任何地区由任何有权力个人或机关根据制定法或其他法规制定的法院的规章和规则。但不包括（英国）议会（制定的）法令和任何国王命令、皇家特许状。"

显然，条例、法律、命令、宣言、特许状、法院的规章和规则是当地法规

---

① See A. O. Obilade, *The Nigerian Legal System*, Sweet & Maxwell, 1979, p. 101.

② See A. O. Obilade, *The Nigerian Legal System*, Sweet & Maxwell, 1979, p. 104.

③ See A. O. Obilade, *The Nigerian Legal System*, Sweet & Maxwell, 1979, p. 107.

④ See A. O. Obilade, *The Nigerian Legal System*, Sweet & Maxwell, 1979, p. 107.

也是尼日利亚的立法。“但不包括”意指任何扩展到尼日利亚的英国议会法令和直接适用于尼日利亚的其他英国制定法。

根据英国普通法和衡平法的性质,它们根本不是成文法。因此它们当然也就不属于上面所说的“目前实施的成文法”范畴。

3. 公共政策

何为公共政策？尼日利亚法并不明确。似乎与中国民法中的公序良俗原则很相似,即习惯法必须符合善良风俗,不得违反国家的公共秩序和社会的一般道德。

第九章　当代非洲法：大陆法系

第一节　非洲大陆法系概述

一、非洲大陆法的概念

非洲大陆在欧洲殖民者到来之前通行的是非洲各种族的习惯法或伊斯兰教法。随着欧洲殖民者对非洲殖民化的推进，大陆法也开始逐渐在非洲被移植。葡萄牙、荷兰、西班牙、比利时、法国、英国、德国、意大利等国殖民者纷至沓来。到20世纪初，非洲几乎被欧洲殖民者瓜分殆尽。欧洲大陆法系国家占领了非洲大部分领土。到第一次世界大战前，法国占有突尼斯、阿尔及利亚、摩洛哥、法属西非、法属索马里、法属赤道非洲、马达加斯加、科摩罗群岛和留尼汪群岛等，共计约1059.3万平方公里；德国占有德属东非、德属西南非、喀麦隆、多哥等，共计约235.69万平方公里；比利时占有比属刚果，共计约233.1万平方公里；葡萄牙占有几内亚、安哥拉、莫桑比克，共计约204.61万平方公里；意大利占有厄立特里亚、意属索马里、利比亚等，共计约155.4万平方公里；西班牙占有里奥德奥罗、西属几内亚等，共计约20.72万平方公里。第一次世界大战后，德属非洲除部分领土划归英国或南非外，其余仍留在大陆法系国家内。

原法属、葡属、比属、意属和西属非洲国家获得独立后，继承了大陆法遗产，许多国家甚至仍沿用原宗主国法律,因而被称为非洲大陆法国家。

二、非洲大陆法的特点

一般来说,非洲大陆法国家主要由直接移植而来的原宗主国法律和非洲国家独立后制定的新法律两部分组成。此外,这些国家还把法理、习惯法等作为其补充法,以弥补制定法之不足。概括来说,当代非洲大陆法国家的法律有五大特征。[①]

第一,这些国家整体上保留着大陆法系的一般特征,并继续沿用原宗主国法律。

由于这些国家原来都是欧洲大陆法系国家的殖民地,其法律深受原宗主国法律的影响。独立后,所有非洲国家都继承了由各自前宗主国遗留下来的欧洲法。只有这些法明显损害新非洲国家的政治独立,才会被独立后的非洲政府废除。原欧洲大陆殖民地国家继承了大陆法。原宗主国的"皇家敕令、法律、法院和殖民立法的先例形成了殖民政权在这一地区的法律遗产"[②]。像法国《民法典》在独立后的法语非洲国家仍普遍适用,其他法国的法律也在大多数法语非洲国家适用。

贝宁、多哥、马里、毛里塔尼亚、尼日尔所采用的商事法规仍是法国《商法典》及附属于该法典的关于商业公司的法规和关于流通票据的法规。关于著作权、专利权、工业品外观设计、实用新型及商标等事项,贝宁也沿用殖民地统治时期所引进的有关法国法。贝宁在制定本国的民事和商事诉讼法典之前仍施行法国《民事诉讼法典》。

非洲一些国家即使制定了本国法律,但也没有完全废止原有的法国法,相反,还规定在一定情况下依然适用法国法,如加蓬独立后制定了自己的《民法典》,同时在该法典中载明,加蓬《民法典》"未规定的,可以援用《法国民法典》的准则"。

第二,这些国家学习西方,援用西方法理制定新法律。

非洲国家独立后普遍制定了宪法和国籍法,同时,各国根据本国国情制定新的法律,以取代或修改原宗主国法律。原欧洲大陆殖民地国家的法

---

① 参见洪永红:《非洲大陆法系国家法律特征初探》,载《河北法学》2001年第2期。

② 洪永红:《非洲大陆法系国家法律特征初探》,载《河北法学》2001年第2期。

律在结构、形式，甚至内容上都是模仿大陆法，有的就是原宗主国法典的翻版。这些新非洲国家的法律，毫无疑问属于大陆法系。

埃塞俄比亚在20世纪50～60年代仿照法国制定了五部法典，其中勒内·达维德为埃塞俄比亚起草的民法典是20世纪民法典编纂的经典个案。塞内加尔民商法深受法国民法典的影响。在塞内加尔着手立法之前，法国民法典、商法典仍然被适用。独立后不久，启动了民商法成文化的进程，使成文法成为塞内加尔民商法的主要渊源。它在立法的过程中接受了大量的法国法的概念和理论，这在债法、合同法、亲属法、银行法中均有体现。例如，债法分为总则、有名合同、商业社团、流通票据、债权人的保护和安全，这明显借鉴了法国民法典的结构安排。

1965年6月，贝宁颁布了一部《国籍法典》。该法典以法国法为基础，只存在很少差别，在国籍的取得方面兼采血统主义和出生地主义。但该法典在婚生子女与非婚生子女之间则不加区别。一个人如果在贝宁有惯常居所并享有贝宁人的地位，就可依“出生地主义”取得贝宁国籍，任何一个出生于贝宁的人如果不能根据血统取得其他国家国籍，还可依法取得贝宁国籍，婚姻可影响妻子的国籍。这一情况正像法国法所规定的一样。贝宁《国籍法典》规定可通过收养、恢复和入籍而取得国籍。入籍须符合某些条件，即经过3年的预备期以及符合一定的健康条件与同化条件。当一个人自愿或依职权而取得外国国籍或其行为如同一个外国侨民的作为或受雇于外国的政府机构时，就丧失贝宁国籍。取得贝宁国籍后10年以内如果犯有法律所列举的某些罪行，将被剥夺国籍。

多哥没有国籍法典，但在1961年7月通过一项关于多哥国籍的法规，该法规借鉴殖民时期法国法对非洲人实行的“同化”制度，规定了对出生于多哥国外的人的同化手续，并力图使多哥国籍的范围超过法国国籍的范围。该法规兼采血统主义与出生地主义，不论是婚生子女或非婚生子女，一律强调以其父亲的国籍为准。此外，凡出生于多哥境内的人，只要没有其他依血统取得的国籍，均可取得多哥国籍。通过婚姻也可以取得多哥国籍，其情况与法国法所规定的相同。入籍的条件是年满21岁并连续居住在多哥5年以上。但入籍的人在5年之内无被选举权。除了自动放弃多哥国籍者外，凡自动取得或归属另一个国家国籍的人、担任外国政府公职或依法被剥夺多哥国籍的人，均丧失多哥国籍，但长期侨居国外并不导致丧失多哥国籍。

多哥还制定了其他几部法典,如 1961 年的《投资法典》。几内亚也制定了《劳工法典》、《社会保险法典》、《公司法》、《税收法典》、《刑法典》、《刑事诉讼法典》和《人和赠与法典》。1990 年加蓬颁布《环境保护法》,禁止猎杀大象,禁止象牙买卖。1992 年 9 月 2 日,科特迪瓦政府颁布《银行保密法》,加强银行保密,刺激地方储蓄,吸引外国资本。1992 年 9 月 4 日,乍得总统颁布《私有化令》将 25 个公司、银行和公共设施私有化,建立"混合经济"。1992 年 9 月 3 日,利比亚政府颁布私有化方面的法律,允许私人投资农业、制造业、教育、卫生、贸易旅游、运输、不动产、保险业,可以上市公司、股份公司、合伙、独资形式从事业务。法律规定了个人股份的最高限额。10 月 29 日,利比亚政府废除外事处,该机构负责管理与外国"自由运动"的接触。利比亚 1993 年第 431—93 法令,允许合伙组织和有限公司从事商品批发业务。1995 年 12 月 1 日,突尼斯颁布《儿童保护法典》,该法共 123 条,禁止儿童卷入武装冲突、组织犯罪、从事某些劳工等。① 1998 年 12 月 24 日,喀麦隆颁布《海商法》,将国家垄断经营的港口私营化。该法在喀麦隆海港方面作了三个方面的变动。其一,喀麦隆港口当局只是港口的协调机构,而不是经营者。其二,港口实行自我管理,每个港口建立咨询委员会,就港口建设、投资和经营管理提供建议。除咨询委员会外,每个港口实行独立管理,各自可以自由招揽业务。而且,允许将下列业务交由私人承担:仓储保管,货物装卸,货物运输,领航,装卸管理等。增大在港口周围建立工厂的面积。其三,《海商法》规定撤销国家港口局,给予 6 个月的过渡期,在过渡期内废止国家垄断经营。1998 年 1 月 1 日,《商法协调条约》在贝宁、喀麦隆、科特迪瓦等 15 个法语非洲国家生效。《商法协调条约》是于 1993 年在商法协调组织的促进下由一些法语非洲国家签订的。该条约包括普通商法、公司法和证券法。成立了四个机构:财政与司法部长会议;设在雅温德的常务秘书处;设在波多诺伏地区的高等司法学院学校;设在阿比让的司法和仲裁院。②

第三,这些国家的新法律对大陆法既有继承又有发展。

---

① See Bulletin of Legal Development, 1995, (6): 263.

② 参见洪永红:《尼日利亚现行国籍法评析》,载《西亚非洲》1998 年第 2 期。

非洲国家制定的新法律大多是模仿或参照原宗主国法律制定的,如卢旺达《商法典》便是以比利时《商法典》为蓝本。同时,非洲国家依据本国国情对原宗主国法律予以修改和发展。有的非洲国家制定的新法律则变化很大。如马里 1961 年颁布的《民事、商事和社会诉讼法典》,不仅在法典的名称上与法国法迥然不同,而且在内容上也有很多不同之处。该法不再强制规定聘请律师或经批准的代理人,诉讼当事人可以亲自出庭,也可以选定其他任何代表以其名义出庭或可另行提交备忘录。诉讼可以用口述或书面方式进行。在民事和商事案件中,当事人可向其住所所在地法院提出请求。在所有其他案件中,可向区长或行政长官提起。该法还特别强调法官应全力促进当事人进行和解,和解内容以书面形式记载,一方当事人不自动履行和解书的,另一方当事人可请求强制执行。

阿尔及利亚在 1963 年颁布了阿尔及利亚《国籍法》。该法规定,阿尔及利亚国籍的取得主要根据血统主义,同时兼采出生地主义。如果父亲是阿尔及利亚人,或母亲是阿尔及利亚人而父亲不是或无国籍,则子女可因出生而取得阿尔及利亚国籍。如果父母都不是阿尔及利亚人,而孩子出生在阿尔及利亚境内,该孩子依出生地主义可取得阿尔及利亚国籍。出生于阿尔及利亚的子女,如果母亲是阿尔及利亚人而父亲是外国人,或者父母都是出生于阿尔及利亚的外国人,只要他们在达到法定年龄后的 2 年内提出申请,即可取得阿尔及利亚国籍。阿尔及利亚是第二次世界大战后通过长期的对法国武装斗争才取得独立的。因而,阿尔及利亚《国籍法》的另一个突出特色是强调新国家主权,反对欧洲殖民者。如阿尔及利亚《国籍法》规定,在阿尔及利亚境内定居的外国人,凡参加过解放战争,只要在《国籍法》实施后的 6 个月内,向阿尔及利亚司法部长提出愿意取得阿尔及利亚国籍的简单声明,即可取得阿尔及利亚国籍。这便把独立前定居在阿尔及利亚的欧洲殖民者排除在阿尔及利亚公民之外。同时阿尔及利亚《国籍法》还进一步规定,法国人如果愿意取得阿尔及利亚国籍,必须在"阿尔及利亚独立日"后 3 年内在选民册上登记才有可能取得阿尔及利亚国籍。

这种以独立日作为确定国籍的办法,在普通法系非洲国家也存在,它是独立后非洲国家反对欧洲殖民者的重要武器。如尼日利亚《国籍法》规定,依出生取得尼日利亚国籍者有三类:(1)凡 1960 年 10 月 1 日以前在尼日利亚出生,其父母中的任何一人,或其祖父母、外祖父母中的任何一人属于或曾属于尼日利亚本土群体一员的人;(2)凡1960年10月1日以后在尼日利亚出生,其父母中的任何一人,或其祖父母、外祖父母中的任何一人为尼日利亚公民的人;(3)凡在尼日利亚境外出生,其父母双方或一方为尼日利亚公民的人。在这里,1960年10月1日是尼日利亚独立之日。“尼日利亚以其独立日的前后出生来划分两类不同的人,显然与其长期受殖民统治,国家独立时间不长有关。”在非洲国家独立之时,以“独立日”划分有重大的现实意义,但随着时间的推移,这种实际意义最终将失去。①

第四,法的一般原理也是非洲国家尤其是大陆法系国家的渊源之一。

非洲国家在制定了成文法之外,同时规定在成文法不足的情况下,法律的一般原理可作为非洲国家法的形式渊源。例如,马达加斯加1962年9月19日法令规定,“成文法中如无规定,或虽有规定但不够确切或模糊不清,法官可以适用一般的法律原则作出判决”,无一般原则可依时,“法官得在必要时适用诉讼当事人的习惯和惯例,但这些习惯和惯例必须是确实的、行之已久的并与公共利益准则不相抵触的”。

第五,习惯法和伊斯兰教法仍然在特定领域发挥效力。

习惯法和伊斯兰教法是欧洲殖民者到来以前就在非洲广泛适用的法律。殖民时期,欧洲殖民国家虽然对习惯法和伊斯兰教法的适用作了诸多限制,但最终并未完全废止。非洲国家独立后仍保留了习惯法和伊斯兰教法的适用。如尼日尔规定在成文法未作规定或规定不明时,可适用习惯法。尼日尔还进一步规定了解决习惯法之间法律冲突的具体办法:(1)有关结婚和离婚、子女的监护、因离婚而终止婚姻关系时妻子的命运或配偶一方的遗弃或死亡等问题,女方如是尼日尔人,应根据妻子一方的习惯法解决争议,否则依据丈夫一方的习惯法;(2)有关赠与的问题,依据赠与人的习惯法处理;(3)有关继承问题,根据死者的习惯法处理;(4)其他有关问题,根据被告的习惯法处理。

马达加斯加的法律规定了两种婚姻仪式:由登记官在当地民政署主持的结婚仪式和以传统习惯法方式举行的结婚仪式。在离婚方面相应的也有两种仪式。

阿尔及利亚的民事法律是伊斯兰教法和法国《民法典》的混合物。并

---

① 参见洪永红:《尼日利亚现行国籍法评析》,载《西亚非洲》1998年第2期。

且从阿尔及利亚司法实践来说,阿尔及利亚的法院的判决趋向于扩大伊斯兰教法的适用范围,特别是过去法国殖民者对伊斯兰教法限制和打击过多的领域。阿尔及利亚当局在编撰《法规汇编》时,往往把一些有关伊斯兰教法的规定也写进去。

非洲国家独立后20多年的司法实践证实,非洲本土法仍具有强大的生命力,因而一些过去不尊重本土法的国家开始修改法律,承认本土习惯法和伊斯兰教法。刚果在1983年修改《婚姻法》和《土地与财产法》承认传统婚姻和传统的"公有地"。现在,喀麦隆、科特迪瓦、摩洛哥等国都实行现代法与传统法并存的"混合法制"。

第二节 埃塞俄比亚法

一、埃塞俄比亚法概述

埃塞俄比亚位于非洲东北部的内陆,总面积110万平方公里,居民分散,地形把各地区分隔成很多小块。埃塞俄比亚皇帝孟尼利克二世在1883年至1907年,曾把这个国家的疆域扩大了两倍。埃塞俄比亚东与吉布提、索马里毗邻,西同苏丹、南苏丹交界,南与肯尼亚接壤,北接厄立特里亚。高原占全国面积2/3,平均海拔近3000米,素有"非洲屋脊"之称。

埃塞俄比亚是具有3000年文明史的古国。阿比西尼亚民族被尊为建立埃塞俄比亚的先驱,在埃塞俄比亚周围几乎全是伊斯兰教传播地区。在该国的居民中,阿比西尼亚基督教徒占了40%。[①] 尽管同其他信仰基督教的国家隔绝,但阿比西尼亚人仍然能将他们的语言、文化、宗教独立保持至今。埃塞俄比亚大部分居民信仰的是科普特教派。事实上,科普特教会是基督教的教会之一,这也表明了埃塞俄比亚文化的源远流长。但埃塞俄比亚的宗教并非单一的,也有35%的穆斯林人口,他们遵守哈乃斐教派的教法。

埃塞俄比亚人很早就有了自己的文字,用以记载自己的历史,保存自

---

① 参见[法]古鲁:《非洲》(上册),蔡宗夏等译,商务印书馆1984年版,第270页。

己的文明。这是作为撒哈拉以南非洲国家的埃塞俄比亚的最大特点和优点,因为其他撒哈拉以南非洲国家在殖民者到达之前大多无自己的文字,因此无法储存和交换知识。在文字的基础上,埃塞俄比亚还创造了自己的成文的法律文化。1 世纪的一位希腊水手记载,阿克苏姆的阿杜利斯港是“根据法律建立起来的港口”。①

这个历史悠久的国家在公元前 8 世纪建立了努比亚王国,公元前后建立阿克苏姆王国,10 世纪末被扎格王朝取代。13 世纪,阿比西尼亚王国兴起,19 世纪初分裂成若干公国。1889 年,绍阿国王孟尼利克二世称帝,统一全国,建都亚的斯亚贝巴,奠定了现代埃塞俄比亚疆域。1890 年,意大利入侵,强迫埃塞俄比亚接受其“保护”。1896 年,孟尼利克二世在阿杜瓦大败意军,意大利被迫承认埃塞俄比亚的独立。1928 年海尔·塞拉西登基,1930 年 11 月 2 日加冕称皇帝。1936 年,意大利再次入侵,占领埃塞俄比亚全境;海尔·塞拉西流亡英国。1941 年,盟军击败意大利;5 月 5 日海尔·塞拉西归国复位。1974 年 9 月 12 日,一批少壮军官政变推翻海尔·塞拉西政权,废黜帝制,成立临时军事行政委员会。1977 年 2 月,门格斯图中校发动政变成功,自任国家元首。1979 年成立了以军人为主的“埃塞俄比亚劳动人民党组织委员会”,并宣布实行一党制。1987 年 9 月,门格斯图宣布结束军事统治,成立埃塞俄比亚人民民主共和国。1988 年 3 月,埃塞俄比亚爆发内战。1991 年 5 月 28 日,埃塞俄比亚人民革命民主阵线(以下简称埃革阵)推翻门格斯图政权;7 月成立过渡政府,埃革阵主席梅莱斯·泽纳维任过渡政府总统。1994 年 12 月制宪会议通过新宪法,虽然经历了 2020 年埃塞俄比亚内战的爆发,但是一直适用至今。

二、埃塞俄比亚的法律文化

(一)埃塞俄比亚的法律概念

英语中关于“法律”的概念在阿拉伯语中就是“hegg”、“fithe”以及“ser'at”,这几个“法律”的概念都有吉兹文(Ge'ez)的渊源。② 埃塞俄比亚

---

① 参见《埃塞俄比亚民法典》,薛军译,中国法制出版社 2002 年版,第 4 页。

② See Aberra Jembere, *An Introduction to the Legal History of Ethiopia* (1434 - 1974), Transaction Publishers, 2000, p. 9.

的一位宗教哲学的权威学者克劳德·桑纳(Claude Sumner)通过分析两位埃塞俄比亚哲学家Zär'a Ya'eqob和Wäldä Hiywot的著作中对吉兹文渊源中"法律"概念的论述，认为首先和最普遍的法律概念是"hegg"，它的原始意义是"一天的工作"、"边界碑"、"一个限制"、"一个决定的时间"和"法律"。它首先的第一要义是"实际"的法律，它的特殊含义是指神法。当然通常的意义是指一个国家或社会的法律和制度，它最后的含义才是自然法。在吉兹文中还有一个词——"ser'at"，它也有"法律"的意思。它的原始含义是"向前伸展"和"划线"或"设立秩序"。"ser'at"的第一要义是"定位"和"设立秩序、等级"，与之相对的拉丁语是"disposito，ordinato，ordo，clasis"。它还有一个意思是"制度"，这就意味着"由秩序和制度规范生活"。"ser'at"后来的意思就成为"完美、使命、法令、布告"以及应用于一切自然事务的"法律、规章"。① 虽然有"hegg"与"ser'at"代表"法律"，但埃塞俄比亚人还用"fithe"来代表"正义"。

"hegg"、"fithe"与"ser'at"三者之间的区别主要在于它们被应用的秩序和背景不同，当然它们的实际意义也存在区别。"hegg"是法律层面上最广泛的含义。然而"fithe"更多是直接指与审判有关的问题。② 而"ser'at"则指关于司法管辖方面的程序问题。"fithe"与"ser'at"更偏向程序法。相比之下，一般"hegg"更直接地被翻译成英语中的"法律"。

(二)埃塞俄比亚的法律渊源

像来自不同纪元的地质岩层一样，现今埃塞俄比亚的法律结构主要由五个各自独立的法律渊源组成。第一个法律渊源是传统法律体系中的不成文法和习惯法，而不同的部落又有着各自不同的不成文法和习惯法。习惯法现在已不再是自发性的法律渊源了，只有经过立法承认，才能发生效力。《民法典》中就出现了这种情况，尤其是在婚姻或财产方面。伊斯兰教法在埃塞俄比亚处于一个很不明确的地位。伊斯兰教法在《民法典》实施以后理当废弃，但在实际中尤其是在民事方面埃塞俄比亚仍然适用伊斯兰

---

① See C. Sumner, *Ethiopian Philosophy*, *The Treatise of Zär'a Ya'eqob and Wäldä Hiywot*: *An Analysis*, Vol. Ⅲ, Addis Ababa, Commercial Printing Press, 1973, p. 159-160.

② See C. Sumner, *Ethiopian Philosophy*, *the Life Maxims of Eskender*, Vol. Ⅳ, Addis Ababa, Commercial Printing Press, 1971, p. 399.

教法。第二个法律渊源是“诸王之法”,[①]它是15世纪和16世纪出现在埃塞俄比亚的传统法律的汇编。第三个法律渊源是在罗马法复兴后受到欧洲国家推崇的传统公法。这三个都是埃塞俄比亚本土的法律渊源。除此之外,埃塞俄比亚法律结构中还有两个通过移植的法律渊源。其一,一小部分商业精英为了发展西方商业而引进的“西方法典”。其二,门格斯图统治时期与其他法律渊源并存的社会主义的纲领和1931年埃塞俄比亚开始制定的几部宪法。

维护埃塞俄比亚君主制的法律自1974年革命以来受到了严重的破坏。而门格斯图统治时期的社会主义的纲领的发展也不稳定,虽然这些革命者的纲领是公开反对门格斯图本人和他所控制的团体的。以西方法为基础制定的法典在实际中的效力不高,“诸王之法”也不再是一个占主导性的法律渊源。只有不成文的习惯法才是主要的法律渊源。

阿贝拉·吉恩贝瑞博士(Dr. Aberra Jembere)[②]认为埃塞俄比亚的法律渊源包括:自然法、宗教教义、学者学说、习惯法、司法判例、制定法、国际条约和外国法。[③] 他还认为埃塞俄比亚的几种宗教和文化对法律思想的影响作用也不可忽视,每一种法律渊源在埃塞俄比亚不同的历史时期有不同历史影响和地位。每种渊源对法律的成文化都有着不同程度的影响,并在埃塞俄比亚现今的法律体系中都或多或少留下了印记。[④] 雅克·范德兰丹教授[⑤]认为埃塞俄比亚的法律渊源包括:埃塞俄比亚的立法(宪法、公告、法

① 虽然古代的“诸王之法”已经由法国顾问协助制定的一部新法典所取代,但“诸王之法”仍旧在埃塞俄比亚有着一定的影响。埃塞俄比亚人,甚至是受过西方训练的年轻律师,仍然认为某些法官会收到老派领导人打来的电话,提醒他们注意在各个具体案件中应当怎样地判决。参见[美]理查德·格林菲尔德:《埃塞俄比亚新政治史》(上册),钟槐译,商务印书馆1974年版,第98页。

② 吉恩贝瑞博士从1984年开始担任亚的斯亚贝巴海尔·塞拉西一世法学院助教,他在海尔·塞拉西一世法学院研究法律和行政管理学。其著作有*An Introduction to the Legal History of Ethiopia*(1434-1974),LIT VERLAG Münster-Hamburg-London,2000。

③ See Aberra Jembere,*An Introduction to the Legal History of Ethiopia*(1434 - 1974),LIT VERLAG Münster-Hamburg-London,2000,p. 11-12.

④ See Aberra Jembere,*An Introduction to the Legal History of Ethiopia*(1434 - 1974),LIT VERLAG Münster-Hamburg-London,2000,p. 27.

⑤ 亚的斯亚贝巴海尔·塞拉西一世法学院前教授,比利时布鲁塞尔自由大学法学院教授。

令、命令和法律告示)、习惯法、判例法和法学著作。其中法律告示是大臣在执行行政职务时发布的。自 1942 年以来,所有立法都在《政府公报》中刊载。下面仅详细介绍在埃塞俄比亚法律渊源中的传统法和西方式法典。

1. 传统法

在埃塞俄比亚的 42 个部落中,人口最多的是奥罗莫(Oromo)、阿姆巴拉(Ambara)、狄吉斯(Tigeans)和盖拉(Galla)。每个部落都有自己的习惯法,而且各个部落的都不同。① 如果按照实证主义对法律体系的定义,认为成文法是法律体系的决定性因素,那么埃塞俄比亚是否存在法律体系还是一个有待考证的问题。因为直到 19 世纪末埃塞俄比亚才出现正规和制度化的使用习惯法的法院。② 该国的司法审级中最低的是村里的长老议事会,最高的是皇帝法庭(Emperor's Chilot)。皇帝法庭的审判是最后的救济途径,在那里皇帝审理案件可以不受法律的约束。从中世纪开始,埃塞俄比亚诉讼的传统性决定了皇帝行使最终的司法裁判权。③ 同时也注定了习惯法的微弱约束力以及不受司法审判者重视的局面。④

"诸王之法"是在 13 世纪形成于埃及并于 17 世纪传入埃塞俄比亚的。⑤ 由 13 世纪的科普特教徒伊本·阿萨尔用阿拉伯文写成的规则集,原来的目的是指导基督徒如何在伊斯兰世界生活。该法受到拜占庭的影响,也含有民法和刑法的内容。⑥ "诸王之法"传入埃塞俄比亚时被翻译成了

---

① See G. Krzeczunowica, *An Introductory Theory of Laws in the Context of the Ethiopian Legal System*, p. 1–2 (1971–1997) (unpublished manuscript in the Archives of the University of Addis Ababa Law Library).

② See James Paul & Christopher Clapham, II *Ethiopian Constitutional Development*, A Source Book, 1971, p. 841.

③ See James Paul & Christopher Clapham, II *Ethiopian Constitutional Development*, A Source Book, 1971, p. 841–843.

④ See Kenneth Redden, *The Legal System of Ethiopia*, 1970, p. 41–43.

⑤ See Kenneth Redden, *The Legal System of Ethiopia*, 1970, p. 41–42.; Paul Brietzke, *Socialism and Law in the Ethiopian Revolution*, 7 Rev. of Socialist L., p. 261, 271 (1981); Norman J. Singer, *Modernization of Law in Ethiopian: A Study of Personal Values*, II, Harv. Int'l L. J., 1970, p. 73–74, 83.

⑥ 参见[美]理查德·格林菲尔德:《埃塞俄比亚新政治史》(上册),钟槐译,商务印书馆 1974 年版,第 675 页。

吉兹文,这是一个古老的礼拜性的语言,同时也是受教育者使用的一种语言。[①] “诸王之法”在埃塞俄比亚从来没有被持续推行过,即便是在引入“诸王之法”的地方。并且,尽管引入了“诸王之法”,习惯法仍然被保留了下来。

因为“诸王之法”是用吉兹文表述的,这使这部法典只能被受过较高教育的人理解和运用。到 20 世纪 50 年代中期,“诸王之法”已经被认为过时了,并且是否存在规范效力都不明确了。[②] 埃塞俄比亚《民法典》第 3347 条明确地规定了废除“诸王之法”的效力。尽管如此,“诸王之法”还是在埃塞俄比亚的传统教会法律的文本中发挥着效力,它所遗留的传统仍然影响着当今的司法判决。[③] “诸王之法”同时也在司法意义上有所更改。在现代初期,也就是 19 世纪晚期,在孟尼利克皇帝统一全国之前(1896~1905 年),埃塞俄比亚的南部居住着游牧民族。[④] 南部的游牧民族是异教徒和穆斯林,他们都对征服者怀有敌意。[⑤] 孟尼利克的军队大部分是阿姆哈拉的基督徒(Christian Amhara)和绍阿盖拉(Shoa Galla)。[⑥] 由此阿姆哈拉部落的习惯法与当地的习惯法在埃塞俄比亚的法律体系中出现了冲突。[⑦]

2. 西方式法典

第一部埃塞俄比亚《刑法典》出现在 20 世纪 30 年代。[⑧] 在 20 世纪 60

---

① See Kenneth Redden, *The Legal System of Ethiopia*, Michie Company, 1968, p. 41.

② See G. Krzeczunowica, *An Introductory Theory of Laws in the Context of the Ethiopian Legal System*, p. 6(1971-1997)(unpublished manuscript in the Archives of the University of Addis Ababa Law Library). 另参见《埃塞俄比亚民法典》,薛军译,中国法制出版社 2002 年版,第 613 页。

③ See G. Krzeczunowica, *An Introductory Theory of Laws in the Context of the Ethiopian Legal System*, p. 74(1971-1997)(unpublished manuscript in the Archives of the University of Addis Ababa Law Library).

④ See Norman J. Singer, *A Traditional Legal Institution in a Modern Legal Setting*; *The Arbia Dagnia of Ethiopia*, 18 UCLA L. Rev., p. 309.

⑤ See Norman J. Singer, *A Traditional Legal Institution in a Modern Legal Setting*; *The Arbia Dagnia of Ethiopia*, 18 UCLA L. Rev., p. 309-310.

⑥ See Norman J. Singer, *A Traditional Legal Institution in a Modern Legal Setting*; *The Arbia Dagnia of Ethiopia*, 18 UCLA L. Rev., p. 309-310.

⑦ See Norman J. Singer, *A Traditional Legal Institution in a Modern Legal Setting*; *The Arbia Dagnia of Ethiopia*, 18 UCLA L. Rev., p. 309-311.

⑧ See Norman J. Singer, *A Traditional Legal Institution in a Modern Legal Setting*; *The Arbia Dagnia of Ethiopia*, 18 UCLA L. Rev., p. 311.

年代,随着民法法系的传统的引入,埃塞俄比亚开始了一场立法运动。在1957年到1961年,埃塞俄比亚颁布了六部法典,它们是:1957年《刑法典》、1960年《民法典》、1960年《商法典》、1960年《海事法典》、1961年《刑事诉讼法典》、1965年《民事诉讼法典》。[①] 它们都是以阿姆哈拉文和英文两种文字出版,但《宪法》规定只有阿姆哈拉文是官方语言。

埃塞俄比亚《民法典》是由勒内·达维德教授起草的。[②] 然而,勒内·达维德教授已经预料到吸收了罗马法的欧洲大陆法移植埃塞俄比亚时一定会受到排斥。[③] 勒内·达维德教授认为这部法典将被亚的斯亚贝巴的最高法院迅速地同化,它将被适用于那些实质上很重要的双方当事人中有一方是外国人的案件。但它的实施将会是一个缓慢的过程。[④] 但对于埃塞俄比亚来说,制定这样一部西化的法典还是有其意义和作用的,当然这是一种对埃塞俄比亚《民法典》的适用的一种比较乐观的看法。[⑤] 当前面临的基本问题就是,在埃塞俄比亚习惯法仍然占据着相当重要的地位,继续在习惯法庭和调解中起着举足轻重的作用,而且即使是在官方的法庭对特别案件的例外审理中也不太可能适用这部法典。[⑥]

(三)埃塞俄比亚法律的特征

要理解埃塞俄比亚法律的特征,首先必须明确"法系"的概念。在勒内·达维德教授对法系的定义中认为划分的标准有两个:一是意识形态(如宗教、哲学、政治、经济和社会结构);二是法律技术。根据这两个世界

---

① See Kenneth Redden, *Legal Research and Law Reporting in Ethiopia*, Liber. L. J., 1996, p. 122-127.

② See Rene David, *A Civil Code for Ethiopia: Considerations on the Codification of the Civil Law in African Countries*, Tul. L. Rev., 1963, p. 187.

③ See Rene David, *A Civil Code for Ethiopia: Considerations on the Codification of the Civil Law in African Countries*, Tul. L. Rev., 1963, p. 193.

④ See Rene David, *A Civil Code for Ethiopia: Considerations on the Codification of the Civil Law in African Countries*, Tul. L. Rev., 1963, p. 204.

⑤ See John W. Van. Doren, *Positivism and the Rule of Law, Formal System of Concealed Values; A Case Study of the Ethiopian Legal System*, Journal of Transnational Law & Policy, Spring, 1994, p. 18.

⑥ See John W. Van. Doren, *Positivism and the Rule of Law, Formal System of Concealed Values; A Case Study of the Ethiopian Legal System*, Journal of Transnational Law & Policy, Spring, 1994, p. 18.

法律传统的标准,可以划分为三个大的法系:罗马-德意志法系、普通法系、社会主义法系。除此之外,还有与之迥异的其他法系,它们包括:伊斯兰教法系、犹太法系、印度法系、远东法系、撒哈拉以南非洲和马达加斯加共和国法系。[①]

罗马-德意志法系起源于拉丁语和德语的国家,通过殖民征服而传入其他国家,或者通过"移植"而引入其他独立的国家。埃塞俄比亚则是通过"移植"引入罗马-德意志法。即使埃塞俄比亚有着自己的文明、意识形态、文化、思维和行为方法以及本土的制度,它也在15世纪通过以罗马-拜占庭法为基础的"诸王之法"部分地接受了罗马-德意志法。[②] 从20世纪50年代起,埃塞俄比亚又通过1930年的《刑法典》和其他六部法典进一步接受了罗马-德意志法。

比如1930年的《刑法典》不仅受到了"诸王之法"的影响,同时也受到了一些亚洲国家(主要是泰国和印度支那)所采用的欧洲刑法典的影响。[③] 1957年埃塞俄比亚《刑法典》的起草者之一吉恩·格雷恩教授就是一位在印度支那待了很长一段时间的在吉布提执业的法国律师。他也在1930年埃塞俄比亚《刑法典》起草过程中担当了顾问。所以埃塞俄比亚的法律自然就受到了法属殖民地印度支那的影响。[④]

与1930年埃塞俄比亚《刑法典》相似的是,1957年埃塞俄比亚《刑法典》中虽然部分条款受到了盎格鲁-撒克逊法律的影响,但其中大部分条款还是源自罗马-德意志法律。菲利蒲·格雷恩(他是新刑法典的起草者吉恩·格雷恩的儿子,同时也是一位法典制定的起草者)认为1930年埃塞俄比亚《刑法典》虽然部分地受到了欧洲刑法典的影响,但并没有完全抛弃埃塞俄比亚的法律传统。因为他在前言中这样写道:"由于我们的法典很多地方是以欧洲法典为基础的,到目前为止还没有对这些法律做修改就引入

---

① See René David & John E. C. Brierley, *Major Legal System in the World Today* (Third Edition), Stevens & Sons Ltd., 1985, p. 22-31.

② See Aberra Jembere, *An Introduction to the Legal History of Ethiopia* (1434-1974), LIT VERLAG Münster-Hamburg-London, 2000, p. 11.

③ See Aberra Jembere, *An Introduction to the Legal History of Ethiopia* (1434-1974), LIT VERLAG Münster-Hamburg-London, 2000, p. 11.

④ See J. Graven, *The Penal Code of the Empire of Ethiopia*, Journal of Ethiopian Law, Vol. 1, No. 2, 1964, p. 273, Footnote No. 15.

了，所以我们的法典是两者的协调和融合。”这里指的不是在埃塞俄比亚法律中不存在盎格鲁-撒克逊法的痕迹，恰恰相反，盎格鲁-撒克逊法在法律解决实际问题上给埃塞俄比亚法律制定者很多启示。比如，在对待青少年犯罪、延长刑期以及缓刑等方面都对埃塞俄比亚法律有借鉴作用。尽管如此，盎格鲁-撒克逊法的影响还是远远不及欧洲法对埃塞俄比亚的影响，特别是 1930 年的意大利《刑法典》、1937 年的瑞士《刑法典》和 1951 年的南斯拉夫《刑法典》对埃塞俄比亚刑法典的影响尤为明显。在这些法典中，1937 年的瑞士《刑法典》在埃塞俄比亚受到了特别的关注，这不仅是因为这部法典为 1950 年部分经过修订的最新的法典之一，在欧洲以外的地区所具有的长久和深远的影响，还因为 1937 年的瑞士《刑法典》制定时的背景和埃塞俄比亚类似（例如，人口、语言和法律传统的多样性），甚至埃塞俄比亚《刑法典》的某些条款是直接来自瑞士《刑法典》或者是综合了瑞士法官和法学家的观点。①

在民法方面，埃塞俄比亚对西方法学理论的接受和移植不是全盘照搬的，而是有所选择的。例如，在人身、家庭和继承等方面，西方法律体系的痕迹很少，主要还是埃塞俄比亚的传统法律在调节这些法律关系。相比之下，西方法律体系对普通债务，特别是合同和不动产注册和知识产权（文学和艺术）方面的影响要大一些，在一些领域甚至起主导作用。②

尽管如此，在接受罗马-德意志法的同时，埃塞俄比亚也保留了自己的原始制度和习惯法。20 世纪 50～60 年代，由于法典起草委员会中埃塞俄比亚籍委员的坚持，在埃塞俄比亚法典化的进程中将传统的习惯法规则与新的法典融为一体。当时主张在新法典中保留习惯法的委员认为老的习惯规则中渗透了埃塞俄比亚人民的正义观和与之相联系的价值观。即使外国的法理学家有着不同的观点，主要的法典起草者还是在协调传统与现代法理观念的关系中力图使新法典更适应埃塞俄比亚的本国法律传统。比如，仍然保留了在埃塞俄比亚少数民族中占主导地位的习惯法的一些法律理念——禁止土地买卖、先占和时效取得财产权（即使这些制度曾经对

---

① See Ph. Graven, *An Introduction to Ethiopian Penal Law*, Haile Sellassie University, Addis Ababa, 1965, p. 2.

② See R. David, *Sources of the Ethiopian Civil Code*, Journal of Ethiopian Law, Vol. Ⅳ, No. 2, 1967, p. 346.

先前已经建立的旧制度有所影响)。此外,在1960年埃塞俄比亚《民法典》颁布之前,埃塞俄比亚的婚姻还是受习惯法调整,在习惯法观念中,婚姻更像是两个家庭的融合而不仅仅是两个人的结合,甚至在现在,民法典对埃塞俄比亚的宗教、民事和婚姻的效力还是相当微弱,相反,习惯法对婚姻的主导作用依然没有改变。这种形势对埃塞俄比亚发展个人权利产生了一定的消极作用。

关于埃塞俄比亚对西方法律原则的选择,勒内·达维德教授有这样的论述:"埃塞俄比亚和其他法国殖民地一样,1957年和1960年该国的法典(刑法、民法和商法)是受法国法的启示和影响的。当然其中还有传统法和习惯法的因素,甚至还有英国法的因素。只有通过对整个法律演进过程的分析,才能判断埃塞俄比亚法和撒哈拉以南非洲国家的法是否在罗马-德意志法系中成为一个或几个独立的法系。"①勒内·达维德教授还认为埃塞俄比亚的私法(1960年《民法典》和《商法典》)将通过司法、立法和教育部门的努力很好地适用于埃塞俄比亚的这一代人或者下一代人。而保罗·布瑞茨克(Paul Brieitzke)对勒内·达维德教授的观点提出了不同的看法,他认为埃塞俄比亚的民法典和商法典并没有满足普通的埃塞俄比亚民众的需要和要求,因为这些法典既不完全是对传统法的保留也不是旨在促进法律的发展。②

事实上,埃塞俄比亚法典没有得到完全的实施不是因为没有在其中保留传统法,而是因为法律的实施受到财政上和行政上的限制,同时也没有相应的机制与之配套,法律的适用也缺少训练有素的律师。还有一个原因是,埃塞俄比亚人认为,融合西方法律原则的高级法较之成文化的少数民族的习惯法更有利于法律的发展。

另外,埃塞俄比亚宪法是以罗马-德意志法和普通法的原则为基础的。比如1931年的埃塞俄比亚宪法是借鉴1889年的日本的明治宪法(Meiji Constitution),而明治宪法的渊源是1871年的普鲁士宪法(Prussian Constitution)。1955年的修订宪法源自51个国家的宪法,而其宪法原则源

---

① See R. David, *Sources of the Ethiopian Civil Code*, Journal of Ethiopian Law, Vol. Ⅳ, No. 2, 1967, p. 77.

② See P. Brietzke, *Private Law in Ethiopian*, Journal of African Law, Vol. 18, No. 2, 1974, p. 149-167.

于美国宪法。

由于以上原因，一些研究者认为埃塞俄比亚法属于罗马-德意志法系中的一个独立的部分。尽管埃塞俄比亚的两部程序法主要是受到普通法的影响以及1955年的宪法是以美国宪法为蓝本的，但是埃塞俄比亚的其他法典以及1931年的宪法是根据罗马-德意志法的原则制定的。虽然埃塞俄比亚法中的外国因素主要是罗马-德意志法，但相比撒哈拉以南的非洲其他国家，它还是有自己的特色的。

埃塞俄比亚不仅从本质上移植了大陆法，同时也从方法论上移植了一些大陆法系法律制度。正如勒内·达维德教授这样论述：法国法典在某些制度上移植了教会法的内容，比如在婚姻和亲子关系领域。法国法典还在诸如婚姻和财产领域吸收了习惯法的内容。当然在1789年法国大革命之后，在某些领域诸如财产和遗产继承领域为适应形势做了重大的调整。①与法国的情况类似，1960年埃塞俄比亚《民法典》也在宗教婚姻和亲子关系领域从教会法中吸收了部分内容，在财产、家庭和继承领域吸收了习惯法的内容，特别是“诸王之法”中的有关内容。而在债务、合同和合同以外的责任领域则是吸收了法国法和瑞士法的内容。

由于埃塞俄比亚是一个历史悠久和具有深厚传统的国家，宗教对法典的影响也不可低估。在埃塞俄比亚的北部高地，自公元2世纪起，就已经开始信仰基督教了。而伊斯兰教早在公元前7世纪从埃塞俄比亚的外围传入，并渐渐地扩散到该国的广大区域。由于基督教和伊斯兰教的教义对埃塞俄比亚人民的信仰有着深厚的影响，所以很多当地习惯在某种程度上失去了其价值。而且这种形势还随着埃塞俄比亚法的法典化进一步延伸。虽然基督教徒在埃塞俄比亚人口中占了大多数，但这个国家的人民的生活还是由一个统一的习惯法和大量的零散的法律调整。习惯没有宗教神圣的色彩，因为埃塞俄比亚基督教教法不是基督教教规，而是16世纪在埃及形成并经由阿拉伯语翻译为吉兹文传入埃塞俄比亚的“诸王之法”。通过海尔·塞拉西一世（1892～1975年）发起的重要改革，一些地区建立起新法典的权威，或者是对习惯法进行了改革。在进行这些法律

---

① See René David & John E. C. Brierley, *Major Legal System in the World Today* (Third Edition), Stevens & Sons Ltd., 1985, p. 85.

改革时,并没有人提出抗议。是否将埃塞俄比亚的习惯法附属于新法典,这是一个关系到埃塞俄比亚民族情感和自身利益的问题。但习惯法经常受到埃塞俄比亚宗教意义上的继承人的批评,在该国人民眼中习惯法并没有神圣的含义。①

在一个成文法的国家,存在一定数量的不成文法和一些自身存在矛盾的法律是一种很正常的现象。要将这些不成文法和一些自身存在矛盾的法律纳入成文法典是一件不太可能的事情。但将习惯法中有关家庭、财产和合同以外责任的内容引入成文法典是有一定意义的。在埃塞俄比亚有超过80种的习惯法,还没有人对这些习惯法进行正确的研究,也很少有人将其成文化。很难将这样的习惯法作为一种国家的法律,在现实中也不太可能。1960年埃塞俄比亚《民法典》已经实行40多年了,在这40多年中,80多个少数民族的习惯法还在法律条文空缺的领域发挥着作用。正如克茨诺维兹(Krzeczunowicz)教授指出,这实际上是将法律的时钟往回拨,回到以前允许适用习惯规则和准则的时代,虽然这些习惯法在官方的法院已经不再适用,但这种对习惯法的保留适用并没有导致人们对不同种族的习惯法的研究,也没有将习惯法作为一种修正案的形式把其中有用的部分融入正式的成文法。

无论如何,将埃塞俄比亚的成文法划归为罗马-德意志法系的一部分是正确的。因为从其法哲学、法律概念、法律技术来说,都是和罗马-德意志法相似的。但也得承认埃塞俄比亚法中还保留了自己的一些特征。埃塞俄比亚法的渊源和法典指定参考的蓝本都是罗马-德意志法,而不是普通法。1960年埃塞俄比亚《民法典》第3347条规定该法典取代并废除先前有效的成文的或习惯上的规则,这一条成了限制习惯法适用的唯一规定。②

西方法和法学理论(当然这里主要指罗马-德意志法)是随着殖民扩张而在埃塞俄比亚引用的。埃塞俄比亚1930年的《刑法典》和其他六部法典(包括后来取代1930年《刑法典》的新刑法典)都是罗马-德意志法系特

---

① See René David & John E. C. Brierley, *Major Legal System in the World Today* (Third Edition), Stevens & Sons Ltd., 1985, p. 554.

② 参见《埃塞俄比亚民法典》,薛军译,中国法制出版社2002年版,第613页。

征在埃塞俄比亚法的具体体现。埃塞俄比亚的成文法的主要渊源是大陆法系或者说是民法法系,而这些法律大多数是以罗马法和其法学理论为基础的。例如,1924 年和 1933 年的《贷款法》,甚至埃塞俄比亚政府实施的《公司法》和《破产法》都是以法国法为蓝本的。1908 年亚的斯亚贝巴《城市法》和 1930 年埃塞俄比亚的《国籍法》也是以法国法为蓝本的。亚的斯亚贝巴《城市法》规定了在习惯法无法解决争端时,法官可以援用法国的《拿破仑法典》。

三、宪法

埃塞俄比亚这个古老的国家随着 1987 年宪法的颁布迎来了一个崭新的开始,该宪法宣布了自从前基督时代就形成的封建君主制度的灭亡。社会主义运动和内战的结束,埃塞俄比亚又出现了一个全新的局面,这个标志就是 1994 年新宪法的颁布。联邦政府的建立和民主进程的推进使埃塞俄比亚开始进入世界文明的主流。

(一)埃塞俄比亚宪法的历史发展

1931 年海尔·塞拉西一世执政时期,埃塞俄比亚首届议会开始运行。他在埃塞俄比亚漫长的历史中首次引入了成文宪法。这部宪法实际上是试图提供法律上的依据,以此来使效忠于皇帝的被任命人代替传统的地方统治者。皇帝为了巩固自己的地位,保留了海尔·塞拉西皇室家族皇位继承权,并宣布“皇帝的身体是神圣不可侵犯的,皇帝的尊严是不可侵犯的,皇帝的权力不容置疑”。

1955 年海尔·塞拉西在对原有宪法进行修订的基础上颁布了一部新宪法。然而这部宪法最终的结果是强调了王权的宗教起源,并推进了中央集权的进程。1974 年,海尔·塞拉西皇帝被废黜,该宪法的效力也中止了。由低级军官组成、被称作临时军事行政委员会(阿姆哈拉语称委员会为 Dergue)的军官团掌握政权。随之存在了 30 多年的首届议会也在 1974 年被解散了。自 1974 年到 1987 年,埃塞俄比亚都没有议会。直到 1987 年宪法颁布后,埃塞俄比亚才产生了新的议会并命名为国民议会(阿姆哈拉语称议会为 Shengo)。根据这部宪法,议会被确认为国家的最高权力机关。1991 年,埃塞俄比亚人民革命民主先锋党(EPRDF)领导下的人民团结战斗推翻了军官政权。1994 年 12 月 8 日,一部新的联邦宪法生效了,该宪法确认了埃塞俄比亚政府的联邦制度和议会形式。以下重点分析埃塞俄比亚历史上存在的几种典型的宪法形式。

1. 传统宪法

不管在传统的埃塞俄比亚社会是否存在有宪法性意义的文件,现代意义上的不成文宪法都构成了宪法发展进程中的基石。具有里程碑意义的“诸王之法”基本上还是一个宗教法律条文的法典,而不是一部宪法。传说中所罗门王朝时期编纂的法典——Kibre Negest 是一个在制宪过程中适应政教合一国情需要的法典。19 世纪的另一部法典——Serate Mengist 也是适应统治需要而诞生的,其中的一些内容对宪法制度的发展也有奠基作用。但是这些法典都不是现代意义上的宪法,即使它们所确立的制度机制适应于宪法的发展历程。所以在 1930 年以前埃塞俄比亚不存在真正意义上的宪法。但需要指出的是,并不是缺少成文宪法就等于没有宪法。实际上,埃塞俄比亚有着传统的不成文宪法。这种不成文宪法包括了君主制的理念,还规定了帝王司法组织系统,该司法组织系统有皇帝、教会和贵族,他们之间存在错综复杂的权力关系。

传统不成文宪法的原则总是不太明确,难以用准确和简洁的语言概括。但可以明确的原则是,传统宪法都是适应君主制的需要的,它们都是王朝利益和东正教君主信仰的体现,是一种王朝的纲领。自 13 世纪王朝复兴后,所有的君主都宣称他们是所罗门王朝的继承人,并一再强调王权的合法的重要性。在埃塞俄比亚历史上只有 1714 年的尤斯拓斯(Yustos)和 1868 年的特午度斯(Tewodros)两位皇帝的王权没有合法化。他们一个是“自私的人,臣民的儿子”,另一个是“上帝在尘土中培育的人,没有王权的人”。直到瑟胡·迈克(Sehul Michael)(一位没有王权的人,他倡议制定法典——Zemene Mesafent)操纵傀儡皇帝时,没有一个人能阻止他为自己加冕。后来王权终于在成文的宪法中明确规定。在 1955 年修订的宪法中明确宣布了海尔·塞拉西是萨勒·塞拉西(Sahle Selassie)的继承人。《宪法》中这样写道:“从孟尼利克一世开始,从这位埃塞俄比亚女王舍巴(Sheba)的儿子,耶路撒冷的所罗门皇帝的儿子开始,这条王室继承的血脉就没有断过。”①

① 1955 年埃塞俄比亚《宪法》第 2 条。

传统宪法的另一个原则就是要求君主对教会的绝对忠诚。不同的君主一旦没有资格掌握王权就面临着危险。17 世纪的泽灯格尔（Zedengel）和苏森尼奥（Susenio）因为信仰葡萄牙基督教的教义而丢失了他们的生命和皇冠。另一个事例就是李亚苏（Lij Iyasu），这位孟尼利克的孙子因被指控信仰伊斯兰教而被剥夺了王权。在后来制定的成文宪法中吸收了传统的不成文宪法的原则，即自动废除皇族内不是信奉埃塞俄比亚天主教的人的王位继承权。①

传统宪法的原则还包括：(1)阿布恩（Abun）的职位——埃塞俄比亚天主教的首领必须由来自亚历山大的科普特教会的外国人担任，这样就体现了权力的中立。(2)王位的继承人必须是男性，在两位女性继承人育迪特（Yodit）和泽吾迪图（Zeuditu）之间必须间隔 1000 年。育迪特的权力是超越传统宪法的，泽吾迪图的继承者是史无前例适应摄政统治的需求而产生的。即便是其他的例外事件也印证了传统宪法原则的效力。

毫无疑问的是，埃塞俄比亚拥有复杂的传统宪法。1931 年的宪法只是一个宪法的成文形式。但这样的成文宪法未必就推动了埃塞俄比亚的宪法发展历史进程。

2. 1931 年宪法

西方学者一直在试图理解宪法在埃塞俄比亚扮演着一个怎样的角色，因为埃塞俄比亚宪法并没有得到有效的实施。埃塞俄比亚的第一部宪法在海尔·塞拉西的支持下颁布于 1931 年。这部宪法部分以日本宪法为基础。1931 年宪法被 1955 年宪法所修订和取代，1955 年宪法是由美国法理学家所起草，深受美国宪法的影响。② 要明确 1931 年宪法的重大意义必须和它解决的社会实际问题联系起来，同时也必须对比权衡其国内和国外的影响。

可以这样说，这部成文宪法是埃塞俄比亚法和西欧法之间交错融合的一个结果。该宪法是埃塞俄比亚由落后走向进步的开始，促进了埃塞俄比亚的现代化进程。这部宪法规定了埃塞俄比亚最高政治权，从此埃塞俄比

---

① 1955 年埃塞俄比亚《宪法》第 16 条。

② See Nornan J. Singer, *Modernization of Law in Ethiopian: A Study of Personal Values*, 11 Harv. Int'l L. J., 1970, p. 78.

亚就走进了现代社会。

由于埃塞俄比亚人强烈地要求现代化的情感,埃塞俄比亚必须向世界证明它的现代化并努力使埃塞俄比亚进入文明国家的行列。埃塞俄比亚曾经试图加入国际联盟但被拒绝了,理由就是它还不是一个“文明国家”。于是埃塞俄比亚肩负了证明其成为“文明国家”的责任。实际上,很多国际联盟的成员方都促成了非洲的混乱,而且撒哈拉以南非洲大陆的一些国家的文明程度并不高。[①] 殖民当局给埃塞俄比亚这样的任务对于该国似乎是难以完成的。[②] 由于1935年意大利对埃塞俄比亚的入侵,在国际联盟所规定的期限内制定一部成文宪法规定埃塞俄比亚的国家制度不再可能。无论是拥有国际联盟的成员资格或是成为所谓的“文明国家”,还是制定一部成文宪法都不能阻挡意大利的入侵。5年后,埃塞俄比亚复国。1931年的宪法是在成功吸收了国外的立法成果的基础上完成的。这部宪法明确了国家政府的合法地位,规定建立一个由中央政府统辖各行政单位的政权划分形式,一个国家常备军队,并规划了一个行政框架,这些都是埃塞俄比亚一步步向现代宪法制度迈进的标志。

1931年的宪法还是和传统宪法有一定联系的,因为它在影响传统的君主制的同时,也加强了君主地位的稳定,使教会和贵族对君主的约束减少。这部宪法的另一个特征就是使教会在宪法上的权力有所削弱,在宪法文本上就可以看出这一点。在第二次世界大战之后,埃塞俄比亚天主教的首领——阿布恩就是由埃塞俄比亚皇帝任命的。

该成文宪法主要的一个革新就是明文确立了议会协商的制度,这一制度深刻地改变了埃塞俄比亚原有的贵族制度。议会协商制度的确立,使高级贵族只是占有土地权而不是拥有政治权力,并且他们被要求只能出现在首都附近而且必须远离他们的家园。皇帝对他们的行动进行监视,这些措施都大大地削弱了贵族的势力。

成文宪法进一步稳固了君主制。1931年宪法的蓝本——1889年日本的明治宪法是为了将国家从传统宪法的权力纷争中解脱出来。所以说

---

① See Fasil Nahum, *Constitution for Nation of Nations, The Ethiopian Prospect*, The Red Sea Press, Inc. , p. 20.

② See G. W. Baer, *The Coming of the Italian - Ethiopian War*, Cambridge, Mass: Harvard, 1967.

1931 年的埃塞俄比亚《宪法》与其说是人民权利的保证书,不如说是将君主权力凌驾于教会和贵族权力之上的保障。该宪法要求贵族和君主结成同盟。贵族要争取自己的特权必须通过神秘的文件,也就是“没有公布的宪法习惯”,这种“没有公布的宪法习惯”与成文宪法在同一天盖上同样的印章,但不会被公之于众。这种文件的每一处都是对贵族权利和特权的保障。然而这种文件的重要性及其与成文宪法的关系还不是很明确,虽然它包含了“皇帝宫殿的法律”。①

当然该宪法的最大创新还是在于建立议会协商制度。宪法条文中有 1/3 的内容对这种新出现的议会制度作了详细的规定。上议院的权力较大,全都是由很重要的高级贵族组成。下议院也是由贵族组成,但他们都是通过贵族区域的间接选举选出来的。该宪法的最终目的是达到“人民选举自己的代表”。②

议会的主要职责是咨询。议会不能否决提案也不能提起议案。没有皇帝的同意议会没有权力对行政机关提出质询。③ 虽然议会没有多大的实权,但它的成立是迈向权力分享政府的第一小步。它既是沟通政府和人民的桥梁,也是政府议案的宣传者。

1931 年成文宪法的另一个创新就是提出了政府的固定年度预算的概念,④而埃塞俄比亚的传统政府的年度预算是由内务大臣根据皇帝指示制定的。⑤ 在成文宪法出现之前,埃塞俄比亚还没有必须平衡政府年度预算的规定。宪法规定年度预算由财政大臣提出经过议会的讨论并提交给皇帝。实行财政预算在 1931 年宪法的存续期间内是有可行性的,但这在埃塞俄比亚却仅是一纸空文。

在行政方面,成文宪法将行政体系制度化。宪法规定行政个人和行政集体都对皇帝负责。集体负责制在埃塞俄比亚是一个新观念,内阁的构思

---

① See Fasil Nahum, *Constitution for Nation of Nations*, *The Ethiopian Prospect*, The Red Sea Press, Inc. , p. 22.

② 1931 年埃塞俄比亚《宪法》第 32 条。

③ 1931 年埃塞俄比亚《宪法》第 35~47 条。

④ 1931 年埃塞俄比亚《宪法》第 55 条。

⑤ See Bulcha Demeksa, *The Ethiopian Budget*, Journal of Ethiopian Law, Vol. Ⅳ, No. 2, 1967.

也在酝酿之中。尽管如此,在埃塞俄比亚的行政体系中没有第一位的首相、“玉玺的保管人”或大臣。[①]

在司法方面,1931 年宪法不再维护君主的司法管辖权,而是更强调法院的司法管辖权,并将其制度化。宪法将法院系统分为两个分离的体系——常规法院和行政法院(类似于法国的二元体制)。普通的法院管辖民事和刑事案件。涉及或影响政府的民事案件则归专门的行政法院管辖,而不是由普通的法院管辖。[②] 最高审级是“皇帝法庭”,必要时皇帝对案件进行复审并根据平等的原则依法断案。[③]

成文宪法对司法制度的规定是具有时代意义的。迄今为止,在埃塞俄比亚的少数民族和宗教团体中适用多种类型的宗教法和习惯法。法官用自己对正义的理念来审判案件,特别是当这些案件涉及几个少数民族和宗教团体的时候。法官对法律冲突问题享有绝对的处理权。宪法主张法律体系之间的融合和统一,开创了埃塞俄比亚成文法的新时代,并宣称“正义存在于统一的法律之中”。

成文宪法在埃塞俄比亚并不是一个新兴的概念。阿克犹米特(Axumite)曾经将税法写下来。圣经在 16 世纪被翻译成吉兹文,并被作为一本普通的法律书在基督教团体中使用。《古兰经》只是适用于伊斯兰团体。14 世纪就存在的“诸王之法”具有社会和法律上的里程碑的意义。它是一个涵盖宗教世界和世俗社会以及象征法律和正义的规则的编纂。就像中世纪欧洲的“自然法”一样,“诸王之法”的重要意义不在于它的内容,而在于它的尊严和象征意义。与之相较,1931 年的成文宪法虽然没有被适用于人民的日常生活,但它是向成文法律迈出的第一步。

3. 1955 年宪法

1955 年 11 月 4 日《那嘎瑞特政府公报》(Negarit Gazeta)公布了修订宪法。[④] 经过 24 年,1931 年的宪法已经不能适应社会的发展。世界大战对埃

---

① See Pergam, *The Government of Ethiopia*, London, 1948, p. 87 - 92; C. Clapham, *Haile Selassie's Government*, London, 1969, p. 126. ss

② 1931 年埃塞俄比亚《宪法》第 54 条。

③ 1931 年埃塞俄比亚《宪法》第 54 条。

④ See Revised Constitution of the Empire of Ethiopia, Proclamation No. 149 of 1955, Negarit Gazeta, 15th year, No. 2; Fasil Nahum, *Ethiopia in Constitutional Perspective*, Unpublished Doctoral Dissertation, Yale University, 1975.

塞俄比亚产生了巨大的影响。意大利的短暂入侵,也使埃塞俄比亚与外界的联系密切了。战争加剧了物资、思想以及人口的流动。1945 年埃塞俄比亚成为联合国的一个成员方,政治上的进步使西方思想传入埃塞俄比亚,也引起该国社会经济的转型。1952 年联合国大会对厄立特里亚独立问题通过了一项决议,即联邦法案,宣布厄立特里亚作为一个自治区归属埃塞俄比亚。① 这项决定作为联邦法案的一个必要组成部分被纳入了厄立特里亚的宪法体系,并且经过了厄立特里亚议会和皇帝的同意。联邦法案是以人权纲领为模式制定的,并且包含了一些进步意义的概念。厄立特里亚宪法中也融入了一些民主社会思想。1955 年修订宪法引入了联邦法案的一些进步的概念,但是没有提出联邦的概念。同时修订宪法也保留了 1931 年宪法中的一些原则。虽然这部宪法是作为一部修订宪法出现的,但在某些重要的方面,该宪法并没有与之前的宪法有太多的相似之处。

1955 年修订的宪法在某种程度上加强了海尔·塞拉西皇帝的权力,他通过这部修订宪法成功地削弱了传统中坚分子的势力。这部宪法的第一章和第二章就是宣布维护君主制的。其中第一章是赞美和歌颂君主制的。第 4 条是对君主制的一个总括性的说明,它规定了王朝的继承和帝国的献祭仪式。因此,宣告了皇帝尊严神圣不可侵犯以及皇帝权威不容置疑。第一章还规定了所罗门王朝王位继承的规则,第二章则规定了剥夺继承权的条件。宪法还用大量的条文规定了皇帝掌握政府的最高权力。皇帝广大的权力包括政策的制定、政府的组建以及政府官员的任命、立法权和军权。

皇帝还有设置政府机构和决定它们职责的权力。② 这种权力的规定影响了《那嘎瑞特政府公报》所建立的设立其他机构的秩序。③ 皇帝的委派权力延伸到各种不同政府部门。其中包括任命和解除首相、法官和外交官。④ 议会两院的所有议员都是由皇帝任命的。⑤ 同时皇帝还有解散议会

① 1993 年 4 月 23~25 日,厄立特里亚举行了独立的公民投票,99.8%的选民赞成独立。埃塞俄比亚过渡政府接受公决结果,承认厄立特里亚独立。1993 年 5 月 24 日厄立特里亚正式宣告独立并举行开国庆典。

② 1955 年修订《宪法》第 27 条。

③ See Order No. 1 of 1943 for Definition of Powers of the Ministers, and Orders No. 44 and 46 of 1966 which revised and replaced it.

④ 1955 年修订《宪法》第 27 条和第 66 条。

⑤ 1955 年修订《宪法》第 102、103 条。

两院的权力。① 皇帝也有立法的职权,他是除了议会之外的唯一提交议案的人。议会两院都通过的议案如果没有经过皇帝的签署那就是无效的。②因为皇帝拥有立法权,所以议会并不是帝国的一个颁布法律的机构。③

皇帝不仅是军队的首长,宪法还赋予他在国家面临危险时宣布自卫和国家处于紧急状态,根据战争法和国家安全需要采取必要的措施的权利。④皇帝对外代表国家是国家元首,他有设立和废黜太子的权力以及其他荣誉和设立新秩序的权力。修订宪法还将皇帝的权力扩展到了教会。除了属于精神领域以外,所有教会的教令、布告和规章都处于这种专制主义的统治下。主教和埃塞俄比亚天主教的首领——阿布恩的任命也必须经过皇帝同意。⑤ 实际上 1955 年宪法所赋予皇帝的权力,让他足以成为一个独裁的君主。

尽管处于这种专制主义的统治下,但很多的政府部门还是履行了各自的职责,也在以后的几十年中慢慢地向权力的制度化迈进。埃塞俄比亚于 1961 年爆发的政变对君主制提出了质疑,同时也反映了人民对本国现代化进程的不满。

20 世纪 60 年代埃塞俄比亚开展了积极的法典编纂工作。1966 年皇帝通过帝国法令对大臣的权力和职责作了规定,这是埃塞俄比亚政治历程中一个具有重要意义的事件。这个法令第一次赋予首相向皇帝推荐大臣候选人的权力,而不是由皇帝亲自任命,因此给予了首相相比以前更大的控制内阁的权力。议会,特别是议会的下议院是通过对行政机关的质疑权来增加他们在财政和其他事务上的权力的。虽然政党和下议院议员不是以个人利益为出发点的,但在议会以外,还存在一些团体,这些团体在某些方面持有不同意见。“把土地给农民”是学生游行时打出的口号,这种主张直接针对封建主义。在厄立特里亚出现了武装起义,同时埃塞俄比亚与索马里边境一直不安宁,教师、出租车司机的罢工,军队的叛乱都对埃塞俄比亚的稳定造成了极大的破坏。在这种情况下,1967 年埃塞俄比亚皇帝委派

---

① 1955 年修订《宪法》第 33 条。

② 1955 年修订《宪法》第 86 条和第 88 条。

③ 1955 年修订《宪法》第 92 条。

④ 1955 年修订《宪法》第 29 条。

⑤ 1955 年修订《宪法》第 127 条。

了30人组成宪法委员会来解决这些主要问题。宪法草案拟建立君主立宪制,但事实证明这并没有给埃塞俄比亚带来太大的改变。1974年9月埃塞俄比亚的皇帝退位,1955年公布的修订宪法被搁置了,以德尔格(Derg)为代表的少帅集团建立了临时政府。①

4. 1987年宪法

1955年宪法被废除后,埃塞俄比亚一度处于无宪法的状态。1987年门格斯图政府颁布新宪法。② 1987年的埃塞俄比亚宪法与美国宪法在经济体系和国家组成形式上有着类似的地方,同时也存在差异。③ 宪法规定土地归国家所有以及国家接管现存的企业。④ 1987年宪法从来就没有实施,即使在1987年颁布的时候,也没有明确规定最高法院与国会是否有权力对其进行修改。地方法官提出他们不确定是否有权力将这部宪法适用于审理中。而且1987年宪法中还有一些在实践中毫无意义和古怪的规定,甚至存在自相矛盾的地方。⑤ 1987年宪法在埃塞俄比亚的宪法史上意义不大。

5. 1994年宪法

1994年12月8日,制宪会议通过埃塞俄比亚第四部宪法,即《埃塞俄比亚联邦民主共和国宪法》,次年8月22日生效。新宪法共11章106条,规定埃塞俄比亚为联邦制国家,实行议会(内阁)制,政教分离。总统为国家元首,任期6年;总理和内阁拥有最高执行权,由多数党或多党联合组

---

① See Menghistu Fisseha - Tsion, *Highlights of the Constitution of the People's Democratic Republic of Ethiopia*, (*PDRE*); *A Critical Review of the Main Issues*, 14 Rev. of Socialist L., 1988, p. 129.

② See Menghistu Fisseha - Tsion, *Highlights of the Constitution of the People's Democratic Republic of Ethiopia*, (*PDRE*); *A Critical Review of the Main Issues*, 14 Rev. of Socialist L., 1988, p. 131.

③ See Menghistu Fisseha - Tsion, *Highlights of the Constitution of the People's Democratic Republic of Ethiopia*, (*PDRE*); *A Critical Review of the Main Issues*, 14 Rev. of Socialist L., 1988, p. 146.

④ See Menghistu Fisseha - Tsion, *A Short Review of the Ethiopian Income Tax System*, International Bureau of Fiscal Documentation Bulletin, 1980, p. 8.

⑤ See Menghistu Fisseha - Tsion, *Highlights of the Constitution of the People's Democratic Republic of Ehtiopia*, (*PDRE*); *A Critical Review of the Main Issues*, 14 Rev. of Socialist L., 1988, p. 153-157.

阁,集体向人民代表院负责。各民族平等自治,享有民族自决和分离权,任何一个民族的立法机构以2/3多数通过分离要求后,联邦政府应在3年内组织该族全民公决,多数赞成即可脱离联邦;各州可以本族语言为州工作语言。保障私有财产,但国家有权有偿征用;城乡土地和自然资源归国家所有,不得买卖或转让。组建多民族的国家军队和警察部队,军队不得干预政治。保障公民的民主自由和基本权利。

(二)宪法的主要内容

1. 立法机构

(1)1955年宪法规定的立法机构

埃塞俄比亚议会由众议院和参议院两院组成。众议院是选举产生的。每4年举行一次选举,全国分为若干选区,每个选区大约有200,000名居民,各选代表两人。在埃塞俄比亚有30,000名居民以上的城市可选代表一人,超过30,000名的,每50,000名增选代表一人。凡出生时具有埃塞俄比亚国籍的居民,年满21岁并具备法律规定的选举资格,都有选举权。根据埃塞俄比亚《选举法》的规定,候选人必须在出生时就是埃塞俄比亚人,还必须年满25岁,在其选区内居住并拥有财产,而且按照选举法规定须是没有丧失候选资格者。参议院议员由皇帝任命。参议员人数最多不得超过众议院议员的一半,作为参议员也必须在出生时就是埃塞俄比亚人,必须年满35岁,具有优良的品德,或曾任政府高级官员,或有崇高的地位,或是皇室子弟,并按选举法任何一条规定均未丧失候选资格者。参议员任期为6年,每年更换1/3。议会议员的薪金由法律规定,议员不受逮捕、拘留或刑事传讯,除非得到其所属议院的许可,或者在犯罪的当时被捕,但议员并无民事诉讼豁免权。

议会的主要特权是行使立法权。在正常情况下,议会每年从11月初至次年6月初举行公开会议(除非首相要求或两院中任何一院作出决定不予公开)。两院议案可由皇帝向议会提出,或由两院或任何一院的10名以上议员提出。涉及增加政府开支和税收的法案必须先送交众议院。一切决议必须经出席议员多数通过,票数相等时由议长决定。法案为两院通过后,应送呈皇帝公布,但皇帝有权将法案退回议会复议。两院如发生意见分歧,可以召开联席会议,联席会议如仍不能取得一致意见,则由皇帝进行裁决。议会最重要的权力或许就是它对预算的广泛控制。预算必须每年由议会审查通过，在新年度预算未经通过前，仍继续适用上一年度的预算。政府机构缔结的贷款或质典合同，也同样受议会控制。此外，每一财政年度终了时，帝国的审计长必须向议会递交年度审计报告。

（2）新宪法规定立法机构

1994 年 12 月，制宪会议通过新宪法，决定改国体为联邦制；实行议会（内阁）制，政教分离。总统为国家元首，任期 6 年，由议会中的人民代表院选举产生。总理和内阁拥有最高执行权力，由多数党或多党联合组阁，集体向人民代表院负责。议会实行人民代表院和联邦院两院制。人民代表院系联邦立法和最高权力机构，由选民直接选举产生的议员组成，最多不超过 550 人，少数民族至少占 20 席，任期 5 年。联邦院拥有宪法解释权，以及裁决民族自决或分离、各州间纠纷等权力，每个民族至少有一位代表，任期 5 年。

2. 行政机构

（1）国家元首

①1955 年宪法规定的国家元首及其权力

埃塞俄比亚皇帝的权力相当大，因为皇帝是神圣的，他的尊严不可侵犯。皇帝的尊严是一脉相承的。皇位必须是直系继承的，只有婚生男子可以承袭皇位，近系优先于远系，年长者优先于年幼者。宪法还规定皇帝不能执行职务时，可以设置摄政者。

皇帝行使或参与立法权有三条途径：A. 议会两院通过的法案公告由皇帝审批发布；B. 议会休会期间发生了紧急情况由皇帝颁布法令；C. 发布命令确定行政部门的组织。这三者是埃塞俄比亚的主要立法渊源。议会建议的法案公告是否予以公布，完全由皇帝决定，他对于一切立法拥有不受限制的否决权。至于所颁布的法令，则在议会重新举行会议时必须交议会审议，但在议会未采取行动加以批准、否决或建议之前仍然有效。

皇帝是行政首脑，政府各部、各行政部门和管理机构的组织、权力和责任以及所有官员的任命、提升、调动、停职以至撤免都由他决定，就政府官员的权力而言，大部分文官的权力由皇帝委托各大臣行使。皇帝也是武装部队的总司令，他具有宣布戒严、军事管制和全国紧急状态的广泛权力，经议会提出意见和同意可对外宣战。皇帝负责外交事务，包括与对外有关的一切事项。只有涉及变更埃塞俄比亚领土、增加埃塞俄比亚人民负担、修改现行立法、需要国库开支和涉及贷款、专卖事业一类的条约，议会才有权加以控制。只有皇帝可以授予称号和勋章,并有权铸造、印刷和发行货币。他还有召开和解散议会的特定权力。

《宪法》规定皇帝有通过各级法院维护正义的权力和责任,有权准许大赦、特赦和减刑。所有死刑判决也需经他核定。皇帝还有由他亲自主持的法庭,名为"齐洛"(Chilot),虽然《宪法》对此并无明文规定,但这所法庭对国内其他法院(包括最高法院在内)所作的一切判决有加以修改的权力。

②新宪法规定的国家元首

根据 1995 年 8 月生效的新宪法,总统是没有实权的挂名国家元首。总统由国民议会选举,任期 5 年,总理执掌行政权力。

(2)政府

①1955 年宪法规定的政府

中央政府:埃塞俄比亚政府主要由各部组成,大臣由组织内阁的首相提名,皇帝加以任命。大臣必须在出生时就是埃塞俄比亚人,有继承皇位资格的王子不能被任命为大臣。大臣执行任务,各自对首相负责。通过首相再对皇帝和国家负责。他们集体组成大臣会议。大臣有权出席议会会议并就所管事务发言。他们或他们的代表也有义务答复他们管辖范围内的立法问题所提出的质询。经由两院任何一院表决通过,可以邀请首相出席议会会议,并由他亲自或指派代表答复有关职务方面的问题。

地方政府:帝国的每一个省由一名总督负责,总督由皇帝根据内政大臣推荐任命。总督在省内代表政府,而对各部则代表他所管辖的省。每个部对各省都有管辖权,政府的政策在省里如何贯彻,由部对总督作出指示。所以,在这一点上,总督完全是一个管理人员。总督执行任务时有省长、各分省的行政长官以及主管各县的官员协助。还有一个向总督提供意见的省议会,纯粹是咨询性质的,每年召开三次会议。最后,分省一级(法律上作为公共法人团体的组织)有一个选举产生的议会,负责确定分省的年度预算,并有权处理有关初等教育、公共卫生、地方性公共工程、供水、市场以及其他经内政大臣指定的地方性问题。议会还协助负责分省管理工作的分省行政长官工作。地方性的管理工作通过每一省的总督而最后在内政大臣的监督之下。

有一些自治市是特许成立的,有一些则是按照一种特别法组织的。这种特别法规定，市设市长一人，由市议会协助工作。市长和市议会都有权通过规章、征收税捐，并按通常的方式在内政大臣的监督下管理市政。

②新宪法规定的政府

埃塞俄比亚由9个自治州组成，每个自治州都有自治权。联邦政府控制着国防和外交事务，以及制定各族人民共同利益的总的政策。根据新宪法，总统是联邦国家的最高元首，而联邦政府的执行首脑是总理。总理向人民代表院负责。各自治州的第一领导人即州长是由州议会选举产生的。

埃塞俄比亚的政府机构包括：外交部、司法部、工业部、内政部、能源和矿业部、贸易部、农业部、劳动和社会事务部、交通运输部、财政部等。

(3)司法机关

①1955年宪法规定的司法机关

埃塞俄比亚的司法机关由各种审判机构组成，最高审级是“皇帝法庭”。

法院有地方法院、省法院、高等法院和最高法院。地方法官是从拥有土地的当地元老或当地土地所有人中遴选出来的。地方法院和地方法官只有初审管辖权。此外，低级法院的管辖权只限于它们所在的行政管理区，地方法官的管辖权也限于内政大臣指派他们执行职务的地点。高等法院在每一个省会都有分庭，受理民事、商事和刑事的初审案件和上诉案件。各分省法院也是如此。高等法院的管辖权原则上是全国性的，实际上每一分庭的管辖范围仅限于它所在的省。设在亚的斯亚贝巴和阿斯马拉的最高法院不受理初审案件，除非涉及诉讼法关于上诉的规定，审理全国的一切上诉案件。

伊斯兰教法院在埃塞俄比亚有三级，即乃巴(Naiba)、卡迪、沙里亚法院。除了一个省外，所有各省都设有乃巴和卡迪法院。沙里亚法院设在亚的斯亚贝巴和阿斯马拉两地，审级分别相当于高等法院和最高法院。除了在埃塞俄比亚(不包括厄立特里亚)和在厄立特里亚的伊斯兰教法院各有其管辖范围之外，其他伊斯兰教法院的管辖范围均限于它们所在的行政管理区，不服伊斯兰教法院判决不是向最高法院上诉，而是直接向皇帝上诉，即向“皇帝法庭”上诉。所有这些法院在处理涉及家庭(双方当事人均为穆斯林)、赠与以及继承(赠与人和被赠与人是穆斯林)问题的民事案件时，适用伊斯兰教法。

埃塞俄比亚没有一般的行政法院,只有专业化的管辖机构,如劳资关系委员会或年金申诉法庭。

皇帝亲自主持可修改其他法院判决的“皇帝法庭”,在《宪法》中并没有规定,但是埃塞俄比亚法院体系中的终审判决机关。无论民事或刑事,如已使用其他一切上诉途径仍未得到解决,可以诉诸“皇帝法庭”,由皇帝根据当事人的诉状,在听取某些高级官员的意见以后亲自作出判决。

检察长是检察机关的领导,由副检察长和检察官协助工作。检察院接受人民的申诉和警察部门的报告,决定是否根据已掌握的证据提起公诉。在这一点上,只有司法大臣可以限制检察官的行动,从公共利益出发,他可以指令检察官中止控诉。

②新宪法规定的司法机关

根据新宪法,联邦最高法院是最高的联邦司法机构。各州设有州的最高法院、高等法院和初审法院。联邦最高法院的院长是由总理提名、人民代表院任命的。所有的有关宪法的争议和对宪法的解释都由议会上院即联邦院负责。

四、民法

(一)埃塞俄比亚民法的历史发展

海尔·塞拉西于1954年邀请了世界著名的比较法学家勒内·达维德教授为自己的国家起草一部民法典。勒内·达维德教授博采法国法、瑞士法、以色列法、葡萄牙法、南斯拉夫法、英国法,甚至希腊和埃及民法典中的优良因素,充分发挥自己作为比较法学家的优势完成了这一委托。其工作成果于1960年5月5日,即海尔·塞拉西即位的30周年纪念日颁布,于同年9月11日生效。海尔·塞拉西在该法典的前言中说:制定这部法典,是为了使“朕的帝国的社会的法律框架实现现代化以便与今日的这个世界的外部环境保持步调一致”。

埃塞俄比亚的民事法规完全包含在1960年的埃塞俄比亚《民法典》中,以前施行的一切法律,不论成文的还是不成文的,凡属法典已作规定的事项,一律废止。[①] 只有在法典前已经发生的诉讼案件应仍按它发生时的

---

① 参见《埃塞俄比亚民法典》,薛军译,中国法制出版社2002年版,第613页。

法律处理，这是法典之前的法律仍可适用的唯一场合。但这不是说，法典以外的所有其他法源无适用余地。相反，法典也提到了习惯法和衡平法。但在这种情况下，习惯法和法院衡平的权力是完全从属于法典的，只有当法典作了这样的规定时，才能适用。

埃塞俄比亚《民法典》的起草人勒内·达维德教授在定义“民事”这个概念时，比西欧主要民法典传统上所承认的似乎更宽广。例如，《宪法》中许多（假使不是大部分）有关人权的条款，《民法典》又重复加以规定，把正常属于公法范畴的事项包括在民法之中。行政合同也是这样。关于这种合同的分类方法，现代法学家的意见原是有分歧的。和解和提交仲裁，这些有关程序法的问题也包含在内。《民法典》对民事身份问题规定得十分详细，而有关民事身份问题，有人认为这属于行政条例的范围。

（二）埃塞俄比亚《民法典》的基本内容

1. 人

（1）自然人

埃塞俄比亚关于自然人的特点有两个：一是姓名的独特结构。根据埃塞俄比亚《民法典》的规定，每一个埃塞俄比亚人应有一个名字，这个名字由三部分组成：①家庭名字，同一父亲的后裔都用这个名字；②一个或两个主要的名字；③一个父称（Palionymic），即父亲平常的主要名字。二是对居所和住所作了详细的规定。居所是埃塞俄比亚法律制度中一个通行的概念，住所则完全是为了国际私人交易才加以规定的。所以，在这一点上，《民法典》设计者的目的在于满足可能发生法律冲突时的需要，而不是为了解决国内管辖权的问题。

埃塞俄比亚法律推定所有自然人一出生就有法律人格。如果出于保护婴孩的利益需要，可以把人格追溯到怀胎之日。无行为能力的缘由是用明文列举的，其中包括：未成年人、心神丧失或虚弱（规定了后果）、司法上的禁治产、法律上的禁治产、特种职能的行使、自然人的外国籍。

未成年人是指年龄未满 18 岁的人。法律规定由监护人保护其身体，由保佐人保护其财产。家族会议和法院对监护人和保佐人加以一般性的监督。实际上未成年人的监护人和保佐人就是他的父母，他们共同拥有此项权能。但在婚姻关系存续期间，往往由父亲单独行使这项权利。《民法典》规定未成年人的权利和义务很小。

心神丧失分为众所周知的心神丧失和非众所周知的心神丧失。心神虚弱也分为明显的心神虚弱和不明显的心神虚弱。对于这两类人,法律都规定要给予一些保护。但埃塞俄比亚的立法者认为,精神状态或身体状态使他不能充分行使权利和履行义务时,应该通过司法手段宣告为禁治产人,由法院把他置于同未成年人相类似的地位。

法律上的禁治产是被判处刑罚的人以及作为附加的惩罚而被剥夺处理其财产的人。在这一点上,埃塞俄比亚《民法典》援用了刑法方面的规定,但在埃塞俄比亚的法律实践中,并不存在法律上的禁治产的情况。

行使特种职能可使行使者不能从事一般人可以从事的法律行为。埃塞俄比亚民法规定的这种特种职能很多。比如,保佐人就不准与他的被保佐人签订合同。

根据埃塞俄比亚《民法典》的规定,外国人可拥有授予埃塞俄比亚人的一切权利,但在行使下列两项权利时应受限制:①未经批准而在埃塞俄比亚签订雇佣合同;②未获得许可令而在埃塞俄比亚境内取得不动产。

(2)法人

埃塞俄比亚关于法律实体的法律相当复杂。它规定了在特定条件下可以取得法律人格的各式各样的团体。

首先,政府机构。例如,国家、各地方部门、各部、各公共机关、埃塞俄比亚正教及其组成部分(主教管区、教区、寺院)。所有这些法律实体都由特别行政法规确定其权利。

其次,社团。社团是自然人并非为了牟取或分配利润而进行的组合,它不包括商业公司,另有特别规章加以规定的工会和宗教团体也不属于这一类。一切社团由"社团局"管理。该局有权对社团的社员大会所作的决议进行监督,而且这种监督可以由内政大臣决定予以扩大。社团由一个或一个以上的社长主持,社团的章程或细则经社员通过以后生效。社长应在其规定范围内行事。社团的最高机构是社员大会,一切未经委托其他机构处理的社团事务概由社员大会决定,凡与社团性质相符的法律行为,社团均有行为能力。社团可由社员大会、法院或社团局决定解散。

埃塞俄比亚法律还把捐赠基金、委员会和信托这些"具有特定使用目的的财产"(《民法典》第一编第三题第三章)组织成法律实体。捐赠基金就是指不得收回特定的财产,且不是为了牟利。根据《民法典》规定,委员会是人们以协助公共募捐、义卖或同类性质的活动为目的,或为了某项特定的慈善事业或人们普遍关心的工作,收集款项或其他财务的集团。他们进行活动必须经行政当局事先核准。信托是这样的一种制度:借助它的特定财产成为自主的实体,由一个称为受托人的人按照托管人的指示,加以管理。

2. 家庭法

埃塞俄比亚家庭法受传统的影响很深。不过,《民法典》规定了必须遵循的一般要求,不同婚姻的形式。不管是宗教的还是传统的,其中一条就是不准多妻制。对婚姻的效果也明确作了规定。在订立婚约时,除了《民法典》有明文禁止的特定事项以外,夫妻双方不仅可以自由决定他们的财产继承关系,而且可以自由决定他们个人之间的关系,此外,有关离婚的问题不属于法院的管辖范围,而是归家庭仲裁人裁决。这些仲裁人由结婚仪式的证人或夫妻双方为此目的而指定的人所担任。《民法典》对男女非正规的结合也作了规定,同正式婚姻是有区别的。非正规结合的效果不及婚姻的效果那样广泛和有约束,但就父子关系而论,却无多大差别。关于父子关系的法律并无特殊之处,有关收养的法律同样如此。

3. 继承法

继承有两种:遗嘱继承和无遗嘱继承。遗嘱继承,有公证遗嘱,即在公证人前所立的遗嘱;亲笔遗嘱,即完全由遗嘱人书写,并明确说明是他的遗嘱,每一页注明日期并签名;口头遗嘱,即对两名证人所作的口头声明。对遗嘱的内容并无特别的限制。例如,遗嘱人可以剥夺一个或几个继承人的继承权,因为埃塞俄比亚法律上并无保障死者子女利益的特留份这一规定。

无遗嘱继承依次归属于死者的下列四种亲属:子女或孙子女,父母或其后裔,祖父母或其后裔,曾祖父母或其后裔。如无上述继承人,则由国家收回其财产。这种继承制度的一个最突出的缺陷是,在埃塞俄比亚关于无遗嘱继承的法律规定中,死者的妻子没有继承权。但是妻子对其共同财产是有权利的。在正常的情况下,她拥有在婚姻关系存续期间获得的共同财产的一半份额,加上她结婚时自己的财产或者在婚姻关系存续期间归她个人所有的财产。关于财产的继承,则采用“从父亲一方得来的财产由父亲一方的人继承,从母亲一方得来的财产由母亲一方的人继承”。一切继承都由一名或几名遗产清理人进行清理,遗产清理人可以是遗嘱中指定的,也可以按照法律规定或由法院委派。清理人的任务是决定谁最终可以分得一份遗产,管理死者的财物,偿付遗产和遗赠,然后结束清理工作。这时死者财产的剩余部分就由各共同继承人分得。

4. 财产法

埃塞俄比亚关于财产所有权的法律,除了所有与占有这个经典性的区别之外,还有以下几个特点:特别重视财产的集体使用;关于水的所有权和使用权有较详细的规定;优先购买权。

财产的集体使用属于国家支配权的范畴,是一种征用。《民法典》规定,村庄或部落之类的农业共同体,按照习惯和传统集体使用其土地的,应集体使用。公共土地的转让须经政府批准。

关于水的所有权和使用权的一条基本原则是,水不论是流动的还是静止的,凡流经之地的所有权人都有使用权。土地上有水的人,如果水的容量超过他家用水的需要,他必须向邻居提供帮助,但如果他的权利因之削弱明显受到损害可以索取补偿。水的使用,家庭用水优先于灌溉用水。因此,土地所有人不得将流经他土地的水作为灌溉之用,除非这种使用不影响土地所有人或处于水流下游的人将水作为家庭用水或畜牧用水。如果土地所有人不能使用流经他土地的水,则有权要求妨碍他使用水的人给予补偿。凡因灌溉或其他目的需要从邻地取水的人,有权在该邻地上建筑必要的取水工程。如果邻人因此被永久剥夺一部分土地,则有权取得补偿。地下水是公共财产,任何人不得在自己土地上挖掘深度超过 100 米的井。

优先购买权有两种情况:①一个共同所有人处理共有物的一部分时,其他共同所有人有优先购买权。②出让土地时,与出让人有血缘关系的人有优先购买权。归还土地的请求适用“从父亲一方得来的财产由父亲一方的人继承,从母亲一方得来的财产由母亲一方的人继承”的原则。

5. 合同法

埃塞俄比亚法律关于合同的一般规定,很少有值得一提的特色。最值得注意的一点或许就是某些章节的完整性(如关于“同意”)。这充分地证明《民法典》的起草人,为了不使审判机构在解释方面有很多余地,竭力把法律条款写得面面俱到、巨细无遗。合同的法律规定大量汲取了瑞士和法国的法律原则。其总的结构是瑞士式的,而细目则多受法国法的影响。例如,合同的形成,《民法典》依照瑞士法的规定,不把“约因”(cause)作为合同生效的一个必要条件,但对于同意方面的瑕疵,则大部分依据法国法的传统规定。此外,《民法典》条款还有某些严重的形式主义,有关不动产买卖一章是形式主义发展到顶点的表现。

有关买卖的商业合同和《民法典》规定的普通合同并无差别。《民法典》对各种不同种类的买卖作了详细的规定,包括:牲口买卖、凭样品买卖、试销、分期付款买卖、保留所有权的买卖、保留回赎权的买卖、期货买卖、拍卖等。《商法典》则规定诸如企业的出让、商号名的出让等特种买卖。

6. 侵权行为法

侵权行为也规定得极为详细。《民法典》以近乎 70 条的规定区别三种不同类型的责任:由于违犯法律所产生的责任,非由于违犯法律所产生的责任以及代别人行为所负的责任。另外还有两节:一节规定补偿的方式和范围;另一节规定损害赔偿的诉讼。在第一类由于违犯法律所产生的责任中有:伤害他人身体;干涉他人自由;诽谤;损害配偶权利;教育和监督的失职;侵入他人土地;侵占他人财产;订约前谈判中弄虚作假;不履行合同义务;不正当侵权;假冒;伪造消息;伪证;扣押他人财物。这是《民法典》起草人作风细致的又一例证,侵权行为的其他各节,包括非合同责任的最后一章不当得利,都是如此。

(三)埃塞俄比亚民法的特点

1. 埃塞俄比亚《民法典》是埃塞俄比亚传统法律同外国法律制度相结合的混合物。该法的核心是法国法和瑞士法,再加上以色列、葡萄牙、英国、希腊、埃及等国家的民法。同时,埃塞俄比亚《民法典》还受阿姆哈拉传统和埃塞俄比亚宗教教义的影响。《民法典》的有些章节还给习惯留下了广阔的余地,特别在集体财产方面,法典还规定可适用这方面的习惯。

2. 从行文方面上看,《民法典》力求准确和清晰。条文都写得简明扼要,没有一条超过三节,每一节都是一个单句。这些体现了起草者的深思熟虑。但法典的条文繁多,共有 3367 条。法典分为五编二十二题。第一编是人(自然人与法人),包括行为能力;第二编是家庭和继承;第三编是财产,包括不动产和知识产权的登记;第四编是债——债的总则,合同的债与非合同的债——包括代理;第五编是特种合同、法律的废止以及一些过渡性的规定。

3. 从内容上看,埃塞俄比亚《民法典》虽以法国《民法典》为蓝本,但也在其基础上作了许多改革。埃塞俄比亚《民法典》中物的租赁是单纯的概念,而不是像法国《民法典》中的三合一式的概念。法国《民法典》中的租赁概念是广义的,而埃塞俄比亚《民法典》中将这种广义的租赁分为租赁(第十八题第二章)、雇佣(第十六题第一章)、承揽(第十六题第三章)。[①]埃塞俄比亚《民法典》没有采用法国《民法典》第1658~1674条规定的“损害规则”,因而对一场激烈的争论作了一个结论,[②]立法者终于从客观价值论走向了主观价值论,后者当然更符合市场经济的现实。[③]

4. 从法律渊源上看,埃塞俄比亚《民法典》不但仿照了大陆法系的法律制度,还采用了一些英美法系的法律制度。如其第2363条规定了替代购买和保护性销售作为违约的补救,这是由于埃塞俄比亚《民法典》是比较法学家起草的。该民法典还规定了预期违约制度。

总之,埃塞俄比亚《民法典》是一部美轮美奂的法典,它汇集了法国自其颁布民法典150多年以来的特别法立法经验、判例和学说的精华以及其他国家的先进经验,这部法典的许多规定值得其他国家借鉴。[④]

五、商法

(一)商法的一般特征

埃塞俄比亚商法的法源有三部法典和各种法规。三部法典是《商法典》(Commercial Code No. 1243/2021)、《海事法典》和《民法典》(涉及买卖和代理的部分)。各种关于企业登记、国内贸易或保险公司的规则也是法律渊源。

对于商业行为这个法律概念,《商法典》一开始就详举了商业行为的21种活动。《民法典》又把另一些特殊的活动排除在商法范围之外,例如

---

① 参见《埃塞俄比亚民法典》,薛军译,中国法制出版社2002年版,第10页。

② 关于围绕法国《民法典》中的“损害规则”进行的讨论,参见徐国栋:《公平与价格—价值理论——比较法研究报告》,载《中国社会科学》1993年第6期;另参见尹田:《自由与公正的冲突——法国合同法理论中关于“合同损害”问题的纷争》,载《比较法研究》1995年第3期。

③ 参见《埃塞俄比亚民法典》,薛军译,中国法制出版社2002年版,第10页。

④ 参见《埃塞俄比亚民法典》,薛军译,中国法制出版社2002年版,第11页。

农业、林业、渔业捕捞(鱼类和贝壳类)以及手工业活动。

(二)商事组织

商事组织形式主要有普通合伙、合营、有限合伙、上市股票公司和有限责任公司。普通合伙的合伙人对合伙债务负有个人责任，除合伙协议另有规定并且为第三人所知晓外，对第三人负连带责任。普通合伙的股份不得自由转让。合营是由合伙人协议经营但组织的存在并不公示于众的一种商业组织。它是法律上唯一不被作为法律实体看待的商业组织形式。合营的股份不能自由转让；合伙人彼此之间的责任按公司章程规定办理。经理的责任类似普通合伙的合伙人(以其私有财产分别负担个人责任)。有限合伙不同于普通合伙，有些合伙人(但不是所有合伙人)对合伙债务所负的责任仅限于他们投入合伙的股份额，其股份不能自由转让。上市股票公司与上述几种合伙完全不同。不仅股份可以自由转让，而且所有股东的责任都限于他们认购的股份额。有限责任公司具有合伙和上市股票公司的两重特性，股份不能自由转让，但所有股东均负有限责任。

(三)代理

埃塞俄比亚有关代理的法律是《民法典》的一部分，在《民法典》债编总则的末尾作了规定。不仅规定了代理合同，还规定了根据法院判决代别人行为的权利，但只有在因故不能由自己指定别人代理的情况下，法院才会作出这类判决。《商法典》规定了所谓助理人和代理人，包括商业雇员、经理、商务代表和商业推销员、商业代理人、经纪人和代办商。

(四)对外贸易

对外贸易大多实行专营，国家银行控制外汇。从事外贸的企业每年必须向工商部进行登记，并向后者汇报该企业的活动情况。新设的企业须向工商部登记。

(五)汇票和支票

《商法典》关于汇票和支票的规定完全仿效 1930 年和 1931 年的《日内瓦公约》。起草人仅略微作了改动，如对支票方面的规定：支票上应标明“支票”字样；签发 6 个月后方始提示的支票可以延期兑付；支票签发人得随时停止支票的兑付；未兑现支票的持有人或支票的承兑人和付款人获得手续费的权利，以及关于更改划线支票的特别规定。关于汇票方面，《商法典》和《日内瓦公约》并无多大差别。例如，关于倒填日期或推迟日期的汇票的规定;背书地点的推定;关于拒绝支付的规定;关于拒付证明书的地点、条件和形式的规定,以及如同支票一样,有关持有人、承兑人和付款人手续费问题的规定。

(六)无力偿付债务

商人或商业组织无力偿付债务时,有两种办法可以选择:作出偿付计划安排,或者破产。前者须经各债权人协商同意和法院批准;债务人继续占有并管理其财产,不受破产情况下种种约束的限制。后者则由法院宣告,债务人的财产即由一名或几名破产管理人接管。债权人建立"债权人会议"以保护他们的利益,并专门指定一名成员监督破产程序的进行。债务人还受到种种限制,如不得离开居住地点。在这一阶段也有两种办法:强制歇业,结束破产程序,或者作出部分偿付欠款了结债务的和解。后者对各方都有益处,但必须取得有关各方的同意并经法院批准。

六、知识产权法

在埃塞俄比亚《民法典》和埃塞俄比亚《商法典》中都对工业产权和版权作了规定。前者简明扼要地规定商业和工业产权的有关事宜,只规定一条原则,即发明专利权、商标、设计和模型等将以特别法规定。但这类法律从未颁布,而当前工商部所给予的保护(规定一定的登记手续)是一种事实上的保护,并无立法依据,但似乎已为法院所承认。版权在《民法典》"文学和艺术的所有权"一章中有大量的规定。凡是作家智慧所创造的一切具有独创性的成果,一律给予保护,它包括书籍、小册子、文章、讲课、讲演、讲道、舞台和戏剧作品、音乐作品(有歌词或无歌词)、戏剧的音乐作品、广播或电视作品、舞蹈或哑剧(写成文字或部分写成文字)、绘画、油画、雕刻、雕塑、摄影、电影作品、插图、地图、图样、速写以及地理、地貌、建筑或其他科学的造型艺术品。这种权利属于作者,作者死后,属于他指定的人或他的继承人。作者在世时行使版权,并无时间上的限制,一般死后享受的保护期是50年,从他作品出版之日起算。

七、民商事诉讼程序

民商法案件的诉讼程序,埃塞俄比亚规定在《民事诉讼法典》中。这部法典深受印度《民事诉讼法典》的影响。这部诉讼法典制定得相当完善,它依次规定了法院的管辖权（属物理由和审判地点）、诉讼当事人、民事诉讼总则（包括诉状、传票、委托、书面证据、临时补救、判决和命令）、第一审的普通程序、特别程序（包括仲裁）、上诉、抗诉和修改、命令的执行和诉讼费用。禁止把有关行政合同的案件交付仲裁的规定特别受人注意，因为这一项规定使政府和国内或国外缔约人签订的合同不能提交仲裁。

八、冲突法

冲突法在埃塞俄比亚法律的各个部门中无疑是规定得较少的一种法。法院判例很少出版，所以当遇到法律冲突的情况时，法院将采取什么态度，只能凭主观揣度。例如，涉及外国人的案件，法院似乎有这样的倾向，只在当事人（或至少当事人的一方）不仅侨居在埃塞俄比亚而且在埃塞俄比亚设有住所的情况下，才予以受理。还有一个倾向，就是涉及外国人的一切案件，包括涉及个人身份和动产继承案件，都适用他们的本国法。这意味着外国人与外国人之间由于婚姻而产生的争议，不能由埃塞俄比亚法院处理，而必须交家庭仲裁人处理。同样，大部分离婚案件也只有仲裁人才有资格作出离婚的宣告。

九、经贸法律①

埃塞俄比亚与贸易有关的法律法规主要有：埃塞俄比亚《商法典》、《海关清关代理条例》（Customs Clearing Agents Council of Ministers Regulation No. 108/2004）、《出口贸易关税优惠政策安排法（修正案）》（The Revised Export Trade Duty Incentive Scheme Establishing Proclamation No. 543/2007）、《出口贸易关税激励法》（Export Trade Duty Incentive Schemes Proclamation No. 768/2012）、《贸易竞争和消费者保护法》（Trade Competition and Consumers Protection Proclamation No. 813/2013）以及《海关法》（Customs Proclamation No. 859/2014）。

埃塞俄比亚政府实行海关自主运营，逐步引进现代化管理手段，简化清报关手续，逐步降低关税。自 2000 年以来，埃塞俄比亚多次降低关税，

---

① 以下内容来自商务部国际贸易经济合作研究院等：《对外投资合作国别（地区）指南埃塞俄比亚》（2022 年版）。

现行平均关税税率约为 17%,出口商品免征出口税(咖啡除外),为生产出口产品而进口的原材料免征进口关税和其他相关环节税。埃塞俄比亚是“国际海关合作理事会”成员,对进出口商品采用国际通行的协调编码制度。现阶段,埃塞俄比亚在实行市场经济和对外开放政策的同时,对贸易活动仍有制定一些限制性措施,而且除液化天然气和沥青产品外,进口贸易领域不对外资企业开放。

埃塞俄比亚海关根据国际惯例,自 1999 年 6 月起实施海关估价机制,2004 年 7 月取消 SGS 进口商品价格制度。如果海关当局对进口商出具的价格产生怀疑,将自行认定进口货物价格,通常对目标商品征收 2~3 倍的关税。按照国际通行的规定,基数为到岸价(货值、运输费和保险的总价),埃塞俄比亚现行进口税率为 0~35%。

根据埃塞俄比亚的有关规定,凡是登记注册的进出口商,欲进口货物,须先向指定银行交纳 100%的保证金或足额的财产抵押,方能申请信用证。

2000 年,埃塞俄比亚政府出具规定,凡是国营企业进行大宗商品采购,必须采取招标方式。凡是与埃塞俄比亚船运公司通航的国家(地区),其所有出口到埃塞俄比亚的货物的运输,必须由埃塞俄比亚船运公司承担。空运货物也由指定的埃塞俄比亚航空公司承办。

埃塞俄比亚法律规定,银行与商检机构联手对进口商品实行商检预审制度,对于一些可凭样品成交的商品,进口商须事先将样品送交商检机构预审,取得质检合格报告后,方可向银行申请开证。对于无法凭样品成交的商品,进口商意向进口商品的品质规格须经商检机构认可后,银行才准予开证。

十、外国投资法律制度

目前,埃塞俄比亚与投资合作有关的法律法规主要包括《投资激励措施和为国内投资者保留投资领域的部长理事会条例》(Investment Regulation No. 270/2012)、《投资激励措施和为国内投资者保留投资领域的部长理事会条例(修正案)》[Investment Regulation(Amendment) No. 312/2014]、《工业园区法》(Industrial Parks Proclamation No. 886/2015)、《工业园区条例》(Industrial Parks Regulation No. 417/2017)、《投资法》(Investment Proclamation No. 1180/2020)、《投资管理条例》(Investment Regulation No.

474/2020）、《投资企业外籍人员工作许可和知识技能转移规定》（Directive on Expats'Work Permit and Knowledge Transfer No. 772/2021）等。

根据埃塞俄比亚的《投资法》《投资管理条例》，埃塞俄比亚实施投资准入负面清单制度，具体包括5个仅允许与埃塞俄比亚政府合资的领域，32个仅允许埃塞俄比亚国内投资者经营的领域，以及7个允许埃塞俄比亚外合资的领域。除此之外，均无投资准入限制。

仅允许与埃塞俄比亚政府合资的领域有：（1）武器、弹药及用于武器或制造武器的爆炸物生产；（2）电力能源进出口；（3）国际航空运输服务；（4）快速公交运输服务；（5）除快递外的邮政服务。

仅允许埃塞俄比亚国内投资者经营的领域有：（1）银行、保险、小额信贷（不含资本品金融业务）；（2）通过国家电网系统输配电业务；（3）初/中级健康服务；（4）批发（不包括石油及石油类副产品、在埃塞俄比亚自产产品的批发、电子商务形式的批发）；（5）零售（不包括符合相关法律规定的在埃塞俄比亚自产产品的零售，不包括电子商务形式的零售）；（6）进口贸易业务（不包括液化天然气和沥青进口业务）；（7）生咖啡、恰特草、油籽、豆类、矿产、兽皮、天然林产品、鸡和从市场中购买的驮兽等牲畜出口贸易业务；（8）一级以下的施工和钻井服务；（9）酒店、旅馆、度假村、汽车旅馆、家庭旅馆及养老服务（不包括以上领域星级服务）；（10）餐厅、茶室、咖啡厅、酒吧、夜总会、餐饮服务（不包括星级餐饮服务）；（11）旅行社、票务代理等旅行配套服务；（12）旅游业务；（13）机械设备和车辆经营租赁（不包括工业专用重型设备、机械、专用车辆租赁业务）；（14）运输服务（不包括铁路、缆车、冷链运输、25吨运量以上货运，以及其他允许外商与埃塞俄比亚政府/国内投资者合资的运输服务）；（15）本土传统药物制造业；（16）制作用于内销的烘焙产品和糕点；（17）研磨业务；（18）理发店、美容院、铁匠铺和裁缝店（不包括服装厂）；（19）包括飞机维修在内的维修服务（不包括重型机械和医疗设备的维修和保养）；（20）航空地勤及相关服务；（21）锯切、铣削木材和半成品木材装配业；（22）大众传媒；（23）清关服务；（24）砖块制造业；（25）采石业；（26）彩票和体育博彩业；（27）洗衣服务（不包括大工业规模的洗衣服务）；（28）翻译和秘书服务；（29）安保服务；（30）中介服务；（31）律师和法律咨询服务；（32）私营职业介绍所服务［不包括海员及其他类似专业岗位（如需要高技能、国际经验和人际网络）的职业介绍服务］。

允许埃塞俄比亚外合资的领域有:(1)货运代理和船舶代理业务;(2)国内航空服务;(3)城市间公共交通服务(载客量45人以上的公共汽车);(4)承载能力大的城市公共交通服务;(5)广告和促销服务;(6)视听服务,电影和录像的录制、制作和发行;(7)审计和会计服务。

2018年6月,埃塞俄比亚政府推出国企私有化改革新政,允许国内外投资者购买此前长期由国有资本垄断的电信、航空、电力以及航运和物流公司的股权,但埃塞俄比亚政府仍将控股上述国企。此外,埃塞俄比亚政府将允许铁路、糖业、工业园、酒店及其他国有制造业企业完全或部分私有化。

2018年9月,埃塞俄比亚投资委员会发布声明,宣布将允许外国投资者参与物流行业投资,最高持股比例为49%。此前,埃塞俄比亚法律仅允许本国公民或法人参与物流行业。根据该声明,外国投资者可以合资经营保税仓库、装箱和拆箱等物流业务。

在能源矿产类投资合作领域,埃塞俄比亚政府将矿业列为埃塞俄比亚内生经济改革议程和十年发展规划的重点行业。阿比总理提出,2025年矿业部门产值占国内生产总值比重将达到10%。埃塞俄比亚与矿产勘探开采相关的法律法规主要包括《矿业经营法》(Mining Operations Proclamation No. 678/2010)、《矿业经营法(修正案)》[Mining Operations Proclamation (Amendment) No. 816/2013]、《矿业经营管理条例》(Mining Operations Regulation No. 423/2018)和《矿产交易批准法(修订)》(Transaction of Minerals Ratification Proclamation No. 1144/2019)。外国投资者在埃塞俄比亚进行矿产勘探开采活动,须取得相关许可,由联邦矿业和石油部或地方政府部门审核发放。此外,在投资准入方面,矿产出口贸易属于仅由埃塞俄比亚国内投资者经营的领域,但外国投资者可出口其开采的矿产及加工品(黄金、铂、银等贵重金属及宝石矿除外),而且出口比例须同埃塞俄比亚政府协商确定。

在农业投资合作领域,农业用地的租金价格和租期由各地方政府的土地使用法律法规确定。埃塞俄比亚政府鼓励投资者投资埃塞俄比亚富饶的土地,农业部已开始向农业领域的部分私人投资者提供技术支持,主要是向租赁5000公顷以上农用土地的投资者提供信息和技术支持,以及其他公共服务。

在林业投资合作领域，根据埃塞俄比亚的法律法规，天然林产品出口仅允许埃塞俄比亚国内投资者经营，除此之外的其他林业投资均对外国投资者开放，投资者在林业领域的投资机会包括木材种植及以林业为基础的综合产业，如种植橡胶、棕榈、麻风树等类似作物，制造木材制品（不包括锯切、铣削木材、制作和安装半制成木材制品），纸浆和纸张生产，纸包装生产等。

在数字经济领域，数字经济相关法律法规主要有《大众传媒和信息获取自由法》（Freedom of the Mass Media and Access to Information Proclamation No. 590/2008）、《通信服务法》（Communications Service Proclamation No. 1148/2019）、《计算机犯罪法》（Computer Crime Proclamation No. 958/2016）、《电子交易法》（Electronic Transaction Proclamation No. 1205/2020）和《金融消费者保护规定》（Financial Consumer Protection Directive No. FCP/01/2020）。目前，埃塞俄比亚政府正在起草《数据保护法》（Data Protection Proclamation）。

在文化领域，埃塞俄比亚现行法律规定，大众传媒仅允许埃塞俄比亚国内投资者经营；广告和促销服务、视听服务，电影和录像的录制、制作和发行允许外国投资者和埃塞俄比亚国内投资者合资经营；电信、出版业等其他文化领域对外国投资者开放。主要法律法规有《媒体法》（Media Proclamation No. 1238/2021）、《通信服务法》（Communications Service Proclamation No. 1148/2019）、《广播公司建立法》（Ethiopian Broadcasting Corporation Establishment Proclamation No. 858/2014）、《广告法》（Advertisement Proclamation No. 759/2012）、《大众传媒自由和获取信息法》（Freedom of the Mass Media and Access to Information Proclamation No. 590/2008）和《电影拍摄许可管理条例》（Film Shooting Permit Council of Ministers Regulation No. 66/2000）等。

埃塞俄比亚对于企业形式的规定为：凡现行规定允许外资进入的行业，埃塞俄比亚均允许外商独资或设立合资公司。

埃塞俄比亚的法律法规规定，一般情况下，外国投资者对单一投资项目的最低投资额为 20 万美元。与本国投资者合资的外国投资者最低投资额为 15 万美元。如果是投资于建筑或工程或相关技术咨询服务、技术检测和分析或出版领域，而且由外国投资者独家所有，最低投资额为 10 万美元;与本国投资者联合投资于上述特定部门的最低投资额为 5 万美元。如果外国投资者用其在埃塞俄比亚所获利润或分红进行再投资,或者有限责任公司转为股份公司,以及外国投资者购买其他外国投资者的全部股权,不受最低投资额限制。

2015 年,埃塞俄比亚政府发布《工业园区法》,规定“工业园区”是由相应机关指定,具有明显界限,以发展综合性、一体化、单一或多种商品生产为目的的工业生产基地。工业园区包括经济特区、科技园区、出口加工区、农业加工区、自由贸易区及由投资委员会指定的其他类似区域。通常提供配套基础设施,如道路、电力、水及“一站式”服务等各类服务,并辅以系统、科学的激励机制和发展规划,确保工业发展不会对环境、民众生活和城市发展造成不良影响。

十一、劳动就业法规

埃塞俄比亚现行的雇佣关系法律法规是以 1960 年的埃塞俄比亚《民法典》,以及 2019 年 9 月颁布的新《劳动法》(Labour Proclamation No. 1156/2019)为基础。

上述法律法规明确了雇主与工人的基本权利与义务,指导两者关系的基本原则,结社和解决劳资纠纷程序,政府监督劳工管理机构的职责等内容。

埃塞俄比亚的最低工作年龄为 15 岁。15 岁至 18 岁的青年不得从事危险工作。

埃塞俄比亚对雇佣合同的规定是,只要个人直接或间接同意为某一雇主工作,并在此雇主授权下为获取报酬而从事一项定期或不定期或临时性的工作,则雇佣合同视为成立。雇佣合同应对各方权利和义务进行明确的、任何一方均无异议的规定。雇佣合同应规定雇佣关系的类型、工作地点以及工资水平、计算方法、支付方式和时限,以及合同的期限等。雇佣合同不应包括不合法以及不道德的活动。除非法律另有规定,雇佣合同不受任何特殊格式的限制。以书面形式订立的雇佣合同应根据相关法律之规定,指明雇主的姓名和地址,雇员的姓名、年龄、地址和工作卡号码(如有),双方协议以及合同双方的签字。以非书面形式订立的雇佣合同,雇主应在合同缔结 15 天内,以书面形式向工人提供该法相关条款规定的由雇主签字的详细说明。如果在雇员收到上述详细说明 15 天内，未对说明的全部或部分表示反对，则此合同视为成立。除该法规定的 9 种有期限和临时雇佣合同外，其他合同均被视为无限期合同，而且有期限的雇佣合同和临时雇佣合同仅可订立一次，期限不得超过 45 个工作日。

埃塞俄比亚《劳动法》规定，一项无期限雇佣合同的终止必须由合同双方中的一方提出，符合相关法律、集体协议和双方协议，并且以正当的理由终止。雇主在某些情况下无须事先通知受雇方，即可终止合同。例如，雇员在收到书面提醒的情况下，6 个月内无故迟到 8 次；6 个月内无故缺勤 5 天；工作中弄虚作假；挪用雇主财产和资金；工作质量持续低于雇佣合同或集体协议确定的标准；吵架斗殴，蓄意破坏或玩忽职守；从事非法活动；监狱服刑离岗 30 天以上等。在以下情况下，雇主须事先通知雇员方可终止合同。例如，工人丧失劳动能力，技术水平已不适应工作需要，而且拒绝培训或培训后仍达不到要求标准等。终止合同通知应注明原因和生效日期。雇主应在终止合同日期后 7 个工作日内付清工人工资及有关报酬。被雇主非法终止合同的工人，可获得日平均工资 180 倍的赔偿金；不按规定自行终止合同的工人应付给雇主总额不超过其 30 天工资的赔偿金。因怀孕或产假解雇工人属违法行为。女性员工产假结束后，有权按同等条款和条件重返相同或类似岗位。

《劳动法》规定，工资由双方通过协议或雇主规定的工资标准确定。如果双方同意，可以实物支付不超过 30% 的工资。除非另有约定，否则工资应当于工作日在工作地点支付。除法律、集体协议、工作规则、法院命令或雇员的书面协议另有规定外，雇主不得扣减、扣留或抵销雇员的工资。在任何情况下，一次可从雇员工资扣除的总数均不得超过雇员月工资的 1/3。

《劳动法》未明确规定最低工资额，但根据该法建立了一个由政府、雇员、工会代表以及其他利益攸关方组成的工资董事会，根据有关埃塞俄比亚经济发展、劳动力市场等情况，定期研究制定最低工资。

《劳动法》规定，每天最长工作时间为 8 小时或每周 48 小时，工人每周必须有连续 24 小时的休息时间，超时工作时间每天不得超过 4 小时，每周不得超过 12 小时。15 岁至 18 岁的青年雇员每天最长工作时间为 7 小时，不得安排其在晚 10:00 至次日早 6:00、每周休息日、公共假日工作，而且不得安排其超时工作。超时工资的计算方法：早 6:00 至晚 10:00 为 1.5 倍，晚10:00至次日早6:00为1.75倍;休息日加班为双倍工资,公共假日加班为2.5倍工资。

2011年7月,埃塞俄比亚政府出台社保制度,职工成为公司正式员工后,公司应该在当地社保机构为职工开设社保账号,每月职工缴纳基本工资的5%,公司承担基本工资的7%。

埃塞俄比亚的雇员年休假天数的计算方法:第一年为16个工作日;每两年年休假增加1天。

女性雇员享受连续90天的带薪产假。其中,分娩前30天,分娩后60天。此外,新劳动法首次规定,男性雇员享受连续三天的带薪陪产假。

外国人只有在获得由埃塞俄比亚劳动和社会事务部颁发的工作许可后,方可受雇在埃塞俄比亚工作。工作许可3年有效,而且须每年更新一次。如果有需要,该部可更改上述期限。如果该部认定某项工作不需由外国人承担,可取消其工作许可。

埃塞俄比亚青年劳动力较多,劳动力平均价格比较低。由于技术工人严重短缺,当地技术含量较高的工种和高级管理人员的工资比国内的同等职位要高。

近年来,埃塞俄比亚政府加强了对外来劳务人员的限制。例如,要求外来劳务人员(包含一般技术工人)需提供相应的学历证明或技能证明才能办理工作许可,有些项目对业主雇佣当地工人有一定的规定和限制,一些低端工作岗位必须雇佣当地人,否则不予办理工作证。

十二、司法组织

根据1994年宪法,埃塞俄比亚设立两套法律系统——联邦法院和州法院。联邦法院系统分为三级,即联邦最高法院、联邦高等法院和联邦初审法院。州法院系统也分为三级,即州最高法院、州高等法院和州初审法院。同时,埃塞俄比亚宪法认可宗教法院和习惯法院的存在,设立了一些专业法庭。此外,埃塞俄比亚还成立了宪法调查委员会,以保障和监督宪法的实施。

(一)联邦最高法院

联邦最高法院直接依据宪法设立,内设民事庭、刑事庭和军事庭等。联邦最高法院有权审查、撤销和纠正其他任何法院的错误判决。联邦最高法院对联邦事务享有最高的和最终的管辖权。

由于联邦最高法院享有至高无上的权力，为了防止其权力滥用，专门规定了一些限制条款。[①] 第一，联邦最高法院只能审理上诉案件。第二，在审理上诉案件时只限于审查法律上的错误。也就是说，联邦最高法院只能审查和纠正下级法院“法律方面的错误”，而不审查其“事实方面的错误”。第三，这种法律上的错误还必须是“根本性法律错误”（basic error of law），即这种法律错误可能动摇宪法和法律秩序。

联邦最高法院的院长和副院长，经总理提名，由人民代表院任命。联邦最高法院的其他法官，经由联邦司法行政委员会选举产生候选人，再由总理将候选人名单提交人民代表院任命。

（二）联邦高等法院和初审法院

联邦高等法院和联邦初审法院并非直接依据宪法设立，而是在认为必要的时候，根据人民代表院 2/3 多数通过的决议设立。如果联邦高等法院和联邦初审法院缺失，则由州法院行使相应的管辖权。联邦高等法院主要审理来自州法院的上诉案件，而联邦初审法院则主要审理比较重大的一审民事和刑事案件。

任命联邦高等法院和初审法院的法官与联邦最高法院的一般法官一样，须经由联邦司法行政委员会选举产生候选人，再由总理将候选人名单提交人民代表院任命。

（三）州最高法院、州高等法院和州初审法院

州最高法院、州高等法院和州初审法院是直接根据《宪法》第 78 条第 3 款的规定而设立的。州最高法院的管辖权与联邦高等法院的管辖权相当，州高等法院的管辖权与联邦初审法院的管辖权相当。州初审法院则管辖本辖区内的民事和刑事的一审案件。而且，州最高法院对涉及州事务的判决享有最高和最终的裁决权，但如果涉及联邦事务，对州高等法院判决不服，可以向联邦最高法院上诉。

州最高法院的院长和副院长，经州长提名，由州议会任命。州最高法院的其他法官，以及州高等法院和州初审法院的法官，经州司法行政委员会提名，由州议会任命。在任命州高等法院和州最高法院的法官时，州司法行政委员会在将候选人名单提交州议会之前，应征求联邦司法行政委员会的意见。但如果联邦司法行政委员会在收到名单后 3 个月内没有答复，

---

① 参见洪永红：《埃塞俄比亚的司法制度》，载《人民法院报》2005 年 5 月 27 日，第 8 版。

则州议会可以直接任命。

(四)宗教法院

根据《宪法》第34条第5款和第78条第5款规定,埃塞俄比亚认可宗教法院。在埃塞俄比亚所谓的宗教法院主要是指伊斯兰教法院。伊斯兰教法院在埃塞俄比亚有三级,即乃巴、卡迪和沙里亚法院。除了一个省外,所有各省都设有乃巴和卡迪法院。沙里亚法院设在亚的斯亚贝巴和阿斯马拉两地,审级分别相当于高等法院和最高法院。其他伊斯兰教法院的管辖范围均限于它们所在的行政管理区。所有这些法院在审理案件时,可以适用伊斯兰教法。但他们只处理涉及家庭(双方当事人均为穆斯林)、赠与以及继承(赠与人和被赠与人是穆斯林)问题的民事案件。

(五)其他法院

根据《宪法》第34条第5款和第78条第5款规定,埃塞俄比亚也认可习惯法院。此外,埃塞俄比亚还设立了一些专业法庭,如农民协会法庭(Peasant Association Tribunal)、劳资法庭、税收法庭等。

阿瓦贾法院(Awraja courts),为埃塞俄比亚的地区法院,审理一审民事和刑事案件。一般由3名法官组成合议庭审理案件。

瓦拉达法院(Warada courts),为埃塞俄比亚的分区法院,管辖权很有限,只审理轻微刑事案件。一般由1名法官独任审理。

农民协会法庭审理所有与土地有关的案件,如土地开发、分配和租赁等。同时也审理一些轻微的刑事案件,如非法侵入他人住宅,违反农民协会章程的行为等。此外,还审理农民协会成员间的小额金钱诉讼。农民协会法庭的审判人员由农民协会选举产生。

劳资法庭和税收法庭,顾名思义,是专门分别审理劳资纠纷和税收纠纷的法庭。

第三节 塞内加尔法

一、塞内加尔法概述

塞内加尔全称塞内加尔共和国(The Republic of Senegal),首都达喀尔,国土面积196,722平方公里。

塞内加尔位于非洲西端，西濒大西洋，海岸线长500公里。东南部为丘陵区，地势略高，最高海拔457米。中部、东部为半沙漠地带，一般海拔100~200米。地势自东向西略倾斜，河流都向西流入大西洋。主要河流有塞内加尔河、冈比亚河。塞内加尔河全长1800公里，其中850公里在塞内加尔境内，冈比亚河全长850公里，其中300公里在塞内加尔境内。此外，还有萨鲁姆河、卡萨芒斯河等。主要湖泊有盖尔湖、唐马湖和雷特巴湖。

塞内加尔属热带草原气候，年平均温度为29℃。11月至次年6月为旱季，7~10月为雨季。年降水量自北向南渐增，北部波多尔一带年降水量仅360毫米，南部卡萨芒斯地区则可达1800毫米。

塞内加尔全国共有20多个部族，主要是沃洛夫族（Ouoloff），占总人口的43%；谢列尔族（Serere）占15%；颇尔族（Peulh）占24%。全国95.4%的居民信奉伊斯兰教，0.4%信奉拜物教，4.2%信奉天主教。各族都有自己的语言，官方语言为法语。

在塞内加尔最早定居的是图库列尔人和富尔贝人。图库列尔人在10世纪建立了泰克鲁（Tekrur）王国，14世纪时被并入马里帝国的版图。15世纪中叶，沃洛夫人在塞内加尔河到佛得角之间建立了卓洛夫国（Djoloff）。15世纪末至17世纪60年代，属桑海帝国。

1445年葡萄牙人侵入佛得角地区，从事奴隶买卖活动。1659年，法国殖民者侵入。18世纪中叶英、法进行过激烈竞争，法国被迫于1763年放弃塞内加尔。但根据1783年的《凡尔赛条约》，塞内加尔又为法国所控制。1864年，沦为法国的殖民地。1909年，被划入法属西非。塞内加尔各民族人民对法国殖民者进行了长期的武装抵抗，至1898年，才被镇压下去。在卡萨芒斯，迪乌拉部族的反抗运动一直持续到1915年。

第二次世界大战后，法属西非地区民族独立运动日益高涨。1957年年初，根据海外领地"根本法"，塞内加尔获得在法兰西联邦内部的"半自治共和国地位"。1958年11月25日，根据戴高乐宪法，成为"法兰西共同体"内的一个"自治共和国"。1959年4月4日，塞内加尔与苏丹（今马里共和国）组成马里联邦。1960年6月20日，马里联邦宣告独立。同年8月20日，塞内加尔退出马里联邦，成立单独的共和国，列奥波尔德·塞达·桑戈尔任总统，并蝉联4届，连续执政20年。1980年12月31日，列奥波尔德·塞达·桑戈尔自动引退,由总理阿卜杜·迪乌夫接任总统。1983 年取消总理职位。

阿卜杜·迪乌夫执政后,继续奉行列奥波尔德·塞达·桑戈尔的内外政策,但表示要在"继承中实行变革"。对内进一步实行"民主开放",提出修改宪法,取消对政党数目的限制,实行全面的多党制政治,以实现"人民的和解和团结"。重视经济问题,财政上坚持"紧缩政策","量入为出"。优先发展农业生产,争取粮食自给。对外,加强与邻国以及与其他非洲国家的关系,并进一步发展与法国的关系。

1988 年全国大选,社会党再次获胜,阿卜杜·迪乌夫蝉联总统。反对党指控执政党在大选中舞弊,组织示威游行导致大规模流血事件。1990 年年初,八个反对党结成联盟,鼓动工潮学潮,要求阿卜杜·迪乌夫总统下台。1989 年 3 月,阿卜杜·迪乌夫总统在社会党特别代表大会上提出"扩大总统多数"的政治主张,通过对话争取反对党共同参与国家事务。1991 年 2 月,社会党中央委员会扩大会议通过了阿卜杜·迪乌夫的建议,决定修改宪法,重设总理职位,吸收反对党入阁。同年 4 月 7 日,哈比卜·锡亚姆受命出任总理,组成有社会党、民主党、独立劳动党参加的首届联合政府。2000 年 2 月至 3 月,塞内加尔举行总统选举,民主党候选人瓦德击败阿卜杜·迪乌夫当选总统,结束了社会党自塞内加尔独立以来的执政党地位。

二、塞内加尔法律的渊源

塞内加尔独立后的法律渊源由制定法和习惯法组成。

(一)制定法

1. 法律和法令

塞内加尔独立后的制定法有四种一般的形式:法律、法令、条例和命令。与以前的宪法一样,1963 年的宪法规定国民议会行使立法权,并"独立投票通过法律"。法律确定有关民事权利、国籍、人的身份和能力、婚姻、继承、犯罪和程序、货币、税收、法官、国营企业和企业国有化之类的规则。另外,法律也确定与国防、地方管理、教育、财产、民事和商事合同以及包括处理国家公务员的赔偿制度在内的劳工法相关的基本原则。根据《宪法》第 65 条的规定,凡法律未特别列举的事项由总统制定的法令调整,总统也可委托部长制定法令。

2. 条例

国民议会享有对宪法列举的事务制定法律的权力，但是国民议会也可以通过授权法案，授予总统在某一特定时期对属于法律范围的事务制定条例的权力。条例一经公布即可生效，但是在未经法案授权的情况下，总统制定的条例必须提交国民议会批准，否则该条例无效。国民议会在批准过程中可以修改条例。相反，总统也有权将不在法律调整范围内的重要措施提交国民议会。若被批准，即可成为法律，并且总统还可以颁布法令方法对这些成为法律的重要措施进行修改。

3. 制定法的公布

制定法一经颁布，就在塞内加尔的官方议事录（周刊版的政府公报）上公布。每条法律、法令和命令都包含颁布的号码和日期。

4. 制定法的解释

国民议会和总统对立法权的划分可能会引起冲突并产生二者之间立法权界限如何划分的难题。例如，对专属国民议会立法的事项是作广义的还是狭义的解释？

最高法院的职责之一就是解决这类冲突。最高法院可以在总统要求时审查即将颁布的法律是否合宪并有权确定“具有制定法的特点”，即国民议会的某一特定法案是否超出法律管辖的范围而应属于法令规定的事项。例如，最高法院在1963年判定：尽管1960年宪法规定（正如1963年现行宪法规定的一样）法律可以确定公务员的报酬，尽管政府成员和部长内阁成员是国家公务员，但是对这些人所得的赔偿和补偿的规定是规章性的。因此，最高法院确定应由法令对其作出规定。

从宪法关于立法体制的规定也引申出了关于政府的哪个机构有权修订殖民时期的制定法，尤其是法国法典的问题。有人认为法国法典具有法律的性质，因而只能由立法机关即国民议会修订。但这并不完全正确，因为行政法令也可修订法典中涉及的不在法律范围内事项的条款。1964年，总统要求最高法院就与商业事务的程序有关的商法典及与强制出售相关的民法典中的某些条款的性质作出判定。法院判定，民商事事务的程序不在授予国民议会所列举的权力范围之内，所涉及的条款是规章性的。[①] 一

① See Judgment of June 29, 1964, 75 PENANT 81 (1965).

个月后,塞内加尔新的民事程序法典实际上是以法令的形式颁布的。

5. 国际条约

条约和国际协定也构成法律的另一渊源,因为《宪法》第 79 条规定:如果条约或协定已经正当程序批准和公布并正由其他合作方审查,具有"高于法律的"效力。总统有权协商和批准条约和协定;但下列几种情况需要经过国会以立法的形式批准或同意:和平条约;商事条约;关于国际组织变更国内法以及与人的身份相关的或涉及领土的吞并、割让或交换方面的条约或协定。①

(二)习惯法

1. 身份、家庭法、遗嘱和赠与

尽管塞内加尔在独立不久后就采取措施取消了单行的习惯法庭并建立了统一的法律体系,但习惯依然是其法律的另一渊源。1960 年 11 月 14 日的条例确定了习惯法适用的基本规则,并规定与人的能力、身份、家庭、婚姻、亲子关系、继承、赠与、遗嘱以及已获习惯法身份的公民相关的事务依习惯处理。②

2. 土地法

习惯法也适用于与财产或土地以及由此衍生的权利相关的事务,除非所涉及的土地已经登记或者该土地的取得或转让是通过成文法确认的形式进行的。③

3. 其他事务

所有其他事务适用成文法,无论当事人是习惯法身份还是成文法身份。而且,如果习惯法与成文法条款或有关公共政策或人身自由的基本规则相违背,法院不可适用该习惯法。如果习惯法对某一特殊事务的规定未作记录或不清楚,成文法将作为判决的依据。

4. 法律选择

即使双方当事人在某一特殊方面都由习惯法管辖,但双方同意也可根据成文法判决。条例也规定,在除涉及土地之外的事务,如一个人完全或

---

① See 1963 Constitution, as amended, art. 77.

② See 1963 Constitution, as amended, art. 10.

③ See 1963 Constitution, as amended, arts. 12 and 13.

部分放弃其习惯法身份，也可以适用成文法。[①] 因而，条例似乎允许由习惯法管辖的人在正常情况下完全放弃习惯法并对与其有关的事务选择适用成文法。而部分放弃可能仅仅影响某些特殊行为，如受习惯法管辖的人依照民法订立的婚姻。法院也可以依案情推断他的这种放弃，尤其是在当事人双方通过成文法的形式实施其行为的时候。例如，依照民法起草的遗嘱不受习惯法的管辖。

5. 法律冲突

条例也确定了由两种不同的习惯法管辖的人之间或者在具有成文法身份的人与具有传统身份的人之间存在的法律冲突的解决原则。对这两种情况使用同样的规则，因为在解决冲突时，成文法也被视为一种习惯。[②]

除了设立适用习惯的框架外，条例也指定司法部长列出不同的习惯法体系的清单以便于法院适用。根据 1961 年 2 月 28 日的条例，司法部长列出了总计 68 种不同的习惯法体系的清单。

三、宪法制度

（一）宪法制度的历史与发展

在通过投票接受戴高乐的 1958 年宪法后，塞内加尔成为法兰西共同体内的一个自治共和国，并于 1959 年 1 月 24 日根据其第一部宪法建立了议会制政体。同时，塞内加尔和法属苏丹决定联合起来建立马里联邦。1959 年 1 月 17 日的联邦宪法授予联邦政府和国民议会广泛的权力，留给单个国家的主要是行政权。联邦管理的事务包括民事、商事和刑事立法以及对采矿、税收、教育、州际贸易、公共安全、司法和社会的立法。国民议会被授予就上述事务制定法律的权力，但在某些情况下，国民议会也可将这种权力授予联邦政府总统使其能够通过条例的形式立法。而且，总统也有制定一般性规章的权力。

根据 1960 年 8 月 20 日的法律，塞内加尔正式脱离马里联邦，宣布独立，并废除所有授权联邦对塞内加尔事务进行立法的法律，其他法律仍然

---

① See 1963 Constitution, as amended, art. 18.

② See 1963 Constitution, as amended, arts. 16 and 18.

继续有效。①

从法国和马里联邦独立出来后,塞内加尔 1960 年 8 月 26 日修改了 1959 年 1 月 24 日的宪法。修改后的宪法规定总统以选举团形式选出,总统向国民议会提名选举总理,总统和总理任期均为 7 年,国民议会有有限的立法权。

总统是国家元首、武装部队最高统帅,有权颁布法律、任命司法机关人员、进行国际条约的谈判及主持部长会议。内阁总理对国民议会负责,有权任命政府成员、制定和处理国家政策、指导政府行为、执行法律、行使立法权。然而,这样的行政权划分极容易导致总统和总理之间的权力冲突。

1962 年 10 月,内阁总理玛玛窦·狄亚(Mamadou Dio)发动政变试图推翻总统桑戈尔。政变失败。10 月 18 日,国民议会修改了宪法,允许拘捕玛玛窦·狄亚,将所有权力授予总统,并授权总统制定一部新宪法提交全民公决。投票于 1963 年 3 月 3 日举行,新宪法以 99%得票率获得通过。

1963 年宪法后来经过八次修改。宪法规定,塞内加尔实行总统制,总统是国家元首、政府首脑、武装部队最高统帅,由直接普选产生,任期 5 年,可连选连任。1970 年修改宪法,设总理一职,1976 年再度修改宪法,规定总统一旦不能履行职责,由总理接任总统。1983 年、1984 年两次修改宪法,取消总理职位,规定总统不能履行职责时,由议长代理,并在 3 个月内举行大选。1991 年 3 月,国民议会特别会议再度修宪,复设总理职位,扩大反对党在国民议会中常设局的比例。1998 年 2 月再次修宪,增设参议院。在 2001 年 1 月,塞内加尔结束社会党近 40 年的执政党地位后,宪法又进行了全面的修改,参议院被撤销。国民议会由直接普选产生,任期 5 年,议长任期在 1984 年修宪中由 5 年缩至 1 年,可连任。国民议会设 120 个议席。

(二)现行宪法的主要内容

1. 国家机构设置

根据修订后的宪法规定,共和国的国家机构是共和国总统、国民议会、

① See generally Foltz, From French West Africa to The Mali Federation (1965), and Cohen, Problems Arising from the Dissolution of the Mali Federation, in 36 British Yearbook of International Law 375-384(1960).

最高法院和其他法院。①

(1)总统

共和国总统由民众选举,任期5年,有权决定并指导国家政策,有立法、行政和执行法律的权力,可以对国民议会未制定的法律进行临时性立法,可以在与最高法院和议长商议后,将法律提交公民公决。除此之外,总统可任命对其直接负责的部长和国务大臣。当共和国的制度、独立、领土完整或国际义务的执行受到直接的或严重的威胁时,总统可采取任何必要的宪法规定之外的措施。在此期间,总统不得解散国民议会,并须将该特殊措施呈交国民议会批准。

(2)国民议会

国民议会议员由民众选举并由总统任命,任期5年。宪法宣布国民议会行使立法权,但与其他法语国家一样,它在某些特别列举的事务方面的权力受到了限制。一旦一项法律获得通过,必须呈交总统颁布。他既可颁布,并将其交付最高法院实施,也可将其退回到议会审议,并要求获得3/5多数票方可通过。

在国民议会闭会期间,由议员组成的授权委员会(the delegation commission)有权制定法律。在总统制下,国民议会不能逼迫政府辞职。但是根据1967年修正后的宪法,总统有权解散国民议会,但只能在其任期内的第四年和第五年。宪法没有规定解散国民议会需要有特殊的理由,只规定总统可以在与国民议会议长商议后颁布法令陈述理由并确定新国民议会的选举日期。

(3)最高法院

最高法院法官的职权包括:①审查法律和国际条约的合宪性;②对立法机关和行政机关的权力冲突进行裁决;③防止行政机关的权力滥用。②

---

① See generally Foltz, From French West Africa to the Mali Federation (1965), and Cohen, Problems Arising from the Dissolution of the Mali Federation, in 36 British Yearbook of International Law 47 (1960).

② See generally Foltz, From French West Africa to the Mali Federation (1965), and Cohen, Problems Arising from the Dissolution of the Mali Federation, in 36 British Yearbook of International Law 82 (1960).

(4)高等法院和经济社会理事会

宪法也设立了由国民议会议员组成的高等法院,其唯一的职责是审理总统的重大叛国罪和部长及国务大臣在行使权力时所犯的重罪和轻罪;经济社会理事会是一个纯粹的咨询机构,主要负责回答总统或国民议会提交的问题。

2. 行政区划

塞内加尔全国分为14个行政区,区下设省、县、村社和村四级行政体制。全国共有45个省,117个县,基层市镇和村社各有113个和370个,全国共有乡村14,958个。

3. 其他内容

宪法第一部分还明确规定了法律面前一律平等、言论自由、结社自由、通信秘密和家庭不受侵犯等公民基本权利。除此之外,还有处理婚姻和家庭、教育、宗教和宗教团体及劳动的特别条款,①如父母有抚养未成年子女的权利、私立学校有权在政府监督下创办、宗教团体有自治权、工人有权成立工会组织。

四、司法制度

塞内加尔法院分为三类:适用习惯法的法院;适用成文法的法院;专门受理行政案件的法院。1963年,塞内加尔对司法制度进行了改革,建立了由最高法院、上诉法院、巡回法院、初审法院、治安法院、劳工法院组成的统一的法院体系。此外,还设立了一个特殊法院审理某些政治犯罪。

(一)最高法院

最高法院位于塞内加尔首都达喀尔。宪法授予最高法院行使的权力包括:审查法律和国际协定的合宪性;裁决行政机关和立法机关之间的冲突。此外,共和国总统可以要求其对立法提议提供咨询意见。最高法院还有权判定总统候选人的资格是否合法,监督竞选活动和大选投票,并认定和宣布结果。

---

① See generally Foltz, From French West Africa to the Mali Federation (1965), and Cohen, Problems Arising from the Dissolution of the Mali Federation, in 36 British Yearbook of International Law 5-13 (1960).

最高法院同时也是终审法院，有权受理对其他法院所作的判决、行政机关初审作出的具有司法特征的裁决以及集体劳工争端中仲裁委员会所作的裁决不服而向最高法院提起上诉的案件。与其他法院管辖的上诉案件不同，向最高法院上诉的案件的上诉理由只能是作出生效判决的法院没有管辖权或判决违反法律或习惯。在审理上诉案件时，最高法院并不直接作出判决。如果上诉理由充分，最高法院可以撤销原判决并将案件发回原审法院重审。

最高法院也有权审查公务员的账目和监督国营企业的财务管理。

（二）上诉法院

上诉法院也位于达喀尔，可受理对初审法院作出的初审判决、劳工法院作出的初审判决和治安法院作出的刑事判决不服而提起上诉的案件。它也对总统选举和国民议会的选举之外的选举争端有初审管辖权。上诉法院的判决可因案件上诉至最高法院而被最高法院撤销，上诉法院内部设有一个控告法庭（Chanbred' Accustion）。控告法庭负责审查将涉及严重犯罪的刑事案件移送巡回法院的证据是否充分。

（三）巡回法院

位于达喀尔、克拉克、圣路易和兹古尼克的巡回法院是根据塞内加尔的新刑事程序法典设立的，负责对通过提出控告的命令送交该法院的严重犯罪分子进行审判。其判决只能因案件上诉到最高法院而被最高法院撤销。

（四）初审法院

初审法院地处塞内加尔 7 个行政区的首府，对以下案件有初审管辖权：（1）治安法院管辖外的所有民事和商事案件；（2）除上诉法院权限范围内的选举争端和最高法院权限范围内的控告政府滥用权力的起诉状以外的所有行政案件。争议数额超过 8 万西非法郎和年收入 8000 西非法郎的案件，该法院可作为初审案件受理，但必须报上诉法院批准。涉及较少金额的判决向最高法院上诉的案件只能被驳回，但行政案件仍可上诉。

在刑事案件方面，该法院有权审理除由治安法院管辖的所有轻罪性质的案件。初审法院也有权受理对治安法院的民事和商事判决不服的上诉。

(五)治安法院

治安法院设立在每一个行政分区,也有一些设在特别分区内。这类法院一般由一个或多个治安官组成,其中每个治安官都独自审案。但在处理习惯法案件时,由陪审员协助。在某些地区,如卡迪,传统的伊斯兰教法官附属于治安法院,审理涉及由伊斯兰教法管辖的人的案件。

治安法院对下列案件有民事管辖权:(1)所有的金额不超过2万西非法郎的对人诉讼和可选择管辖区的诉讼;(2)年租金不超过2万西非法郎的土地所有者和承租人之间的诉讼;(3)由习惯法院管辖的所有诉讼。应当指出的是习惯法不适用于已登记的土地和依照成文法方式转让的土地。治安法院可受理争议数额不超过2万西非法郎的土地纠纷。所有对治安法院的民商事判决不服的都可向初审法院提出上诉。①

治安法院行使刑事管辖权的案件,包括违警罪及某些轻罪如流浪、通奸、简单偷窃以及恐吓等。对轻罪的判决可上诉到上诉法院。②

(六)劳工法院

劳工法院,位于达喀尔、圣路易、克拉克、兹古尼克和泰斯,以塞内加尔新劳工法典为审案依据。该法院有权受理和审理所有在雇主和雇员之间的或工人之间的由劳工合同、学徒关系合同、社会保障体制、集体协定或有关健康和安全状况引起的劳动争议。如果对该法院作出的争议金额超过8万西非法郎的判决不服的可上诉到上诉法院;其他判决只能向最高法院提出上诉。

(七)特殊法院

1961年,塞内加尔设立了一个特殊法院。其管辖范围包括:(1)危害国家安全的犯罪;(2)政治犯罪;(3)带有政治动机的犯罪。该法院对这类案件的管辖并不是专属的,只要政府未将案件交给特殊法院,普通法院就可以对它们行使管辖权。③

---

① See generally Foltz, From French West Africa to the Mali Federation (1965), and Cohen, Problems Arising from the Dissolution of the Mali Federation, in 36 British Yearbook of International Law 7 (1960).

② See Ordinance No. 57-60 of November 14, 1960, JORS, November 19, 1960, at 1245.

③ 参见洪永红、姜红池:《塞内加尔司法制度》,载《人民法院报》2005年4月25日,第8版。

五、民商法

(一)塞内加尔民商法的历史与发展

殖民统治晚期,塞内加尔民商法主要是由法国民法典、商法典和相关制定法以及大量的习惯法体系组成的。这种法律体系引出了一些难题。法典是为满足欧洲人而非非洲人的经济和社会状况而制定的,且其中还包括许多过时的条款。习惯法,因为未成文,是模糊且难以适用的,而且某些实体性的条款在寻求将其制度现代化的国家被认为是不可接受的。此外,习惯法和传统法与成文的民法典之间产生的法律双重性也阻碍了法院对法律的有效适用,并成为国家统一的障碍。基于这些原因,政府于 1960 年成立了一个委员会起草一部新的债法和亲属法来代替习惯法和已接受的制定法。

(二)塞内加尔民商法的主要内容

1. 债法

正如最初构想的一样,新的民商事合同法分为五部分:(1)总则;(2)有名合同;(3)商业社团;(4)流通票据;(5)债权人的保护和安全。

1963 年 7 月 10 日,国民议会通过了总则,但直到第二部分颁布才实施。确切地说,几乎是在 3 年后,关于有名合同的第二部分才颁布。这两部分于 1967 年 1 月 1 日生效。相关的旧的民商事法典的法律、法规和条款都被同时废止了。而且,实施新法典的条例同时规定:"对于由债法的第一部分和第二部分调整的事务,一般的或地方的习惯以及特殊法律对其不再适用。"①

因此,统一的债法制定后,适用于所有的塞内加尔人,而不论其在独立前是受习惯法调整还是受法国民法典调整。债法的总则部分确立了习惯法律师所称的合同与侵权法的基本原则。但它没有保留合同与民事侵权的传统区别,二者都被包含在债的概念中。第二个与法国法传统有别的地方在于,该法未将民事责任和商事责任作出区分。取消民事和商事责任的区分是建立在这一理论上的,即所有的合同是国民经济生活的基本元素,

---

① 参见洪永红、姜红池:《塞内加尔司法制度》,载《人民法院报》2005 年 4 月 25 日,第 8 版。

应当适用同一套规则。用一位起草人的话来说:“在农业经济中,非商业生产者提供原材料给工厂。而在零售商业中,企业的命运牢牢掌握在并非商人的消费者手上。在生产与消费之间形成了一条将国家经济发展与所有合同方相联结的链条。”①

根据法典,合同的目的有给付、做某事或者不做某事三种。② 合同以下列三种方式中的某一种产生:(1)根据法律产生的合同;(2)侵权行为所导致的民事责任;(3)第一编第三节所列举的某些行为,如不正当收入或其他事务的不当管理。

总则第一编规定了有关合同的形式和效力的一般性规则。这些规则适用于所有合同,除非有与之相反的明确的法律规定;而在第二部分的有名合同中,又进一步规定了其他与销售、劳务、代理、委托、运输和保险等有名合同相关的规则。

第一编第二节对侵权行为作出了规定。其中,第118条对处理过失行为的一般原则作出规定:“由于过失行为导致他人受伤的人应对此负责。”法典进一步定义了过失、伤害行为和两者之间的因果关系。第128条规定:“当事件的干预使过失和伤害之间的因果关系变更时,责任即可消失或减轻。”此外,还规定了对有关动物伤人或意外事件的处理以及未成年人的或佣人的行为的责任。

总则第二编对关于合同的终止和变更作出了规定。

总之,习惯法对债法的影响并不大。但某些条款,如对未受教育的人的保护条款考虑了塞内加尔的特殊情况。法典实际是以法国的法律原则和西方国家一些比较前卫的法学理论为基础的。但是应当指出,法典赋予合同当事人在制定合同实质性条款上相当的自由,只要不与公共政策或善良风俗相违背,且如果当事人双方愿意,合同中就可加入习惯法规则。

2. 行政合同法

在独立前,法国已在塞内加尔建立了独立的法院来审理政府是一方当事人的民事案件。而且,行政法的许多原则,包括适用于行政合同的原则,可在这些法院已判决的案件中找到。独立后,塞内加尔将司法机构统一化

---

① Farnsworth, *Law Reform in a Developing Country*, 8 Journal of African Law 6, 12(1964).

② See Law No. 62-63 of July 10, 1963 and Law no. 66-70 of July 13, 1966, art. 3.

并将行政案件置于普通法院的管辖之下。而是否制定成文的行政合同法成为一个犹豫不决的问题。成文化一方面使法律缺乏弹性而过于僵化从而可能对发展中国家不利，另一方面可以使法律更加明确从而吸引大量的与政府签订合同的外国投资者。

最后，政府决定将行政合同法成文化，但又面临另一个问题，行政合同是由债法的条款调整还是由独立的行政合同法调整？尽管一开始起草委员会决定采用前一种解决方式，但最后政府还是规定，行政合同由独立的行政合同法调整。其理由是既然国家对经济发展有主要的责任，国家不应受私法规则的限制。

1965 年，国民议会通过了行政合同法典，塞内加尔在所有继承了法国法的国家中是唯一将行政合同法成文化的国家。这部法典于 1967 年 1 月 1 日生效，分为两编，第一编是关于行政合同，第二编是关于非合同引起的行政责任。

综合债法和行政合同法的规定，一般情况下由政府订立的合同受债法管辖，除非该合同被认为是行政合同。① 行政合同由行政合同法调整。行政合同被定义为法律法规明确规定某一特殊类型的合同属于行政合同的合同或者合同一方是政府并含有直接和永久参与公共事务内容的合同。法典将公共事务定义为“为满足公共利益需要的政府机构的任何活动”。② 该法典规定了行政合同的形式和履行的规则，并确定了有关国家对由公共事务的不当操作引起的损害赔偿的法律责任的一般原则。

3. 亲属法

用于代替 68 种习惯法体系和法国民法典有关条款的新的亲属法，在立法过程中遇到的难题比新债法所遇到的更多。首先，即使在殖民时期，多数合同关系由法国法调整，而大多数以身份关系为基础的事务由习惯法调整。其次，法国民法典的合同法原则与习惯法并无很大的差异。而且，加入新的合同和侵权规则并不会像新的亲属法那样面临可能引发社会混乱的危险。基于这些原因，塞内加尔亲属法成文化的进程相对慢得多。

但在 1967 年年末，起草委员会完成了法典的起草工作并将其交政府审议。

① See Law No. 51-65 of July 19, 1965, art. 1.

② See Law No. 51-65 of July 19, 1965, art. 11.

在长达854个条款的家庭法典草案中确立了与姓名、住所、民事登记、婚姻、遗弃、收养、亲子关系、监护、夫妻财产、继承、赠与和遗嘱相关的规则。塞内加尔的民事合同法典建立在法国法律原则的基础上,但已提交的家庭法典草案,却不像科特迪瓦的新的家庭法,它深深根植于习惯法中。例如,它并没有废除一夫多妻制,而是给男人三种选择任选一种:(1)依照一夫多妻制结婚,但不可有4个以上的妻子;(2)依照有限的一夫多妻制结婚,在此情况下,依照官方法令,其任何一次结婚,妻子的数量被限制在4人以下;(3)依照一夫一妻制结婚。这种选择可在结婚时或结婚后作出。若一个男人选择一夫一妻制或受限制的一夫多妻制,在以后的生活中,即使解除了婚姻,他也受这种制度限制。

在废除嫁妆制度方面,塞内加尔并不像科特迪瓦和加蓬那样,由未来的丈夫或其家庭给未来的妻子或其家庭支付嫁妆。在塞内加尔,双方可自由决定是否支付嫁妆。但如果他们决定支付,婚姻关系就得等到约定金额已全部付给未来妻子才能被承认。法典也规定嫁妆是妻子的专有财产。

塞内加尔家庭法典对遗产继承规定了两套规则。一套是一般性适用规则,另一套则是用于被继承人在生前已明确表示其遗产依伊斯兰教法的规则进行分配的情况。

4. 银行法

塞内加尔的银行系统由西非国家中央银行塞内加尔地区机构、七家商业银行、一家住宅银行、一家农业发展银行和一家邮政对账机构组成。政府目前持有两家银行大量散股和农业发展银行半数以上股份。除住宅银行和农业发展银行外,其他银行都有大量股份为外国股东持有。非银行金融机构包括两家租借公司、三家投资公司、保险公司等。

19世纪80年代,塞内加尔爆发了一场严重的金融危机。银行系统的管理失误以及不适当的政治干预使银行的不良贷款,特别是对国营企业的不良贷款,大量增加。在世界银行和西非国家中央银行的帮助下,塞内加尔在1981年至1991年,开始重建其金融部门。一个重要的目标是将市场机制引入之前完全由政府控制的银行系统。西非国家中央银行的银行业委员对塞内加尔地区机构进行了许多技术性改革。塞内加尔政府也努力将其在银行中持有的股份比例限制在25%以下。重建的过程也包括关闭六家濒临破产的银行,建立单个贷款回收单位同时采取特别的法律手段以加快贷款回收程序，补充被清理银行的储备金等。

塞内加尔是国际货币基金组织法郎区成员。这一地区的国家都是西非经济货币联盟（UEMOA）的成员，都采取紧盯法郎的汇率政策。西非经济货币联盟由八个成员国组成：贝宁、几内亚比绍、布基纳法索、科特迪瓦、马里、尼日尔、塞内加尔和多哥。西非经济货币联盟的成员国共同成立区域性中央银行，即西非国家中央银行。西非国家中央银行的总部设在塞内加尔的达喀尔，各国分支机构设在各成员国首都。1990 年，西非国家中央银行成立了一个地区银行委员会，专门负责对整个西非经济货币联盟各成员国银行业进行监督。

根据地区银行委员会的报告，塞内加尔银行业基本符合主要的利率标准，盈利水平也恢复正常。但是在政府控制的农业发展银行的投资中，不良贷款的百分比仍然很高。一个损害银行业的更普遍的问题是，司法系统对请求收回债务和执行抵押物的债权人带有很重的偏见。结果，银行的大部分业务都是短期贷款，严重地制约了银行的盈利能力。

设立银行的程序：

银行的营业执照由财政部长在申请得到地区银行委员会的批准后颁发。申请应向财政部长提出，并包括以下文件：

A. 一份银行营业目的的陈述；

B. 成立的筹备细节，包括其位置、经营场所、技术储备和人力资源、设立机构的图表、企业章程的复印件；

C. 通信方式；

D. 申请者法律身份的证明文件；

E. 发起人的学历证明和有无犯罪记录的证明；

F. 申请者的财产状况及持股比例；

G. 头 3 年的商业计划。

（三）塞内加尔民商法的特点

1. 受法国民商法影响很大

塞内加尔民商法带有明显的法国痕迹。在立法计划启动以前，塞内加尔仍在适用法国民法典、商法典。独立后不久，启动了民商法成文化的进程，使成文法成为塞内加尔民商法的唯一渊源。在立法的过程中接受了大量的法国法的概念和理论，这在债法、行政合同法、亲属法、银行法中均有体现。例如,债法中采用总则、有名合同、商业社团、流通票据、债权人的保护和安全的结构明显借鉴了法国民法典的结构安排。当然,塞内加尔民商法并非法国民商法的翻版,它还受到西方最新的法学理论的影响。在许多方面与法国法有所不同。例如,前面所讲的,塞内加尔债法未将民事责任和商事责任作出区分是基于所有的合同是国民经济生活的基本元素这一理论的影响。

2. 有计划的成文化

塞内加尔民商法立法是一个有计划的成文化进程。在制定法律之前,立法机关往往有一个翔实的计划,而制定的过程具有渐进式的特点。例如,债法的颁布就是预先设计好框架,然后逐步出台的,而至今后三个部分仍未制定。塞内加尔的目标是通过逐步的立法活动,使成文法成为该国法律的唯一渊源,从而实现现代国家所要求的规范和制度的统一性。

3. 对传统习惯法的态度十分灵活

法律成文化所遇到的一个问题是如何对待以前的习惯法。塞内加尔民商法受习惯法的影响不大,这是受法国法影响的表现之一,但并非完全抛弃了传统的习惯法。立法者在立法过程中明显采用较为灵活的态度,在制定调整财产关系为主的债法时没有过多考虑习惯法,同时也没有排斥习惯法,而是规定在不违背公共政策和善良风俗的前提下可以在合同中引入习惯法规则。在制定调整人身关系为主的亲属法时则更为谨慎。为了不至于造成社会混乱,充分吸纳了习惯法传统,如允许一夫多妻制。

六、土地法

(一)土地法的历史和土地改革的起因

殖民时期,法属殖民地的土地由几种不同的法律调整。国有土地由特别法调整,私人拥有的土地要么由法国民法典调整,要么由殖民地当地盛行的不同类型的习惯法调整。为了使土地管理更有秩序并适应经济发展的需要,塞内加尔于 1964 年完全改革了关于私有土地的法律。①

---

① See Law No. 46-64 of June 17, 1964, JORS, July 11, 1964, at 905, and Decree No. 64-573 of July 30, 1964, JORS, August 29, 1964, at 1123; generally, Chabas, *Le Domaine National du Senegal*, 1965, Annles Africaines 33-68.

这一改革的矛头对准的是依习惯法占有土地的人。政府认为，各种习惯法的土地制度由于其不确定性和滥用的可能性，不能继续存在。首先，塞内加尔农民经常被要求支付沉重的租金和费用给部族或家族里的“土地的主人”，“主人”被赋予依传统将土地分成小块并分配给不同的人，家族在某种程度上控制他们使用土地的权力。其次，依习惯法，土地不是由活着的人而是由上帝或祖先拥有，这使得以土地作为信贷抵押变得十分困难。因此，为了农业发展的需要要求国家在决定土地如何使用的方面采取必要的措施。

（二）土地改革和新土地法

达到这些目的的办法之一可能是建立土地登记制度（这也是加蓬尝试过的一种解决方法）。但在改革习惯法土地所有制度方面的尝试失败的历史使政府相信，塞内加尔农民无法接受土地个人所有制观念。因为他们相信，人在土地上所拥有的最大利益仅仅是使用权，而所有权无关紧要。因此，塞内加尔并未实施土地登记制度。相反，新的土地法规定所有未登记的土地属于国家。该法令其实是采取了国有化的手段，因为它使国家成为所有未登记的土地——塞内加尔全部领土的95%的唯一所有者。结果，政府可以在个人的土地上产生或授予权利而不必担心违反现存的习惯法。但是法律也没有严重剥夺农民的传统权利，因为法律特别规定“在国家领土范围内占有和使用土地的个人可以继续占有并使用该土地”。

对于殖民时期已登记的土地，其所有权不受新法律的影响，但法律限制了私人所能拥有土地的数量。因为它规定在宽限期后，除以国家的名义登记外，土地不得再行登记。

在地方，新法律授权设立乡村委员会来指导和确保土地的有效使用。乡村委员会基本由政府控制，但它有权从不适合或不恰当使用土地的人或不再居住在该地区的人那里收回土地，也有权将未使用的土地分配给个人。对乡村委员会的裁决不服的可向管辖该地的地方长官申诉。

（三）土地法的特点

1. 改革习惯法土地制度以促进生产方式的变革

习惯法土地制度没有确定土地所有权归属，严重阻碍了农村经济的发展和农业生产方式的变革，妨碍了土地作为商品的流通和信贷功能的实现。这不利于塞内加尔经济的发展和现代化的实现。因此土地改革和新土地法明确了未登记的土地属于国家,使土地所有权归属得以确定,有利于塞内加尔经济的发展。

2. 尊重和利用传统土地习惯规则

任何法律制度的变革都必须建立在旧的法律制度的基础上,而不是一座“空中楼阁”。塞内加尔的土地法改革充分考虑了旧的土地法习惯,尊重了塞内加尔的国情。乡村委员会填补了习惯法下“土地主人”的角色。土地国有化既保护了殖民时期依法合法取得土地的人的利益,又考虑了塞内加尔人土地所有权意识淡薄的缺陷,从而减少了改革的阻力,避免了新法与习惯法的冲突过分激烈。

七、经贸法律①

塞内加尔的贸易管理体系主要是参照西非经济货币联盟制定的贸易法规。与贸易相关的法律有 1987 年发布的《海关法》、1987 年《投资法》、1992 年《税法》、1994 年 8 月 22 日颁布的第 94-63 号关于价格、竞争和经济纠纷法、1994 年 8 月 22 日颁布的第 94-68 号关于保护国内工业、反对非法商业活动法等。

(一)贸易管理的相关规定

根据塞内加尔 1987 年《海关法》规定,所有进口商和出口商必须持有进出口证,进出口证每 4 年更新一次。塞内加尔进出口商品检验检疫实行的是撒哈拉南部非洲检疫公约。凡进口一般贸易货物离岸价(FOB)超过 300 万西非法郎,均需要检验检疫,否则进口商在海关申报前将被处以到岸价(CIF)20%的罚款。减免税货物不需要办理装船前检验,可以在货到后补办。暂时进出口货物均需要装船前检验。所有植物、动物产品进口均需提供出口国的检验检疫证书,食品进口需要提供原产国政府机构发放的质量证书。

(二)海关管理规章制度

货物进口离岸价格高于 100 万西非法郎的,需要在第三方独立检验检疫机构 COTECNA 公司办理进口预先申报单(DPI),COTECNA 公司会根据

① 以下内容来自商务部国际贸易经济合作研究院等:《对外投资合作国别(地区)指南塞内加尔》(2021 年版)。

货物价值决定是否检验货物。大于100万西非法郎小于300万西非法郎的货物，都需要办理，但不需开箱检验。300万西非法郎以上的货物，不仅要办DPI，海关还有权要求开箱检验。

塞内加尔对进口货物的数量没有限制，政府规定进口药品只能由国家贸易公司办理。禁止进口产品有武器弹药、炸药、未加工钻石、毒品、麻醉品和淫秽出版物等。黄金及其制品、银锭和药品的进口需要事先获得批准。政府对进口糖、花生油、大豆油、菜籽油和来自第三国家的面粉征收特别进口关税；对进口洋葱、香烟、土豆、香蕉、小米和高粱征收"临时"附加税。

进口商品关税以CIF为基础分为五类，税率分别为0、5%、10%、20%和35%。综合考虑海关印花税（1%）、增值税（18%）、CEDEMOA（0.5%）、COSEC（0.4%）、UEMOA（0.8%）等其他税目，五类商品最终税率对应为0、26.98%、32.88%、44.68%和66.26%。

实行0关税的第一类商品主要有药品、医疗设备、科技文化产品、计算机和数据处理设备等；征收5%关税的第二类商品主要有食品、原材料、资本货物、原油和食品加工用的粮食原料等；征收10%关税的第三类商品主要有半成品、中间产品、粮食、柴油和燃油等；征收20%关税的第四类商品主要有消费品、资本货物、国内可以生产的计算机和数据处理设备、新车和二手车等；征收35%关税的第五类商品主要是为了保护塞内加尔自己生产的部分产品，比如洋葱等。全部商品在2017年出版的《西非经济货币联盟统一外部关税命名法》分类目录中详细列出。

塞内加尔是西非国家经济共同体的成员，成员国之间实行关税互免，来自西非经济货币联盟成员国生产的产品和工艺品，免缴关税。经西非经济货币联盟委员会批准，成员国企业生产的一些工业品也可以获得关税减免待遇。

为保护当地农产品生产和加工，对进口糖、奶、果汁、面粉和西红柿罐头加征特别进口关税。西非经济货币联盟对上述商品规定了基准价格，如进口价格低于基准价格，将按基准价格的10%征税。

塞内加尔对进口洋葱、香烟、土豆、香蕉、小米和黄豆等产品加收一定的"临时"附加费，费用比例在10%～20%。进口牛肉、羊肉和家禽肉类的，每公斤加收100西非法郎，猪肉每公斤加收50西非法郎。对进口布料等商品加征1%的关税。

进口产品需要缴纳消费税的有经济型香烟(税率40%)、精装香烟和酒(税率45%)、碳酸饮料(税率2.75%)、香水和化妆品(税率10%)、咖啡和茶(税率3.8%)、可可豆(税率30%)、精炼食用油(税率15%)、黄油和乳制品(税率12%)、排量超过一定标准的车辆(税率10%)等。

(三)外国投资法规

塞内加尔2004年颁布的《投资法》对外资可以进入的领域没有明确的限制规定,政府只对一些重点领域的外资限制其持股比例,并根据投资行业设定最低投资额。

2007年塞内加尔颁布了新投资法,以增加外资流入,促进本国经济发展,实现到2015年进入"新兴国家"行列的战略目标。塞内加尔新投资法规定投资重点为:农业、渔业和牧业以及与其相关的加工、储存和包装企业;生产和加工制造业;矿产勘探、开采和加工业;旅游和相关行业;中小型企业所从事的文化产业,包括书籍和报纸出版,建立资料中心和视听产品制作;大众医疗服务,基础教育、工业设备安装和维修以及港口设施基础建设等。新投资法还规定,外国投资者有权自由转移资金及合法收入,在办理行政手续和拥有资产权方面与当地投资者享受平等待遇;从投资到生产,投资者都可享受相关的优惠政策;政府对投资开发当地自然资源、技术改造和设立在达喀尔市区和郊区以外的中小型企业给予特别优惠待遇。

八、企业税收法律制度

(一)税收体系和制度

塞内加尔建立了以关税、所得税、增值税、营业税等为核心的税收体系,全国实行统一税收和属地税收制度。外国公司和外国人同塞内加尔的法人和自然人一样同等纳税。税收种类分为直接税(个人所得税、企业所得税、预提税、营业税等)、间接税(增值税、消费税等)、注册税及税务监察四部分。塞内加尔税务总法规定了所有税项的征收、减免、检查、处罚等。

新税务总法自2013年1月1日起实施。新税法中,个人所得税有所减少,养老退休金提高了10%,企业所得税税率从25%提高至30%;此外,政府扶持出口占营业额80%以上的企业,其计算税基可减少50%,且免征增值税;新闻出版机构也享受税收优惠。

为实施振兴计划进一步改善商务环境，塞内加尔修订税法内容，包括明确动产所得税部分结算方式、所得税增值支付方式、减征旅游业10%增值税、免除机票印花和成立公司印花税等。此外，对油脂食品税款进行修改，避免对在塞内加尔加工生产的油脂产品双重征税。塞内加尔作为世界税务透明和信息交换论坛成员，将按照国际标准进行税务透明管理，以动员更多的税收服务于国家社会和经济发展计划。

（二）主要税赋和税率

1. 企业所得税

新税法中，企业所得税税率统一为30%。企业最迟于每年4月30日前上报税务局上一会计年度财务报表。企业所得税分三次缴纳，第一次和第二次分别于2月15日和4月30日前，缴纳金额按往年会计年度利润基础应缴企业所得税的1/3，第三次于6月15日前，根据4月30日上报的本会计年度利润计算应缴税额，减去前两次预缴税款进行调整。亏损企业需按全年免税营业额的0.5%缴纳最低定额税，上下限分别为50万西非法郎和500万西非法郎。外国公司在塞内加尔设立分支机构，其所得利润未用于再投资的，需缴纳10%的预提所得税。如果公司为个人经营，可在缴纳企业所得税或个人所得税两者之间选择。

2. 增值税

增值税税率为18%，经批准的酒店及餐饮服务营业机构增值税税率为10%，每月15日前申报上月增值税。

3. 数字税

当前，塞内加尔暂未开征数字税。

4. 碳排放税

当前，塞内加尔暂未开征碳排放税。但根据新闻报道，塞内加尔环境和可持续发展部曾做过碳排放税调研，或将在未来寻求开征此税。

5. 行政车辆特别税

指企业或机构每年需申报乘用类车辆相关税费，申报时间为每年1月31日前。

6. 劳务报酬税

支付与第三方个人的服务报酬均应代扣代缴个人劳务报酬税，税率为5%，若报酬低于20,000西非法郎则季度后申报，若报酬等于或高于

20,000 西非法郎则应次月中旬前向税局申报。

7. 预提所得税

涉及股息、利息、特许权使用等动产收入,须缴纳预提所得税。如果境外公司在塞内加尔注册有公司与社团全国认证号码(NINEA),无须支付预提所得税。

8. 地方经济捐税

2018 年年初,塞内加尔修订税法,对营业税改革,将"营业税"修改为"地方经济捐税","地方经济捐税"又分为"资产和租赁价值税"和"经济增值税"。其中"资产和租赁价值税"应于每年 1 月 31 日之前申报,税法规定所有业主及租户(若属于商用租赁),无论其运营的业务是否隶属公司所得税征税范围,其所使用的所有土地、设备和房产建筑,都在征税范围内,税费计算标准为房产、设备和土地征收 1.4%,租用场所征收 15%;"经济增值税"每年申报时间最迟不超过 4 月 30 日,经济增值部分为上一年度营业额减去规定经营成本的差额,此部分作为征税基础,税率为 1%,或最低征税金额应不低于上一年度营业额的 0.15%。

9. 合同注册税

税法要求对于一定数量的订单、工程和服务,相关单位及部门需要签订合同,且在合同签署后 1 个月内前往税局完成合同注册。注册费用为不含税合同额的 1%。

九、劳动就业法规

(一)劳工(动)法的核心内容

塞内加尔《劳工法》于 1997 年 12 月 1 日颁布,对劳工关系的产生、内容、劳资双方的权利、义务、福利报酬及劳资纠纷解决作出了规定。

1. 合同种类

塞内加尔雇佣合同分为定期合同(CDD)与不定期合同(CDI),定期合同的合同期限最多不超过 2 年,定期合同只能够续签一次,第三次就必须签署不定期合同。但根据 2008 年 3 月 6 日发布的第 1887 号条例,一些特定行业不需要签署 CDI,故可多次签署 CDD,可超过 2 年。

2. 试用期

按小时或按天数雇佣的员工,试用期不超过 8 天;按月雇佣的普通员工（级别 A/B/E/AM 类），试用期不超过 1 个月；管理人员或工程师（级别 P 类），试用期不超过 3 个月；试用期间，雇主和雇员都可以随时终止劳动合同且无须给予赔偿。如果试用期为 1 个月，需要在试用期结束前 5 天以书面形式通知对方；如果试用期为 3 个月，需要在试用期结束前 10 天以书面形式通知对方。试用期在雇佣双方同意的情况下可以延长 1 次，但必须提前通知雇员。如果试用期为 1 个月，需要在试用期结束前 5 天以书面形式通知雇员；如果试用期为 3 个月，需要在试用期结束前 10 天以书面形式通知雇员。

3. 解除劳动合同

对于签署定期合同雇员，试用期结束后到劳动合同结束前，雇主和雇员不得随意终止劳动合同，若单方面终止劳动合同，需向对方赔偿从劳动合同终止到劳动合同结束期间的工资。发生以下 3 种情况时，可以终止定期合同：

（1）雇主和雇员双方达成协议；

（2）雇员重大过失（如侮辱、欺骗、偷盗、打架），无离职补偿；

（3）不可抗力（如重大自然灾害、战争、公司关闭、雇员重大疾病等）。

通常情况下，在合同期内雇员主动离职，雇主不会向雇员要求赔偿，但会以定期合同员工不得单方面终止劳动合同为由要求员工坚守岗位直至找到合适的接替人选。

定期合同到期时，若雇员不再与雇主续签劳动合同，雇主仅需支付年休假补偿；若雇主不再与雇员续签劳动合同，雇主须支付合同终止补偿，补偿金额为合同期内需纳税工资总和的 7%，合同终止补偿计税。有 3 种情况不需支付 7%的补偿款：一是一些特定行业，比如 BTP 类；二是拒签不定期合同的雇员；三是因犯严重错误而被解除合同的雇员。

对于签署不定期合同的雇员，试用期结束后，管理人员或工程师主动离职，须提前 3 个月以书面形式通知雇主，一般人员主动离职，须提前 1 个月以书面形式通知雇主。发生以下 4 种情况时，雇主可终止与员工的劳动合同：

（1）雇主和雇员双方达成协议。

（2）雇员重大过失（如侮辱、欺骗、偷盗、打架等），无离职补偿。

（3）雇员一般过失（如严重违反考勤规则、延迟完成工作任务、业务过失造成公司损失等),需要收集书面证据,及时发送警告信。赔偿通知期限补偿[notice period compensation,若为9级及以上(指级别为P类),补偿3个月基本工资;若为8级及以下(指级别为A/B/AM类),补偿1个月基本工资。通知期限补偿计税]、服务年限补偿(severance compensation,N×M×最近12个月需缴税工资总和÷12,N为服务年限,通常由服务月份数÷12计算,若N为0~5年,M为25%;若N为6~10年,M为30%;若N为10年及以上,N为40%。服务年限补偿不计税)。

(4)不可抗力(如重大自然灾害、战争、公司关闭、雇员重大疾病等)。

因重大过失终止劳动合同,辞退雇员,除年休假补偿外,无其他补偿。实际经营中,因一般过失辞退雇员,雇主经常会被起诉。

4. 节假日加班费

《劳工法》规定雇员应享有每月2天的有薪假期。工作时间为每天8小时,每周5天,每周40小时,每月173.33小时。若超过规定工作时间,雇员可申请加班费。工作时间超过40个小时但在48小时以内,雇主需按每小时工资的115%付加班费;工作超过48个小时,雇主需按照每小时工资的140%付加班费。周一至周五晚上10点到凌晨5点,雇主需按每小时工资的160%付加班费;周六、周日及公共假期白天,雇主需按每小时工资的160%付加班费;周六、周日及公共假期晚上10点到早上6点,雇主需按照每小时工资的200%付加班费。

5. 外国人在当地工作的规定

根据塞内加尔《移民法》规定,外国人须持有塞内加尔长期居留签证方能工作,工作条件和要求与本国人相同。

十、外资公司参与当地证券交易及金融业投资的规定

(一)参与证券交易的规定

塞内加尔本国没有证券交易所,西非经济货币联盟地区证券交易所在达喀尔设有办公室。塞内加尔是西非经济货币联盟成员国,公司可以到设在科特迪瓦阿比让的西非经济货币联盟地区证券交易所上市。

(二)对当地金融业投资准入的规定

西非经济货币联盟适用统一的《银行法》,1999年1月1日生效。成立金融机构需提前获得准入认证,条件包括:(1)成立公司;(2)完全股本;

(3)向西非国家中央银行递交相关申请材料,西非国家中央银行将其转银行委员会后,若获批,则由分管金融的财政部长签发认证;(4)股本必须在审批日前到账。若递交材料半年内未收到任何批准,则视为拒绝。获批金融机构须在注册1个月内加入银行和金融机构专业协会。

外国银行或主要持股人是外国人的银行,在塞内加尔申请银行业务均不受限制。例如,在塞内加尔运营的CBAO银行是摩洛哥银行,其主要持股人为摩洛哥人;CGBS银行则为法国银行,由法国资本控股。

(三)对当地金融业监管的规定

作为西非经济货币联盟的成员国,塞内加尔的银行和金融机构全部由西非经济货币联盟顾问处、西非国家中央银行以及西非经济货币联盟银行委员会这三个组织来进行监督和管理。其中,西非经济货币联盟顾问处负责信贷法律法规的应用范围;西非国家中央银行负责起草制定以及执行银行业的法律法规,它肩负着监视银行系统的重任;西非经济货币联盟银行委员会主要负责组织管理银行和金融机构。塞内加尔银行不得从事业务范围之外的贸易、工业、农业及服务行业,除非为银行业务附带或债方偿付需要;禁止持有自己的股份;对银行管理、行政、内控、运行工作人员的直接或间接信贷,不得超过其自有资金的1%,同样的1%信贷限制也适用于持有银行股份25%以上,并在私营企业中从事执行、行政或管理职务的人员,该信贷必须经央行审批,且须在年报中向外部审计者告知。

为了适应国际化和越来越自由化的货币活动,以及考虑到行业风险,西非经济货币联盟对银行类金融机构从事信贷业务的条件(最低资本额度、代表处、准备金、会计准则)、具体的信贷行为(资本参与、不动产处理、贷款)、资产管理(保证金、风险、有价证券)等进行了规定。这些法规要求必须在银行和金融机构从事信贷行为中得到应用和遵守。银行从事业务领域须严格遵守西非国家中央银行授权,不得跨界进行任何未获审批的业务活动。西非国家中央银行要求将银行最低注册资本上调至100亿西非法郎。

西非国家中央银行规定的塞内加尔银行业金融机构向企业收取的融资总费用(包括利息、手续费等)不得超过贷款本金的15%。塞内加尔银行贷款基准利率为7%~11%,部分情况下企业贷款利率可上浮至13%~14%。塞内加尔银行只允许向本国公民和企业发放贷款,币种一般为西非法郎。

十一、环境保护法规

(一)主要环保法律法规名称

塞内加尔主要环保法律有:1988 年 8 月颁布的第 88-06 号《采矿法》、1998 年 4 月颁布的第 98-32 号《海洋捕鱼法》、1998 年 1 月 8 日第 98/03 号《森林法》和 1998 年 2 月 20 日第 98/164 号法令、2000 年颁布实施的《环境保护法》、2006 年 9 月 18 日第 2006-860 号关于城镇固体废物处理法令等。

(二)环保法律法规基本要点

2001 年 1 月,塞内加尔国民议会通过的《环境法》规定,政府通过征收"环保税"推动环境保护工作的开展,凡生产不能自然降解物质者都将缴纳环保税。《环境法》对废气、废水的排放作了规定,要求有关单位在排放废水前做净化处理。《环境法》禁止"制造可能危害人身健康、严重妨碍邻居或破坏环境的噪音",噪声等级限制以法令的形式加以确定。

(三)环保评估的相关规定

1. 1988 年 8 月颁布的第 88-06 号《采矿法》,1998 年 4 月颁布的第 98-32 号《海洋捕鱼法》、2000 年颁布实施的《环境保护法》等。

2. 塞内加尔国民议会通过的《环境法》规定,政府将通过征收"环保税"推动环境保护工作的开展,凡生产不能自然降解物质者都将缴纳环保税,环保税收将成为环境保护工作新的资金来源。

《环境法》对废气、废水的排放作了规定,要求有关单位在排放废水前做净化处理。《环境法》禁止"制造可能危害人身健康、严重妨碍邻居或破坏环境的噪音",噪声等级限制以法令的形式加以确定。造成噪声污染者将按相关条款被处以 50 万至 200 万西非法郎的罚款。

3. 自 1996 年以来,塞内加尔通过了几项战略规划:为防止和控制荒漠化(丙烯腈/LCD),国家实行了《环保计划》和《林业行动计划》(FSAP);为防止气候变化和保护臭氧层,国家制定了气候变化框架公约;生物多样性的行动纲领;危险废物管理计划等。

在 1997 年和 1998 年通过的新林业代码、水法法令、石油守则、海上垂钓等法律文本和守则得以应用,并且环境影响和评估作为重要工作,使塞内加尔国家的法律更符合国际公约。

4. 废物必须进行回收或处置,以确保无害环境,消除和减少对人体健康、动物、植物、自然资源或环境造成的影响。规定所有类别的废物，包括生物医学废物，在处置或回收这些废物时必须得到地方当局授权，并获得环保部长的批准，否则，任何人不得再加工生产或持有这些废物。

对于工业结构废物处置，生产或承包商必须取得财政部的授权，并接受环保部门的监督。消费者和消费者组织必须遵守废物法规，禁止在塞内加尔境内进口危险废物；禁止在塞内加尔管辖的水域、海域内以处置或焚烧等方式处理任何废物，若掩埋在地下时，必须遵守环保部门的相关技术准则。

5. 违反有关水体污染相关法律和法规时，依照刑法规定进行处罚，损害用户环境利益时，应当承担法律规定的民事责任。

6. 空气污染和难闻的气味，法规作出明确规定：凡危害健康或公众安全，危害农业生产，破坏古迹和建筑物以及文物遗址和生态系统的，必须禁止或采取控制措施减少对烟雾、粉尘、有毒、有害气体、有腐蚀性和放射性物质的排放，特别是保护区必须采取特殊措施。为了防止空气污染，建筑业、农业设施、工业、商业或手工艺、汽车业和其他从业者，在从事生产经营或企业开发利用时，要满足技术标准，以预防和减少对大气的不良影响。在塞内加尔境内任何人不准进口走私有毒危险物品。

7. 不允许排放可能损害人体健康的噪声，在居民区附近或者人多的地方，要采取必要措施，减少噪声的污染。

8. 运营商发生事故时，若没有向有关部门作环境处置报告，终审法院可以罚款20万至50万西非法郎。经营者若不符合环境要求，应处以50万至250万西非法郎的罚款。

9. 承包商须在工程项目开工前向环境和可持续发展部备案现场开工的环境报告。业主单位一般设有专门的环评部门，在项目实施过程中，承包商按期向业主提供环评报告，该环评部门不定期检查现场情况，并发布含检查内容和整改措施的报告。

10. 环境评估的备案机构为塞内加尔环境和可持续发展部，实施机构由承包商自行寻找持有认证资质的分包商或专业人员进行。

一般来说，业主在项目开工前会发函，要求承包商将环境报告备案给环境和可持续发展部，备案内容包括：承包商向环境和可持续发展部的申请、认证过的自然人或法人或其他组织形式的代表人的身份证件或章程、经营注册证和不同比例尺的各类图纸。环评费用和时间根据项目不同区别较大，工期越长、规模越大的项目环评的费用和时间就越多。

第十章　当代非洲法:混合法系

第一节　非洲混合法概述

通观现代非洲各国的法律体制,不难看出,非洲大陆的法律类型发展到今天,已经在整体上演变成一种混合法类型。其中不仅有本土习惯法与近代西方法的融合,①更有近代西方法不同法律类型在一国范围内的并存。前者普遍存在于整个非洲大陆,后者则以南非法(包含受南非法影响的几个周边国家的法)为典型。具体而言,非洲混合法主要存在以下几种类型。

第一种:以伊斯兰教法为主的北非混合法国家,这里主要是指非洲撒哈拉以北的阿拉伯国家(包括埃及、利比亚、突尼斯、阿尔及利亚、摩洛哥、苏丹等七个伊斯兰国家)。伊斯兰教早在7世纪就由阿拉伯人带到北非,随着阿拉伯帝国的日益扩张,上述北非国家逐渐成为其庞大帝国的组成部分。另外,伊斯兰教义中轻现实、重来世的精神,与非洲本土原始宗教神灵崇拜的意旨在某种程度上的契合,也促成了伊斯兰教法在上述北非国家的本土化。虽然近代以来,北非国家大都经历过西方列强的殖民统治,但伊斯兰教法的传统地位始终没有改变。简言之,伊斯兰教法为基础,兼采近代西方法(主要受大陆法

---

①　在北非国家,外来的伊斯兰教法在很大程度上已演变成本土习惯法的组成部分。

系的影响)，非洲原始习惯法少量存在是这一类型国家法律体系的主要特征。

第二种：非洲原始习惯法、伊斯兰教法、近代西方法并存的撒哈拉以南的非洲混合法国家。当然，在不同的地域或国家每种法律类型的地位与作用是完全不同的。在像索马里、科摩罗这样一些奉伊斯兰教为国教的国家，[①]伊斯兰教法的支配地位是显而易见的；而以基督教为载体的近代西方法则在一些南部非洲国家(如南非)占据着明显的优势；更普遍的情况存在于前两者之间的国家，即不同的法律类型调节着不同的法律关系。非洲原始习惯法和伊斯兰教法主要调整人身关系，而近代西方法则在商法经济法领域发挥着主要作用，如塞内加尔、科特迪瓦等国都施行现代法与传统法并存的“混合法”。[②]

第三种：非洲原始习惯法与近代西方法不同法律类型并存的南部非洲混合法国家，[③]其主要代表国家为南非，及其周边的纳米比亚、博茨瓦纳、莱索托和斯威士兰等国。[④] 南非固有的法律文化是非洲班图人的传统习惯法，[⑤]17 世纪欧洲法律移植到南非，先有罗马-荷兰法(Roman-Dutch Law)，后有英国普通法，这三种不同类型的法律不断融合、竞争，形成了今天独具特色的南非混合型法律制度。同时，南非混合型法律制度也对其周边国家产生了深远影响。

一般来说，法律传统的形成离不开宗教的作用，西方学者认为近代西方的法律传统形成于 11 世纪末 12 世纪初的教皇革命，[⑥]那么非洲混合法的法律传统是否也形成于类似那样的宗教变革，或至少是受其影响呢？答

---

① 参见金宜久主编：《当代伊斯兰教》，东方出版社 1995 年版，第 73 页。

② See Anthony Kirt-Greene & Daniel Bach, *State and Society in Francophone Africa Since Independence*, Macmillan Press Ltd., 1995, p. 37-39.

③ 此种类型实际属于上述第二种类型，但因其独特性实为混合法的一个典型，故单列。

④ 西非的喀麦隆和东非的索马里，在某种程度上也属于此种类型。参见何勤华、李秀清主编：《外国法制史》，复旦大学出版社 2002 年版，第 534 页。

⑤ 班图人是非洲最大的人种集团，几乎占全非洲人口的 1/3，分布在赤道以南的广大地区。班图人从公元 1 世纪至 15 世纪，从东、南、西三路大举向南迁移，足迹遍及撒哈拉以南非洲大陆，影响十分深远。

⑥ 参见[美]伯尔曼：《法律与革命》，贺卫方等译，中国大百科全书出版社 1993 年版，第 1-2 页。

案是肯定的,不同的宗教代表着不同的法律文化,非洲混合法的形成与伊斯兰教及基督教在非洲的传播密切相连,上述两种外来宗教与非洲固有的原始宗教相互竞争、相互作用,最终导致了非洲原始习惯法、伊斯兰教法、近代西方法并存的非洲混合法体系的形成。而这种混合法系的特征尤以以南非法为代表的南部非洲混合法国家为典型。

第二次世界大战以来,大批非洲国家在政治上获得独立,非洲固有的原始习惯法发挥着越来越重要的作用。但不可否认的是,近现代西方法正在更大程度上融入非洲人民的日常生活当中,这不仅是由于西方法治文明的优越,更是因为非洲蓬勃发展的社会经济对法治文明的需求愈加迫切。

第二节 南非法

一、南非混合法的形成与发展

南非,全称南非共和国(the Republic of South Africa),面积 1,219,090 平方公里。位于非洲大陆最南端,北邻纳米比亚、博茨瓦纳、津巴布韦、莫桑比克和斯威士兰,东、南、西三面濒印度洋和大西洋,海岸线长约 3000 公里,全国大部分地区属热带草原气候。分黑人、白人、有色人和亚裔 4 大种族,分别占总人口的 81%、7.6%、8.8%和 2.6%。黑人主要有祖鲁、科萨等 9 个部族,主要使用班图语。白人主要是有荷兰血统的阿非利卡人(约占白人人口的 57%)和有英国血统的白人(约占 39%),语言为阿非利卡语(南非荷兰语)和英语。有色人约 379 万,是殖民时期白人、土著人和奴隶的混血人后裔,主要使用阿非利卡语。亚裔人约 109 万,主要是印度人(约占 99%)和华人。南非有 12 种官方语言,英语和阿非利卡语为通用语言。白人、大多数有色人和 60%的黑人信奉基督教新教或天主教,部分黑人信奉原始宗教。首都方面,比勒陀利亚(Pretoria)为行政首都,开普敦(Cape Town)为立法首都,布隆方丹(Bloemfontein)为司法首都。

南非最早的土著居民是桑人、科伊人及后来南迁的班图人。17 世纪后,荷兰、英国相继入侵南非并不断将殖民地向内地推进。19 世纪中叶,白人统治者建立起四个政治实体：两个英国殖民地，即开普、纳塔尔殖民地；两个布尔人共和国，[①]即德兰士瓦共和国和奥兰治自由邦。1899~1902 年，英布战争以英国人艰难取胜而告终。1910 年四个政权合并为“南非联邦”，成为英国的自治领地。

1961 年 5 月 31 日退出英联邦，成立南非共和国。[②] 南非当局长期在国内以立法和行政手段推行种族歧视和种族隔离政策。1948 年国民党执政后，全面推行种族隔离制度，镇压南非人民的反抗斗争，遭到国际社会的谴责和制裁。

1989 年，德克勒克（de Klerk）出任国民党领袖和南非总统后，推行政治改革，取消对黑人解放组织的禁令并释放非洲人国民大会（以下简称非国大）主席纳尔逊·曼德拉（Nelson Mandela）等黑人领袖。1991 年，非国大、南非政府、国民党等 19 方就政治解决南非问题举行多党谈判，并于 1993 年就政治过渡安排达成协议。1994 年 4 月，南非举行首次不分种族大选，以非国大为首的非国大、南非共产党、南非工会大会三方联盟以 62.65%的多数获胜，非国大主席纳尔逊·曼德拉出任南非首任黑人总统，同时由非国大、国民党、因卡塔自由党组成民族团结政府。国庆日为 4 月 27 日，也称宪法日、自由日。

南非由于其特殊的历史发展历程，非洲固有的原始习惯法与近代西方法不同法律类型（包括罗马-荷兰法与英国普通法）并存至今。1996 年南非新《宪法》第 39 条规定：“权利法案不否认由普通法、习惯法或法律所承认或授予的任何其他权利与自由的存在，只要它们与权利法案相一致。”此项条款实质上是对南非数百年来形成的混合法格局的高度肯定。[③]

南非法是一种典型的混合法，从历史发展看，南非本是黑人的家园，土著人固有的习惯法及酋长法庭长期保留下来；此外，自 17 世纪以来在南非占统治地位的却是欧洲移民带来的法律，先有罗马-荷兰法，后有英国普通法，两者相互竞争，相互作用，共同形成了今天南非独具特色的混合型法律及制度。正如法学家哈罗和卡恩所说：“今天南非的罗马-荷兰法，像一个

---

① 布尔人主要为南非荷兰人的后裔，“布尔”荷兰语意为“农夫”。

② 参见葛佶：《南非——富饶而多难的土地》，世界知识出版社 1994 年版，第 11-57 页。

③ 参见夏新华：《冲突与调适：南非混合法形成的历史考察》，载《河北法学》2002 年第 3 期。

胸针上的宝石,它镶嵌在英国制造的底座上闪闪发光。”[①]因此,对南非混合法的历史变迁与未来发展进行历史的考察,研究其与不同法律之间的冲突与调适过程,有利于全面、深入地认识非洲混合型法律的特质。[②]

(一)南非罗马-荷兰法之形成

荷兰裔南非人的历史始于 1652 年 4 月,荷兰人范里贝克奉荷兰东印度公司之命,率三船移民来到好望角,建立了开普殖民地。后来一些德国人和法国人也来到这里,逐渐形成了一个叫作布尔人的群体。然而布尔人并没有把资本主义生产关系带进南非,而是在南部非洲大肆侵占土地,建立起奴隶占有制的农牧经济。[③] 18 世纪末,由于荷兰国际地位的衰落和开普航线的重要战略地位,英国出兵占领了好望角并在此建立起殖民统治,由此引起英国人和布尔人之间的冲突,最终引起布尔人大规模向北迁徙建国。到 19 世纪中叶,白人统治者建立起四个政治实体:开普、纳塔尔殖民地、德兰士瓦共和国和奥兰治自由邦。

作为到达南非的第一批西方殖民者,当时的荷兰共和国在巩固了尼德兰从西班牙独立出来的局面后,作为欧洲最主要的重商主义国家正处于极盛状态,拥有当时世界上最庞大的商业船队(数量超过英法两国的总和)。当时在荷兰通行的是在罗马法复兴运动中经前期和后期注释法学派整理评注过的罗马法,也称普通罗马法。[④] 这种普通罗马法在当时的荷兰以“优雅法学”(Elegant Jurisprudence)学者之著作的形式存在。[⑤] 荷兰法学家为适应当时社会的需要,对历史上的法律加以研究,把罗马法与大量的习惯法加以融合,形成了罗马-荷兰法。“Room-Hollandts Reght”一词最初由荷兰法学家西蒙·范·利文作为他的著作《当代法律导论》(*Paratitula*

---

① [德]茨威格特、[德]克茨:《比较法总论》,潘汉典等译,贵州人民出版社 1992 年版,第 419 页。

② 参见洪永红、夏新华等:《非洲法导论》,湖南人民出版社 2000 年版,第 253 页。

③ 参见中国非洲史研究会《非洲通史》编写组编:《非洲通史》,北京师范大学出版社 1984 年版,第 214-215 页。

④ 参见徐国栋:《非洲各国法律演变过程中的外来法与本土法——固有法、伊斯兰教法和西方法的双重或三重变奏》,载何勤华主编:《法的移植与法的本土化》,法律出版社 2001 年版。

⑤ See Cfr. Franz Wieacher Storia del diritto private modemo, Tra. It. di Umberto Sanrarelli, Vol. 11, Giuffre. Milano, 1980, p. 228s.

Furis Novissimi)的副标题而提出(该文发表于1652年)。随后，他于1664年出版了其主要作品“*Het Roomsch Hollandsch Reght*”，罗马-荷兰法的名称由此而来。①

荷兰殖民者到达南非后，在开普殖民地最初适用的法律渊源是荷属东印度公司制定的称为“Artychelbrief”的规章条例(它详细地列出了公司机构与雇员的关系)，这主要是因为荷兰议会于1602年通过宪章，将尼德兰联省共和国的海外属地的控制权授予荷属东印度公司，并划定了管辖殖民地的各级机构的权限。1602年宪章允许荷属东印度公司在荷兰的海外属地制定实施除宪章特别规定事项以外的各项法律与命令。而开普殖民地建立的原意是把它作为一个海上航线的供应站，这使开普早期的移民绝大部分是该公司的雇员。随着开普殖民地的巩固与发展，开普本地的立法活动也逐渐发达起来。荷兰本土的罗马-荷兰法在这时被大规模移植到开普。开普殖民地的法律渊源主要有两类：(1)正式的成文立法。包括尼德兰议会、荷属东印度公司的17人董事会、荷兰政府、巴达维亚的议事会以及开普本地的政务会议的立法或颁布的文告等。② 它的许多条文都照搬罗马-荷兰法。(2)其他法律渊源。主要有尼德兰各行省的法学家的著作、法院的判决、若干习惯以及罗马法与圣经典籍等。

在司法实践方面，此时的开普与荷兰本土相比还显得粗糙。在开普殖民地初建时，只存在一种以船舶大会为模式的法庭(the pattern of a ship's broad council)，法官的素质也很差，甚至到了18世纪，开普法院所配备的都还是一些不太内行的律师。行政部门对司法的干扰也很大，政务会议既是制定法令的立法机关，又是审理一切民事和刑事案件的法庭，其司法职能是通过殖民地的地方法庭体现的。最初，只有政务会议的成员才能参加法庭的审判，基本上沿袭了东印度公司的“17人董事会”的专制模式。1783年，东印度公司在开普殖民地建立了一个高级法院，院址设在开普敦。以

---

① See W. J. Hosten & A. B. Edwards et al., *Introduction to South African Law and Legal Theory*, Hayneand Gibson Ltd. Prinstown Natal, 1980, p. 214.

② 巴达维亚(Batavian)为当时荷属东印度公司总部所在地，即今印度尼西亚的雅加达。另外，18世纪末，荷兰的“爱国者”运动在法国的支持下，推翻当时的荷兰执政者奥兰治王子，曾宣告成立巴达维亚共和国(Batavian Republic)。参见[法]路易·约斯：《南非史》，史陵山译，商务印书馆1973年版，第91页。

后,在斯坦伦布仕和斯韦伦丹等地又设立了一些地方法院。[①] 这些司法机构的设立对罗马-荷兰法在南非的普及起到了巨大作用。最终,从荷兰引进的罗马-荷兰实体法在开普被大量保存了下来,虽然保存者当时未能充分地理解并消化它们。这样,在荷兰本土,罗马-荷兰法于 1809 年被拿破仑废除,并代之以《拿破仑法典》而消亡。[②] 然而在南非,罗马-荷兰法作为南非的普通法被广泛地使用至今。

(二)英国普通法在南非的移植

1795 年 6 月,一支英国海军舰队驶进了开普背后的福尔斯湾,并占领了开普殖民地,开始了英国普通法在南非的移植,[③]特别是 1806 年后英国最终取代荷兰成为开普殖民地的新统治者,揭开了南非法律史的新篇章。英国作为老牌的殖民强国,在亚非拉占有大量的殖民地,由于以少数人统治多数人的需要,英国根据殖民者卢加德的理论对其殖民地施行间接统治。间接统治意味着承认当地习惯法的适用空间以及土著法院的存在空间,保持法和法院的二元体制。[④] 英国在南非殖民统治的初期也遵循了同样的原则。

在 1820 年以前,英国殖民当局并没有按英国模式来同化开普原有的法律制度。法院成为这一时期司法变革和司法活动的中心,英国人准许开普法院以不违反投降条约以及 1797 年 7 月 24 日制定的宣言为前提,继续在民事与刑事案件中适用罗马-荷兰法,并让治安区的低级法院拥有了更大的对民事案件的裁判权力。英国对开普既有制度持保留原状的政策,使开普的高等法院得以长期保存,并带有浓厚的前荷属东印度公司时期的色彩。[⑤]

在 1820 年以后,开普殖民地开始了法制英国化的进程。这主要是因

---

① 参见夏新华:《冲突与调适:南非混合法形成的历史考察》,载《河北法学》2002 年第 3 期。

② 参见[德]K. 茨威格特、[德]H. 克茨:《比较法总论》,潘汉典等译,法律出版社 2003 年版,第 342 页。

③ 参见中国非洲史研究会《非洲通史》编写组编:《非洲通史》,北京师范大学出版社 1984 年版,第 216 页。

④ 参见徐济明、谈世中主编:《当代非洲政治变革》,经济科学出版社 1998 年版,第 2-4 页。

⑤ 参见洪永红、夏新华等:《非洲法导论》,湖南人民出版社 2000 年版,第 259 页。

为，当时说英语的白人开始大量移民开普（最初主要由英国政府组织）。与以往的布尔移民不同，他们主要来自英国城市，多从事商业和工业，[①]特别是后期南非钻石、黄金矿的发现，极大地刺激了英国移民的涌入。1820 年以后的 40 年间英国向南非移民数目为荷兰 160 年间向南非移民数目的 10 倍以上。[②] 由此，英国殖民当局在法制上开始有意识地将南非法律英国化。这集中体现在英国殖民当局实施的第一项新政策——土地政策上。在荷兰殖民统治时期，白人定居者可以用原始的骑马圈地法获得土地，政府派员确定所围占土地并未被其他白人所占有之后，便予以承认。而英国殖民者则取消骑马圈地制，实行土地拍卖制，政府派员对土地进行估价，当众拍卖，有偿获得土地所有权，殖民地居民不得越过殖民地边界私自占有土地。这对原来的布尔人经济来说是一个不小的打击。

同时，当时的英国开普殖民地总督萨默塞特于 1822 年正式发布了影响深远的宣言，要求用英语代替荷兰语作为开普殖民地的官方语言。他还要求各级法院从 1825 年 1 月 1 日起在诉讼程序中只使用英语。这一切都间接地有助于推动其在法制上英国化政策的实施。于是，许多在英国就已经结婚的移民在这种政策下被允许按英国的遗嘱继承法来遗赠其财产，而不须理会施行于他们新住所地的罗马-荷兰法。1823 年，比格（Bigge）与克勒布罗克（Colebrooke）受英国政府委派对开普法制英国化的必要性进行调查。4 年后，英国政府根据该二人调查委员会的建议制定了《司法宪章》，正式开始以英国制定法来取代开普的罗马-荷兰法。[③] 于是，英国的流通票据法、海商法、保险与合伙领域的制定法被南非几乎照搬不误地采用，尤其是有关契约的立法，受英国的影响巨大。同时，在 1827 年至 1834 年，南非采取了英国法院的陪审团制度、英国刑事诉讼法和证据法。每当罗马-荷兰法不够明确、不合适或陈旧时，南非的法院便倾向于求助英国的判例法。由于英国殖民当局的鼓励与推动，大批专职的南非法官与律师在伦敦接受了正规系统的训练，这就使南非在直接照抄英国的成文法之外，更接受了英国法中遵循司法先例的传统与原则。

---

① 参见张象主编：《彩虹之邦新南非》，当代世界出版社 1998 年版，第 77 页。

② 参见中国非洲史研究会《非洲通史》编写组编：《非洲通史》，北京师范大学出版社 1984 年版，第 216 页。

③ 参见洪永红、夏新华等：《非洲法导论》，湖南人民出版社 2000 年版，第 260 页。

19世纪下半叶英国法律对南非之所以产生如此巨大的影响力,部分原因在于大英帝国当时在世界政治和经济方面的势力达到顶峰。除此之外,南非法制英国化还有更广泛、更深层的原因,[①]主要表现为:首先,罗马-荷兰法的处罚性条款的残酷性、无情性等遭致移民的抵制;其次,罗马-荷兰法的理念已不能满足殖民地经济快速发展带来的巨大社会变化的需要;最后,通过司法实践,英国法律学说与信念被广为流传,乃至形成这样的观念——法律应当被在英国受过训练的法官所阐释,这些法官宁愿参考英国法院判决或英国法律教科书,也不愿参考罗马-荷兰法法学家的著作。[②]值得注意的是,虽然英国法十分巧妙而成功地被移入南非,但英国当局却从来不愿采用直接强迫的方式强行推行英国普通法,更从未公开声称要废除罗马-荷兰法。英国法对南非罗马-荷兰法影响的结果,正如学者所言:"经过在南非的长期存在,原来的罗马-荷兰法'两层蛋糕'已经加进了第三层——英国法。"[③]

(三)混合法在南非的形成

1909年英国议会通过的《南非法》对南非联邦政权的组建作了规定。白人统治者建立起的四个政治实体,即开普、德兰士瓦共和国、奥兰治自由邦和纳塔尔殖民地,依照《南非法》,在1910年合并为南非联邦。从此,法律英国化的进程随之放慢,被遗弃的罗马-荷兰法重新受到重视。究其原因主要有以下几点:脱离英国的政治独立意识的兴起;确定南非语(阿非利卡语)同英语具有同等的地位;发展起来的南非大学在培养本国法学家的同时,还对罗马-荷兰法原始资料进行发掘,使之便于公众掌握等。[④] 特别是19世纪末以来,由南非所有非英国血统的白人组成的说阿非利卡语的民族——阿非利卡民族逐渐形成,民族意识逐渐觉醒,他们自称为阿非利卡人,把自己看作真正的土生土长的非洲人,而不是欧洲移民的后裔。在

① See Hilda Kuper & Leo Uper, *African Law: Adaptation and Development*, University of California Press, 1965, p. 197.

② 参见[德]K. 茨威格特、[德]H. 克茨:《比较法总论》,潘汉典等译,法律出版社2003年版,第342页。

③ John Dugard, *Human Rights and the South African Legal Order*, Princeton University Press, 1978, p. 9.

④ 参见[德]K. 茨威格特、[德]H. 克茨:《比较法总论》,潘汉典等译,法律出版社2003年版,第344页。

文化上，他们主要受荷兰的影响。从生物角度来说，他们是荷兰人、佛来米人、法国人和德国人的混血种，①他们强烈地主张罗马-荷兰法应该取代英国法，恢复其原有的地位。特别是到了 1908 年，亲阿非利卡人的政党在英属南非的四个殖民地中的三个通过议会选举获得政权。② 这些都使南非法律状况开始走向混合法。

南非联邦建立后，司法权对南非法制发展的影响很大。在英联邦框架内，司法权虽然有所变动，但总体来说，它仍在中央政府的直接控制之下，法律条文也倾向于取悦英国枢密院审判委员会。③ 而在具体的司法实践中，南非法院则倾向于重视古代荷兰法学家的著述以及从他们那里发展起来的法律原则，并努力使之适应现代南非的社会发展情况。④ 与此同时，由上诉法院与省法院组成的南非最高法院的法官们也并没有否定、抛弃已被南非接受的英国法。

司法机关在对源于大陆法系的罗马-荷兰法进行的修改中，广泛采用上诉法院的判例方式。1954 年由南非巴苏陀兰地区上诉至英国枢密院的一个案例，即马佳拉诉女王案（Nkan Ma jara. v. The Queen）就是一个显著的事例。⑤ 英国上议院的大法官们在被迫就该案对南非法律进行仔细审查时，他们发现罗马-荷兰法从英国法中采用了"犯罪后的从犯"这一概念，从而填补了罗马-荷兰法表述上的空白，但"这并不意味着从英国法律中采

---

① 参见［法］路易·约斯：《南非史》，史陵山译，商务印书馆 1973 年版，第 7 页。

② 参见葛佶：《南非——富饶而多难的土地》，世界知识出版社 1994 年版，第 56 页。

③ 英国枢密院审判委员会掌握着所有英属殖民地案件的最高上诉审理权。

④ 参见［德］K. 茨威格特、［德］H. 克茨：《比较法总论》，潘汉典等译，法律出版社 2003 年版，第 343 页。

⑤ 本案主要内容：上诉人被巴苏陀兰高等法院判定为一起谋杀案的从犯，因他作为案发地的一个政府头目，拒绝刊载有关追捕及报道谋杀案的消息（这本属于他工作范围之内的事），而被认为是给凶手提供帮助，以使他们不被绳之以法，故被指控为犯罪后的从犯。但是，法院并没有确切的证据能认定被告人为犯罪嫌疑人提供帮助。被告的辩护律师认为，在英国法中，上诉人作为犯罪后的从犯是无罪的，因为简单的疏忽而导致的后果与故意为犯罪嫌疑人提供帮助相反，这并没有构成犯罪的充分理由。而根据在南部非洲实施的罗马-荷兰法，对犯罪嫌疑人提供有意的或无意的帮助并无区别，巴苏陀兰《一般法宣言》第二部分就曾规定，巴苏陀兰的普通法"应当与这个国家所允许的实际情况相一致，可以效法好望角的开普殖民地的法律"。因此，被告的律师极力主张，"犯罪后的从犯"这一表述必须在南非法里有与英国法里完全相同的含义。参见 Antony Allott, *Essays in African Law*, Butter Worth（Publishers）Ltd., 1960, p. 14。

用的‘犯罪后的从犯’在南非法里有着与英国法里完全相同的含义”。它显然受到在该国盛行的罗马-荷兰法体系的影响。因此,上议院大法官们最后作出如下结论:“犯罪后的从犯”在南非法里和在英国法中的含义有异,在罗马-荷兰法中,对犯罪嫌疑人提供有意或无意的帮助并没有丝毫区别。因此,根据南非法尤其是巴苏陀兰法,被告是犯罪后的从犯,被认定为有罪。

法官们在认识到有补充实体罗马-荷兰法的需要的同时,不得不面对这样一个事实,即需要补充的联邦成立前各殖民地的法律的主要部分已被英国法大量地侵占了。尽管南非联邦的司法制度和司法机关形式上保持独立性,但事实上并未做到,它发展起一种混合的法律制度,而且融进了南非特有的种族主义新法律。由于保留地的存在,原有土著人的习惯法继续起作用,从而形成传统法与现代法的混合。

现今的南非在宪法、行政法、商法和程序法领域,普通法仍占据主导地位;在法院结构、法官地位、先例制度和法律职业者的活动方面,也类似于英国法传统。而在家庭继承和物权法方面,普通法的影响则很小,罗马法的思想方法明显地支配着这个领域。总之,英国普通法与罗马-荷兰法相互作用,共同形成一种典型的混合法——南非法。

二、南非宪法制度

(一)南非宪法的历史发展

南非宪法有着悠久的历史。早在1910年南非联邦建立前的殖民地时期,组成联邦的四个殖民地都有了自己的宪法。自南非联邦建立以后至1994年种族隔离时期结束,南非实施过三部种族主义宪法,即1909年南非法、1961年南非共和国宪法和1983年南非宪法。1994年新南非诞生以来又实施过两部宪法,即1993年临时宪法和1996年正式宪法。后两部都是种族平等的民主宪法。

1909年英国议会通过的《南非法》是南非组成一个单一的政治实体后的第一部宪法。它是在四个殖民地的原有宪法的基础上拼凑起来的,同时也作出一些新的规定。这部宪法确立的基本原则有:(1)规定只有白人才有选举权;(2)确立单一制国家结构形式;(3)采取英国式的“议会至上”政体,实行责任内阁制;(4)规定英语和荷兰语(1925年后改为阿非利卡语即荷裔白人的南非语）为官方语言。南非当局以《南非法》确立的这些基本原则为基础建立起一套完整、严密的种族主义制度。①

1961年南非共和国宪法是在南非改为“共和国”的背景下产生的。其时，距1960年南非发生的因屠杀黑人而震惊世界的“沙佩维尔”惨案不过一年多。在1961年南非又因遭受英联邦成员国谴责其种族主义政策而退出英联邦。在这样的历史条件下制定的南非共和国宪法，实质上不过是《南非法》的翻版。这部宪法不但继承了《南非法》的基本原则和制度，而且通过总结50年种族主义统治的经验，在某些方面还有所发展。这部新宪法同时规定设置国家总统作为象征性的国家元首，以代替南非联邦时期英国国王和南非总督的地位。

1983年南非宪法是南非白人政府打着“改革”的旗号制定出来的。20世纪60年代后期，由于经济发展对国内市场和劳动力及技术力量的需求同种族歧视政策的矛盾越来越尖锐，南非当局提出同非洲国家及其他国家发展经济的所谓“外向政策”，这一政策的提出引起执政的南非国民党的分裂。进入20世纪70年代后，主张改革种族主义政策的国民党“开明派”博塔政府上台，着手制定新宪法。1983年南非新宪法颁布，这部宪法的最大特色，是在继续剥夺广大黑人政治权利的前提下，设立由白人议院、有色人议院和亚裔人议院组成的“三院制”议会，同时在选举总统的选举团内阁和总统委员会中也有有色人和亚裔人参加，通过这些规定来标榜有色人、亚裔人同白人“分享权利”。实质上白人在政权中仍占压倒性多数，仍然独揽大权。同时，新宪法大大提高了总统的地位和职权，使总统集过去的总统和总理的职权于一身。

1993年临时宪法是新南非诞生后实施的第一部宪法。它是20世纪90年代开始的南非制宪谈判的产物，反映了种族隔离时期的终结和种族平等时代的到来。确立种族平等原则和保障各族人民的基本权利，是这部宪法最重要的内容和基本特征。此外，各方在制宪谈判中达成的34条“制宪原则”，被列入临时宪法附录四作为制宪的依据。

1996年正式宪法是新南非实施的第二部宪法，也是目前正在施行的宪

---

① 南非历次宪法的基本内容，参见韩大元主编：《外国宪法》，中国人民大学出版社2000年版，第354-357页。

法。正式宪法的主要特色是:(1)确立统一的南非、种族平等等基本原则;(2)通过"权利法案",详尽、广泛和具体地规定了人们享有的各项基本权利,并建立各种机构予以保障行使;(3)取消"权利分享"原则,实行"多数统治";(4)设立"全国各省代表委员会"(National Council of Provinces)以取代参议院;(5)在中央领导下,仍然给予省和地方广泛的权力直至各省有权制定省宪法;(6)实行"合作治理"(co-operative governance),即中央省和地方三级政府之间保持合作关系,互相协调,在法律的框架和机制内解决分歧。[①] 正式宪法于 1997 年 2 月 4 日生效。

(二)国家形式

1910 年南非联邦成立后,采取了单一制的国家体制形式,由白人掌握的中央政府牢牢控制着地方权力。《南非法》确立了单一制的国家体制,以便加强中央集中统一领导,制定统一的种族主义政策,建立统一武装力量和经济力量,从而更加有效地施行种族主义统治。随着 1948 年南非种族隔离制度的全面推行,南非政府逐步施行"班图斯坦"后称为"黑人家园"的政策,预谋将黑人排除于"白人南非"之外。1961 年和 1983 年的两部宪法,都继续坚持单一制的国家体制。

在反对种族主义斗争日益高涨和激烈的过程中,一些白人为了寻找摆脱困境的出路,开始主张修改宪法,改变过去中央政府垄断一切的集权统治,施行联邦制,以便各个权力来源并存并互相竞争。20 世纪 80 年代末,联邦主义受到不同倾向的白人政党的青睐。白人右翼保守党主张建立类似后来的独联体式松散联合的联邦制国家;民主党中的右翼主张建立类似美国、加拿大和澳大利亚式的联邦;联合党则主张建立按种族划分的"种族联邦",[②]当时执政的南非政府对于这些主张均持否定态度。

进入 20 世纪 90 年代,南非开始了和平民主进程,国家体制问题由于关系到各方的根本利益,成为制宪谈判中发生激烈争议的主要问题之一。尽管有一些政党退出制宪谈判和抵制大选,但南非临时宪法仍然在 1993 年 12 月 22 日正式通过。这部宪法在国家体制及中央与地方关系上,一方

① 南非历次宪法的基本内容,参见韩大元主编:《外国宪法》,中国人民大学出版社 2000 年版,第 357-358 页。

② 参见高晋元:《南非:联邦制和地区自治问题》,载《西亚非洲》1996 年第 5 期。

面坚持了统一的南非与中央集中领导；另一方面又给予地方广泛的权利，因此被某些学者称之为“在单一制下带有某种联邦制色彩”。[①] 1997 年生效的南非正式宪法确认了上述临时宪法的原则性规定。

这些原则性规定被包括在临时宪法的“制宪原则”、序言和有关章节中，它们具体包括以下几个方面。

1. 南非是一个统一的主权国家，全体南非人民具有共同的南非公民资格，临时宪法是南非的最高法律，对全国各级政府和国家机关都具有约束力，各项地方性法律（包括地方宪法），都不得与临时宪法相抵触；

2. 临时宪法将包括原“黑人家园”在内的南非全部领土重新划分为九个省，施行中央、省、地方三级政权体制，给予各省制定地方性法律直至省宪的权力；

3. 临时宪法规定，大城市城镇乡村的地方政府应依法拥有不同权力；

4. 临时宪法在“制宪原则”中增加了自治条款，并规定建立“人民国家委员会”，研究“白人家园”问题和提出建议，对传统酋长的地位和作用，也规定予以承认和保护。[②]

（三）国家机构

1910 年成立的南非联邦，选择了英国式的政治模式，即议会至上的责任内阁制。作为当时联邦根本大法的《南非法》明确规定议会的地位至高无上，议会由两院组成，下院享有不受任何法律限制的立法权，政府（内阁）由议会中的多数党组成，对议会负责。作为南非最高司法机构的最高法院，除了掌管司法权外，对议会通过的法案还享有一定程度的司法审查权。[③] 但到 1961 年，南非脱离英联邦并制定新的南非宪法，在这部宪法的第 59 条明确规定，议会享有最高立法权，法院除涉及英语和南非荷兰语的地位问题外，无权就议会通过法律的有效性提出咨询或发表意见。这一规定使法院降为主要是解释议会法律的地位。此外，这一宪法设置了国家总

---

① 参见夏吉生：《南非临时宪法的特点和作用及新宪法的制定》，载《西亚非洲》1996 年第 5 期。

② 参见夏吉生等著：《当代各国政治体制：南非》，兰州大学出版社 1998 年版，第 115–116 页。

③ 如南非最高法院曾于 1951 年以不符合法定程序为由，宣布南非议会通过的《选民分别代表法》无效。

统作为象征性的国家元首,以取代南非联邦时期的英国国王和南非总督的地位。

1983年,南非当局为了摆脱内外困境,又制定了第三部新宪法,规定南非议会由白人议院、有色人议院和亚裔人议院组成,分别由各自的选民选举产生,即所谓“三院制议会”。其中白人议院有178个席位;有色人议院和亚裔人议院分别只有85个席位和45个席位,加在一起不到白人席位的3/4。3个议院有权处理“自己的事务”,即本民族的一些诸如社会、福利、教育、卫生等一般性的事务。至于国防、外交、国家预算等全国性重大问题,则属于“共同的事务”,需要经过3个议院分别以多数票通过,3个议院意见不一致时则交由总统决定。同时总统的地位和职权也发生了重大变化。宪法规定总统同议会共同行使立法权,并且他集过去总统和总理的权力于一身,是国家元首和武装部队总司令。

20世纪90年代初,南非和平民主进程的步伐加快,各派政治力量在经过激烈的较量后于1993年通过了临时宪法,这部临时宪法奠定了现今南非政治制度的基础。它规定南非议会施行两院制,即国民议会和参议院。其中国民议会议员由全国普选产生,参议院议员则由9个省的省立法机关按各党所拥有的省议员比例任命。普通议案由两院以简单多数通过,如有一院否决则须经两院的共同多数通过。预算和征税议案只能由政府向国民议会提出,如遭参议院否决,则由国民议会重新审议,通过后报总统裁定。1996年通过的正式宪法,改设“全国各省代表委员会”以取代参议院。同时在这部宪法中,明确规定总统是南非国家元首和全国行政首脑,由国民议会选举产生,并得由国民议会罢免。总统任期5年,连任不得超过两届。总统享有宪法和法律授予的广泛权力。作为最高国家行政机关的内阁由总统、副总统和若干部长组成。副总统和部长由总统任命和委派,赋予权力和职责,并可予以撤换。①

在议会和政府关系方面,总统由国民议会在大选后的第一次会议上,或当必须填补总统空缺时,从其议员中选出总统。总统一经当选,就不再是国民议会的议员。国民议会在下列情况下有权罢免总统,即总统严重破

① 参见韩大元主编:《外国宪法》,中国人民大学出版社2000年版,第358-360页;夏吉生等著、俞可平主编:《当代各国政治体制:南非》,兰州大学出版社1998年版,第47-49页。

坏宪法或法律，严重渎职或没有能力履行职责时，国民议会以至少 2/3 赞成票作出决议即可罢免总统。国民议会还可以过半数票的支持通过动议，对总统或内阁提出不信任案。如果不信任案同时针对总统和内阁，则总统和内阁其他成员及任何副部长都必须辞职。此外，内阁成员的多数必须从国民议会中产生，总统在国民议会外挑选的部长不得超过 2 人。总统对议会通过的议案必须或是同意或是退回议会重新审议，总统如果对再次报送的同样议案仍不予同意，则必须送交宪法法院就其合法性作出裁决，宪法法院裁决议案符合宪法的，则总统必须同意和签署。国民议会在任期满 3 年后经议员的多数票通过解散决议的，总统或代理总统必须予以解散，除此之外总统不能解散议会。另外，内阁成员既要对总统委派的行政权力和职责负责，也要就这些权力职责的履行情况向议会负责。[①]

（四）公民的基本权利

如前文所述，规定和保障各族人民的基本权利是 1996 年南非新宪法最重要的内容和特色。正式宪法的序言明确指出，要在南非“建立一个基于民主价值、社会正义与基本人权的社会”；“在这个社会中，政府基于人民的意志而且每个公民平等地受到法律的保护”。正式宪法在第一章基本条款的第 1 条中，把“人的尊严、平等的取得以及人权与自由的进步”，“非种族主义和非性别歧视”以及“成人普选权”等作为南非共和国赖以建立的“价值基础”。在第二章中又将公民的基本权利概括为权利法案作为“南非民主的基石”，“它铭记着南非全体人民的权利，并确认人的尊严、平等和自由的价值”，“国家必须尊重、保护、促进和实现权利法案中的权利”，“权利法案适用于全部法律，并对立法行政司法和国家所有机关都具约束力”。[②] 从以上规定中可以看出，公民的基本权利在南非新宪法中不是一般性的条款，而是作为“价值基础”和“民主基石”来对待，是贯穿于南非社会生活各个方面的最高原则。

1996 年南非新宪法权利法案的主要内容可以归纳为以下几个方面。

---

① 参见夏吉生等著、俞可平主编：《当代各国政治体制：南非》，兰州大学出版社 1998 年版，第 55-57 页。

② 有关南非新宪法的条文内容，参见夏吉生等著、俞可平主编：《当代各国政治体制：南非》，兰州大学出版社 1998 年版，第 218-238 页所附 1996 年南非共和国宪法，以下涉及的南非宪法条文如无特别说明，均引自该书。

1. 平等权。“平等包括所有权利与自由全面和平等的享有”,“国家不可以因一个或多个理由直接或间接地不公正地歧视任何人,这些理由包括种族、性别、怀孕、婚姻状况、家族或社会出身、肤色、性倾向、年龄、残疾、宗教、道德感、信仰、文化、语言和血统”。

2. 人身与个人的权利和自由。“人生来皆有尊严,并有权使其尊严得到尊重和保护”,“每个人都有个人的自由与安全权”,“每个人有肉体与精神相统一的权利”,“每个人有自由表达权”,“每个人有道德感、宗教、思考、信仰和言论自由权”,“每个人有自由表达权”,“每个人有自由迁徙的权利”等。

3. 政治方面的权利。“每个人都自由作出政治选择(选举权、被选举权和结社权)”,“每个人有和平地或非武装地集会、示威、游行或请愿的权利”等。

4. 经济和社会方面的权利。“公民有自由选择经商、就业与职业的权利”,“每个公民有公平的劳动实践权”,“每个人有权获得对其健康和幸福无害的环境”,“除非根据普遍适用的法律,否则不能剥夺任何人的财产,并且没有法律可以允许专横地剥夺财产”等。

5. 文化教育方面的权利。“每个人有权接受基础教育,包括成人基础教育;有权获得深造,国家必须采取适当措施使其逐渐地被享有和利用”,“每个人有权并参与文化生活使用语言”,“每个人有权获得国家拥有的任何信息以及为另外人持有但为行使或保护权利所必需的任何信息”等。

6. 儿童的权利。“每个儿童(指年龄低于18岁)有权获得姓名和根据出生获得国籍,受到家庭或父母照料,或当其脱离家庭环境时获得适当的替代性资料”等。

7. 司法方面的权利。包括向法院申述权、遭逮捕拘留与指控的人的权利等。

8. 公正管理权。“每个人有权获得合法的、合理的并且程序上是公正的管理”。

正式宪法规定,对权利法案中的权利,在某些情况下还可以作出一定的限制。如正式宪法在有关紧急状态的条款中规定,紧急状态根据议会法案并且在国家生命受到战争入侵、总暴动混乱或其他公共紧急问题的威胁时,或紧急状态的宣布为恢复和平与秩序所必需时,可以予以宣布。紧急状态宣布而制定的法律,在某些情况下可以与权利法案相背离。例如,该背离是紧急状态的严格需要;该法律与适用于紧急状态的共和国的国际法义务相一致等。正式宪法对此作了详尽规定。①

三、南非刑事法律制度

(一)南非刑法的历史渊源

如前文所述,南非法是一种混合型的法律体系,相应的南非刑法和其他法律部门一样,其历史渊源颇为复杂。概括而言,南非刑法的历史渊源主要有三个方面,即罗马-荷兰法、英国法以及本土立法。②

1. 罗马-荷兰法

1652 年 4 月 6 日,荷兰东印度公司在南非建立开普殖民地。随之,当时盛行于荷兰的罗马-荷兰法也移入开普。需要说明的是,在 15~16 世纪之前,荷兰本土的法律制度一直属于习惯法。直到 15~16 世纪欧洲罗马法复兴之际,荷兰法学家在其著述中大量吸收罗马法的思想,为荷兰本土的习惯法注入新鲜血液,才使罗马-荷兰法在荷兰得以形成。尽管如此,罗马-荷兰法依然不同于当今的大陆法系,并未法典化,只不过是罗马法和古代荷兰习惯法的混合物。因此,罗马-荷兰法只能散见于雨果·格罗特等杰出法学家的著作里,以及以《格罗特法规手册》命名的尼德兰联省共和国中荷兰、西弗里斯兰与西兰各省的法令集之中。尽管如此,在开普殖民地于 1814 年被英国占领之前,罗马-荷兰法一直为开普的普通法,即不同于制定法的、由经典法学著作中体现的罗马法进化而成的法律原则、思想或精神。与之不同,在此期间,南非其他地区则是通过一系列的法令和合宪的法律文件将罗马-荷兰法加以本土化。但随后,英国长期的殖民统治对南非的法律教育倾向产生了十分重大的影响,而对罗马-荷兰法的研究则被有意无意地忽略了。直至 1916 年完全独立自主的开普敦大学和斯坦伦布仕大学成立后,人们才看出研究向南非的罗马-荷兰法倾斜的趋势。从此,对南非罗马-荷兰法的研究逐渐繁荣起来,出现了一批有影响的学者与

---

① 参见韩大元主编:《外国宪法》,中国人民大学出版社 2000 年版,第 381 页。

② 参见杨凯:《南非刑法的渊源与罪刑法定原则》,载《河南公安高等专科学校学报》2002 年第 4 期。

著作,其中罗伯特·李作出了巨大贡献,1915 年出版的其著作《罗马-荷兰法简介》,在长达 1/4 个世纪中一直是该领域内的权威著作。①

2. 英国法

1814 年开普被英国占领时,罗马-荷兰法常常由于含混不清、缺少精确性,并不总是能够在当时的教科书和大量的法律文件中轻而易举地得以查明。所以,虽然在开普保留既存的罗马-荷兰法的法律效力是转让开普的一个条件,但是在转让开普后,大批在伦敦接受了系统训练的法官与律师由于不熟悉罗马-荷兰法,在判案时总是援引和适用其所精通的英国法律制度原则。而且,在此期间,尽管《拿破仑法典》已在荷兰本土的罗马-荷兰法中扎下了根,但是母系法律制度的这种发展变化并未在开普引起人们对应用法律的注意。结果,英国刑事法律,特别是英国刑事诉讼法,由于更能适应 19 世纪开普的社会形势,极大地影响了南非的刑事司法实践。同时,根据开普殖民当局的有关制定法,许多初审法院在刑事诉讼中必须遵循英国的有关程序和证据规则。这样,英国刑事诉讼中的陪审制度就被移入开普,一些基于英国法而制定的证据规则也在开普得以确立。② 诚然,在殖民地时期,英国法在南非并不总是受欢迎,特别是不受南非一流刑法教科书的欢迎,但是英国法对南非刑法的影响是不可否认的。③ 正因为如此,如今的南非刑法在形式上更近似于英国法,而不相近于 1814 年以前的罗马-荷兰法。④

3. 本土立法

除了罗马-荷兰法与英国法之外,南非本土刑事立法也是南非刑法的一个重要历史渊源。南非本土刑事立法是经过对罗马-荷兰法及英国法等外来法加以改造而成的,其结果是确立了一整套切合南非国情的刑事一般法。迄今为止,南非本土刑事立法已创制了许多新罪,其今后仍将是新罪得以创制的唯一渊源。在此,值得一提的是,无论南非刑事一般法即本土

---

① 参见洪永红、夏新华等:《非洲法导论》,湖南人民出版社 2000 年版,第 266-267 页。

② 参见洪永红、夏新华等:《非洲法导论》,湖南人民出版社 2000 年版,第 266-267 页。

③ See W. J. Hosten & A. B. Edwards et al., *Introduction to South African Law and Legal Theory*, Hayneand Gibson Ltd. Prinstown Natal, 1980, p. 106.

④ See Rebort B. Seidman, *Sourcebook of the Criminal Law of Africa*, Butterworths, 1966, p. 255.

刑事立法是源于罗马-荷兰法还是源于英国法,它都已成为地道的南非本土法,而不再是舶来品或者进口货。① 有关南非本土的刑事立法,笔者将在下文南非刑法的效力渊源中进一步说明。

(二)南非刑法的效力渊源

法律的效力渊源,又称为法律的形式渊源。简言之,其是指法律获得成立的方式和表现形式。② 具体而言,是指由一定的国家机关依照特定程序制定或认可的、具有效力的法律文件表现形式。就南非刑法的效力渊源来说,虽然其表现形式多种多样,但是归纳起来,主要有以下三种,即制定法、判例法和习惯法。③

1. 制定法

制定法,又称为立法,④泛指特定国家机关通过并颁布施行的法律,因为其有特定的文字表现形式,故通常与不成文法相对,又称为成文法。作为南非本土刑事立法,制定法是南非刑法的主要渊源。但是如前所述,南非法属于混合法系,迄今为止,除宪法外,尚未实现法典化。因此,目前南非没有系统规定犯罪、刑事责任及追究或承担刑事责任方法的刑法典,有关犯罪与刑事责任的具体规定主要体现在不同时期颁布的大量单行刑事法规中。值得注意的是,英国法和罗马-荷兰法虽然在历史上对南非法有重大影响,而且现在对南非法仍很重要,甚至被认为是南非法的中枢,为南非法提供了固有的基本理念和准则,⑤但是仍然只是南非普通法,而不是南非一般法,因此不是南非刑法的直接形式渊源。就南非刑事制定法的直接形式渊源而言,根据 1996 年南非宪法,以制定的主体为标准,其可分为国会立法、省议会立法、委托立法、授权立法、地方或社团立法。以制定的时间为标准,其可分为原联邦成立前开普、德兰士瓦共和国、纳塔尔殖民地、奥兰治自由邦四个殖民州各自制定的且与 1996 年南非宪法不相抵触迄今

---

① 参见杨凯:《南非刑法的渊源与罪刑法定原则》,载《河南公安高等专科学校学报》2002 年第 4 期。

② 参见孙国华主编:《法学基础理论》,中国人民大学出版社 1987 年版,第 73 页。

③ See W. J. Hosten & A. B. Edwards et al. , *Introduction to South African Law and Legal Theory*, Hayneand Gibson Ltd. Prinstown Natal, 1980, p. 220-221.

④ 参见由嵘主编:《外国法制史》,北京大学出版社 1992 年版,第 161-162 页。

⑤ See W. J. Hosten & A. B. Edwards et al. , *Introduction to South African Law and Legal Theory*, Hayneand Gibson Ltd. Prinstown Natal, 1980, p. 222-223.

仍具法律效力的立法,原联邦成立后制定的现仍具法律效力的立法,废除种族隔离制度前原南非共和国制定的且与1996年南非宪法不相抵触目前仍具法律效力的立法,废除种族隔离制度后新南非共和国制定的且与1996年南非宪法不相抵触至今仍具法律效力的立法。[①] 依据此标准,南非现行有效的刑事法律主要有1967年《反恐怖主义法》(Terrorism Act)、1977年《刑事诉讼法》(Criminal Procedure Act)、1978年《南非反毒品法》(Drug Offences in South African)和1982年《国内安全法》(Internal Security Act)等。此外,废除种族隔离制度后新南非共和国制定的刑事立法主要有:1996年《国际刑事合作条例》、1996年《经修订的引渡条例》、1998年《预防有组织犯罪法》(Prevention of Organised Crime Act)等。

2. 判例法

判例法是指某一判决中所包含的对以后的审判具有说服力或约束力的某种法律原则或者规则,并不是对某个案件的整个判决。[②] 在西方法学著作中,判例法通常被称为"法官创造的法",其基础是"遵循先例"原则。[③]"遵循先例"原则是拉丁语"遵循先例不应扰乱已定法律问题"的简称,其基本含义是"以相似的方法处理相似的案件,并遵循既定的法律规则与实践"[④]。具体来说,是指某一判决中所包含的法律原则或者规则不仅适用于该案,而且作为具有约束力的先例适用于以后与之相同或相近的案件,简言之,先例具有约束力。

判例法是地位仅次于制定法的南非刑法的另一个重要渊源,包括普通法与衡平法。[⑤] 它在历史上由来已久,最早源于17~18世纪荷兰法院在判

---

① 参见杨凯:《南非刑法的渊源与罪刑法定原则》,载《河南公安高等专科学校学报》2002年第4期。

② 参见由嵘主编:《外国法制史》,北京大学出版社1992年版,第284页。

③ 参见由嵘主编:《外国法制史》,北京大学出版社1992年版,第284页。

④ D. G. Cracknel, *English Legal System Textbook*, HLT Publications, 1991, p. 88.

⑤ 普通法有不同的含义。在广义上,普通法是指与大陆法系或民法法系相对的英美法系,与判例法同义,是指与制定法、习惯法相对的法院所创制的判例法,包括普通法院之判例法与衡平法院之判例法。在狭义上,普通法是指与衡平法相对的普通法院创制的判例法。此处普通法系指狭义普通法。

决案件时把过去的判决看作辅助材料的做法。① 不过，当时荷兰法院仅把先例看作具有说服力的法律渊源。直到 1828 年开普最高法院建立并采用英国的“遵循先例”原则，判例法在南非才真正形成。然而，与属于英美法系的加纳、肯尼亚等其他非洲国家不同，英国法不是南非法的形式渊源。因此，虽然自判例法在南非形成之日起，英国判例法就对南非法具有重要意义，属于南非普通法，但是其终究不包括在南非法的判例法之列，在南非只具有说服力，而不具有约束力。

目前，在南非具有约束力的判例法数量巨大，种类多样，内容丰富，包括自 1652 年以来各个历史时期南非法院业已作出，且与 1996 年南非宪法不相抵触，迄今仍具法律效力的判决中所包含的法律原则或者规则。根据“遵循先例”原则，从适用判例的形式看，南非各级各类法院判例的适用具体包括两种情形，即遵循纵向先例和遵循自身先例。其中，遵循纵向先例意味着上级法院的判例对隶属其管辖的下级法院都具有约束力，即高等法院服从最高上诉法院的判例，地区法院和所有其他同级法院服从其所属高等法院及最高上诉法院的判例；遵循自身先例意味着最高上诉法院、高等法院、地区法院及所有其他同级法院都应遵循其自身先前所作的判例。需要注意的是，无论是遵循纵向先例，还是遵循自身先例，其前提是先例必须正确。如果先例存在误用或误解法律的情况或者明显有错误时，则其不具有约束力。同样，如果先例互相矛盾，那么无论其效力大小以及时间先后，法官在作判决时应当遵循他认为其中正确的那个先例。如果相互矛盾的先例都不正确，那么法官可以不受先例约束，另行依法作出他认为正确的判决。②

3. 习惯法

习惯法，来源于习惯，是经相应国家机关承认的具有法律效力的习惯，即经国家认可的以习惯形式存在的法律。因此，习惯法不同于习惯。具体而言，两者的主要区别在于国家或社会对违反者的反应不同：对于违反习惯法者来讲，国家设有专门机关依法对其有组织地集中统一行使制裁权。

---

① See W. J. Hosten & A. B. Edwards et al. , *Introduction to South African Law and Legal Theory*, Hayneand Gibson Ltd. Prinstown Natal, 1980, p. 225.

② 参见杨凯：《南非刑法的渊源与罪刑法定原则》，载《河南公安高等专科学校学报》2002 年第 4 期。

而对于违反习惯者,则是由社会、团体、行业组织或者特定地域的人们对其进行舆论谴责或予以排斥,且往往任意专断,不加限制。由此可知,习惯法是习惯,但并不是所有的习惯都是习惯法。一般而言,习惯要成为法律形式渊源的习惯法即具有法律效力必须具备悠久性、持续性、自发性、合理性、确定性和一致性。①

在南非,作为其刑法的一个渊源,习惯法有两种具体形式,即非南非本土习惯法和南非本土习惯法。其中,前者又称为南非普通习惯法,是指对南非全社会一般人或所有人普遍适用的习惯法。后者又称为南非传统习惯法,或称为南非传统法,是指仅对南非黑人特别适用的习惯法,即南非特定国家机关——国会认可的具有法律效力的、南非黑人在历史上很久以来赖以生存的部落传统习惯。通常提及南非习惯法时,如果不特别加以强调,学者们往往认为是南非本土习惯法或南非传统法。②

根据南非的有关法律规定,在涉及习惯问题的黑人诉讼案件中,如果不与国家政策或者自然正义相悖,法院可以适用南非本土习惯法。不过,必须注意三个问题:一是如果国家立法机关没有对所适用的南非本土习惯法作出规定,法院必须适用南非一般法,即法院在审判案件时必须依照适用习惯的一般原则对有关黑人传统习惯作出证明;二是涉及黑人传统习惯的案件应由熟悉所涉及的每一个习惯的专家审判;三是任何法院都可以审理涉及黑人传统习惯的案件,但如果案件不是在专门法院而是在普通法院审理时,有关黑人传统习惯必须像其他社会习惯一样经过证明。③

就南非刑法而言,由于其历史渊源复杂,效力渊源多样,且缺乏系统的刑法典,尚保留有大量的判例法犯罪,特别是允许有溯及既往效力的事后立法,④很难说南非刑法坚持了罪刑法定原则。⑤ 尽管如此,罪刑法定原则对南非刑事立法创制新罪仍然十分重要,尤其是随着南非刑事制定法的大

---

① 参见由嵘主编:《外国法制史》,北京大学出版社 1992 年版,第 479-480 页。

② 参见朱景文:《比较法导论》,中国检察出版社 1992 年版,第 273 页。

③ 参见杨凯:《南非刑法的渊源与罪刑法定原则》,载《河南公安高等专科学校学报》2002 年第 4 期。

④ 对于有溯及既往效力的事后立法,南非有严格的限制,即要求在制定有溯及既往效力的立法时国会必须将立法原意清楚地表达出来。

⑤ See W. J. Hosten, *Introduction to South African Law and Legal Theory*, Hosten, Edwards, Nathan and Bosinan, 1980, p. 706.

量出现，更是如此。

（三）南非主要犯罪简介

在南非，刑事犯罪主要由判例法调整，南非法学家普遍认为如其由僵硬不变的成文法规范犯罪行为，不如由受过系统职业训练、具有较高法律素养和道德修养的法官视具体情况裁判刑事案件更为公平妥当。这是因为法官在处理具体案件时，如果仅依据相关的成文法而没有自由裁量权，往往会导致不公正的后果。

南非曾经在 1971 年颁布实行了《禁止印度大麻法案》（Dagga Act）。这部法律的目的在于严厉打击毒品交易者，然而该法对毒品“交易”的含义规定得过于僵硬死板，即提供大麻香烟的行为即为毒品交易行为应该受到刑法处罚。于是，当某一南非人赠送给自己的朋友一支大麻香烟作为研究样品之用时，法官由于没有自由裁量权，只能依据该法规定判处被告法定最低的 5 年徒刑。① 鉴于此，在现今的南非，无论在刑法理论上，还是在具体的司法实践中，南非法官对刑事案件的自由裁量权都得到了普遍的承认。那么由此，南非法官已作出的诸多刑事判决就成为我们研究南非刑事法律制度的一个基本立足点。以下试以南非德班和洛克尔两地最高上诉法院 1970～1979 年所有相关刑事判例为基础，对南非刑法体系中的抢劫罪、强奸罪、袭击罪加以简要介绍。

1. 抢劫罪

在南非，抢劫被认为是一种极其严重的犯罪行为，南非法院信奉刑罚报应主义原则（retributive sentences），在对抢劫犯罪的判决中，绝大部分是长期拘禁（平均 7.5 年，最长为 18 年），最高刑罚曾经为死刑。② 在上述南非两法院 10 年间 154 个抢劫判例中，95%的判决结果为拘禁，而判处死刑仅 1 人。另外，还有针对未成年人的判决：送改造学校 2 人、判处缓刑 3 人、判处体罚 5 人。

南非法官在对抢劫犯罪判处刑罚时，除了必须加以考虑的加重情节（如集团抢劫、入室抢劫、伴随其他严重犯罪的抢劫等）外，通常还要考虑以

---

① See M. C. J. Olmesdahl & N. C. Steytler, *Criminal Justice in South Africa*, JUTA & Company Limited（Cape Town），1982，p. 1.

② 南非现已废除死刑。

下几个方面的因素:受害者是否多处受伤;犯罪嫌疑人是否有前科;犯罪嫌疑人是否有子女;在犯罪中所起的作用;法庭审判持续的时间(时间长则有重判的可能);犯罪嫌疑人是否使用面具;是否有同案犯的佐证。①

2. 强奸罪

在南非,对强奸犯罪的处罚相当严厉,在绝大多数情况下是长期拘禁,平均刑期超过 7 年。当然在少数情况下,可以判处缓刑等较轻处罚,在上述南非两法院 10 年间 118 个强奸判例中,仅有一人被判处缓刑,两人被判送改造学校(为未成年人犯罪)。

南非法官在对强奸犯罪判处刑罚时,在以下情况下通常会加重刑罚:在犯强奸罪的同时伴有其他严重犯罪;强奸发生在受害者的房间内;犯罪嫌疑人犯罪时持有刀枪等凶器;犯罪嫌疑人事先已有预谋。除了上述加重情节外,强奸罪的定罪量刑还受以下几个方面因素的影响:犯罪嫌疑人被指控的罪状数目;犯罪嫌疑人是否有强奸前科;犯罪嫌疑人是否有其他普通法犯罪前科;犯罪嫌疑人与受害者之间的关系(如亲友关系、恋人关系等相对判刑较轻);法官自身的语言类别(讲非洲土著语言的法官对强奸犯罪的判刑通常较重);受害者是否因此强奸行为而怀孕,如怀孕,则判刑较重;受害者是否受到身体伤害或被非法拘禁。在上述因素中,前两项在很大程度上属于实质的加重情节,而其余几项则属于法官自由裁量的范围。②

3. 袭击罪

袭击罪是南非刑法体系中一种较轻的犯罪,类似于我国刑法体系中的(轻微)伤害罪,所以对其的刑罚也普遍较轻,主要刑罚由警告、罚金、拘禁和送改造学校组成,拘禁刑期在 1 年以下,在上述南非两法院 10 年间 227 个袭击判例中,仅有一半的犯罪嫌疑人被判处拘禁。

南非法官在对袭击犯罪判处刑罚时,通常考虑的加重情节主要有两点,即是否使用刀枪等凶器和受害者受伤害的程度。而以下几种情况则属于法官自由裁量的范围:(1)犯罪嫌疑人是否有子女,50%有子女的犯罪嫌

---

① 在种族隔离时期,还取决于受害者所属种族,如对白人犯罪,刑罚会更重。所有这些因素是否被法官采纳作为判决的依据,由法官自由裁量。See M. C. J. Olmesdahl & N. C. Steytler, *Criminal Justice in South Africa*, JUTA & Company Limited(Cape Town), 1982, p. 153-159.

② See M. C. J. Olmesdahl & N. C. Steytler, *Criminal Justice in South Africa*, JUTA & Company Limited(Cape Town), 1982, p. 167-175.

疑人有望获得警告和释放的判决结果（当然是在情节较轻的情况下）；（2）犯罪嫌疑人是否处于醉酒状态或被他人挑衅而还击；（3）受害者的种族因素，已如前述；（4）犯罪嫌疑人的职业，作为白领阶层和技术工人的犯罪嫌疑人，往往不会被判处拘禁或仅被判处较短期限的拘禁；（5）袭击行为的目的，如果袭击的目的是实施谋杀或强奸，则加重刑罚几乎是不可避免的。①

四、南非民商事经济法律制度

（一）南非民商事经济法律制度的历史渊源

如前文所述，南非法是一种混合型的法律体系，相应地，南非民商事经济法律和其他法律部门一样历史渊源极为复杂。概括而言，南非民商事经济法律的历史渊源，如同南非刑法一样，主要有三个方面，即罗马-荷兰法、英国法以及本土法。

（二）南非民商事经济法的效力渊源

就南非民商事经济法的效力渊源来说，虽然其表现形式多种多样，但是归纳起来，主要有以下三种，即制定法、判例法以及习惯法。

1. 制定法

南非现行有效的民商事经济立法主要有：

（1）民法方面主要有1913年《土著人土地法》（Natives' Land Act）、1936年《破产法》（Insolvency Act）、1955年《不动产责任法》（Estate Duty Act）、1965年《不动产管理法》（Administration of Estates Act）、1994年《土地回归权利法》、1998年《债务托收法》（Debt Collectors Act）、1976年《商业惯例法》（Trade Practices Act）、1980年《信贷协议法》（Credit Agreement Act）、1961年《婚姻法》（Marriage Act）、1979年《离婚法》（Divorce Act）、1997年《婚姻扩展法》（Marriage Extension Act）、1998年《习惯婚姻承认法》（Recognition of Customary Marriages Act）和1965年《民事诉讼证据法》（Civil Proceedings Evidence Act）等。

（2）商法方面主要有1984年《封闭公司法》（Close Corporations Act）、

---

① See M. C. J. Olmesdahl & N. C. Steytler, *Criminal Justice in South Africa*, JUTA & Company Limited (Cape Town), 1982, p. 187-190.

1973 年《公司法》(Companies Act)、[①]1998 年《短期保险法》(Short-term Insurance Act)、1998 年《长期保险法》(Long-term Insurance Act)、1997 年《非营利组织法》(Non-Profit Organisations Act)、1996 年《全国小企业法》(National Small Business Act)等。

(3)经济法方面主要有:竞争法方面有 1998 年《竞争法》(Competition Act)和 1997 年《抽彩给奖法》(Lotteries Act);消费者权益保护方面有 1988 年《消费者法》[Consumer Affairs(Unfair Business Practices)Act];银行金融方面有 1990 年《银行法》(Banks Act)和 1968 年《高利贷法》(Usury Act);证券法方面有 1998 年《内部交易法》(Insider Trading Act)和 2000 年《促进信息披露法》(Promotion of Access to Information Act);财税法方面有 1962 年《所得税法》(Income Tax Act)、1968 年《印花关税法》(Stamp Duties Act)、1998 年《退休基金征税法》(Tax on Retirement Funds Act)、1998 年《不记名证券征税法》(Uncertificated Securities Tax Act)、1991 年《附加税法》(Value-Added Tax Act);劳动法方面有 1995 年《劳工关系法》(Labour Relations Act)、1997 年《就业最低保障法》(Basic Conditions of Employment Act)、1998 年《公平就业法》(Employment Equity Act)、1998 年《技能发展法》(Skills Development Act)、2001 年《失业保险法》(Unemployment Insurance Act)、2002 年《失业保险分摊法》(Unemployment Insurance Contributions Act);环境保护方面有 1973 年《危险物资法》(Hazardous Substances Act)、1989 年《环境保护法》(Environment Conservation Act)、1998 年《全国环境管理法》(National Environmental Management Act)、1998 年《国家森林法》(National Forests Act)、1998 年《国家水法》(National Water Act)等。

2. 判例法

目前,在南非具有约束力的判例法数量巨大,种类多样,内容丰富,包括自 1652 年以来南非各个历史时期各级各类法院业已作出,且与 1996 年南非宪法不相抵触,迄今仍具法律效力的判决中所包含的法律原则或者规则。

---

① 南非公司法的详细情况可参见石桂峰、刘振宇等:《南非:税收与公司法律的变化》,载《涉外税务》2000 年第 10 期。

3. 习惯法

南非习惯法在民商事经济法律领域的作用，主要表现在婚姻家庭继承方面。近年来，南非立法机关通过国会立法，正逐步将私法领域的南非习惯法成文化，以求加强相关领域的权利保护（主要是加强保护黑人弱势群体的利益），如1998年南非国会通过的《习惯婚姻承认法》就是一个显著的例子。

（三）外商投资法律制度①

南非规范进出口贸易的主要法律是《国际贸易管理法》，其他相关法律包括《海关与税收法》《消费者事务法》《销售和服务事务法》等。南非国际贸易管理委员会（ITAC）还制定了反倾销、保障措施、反补贴、进出口管制、关税调查等规章。

南非贸易工业和竞争部（DTIC）是负责管理外国投资的主要政府部门，负责制定和审查关于竞争、消费者保护、公司和知识产权、公共利益监管领域的法律体系。其下设投资南非部（Invest SA）具体负责吸引外资等事宜。

南非各省还设有省投资促进局（PIPA），各省商会、协会均设有负责投资促进的相关机构。其他投资管理部门还包括：南非税务总署（SARS）、南非国家经济发展和劳工委员会、地区工业发展委员会等。

南非经济开放，鼓励外国投资，主要吸引外国投资的领域包括：采矿和选矿、可再生能源和能源、金砖国家贸易和发展风险库、汽车、基础设施、石油天然气、信息通信技术、机场/港口等交通枢纽项目、铁路/公路等交通基础设施项目、农产品加工。

南非政府鼓励外国直接投资，但是，南非政府要求外国直接投资对南非经济产生的收益与成本之间取得平衡。因此，在发行许可证和国家招标中，公共利益因素越来越多地成为批准或拒绝外国直接投资的标准。公众利益的考虑因素多种多样，包括需要保护本地工作，促进本地化并增强小型企业竞争力，保障历史上处于弱势地位的群体的权利。广义基础黑人经济振兴法案（B-BBEE）旨在通过变革性措施来纠正种族隔离的不平等现

① 以下内容，引用自商务部国际贸易经济合作研究院等：《对外投资合作国别（地区）指南 南非》（2021年版）。

象,增强黑人(以及某些指定的南非人群体)对南非经济的参与。

南非关于外国直接投资的法律主要包括《投资法》和《竞争法》,以及关于中小企业、劳动关系、公平就业、技能发展等的法律法规。其中,《投资法》将"投资"定义为:

1. 投资者根据南非法律建立、收购或扩张的以营利为目的的任何合法企业;

2. 持有或收购该企业的股份、债券或其他所有权工具;

3. 该企业对南非以外的另一企业的投资行为,且该控股、收购或合并对以上两份点中的投资产生影响。

不论拟议投资的性质如何,《投资法》均不强迫对外国直接投资进行审查。但是,2019 年年初通过的《总统修订法案》规定,涉及国家安全时,允许总统阻止涉及外国企业收购南非企业。

(四)南非环境保护法律制度

南非环保主管部门是环境事务部,并在各省设立办事机构。与环境有关的其他政府机构包括矿业部、能源部、水务部、卫生部、农业部、劳工部等。这些部门是国家环境协调委员会的成员,在制定和执行国家环保标准方面协调行动,相互监督,形成了严密的环保机制。

南非的基础环保法规包括:《国家环境管理法(1998 年)》《国家环境管理:空气质量法》《国家遗产法》《海洋生态资源法》《国家森林法》《国家草原及森林防火法》《国家公园法(修正案)》《湿地保护法案》《濒危物种保护法案》《国家统一废物管理战略》《国家水法》等。

《国家环境管理法(1998 年)》是南非环境管理的一般法,确立了环境保护的基本原则:合作决策,可持续发展和环境管理最佳实践,一体化管理,以社区为基础的环境决策、预防,"污染者付费"等。

2019 年 6 月,南非《碳税法案》(Carbon Tax Act)(2019 年第 15 号法)生效。法案对各阶段税率和特定行业免税额度作出了规定,旨在以可持续、高效率和负担得起的方式减少温室气体(GHG)排放。

1. 环评机构

对于环评机构,申请人须委托具有资质的、独立的环境评估师进行项目环保授权申请,并向其提供所有必要信息(即使这些信息对申请人不利)。环境评估师的职责包括:代表委托人向环境主管部门提出申请、起草评估报告、履行对公众的通报义务、充分考虑公众意见等。

2. 环保授权

环境评估报告是政府环境主管部门决定是否赋予环保授权的重要依据。根据项目对环境影响的不同程度，评估报告分为基本评估报告（Basic Assessment）和环境影响评估报告（Environment Impact Assessment，EIA）两类。基本评估报告适用于满足简易程序的一般项目清单。在基本评估报告、公众评议记录等文件齐备的情况下，环境主管机构一般在30日内决定是否赋予环保授权。

对环境具有潜在重大影响清单中的项目，或在环境主管部门难以依据基本评估报告作出决定的情况下，申请人须提交更全面的EIA，评估项目的替代方案，全面评估对环境的影响程度，提出缓解措施等，有时还需另请专家提出专题研究报告。在收到EIA等文件后，环境主管部门须在60日内决定该报告是否符合条件、是否需要修改或者须经外部专家审议。如EIA符合条件或者收到专家评议意见后，环境主管部门须在45日内决定是否赋予环保授权。

在环境主管部门作出是否给予环保授权决定后，申请人或其他相关方可在收到通知后10日内通知主管部门是否提请行政复议，在随后30日内提出正式申请。

（五）知识产权法律制度

南非在1928年签订了《伯尔尼公约》，南非是多个知识产权保护国际协定和公约的成员方。知识产权法律体系主要包括《专利法》（1978年）、《商标法》（1963年制订，1971年修改）、《版权法》（1978年）、《设计管理法》（1967年）。这些法规都由南非专利局管理和执行。

1. 专利保护

在专利保护方面，根据南非《专利法》，一般来说，如果一项专利具备新颖性、创造性和实用性这3个条件，就能被认定为一项发明。1978年的《专利法》规定，如果一项专利具有创造性并且能应用到商业、工业或农业，就可被视为新发明。

南非的专利权赋予专利所有人禁止他人制造、使用、运用、处置、提供、转让或进口专利权所有人发明的权利。侵权包括各种形式使用专利发明的行为，包括私人使用，以及生产、销售、提供销售或进口包含专利技术的物品。专利所有权人若想使其发明商业化,须确保其没有侵犯他人的专利权。

专利的有效期为自提交专利申请之日起20年,在此期间专利所有人或其代理人需缴付规定的费用,在提交申请的第三年之后需每年缴纳相关费用,否则专利权将会失效。

2. 商标保护

在商标保护方面,南非遵循《尼斯国际分类》(第9版),规定商标可在45个种类和类别下注册,其中货物注册有34种,服务注册有11种。

从提交申请之日算起,目前注册一个商标需要3~6个月。如果对于该商标申请没有有效的异议,则该申请能成功地进行注册,有效期为10年。只需交纳规定的续展注册费,商标有效期可以10年为单位无限期延长。

在南非也可以注册服务商标。服务商标可以解释为某种服务的表现方式。

3. 著作权保护

在著作权保护方面,南非没有正式登记注册著作权的程序,但是电影有注册版权的程序。

如世界上大多数国家一样,在南非,著作权也不是必须要注册的。跟专利、商标、已注册的工业设计不同,一旦作者以某一具体形式创作出某作品后,该作品的著作权就自动归作者所有。著作权的有效保护期包括作者终生及死后的50年(与欧盟和美国的70年不同)。

4. 工业设计保护

在工业设计保护方面,某样物品的外观结合视觉与美学的效果,依照1993年制定的《设计法》第195条规定,可依法申请设计权,受设计法的保护。与以往类似的设计相比,该项设计必须能够展现新创意。设计可分为美学设计与功能设计两大项。任何人都可以申请设计权,无须聘请律师代为申请。美学设计的设计权有效期长达15年,功能设计有效期为10年。有效期截止后,可缴费申请重新恢复设计权。

5. 知识产权侵权的相关处罚规定

当权利人发现知识产权权利受到侵犯,或即将被侵犯,为确保知识产权权利得到尊重,需要阻止未经授权的使用,遏止未来的侵犯,并弥补侵权行为造成的损害。知识产权执法可能涉及民事诉讼程序,提供补救措施。

此外,通过调解或仲裁、刑事制裁、海关执法也可以保护知识产权。从本质上讲,知识产权是私权利。因此,寻求补救措施,保护权利人的权利是首要责任。在严重情况下,尤其是该侵犯知识产权行为属故意且用于商业用途,将被认为是犯罪,有关当局将采取行动。

(六)劳动法律制度

南非劳动法律法规包括《劳动关系法》(Labor Relations Act)、《基本雇佣条件法》(Basic Conditions of Employment Act)、《平等雇佣法》(Employment Equity Act)、《技能提高法》(Skills Development Act)和《技能提高费用法》(Skills Development Levies Act)。上述法律赋予工会组织很大的权力,外国投资者应慎重处理劳资关系,包括职工待遇与解雇等问题,否则容易引起罢工。2018 年 5 月,南非国民议会通过了 3 部旨在保护劳工权益的法案,分别是《最低工资法案》、《就业基本条件修正案》和《劳资关系修正案》。上述法律法规对劳动者的工作时间、最低工资和休假制度等有明确规定。

全职工作的最低工作年龄为 15 岁,或最低离校年龄,以较高者为准。在雇员未同意的前提下,雇员每星期工作时间不超过 45 小时,每日工作时间不超过 9 小时。若雇员年收入超过 16,500 美元,则不受以上条件限制。若雇用仍在上学的儿童,每周工作时间不得超过 20 小时。

南非政府按照不同工种,根据各地方行政区经济发展水平,制定了详细的最低工资标准,并写入劳动法,强制在南非的所有单位、机构或公司按法律规定执行。

普通工人最低工资标准因工种各异有所不同,按平均标准计算,第一年最低月工资 135 美元,此后随工龄增长逐步增加。2018 年 11 月 23 日,南非总统拉马福萨签署国家《最低工资法案》,于 2019 年 1 月 1 日生效。该法案规定每小时最低工资标准为 20 兰特。

根据南非《移民法》和《外国人管理法》,外国人只有持有内政部签发的“工作许可证”,并在“工作许可证”规定的单位工作才是合法的。政府对引进外籍劳工严格限制。原则上,能在当地找到合适人选的就业机会不能向外国人提供。因此,南非的各个行业,尤其是非技术和半技术领域,就业机会有限。

南非需要外国人工作的岗位主要有电话接线中心的经理、医学工程师、生物技术人员等。外国申请者只要符合要求,90 天内即可获得进入南非工作的许可证。只要持证者继续从事相关行业的工作,即使另换单位,其工作许可证也将继续有效。

(七)税收法律制度

税收是南非财政收入的主要来源。税种主要分直接税和间接税。直接税包括所得税、资本收益税等;间接税包括增值税、消费及进口税等。按征收对象可分为所得税、流转税、财产税等。

南非税种以直接税为主,实行中央、省和地方三级课税,税收立法权和征收权主要集中在中央,税款也主要由中央征收。其主要税种有公司所得税、二级公司所得税、个人所得税、增值税、遗产和赠予税、资源税、证券转让税(以上由中央征收)及工资税、失业保险基金、土地和财产转让税、股息税(由省和地方征收)等。

南非采用"属人原则"和"属地原则"对所得征税。对居民企业,就其来源于南非境内和境外的所得征税,对非居民企业,仅就其来源于南非境内的所得征税。

南非税务总署负责大部分税种的征收和管理,地方税务局(RSC)负责营业税和薪资税等的征收。

2021 年年初,南非财政部发布 2021/22 财年预算报告,在税收方面寻求进一步减轻纳税人负担,主要提出如下税收政策建议:2022 年 4 月 1 日以后的纳税年度,企业所得税税率将下调至 27%,个人所得税起征点提高 5%至 87,300 兰特,该增幅高于通胀水平,配套提供 22 亿兰特的个人所得税收减免;具体产品税收方面,燃油税每公升调高 27 分,烟酒产品消费税提高 8%。

在公司所得税方面,应税公司根据其分类不同,实行不同的公司所得税率。

1. 普通公司(非矿业)包括分支机构所得税基本税率为 28%,并对公司股息、红利等征收 10%的二级公司所得税,公司所得税综合税率约 33%,略高于国际水平。

2. 年营业额在 100 万兰特以内的微型企业,可选择简易办法征收流转税,以代替所得税、增值税等。流转税采取累进税率:应税收入在 15 万兰特以内部分,按零税率纳税;应税收入在 15 万~30 万兰特的部分,按 1%税率纳税;应税收入在 30 万~50 万兰特的部分,按 1500 兰特+总额的 2%纳税;应税收入在50万~75万兰特的部分,按5500兰特+总额的5%纳税;应税收入在75万兰特以上部分,按1.55万兰特+总额的7%纳税。

3.年营业额在1400万兰特以内的小企业,其公司所得税按累进税率征收:应税收入在70,700兰特以内,按零税率纳税;应税收入在70,701~365,000兰特,按7%应税收入纳税;应税收入在365,001~550,000兰特,按20,601兰特+28%的应税收入纳税;应税收入超过55万兰特部分,按59,451兰特+28%的应税收入纳税。

4.非居民企业在南非所设分支或代表机构按33%税率缴纳企业所得税。

5.矿业公司、保险公司等所得税率另有规定,金矿公司所得税率比较特殊,其税率与公司的应税收入和营业额之比挂钩。外国公司在南非的分公司要缴36.5%的公司税,但免缴二级公司所得税。基金(特别基金除外)按45%税率纳税。

南非的个人所得税实行累进税率。2020/21财年(2020年3月1日至2021年2月28日),65岁以下个人,其个税起征点为83,100兰特;65岁(含)至75岁个人,其个税起征点为128,650兰特;75岁(含)以上个人,其个税起征点为143,850兰特。

南非增值税属于间接税,包含在南非境内销售的所有货物和服务价格中,税率为15%。所有商业实体,包括外国实体在南非的分公司所提供的商品和服务,均须缴纳增值税,出口商品和某些产品及服务的增值税为零。

南非的财产转让税的征收对象包括转让土地及固定装置、土地实物权、矿产权、股权,按购买价和公平市场价两者间高者征税。对自然人和法人所购财产采取0~13%的累进税率。

在失业保险金方面,南非没有社会保障税。雇主必须为年报酬不超过88,140兰特的雇员支付"劳动者赔偿保险"。如果雇员年薪不超过76,752兰特,雇主和雇员双方都必须向国家缴纳"失业保险金"。

在证券转让税方面,对上市和非上市证券的购买和转让统一按0.25%的税率征收证券转让税。

南非遗产税的税率为20%。须缴纳遗产税的财产包括动产和不动产、购买保险所得收入、退休金、银行存款等。债务及对慈善、教育和宗教机构的某些遗赠可以免交遗产税。

南非的捐赠税为二级税率,纳税年度累计财产捐赠不超过 3000 万兰特的部分税率为 20%,超出部分税率提高至 25%。自然人每一纳税年度可享受 10 万兰特的免征额。如果纳税人不是自然人,则捐赠税免征额仅限于每年不超过 1 万兰特的临时礼品。上市公司免征捐赠税。

南非的技能发展税自 2000 年 4 月 1 日起征收,用于为发展教育和加强技能培训筹资。年支付工资超过 50 万兰特的企业,需缴纳其工资总额 1% 的技能发展税,劳工部将所得税款的 80% 拨给 23 个行业教育培训机构(SETAs),将 20%拨给国家技能基金(NSF)。SETAs 将其中的 50%返还给企业用于职工技能培训,10%用作行政管理经费,20%可任意支配,如用于帮助未缴技能发展税的小企业员工提高水平等。

南非的燃油税包括燃料费和消费税两部分,会根据国家的具体经济形势和国际能源价格不断调整。

南非的钻石出口税自 2008 年 11 月 1 日起征收,所有生产者、销售者、许可证持有者从南非出口未经打磨的钻石时征收此税,税率为钻石总价值的 5%。

南非的飞机乘客离境税自 2000 年 11 月 1 日起征收,若离境目的地为南部非洲关税同盟内国家,该税会有不同程度或轻微程度降低。若离境目的地为南部非洲关税同盟外国家,每张机票征收 190 兰特;若离境目的地为博茨瓦纳、莱索托、纳米比亚和斯威士兰,每张机票征收 100 兰特。

南非和全球 77 个国家(地区)签署了避免双重征税协定,包括中国。南非是《实施税收协定相关措施以防止税基侵蚀和利润转移(BEPS)的多边公约》签署国,并和澳大利亚、日本、英国等国家签署了双边协议。

2020 年 10 月,南非议会预算办公室(PBO)表示,受新冠疫情封禁措施和其他经济因素影响,南非正面临严重的税收缺口。此外,商业活动持续数字化、税基侵蚀和利润转移等因素也对税收来源产生了负面影响,为此,南非政府正考虑对税收措施进行改革以在中期增加财政收入。PBO 强调了引入数字税的可能性,并表示除了对数字经济活动产生的消费和收入征税外,政府还可以从跨境数字经济活动的关税中获得额外收入。

南非《碳税法案》于 2019 年 6 月 1 日生效。南非海关税务署负责管理和征收碳排放税。根据 1964 年《关税和消费税法案》(Customs and Excise Act)和 2019 年《碳税法案》的相关条款,碳税作为一种环境税进行评估、征收和执行。第一阶段碳税税率为每吨二氧化碳排放量 120 兰特。在 2022 年之前,这一比率以每年 2%的幅度增加,此后每年以通货膨胀率为依据对税率进行调整。

五、南非司法制度

(一)南非司法制度概述

现代南非的司法制度仍然以罗马-荷兰法的原则为基础,并加进了英国法律在立法和判例方面的影响。后者对南非司法制度的影响尤为显著,早在 1827 年至 1834 年,南非就采取了英国法院的模式、陪审团制度、英国刑事诉讼法和证据法,并且任命英国法官,培训英式律师,使用英语作为法院正式语言及使用英国的法律推理等。另外在南非,当地土著人固有的习惯法在土著人当中一直发挥着作用,直至现代。这些历史和现实的因素,都对现今南非司法制度的形成产生了一定的影响。

新南非的司法制度是从南非种族隔离时期的司法制度的基础上发展起来的,随着南非民族和解进程的完成,民主政权建立后,司法制度也必然发生相应的变化。临时宪法和正式宪法都用专章对司法制度作出了原则规定。重建和发展计划则对司法制度的改革提出了六大政策目标:(1)保证对所有人民的公正;(2)促进社会的和平与安全;(3)保护基本人权;(4)在种族和性别上更具有代表性;(5)促进对法律的尊重;(6)促进可信赖性、可接近性和恢复合法性。①

南非临时宪法和正式宪法确立了南非司法制度的基本原则。

1. 司法原则

宪法规定:(1)司法权由根据宪法和其他法律建立起来的法院行使;(2)司法服从于宪法和法律;(3)任何个人和国家机关都不得对司法人员行使其职权进行干预。正式宪法除保留这 3 项原则性的基本内容并作一定的修改外,又增加两项:国家机关必须采取立法和其他手段,来协助和保护法院,以保证其公正、尊严、可接近性和有效性;法院发布的命令和判决,对其适用的个人和国家机关具有约束力。上述规定表明,司法原则的基本

① 参见夏吉生等著、俞可平主编:《当代各国政治体制:南非》,兰州大学出版社 1998 年版,第 192 页。

含义就是:司法机关依据宪法和法律的规定,独立地不受任何干预地行使其权力和履行其职责。①

2. 法律面前人人平等原则

南非宪法把平等权列为人民的第一项基本权利,明确规定,人人在法律面前都是平等的,都得到法律的平等保护。

从以上两条原则,还可以引申出司法机关在工作中必须依法办事的原则和保持不偏不倚的公正立场原则。南非新宪法对此也作出了明确规定。②

(二)南非司法机关

南非的司法机关主要包括审判机关、检察机关、司法行政管理机关和其他司法组织。

1. 审判机关

审判机关主要包括宪法法院和普通法院系统,另外还包括酋长法庭(实施习惯法的法院)。普通法院系统包括最高法院和各类下级法院。临时宪法规定,最高法院由上诉法院和若干省法院、地方法院组成。此外,最高法院还包括省法院法官主持的巡回法院及特别设立的专门高等法院。下级法院包括地区法院、治安法院等。正式宪法对新南非的普通法院系统作了变动,主要是取消了原有的最高法院组织形式,改为分别设立最高上诉法院和若干高级法院。因此,新南非的法院体系包括:宪法法院;最高上诉法院;高级法院;地区法院、治安法院和其他法院。现根据正式宪法的规定介绍如下:

(1)宪法法院。主要管辖一切涉及解释、保护和实施宪法的争议,可以对宪法问题以及与宪法有关的问题作出判决。宪法法院由一名院长、一名副院长和9名法官组成。其中,院长、副院长由总统与司法服务委员会及国民议会中的党派领袖磋商后任命,法官则由总统与院长及国民议会中的党派领袖磋商后任命。

(2)最高上诉法院。它是普通法院体系内的最高级别法院,受理除宪

① 参见韩大元主编:《外国宪法》,中国人民大学出版社2000年版,第374页。

② 参见夏吉生等著、俞可平主编:《当代各国政治体制:南非》,兰州大学出版社1998年版,第194页。

法问题以外的任何上诉案件。它的管辖范围是：上诉案件；同上诉案件有关的案件；由议会法案规定由它受理的任何其他问题。它由一名大法官、一名副大法官和若干名由议会法案决定的上诉法官组成。大法官和副大法官由总统与司法服务委员会磋商后任命，其余的法官由总统根据司法服务委员会的建议任命。

（3）高级法院。南非各省或重大的市设高级法院。高级法院负责重大案件的一审和下级法院的上诉审。

（4）地区法院、治安法院和其他法院。地区法院和治安法院是处于高级法院下一级的基层法院。

其他法院依据议会立法设立，包括地位相当于高级法院和治安法院的法院。①

2. 检察机关

南非宪法规定，代表国家对刑事案件提起公诉的检察权授予检察长，各级检察长独立行使职权，在管辖范围内可以对任何人提起公诉，不受行政机关干预。正式宪法对新南非的检察长体制作出了一定变动，即将原来的检察长和公诉人系统改为设立一个总公诉长作为全国检察系统的领导人，其下有若干公诉长和公诉人。总公诉长由总统任命，公诉长和公诉人由法律规定。检察机关有权代表国家制定刑事程序，并行使伴随该刑事程序所必须的任何职能。国家法律必须保证公诉长是合格的并对其职权范围内的工作负责；必须保证检察机关在履行职责时没有畏惧、偏袒和歧视。

3. 司法行政管理机关和其他司法组织

司法行政管理工作主要由中央的司法部和地方各级的司法行政管理部门来承担。司法部首先负责各级法院的行政管理，保证法院体制有足够的资源以便公正和有效地工作；同时，从立法上为宪法要求建立的机构以及民事司法管理体制提供行政支持。司法部的工作还包括：对公诉人、治安法官和其他司法人员等进行培训，以提高其水平；制定控告司法人员的程序；让司法人员以外的人参加法院的审判工作等。这些工作需要由国家法律作出规定。

---

① 参见夏吉生等著、俞可平主编：《当代各国政治体制：南非》，兰州大学出版社 1998 年版，第 197-199 页。

在南非,监狱和犯人改造工作不是由司法部来管理,而是另设一个部门来负责,这就是教育改造部。南非的监狱曾因为充当种族主义统治者的镇压工具,野蛮虐待犯人而臭名远扬,纳尔逊·曼德拉被囚禁 27 年就是明证。新南非建立的监狱虽然仍是犯人服刑之处,但更强调对犯人的教育改造。犯人在监狱中受到扫盲教育、常规教育和各种技术培训,还有社会工作服务、心理服务和宗教关怀,使他们出狱后掌握谋生之道且身心健康,能够重新融入社会。

南非的司法服务委员会由大法官、宪法法院院长、首席法官、负责司法行政工作的内阁成员以及人数不等的律师、法学教员、议会两院议员和代表、总统指定人员等组成,就有关司法或司法行政的问题向中央政府提出建议,也可以就各级法官的任命和罢免事项提出建议。此外,还有法律援助局、法院规章局等司法组织。

(三)律师制度

律师制度是南非司法制度的重要组成部分,在南非行之已久。南非的律师分为两大类,即出庭律师和诉状律师(Attorneys)。出庭律师是高级律师,具有严格的专业学历和资历,有资格在最高上诉法院和其他各类法院出庭,也可以在接受诉状律师的延请后才在法庭出庭辩护。诉状律师是初级律师,学历和资历都较浅,主要从事起草契约、遗嘱、财产和土地转移等一般法律业务工作,但也可以代表当事人在低级法院出庭。诉状律师必须经历见习期。但是,自 1995 年 5 月起,成为诉状律师的规定有所放宽。1993 年《诉状律师修改法》提供了成为诉状律师的其他途径,其中之一是,如果能够具有该法要求的某种学位,则可免除见习期的服务,但即使如此,也还须有至少 5 年的适当的法律工作经验。1995 年议会通过的《出庭权利法》除认可出庭律师可在任何法院出庭外,也将此项权利扩大到某些诉状律师在规定的情况下可以在高级法院出庭。诉状律师如果希望代表当事人在高级法院出庭,需要向省法院的登记处申请。如果获得此项权利,也可在宪法法院出庭。①

南非还设有国家法律顾问和国家律师,为国家机关的法律事务服务。

① 参见韩大元主编:《外国宪法》,中国人民大学出版社 2000 年版,第 376 页。

（四）习惯法和酋长法庭

南非还存在传统的酋长制度，从而土著人固有的习惯也同时传了下来。南非过渡时期“制宪原则”、临时宪法和正式宪法对传统领导人的地位和作用及习惯法的有效性都予以承认。正式宪法第211条明确规定：“在遵从宪法和任何专门处理习惯法的立法的情况下，当习惯法适用时，法院必须适用。”这是南非司法制度的一个特色。实施习惯法的法院成为酋长法庭。一个受到委任的黑人酋长或其代理人可以按照习惯法在其管理区域内审理黑人之间的民事诉讼案件，这种诉讼程序是非正规的。同时，当事人也可以就酋长法庭或治安法院作出选择，如果对酋长法庭的判决不服，还可以向治安法院申诉。在刑事诉讼方面，除有关法律特别规定的某些严重犯罪外，酋长法庭也有权审理并作出判决，但不能影响其他合法法院对刑事案件的审判。现在，习惯法主要在广大农村地区流行，一些黑人部族成员在婚姻、继承和监护等方面仍然遵循这些古老的习惯法。[①]

（五）南非法院对外国法院判决的承认和执行

新南非成立后，同其他国家的民商事交往日益增加。在国际民商事交往过程中必然会产生大量的民商事纠纷，在运用司法手段解决纠纷的情况下，不可避免地会出现对外国法院判决的承认和执行问题。对外国法院判决的承认和执行具有重要意义，它直接决定着当事人权益的实现与否。南非法深受普通法和大陆法的影响，最终成为典型的“混合法”，因此，南非法院对外国法院判决承认和执行的理论基础也是含混不清的。[②] 目前南非法院对外国法院判决内容的是非不再进行详细审查。不过，外国法院判决要在南非得到承认和执行，首先必须符合三个条件：(1)作出判决的外国法院具有管辖权；(2)该判决的承认和执行不得违反南非法的自然公正原则；(3)该判决不得与南非的《商业保护法》相冲突。[③]

---

① 参见夏吉生等著、俞可平主编：《当代各国政治体制：南非》，兰州大学出版社1998年版，第208页。

② 现在南非法院的判例中大多数情况下用明示或暗示的形式采用既得权理论，但有时又采用“重大关系”理论。既得权理论认为，为了保证国际民商事法律关系的稳定性，一国对于依外国法确立的权利也应加以保护，这种保护不是基于对外国法域外效力的承认，而是对依外国法取得的权利的承认和保护。所谓“重大关系”理论，是指涉及特殊问题时，如果该国同所发生的事和当事人之间存在重大关系，应承认和执行外国法院判决。

③ 参见朱伟东：《南非法院对外国判决的承认和执行》，载《西亚非洲》2001年第3期。

六、南非种族主义法律制度

(一)南非早期种族关系的演变及种族隔离制度的确立

南非种族关系的演变可分为三个阶段:第一阶段是1652年以前,南非种族关系正常时期;第二阶段是1652~1978年,南非种族关系失常,种族主义从萌芽到合法化、系统化时期;第三阶段是1978年国民党博塔政府上台改革到现在,种族关系日趋正常化时期。

南非最早的土著居民是科伊桑人和班图人。在殖民者到来之前,桑人从事狩猎采集,处于父系氏族阶段,人口约2万人,分布于南非大部分地区。科伊人是从桑人中分化出来的,在与班图人接触中完成了从狩猎采集向畜牧经济、从采食向产食的过渡,形成了初步的部落酋长制。其规模比桑人大20~50倍,人口约10万人。桑人与科伊人统称为科伊桑人,广泛分布于从大西洋到印度洋、从林波波河到开普敦的广大地区。班图人起源于今天喀麦隆的贝努埃河高地。公元2~3世纪,最早一批班图人越过林波波河,迁徙到今日南非。班图人为南非带来了绵羊和铁器,从事牧农混合经济。17世纪初,班图人到达大鱼河地区,人口迅速突破100万,并形成了许多不同的部落联盟。早在11世纪,科伊桑人和班图人已产生交换关系,班图男子和科伊桑女子结婚的现象也日渐增多。在近代西方殖民者入侵之前,南非土著科伊桑人和班图人之间的种族关系是非常融洽的。①

1652年是南非历史上的转折点,南非种族关系从此进入长达300多年的失常时期。如前文所述,1652年4月7日,范里贝克率领荷兰殖民者在开普登陆,建立起第一个南非殖民地,随后殖民者就大量侵占当地科伊桑人的土地,并开始使用黑人作为奴隶,同时还从亚洲输入中国契约华工和马来奴隶。随着开普殖民地的不断扩展,开普当地的土著居民——科伊人和桑人或沦为殖民者的奴隶或被消灭。1815年英国最早占领开普殖民地后,开始使用自由资本主义方式掠夺非洲人土地和劳动力,迫使布尔人(荷兰殖民者后裔)从1836年开始越过奥兰治河,进行旨在大规模无偿占有非洲黑人土地的大迁移。不久图盖拉河以南土地几乎全被布尔人占领。而该地区无数无家可归的班图人被送进布尔人设立的特居地。布尔人迁走

① 参见包茂宏:《南非种族关系的演变及其发展趋势》,载《西亚非洲》1994年第3期。

后余下的土地由英国殖民者独占，当地失去土地的班图黑人被赶进“保留地”。如此今日南非的种族格局基本形成。南非最古老的土著——科伊桑人被白人殖民者征服了；而定居南非200多年的荷兰殖民者与母国关系中断，特别是深入内地的布尔人祖国观念更为淡薄，他们开始讲一种吸收了土著语言特点的荷兰语即阿非利卡语，逐渐形成了一个独立于荷兰人之外的阿非利卡民族。阿非利卡人与英裔白人共同掌握着南非殖民地的统治权。这样，南非的种族关系就由科伊桑人和班图人正常相处演变为白种人统治非白种人（主要是黑人、亚裔人和混血人），南非种族关系失常。

南非英裔白人和阿非利卡人虽有冲突，但都在土地扩张和掠夺战争中催生了种族主义。南非白人种族主义者从《圣经》中为种族歧视寻找依据，认为黑人是含（诺亚的次子）的子孙，因为偷看其父诺亚的裸体而被贬为奴仆，因而黑人只能是白人的奴仆。同时，布尔人还常把自己比为上帝拣选的“优秀民族”，仿照《出埃及记》的故事，编造出上帝指引他们来到南非，又通过大迁徙摆脱英国的暴虐统治，并将非洲人交由他们役使的种种神话。[①] 布尔人以此标榜他们的种族主义政策乃“天经地义”。这种种族优越思想在土地战争和役使奴隶劳动中得以加强。种族主义在经济上表现为非洲人大量失去世代居住的土地，被赶入“插花式”的特居地和保留地。非洲人若想谋生必须到白人农场做佃农，遭受剥削。在政治上表现为，黑人完全处于被统治地位。殖民地南非先后通过了《霍屯督条例》《学徒条例》《主仆条例》等，规定非洲人只能成为白人的奴仆，仆人没有人身自由和政治权利。1910年南非联邦建立后，特别是1948年南非国民党政府上台后，白人种族主义者提出了种族隔离的新理论，使种族歧视制度进一步系统化。他们认为，黑、白人生理结构不同，智商水平不同。黑人还有不同的生活方式和种族精神，要想使白人不被黑人玷污和淹没，只有施行一种维持在全体黑人和白人经济基础上的整体隔离政策即“班图斯坦”（Bantustan）制度（亦称“黑人家园”）。[②] 这一理论随着第二次世界大战后国民党在南非的长期执政而逐渐变成事实，到20世纪70年代中期南非政

---

① 参见李保平：《南非种族隔离制的理论体系》，载《西亚非洲》1994年第3期。

② 参见宁骚主编：《试论南非班图斯坦制度》，载《北京大学学报（哲学社会科学版）》1980年第1期。

府宣布数个“黑人家园”“独立”,南非种族隔离制度达到顶峰。

(二)南非种族主义法律制度的主要内容

“种族隔离”(Apartheid)是南非荷兰语(阿非利卡语)的一个单词,①原意是“分开;隔离、分开的存在和发展”。它是1948年南非白人政权为其种族政策定的正式名称,实际上它是指一种制度化的种族隔离、种族压迫和剥削的体制。② 简言之,种族隔离制度就是南非白人政权对占人口绝大多数的黑人及其他有色人种实行种族歧视和压迫的种族主义政策。

自1910年南非联邦成立至20世纪60~70年代,南非历届政府沿着种族主义的路线越走越远。在这一时期,南非政府颁布的有关种族隔离和种族歧视的法令数以千计,纵览这些法令,其主要内容有以下方面。③

1. 白人种族排他性地独揽政权

1909年南非第一部统一宪法《南非法》规定,只有白人能参与国家的政治生活,也只有白人才有资格在国家的行政立法和司法机构内供职。这部宪法剥夺了几乎所有非白人的选举权。1936年的《土著代表法》则剥夺了硕果仅存的开普黑人和有色人的选举权。保留地黑人的政治权利也受到控制。1922年的《土著事务法》、1927年的《土著政府法》、1937年的《土著委员会法》规定,保留地黑人不能随意集会,南非政府有权否定土著代表会议通过的决议、撤换保留地的酋长。进入矿山的黑人也没有应有的权利。1951年颁布的《班图权力机关法》废除了1936年成立的“土著委员会”;1959年的《班图自治政府法》进一步取消了非洲人选举白人作为自己代表进入参议院的权利。国民党政府推行“黑人家园”后,④非洲人实质上连南非国籍都难以保全了。

---

① See D. N. Dhanagare, *Apartheid-its Theory and Practice in South Africa*, India Quarterly: A Journal of International Affairs, Oct. 1, 1967, p. 338-361.

② 参见李保平:《南非种族隔离制的理论体系》,载《西亚非洲》1994年第3期。

③ 参见艾周昌等:《南非现代化研究》,华东师范大学出版社2000年版,第165-172页。

④ 根据1959年南非《班图自治政府法》规定,南非264个保留地的黑人和广大城镇黑人按语言和文化的不同,被合并为8个“黑人家园”并逐步成立自治政府,但南非政府任命的高级专员有权否定“黑人家园”的任何立法。1976年南非政府宣布特兰士凯“黑人家园”独立,但其国防、外交、信贷、运输等业务均由南非政府派来的总专员负责。“黑人家园”一旦宣布独立,其公民即失去南非国籍。

2. 剥夺非洲黑人的生产资料——土地

至1910年南非联邦成立时，非洲黑人只占有极小的保留地，而绝大部分土地已落入白人之手。当时保留地面积仅900万公顷，约占南非土地总面积的7.35%。1913年南非政府颁布的《土著人土地法》，不仅用法律形式使白人对非洲人土地的掠夺合法化，而且严禁非洲人在保留地以外占有或购买土地。

3. 施行严格的种族分离和种族住区隔离

1950年南非制定的《人口登记法》把南非居民划分为白人、有色人和土著人（又称班图人或黑人），其认定的依据主要以肤色为准。种族一旦认定，该居民的社会地位甚至其后代的命运也将由此确定。1949年南非颁布了《禁止通婚法》，次年又出台了《不道德行为修正案》，禁止白人与非白人之间的性关系，禁止不同种族之间的通婚，违反者可处7年以下有期徒刑，并罚作苦役。

实行居住区域的种族隔离是南非种族隔离制度的一项主要内容，1923年通过的《土著人法》，规定在白人城镇周围划定非洲劳工住区，并与白人居住区隔离开来，非洲人不得进入白人区，对非洲人实行宵禁。1957年颁布的《城市地区黑人统一法》规定，黑人进入白人居住区生活必须满足严格的限制条件，否则即视为违法，处以严厉处罚。1950年制定的《集团居住法》，在全国范围内划定各种族的各自居住区，每一种族成员必须按规定迁入指定区域生活。

4. 工业肤色壁垒制度

南非当局在工业中设置"肤色壁垒"，这是在经济上排挤黑人及其他有色人种的种族歧视和种族隔离政策，根据《矿业与工作法》（1911年）、《文明劳动法》（1924年）、《肤色壁垒法》（1926年）及《工业调解法》等，确定在工业部门中按照肤色招雇工人的规则，几乎所有高工资的技术工种的"文明劳动"全为白人保留，有色人种的工人则在从事工种、劳动待遇上受到公开的排挤和歧视，尤其是黑人只能承担报酬极低的、非技术性的"不文明劳动"。白人政权劳工部长可以为某一种族的成员在任何工业中保留任何类型的工作，如1957年白人政权劳工部便宣布在纺织业中为白人"保留"4万个职位。这项制度也称为"职业保留制度"或"有色人种差别待遇"。这是白人政权劳工部收买白种工人安抚"穷白人"的措施，使他们在劳动力市场上享有特权,而在经济危机期间首先让黑人作出牺牲。[①]

5. 通行证制度

通行证制度是起源于19世纪初的最早一次隔离制度。赫尔佐格政府上台后通过的《土著登记和保护法》又大大扩大了通行证制度的实施范围。1950年通过的《人口登记法》又空前强化了通行证制度的种族主义性质。它将南非人口划分为白人、黑人和有色人,当局据此迫使南非居民进行种族鉴定,登记人口,发放表明其所属种族和外貌特征的身份证,这种身份证成为南非居民随时接受检查的通行证件之一。1952年当局又实施《通行证法》,据此,寻找工作的黑人在一个城市里的逗留时间不能超过72个小时,每个16岁以上的黑人必须携带新发的内容详尽的身份证,否则要处以罚款甚至监禁。通行证制度既是控制黑人劳动力的一种残忍手段,又能剥夺黑人的迁移、旅行、居住、求职、辞职等一切行动自由。

6. "黑人家园"——种族隔离永久化的计划

1951年的《班图权力机关法》和1959年的《班图自治政府法》是推行"黑人家园"的两个基本法令。南非政府依此把南非人分为两个部分:其一,白人南非;其二,"黑人家园"。根据1959年南非《班图自治政府法》规定,南非264个保留地的黑人和广大城镇黑人按语言和文化的不同,被合并为8个"黑人家园"并逐步成立自治政府,后来"黑人家园"又增加到10个。白人南非和"黑人家园"的占地面积相差悬殊,占南非总人口14.1%的白人占有南非87%的土地。按南非当局的计划,所有南非黑人都必须根据其部族所属而归于某一"黑人家园"。"黑人家园"由自治走向独立,最终成为独立的"民族国家"。一旦"黑人家园"实行独立,那么"黑人家园"中的所有黑人也就同时失去了南非国籍,因为南非和这些"黑人家园"成了邻国关系。"黑人家园"中的黑人对南非而言,也就变成了外国人。"黑人家园"计划的用意是十分明显的,那就是把黑人彻底赶出南非,使南非成为真正的白人天下。为实施"黑人家园"计划,从1960年开始,大批黑人被强制迁入"黑人家园"。1976年南非政府宣布特兰士凯"黑人家园"独立,但其国防、外交、信贷、运输等业务均由南非政府派来的总专员负责。"黑人家园"宣布独立后,其公民即失去南非国籍。这样南非黑人在被剥夺了公民

① 参见余建华:《南非种族隔离制度的兴废》,载《史林》1997年第2期。

权后又被剥夺了国籍。至此，南非种族主义法律制度达到顶峰。①

南非的种族隔离制度，除了以上基本制度外，还有其他一些臭名昭著的种族主义法律。如规定不同种族接受不同教育、剥夺非洲人受教育权利的《班图教育法》(1953 年)和《扩大大学教育法》(1959 年)；鼓励地方当局对汽车、火车、饭馆、厕所、影院、公园、银行、邮局等公用设施实行种族隔离的《公用设施分别使用法》(1953 年)；旨在镇压一切抵制、反对种族主义的一切言行、一切组织或个人的《镇压共产主义条例》(1950 年)等。

(三)南非种族主义法律制度的终结及其对未来南非的影响

1978 年国民党博塔政府上台后，南非历史开始进入一个新时期，种族关系有所改善。20 世纪 70 年代后期，南非国内经济持续下滑，黑人反抗运动不断高涨，造成政局不稳；同时国际形势迅速变化，大批非洲国家获得独立，他们强烈反对南非的种族隔离政策，而英美等主要西方国家也相继对南非实施经济制裁，这使南非白人政权在国际上处于空前孤立的境地。在国内外形势压力下，南非政府曾放出要改革的信息。1978 年博塔总理在阿平顿演讲时表示要使现行政策适合变化中的环境，“使白人和黑人和解”，“不适应即灭亡”。博塔政府废除了 50 多项种族主义法令，颁布了“新宪法”。1989 年德克勒克当选总统后，通过和平手段，逐步取缔种族隔离制度，建立让黑人共享权利的新机制。

从政治关系来看，博塔改革根本不给黑人公民权利，继续鼓动“黑人家园”独立。但对城镇黑人允许其在符合条件下取得永久居住权，并通过选举成立城镇黑人委员会处理日常事务，待时机成熟施行地方自治。对黑人工人，博塔政府废除了《通行证法》《劳工法》等，允许黑人劳工流动，允许不同种族的人参加同一政党，允许黑人组织工会。1983 年南非议会通过“新宪法”，规定“黑人的公民权将在他们各自的家园实现”，但有色人和亚裔人可以与白人“分享权利”。议会实行“三院制”，设白人议院、有色人议院和亚裔人议院。议员分别由各自选民选举产生。有色人议员和亚裔人议员可以进入总统选举团和总统委员会，但只能管理本集团的教育、文化和社会福利等内部事务，无权过问防务、财政、外交、司法和工商等一般

① 有关南非“黑人家园”的详细情况可参见张忠祥：《“黑人家园”与南非经济》，载《浙江师大学报》1995 年第 6 期。

事务。

20世纪80年代后期德克勒克上台后,改革种族主义法律的进程大大加快。1990年2月2日南非政府宣布解除对非国大、泛非主义者大会和南非共产党等的禁令,实现了南非非白人的政治组织及其活动的合法化。同年2月11日又无条件释放了著名的黑人运动领袖纳尔逊·曼德拉。5月2日非国大与白人政府举行第一次正式会谈,这标志着南非种族主义制度的破产,白人与黑人300多年的对抗结束了,开始和平解决种族隔离问题。与此同时,1991年2~6月南非政府宣布废除了350多个种族主义法规。1994年4月27日南非举行第一次多种族大选,黑人领袖纳尔逊·曼德拉当选总统,在他执政期间南非种族主义法律得到进一步根除。1999年6月和2004年4月,南非举行了第二次和第三次不分种族的大选,非国大主席塔博·姆贝基两次出任总统,这就进一步巩固了南非种族平等的政治格局。

然而,需要指出的是,尽管南非人民从法律上废除种族隔离制度的事业无疑已经完成,但要实现真正的各种族政治、经济关系平等还需要南非各族人民的长期努力才行,①毕竟南非的种族主义政策已施行了300多年,由此而获得大量经济利益的白人不会轻易放弃自己的特权。另外,既存的社会财富早已分配完毕,如何重新分配也是事关南非社会政治稳定的大事。在南非新政府中占主导地位的黑人种族如何处理与白人种族的固有矛盾与现实冲突,也是摆在南非人民面前的一个迫切问题。

尽管如此,南非废除种族主义的壮举仍然在世界文明发展史上留下了辉煌的一笔。南非曾经是非洲种族主义的最后的顽固堡垒,也是非洲最重要的国家之一。南非种族关系的复杂、种族压迫的深重和种族冲突的激烈都是世界少有的。

---

① 南非前开普顿大主教、诺贝尔和平奖得主图图主教在他所著的《没有宽恕就没有未来》(中译本由上海文艺出版社出版)一书的中文版序言中就曾指出:“宽恕不仅要使自己从受害者的状态下解放出来,从而开创出新的人际关系;同时也要给予罪行的制造者以机会,让其认罪,从内心的愧疚、愤怒和耻辱中解脱出来。”

第三节　埃 及 法

一、当代埃及法概述

埃及国名全称是阿拉伯埃及共和国,大部分位于非洲东北部,北临地中海,东临红海,是亚、非、欧三大洲的交通枢纽,世界文化交融之点。埃及是四大文明古国之一,古代法老统治时期长达 3000 多年,但是历史上埃及曾多次受到外族的侵略,埃及人民先后历经了波斯人、希腊人、罗马人、阿拉伯人、土耳其人等民族的统治,1882 年埃及沦为英国的殖民地,直到 1952 年推翻法鲁克王朝,建立起阿拉伯埃及共和国,埃及人民才真正取得民族独立。

近现代埃及的起始点是穆罕默德 · 阿里(Mohamed Ali)统治时期(1805~1848 年)。他实施了一项涉及军事、行政、经济、文化教育等方面的改革方案,企图使埃及成为一个独立富强的国家。他的改革方案曾对奥斯曼帝国产生积极影响,但他的后继者未能把改革事业深入,英军的占领粉碎了近代埃及人的富国强兵之梦。但穆罕默德 · 阿里对埃及的发展仍功不可没,始自穆罕默德 · 阿里时期的近代化改革和对外开放政策,使埃及与欧洲建立了密切联系,他领导的改革为现代埃及的社会发展奠定了基础。①

(一)混合法院建立之前埃及法律的发展

公元前 3500 年左右,上下埃及国形成,并制定了自己的法律。亚历山大的远征,使埃及与希腊文明接触和融合。在托勒密王朝时期,希腊人占据上层统治职位,土著埃及人占据下层统治职位,并形成了若干希腊式的城邦。在这些城邦中,市民选举自己的市长和法官,有权制定自己的法律和修改城市法制。在埃及的文明史中,的确存在过希腊法的因素。公元前 30 年,埃及成为罗马的一部分,因此,罗马法也曾适用于埃及。公元 639 年

① 参见吴云贵:《当代伊斯兰教法》,中国社会科学出版社 2003 年版,第 94 页。

被阿拉伯人征服,埃及从此处于伊斯兰教统治之下。[①] 在19世纪穆罕默德·阿里改革以前,伊斯兰教法是埃及唯一适用的法律。

1798年5月,拿破仑远征埃及,理由是帮助土耳其人镇压叛乱。同年7月占领开罗,从此埃及受到法国文明的强烈影响。埃及在被法国占领期间(1798~1801年),其统治者穆罕默德·阿里及其继任者很大程度上引进了法国的法律以及司法制度。从1845年开始,穆罕默德·阿里建立起在法律、行政及军事、商事方面有权限的司法委员会(Judicial Councils)。但是,这些司法委员会并非一定是由职业法官组成,也不是独立的机构,委员会的决议必须经过埃及总督(Wali)或更高委员会的批准。1856年,埃及建立起14个社团委员会(Community Councils)来处理非伊斯兰教徒之间有关私人身份方面的纠纷事宜。

在混合法院建立之前,尽管埃及法律受到一些外国法的影响,但总的说来它的法律体系仍建立在沙里亚法(伊斯兰教法)的基础之上。

(二)混合法院时期(1875~1949年)埃及法律的发展

1. 混合法院

1845年埃及统治者在亚历山大市设立了一个特别法院来处理外国人和埃及人之间的商业纠纷。不久,在开罗也设立了这样的特别法院。特别法院适用的是1850年奥斯曼商法典。这些特别法院就是混合法院的前身。

1875年6月28日混合法院成立,1876年正式开始运作。混合法院建立后,埃及开始大规模引入西方法律,此后埃及的法律制度便逐渐向西方靠拢,呈现出西方法律的特征。

1882年,英国占领埃及。1914年,埃及成为英国保护国。1922年,埃及名义上获得独立。在此期间,混合法院得到进一步发展。

最初这些法院的存续时间设定为5年,但是经过数次延期后,1921年埃及决定让这些法院永久存续下去。混合法院有两级,在开罗、亚历山大市以及曼苏拉各设有一个地区法院,上诉法院设在亚历山大市。上诉法院

---

① 参见徐国栋:《非洲各国法律演变过程中的外来法与本土法——固有法、伊斯兰教法和西方法的双重或三重变奏》,载何勤华主编:《法的移植与法的本土化》,法律出版社2001年版。

的法官人数最初是 32 人,至混合法院废除时,人数已经增至 70 人。法官由外国势力提名,埃及政府任命,所有的混合法院必须由外国法官占多数。

混合法院对于埃及人与外国人之间或不同国籍的外国人之间的所有民事(不包括私人身份案件)和商事纠纷拥有管辖权。其范围相当广泛,包括:

(1)诉讼当事人是外国人的案件;

(2)所有涉及"混合利益"的案件,例如,案件涉及的埃及公司的股东之一是外国人或者破产案件的债主之一是外国人;

(3)某些涉及非常住埃及居民的外国人的案件。

此外,作为治外法权产物的领事法院(Consular Courts)对于同一国籍的外国人之间的纠纷也有管辖权。

混合法院有自己单独适用的法典,包括民法典、商法典、海商法典、民事和商事诉讼程序法典、刑法典以及刑事诉讼法典。

法国法典对埃及的影响从奥斯曼帝国时代就开始了,因此混合法院并没有采用盎格鲁-撒克逊法律体系。在法庭上使用的是法语,1949 年以后才开始使用英语。尽管受到法国法律的影响,但是混合法院适用的这些法典也有自己的特点,比如说民法典中的不动产就是由沙里亚法来调整的。混合法院在刑事方面并没有完全的管辖权,刑法典和刑事诉讼法典用得很少,因为拥有治外法权的外国势力认为刑事案件和私人身份案件应该交给领事法院管辖。除了这些法典,混合法院还适用其他的涉及外国人的法律,有些是纯粹的制定法,有些是穆斯林习惯法,有时候法院还运用"自然法与衡平"的原则来处理纠纷,比如法院曾经用此原则来保护埃及的商标和专利。① 至于判例法,法院从原则上来说可以自由裁定案件而不受其他法院判决的约束。然而,为了使各法院的判决不至于差异过大(尤其是在处理商事纠纷的时候),实践中是要求遵循先例的。②

2. 其他法院

在混合法院存续期间,埃及共有四个法院体系。具体说来是混合法院、国民法院、领事法院以及只审理私人身份案件的宗教法院。国民法院

---

① 1939 年第 57 号法律以及 1949 年第 132 号法律。

② See Michael H. Davies, *Business Law in Egypt*, Kluwer Law International, 1984, p. 27.

是根据1883年6月14日的法令而建立的,审理埃及公民之间的民事和商事纠纷,但是对于家庭关系案件以及私人身份案件没有管辖权。虽然国民法院的建制与混合法院相差无几,但是国民法院有自己独立的法院体系,两者的管辖范围也各不相同。国民法院有四级:简易法院、地区法院、上诉法院和最高上诉法院。1883年国民法院颁布了自己的民法典、商法典、海商法典、刑法典、民事诉讼程序法典以及刑事诉讼法典。这些法典在很大程度上是借鉴了1875年颁布的混合法院法典。和混合法院适用的各部法典相比,国民法院的商法典和海商法典几乎一模一样,和其他法典相比也相差甚微,只不过国民法院的民法典本土化程度更深,包含了更多沙里亚的内容。

宗教法院管辖东正教徒、天主教徒、新教徒和犹太教徒之间关于私人身份方面的纠纷。宗教法院的管辖权依据每个人的宗教信仰而定。伊斯兰教法院(穆斯林宗教法院)为数众多,但也有不少非伊斯兰教法院。这些宗教法院适用的法律和程序都要受到埃及各宗教首脑的控制。伊斯兰教法院分为三级:简易法院、初审法院以及上诉法院,伊斯兰教法院适用埃及的法律,但如果在某些事务上法律没有作出规定,则主要适用哈乃斐学派的学说。伊斯兰教法院的管辖范围是:穆斯林私人身份案件;隶属于不同宗教的诉讼当事人的案件;当事人对宗教法院的管辖权有异议的案件。①

此外,领事法院在19世纪也享有广泛的管辖权,尽管1876年以后领事法院的管辖范围大幅度缩减,但是在下列领域仍然保有管辖权:

(1)相同国籍的外国人之间的民事案件;

(2)管辖权没有转移给混合法院的涉及外国人的刑事案件;

(3)某些外国人的私人身份案件。

在埃及的每个外国团体都能按照自己的意愿组织自己的法院并且适用其母国的法律。由于英国在埃及的影响最大,因此英国领事法院数量最多,有自己的地方和省级法院,在开罗还设有一个最高法院。

(三)治外法权废除后埃及法律的发展

混合法院期间埃及法律体系比较复杂:混合法院适用混合法典,国民

---

① See N. Maugirin & B. Dupret, *Egypt and Its Laws*, Kluwer Law International, 2002, p. XXV-XXVI.

法院适用国民法典,伊斯兰教法院适用伊斯兰教法,而非穆斯林团体在私人身份方面适用各自团体的宗教法,领事法院则在一些案件中适用外国法律。这种情况急需对法律体系进行改革,建立全国统一的法律体系,以保证给予埃及公民与外国人以及信仰不同宗教的埃及公民平等的待遇。

根据1936年英国和埃及签订的盎格鲁-埃及条约,英国同意协助埃及废除治外法权。对埃及拥有治外法权的所有列强于1937年在瑞士的蒙特勒(Montreux)举行了一次会议,在3月8日的会议上决定取消治外法权并且要求混合法院停止转移领事法院对刑事案件的管辖权。会议还决定准备12年的过渡期,此后,取消混合法院。治外法权废除后,1937年颁布的刑法典在混合法院和国民法院同时被使用。1937年取消了领事法院,外国人的特权也随之取消。1949年10月15日混合法院被取消,从此退出了埃及的历史舞台。然而蒙特勒会议并没有讨论宗教法院的存废问题,直到1955年第462号法律废除了伊斯兰教法院,并于1956年1月1日起废除其他的宗教法院,并将其管辖权转移至世俗法院,国民法院才在统一的法律体系中享有普遍的管辖权。

1952年7月革命建立起埃及共和国以后,新的司法机构纷纷涌现。1958年第162号法律设立了国家安全紧急状态法院(the Courts of State Security Emergance),1966年第22号法律设立了军事法院(the Military Courts),1971年宪法设立最高宪法法院,并由1979年第48号法律调整。1980年第105号法律设立了国家安全法院(the Courts of State Security),1980年第95号法律设立了价格法院(the Court of Values),以及其他的特别法院和行政委员会。①

与此同时,埃及的法律制度改革仍在继续,除了对已有的法典进行修改,还根据社会发展需要制定颁布了大量的法律法规,建立起具有埃及特色的现代法律体系。

二、宪法

一直到1923年埃及《宪法》的颁布,埃及的法律学校和大学才把宪法

---

① See N. Maugirin & B. Dupret, *Egypt and Its Laws*, Kluwer Law International, 2002, p. XXVI.

列为一门单独的法学学科,由法学专业一年级学生学习,在此之前,宪法被埃及人视为行政法的一个分支。[①] 1923 年《宪法》规定了埃及的政体为君主立宪制,国王和议会同时掌握立法权,政府对议会负责。1923 年《宪法》是埃及历史上第一部真正现代意义上的宪法,表明埃及的资产阶级开始参与政权,但由于此时的埃及处于英国的殖民统治之下,国内的封建势力和殖民者互相勾结,埃及人民没有真正的独立自主的权利,因此这部宪法并没有起到实际作用。

1952 年埃及爆发了"七 · 二三"革命,推翻了封建王朝的统治。1953 年 2 月 10 日,革命委员会颁布了临时宪法,规定实行政治制度的 3 年过渡时期。1953 年 6 月 18 日埃及共和国成立,同年 6 月 23 日颁布了埃及共和国第一部宪法,规定埃及政体是总统共和制,总统是国家元首。埃及民族是阿拉伯民族的一部分,人民享有国家主权,国家保障全体公民自由、安全和机会均等。纳赛尔当选为埃及共和国第一任总统。1956 年《宪法》是倾向于社会主义的,1958 年 2 月埃及和叙利亚合并成立阿拉伯联合共和国,同年 3 月颁布团结宪法,这部宪法几乎是 1956 年《宪法》的翻版。1961 年叙利亚退出,阿拉伯联合共和国解体。1964 年 3 月临时宪法颁布,确认埃及是阿拉伯社会主义国家,体现出纳赛尔的阿拉伯社会主义思想。

1971 年 9 月 11 日埃及第一次颁布了正式宪法,共有 7 章 211 条。第一章对国家、政治制度和经济基础作了规定:阿拉伯埃及共和国是以劳动人民力量联盟为基础的民主和社会主义制度的国家;埃及人民是阿拉伯民族的一部分,阿拉伯语言是官方语言,伊斯兰教是国教,社会主义制度是其基础制度等。

第二章规定了社会的基本要素,强调社会建立在团结的基础上,国家注意保持埃及家庭的本色及其所体现的价值和传统,国家保障所有公民机会均等和受教育权,国家所有制是国家力量的后盾、社会主义制度的基础和人民舒适生活的源泉,国家所有制神圣不可侵犯,但法律也保护合作所有制和私人所有制。

第三章规定公民的自由、权利和公共义务,强调所有公民在法律面前一律平等,在有关性别、种族、语言和宗教信仰方面没有任何歧视。公民有

---

① See N. Maugirin & B. Dupret, *Egypt and Its Laws*, Kluwer Law International, 2002, p. 315.

信仰自由、言论自由、科学研究和艺术创作自由,有选举权和被选举权,担任公职权,出版和新闻自由权,集会、结社权,劳动权,社会福利权,获得国家赔偿权,受教育权,个人自由权,维护尊严权,家庭、隐私不可侵犯权等。公民的基本义务有:劳动的义务;关心和维护道德,巩固埃及真正的传统的义务;参加管理并监督具有公共福利事业的义务;保卫祖国的义务,依法服兵役是强制性的;保护和加强社会主义成果的义务;保卫民族团结的义务;保守国家机密的义务;交纳捐税和公共支出的义务等。

第四章规定法律主权,规定国家服从法律,公民受法律保护。

第五章政体,规定总统是国家元首,是武装部队最高统帅,掌管和行使执行权。能被选为总统的人的条件是:父母均为埃及人,享有公民权和政治权利,年龄不小于 40 岁的埃及人。选举时由人民议会提名总统人选并提交公民投票。议会根据至少 1/3 议员的建议提出总统人选,把在议会获得 2/3 票数的候选人提交公民投票,获得公民投票绝对多数者便被认为是总统。总统任期 6 年,可连选连任一届。

第六章规定开罗是国家首都,国家有法律规定的国旗和国徽。还规定了协商会议的组建和选举方式、会员任期以及和人民议会、执法机构的关系等。

第七章规定了新闻机构的性质、职责和组织形式。

1980 年 4 月 30 日根据人民议会决定,5 月 22 日经公民投票修改宪法,明确规定政治制度"建立在多党制基础上""总统可多次连选连任",并决定增设协商会议和咨询机构。

在 2011 年至 2014 年埃及的政治动荡时期,埃及分别于 2012 年与 2014 年颁布了两部在宗教与国家的关系等问题上存在较大差异的宪法。2014 年《宪法》大大淡化了 2012 年《宪法》中的伊斯兰教色彩,相对 2012 年《宪法》在很大程度上恢复了宪法的世俗性,废除了 2012 年《宪法》中规定的伊斯兰教法的强制力范围,强化了军队在国家政治生活中的地位。例如,第 234 条规定,"国防部长由武装部队的最高委员会任命",将民选政府和议会的影响力排除出了埃及军队的最高决策层。

三、民商法

(一)埃及民商法的发展

埃及采取民商分立制,民法典和商法典各自立法。在埃及民法典的制定上,埃及没有照搬法国的法典,而是吸收外援走自己起草民法典之路。1876年埃及颁布了适用于混合法院的混合民法典。编订法典的工作被委托给法国律师曼努里(Manoury),他在两年内完成了民法典、商法典、民事诉讼法典、商事诉讼法典、刑法典和刑事诉讼法典的草案。1876年《民法典》也是在广泛考虑吸收哈乃斐学派各种不同意见基础上编制的一部民事基本法。这是埃及历史上第一次以国家的名义对支离破碎的伊斯兰教法规进行系统的梳理,标志着教法解释权已经从宗教学者转移到国家手里。[①]1876年埃及《民法典》有774条,包括一个序和四个正编。第一编,财产:第一章,财产的各种类型;第二章,所有权;第三章,用益权;第四章,役权;第五章,取得所有权和物权的方式。第二编,债。第三编,各种合同。第四编,债权人的权利。

这部民法典是纯粹的财产关系法,无任何关于人格关系和身份关系的规定。但即使作为财产法,它也很有特点,如把合同与债并列的编制方法,在当时就是一种创新,这种创新在后世被多次模仿,俄罗斯联邦《民法典》和荷兰《民法典》就在这一行列。埃及《民法典》第四编专门规定债权人的权利,十分新颖,根据债权人权利的强弱对之进行分类,然后以这种分类为轴心就各种担保物权作出规定,像是破产法的预备规定,这种对担保物权的处理,在民法编纂史上具有创新性。1883年埃及混合商法典第三编中关于破产的内容与《民法典》第四编的内容紧密衔接。混合民法典和混合商法典是1740年奥斯曼帝国在与威尼斯、奥地利和俄国的战争失败后,不得已与西方列强签订的不平等条约,享有治外法权的产物。[②]

1883年10月28日,埃及又颁布了一部《国民民法典》,适用于调整埃及国民之间的民事关系。起草委员会的成员中包括一些欧洲人,如瓦谢尔(Vacher)、娄(Low)以及乔万尼·莫里昂多(Giovanni Moriondo)——后来他们被委托修改民法典和民事诉讼法典,埃及人布特罗斯加利·穆罕默德·卡德里·巴夏(1821~1888年)也参加了起草工作。1883年《国民民法典》主要受到了法国《民法典》的影响,继受了法国《民法典》约2/3的内容,即

---

① 参见吴云贵:《当代伊斯兰教法》,中国社会科学出版社2003年版,第95页。

② 参见徐国栋:《非洲各国法律演变过程中的外来法与本土法——固有法、伊斯兰教法和西方法的双重或三重变奏》,载何勤华主编:《法的移植与法的本土化》,法律出版社2001年版。

2283 条中的 1450 条。换言之,法国《民法典》中的 1/3 的条文,包括关于个人身份的第一编、第三编的第一章和第二章(分别关于继承、生前赠与与遗嘱),被排除在埃及的《国民民法典》之外。这里就开启了伊斯兰国家后来的排斥西方的人身关系法而继受其财产关系法的倾向。

1883 年《国民民法典》共计 641 条,比混合民法典少了 133 条,条文的减少至少可部分地归因于《国民民法典》无混合民法典的序编,其是关于法的一般规定。在其他部分的结构上,它与 1876 年混合民法典别无二致,分为四编。第一编为财产,包括 6 节;第二编为债;第三编为各种合同,包括 9 节,比混合民法典的相应部分多两节;第四编为债权人的权利,分为 3 节。总的来说,这部民法典机械地照搬法国《民法典》,有时把法国《民法典》的几个条文压缩为一条,以至于改变了其原意。此外,有些地方还受到意大利法和比利时法的影响。当然,它还保留了伊斯兰教法的一些痕迹,如在役权、赎回、消灭时效等问题上。[①]

1876 年《民法典》和 1883 年《国民民法典》经过了多次修改,但仍存有不少与时代脱节的内容,不能适应新的经济和社会发展的需要。与此同时,废除混合法院及国民法院并存的双重司法体制的呼声也日渐高涨,因此,颁布新的民法典是大势所趋。1936 年 2 月 27 日埃及内阁颁布法令,宣布成立一个负责起草民法典的委员会。该委员会以穆拉德·赛德·阿赫默德(Murad Sayyed Ahmed)为首,包括法学院院长穆罕默德·克枚·墨斯(Mohamd Kamel Mursi)、民法学教授阿卜杜拉·拉扎克·桑胡里(Abdel Razzaq Ahamed AL Sanhuri)、混合法院法律顾问里朗·戴·贝耳梵(Linant de Bellefonds)、混合法院法官莫里斯·戴·佛耶(Maurice de Foyer)等 8 人。但该委员会提交的草案被 1936 年 5 月 26 日的政府令否决。1936 年 11 月 20 日埃及内阁决定成立一个新的包括克枚·斯第·帕萨(Kamel Sidqi Pasha)在内的 10 人委员会。该委员会在民法典草案中增加了保证和优先购买权等内容。但埃及司法部认为新的委员会的工作效率太低,遂把此项任务交给阿卜杜拉·拉扎克·桑胡里和法国当时一位著名的法学家朗贝

① 参见徐国栋:《非洲各国法律演变过程中的外来法与本土法——固有法、伊斯兰教法和西方法的双重或三重变奏》,载何勤华主编:《法的移植与法的本土化》,法律出版社 2001 年版。

尔,由两者共同完成新的民法典草案的编纂工作。1945年3月29日埃及成立了一个由法学专家组成的委员会对该草案进行审查,经由下院讨论修改,最终该草案于1948年7月5日正式颁布,被刊登在1948年7月29日的政府公报上,并于1949年10月15日开始实施。①

(二)1948年民法典的内容特点

1948年民法典是以1876年和1883年两部民法典为蓝本编纂而成。法典的主要编纂人员之一阿卜杜拉·拉扎克·桑胡里曾说:法典中3/4或5/6的内容来自法庭的判决以及埃及现行法律。与此同时,民法典参考了20多个国家的现代民法典,特别是对法国、意大利和日本民法典的内容进行了比较借鉴。例如,动产和不动产的区分以及合同的担保,都来源于法国法。但是,埃及在吸收其他国家法律的时候,总是注意吸收那些尽可能与伊斯兰教法保持一致的部分。此外,还直接从沙里亚法中吸收了一部分法律原则和规定写进民法典,对前两部民法典中已有的沙里亚法规定,则予以保留或作一定的改动以适应时代的发展。相较于先前的两部民法典,这部法典的条文数目增加了,达到1149条,更重要的是,它的结构发生了很大的改变。它的序编是关于法的一般规定。在该部分中规定了民法的性质以及法的冲突;自然人和法人;物和财产的分类。显然,这个序编是个不折不扣的总则,在这一问题上,埃及民法典已经超越了法国民法典。该民法典第一编是债与合同,把债置于物之前,在这里可以看到德国学说的影响。这一编的内容包括债的通则,买卖、互易、赠与、借贷、租赁、劳务等各种合同以及侵权行为责任。第二编是物,规定了所有权和他物权。这一编的内容包括不动产所有权、土地所有权、所有权的取得以及用益权、地役权、抵押和质押等内容。法典中只有财产法和债法的规定,没有包括私人身份方面的内容,如婚姻,离婚、继承以及遗嘱等法律制度。这些内容由其他单独法规调整或者按照沙里亚法来处理。②

1. 1948年民法典的基本内容

(1)主体

自然人的权利能力始于出生。未满7岁的幼童为无民事行为能力人;

---

① See N. Maugirin & B. Dupret, *Egypt and Its Laws*, Kluwer Law International, 2002, p. 1-2.

② See Michael H. Davies, *Business Law in Egypt*, Kluwer Law International, 1984, p. 32.

年满7岁未满21岁的未成年人是限制民事行为能力人;满21岁为成年人,有完全的民事行为能力。法人有:商业公司和民间社团、按照法律规定创设的组织和基金会、按哈里形式设立的瓦克夫以及任何集团或任何财团按照任何法律设置的法人。

(2)财产

1948年《民法典》第802条规定,财产权是民事主体在法律规定的范围内对物进行管领、使用和处分的排他性权利。该法典用两章来规定财产权,一章包括财产权的意义、定义,所有权的特点以及对所有权权能的限制,此外,还规定了共同占有。另一章规定了财产的取得,包括合同、占有、优先购买权以及继承。考虑到公共利益,该法典设立了三种他物权:灌溉权、通行权和排水权。① 法典采用了新的财产法概念,即财产的社会职能。行使财产权如以损害第三人为唯一目的,则不再认为其是合法的,包括行使权利所获得的利益远低于第三人所受的损失,或将导致非法企图的得逞。

(3)债

债的发生根据有三类:合同、侵权行为和不当得利。为保障债的履行,该法典规定了连带之债,并分为连带债权和连带债务两种。第303~322条规定了债权和债务的转移。债的消灭原因有:履行债务、重订新债、免除或意外事故使履行不可能等。

(4)合同

合同被认为是当事人之间旨在发生一定法律后果的协议。1948年民法典采取了合同的客观论学说,意思表示以外部表现出来的意思为准。合同成立有三个要件:由要约和承诺达成的合意;构成义务客体的确定标的;当事人缔结合同的原因。如果缺少这三个要件中的任何一个,则合同为绝对无效合同。有效的合同必须有两个要件:缔约人有缔约能力以及当事人意思表示真实。如果缺少这两个要件中的任何一个,则合同为相对无效合同。合同不得以剥削他人为目的。缔约当事人不再受到那么多的严格的法律约束,不论债务的经济价值如何,由于债务得以从债务人的继承财产

① See N. Maugirin & B. Dupret, *Egypt and Its Laws*, Kluwer Law International, 2002, p. 5.

中求偿,因此不仅准许权利要求可以转让,而且债务也可以转让。[①]

(5)民事责任

民事责任按照产生原因的不同分为:由合同产生的合同责任(contractual responsibility);由不履行法律义务而产生的忽略责任(omissive responsibility)。

合同责任有三个要素:过错(fault);损害事实(damage);过错与损害结果之间有因果关系。当债务人违反合同义务就会产生合同上的过错。损害可以是物质上的或精神上的。与伊斯兰教法相反,1948 年《民法典》第 222 条规定,任何精神上的损失都应予赔偿,谋求推卸民事责任的协议是无效的。

忽略责任也称为不法行为即侵权责任。与合同责任不同,侵权责任对于可预见和不可预见的损害都要进行赔偿。1948 年《民法典》第 163~172 条规定了一般侵权责任;第 173~178 条规定了特殊侵权责任,包括被监护人致人损害的民事责任,饲养动物致人损害的民事责任,建筑物致人损害的民事责任以及机械设备致人损害的民事责任等。[②]

在追究责任的特点诉讼中,如由第三人或代理人提起的诉讼,或为了动物或无生命物提起的诉讼,该法典引用"风险"概念(担保人责任或保管责任),伊斯兰教法对此并无规定。1958 年第 202 号法律《工伤事故法》又引用了绝对责任制。

2. 1948 年民法典的特点[③]

埃及 1948 年民法典一改过去全盘西化的倾向,试图把伊斯兰教法的某些原则与欧洲法律原则糅合在一起。首先,它明确宣布伊斯兰教法作为法律的渊源之一,在缺乏成文法和习惯法时,可适用伊斯兰教法原则。这意味着,法院在审理案件时,可以从中推导出适当的判决或审判原则,也说明在民事关系上,特别是在民事商业关系和遗产继承问题上,伊斯兰教法仍然有不容忽视的影响。当然,这类规定也是为了划清两种并存的司法权的界限,因为当时,民法中仍有相当一部分内容即所谓属人法部分,不属于

---

① See N. Maugirin & B. Dupret, *Egypt and Its Laws*, Kluwer Law International, 2002, p. 7.

② See N. Maugirin & B. Dupret, *Egypt and Its Laws*, Kluwer Law International, 2002, p. 9-10.

③ 参见吴云贵:《伊斯兰教法概略》,中国社会科学出版社 1993 年版,第 219-220 页。

普通民法法院的职权范围,而属于伊斯兰教法院的司法权限,其中伊斯兰教法院于1956年并入世俗法院。因此,在民法典里需要就沙里亚法的适用范围作出规定。例如,1948年《民法典》第32条规定“失踪者和缺席者的法律地位,将遵照特别立法之条款对待。其中如找不到适当的依据,则遵照沙里亚法”。又如,第951条规定“继承人之确定,继承份额之推算,遗产之处分,应遵循沙里亚法和遗嘱的有关法律规定”。其次,在参照外国法律修订这部民法典时,修订者已注意到当代西方国家法律概念的差异,力求与伊斯兰教法保持一致。最突出的例子是关于契约双方的权利和义务、法定权利的滥用、偶然与不测事件的后果、债务的分摊等法律原则和法律概念。修订者还直接从沙里亚法中选取了一部分法律原则和规定,作为对前两部民法典的补充。例如,增补了民事交易双方成交前“讨价还价”期(麦杰里斯)的规定、关于交易双方法律资格的规定;还增补了关于瓦克夫财产租赁的规定、关于青干果传统物交易的规定、关于承租人死亡即自动中止租赁的规定、关于在特殊情况下废除租契的规定、关于当事人双方声明解除债务契约的规定等,而这些内容均属于传统伊斯兰商法领域。最后,1948年民法典保留了前两部法典里源自沙里亚法的一系列规定,有些属于原封不动的保留,有些作了一定的修改。例如,关于亡人临终前处分遗产的规定,关于代理出租用益权的规定,关于在租赁的土地上植树、建房的规定,关于共有多层住宅或公用墙所有权的规定。其中尤为重要的是那些直接源自沙里亚法的规定。例如,关于先买权的规定、关于赠与的规定、关于首先偿还亡人生前所欠债务然后才准许分割遗产的规定等。

这些情况表明,在战后的民法改革与调整中,仍需要为传统伊斯兰教法留有适当的余地。这种既主张法制改革又强调沙里亚法传统价值的思想取向,体现了战后中东地区法制改革的基本特征。埃及1948年民法典是战后在中东国家中最有影响的民法法规,它至今仍然有效。1949年的叙利亚民法典、1953年的伊拉克民法典以及1954年的利比亚民法典都以它为蓝本,阿拉伯半岛上的国家,除了沙特阿拉伯,都继受了这部民法典,这标志着埃及法系的独立存在。但20世纪80年代出现的伊斯兰复兴运动又使传统与现实发生冲突。1980年的埃及宪法规定伊斯兰教法是立法的主要来源,由此引发了1948年民法典与伊斯兰教传统不合的有关合宪性的问题。

(三)商法典

埃及于1883年10月13日颁布的商法典最初只是在国民法庭中适用,其后经过多次修改,仍然保留了原先的大部分内容。作为模仿法国法典的成果,这部法典借鉴了法国《商法典》中关于商人以及各种商事交易的定义。埃及1883年商法典区分民事和商事交易,在法院设立了不同的分庭来处理这两种纠纷,且规定破产程序只适用于从事商业交易活动的商人。然而,这部商法典并没有关于合同、抵押和质押的规定,相关内容是由民法典来调整。此外,商业登记和商业组织另有法律规定,分别是1953年第219号法律、1951年第189号法律。1883年商法典分为三篇。第一篇是一般规定,主要定义商事交易的性质;第二篇包括商事合同、公司、合伙、经纪人、代理和票据等内容;第三篇是破产相关内容,也包括了公司和合伙的内容。①

新的商法典于1999年5月2日由埃及人民议会批准通过,1999年5月17日颁布,1999年10月1日开始实施,2000年10月补充了有关支票的内容。新商法典有722条,其中规定商人是以自己的名义或独立的账户从事商事行为的个人或公司。商人有责任制定和保存商业账册。该法典旨在涵括所有的商自然人和商法人从事的商事活动。商法典规定的商事活动有:提供产品和服务;工业;国内海上运输;商代理;经纪人业务;保险;银行业务;货物交易;出版业;新闻广播;邮政;通讯;广告;计算机程序开发;建筑;租赁或买卖不动产;旅行社业务;进出口;酒店、饭店及娱乐场所等。此外,还对工业设计与商标的保护、商号、商业票据和破产等作了规定。与旧商法典相比,该法典增加了银行交易、商业代理、技术转让合同等内容。②

四、经贸法律③

目前,埃及对外贸易管理方面的主要法律有1975年颁布的《进出口法》,以及1999年的《贸易法》。2005年修订了《进出口法》《海关法》,颁布

---

① See Michael H. Davies, *Business Law in Egypt*, Kluwer Law International, 1984, p. 181-182.

② See N. Maugirin & B. Dupret, *Egypt and Its Laws*, Kluwer Law International, 2002, p. 49.

③ 以下关于埃及经贸法律与税收法律制度的介绍,参见商务部国际贸易经济合作研究院等编:《对外投资合作国别(地区)指南 埃及》(2021年版)。

了《进出口法实施条例》。2002 年制定《出口促进法》。埃及于 1995 年成为 WTO 成员。

2020 年 11 月 11 日，埃及总统塞西签署第 207 号总统令，颁布埃及《海关法》。1963 年制定的《海关法》（总统令第 66 号）和 1986 年制定的《海关豁免法》（总统令第 186 号）已废止。2020 年《海关法》旨在通过提高海关便利化水平，增强进出口管理能力，提升本国对外资的吸引力和外贸竞争力。该法案允许加快通关速度，扩大清关代理人的权利，并提高对逃税行为的处罚。

2007 年 4 月 29 日，埃及财政部颁布第 256 号部长令，修订了 2006 年第 10 号部长令第 12 条，规定凡向埃及出口的产品，其原产地证书、运输单据及附件应由驻出口国的埃及大使馆或领事馆予以认证。如果埃及在出口国尚未设立使馆或领事馆，则由驻出口国的其他阿拉伯贸易代表机构予以认证。

（一）进口规定

根据埃及法律，进口商品清关应满足以下条件：

1. 未经使用的商品、规定目录的二手商品、贸工部长批准的二手商品；

2. 根据贸工部长指令，商品应配有国际编码；

3. 清关的进口商品应附有写明生产商名称、商标（如有）、地址、电话、传真号码和电子邮件地址的发票；

4. 除特殊说明的情况外，对于价值超过 5000 美元的进口商品，应通过在埃及境内运营的银行以正规方式对外支付；

5. 商业用途的进口商品清关时，需提供进口商注册卡，进口商品应在该卡注明的商品之列；

6. 进口商品清关须配有经主管部门认证的产地证明，未配有产地证明的商品，在商品所有者提供根据海关定价填写的“无条件保单”后可予以放行。产地证明须在 6 个月内提供，否则将根据 1975 年第 118 号法第 15 条，从保单中扣除补偿费用，保单在提供产地证明后返还。生产型或服务型项目进口生产运营及服务必需品，无须进行进口商登记。

埃及展览和会议总局主席有权批准在埃及参加展会的展商在指定地点出售展品。出售应在展览和会议总局或海关管理下进行，无论是商用、生产用、特殊用途或个人使用的商品，都应符合进口标准，但不必出具产地证明。

埃及卫生部规定,禁止进口成品状态的原料药、维他命和食品添加剂,这些产品必须由当地取得许可的制造商销售,或者把成分及预混原料送到当地的制药企业,根据埃及卫生部的规范处理和包装。只有当地企业才被允许生产食品添加剂、进口生产用的原料药。

全新的、二手的或翻新的医疗器械,须在原产国通过安全检验,获得美国食药监局或欧盟标准署的批准,并经卫生部许可后方可进口。进口商须向卫生部提交以下文件:进口医疗器械的申请书、该医疗器械原产国官方卫生部门签发的安全证书,以及生产商提供的证书原件等。进口商还须证明其在埃及设有服务中心,可为进口医疗器械提供售后服务。

乘用车须在生产后一年内进口。外国投资者进口自用车,在获得埃及投资与自由区管理总局签发的批准文件后,可不受制造年份的限制。

埃及营养研究所和卫生部药物规划和政策中心负责登记和批准所有营养添加剂和膳食食品的进口。埃及膳食食品的进口商必须申请许可证,申请过程为 4 个月至 1 年。根据产品的不同,该许可证的有效期从 1 年至 5 年不等。许可证期满后,进口商必须提交更新许可证的申请,费用约为 500 美元,如果在市场上有当地生产的同类产品,该申请将不予批准。

(二)出口规定

从事本地产品或商用进口商品出口的企业必须进行出口商登记。埃及商品出口无须批准。生产企业在获得从事相关业务的批准后,可自营其产品的出口业务。包括煤气、汽油、煤油、燃料油、柴油、航空油、柏油、重油、沥青等石油产品出口须经埃及石油总局批准。出口商或其代表应为每种商品填写统计表,在装运前提交进出口控制总局分理处,填写内容应符合货物实际情况和报关单。如果有变化,出口商应通知该处,海关在确认表格送达该处后,将允许装箱。进出口控制总局负责发放产地证的部门应在发证前确认分理处是否收到表格。

出口商应向进出口控制总局提供发放产地证所需的内容和信息,以便在进口国要求核查产地真实性时进行调查。自产地证发放起 5 年内,进出口控制总局应保存产地证明记录和资料。埃及贸易商会根据其职责向埃及商品发放产地证。

埃及政府通过贸工部为出口商发放出口补贴。由于财政常年赤字,补贴常被拖欠,总金额超过 90 亿埃及镑,涉及 2000 余家企业,有的企业已被拖欠多年。

出口商应具备的条件包括:

1. 个体:①在贸易记录中注册;②贸易注册资本,生产企业不少于 1 万埃及镑,其他企业不少于 2.5 万埃及镑;③无刑事犯罪记录,没有因犯下有损名誉、诚信的罪行,违反进出口法规、中央银行法规中有关货币的规定,或有关海关、税务、供应、贸易法规而被判罚剥夺自由,或尚未恢复法人资格;④没有因破产致使尚未恢复法人资格;⑤非政府或国有部门员工;⑥注册申请人或出口负责人应取得贸工部外贸培训中心或其他中心颁发的出口从业证书,或取得能证明从业资历的高等学历;⑦如果注册申请人或出口负责人从记录中被注销或除名,3 年内不再受理。

2. 公司:①合伙公司的合伙人以及有管理权的人员应符合"个体"中的第②③④⑥点;②公司在贸易记录中注册;③公司以出口为目的;④资金,生产企业不少于 2 万埃及镑,其他企业不少于 5 万埃及镑;⑤出口负责人应符合"个体"中的第⑤⑥点。

3. 外国分公司:①分公司应在贸易记录中注册;②公司以出口为目的;③分公司经理或出口负责人应符合"个体"中的第⑤⑥点。

4. 国有法人:①从事出口活动;②出口负责人应符合"个体"中的第⑤⑥点。

(三)进口规定

2015 年 12 月 30 日,埃及贸工部颁布 2015 年第 992 号部长令,出台进口注册制规定。规定要求,对埃及出口部分消费商品的外国生产厂商需在埃及进出口控制总局注册。未注册的厂商,埃及海关将不予放行其产品。2016 年 1 月 16 日,埃及贸工部发布 2016 年第 43 号部长令,对 2015 年第 992 号部长令做出修改和补充,增加了对出口商提供的注册文件进行审核的条款,规定于 2016 年 3 月 17 日正式生效。2019 年 1 月 15 日,埃及贸工部颁布 2019 年第 44 号部长令,在注册制商品清单中新增四类产品,包括箱包、包装盒包装袋、剃须及护发器具、手机电话。

出口商注册须由外国生产厂商的法定代表人、品牌所有者或前两者的法定委托人完成。注册所需资料如下:

(1)生产商营业执照复印件;

(2)法人实体及经营范围证件;

(3)生产商自有品牌及其代理或授权的品牌信息;

(4)工厂申请并获得的质量监管认证、符合环境标准和国际劳工组织公约的证明,以及国际实验室认可合作组织(ILAC)的认证;

(5)同意接受埃方技术团组对工厂安全生产和环境标准进行核查。

(四)修订进口商注册法令

2017年3月7日,埃及颁布2017年第7号法(以下简称修订法),对《埃及进口商登记法》(1982年第121号法)的部分条款作出修订。此次修订主要针对进口后直接在市场销售的消费商品进口企业,不包括生产用品,目的是对消费品进口企业重组,限制"劣质"商品进入埃及市场。

主要变动条款如下:

(1)放松进口公司持有者国籍限制,允许外国人投资埃及进口公司。此前埃及《进口商登记法》规定,进口公司必须100%为埃及国籍者持有。修订法规定,无论进口公司属于有限责任公司还是股份制公司,外国籍人士均可持有埃及进口公司股份,但最多不超过49%,埃及人对公司股份的持有不低于51%。进口公司的经营者必须拥有埃及国籍,而且必须通过实施细则中规定的相应课程培训。

(2)提高进口公司最低资本要求。有限责任公司最低资本由1.5万埃及镑增至200万埃及镑;股份制公司最低资本为500万埃及镑。此外,进口公司须在埃及市场经营一年以上,而且此前一年的营业额不低于500万埃及镑,该修订法实施时,已获得进口许可的公司不受此规定限制。

(3)增加进口公司的保险金。进口公司缴纳的现金保险增至20万埃及镑,保险许可过期或取消后返还。

(4)加大对违规进口公司的惩罚力度。对有下述行为的进口商可判处一年以下监禁,或5万埃及镑以上10万埃及镑以下的罚款:

①在未获得进口许可的情况下从事进口商品贸易;

②为获得、更新、延长进口许可,向政府管理部门恶意提供具有误导性的信息;

③在进口交易的通信、文件和沟通中使用不准确信息;

④拒不向主管当局提供有关进口商品运输、仓储和分销的信息,以及与销售和分销有关的发票。这与商业信息保护条款并不矛盾,如果进口公

司的高级主管人员明知故犯,导致公司发生上述过错行为,将对该主管人员给予同样的惩处。

五、税收法律制度

（一）税收体系和制度

埃及税收制度健全,体系相对简单,采用属地税制。涉及企业经营的主要税种包括企业所得税、个人所得税、增值税、印花税、房地产税、关税和社会保险费等。税收事务主管部门包括财政部下属的税务总局、海关总署和不动产税务局,分别主要负责所得税和增值税、海关关税、房地产税的管理。截至2021年,埃及与55个国家签订避免双重征税协定。2019年2月,埃及总统塞西签署法令,批准税务总局获得独立法人地位,以提高税收政策执行力度和效率。

（二）主要税赋和税率

1. 企业所得税

征税对象:按照埃及相关法律成立的居民企业,非居民企业在埃及境内的分支机构、车间、工厂或其他单位。

应税收入:埃及居民企业在境内外获得的经营收入,以及非居民企业在埃及境内取得的经营收入。

税率:一般税率为22.5%,但两类特殊纳税主体的税率高于22.5%。分别是:苏伊士运河管理局、石油总公司、中央银行按照40%纳税;石油、天然气勘探、开采、加工企业按照40.55%纳税。

企业所得税反避税规则包括:

(1)埃及居民企业在境外的经营损失不得抵减境内企业的应税所得。

(2)按年平均值计算,如果企业负债/权益比率超过4∶1,则超出部分利息不得列入费用抵减应税所得。

(3)企业负债利息率不得超过本年初央行公布官方折现率的2倍,超出部分利息不得列入费用抵减应税所得。

(4)为避免通过关联方交易进行违规避税,无论在国内或者跨境,关联方交易的“转让定价”(Transfer Pricing)均应当遵守“公平交易原则”(Arm's Length Principles),即双方必须公允定价。具体评价标准及办法可咨询注册地区税务办公室。

2. 资本利得税

对于非上市公司股票等证券交易利得,资产类交易利得,一般按22.5%征税。2014年7月,埃及出台对股市征税的法案,如果交易标的是在埃及证券交易所注册上市企业的股票,则对居民企业和非居民企业(含个人)的资本收益和分红分别征收10%的利得税。但此项税赋自2015年5月17日起暂停征收2年,直到2017年6月19日;在之后颁布的2017年第76号法中,该税继续暂停征收3年,直至2020年5月17日。2020年3月,埃及政府规定,埃及证券交易所的资本利得税将延期至2022年1月1日重新征收,外国投资者将被永久豁免。

3. 股息红利税

一般税率为10%,而且无法抵扣。但如果同时满足以下两个条件,税率可降至5%:

(1)获取红利者持有发放企业25%以上的股权或投票权。

(2)获取红利者持有或承诺持有公司股票不少于2年。

持有埃及证券交易所上市公司的股票,暂免征收股息红利税,直至2020年5月17日。股票红利无须缴税。

4. 房地产税

法律依据为2008年第196号法及其修正案(2014年第117号法)。一般税率为10%。计算公式:10%×年租赁价值×(1-法定费用率)。其中,年租赁价值由房产税务局组织所有利益相关方代表成立调查与评估委员会共同评估确定。影响估值的因素包括:地理位置、建筑标准、建筑材料和市政设施连通性等。

租赁价值确定后,住宅房产和非住宅房产分别按30%和32%的法定费用率抵减相关使用、维护费用后(净年租赁价值),再计税。

住宅房产和非住宅房产分别享有2.4万埃及镑和1200埃及镑的免税额度。租赁价值低于此数额的无须缴税,租赁价值高于该数额的,可减去上述免税额度后再计税。

法律规定,每五年进行一次年租赁价值重估。住宅房产和非住宅房产的价值每次上调幅度最高分别不得超过30%和45%。

除法律规定的特殊情况外,房产或土地的交易均需缴纳房产总评估价值×2.5%的转让税,而且不可抵减。

5. 印花税

埃及将印花税分为两类：一类是针对合同、发票等文件和票据征收的票面印花税，按照每页 0.9 埃及镑收取；另一类是针对金融交易和证券征收的比例印花税。一般情况下，借款为 8%，信贷为 1%，商业广告为 20%，保险费为 1.08%～10.08%，政府采购、支付服务费和承包工程费为 2.4%，对银行开展的贷款类业务，每季度征收账户余额的 0.1%。

2017 年 6 月，埃及总统塞西签署法令，征收股票交易印花税。根据该法，股票买卖双方均须缴纳印花税，税率在该法实施第 1 年为 1.25‰（颁布之日起至 2018 年 5 月 31 日），第 2 年为 1.5‰（2018 年 6 月 1 日至 2019 年 5 月 31 日），第 3 年起为 1.75‰（2019 年 6 月 1 日以后）。2020 年 3 月，埃及政府降低证券交易印花税，外国投资者降至 0.125%（而不是 0.15%），居民降至 0.05%。

2020 年 5 月，埃及内阁批准一项法律草案，对部分印花税条款进行修订。其中规定，非居民卖方和居民买方应按销售总价的 1.25‰缴纳印花税，居民卖方和居民买方应按销售总价的 1.25‰缴纳印花税。该法案对在埃及证券交易所上市的证券给予税收优惠。

6. 个人所得税

埃及境内个人的所有收入都应记入应税收入。埃及与大多数国家相同，实行累进个人所得税制。2017 年 7 月，埃及政府颁布 2017 年第 82 号法，对个人所得税进行修订，修改各个档次计税额度，首次出台税率折扣政策。2020 年 5 月，埃及再次修订个人所得税法，调整各档次的计税额度并取消税率折扣政策。

7. 增值税

2016 年 9 月 7 日，埃及颁布《增值税法》，一般增值税税率为 14%。企业运营中所有项目的增值税支出和收入可进行抵扣，抵扣差额再上交税务部门（原销售税法中不同科目的增值税不能进行收支抵扣）。

用于生产的机械设备的相关货物或服务的增值税税率为 5%。无论是直接使用人，还是第三方（贸易公司、代理公司等）进口设备，均应当向税务部门提交充足的支持文件，证明设备用于生产。如果整条生产线以零部件方式进口，也适用 5%增值税税率。工程总承包项目（EPC）、包工包料等合同税率为 5%，咨询类合同税率为 10%。

生产加工类项目增值税优惠税率基本申请步骤是:根据企业要求,埃及投资与自由区管理总局或工业发展局向税务机关发函,说明进口设备情况,并申请降低增值税率;税务机关书面审核后回复适用税率;设备组装后,由税务机关和海关组成联合委员会进行实地查验。

法律明确对57类商品和服务免征增值税,主要有:茶、糖和牛奶;天然气、电力和水;银行服务(仅限于银行);用于制造药物的药物和活性物质,无论是当地制造还是进口;除医疗用途以外的整形手术,以及减肥服务之外的健康服务;公共教育和科学研究服务,包括提供国际课程的学校;公立医院、公共医疗服务机构、公共诊所和非营利机构;免费广播和电视传输服务;出售和出租空地、农地、建筑物、住房和非住房单位;广告服务。另外,出口货物和服务享受零增值税税率;自由区内企业的货物和服务贸易享受零增值税税率;军队、公共安全、国防等项目可免税。

2020年2月,为增加财政收入,埃及公布2020年第13号法令,对《增值税法》部分条款进行修订,提高烟草产品的增值税税率。

2020年6月,埃及财政部完成2016年第67号《增值税法修正案(草案)》,公布在财政部网站上,待社会讨论后提交内阁审议。埃及财长穆罕默德·马伊特(Mohamed Maait)确认,《增值税法修正案(草案)》不影响税率。

《增值税法修正案(草案)》修改内容包括:(1)大部分商业广告均应缴纳增值税(之前直接广告不须缴纳增值税);(2)离境旅客购买超过1500埃及镑的特定商品将获得退税(此前的退税系统要求为5000埃及镑以上);(3)烤制的小吃、肥皂和清洁产品需缴纳增值税,而非5%的餐位费或预定税;(4)企业需每月在线提交增值税申报表;(5)经济特区将获得与免税区相同的增值税待遇,包括苏伊士运河经济区(SCZone)内的企业,无须为购买或出口的任何商品或服务缴纳增值税,此举是对希望在经济特区开店的企业给予激励的一部分;(6)卫生部长可以颁布法令,免除用于制造药品的原料的增值税;(7)采血、疫苗、避孕药具免征增值税;(8)礼拜场所、混合食用油和无障碍车辆的建造和维护工程也将免征增值税。但这些商品和服务仍可能要征收低于或高于增值税税率的消费税或餐位费。

拟议变更的其他内容还包括:为了促进造纸业的发展,将对造纸商其原材料免征增值税;水费中免征污水处理时的增值税;对国际渡轮运营商将免征增值税;取消对增值税违法费用的上限,以允许当局施加更高的罚款。埃及财政部长表示,财政部旨在通过拟议的修订,将纳税人的数量从7万增加到55万,将通过“更严格的”做法来达到这一目的,以防止企业低估其增值税申报表中的交易价值。

六、婚姻家庭法

(一)埃及婚姻家庭法的形成与发展

埃及的婚姻家庭法领域一直是由伊斯兰教法调整。伊斯兰教法所规定的传统婚姻家庭关系,实质上是以生产资料私有制为基础的一种封建家庭关系,同时带有原始公社末期父系家长制婚姻家庭关系的残余。这种婚姻家庭制度是通过神圣法律来规定的,被披上了一件宗教道德的外衣。①

1915年埃及政府成立了一个委员会,试图以四大法学派的学说为基础编纂一部家庭法典,但没有成功。1936年由伊斯兰教法院法官组成的一个委员会起草了一部涉及继承、遗嘱和瓦克夫的家庭法典,该委员会的努力最终体现于1946年第71号法律和1948年第46号法律。1956年伊斯兰教法院和国民法院合并,婚姻案件改由世俗法院审理,埃及法官在审理婚姻家庭案件的时候,如果有相关立法则适用法律,没有相关立法则对穆斯林适用伊斯兰教法,特别是哈乃斐学派的学说;对非穆斯林的教徒,则适用相关的宗教法来处理此类事宜。立法机构在颁布婚姻家庭方面的法律时,也把伊斯兰教法作为重要的渊源之一。相比民法和商法领域的改革,婚姻家庭法的改革与调整要面临更大的阻力。现代主义思潮的兴起为伊斯兰家庭法的修改提供了重要的理论根据和具体指导,对教法改革和社会进步起到了巨大的促进作用。在这种形势下,埃及立法部门颁布了一系列法律,从而使家庭和继承方面的法律原则发生了重大变化。这些法律都旨在提高埃及妇女的地位,所以,当作为法律渊源之一的哈乃斐学派学说对妇女利益不利时,立法机构转而采纳马立克学派的学说。

在改革与调整中,最重要的法律有:

(1)1920年第25号《生活费用和婚姻解除法》,规定妻子对丈夫享有生活费用请求权以及妻子可以以缺乏生活费用或丈夫的健康为理由解除

---

① 参见吴云贵:《伊斯兰教法概略》,中国社会科学出版社1993年版,第99页。

婚姻关系。

(2)1923 年有关结婚年龄的第 56 号法律,规定了结婚的最低年龄,男子为 18 岁,女子为 16 岁。

(3)1929 年调整离婚和家庭纠纷的第 25 号法律,规定如果丈夫没有合法的原因离开妻子一年以上,而且妻子由于丈夫出走受到了伤害,妻子有权请求法院判决不可撤销的离婚,即使丈夫在出走时留下的财产能够为妻子提供生活费用也是如此。

(4)1943 年有关继承的第 77 号法律,取消了祖父在继承遗产上的特权,取消了怀孕妇女腹中胎儿的继承权,规定孕妇的最短妊娠期为 270 天,最长妊娠期为 365 天,期间出生的婴儿为亡人的合法继承人。

(5)1946 年有关遗产和遗赠的第 71 号法律,提出"义务遗嘱"的概念,规定亡人生前必须为直系血亲和继承人留遗嘱,如生前未留下遗嘱,法庭在受理遗产纠纷时将依立过遗嘱对待。

(6)埃及 1948 年《民法典》中并没有包括家庭和继承这两个方面,但是 1948 年《民法典》第 280 条规定,成文法中如果没有调整家庭关系的条款,则由哈乃斐学派学说调整。

20 世纪 60~70 年代,改革个人身份法的呼声日渐高涨,1979 年埃及总统萨达特发布了一道紧急总统法令,即 1979 年第 44 号法律,这部在当时颇有争议的法律对 1920 年第 25 号法律和 1929 年第 25 号法律进行了大范围的修改,其中 1920 年第 25 号法律与 1929 年第 25 号法律吸收了四大逊尼法学派的观点。1979 年第 44 号法律比较重要的有三个方面:一是规定丈夫纳二房妻子必须事前通知已有妻子;妻子如不同意,可以向法庭请求离婚。此外,丈夫如向新妻子隐瞒已婚事实,新妻子有权依法解除婚姻。二是规定丈夫休妻必须有法庭的离婚证明并通知妻子本人;未经妻子同意、无故被休的妻子,除有在待婚期应享有的给养外,还有权得到两年以上的生活费作为补偿。其中待婚期指离婚的妻子在改嫁前必须等待的一段时间,以确定妻子是否怀孕,一般为 3 个月,期间婚姻关系并未最终解除,丈夫仍有义务赡养妻子。三是提高子女监护期的年限以保障离婚妇女的合法权益,离婚妇女对子女的监护权终止的时间为儿子 10 岁,女儿 12 岁。

1985 年 5 月,最高宪法法院判决发布 1979 年第 44 号法律的总统令越权无效,理由是总统发布这道紧急法令时国家并不是处于真正的紧急状态。几个月后，针对1920年第25号法律和1929年第25号法律的修正案即1985年第100号法律颁布施行。在这部法律中，1979年法令曾设的大量规定又被重新恢复，同时增加了一些新的规定。具体表现为：一是丈夫同另一名妇女结婚的妇女在经常遭受经济或道德方面的伤害的情况下有权要求离婚，新妻子在其丈夫对她隐瞒了第一次婚姻的情况下有权要求离婚。二是休妻男子应在离婚30天内将离婚证明交到注册办公室进行注册，并附有向妻子提供的明确通知。三是未经本人允许无故被休的妇女应在至少两年的赡养费之外，根据前夫的经济和社会状况以及离婚具体情况及婚姻时间的长短得到一定金额的赔偿。四是休妻的男子应为其前妻及子女提供适宜的居住场所。妻子如遇以下情况，则有权向法官提出主动离婚：丈夫无故离家超过1年时间，使妻子受到伤害；丈夫被判处3年或3年以上监禁且已在监狱服刑1年；丈夫拒绝提供生活开销；丈夫患有不治之症或者长期的性方面的疾患。1985年第100号法律的一个显著变化就是规定了如果妻子发现丈夫有其他配偶，有权主动提出离婚。但是作为对宗教保守势力的让步，该部法律又要求妻子必须证明多妻制对她确实造成了伤害才能提出离婚，而这种证明的采用依赖法庭的判断，所以实际上妻子的离婚权还是受到限制。1985年第100号法律于2000年又作了修正，妇女在离婚方面被赋予了更多的自由权利。

（二）婚姻法的具体内容①

1. 婚姻契约的订立

伊斯兰教法把婚姻视为终身契约。为了保证婚姻的稳定和严肃，伊斯兰教法设立了一个婚姻的预备阶段，即择偶和订婚。择偶是心理阶段，穆罕默德说道："选择一个虔诚的姑娘作妻子。"选择好结婚对象之后就是订婚。伊斯兰教法学者把订婚视为对将来结婚的承诺。既然是承诺，也就意味着订婚双方不一定会结成夫妻，这个承诺可能会因为种种原因而被解除。如果一方解除订婚给另一方带来了伤害，解除者必须给予另一方以适当赔偿。如果未婚夫支付了全部或部分聘礼然后解除订婚，他有权要回自己的聘礼。因为聘礼被视为婚姻契约的产物，既然婚姻契约没有成立，聘礼当然可以收回。至于礼物，哈乃斐学派认为已经被消费掉的礼物不能要

---

① See N. Maugirin & B. Dupret, *Egypt and Its Laws*, Kluwer Law International, 2002, p. 21-25.

回,没有消费的礼物可以要回。但马立克学派认为,如果是未婚夫解除订婚则无权要回他赠与未婚妻的礼物;如果是未婚妻解除订婚,则必须归还男方赠与的礼物。埃及法律采纳了马立克学派的学说。订婚不能损害第三方的权利,一个已经订婚的女子不能再和第三方订立婚约。订婚后的男子可以去看望他的未婚妻,但是两人不能单独相处。

沙里亚法规定一个婚姻契约有效成立的诸项条件中最重要的是:双方已经成年且精神正常,双方都接受书面婚姻契约上的各项条款。监护权对于婚姻契约也有很大的影响,因为妇女的监护人必须与丈夫或丈夫的代理人在书面婚姻契约上签字。妇女的监护人通常由其父亲或祖父担任,当两者空缺时,由该女子的亲兄弟充当。这种监护权的存在并非对妇女的专制,而被认为是保护妇女与未来丈夫一起更好地生活。鉴于此,穆罕默德言行录中写道,如果一名女子的父亲违背她的意愿强迫该名女子与他人结婚,则该女子有选择的自由,可以接受也可以拒绝。

2. 婚姻双方的权利

(1)丈夫的权利

①要求妻子服从的权利。除了伊斯兰教传统中禁止的一些事项,妻子必须完全服从丈夫。

②作出决策的权利。婚后妻子住在丈夫的家里,外出必须得到丈夫的许可,除非在某些情况下不可能获得丈夫的许可。

③指导妻子的权利。这是伊斯兰教传统赋予丈夫的权利,丈夫在家里享有绝对的权威,有权指导和监督妻子的言行,这样是为了保证家庭的和谐稳定。

(2)妻子的权利

妻子被赋予两方面的权利:金钱上的权利和非金钱上的权利。

金钱上的权利分为两项基本权利:可要求男方结婚前送聘礼和结婚后支付生活费。

聘礼,被认为是《古兰经》赋予妇女的自然的权利,聘礼由男方支付。伊斯兰教传统认为男人有义务给予他们的妻子一定的钱财,这是妻子的权利,妻子无须偿还。沙里亚法并没有规定聘礼的最低额与最高额,这取决于双方的协议以及双方家庭的认可。根据先知的逊奈,聘礼的给付程序应该是简单的,穆罕默德言行录中认为接受最少聘礼的妇女将得到真主最多的祝福。只有妻子才能处分丈夫给予的聘礼，她的父亲或其他任何人都无权处分。沙里亚法承认妻子对其财产有独立的权利。再者，一个穆斯林妻子有权在婚后保留她自己的姓。由此可见，与西方法律体系不同，伊斯兰教法承认妇女对其财产和家姓享有完全的权利。

妻子还有权要求丈夫给予其生活费用。沙里亚法认为丈夫有义务赡养自己的妻子。1929 年第 25 号法律规定丈夫可以根据自己的情况来给予生活费用。1979 年第 44 号法律和 1985 年第 100 号法律补充规定，如果丈夫出现了经济困难，给予妻子的生活费用至少要能保障妻子的基本生活要求。生活费用包括食品、衣服、医药费用以及一个家，这个家里包括了能保障妻子生活稳定所需的一切生活设施。

非金钱上的权利，是指丈夫必须保证公平地对待妻子，不能伤害妻子。

（3）夫妻双方的权利义务

最重要的有以下三项权利义务：①相互尊重，互敬互爱。这项权利也包括满足对方性的需要。②继承权。如果夫妻有一方去世，活着的另一方有权继承其遗产。③不可侵犯亵渎姻亲。

3. 婚姻关系的结束

伊斯兰教法要求夫妻双方应尽量避免异议和矛盾，如果实在不能阻止，伊斯兰教法准许结束婚姻关系以避免夫妻双方遭受更大的伤害。

一般来说有四种结束婚姻的途径：死亡；休妻；司法离婚；库尔（Khul）离婚，即夫妻双方一致同意终止婚姻关系的形式之一，如系女方提出，需放弃或归还部分或全部聘礼，视为对男方的经济补偿。

伊斯兰教法不允许由法官来宣告离婚，原因是保护家庭的隐私以及夫妻双方的尊严及荣誉。但是沙里亚法并没有忽视妇女在某些情况下的权利，如果妻子觉得婚姻生活是痛苦而不能忍受的，妻子有权诉诸法庭请求离婚。以下几种情况妇女可以请求司法离婚：

（1）丈夫患有严重的或传染性疾病，且病情已经危害到妻子婚姻方面的权利；

（2）丈夫粗暴地对待妻子；

（3）丈夫无故离家相当长一段时间，妻子担心丈夫在外面受到诱惑，也包括丈夫被判处 3 年或 3 年以上监禁；

（4）丈夫娶第二个妻子。

埃及法律规定,审理司法离婚的法官应该在宣布离婚前对夫妻进行调解。如果妻子在得知丈夫有第二个配偶的一年之后并没有以上述条件为理由要求司法离婚,则丧失该请求权。一旦丈夫再娶,妻子的这项权利又将恢复。如果新的妻子得知丈夫还有其他配偶,有权要求离婚。

总之,伊斯兰教离婚制度及与此相联系的旧习俗的改革,尽管已经取得了明显的进展,但由于历史和现实的种种因素,特别是宗教社会习惯势力的长期影响,仍然存在许多根本性的问题有待解决。由于历史遗留下来的传统的婚姻家庭观念与习俗仍有不容忽视的影响,妇女在婚姻家庭和社会生活中,在许多方面还受到压抑,远远不能同男子享有完全同等的权利。①

七、社会法

19 世纪工业革命极大地促进了社会生产力的发展,但也带来了不少社会问题。为了保障社会经济以及环境的可持续性发展,社会法随着国家对经济的干预加强而逐渐产生和发展起来。

(一)劳动法

埃及的行会制度建立于穆罕默德·阿里效法欧洲进行改革的时期,但后来逐渐萎缩,被各种工人和雇主的联盟或协会所代替。在颁布了一系列调整劳资关系的法律后,1890 年埃及颁布了《专利法》,以此为契机,埃及的劳工运动随即迅速开展起来。埃及第一个工会成立于 1898 年,是由马铃薯工业的工人发起,一年后该协会组织了罢工。从那时开始,劳动阶层更紧密地联合起来为维护自己的利益开展斗争,政府也在不断完善劳动和社会保险方面的法律。

1. 劳资关系的相关立法②

(1)1933 年第 48 号法律对在工厂里工作的未成年人作了规定。

(2)1933 年第 80 号法律对在商业和工业领域工作的妇女作了规定。

(3)1953 年第 147 号法律限制了工人在一些特定工厂的工作时间。

---

① 参见吴云贵:《伊斯兰教法概略》,中国社会科学出版社 1993 年版,第 247 页。

② See N. Maugirin & B. Dupret, *Egypt and Its Laws*, Kluwer Law International, 2002, p. 99-101.

(4)1944年第41号法律调整了个人雇佣合同。

(5)1946年第72号法律规定了商店和医院的工作时间。

(6)1948年《民法典》第674~698条规定了雇佣合同。

(7)1952年第317号法律涉及个人雇佣合同。

(8)1953年第244号法律关注了失业人员的再就业问题。

(9)1958年第46号法律对矿业工人的雇佣作了规定。

(10)1959年第91号法律全面概括了埃及已经颁布过的所有劳动法律。

(11)1961年第111号法律规定缩减工厂工人的工作时间。

(12)1981年第137号法律是埃及的《劳动法典》。

2. 1981年《劳动法典》的具体内容①

埃及的《劳动法典》颁布于1981年8月6日，分为八个部分。第一部分“定义和总则”，第二部分“训练和就业”，第三部分“个人雇用关系”，第四部分“集体劳动关系”，第五部分“职业安全与职业卫生”，第六部分“工作的组织”，第七部分“劳工监察和法院警官”，第八部分“惩罚”。

(1)适用范围

根据相关规定，1981年《劳动法典》不适用于：

①政府、地方当局、公共组织及公营部门公司的工人，但该法第五部分“职业安全与职业卫生”中所规定的条款除外；

②家庭佣人等；

③雇主家庭的任何成员，即其妻子或其丈夫，或依靠他们上一辈或下一辈的亲属。

(2)就业

凡能够工作和愿意工作的任何个人可向其居住地区的主管行政当局申请注册。要说明自己的年龄、职业能力和经验。主管行政当局在收到其申请时要进行登记，并免费发给一个号数和注册证。未持注册证的工人不得就业，除非人力和训练部长决定某些职业可以不需要注册证。主管行政当局要根据注册人员的年龄和资格来安排他们适当的职务和工作，但要适

① 参见劳动部劳动科学研究所编：《外国劳动法选》，劳动人事出版社1989年版，第483、524页。

当考虑注册的先后顺序。雇主要向其企业所在地的主管行政当局提供关于职务或工作空缺或能够提供新的就业机会的书面通知。要说明工作的性质、工资和开始工作的日期;雇主要在出现空缺或能够提供新的就业机会后7天内发出上述通知。雇主在雇佣工人后的7天内要将工人的注册证退还给主管行政当局并附上一个声明,说明工人开始工作的日期、工资和职业或工作的性质。外侨就业要按相关法律的规定办理,但他们的国家应给予互惠。没有人力和训练部长所颁发的工作许可证和居留许可证,外侨不得进行任何方式的工作。

(3)雇用

雇用合同应用阿拉伯文书写,一式三份,双方各持一份,第三份要送交主管部门的社会保险办事处。

合同中要特别包含下列事项:

①雇主的姓名及其总公司的地址;②工人的姓名、资历、职业、住址以及其他有用的细节;③合同规定的工作性质。

雇用合同要规定试用期。工人的试用期不得超过3个月,同一雇主对同一工人的试用不得超过一次。雇主不得违背雇用合同中的条款,不得要求工人从事受雇任务以外的任何其他工作,除非为了防止事故,为了处理事故的善后工作或者不可抗力。禁止雇用和训练12岁以下的儿童。不得雇用任何妇女做有害于她们健康或道德的工作,也不得雇用她们做艰苦的工作或人力和训练部长不让她们做的工作。

雇主要用法定货币支付工人的工资和应支付的其他款项,应在工作日和在工人雇用的地方支付工资。工人雇用终止时,雇主要立即向工人支付工资以及应付给他的所有其他款项。

雇用工人的实际工作时间每天不得超过8小时,每周不得超过48小时。雇主在加班期间要付给工人正常的工资,此外,如在白天加班,至少要另外增加25%的工资,夜间加班至少要另外增加50%的工资。

工人为雇主工作一年后有权享受21天的带全薪的假日。连续为雇主工作10年或者他的年龄超过50岁,可享受一个月的假期。在工人雇用的第一年中,工作满6个月以上者可享受15天带全薪的假期。女工受雇6个月后,有权在分娩前和分娩后各享有50天带全薪的产假。在雇有50人或50人以上的企业工作的女工,有权享有不超过一年的不带工资的假期照看她的小孩。在整个雇用期间可享有三次这种假期。

每个工人要履行下列义务：

①根据雇用合同、有关法律和规则以及集体合同的规定，要按雇主的指令并在其监督下亲自进行工作并要尽可能勤奋地工作；

②服从雇主发出的与行业或职业有关的一切命令，除非这些命令违反雇用合同或不合法或不道德，或执行这些命令会造成危险；

③尽可能爱护其所使用的工作资料和设备，保证对它们进行维修和很好的保养；

④不得泄露有关工作的秘密；

⑤按照有关章程以及雇主与有关工会组织联合作出的安排，在可能的情况下，进行不懈的努力，提高工作能力，丰富工作经验和提高文化水平；

⑥未经雇主许可，不得在工作场所以外的地方使用设备而要把这些设备放在应该放置的地方；

⑦遵守企业根据法律、个人和集体雇用合同、工作条例与指令制定的有关职业安全与卫生的一切规则。

有下列条件之一的，雇用双方终止雇用关系：

①有期合同期满，季节性工作结束，非正式工作或临时性工作完成；

②工人死亡或失踪；

③工人辞职；

④工人永远不能部分或全部从事他的正常工作，也无从事社会保险法（1975 年第 79 号法律）规定的适合于他的其他工作；

⑤如在试用期间证明工人不适合他的工作。

（4）职业安全与职业卫生

工地要由环境部长指定，但要得到卫生部长、人力和训练部长、工业部长、灌溉部长和内政部长的同意。各个部的有关当局有权对企业进行技术和专门性的监督。雇主要采取一切必要措施保证工作地点的安全和卫生，特别是关于机械危险、自然危险、化学危险和忽略造成的危险（由于缺少某些因素或设备带来的危险）。主管当局可直接排除危险，费用由雇主负担。每个雇主要保证为他服务的工人能受到医疗照顾。雇主应要求他雇用的每一个有可能有职业病的工人定期进行体格检查以保护他的体力并尽早发现疾病。

在每个企业及其每个部门要建立职业安全和卫生委员会,研究工作条件和产生工伤事故与职业病的原因。雇主要向主管人力的委员会提供其企业的职业病和工伤事故的统计数字。

(5)劳工监察和法院警官

被任命为法院警官的官员要监督1981年《劳动法典》以及根据1981年《劳动法典》所下达的命令是否得到执行。每个雇主或其代表要协助负责监督1981年《劳动法典》执行的官员履行其职责并向他们提供准确的报告。

(二)埃及的社会保障制度

1. 埃及社会保障制度的历史与发展

埃及是一个具有伊斯兰教传统的国家,自古就有扶弱济贫和敬老养老的优秀文化传统价值观念,《古兰经》规定了穆斯林缴纳天课的义务,即要求穆斯林捐出一定比例的财富,用于救济贫困的穆斯林家庭,并鼓励人们在活着的时候多做善事。埃及的现代社会保障制度是从19世纪中叶开始逐步建立起来的。19世纪50年代欧洲殖民主义势力进入埃及以前,当地已经存在负责征收传统的伊斯兰教"济贫税"以及负责决定其开支的公共机构。从19世纪中叶开始,随着欧洲殖民势力对埃及影响的加强以及埃及社会经济的发展和现代产业的发展,西方的一些福利做法开始传入。1877年成立了伊斯兰福利协会以帮助穷人和促进教育的发展,特别是扶助贫穷儿童接受教育。1908年烟草工厂的工人以工会形式来争取改善工作条件,提供患病医疗。1939年,埃及成立了劳工和社会事务部。1950年埃及制定了第一个社会救济计划。1952年以后,埃及的社会保障制度获得了较快的发展,并且逐步形成了包括养老、残疾、死亡、工伤、医疗、事业、住房和食品价格补贴等项目在内的一整套社会保障制度。

1971年的正式宪法规定,埃及是以劳动人民力量联盟为基础的民主和社会主义制度国家。在社会经济制度方面,埃及曾经长期模仿苏联模式,实行中央计划经济和大规模的国有化,所实行的也基本是苏联模式的国家社会保障制度,职工的生老病死都由国家和单位同意包揽下来。从20世纪70年代中期开始,埃及开始对经济体制进行调整,逐渐放弃计划经济模式,向市场经济转变。1974年采取了放宽对私人投资和外国投资限制的"开放政策"。从20世纪80年代后期开始,埃及在国际货币基金组织和世界银行的帮助下又开始进行一轮规模更大的经济调整。在市场竞争日益激烈的情况下，原有的各种利益格局重新组合，社会保障制度在保障社会公正方面的使命也更加重大。埃及政府更加重视通过完善社会保障制度来解决诸如下岗工人的社会保障，以及住房和医疗制度改革等新问题，以维护和增进社会稳定。埃及的社会保障是由政府部门、私人部门和志愿者组织三方承担。其中私人部门和志愿者组织的活动受到政府部门的监督。埃及共有三个部门参与社会保障方面的管理，即社会保险部、卫生部、劳工和社会事务部。前两个部门负责社会保险事宜，第三个部门负责社会救济事宜。①

2. 社会保障制度的相关立法②

（1）1936 年第 64 号法律规定雇主有责任为在工作中受伤的工人提供治疗和给予赔偿。

（2）1950 年第 89 号法律规定了工伤。

（3）1950 年第 116 号法律规定了社会保障制度。

（4）1950 年第 117 号法律规定了职业病的赔偿制度。

（5）1958 年第 202 号法律规定了保险和工伤赔偿。

（6）1959 年第 92 号法律规定了社会保险。

（7）1963 年第 50 号法律规定了政府雇员的保险和养老金。

（8）1964 年第 63 号法律规定了社会保险。

（9）1975 年第 79 号法律是埃及第一部比较全面的对社会保险作出规定的统一法典。

1975 年第 79 号法律先后被修正过 12 次，分别是 1977 年第 25 号法律，1978 年第 22 号法律，1978 年第 44 号法律，1980 年第 93 号法律，1981 年第 48 号法律，1981 年第 61 号法律，1984 年第 47 号法律，1985 年第 110 号法律，1987 年第 107 号法律，1992 年第 30 号法律，1994 年第 204 号法律以及 1994 年第 207 号法律。

---

① 参见杨光、温伯友主编：《当代西亚非洲国家社会保障制度》，法律出版社 2001 年版，第 151 页。

② See N. Maugirin & B. Dupret, *Egypt and Its Laws*, Kluwer Law International, 2002, p. 99-101.

3. 社会保障制度的具体内容①

(1)养老、残疾和死亡社会保障制度

1950 年埃及制定了《公共救济法》。根据这项立法,埃及开始向完全没有收入来源的老人发放社会救济金;1955 年埃及成立了备用基金和保险基金,用于大公司雇员的养老、残疾和死亡保险;1959 年又建立私营公司雇员的社会保险计划;1975 年颁布《劳动法》才建立了统一的养老、残疾和遗嘱保险制度。社会保障的形式是社会保险,适用范围包括政府雇员,国营工厂、银行和保险公司职工,以及受劳动法保护的私营企业雇员。此外,埃及的大学教职工、外交官和警察还可以享受一些额外的福利待遇。1980 年埃及把保险制度的范围进一步扩大到占人口大约 50%的农民、农业工人和渔民,从而最终形成了覆盖全国的保险体系。社会保险资金来自投保人、雇主和政府三方。领取基础工资养老金的人必须年满 60 岁,投保满 120 个月;领取浮动工资养老金的人必须达到 50 岁并且投保满 240 个月。养老金领取者必须是从受保职业退休。残疾养恤金的享受者须是全部和永久性失去从事任何挣钱职业的能力而且连续投保满 3 个月或总计投保达到 6 个月。遗嘱养恤金的领取条件是,亡人符合领取残疾人养恤金的投保条件或是在死亡时是养老金领取者。没有资格享受社会保险的老人可以享受社会事务部提供的社会救济。

(2)患病和生育社会保险

埃及早在 1959 年就制定了患病医疗保险的立法,但直到 1964 年才开始实施,覆盖范围包括国营和私营部门。1975 年,患病医疗保险成为埃及内容广泛的社会保险体系的一个部分。覆盖范围包括 18 岁以上的雇员和 16 岁以上的政府雇员,但农村临时工、家庭服务员和个体经营者不在覆盖范围之内。资金来源由受保人和雇主双方出资。享受患病和医疗现金福利待遇的人必须在最近 3 个月连续投保,或者共投保 6 个月,其中包括最近 2 个月。享受生育福利待遇的人必须在最近 10 个月连续投保。患病和生育福利待遇是,在患病的最初 90 天享受 75%的日工资,此后享受收入的 85%,患某些慢性病的人可以享受 100%的工资。最低待遇为每月 12 埃及

① 参见杨光、温伯友主编:《当代西亚非洲国家社会保障制度》,法律出版社 2001 年版,第 153–157 页。

镑。给付期为 180 天，某些慢性病没有给付期限制。生育福利待遇为享受日工资的 75%。给付期最长为分娩前后各 50 天，政府雇员为 3 个月。

（3）工伤社会保障

工伤社会保障的第一次立法是在 1936 年，截至 2021 年，埃及适用的法律是在 1975 年颁布的。社会保障的类型为社会保险制度，覆盖范围包括 18 岁以上的雇员和 16 岁以上的政府雇员，但是不包括农村临时工、家庭服务员和个体经营者。资金来源为雇主单方出资。临时性工伤者可以从工伤第一天起享受 100% 的收入，直至康复或者被确诊为永久性残疾为止。永久性残疾的福利待遇是，如果是全部残疾，可以获得最后 1 年月平均收入的 80%；如果是与养老金、遗嘱养恤金或残疾养恤金一并享受，则可获得收入的 100%。最低养恤金为最后 1 个月平均收入的 80%，最高养恤金为 100%。工伤社会保险由社会保险部实施监督。

（4）失业社会保障

埃及在 1959 年开始建立备用基金制度，1975 年建立了强制保险制度。失业保险的覆盖范围为雇员，但不包括农村临时工、家庭服务员、政府雇员和 60 岁以上的雇员。资金来源由雇主和政府分担。享受失业保险的条件是，投保满 6 个月，其中包括连续 3 个月投保。失业原因不应是：自愿离职、行为不端被解雇、拒绝接受合适的工作或拒绝参加培训。失业保险由社会保险部负责总监督。

（5）住房制度

埃及住房制度长期实行租房制，但随着社会经济的发展，土地价格和银行的贷款利率都在上涨，埃及政府采取了提高房租和鼓励买房的办法。目前居民购买新房的付款办法是：向售房机构先付售价的 30%，签订售房合同 4 个月后再付房价的 30%，住进新房 8 个月后再付售价的 35%，在注册时再支付售价的 5%，另外交保险费 5000 埃及镑，再交房子售价 1.5% 的手续费。

自 19 世纪以来，埃及的社会保障制度从无到有，从小到大，从部门的社会保障发展到全社会的社会保障体制的建立健全，并且逐步形成了以部门社会保险为主，以社会福利、社会救济和社会服务为辅的比较全面的社会福利保障体系。在西亚和非洲国家中，埃及的社会保障项目是比较齐全的。

(三)青少年法

1. 青少年法的历史与发展

埃及的青少年立法在第三世界国家中是比较早的,也比较完善。1974年埃及制定了《青少年法》,把对违法犯罪的青少年的处理和可能使社会安全受到损害的防御措施结合起来。埃及《青少年法》共分4章54条。第一章"总则",主要规定的内容是适用对象与范围;第二章"处分与刑罚";第三章"措施",包括设置青少年法院以及审理程序、辩护、上诉和教育改造青少年犯等方面的内容;第四章"结束",就是在结束之前,再交代一下前三章未规定又必须规定的问题。例如,《青少年法》第15条规定"凡本法未规定者,刑法和刑事诉讼中的规定,均可适用"。第25条规定"凡提交其他法律部门审理的案件,根据本法确认应属于青少年法院的职权范围管辖的,则应转交青少年法院审理"。①

2.《青少年法》的具体内容

按照埃及《青少年法》的规定,所谓青少年是那些年龄不满18岁的未成年人。青少年如果存有下列行为就视为对社会构成危害:

(1)以卖不值钱的小东西为名谋生,或为别人干无聊的事,或翻跟头耍把戏,或以其他不正当渠道变相乞讨谋生。

(2)从废物垃圾堆里捡烟头等脏物。

(3)参与伤风败俗、淫荡、赌博、吸毒等活动,或为此提供方便。

(4)无固定住处,露宿街头马路边。

(5)与不正经的人或有此嫌疑的人往来。

(6)经常从管教、训练所逃跑。

(7)品行不好又不听父亲、抚养人、监护人的管教。父亲死后或不在家或无能为力时,不听母亲的管教。但对这种少年在未取得其父母、抚养人、监护人同意的情况下,不能采取任何措施,哪怕是调查性的措施。

(8)无正当谋生职业或无可靠的供养者。

对不满7岁的儿童,存有上述行为或引起刑事调查案件者,也被视为对社会构成危害。

---

① 参见康树华、刘灿璞、戴燚云编著:《中外少年司法制度》,华东师范大学出版社1991年版,第263-264页。

患有精神病或精神不健全的青少年,按法律规定,证明他们已经全部或部分失去自制力,不顾及个人或他人安全,有可能对社会构成危害时,应依法将他们送进专门医院。

如果青少年存有上述第1~6项的行为,就被认为已构成社会危害,就是违法犯罪行为,经法院向其监护人发出书面警告,如果被警告的青少年再犯此类行为,或违反第7、8项时就要受到处分或处罚。根据《青少年法》的规定,对未满15岁的少年和年满15岁不满18岁的青少年的处分是有区分的。

对于未满15岁的少年只能给予以下处分:

(1)训诫;

(2)交保人保管;

(3)强行职业训练;

(4)对于青少年自由行动的时间地点施加必要的限制;

(5)实行司法考验,令其在原来的生活环境中悔过自新;

(6)安置在社会管教所;

(7)把患有精神病的青少年送往专门医院治疗。

对于年满15岁不满18岁的青少年,如果犯了死罪或终身劳役罪,可以判处15年以上监禁;犯了临时劳役罪的可判处监禁,同时也可以用不少于6个月的拘役代替临时劳役或监禁罪。但是在所有情况下,法院对犯罪青少年的判决一般不得超过他们应该受罚的最高限度的1/3。

当青少年犯罪年满21岁时,对他们判处的处分自然结束,这时法院可以根据检察院的要求并征求社会监督人的意见和参照刑法的规定,对他们进行司法考验,时间不超过两年。

根据《青少年法》第27条的规定,每个省府设一个或几个青少年法院,作为审理青少年违法犯罪的专门机构。法院由一名法官和二名司法人员组成,其中至少要有一名妇女。

可见,埃及《青少年法》实际上是一部青少年刑法和诉讼法,也涉及教育改造青少年罪犯的一系列问题,但它却丝毫不包括青少年福利方面的内容。如果按照内容进行分类,埃及《青少年法》应属于处理青少年违法犯罪的专项法规。但是它不单单是对违法犯罪的刑事处罚,还包括了颇为广泛的社会安全性质。例如,《青少年法》第2条规定的"从废物垃圾堆里捡烟头等脏物","无固定住处,露宿街头马路边"等八项内容,都被认为是不良好行为,是属于对社会构成危害的行为。

(四)环境法

埃及是个发展中国家,在全面进行经济建设的同时,政府已经意识到保护环境对于可持续发展和人类社会健康发展的重要性,并把消除各种污染、保护环境工作作为政府的一项重要任务。

埃及于1994年颁布了第4号《法律环境法》,该法规定创立一个保护和改善埃及生态环境的机构,即埃及环境事务处(the Environment Affairs Agency)。该机构从事制定和实施有关保护和改善环境的政策与措施,并对相关措施的执行情况是否到位进行追查。所有筹建的工程,必须通过该机构对其进行的审查评估,以确认该工程的建设不会对环境造成危害。法律要求对有害物质、废弃物的处理或者建立此类工厂必须得到相关政府部门的许可,禁止进口有害物质或废弃物并规定生产或销毁这些物质必须采取必要的措施,以防止污染环境。所有工厂或有关单位必须保证其生产经营活动中所泄漏或放射出的污染大气的有害物质不超过国家制定的最高排放量标准,并被禁止擅自处理固体废弃物、喷雾式杀虫剂或其他任何化学品,除非工厂或有关单位遵守了法律中有关操作程序的条款。禁止任何得到授权对海洋资源进行探测开发的国家或公司的船只、离岸平台(如海上钻井平台)在埃及的领海内排放污染物质。对于违反环境保护相关法律的行为还特别规定了各种惩罚措施。政府还根据《法律环境法》成立了环境保护基金会,其资金主要来源于国家、金融机构、民间组织、国营企业、民营企业等。2001~2002年,政府将筹集63亿埃及镑,用于净化环境和建设自然保护区。截至2021年,已公布有21个自然保护区,分布在全国各省,面积约占国土面积的8.5%。

埃及政府针对该国的固体废弃物、空气和水污染等问题还制定了一个环境保护的五年计划(1997/1998~2001/2002年)。主要内容是:倡导对各项工程进行可行性研究,鼓励企业提高科技和管理水平,争取取得ISO 14000环境标准认证,并对废物进行充分的回收利用以节约资源。

八、刑法

(一)埃及刑法的形成与发展

从法老美尼斯(公元前3200年)开始埃及就产生了法律,古埃及最有影响的刑法颁布于法老霍伦海布(Horemheb,公元前1330年)时期。法老时代埃及的刑罚包括死刑、自由刑、财产刑(没收和罚金)、名誉刑(剥夺官职),埃及人还把从事公共服务劳动作为监禁的替代刑。在这之中,死刑的适用有多次变动和反复。此外,如果犯人是怀孕的妇女,则死刑必须等待妇女生产以及哺乳期过后方能执行,执行前允许犯人服用类似麻醉药品的物质。

自犯罪侦查到案件判决终结,古代埃及发展出一套比较完善的刑事诉讼程序,公诉是诉讼程序中的一部分,其职能已经与法官分离开来。法院分为省法院(Provincial Courts)、治安法院(Police Courts)和军事法院。底比斯有一个由 31 名法官组成的最高法院,其作用类似于现代的上诉法院。

法老王朝结束后,埃及先后由罗马人和希腊人统治。7 世纪被阿拉伯人征服,随之埃及接受了沙里亚,并一直延续到 19 世纪。

1875 年埃及效仿欧洲开始了司法和立法方面的改革,建立起混合法庭调整埃及人和外国人之间的纠纷,混合法庭适用的是拿破仑法典化的刑法和刑事诉讼法。1883 年埃及颁布了以《拿破仑法典》为模式的一系列法律,包括《刑法典》和《刑事调查法典》(Crimina Investigation Code),这些法律适用于国民法院。埃及 1883 年《刑法典》建立在罪刑法定、法律面前人人平等等原则的基础之上,而《刑事调查法典》把调查和起诉相分离。1904 年,上述两部法典被新的法律所取代,1937 年埃及废除了与外国的不平等条约之后,颁布了新的刑法典,1949 年撤销了混合法院,而埃及现行的《刑事诉讼法典》颁布于 1950 年 9 月 3 日。①

(二)埃及刑法主要内容②

从普遍意义上来说,刑法是一系列用来决定何种行为构成犯罪及其相应刑罚的法律规范。犯罪发生后,国家必须对罪犯行使公权力,对其进行惩罚,因此,刑法也把相应的诉讼程序包括在内。在此基础上,刑法分为两个主要部分:刑事实体法和刑事诉讼法。

1. 刑事实体法

(1)一般刑事法律

包括犯罪与刑罚的一般性规则,对刑法一般性原则作出解释:刑法的

---

① See N. Maugirin & B. Dupret, *Egypt and Its Laws*, Kluwer Law International, 2002, p. 38-39.

② See N. Maugirin & B. Dupret, *Egypt and Its Laws*, Kluwer Law International, 2002, p. 42-44.

适用、犯罪基本要素、共犯、辩护理由以及刑罚的种类、预防犯罪措施、执行等。

(2)特殊刑事法律

包括关于个人犯罪、相关要素及其刑罚的规定,这些规定也是对一般刑事法律原则的应用。这一部分由三个章节组成。第一章规定侵犯公共利益的犯罪,包括贿赂、贪污、伪造等犯罪及其相关刑罚。第二章规定侵犯人身的犯罪,包括故意杀人、过失杀人、故意和过失伤人、堕胎等犯罪及其相关刑罚;侵犯尊严的犯罪,包括强奸、猥亵、通奸;侵犯名誉的犯罪,包括文字和口头诽谤、泄露私密。第三章规定侵犯财产的犯罪,包括盗窃、诈骗、违背信托及相关犯罪。

2. 刑事诉讼法

包括证明犯罪、调查、逮捕、审讯、宣判、执行判决等刑事诉讼程序以及阐明了司法机关的职能。此外,还包括国际司法合作的内容:引渡、管辖权的转移、外国刑事判决在埃及的执行和对身处外国的埃及人判决的执行。

埃及刑事法律对外国人的适用:埃及的刑事法律采用了当时盛行的国家领土主权原则,无论是埃及公民还是外国公民,只要是在埃及的领土之上犯罪,就受埃及刑法的管辖。

国家领土主权原则的例外:埃及刑法不适用于在埃及境内犯罪的外国国家首脑、外国外交官或领事。执行特殊外交任务的人员、国际组织的代表也在此列,如联合国以及阿拉伯国家联盟的代表。

此外,国家领土主权原则还涉及一些特别规定。比如,只要侵犯了埃及国家利益,无论罪犯的国籍和犯罪地点是否在埃及,都要受到埃及刑法的制裁,包括危害国家安全的犯罪,伪造总统令、总统签名、流通货币以及国玺的犯罪。

3. 刑事立法的原则

(1)罪刑法定

埃及 2014 年《宪法》第 95 条规定,罪行及其惩罚必须符合法律的规定。《刑法典》第 5 条重申了这个原则,并且在实践中倾向于对刑法条文作限制性解释,并规定法不追溯既往,除非对被控诉的人有利。

(2)罪罚相适应

法律必须严惩罪犯及其同谋者,刑罚的轻重应当与犯罪分子所犯罪行和承担的刑事责任相适应。

(3)刑罚面前人人平等,没有身份地位的差别

不允许任何人有超越法律的特权。但法官可以根据犯罪性质和情节来决定对罪犯适用何种罪名和刑罚,并根据情况来决定是否加重或减轻刑罚。

(4)无罪推定

埃及《宪法》第96条规定,被告人在法庭审判证实他有罪以前应被视为是无罪的。

(5)疑罪从无

当法律解释模糊不清,法官不能确定立法意图的时候,采用此原则,宣告被告无罪。这种案例是比较少的,通常是发生在关于被告的不利证据和有利证据相当的情况下。

4. 刑法的具体内容

(1)犯罪的一般原则

该法规定了犯罪因素(物质和道德因素),犯罪未遂,共同犯罪(主犯、从犯、教唆犯),规定下列情况不认为是犯罪:正当防卫;履行职务和行使权利;受害者同意。此外还规定下列情况免除刑事责任:未成年人犯罪;精神病人犯罪;醉酒者犯罪;遭遇胁迫和紧急避险。

(2)刑罚和预防措施

①刑罚的种类

刑罚分为主刑和附加刑。

主刑的种类如下:死刑、终身或有期限的劳役、监禁和罚金。

附加刑的种类如下:剥夺政治权利、监视和没收财产。

②刑罚的具体运用

对犯罪分子决定刑罚的时候,应当根据犯罪的事实、性质、情节和对社会的危害程度,依照法律的有关规定适用减刑或加重处罚、缓刑或免予处罚。规定下列情况免除刑罚:犯罪分子死亡;超过刑法时效;赦免或特赦;复权。

《刑法典》还包括了一些分别针对成年人和青少年的预防措施。

针对成年人的非刑罚措施有:监视;对生产、使用和销售的违法物品采取强制性没收;查封无营业执照的公共场所以及一些针对贩卖毒品所采取

的措施。另外还包括:安置精神病患者于精神病治疗机构;安置吸毒者于特殊医院;强制惯犯在劳动教养所劳动;禁止在某些地区居住;禁止从事某些职业等。至于挪用公款的罪犯,则有下列处罚措施:在一段时期内禁止从事这种职业;撤职(一至三年);公务员则在一段时间内停止其公职。

此外,1996 年第 12 号《儿童法》取代了 1974 年第 31 号《青少年法》,《儿童法》包括对于青少年犯罪的下列惩罚措施:训诫;强制进行职业培训;指定承担某些责任;安置于社会护理机构等。针对青少年的惩罚措施的特点是:未满 15 岁的未成年人犯罪,不得施加任何刑罚,但可以适用上述措施;满 15 岁但未满 18 岁的青少年犯罪,不得适用死刑和劳役,相关刑罚必须减轻适用;不得对青少年适用预防性拘留措施,即拘禁期间不准保释以防可能的犯罪行为。

(3)具体罪名

①危害国家利益罪

危害国家安全罪:包括在境内、境外实行的危害国家安全的犯罪行为。

公务员犯罪:包括贪污罪、受贿罪(为请托人牟取不正当利益的,也以受贿论处)、行贿罪、渎职罪,还包括挪用公款、利用本人地位受益等犯罪。

②危害公益罪

包括伪造货币、伪造商标、伪造印章等犯罪。

③侵犯公民人身权利罪

侵犯生命的犯罪:故意杀人、过失杀人、堕胎。

造成人身伤害的犯罪:殴打和威胁、使用有害物质伤人。

侵犯人格尊严的犯罪:强奸、通奸、猥亵。

侵犯名誉的犯罪:诽谤(文字或言语)、泄露隐私。

④侵犯财产罪

盗窃及相关犯罪:占用遗失物、占用代为保管的他人财物、偷盗机动车辆、盗窃文件、敲诈勒索等。

诈骗及相关犯罪:未按照规定许可擅自签署支票。

利用他人缺乏经验而骗取其财物、经常性发放高利贷等。

违背信托及相关犯罪:在银行票据上滥用签名。

(三)紧急状态法

根据埃及 1958 年《紧急状态法》(Emergency Law),有关恐怖主义的犯罪和危及国家安全的犯罪可以由军事法庭或国家安全紧急状态法庭受理。如果按照普通法院系统,被告有权享有所有的宪法权利;但是在军事法庭或国家安全紧急状态法庭,被告无权享有所有宪法权利。1992 年以后,鉴于极端主义分子活动升级,政府开始尝试在军事法庭审理恐怖主义犯罪。1993 年,最高宪法法院裁定总统有权根据紧急状态法,在军事法庭审理一切刑事犯罪。从 1993 年起,军事法庭和国家安全紧急状态法庭根据紧急状态法的授权,剥夺了上百名被告如果在普通法院审理则可能享有的宪法权利。政府认为这样做能有效地对付恐怖主义,这些案件如果由普通法院审理,既拖延时间,法官和他们的亲属又容易遭受恐怖主义的威胁报复。政府保证,即使在军事法庭,被告也能得到公正的审判。上述特别法庭的法官由司法部长从普通法庭法官中提名,然后由总统任命。特别法庭的判决必须得到总统批准,总统也有权修改判决,但不得上诉。

九、诉讼法与司法制度

民事诉讼、刑事诉讼和行政诉讼都有相同的基础和要素,都包含一些普遍性的原则,比如辩护原则、审判独立原则、无罪推定原则以及回避制度等。由于这些原则和制度都包括在诉讼法典里,所以诉讼程序法典是埃及诉讼法领域的一般性法律。埃及 1972 年第 47 号法律第三章规定"除非有特别法律存在,否则诉讼程序法典适用于所有有关法院方面的事项"。刑法学中也强调,当刑事诉讼法典对某种问题没有规定的时候,适用诉讼程序法典。

(一)埃及诉讼程序法律的发展

1875 年 9 月 16 日颁布了埃及第一部诉讼程序法典,只在混合法院中使用。这部法典深受法国法的影响。在施行过程中产生了很多问题,因此被多次修改:1886 年 12 月 5 日的修正案扩展了不动产的扣押程序并废除了司法抵押,1913 年第 33 号法律建立了对诉讼请求的评审程序。

1883 年埃及国民法院建立,同年 9 月 13 日颁布了国民诉讼程序法典,与 1875 年诉讼程序法典相比,这部法典并没有多大的改动,之后才对其进行了相当多的修改。

1949 年第 77 号法律颁布了新的诉讼程序法典,同年 10 月 15 日正式生效实施。这部法典内容详尽,赋予法官在诉讼进程中更加积极的作用,并建立起一套小额债务支付体系,其前提是存在书面证据。法典还允许对法院的最终裁决提出异议,只要是认为法院的裁决在适用法律和程序上有错误,并且由于该错误导致了这样的判决。

1999 年 3 月,埃及人民议会对诉讼程序法典作了进一步的修改:简化了诉讼程序,调整了不同法院之间的管辖权,扩大了第一审法院的管辖权。①

(二)埃及司法体系的基础和原则②

1. 平等原则

《宪法》第 97 条规定:"法律保障每个人都有诉讼的权利……禁止任何行政的活动和决定不受法律的监督和检查。"这个原则意味着所有公民是平等的,法律尊重每一个公民的诉讼权利。这个原则同样也被沙里亚法所认可,伊斯兰教法认为在法官面前人人平等,没有种族、宗教或性别的区分。

2. 无偿诉讼

无论公民的社会地位高低或财产状况如何,法律保护每个公民都享有诉讼权利。在埃及,诉讼被视为政府对公民的一项公共服务并认为应该简化诉讼程序。法官的工资来源于国家财政拨款。如果诉讼当事人支付不起诉讼费用和律师费用,法律规定在这种情况下公民可以从律师那里得到免费的帮助,并减免相关诉讼费用。

3. 司法原则

《宪法》第 184 条规定:"司法权……由各类和各级法院行使其权力。法院根据法律作出判决。"《宪法》第 186 条规定:"法官是独立的,在行使司法权的时候,法官不受其他权力的支配,只服从法律。任何当局均不应干预诉讼和司法业务。"《刑法典》第 120 条规定:"任何公民,如果以指令、请愿、建议等方式干预或妨碍司法并造成严重后果者,处以 6 个月以下监禁或 50 埃及镑以下的罚金。"

4. 双轨制司法体系

埃及采用的是双轨制司法体制,即普通法院和行政法院相分离的司法

---

① See N. Maugirin & B. Dupret, *Egypt and Its Laws*, Kluwer Law International, 2002, p. 181-182.

② See N. Maugirin & B. Dupret, *Egypt and Its Laws*, Kluwer Law International, 2002, p. 182-184.

体制。为保障两个系统各自法律的适用，在普通法院一级设立最高上诉法院，在行政法院一级设立最高行政法院，并由最高宪法法院处理这两种法院之间的管辖权纠纷。

5. 适当安排法官的数量

只由一名法官审理案件可以加快案件的审判速度，但也更容易出现错误，更容易受到公众舆论的影响；由多名法官审理案件可以避免这种缺点，但也减慢了审判速度。鉴于此，埃及只是在低级法院里（如简易法院），由一名法官对案件进行审判，较高级的法院里则由多名法官进行审判，比如上诉法院的巡回法庭由 3 名法律顾问组成，一审法院的巡回法庭由 3 名法官组成。行政法院的巡回法庭以及刑事法庭也由 3 名法律顾问组成。

6. 公开性

案件的调查和辩护都在公开场所进行，法官必须对自己的判决提供理由并宣告于公开场所。案件的辩护、诉状以及判决被允许刊登在报纸上，任何人如果要求都能够得到判决的原本。

但是考虑到公共秩序、道德伦理等因素，《宪法》第 169 条规定："法院进行公开审讯，除非因涉及公共秩序或有伤风化法院决定进行秘密审讯外，所有的判决都要公开宣布。"

（三）埃及的司法体制

埃及的司法机关是审判机关和检察机关，与司法机关有密切联系的部门主要是最高司法委员会、内政部和司法部。①

1. 审判体制

埃及的司法机关分三个部分：普通法院、行政法院和宪法法院。法院独立行使审判权。埃及《宪法》第 166 条规定，"法官除法律之外不受任何其他机构的制约。任何机构不得干涉法院的判决和法律事务"。

（1）普通法院

法学教育从大学开始，埃及没有律师资格考试，学生必须在律师事务所做过一段时间的学徒才能成为出庭律师。普通法院的法官从最高司法委员会下属的法官委员会推荐的名单中任命。法官从法学毕业生中挑选，要进行笔试和口试。笔试主要是根据在校成绩。成绩良好以上的才能参

① 参见张福森主编：《各国司法体制简介》，法律出版社 2003 年版，第 429-430 页。

加口试。法官的晋升主要由最高司法委员会考核决定。法官享有司法豁免权。如法官受到举报,由司法部检察官检查局调查,如果查有问题就交给最高司法委员会处理。根据情况,有两种处理结果:一是宣布其退休,去从事其他工作;二是剥夺其司法豁免权送交司法部门处理。

普通法院由民事法院和刑事法院组成。埃及司法体系继承了民法法系的传统,没有采用陪审团制度。普通法院分为四级,从低到高分别为简易法院、初审法院、上诉法院和最高上诉法院。

简易法院由1名法官组成,审理案值少于10,000埃及镑的民事案件(如果审理案值少于5000埃及镑的案件,其判决不得上诉)以及刑事方面的轻罪案件(被判处监禁的犯罪),但不包括针对政党的新闻出版方面的犯罪。

初审法院由3名法官组成,审理案值超过10,000埃及镑的民事案件,但也审理不考虑其案值的民事案件,比如宣告破产等案件以及刑事方面的重罪(被判处监禁或死刑的犯罪)。初审法院实行两审终审。如当事人在二审后还提出上诉,就上诉到上诉法院,此时二审判决还不能执行。

上诉法院位于埃及的主要城市,受理来自初审法院的民事、商事和涉及私人身份案件的上诉案件。

最高上诉法院分为两个分庭,一个审理刑事案件,另一个审理民事、商事和私人身份等案件。最高上诉法院只进行法律审定,经其审理如认为有问题就退回二审法院重审。当事人如对退回二审法院重审的判决不服还可再上诉到最高上诉法院,最高上诉法院进行法律审定,直接作出判决,这一判决必须执行。根据1981年《诉讼程序法》的规定,最高上诉法院以后只受理案值超过50,000埃及镑的案件。①

法院的行政人员、经费和不动产由司法部负责管理。

(2)行政法院

埃及行政法院是按照法国模式成立于1946年,后根据1959年第55号法律重又加以规定。作为行政法院的系统,它包括三个部分:①最高行政法院(也称国家委员会),设有法律顾问3名,是一种行政诉讼的上诉法院;②行政争议法院,设在开罗和亚历山大;③行政法庭,附设在各部或各行政

---

① See N. Maugirin & B. Dupret, *Egypt and Its Laws*, Kluwer Law International, 2002, p. 188.

部门中。行政法院的职权受1959年第55号法律第8条的限制，并非对所有个人与行政机关之间所发生的一切诉讼都有管辖权。行政法院主要受理公民、法人控告行政部门的行政行为是否合法，要求纠正行政决定的案件，以及因这种行政决定造成损失而引起的赔偿诉讼。行政法院的法官选任由国家委员会负责。

（3）最高宪法法院

根据1971年宪法，埃及成立了最高宪法法院。当时埃及的第一部《宪法》第175条规定，最高宪法法院是“唯一被授权对法律是否符合宪法实行司法监督的机构”。全国设一个宪法法院。最高宪法法院是由高级法官组成，法官由最高司法委员会下属的专门委员会推荐，名单主要包括上诉法院法官和著名学者，由总统批准。

根据1969年第81号法律第4条第1款的规定，该法院对审查各种法律是否符合宪法具有专有管辖权。最高宪法法院审理新通过的法律条文是否与宪法相抵触，普通法院和行政法院、议会会员如果认为有关法律条文不合宪法，就可向最高宪法法院提起诉讼。最高宪法法院审理后，认为法律条文确实违反宪法，可判决撤销，普通法院、行政法院都应当执行。凡是有关违反宪法问题的申诉一律归它受理。该法院更可对立法准则进行解释并且这种解释是具有约束力的。此外，过去归一种特别法庭处理的各种法院之间的管辖权纠纷，现在也由该院裁决。最后，对于有关政府或公共实体仲裁决定的任何奖金，如果在执行上会对经济计划或公共事业产生不利影响时，最高宪法法院可以下令中止执行。

在2014年《宪法》第191~195条，最高宪法法院的相关规定被基本上继承下来。

2. 检察体制

对于刑事案件的检举或公诉是检察官的职责（1965年第43号法律、1965年《法院组织法》第26条），检察官受司法部的支配。在最高上诉法院，公诉由总检察长提出。各上诉法院中又附设总辩护律师一人。至于在各初审法庭中，检察任务由代理人员代行。凡有资格参加预审程序的司法警务官员，都有提起公诉的责任，但起诉部门的任何人员也都可以主持预审的工作。在某些情况下预审工作可由一位法官主持。对受到控告的人，可根据检察人员或预审法官的命令，予以拘留或暂予释放；对被控有罪行的人,应送交法官,以便转由大审判庭进行审理。在刑事诉讼进行的过程中,受害人可以以该案民事当事人的身份出庭。自1953年第252号法律实施以来,对于被控犯有违法或轻罪的人,仅需取得检察当局的指令即可对之进行宣判和科以一定金额的罚款,而不必进行各种预审或辩护手续。埃及检察院和法院一样,是司法机关,机构协调与法院相同。上下级检察院实行垂直领导,所有检察官都作为总检察长的代表从事工作,检察官由最高司法委员会任命,检察官的行政事务(如预算、人员培训)、办公设施配置等都由司法部负责。

第十一章　非洲政治与经济一体化的法律框架

各种历史经验和教训表明,非洲政治与经济一体化是推动大陆稳定和繁荣的关键动力。时至今日,非洲大陆仍面临众多挑战,包括殖民历史遗留问题、跨国冲突、政治不稳定、经济脆弱性以及社会发展不平衡等。面对这些挑战,非洲国家已经认识到,通过政治与经济一体化,它们可以共同克服这些问题,促进区域内的和平、稳定和繁荣。

非洲一体化的早期尝试可追溯到 1963 年成立的非洲统一组织(OAU),这是一个旨在促进非洲各国间政治合作的机构。随后,在 2002 年,非洲统一组织演变为非洲联盟(AU),这标志着非洲一体化进入一个新阶段,不仅强调政治合作,也注重经济、社会和文化领域的整合。

在非洲政治与经济一体化的过程中,非洲各国制定了一系列的法律文件和政策框架,以促进一体化。其中最重要的是《关于建立非洲经济共同体条约》(也称《阿布贾条约》),于 1991 年签署,旨在通过逐步建立共同市场,促进非洲各国之间的经济一体化。此外,《非洲大陆自由贸易区协定》(AfCFTA)于 2018 年签署,其目标是创建一个覆盖全非洲的单一市场,以促进贸易和投资。

非洲国家的实践显示,政治与经济一体化对维护非洲国家的和平与安全已经越来越多地发挥出至关重要的作用。首先,通过加强区域合作、加强政治一体化程度,非洲国家能够更有效地解决跨国问题,如冲突、恐怖主义、非法移民和跨国犯罪。例如,非洲联盟已经发展了多国部队来应对地区冲突,如在索马里抗击“青年党”的非洲联盟任务。

其次,经济一体化有助于提高非洲国家的经济实力和全球竞争力。通过创建共同市场和促进自由贸易,非洲国家能够实现规模经济,吸引更多外国直接投资,从而促进经济增长和创造就业机会。

最后,政治与经济一体化也促进了非洲国家之间的团结与信任,有助于缓和地区紧张关系,并促进持久和平。共享经济和政治利益可以增强国家间的互信,减少冲突的可能性。

总之,非洲国家的实践显示,非洲的政治与经济一体化是实现大陆长期稳定与繁荣的关键。通过加强区域合作,促进经济整合,并建立有效的多边机构,非洲国家可以共同克服挑战,实现和平与安全。

正视非洲的政治与经济一体化进程,对于非洲国家的未来发展具有如此重要的意义,所以本章将专门论述非洲国家一体化进程中的这两个维度。

第一节 非洲政治一体化进程中的法律制度演变

一、摆脱殖民统治及非洲政治一体化的前期准备

(一)非洲政治一体化的现实背景:曾被殖民的非洲

绝大部分非洲国家在殖民时期受欧洲列强殖民统治,其内部政治活动是殖民宗主国国内政治延伸的产物,非洲本地的诉求很少能得到倾听。殖民国家的边界划分和殖民统治结构割裂了当地社会和民族群体的联系,导致了许多种族、宗教和地区之间的分裂。

例如,在尼日利亚与尼日尔的边境划分问题上,当时英国和法国在19世纪末起就在非洲西部,尤其是尼日河流域地区活动,建立自己的殖民点,覆盖了尼日利亚和尼日尔两国的部分地区。尼日河流域地区成为英国和法国势力的交会点,两国在这一地区进行了边界划分,但并没有达成一致。

而且英国和法国在划分边界时,并没有充分考虑地域内部的族群分布、地理形态和文化联系,而是依据自身的殖民利益和地图划分边界,这导致了尼日利亚和尼日尔两国的边界划分存在许多问题。而且尼日尔流域生活着一些跨境族群,他们的居住区跨越了尼日河,在历史上他们也是在该区域内自由流动,但在边界划分后,他们的居住和生活受到了影响,甚至导致了文化和经济上的隔离。由于边界划分不清晰,尼日利亚和尼日尔之间时至今日还存在一些边界纠纷和争端,涉及土地所有权、资源开发和行政管辖等问题,给两国的关系带来了一定程度的紧张和不稳定。

自 19 世纪 60 年代以来,非洲国家相继获得独立。这一时期是非洲国家建设和民族认同的重要阶段。许多国家在获得独立后,试图建立自己的国家制度和政治体系,以加强国家统一和民族团结。但是殖民时期遗留的问题迟迟得不到解决,许多非洲国家都爆发了因为种族问题而产生的内战。类似的冲突也存在于其他国家,而且有的时至今日都没有得到完全的解决。

没有政治稳定就没有经济和社会发展,这是早已被历史证明的不二法则。非洲国家也逐渐认识到,要实现非洲大陆的持续发展和社会进步,进而实现泛非主义先驱和独立运动领袖们所倡导的地区复兴理想,就必须首先实现非洲大陆的长治久安。①

(二)非洲政治一体化的思想渊源:泛非主义兴起

现代非洲的发展是一个从依附到独立,再到独立与依附并重的过程。考察这个过程,首先应当追溯其政治意识的转变,因为理论是实践的先导,思想引领时代的发展。② 为了推翻殖民主义的侵略和奴役,争取黑人的解放和非洲的复兴,在一些知识分子中逐渐形成了“非洲团结”和“建立一个统一的非洲国家”的泛非主义思想。到 20 世纪 20 年代,著名的黑人领袖、泛非运动的领导人马库斯·加维又提出了“非洲人的非洲”的思想,要求建立一个“非洲合众国”。他动员美洲黑人回到非洲去建立一个“统一的黑人国家”。第二次世界大战后,非洲民族解放运动蓬勃发展,泛非主义思想

---

① 参见罗建波:《理想与现实:非盟与非洲集体安全机制的建构》,载《外交评论(外交学院学报)》2006 年第 4 期。

② 参见郑祥福、舒文豪:《反殖民语境下非洲三大政治思潮的更迭与演变》,载《马克思主义与现实》2021 年第 6 期。

在非洲大陆广泛传播,成为非洲人民民族意识的一种新的组成部分。众多非洲国家陆续赢得独立之后,非洲人民开始自主掌握自己的命运,这为非洲人民长期追求的非洲一体化理念的实现创造了条件。

20 世纪 50 年代后,所有非洲独立国家都支持建立一个覆盖全非洲的超国家机构,这也是泛非主义运动发展的最突出表现。至少从表面上看,1963 年非洲统一组织的成立是泛非主义运动发展的里程碑。①

在非洲统一组织成立之前,独立后的非洲国家便开始寻求一种合作模式,以促进国家之间的团结和区域发展。为更有效地支持非洲大陆争取民族独立的斗争,在加纳领导人恩克鲁玛倡议下,1958 年 4 月 15~22 日,在加纳首都阿克拉召开了第一次非洲独立国家会议(Conference of Independent African States),当时已经取得独立的利比亚、苏丹、摩洛哥、突尼斯、埃及、埃塞俄比亚、加纳和几内亚参加了会议。与会国发表宣言,决心建立各与会国之间"更密切的友谊、兄弟关系和团结",支持仍处于殖民统治下的非洲人民争取自由的斗争。第二次非洲独立国家会议于 1960 年 6 月 14~24 日在亚的斯亚贝巴举行,参加者有加纳、几内亚、利比里亚、埃塞俄比亚、利比亚、摩洛哥、埃及、突尼斯、喀麦隆等 9 个独立国家,许多非洲殖民地的民族主义组织和政党也派代表参加会议。两次非洲独立国家会议为推动非洲民族解放运动的发展作出了贡献。

非洲独立国家会议是赢得政治自由之后的非洲主权国家之间开展的首次集体对话,同时也是基于非洲国家在反帝反殖、非洲解放等重大问题之上的共同立场的首次政治合作。尽管有各种缺憾,也没有实现恩克鲁玛关于非洲独立和非洲联合的设想,更不能与 1958 年 12 月的阿克拉会议,即全非人民大会相提并论,但这次会议仍取得了成功。② 它开启了非洲国家通过国际会议讨论和解决重大问题的先河,是非洲国际合作机制的一次重要尝试,为日后非洲统一组织的成立奠定了基础。

20 世纪 50 年代末至 60 年代初,在泛非主义思想指导下,取得独立的非洲国家以及正在争取独立的非洲殖民地代表,共同组织召开了具有全非

---

① 参见[英]罗伯茨等编:《剑桥非洲史:20 世纪卷》,李鹏涛等译,浙江人民出版社 2019 年版,第 744 页。

② 参见[英]罗伯茨等编:《剑桥非洲史:20 世纪卷》,李鹏涛等译,浙江人民出版社 2019 年版,第 745 页。

洲性质的政治会议：全非人民大会（All-African People's Conference）。该会议共计召开三次，分别是 1958 年的阿克拉会议、1960 年的突尼斯会议、1961 年的开罗会议，会议的常设秘书处设在加纳首都阿克拉。三次会议的决议，均谴责新老殖民主义和帝国主义，支持各国的民族解放斗争，要求已经获得独立的国家对正在争取独立的殖民地和附属国人民提供一切可能的援助。会议的主要任务是协调与会者的立场从而促进政治合作，全非人民大会的召开为非洲统一组织的建立奠定了思想和组织基础。

在独立初期，非洲人民一直在坚持为尚未独立的国家争取独立的斗争。1961 年 1 月 7 日在加纳、几内亚、马里、埃及、摩洛哥和阿尔及利亚等国参加的国家首脑会议上，通过了《非洲宪章》，即《卡萨布兰卡宪章》。《非洲宪章》强调非洲国家间团结的重要性，并宣布与会各国决心促进非洲各地争取自由的胜利和实现团结一致；通过提供支援和援助来解放仍然处于外国统治下的非洲领土，消灭各种形式的殖民主义和新殖民主义；加强非洲国家间经济、社会和文化等方面的合作。[①]《非洲宪章》的出台是非洲政治一体化进程中的标志性法律文件，是在非洲大陆第一次以政府间文件的形式，表述了非洲大陆统一的政治身份意识，为其后非洲统一组织和非洲联盟这一整个非洲范围内的政府间统一组织的形成，打下了基础。

二、从非洲统一组织到非洲联盟

在《非洲宪章》制定后两年的时间，非洲统一组织就登上了历史舞台，成为推动非洲大陆政治一体化进程的核心组织。随着非洲政治一体化进程的不断推进，非洲统一组织最终也被非洲联盟所取代，非洲国家的政治一体化进程不断走向新的高度。

（一）非洲统一组织

1963 年 5 月下旬，非洲 31 个独立国家的领导人在埃塞俄比亚首都亚的斯亚贝巴举行会议，并通过了充分体现泛非主义思想的纲领性文献——《非洲统一组织宪章》，决定成立"非洲统一组织"（在中文语境中会被简称为"非统组织"或者"非统"），总部设在亚的斯亚贝巴。在其存续的 39 年

---

① 参见王铁崖主编：《中华法学大辞典：国际法学卷》，中国检察出版社 1996 年版，第 331 页。

的时间里,非洲统一组织在维护非洲各国的主权、独立、领土完整和在非洲国家铲除殖民主义的斗争中发挥了巨大的作用,并促进了非洲各国在政治、经济、外交等领域的合作与非洲政治的一体化。

虽然非洲统一组织离“合众国”,即具有独立意识的单一主体相去甚远,但是称其为非洲“联合国”,则是毫无争议的。非洲统一组织在其存在的时间里,始终坚持三项基本原则:接受独立时殖民地边界;不干涉成员国内政;支持非洲大陆实现去殖民化。[①] 尤其是在实现非洲大陆去殖民化的进程中,非洲统一组织发挥了非常重要的作用。

非洲统一组织的宗旨是促进非洲国家的统一与团结,保卫非洲国家的主权、领土完整与独立,从非洲根除一切形式的殖民主义,促进国际合作。加强非洲国家在政治、经济、教育、文化、科技、国防等各方面的合作。[②] “促进非洲国家的统一和团结”是非洲统一组织的首要宗旨,非洲统一组织通过专门的决议、成立常设的和临时的机构调解非洲国家间的纠纷与冲突促进了非洲各国的团结与合作。

非洲统一组织的内部组织机构包括以下几点。(1)国家元首和政府首脑会议:最高权力机构。[③] 大会应由国家元首和政府首脑或其正式委派的代表组成,每年举行一次例会,必要时可召开特别会议;全体成员国的2/3构成法定多数。一切决议均以2/3多数作出决定。[④] (2)部长理事会:由成员国的外交部长或其他部长组成,每年举行两次例会,[⑤]并负责筹备首脑会议,受理大会提交给它的任何事项,并负责执行国家元首和政府首脑会议的决定。[⑥] (3)秘书处:常设机构。设1位秘书长和多位副秘书长。秘书长和副秘书长都由首脑会议任命,任期四年。[⑦] (4)调停、和解与仲裁委员会:1964年成立,设在亚的斯亚贝巴。任务是通过和平方式解决成员国之

① 参见[英]凯文·希林顿:《非洲通史》(第4版),赵俊译,九州出版社2021年版,第507页。

② See Article 2, OAU Charter.

③ See Article 8, OAU Charter.

④ See Article 9, 10, OAU Charter.

⑤ See Article 12, OAU Charter.

⑥ See Article 13, OAU Charter.

⑦ See Article 16, 17, OAU Charter.

间的争端。由首脑会议选出21人组成,任期五年。[①] (5)三个专门委员会:经济和社会委员会,教育、科学、文化和卫生委员会,防务委员会。[②] (6)预防、处理和解决冲突机制(MCPMR):1993年6月成立,设有三个常设机构,即中央机构、和平基金、处理冲突办公室。1993年建立的预防、处理和解决冲突机制肩负着对武装冲突进行预测和预防的任务,也负有在冲突过程中和冲突后进行和平维护与和平建设的任务。预防、处理和解决冲突机制的运行支柱(the Operational Arm)是中央机构(the Central Organ)。中央机构最初由9个成员国组成,后来由14个成员国组成,这些成员国每年举行一次会晤,并且组建了大会办事署(the Bureau of the Assembly)。中央机构的成员也包括非洲统一组织的主席国。[③] 1994年,预防、处理和解决冲突机制建立了一个冲突管理部门和一个向和平行动提供资助的联合金融工具——和平基金。就向预防、处理和解决冲突机制的使命提供支持而言,冲突管理部门最初肩负的任务是选择与发展冲突管理政策、协调冲突管理活动。[④]

需要看到的是,非洲统一组织虽然是一个捍卫非洲独立国家领土与政治现状的组织,其主张在广大非洲人民中深受支持,但是非洲统一组织毕竟是非洲各国政府而非非洲各族人民直接协商的产物,这一产生背景,会面对来自国家主权方面的质疑。因此,虽然非洲统一组织内部成立了各类机构,负责协调非洲各国的医疗、教育、经济合作甚至国防等领域的政策,但是在非洲统一组织的制度框架内,各国的主权依然至高无上,非洲统一组织的最高领导机构是国家元首和政府首脑会议(Annual Assembly of Heads of State and Government)。[⑤]

事实证明,非洲统一组织在其存续期间,在促进民族解放,加强各国的团结与合作,调解地区冲突,协调对各种国际问题的立场等方面发挥了很大作用,为和平进步事业作出了很大的贡献。1990年纳米比亚终止南非统

① See Article 19, OAU Charter.

② See Article 20, OAU Charter.

③ 参见莫翔:《当代非洲安全机制》,浙江人民出版社2013年版,第44页。

④ 参见莫翔:《当代非洲安全机制》,浙江人民出版社2013年版,第45页。

⑤ 参见[英]罗伯茨等编:《剑桥非洲史:20世纪卷》,李鹏涛等译,浙江人民出版社2019年版,第750页。

治并实现独立,1994 年南非少数白人种族主义统治的灭亡,标志着非洲统一组织在完成了非洲大陆政治解放的历史使命方面,取得了全面的胜利。冷战结束后,非洲统一组织进一步致力于非洲的和平与发展,在调解非洲地区冲突、维护非洲国家的政治和社会稳定及振兴非洲经济等方面作出了不懈的努力,使非洲国家经受住了冷战结束这一国际形势剧变带来的冲击、对非洲国家形成的困难。随着冷战的终结,非洲统一组织积极投身于促进非洲大陆的和平与发展事业。在调停和解决地区冲突、保障成员国政治和社会稳定以及推动经济复苏等方面,非洲统一组织作出了巨大的努力,帮助非洲国家有效应对了国际格局剧烈变动带来的挑战与困境。该组织坚定地支持成员的民族独立和国家主权,致力于维护非洲的团结与统一,并倡导利用非洲自身的力量来应对政治、经济和社会问题。非洲统一组织建立的冲突预防和解决机制,促进了非洲在自主处理地区争议方面发挥关键作用。此外,该组织也承担着推动非洲经济复苏的重任,大刀阔斧地推进经济一体化和区域经济合作,力图通过非洲国家共同的努力实现经济的持续发展。在全球舞台上,非洲统一组织坚持反对强权政治和外部干预非洲事务,积极推动南南合作。

尽管从严格意义上讲,非洲统一组织不是一个完全政治一体化的国际组织,但其在 39 年的历史中,一直致力于促进非洲国家之间的团结和合作,在多个问题上成功地塑造了非洲国家的共同立场和行动,反映出非洲国家统一的政治意志和政治形象。在不断探索的过程中,非洲统一组织不仅通过其行动证明了非洲国家之间广泛合作的可行性,而且更为关键的是,它为非洲一体化组织和次区域一体化组织的形成与发展积累了宝贵的经验,最终推动了非洲联盟登上历史舞台。

(二)非洲统一组织的变革过程

从成立到正式过渡成为非洲联盟,非洲统一组织经历了 39 年,它的发展大致可以分为 3 个阶段。第一个阶段从其成立一直到 20 世纪 70 年代末,是非洲统一组织发展壮大并取得重大成就的时期。这个时期非洲统一组织的任务主要是为反对殖民主义和种族主义制定战略和策略,以推动整个非洲大陆的解放进程,同时声援和帮助新兴的非洲国家维护民族独立和国家主权。第二个阶段为 20 世纪 80 年代,当时大多数非洲国家的经济和社会发展都陷入严重的困境,这使非洲统一组织也陷入了严重的危机,几次面临分裂和瓦解的危险。鉴于非洲大陆的大部分地区已经取得政治上的解放,非洲统一组织在这个阶段开始把工作的重点转移到寻求非洲的经济发展上来,它在为非洲国家确定经济发展的战略方针、大力促进非洲的区域经济合作和一体化方面进行了很多探索。第三个阶段为20世纪90年代以后直到非洲联盟成立,是非洲统一组织面对危机与挑战而寻求重新振作,并在一些方面取得新的突破和进展的时期。在第三个阶段的最后几年,非洲统一组织开始向更高形式的一体化组织——非洲联盟过渡。非洲统一组织的努力和历史成就为非洲大陆的一体化奠定了政治、思想基础和一定的经济和组织基础。①

不过,进入20世纪80年代,非洲统一组织的一些缺陷也开始暴露,尤其是在带领非洲人民走向合作方面面临许多限制。在政治上,当越来越多的非洲国家逐渐走向独立解放时,军政府和一些独裁统治的出现却严重影响非洲国家的政治联合程度。面对这些挑战,非洲统一组织一时未能给成员寻找到合适的政治利益契合点。在安全方面,当非洲国家的安全形势面对严重挑战的时候,非洲统一组织的安全机制呈现流于形式的制衡,在面对卢旺达等国家的种族冲突矛盾甚至大屠杀行为时,难以有效作为,使人们对于非洲统一组织的安全机制的实质作用产生了严重的怀疑。

与此同时,欧洲地区的一体化进程正在蓬勃发展并不断取得重大的成就。欧共体的成功经验在一定程度上指导了非洲政治一体化的改革道路,尤其是从两者区别处给予了决策者反思非洲政治一体化进程中可能存在的各种问题,具体表现为:首先,与欧洲一体化进程中普遍共享的思想观念和相对同质的文化背景相比,非洲一体化的共同理念,即泛非主义,在非洲社会中并没有形成广泛而深入的影响,其影响往往局限于精英阶层,而不是广大非洲民众。其次,与欧洲联盟在扩员时进行的严格筛选不同,非洲统一组织在成立初期便接纳了当时所有获得独立的非洲国家,并在后续的发展中继续吸收了存在矛盾的国家加入一体化进程,这导致非洲一体化在内部产生了一些未能及时解决的矛盾和挑战。最后,与欧洲一体化的先经济合作后政治合作的逐步推进方式不同,非洲统一组织在完成解放任务之

---

① 参见詹世明:《非洲统一组织在非洲一体化中的历史作用》,载《西亚非洲》2013年第1期。

外,在其他领域并未取得显著成就,这使人们对非洲一体化的实际效果产生了怀疑。面对这些挑战和问题,非洲统一组织需要进行更为深刻的变革,以实现转型。

(三)"非洲发展新伙伴计划"

在非洲统一组织向非洲联盟过渡之际,非洲国家提出了"非洲发展新伙伴计划"。2001 年 7 月,在赞比亚首都卢萨卡召开的第 37 届非洲统一组织国家元首和政府首脑会议上,"非洲发展新伙伴计划"(The New Partnership for Africa's Development,NPAD)被非洲统一组织成员一致通过。它是非洲自主制定的第一个全面规划非洲政治、经济和社会发展目标的蓝图,旨在解决非洲大陆面临的包括贫困加剧、经济落后和被边缘化在内的等发展问题。"非洲发展新伙伴计划"制定了一系列需优先考虑的和平与安全议题,以应对不同阶段的冲突问题,并设计了关于冲突问题的预防—反应—重建框架。[①]"非洲发展新伙伴计划"主要通过其框架下的非洲互查机制与非洲战后重建政策框架,支持非洲的和平与安全机制建设,其中建立非洲互查机制的目的是推进非洲的良治,从而推进非洲的冲突预防。[②]

"非洲发展新伙伴计划"是非洲国家共同提出的促进社会协调发展、实现经济全面振兴的行动纲领。它包括经济、政治、社会、文化和科技等内容,并提出了比较具体的奋斗目标。其计划周密详细,目标切实可行,蓝图宏伟远大,但是实现它们也需要付出艰辛努力。在非洲联盟成立后,"非洲发展新伙伴计划"在一段时间内保持了与非洲联盟并行的状态。2010 年 2 月,该计划最终被纳入非洲联盟的组织机构和运行体系,建立"计划与协调机构"取代先前的秘书处,成为非洲联盟技术性机构的一部分。[③]

(四)非洲联盟的建立与《非洲联盟章程》

冷战结束初期,国际政治形势的巨大变化也严重影响了非洲大陆内部的政治稳定,当时在非洲大陆诸多地区爆发的冲突甚至战争,成为阻碍非洲国家继续发展的主要障碍,非洲迫切需要从区域层面寻求一种新的解决

---

① See Kristiana Powell, *The African Union's Emerging Peace and Security Regime: Opportunity and Challenges for Deliver on the Responsibility to Protect*, ISS Monograph 199 (2005).

② 参见莫翔:《当代非洲安全机制》,浙江人民出版社 2013 年版,第 37 页。

③ 参见杨立华:《非洲联盟十年:引领和推动非洲一体化进程》,载《西亚非洲》2013 年第 1 期。

冲突的途径。此时非洲统一组织在结构组织上的缺陷表现得更加明显,在解决非洲发展与冲突问题上显得力不从心。非洲国家日渐意识到,重举“泛非主义”大旗,重建和改造非洲统一组织,以资作为解决非洲冲突与发展问题的重要手段,是更加迫切的现实需要。①

经过非洲统一组织近40年的实践与推动,以政治、经济、社会一体化的形式解决非洲的发展问题与冲突危机,可以说是非洲各国和人民的普遍共识。经过20世纪80年代的经济结构调整、多党民主浪潮以及20世纪90年代经济全球化的冲击,非洲国家联合自强、摆脱“边缘化”地位的愿望日益强烈。为建立非洲联盟而作的种种努力就是这种意识的体现。1991年6月3日,非洲国家元首与政府首脑在尼日利亚首都阿布贾举行的非洲统一组织第27届会议上,通过了《关于建立非洲经济共同体条约》(Treaty Establishing The African Economic Community,以下简称《阿布贾条约》)。《阿布贾条约》提出在“非洲经济共同体”的创建过程中建立非洲联盟,并在最后阶段,即2034年建立泛非洲议会。根据《阿布贾条约》的设想,非洲国家展开非洲联盟的筹备工作。1999年9月9日在苏尔特市举行的非洲统一组织第4次特别首脑会议,支持《阿布贾条约》的这个建议,并在其后《苏尔特宣言》中提出建立非洲联盟和泛非洲议会。随后,2000年5月27~29日在利比亚首都又召开了非洲法律专家和成员国议会代表参加的专门会议,就建立非洲联盟和泛非洲议会问题进行讨论。紧接着,非洲统一组织成员国外交部长会议于5月31日至6月2日在利比亚举行,讨论非洲联盟宪章草案。2000年7月10~12日,在多哥首都洛美举行第36届非洲国家首脑大会,通过了《非洲联盟章程》(Constitutive Act of the African Union),所有成员国都在该章程上签字。这为非洲联盟的正式成立铺平了道路。2001年3月1~2日,非洲统一组织首脑第5次特别会议在利比亚进行,通过了建立非洲联盟的具体决议。按照决议,有2/3的成员国批准了《非洲联盟章程》,该章程于2001年5月23日开始生效。② 2002年7月,在南非的德班,作为非洲统一组织的继任者,非洲联盟正式成立,成立的非洲

① 参见莫翔:《当代非洲安全机制》,浙江人民出版社2013年版,第28页。

② 参见杨立华:《非洲联盟:理想与现实》,载《西亚非洲》2001年第5期。

联盟接受了非洲统一组织所有的资产和债务。①

按照《非洲联盟章程》,非洲联盟的组织机构包括:(1)首脑会议(The Assembly of the Union):它系非洲联盟最高权力机关。原每年召开两次例会,从2019年起仅在年初举行,年中首脑会议改为非洲联盟与次区域经济体协调会。若某国提出要求并经2/3成员国同意,可召开特别首脑会议。(2)执行理事会(The Executive Council):由成员国外长或指定部长组成。每年举行两次例会,若某国提出要求并经2/3成员国同意,可举行特别会议。执行理事会对首脑会议负责,落实其通过的有关政策并监督决议的执行情况。下设常驻代表委员会和特别技术委员会两个辅助机构。(3)非洲联盟委员会(The Commission):为非洲联盟常设行政机构,负责处理非洲联盟日常事务。其领导机构由主席、副主席及6名委员共8人组成,任期4年,至多可连任一次。(4)泛非议会(Pan-African Parliament):非洲联盟的立法与监督机构,总部位于南非约翰内斯堡,目前只具有咨询、建议和预算监督职能,由非洲联盟55个成员国每国选出5名代表组成,设1位议长和4位副议长。(5)和平与安全理事会(The Peace and Security Council,PSC):由15个成员国组成,其中5国任期3年,10国任期2年,均可连选连任。成员国权力平等,无否决权。主要职能是:维护地区和平安全,预防地区冲突;对成员国实施军事干预与维和行动;帮助战后重建;进行人道主义和灾难救援等。主要权力有:制订非洲联盟对成员国干预的形式和计划;监督非洲联盟反恐政策落实;推动成员国实行民主、良政、法治和保障人权等。(6)非洲发展新伙伴计划:由南非、尼日利亚、阿尔及利亚、塞内加尔和埃及于2001年发起,2010年正式成为非洲联盟下设机构。设有国家元首和政府首脑指导委员会、执行委员会、规划和协调局等决策和执行机构。2017年1月第28届非洲联盟首脑会议决定将其改建为非洲联盟发展署。(7)经济、社会和文化理事会(The Economic,Social and Cultural Council):咨询机构,由成员国社会团体、专业团体、文化组织和非政府组织等组成。(8)非洲法院(The Court of Justice):司法机构。(9)金融机构(The Financial Institutions):包括非洲中央银行、非洲货币基金、非洲投资银行三

① 参见莫翔:《当代非洲安全机制》,浙江人民出版社2013年版,第28页。

个机构,均尚未建立。[①]

《非洲联盟章程》为非洲联盟确定的目标是:实现非洲国家和人民间更广泛的团结和统一;维护成员国主权、领土完整和独立;促进和平、安全和稳定;加快政治、社会和经济一体化进程;促进民主原则、大众参与和良政;促进和保护人权;推动非洲经济、社会、文化的可持续发展;推动在各领域的泛非合作,提高人民生活水平;协调和统一次区域经济体政策;维护非洲共同立场和利益;加强国际合作,创造条件使非洲在全球事务中发挥应有作用。[②]

在《非洲联盟章程》出台后,2003 年非洲联盟又进一步出台了《非洲联盟章程修正案议定书》(Protocol on the Amendments to the Constitutive Act of the African Union),扩充解释了非洲联盟的目标:在非洲国家及其人民之间实现更大的团结;捍卫成员国的主权、领土完整和独立;加速非洲大陆的政治和社会经济一体化;促进和捍卫非洲在非洲大陆及其人民关心的问题上的共同立场;鼓励国际合作,促进非洲大陆的和平、安全与稳定;促进民主原则和体制、民众参与和善政;根据《非洲人权和民族权宪章》和其他相关人权文书,促进和保护人权和人民权利;创造必要条件,使非洲大陆能够在全球经济和国际谈判中发挥其应有的作用;促进经济、社会和文化层面的可持续发展以及非洲经济的一体化;促进人类活动所有领域的合作,以提高非洲人民的生活水平;协调和统一现有和未来区域经济共同体之间的政策,以逐步实现联盟的目标;通过促进所有领域的研究,特别是科学和技术方面的研究,促进非洲大陆的发展与相关国际伙伴合作,在非洲大陆根除可预防的疾病和促进良好健康;确保妇女有效参与决策,特别是在政治、经济和社会文化领域;制定和促进关于贸易、防务和外交关系的共同政策,以确保保卫非洲大陆并加强其谈判地位;邀请并鼓励散居海外的非洲侨民充

① 参见“非洲联盟”,http://new.fmprc.gov.cn/web/gjhdq_676201/gjhdqzz_681964/lhg_683022/jbqk_683024,2024 年 3 月 9 日最后访问。

② 参见“非洲联盟”,http://au.china-mission.gov.cn/chn/fmgk,2024 年 3 月 9 日最后访问。

分参与非洲联盟的建设,成为非洲大陆的重要组成部分。①

(五)非洲联盟继续推动非洲政治一体化的努力

和平与安全机制的建立(2004 年):非洲联盟建立了和平与安全机制,旨在解决和预防非洲大陆上的冲突,并促进和平稳定。PSC 是非洲联盟预防、管理和解决冲突的常设决策机构。这是一项集体安全和预警安排,旨在促进对非洲冲突和危机局势作出及时和有效的反应。它也是非洲和平与安全架构(APSA)的关键支柱,该架构是促进非洲和平、安全与稳定的框架。《关于设立和平与安全理事会的议定书》以下简称《PSC 议定书》于 2002 年 7 月 9 日在南非德班通过,并于 2003 年 12 月生效。和平与安全理事会于 2004 年年初全面运作。《PSC 议定书》、《PSC 议事规则》、《非盟组织法》和各种 PSC 务虚会的结论为 PSC 活动提供了业务指导。PSC 有 15 名成员,拥有同等的投票权。所有成员均由非洲联盟执行理事会选举产生。为保持连续性,PSC 选举产生 5 名成员,任期 3 年,另外 10 名成员任期 2 年。虽然没有常任理事国,但《PSC 议定书》并不阻止任何成员国寻求立即连任。其组织机构包括非盟委员会、智者小组(又称贤人论坛)、大陆预警机制、非洲待命部队和一个特别基金。② 其中智者小组是一个促进和维护非洲的和平、安全与稳定,特别是在预防性外交和调解领域提供支持的机构。非洲大陆预警系统(CEWS)是非洲和平与安全架构的支柱之一,其主要目标是预测和预防非洲大陆的冲突,并根据专门制定的指标及时提供有关不断演变的暴力冲突的信息。尽管现有集体安全机制还处于初创阶段,但非洲联盟在预防、解决和处理冲突的实际行动上进行了大胆的尝试。自 2003 年以来,非洲联盟相继对布隆迪内战、苏丹达尔富尔冲突、多哥政治危机、科特迪瓦内乱、索马里内战等多起冲突和战争进行了直接的介入和干预,对防止这些冲突的失控,促成冲突的早日解决起到了一定作用。③

---

① See "Protocol on the Amendments to the Constitutive Act of the African Union", https://au.int/en/treaties/protocol-amendments-constitutive-act-african-union, 2024 年 3 月 9 日最后访问。

② See "The Peace & Security Council", https://au.int/en/psc, 2024 年 3 月 9 日最后访问。

③ 参见罗建波:《理想与现实:非盟与非洲集体安全机制的建构》,载《外交评论(外交学院学报)》2006 年第 4 期。

2015 年 1 月，在埃塞俄比亚的首都亚的斯亚贝巴，非洲联盟举行峰会并通过了《2063 年议程》，副标题为《我们想要的非洲》，这一议程被定义为“非洲愿景和行动计划”，它呼吁非洲人民“基于共同的价值观和命运，团结一致，共同努力建设一个繁荣和团结的非洲”。这一议程是一个长达 50 年的发展蓝图，旨在通过非洲的团结和自力更生，将非洲建设成为一个统一的、繁荣的、和平的大陆。[①]《2063 年议程》提出，它旨在实现“七大愿景”，每个愿景都有自己的一套目标，如果实现，非洲将更接近实现其 2063 年愿景。这七大愿景反映出非洲人民对共享繁荣和福祉、团结和融合、自由公民和视野扩大的大陆的渴望，在那里妇女和青年的全部潜力将得到实现，并免于恐惧、疾病和匮乏。这七大愿景包括：在包容性增长和可持续发展的非洲；在政治上团结起来、以泛非主义的理想和非洲复兴的愿景为基础的非洲大陆；建设公平、民主、尊重人权、正义和法治的非洲；建立一个和平与安全的非洲；让非洲拥有强大文化认同、共同传承、共享价值观和道德观；以人为本追求发展，充分发挥非洲人特别是妇女和青年的潜力，关爱儿童成长；让非洲成为国际社会中强大、团结而富有影响力的行为体和合作伙伴。[②]

（六）非洲联盟加入二十国集团（G20）进一步凸显其对外统一政治认同

非洲联盟于 2020 年被纳入 G20 的观察员名单，这一进展象征非洲在全球治理和政策制定中的影响力不断增强，为其在国际舞台上争取到了更高的政治和经济话语权。此外，2023 年 9 月 9 日，在印度首都新德里举办的 G20 领导人第十八次峰会期间，非洲联盟正式成为 G20 的成员。非洲联盟发言人表示：“非盟成为 G20 正式成员是一个具有重要历史意义的事件。它不仅标志着国际社会对非洲的认可，也体现了全球治理体系的多样性和包容性。”此前，非洲联盟寻求成为 G20 正式成员已经有 7 年之久。这期间，非洲联盟一直强调其将在全球机构中发挥有意义的作用，同时呼吁对全球金融体系进行改革。当非洲联盟成为 G20 正式成员后，非洲地区的需

---

① See “Agenda 2063: The Africa We Want”, https://au.int./en/agenda2063/overview, 2024 年 3 月 9 日最后访问。

② See “Our Aspirations for the Africa We Want”, https://au.int./en/agenda2063/aspirations, 2024 年 3 月 9 日最后访问。

求将更难被忽视,这将为非洲国家争取更多机会和资源创造更有利的条件。①

三、非洲政治一体化进程的人权保护机制

长期以来,非洲国家在政治、经济、社会等各个领域都存在众多人权问题,如贫困、疾病、教育水平低下、性别不平等、种族歧视、警察暴力等。这些问题不仅严重阻碍了人权事业在非洲的推进,也极大影响了非洲国家的社会稳定和经济发展。为应对这些人权问题,非洲国家同样选择采用了政治一体化的解决机制。

(一)《非洲人权和民族权宪章》

在非洲统一组织还存在的时期,按照《非洲统一组织宪章》的规定,为了实现非洲统一组织的目的,其成员国应当协调它们的一般政策,特别是在政治外交、经济、教育文化、健康、卫生与营养、科学技术以及国防和安全领域,展开充分的合作。② 作为实现其目的的一个组成部分,尤其是为了更好地实现非洲人民的各种人权,非洲统一组织国家元首和政府首脑会议于1981年6月28日在肯尼亚首都内罗毕通过了《非洲人权和民族权宪章》(又称《班珠尔人权和民族权宪章》《人权和民族权利非洲宪章》,以下简称《非洲人权宪章》)。这是当时在整个世界范围内,发展中国家通过的第一个具有法律约束力的区域性国际人权文书。该宪章于1986年10月21日开始生效。

《非洲人权宪章》包括序言和68条正文。正文由"权利与义务"、"保护措施"及"一般条款"三部分组成。

《非洲人权宪章》序言中指出,非洲人民面临着实现全面解放,根除殖民主义、新殖民主义、种族隔离和种族歧视等特殊任务。③《非洲人权宪章》规定的个人权利包括:平等权、生命权、尊严权、人身自由权、获得公平审判权、良心和信仰及宗教自由权、获取信息自由权、集会结社权、迁徙和

---

① 参见贾平凡:《发出"非洲声音",推动多边主义发展》,载《人民日报海外版》2023年9月16日,第6版。

② See Article 2, Charter of the Organization of African Unity.

③ See Preamble, African Charter on Human and Peoples' Rights.

居留权、参政权、财产权、同工同酬权、健康权、受教育权、家庭权等。① 基于非洲的传统道德和价值观,《非洲人权宪章》不仅规定了个人权利,而且还专门规定了民族权利。《非洲人权宪章》所规定的民族权利有:民族平等权、民族生存权和自决权以及自由处置天然财富和资源权、民族发展权、和平与安全权、环境权等。② 此外,《非洲人权宪章》还专章规定了一些个人义务。③

《非洲人权宪章》规定非洲人权和民族权委员会为其执行机构。《非洲人权宪章》第45条明确了非洲人权和民族权委员会的主要职责,具体包括以下四点。(1)推动人权和人民权益的增进:委员会通过举办研讨会、专题讨论、会议和派遣特派团等形式,进行宣传、激发公众意识和信息的普及。(2)维护人权和人民权益:非洲人权和民族权委员会通过通信机制、友好解决争议、国家报告(包含对非政府组织影子报告的评审)、紧急呼吁以及特别报告员、工作组和特派团的其他行动,确保人权和人民权益得到保护。(3)《非洲人权宪章》条款的解释权:非洲人权和民族权委员会负责在缔约国、非洲联盟机构或个人请求下,对《非洲人权宪章》内容进行解释。非洲联盟没有机构将《非洲人权宪章》的解释案件提交至该委员会。尽管如此,一些非政府组织已与该委员会联系,请求对《非洲人权宪章》的各条款作出解释。委员会还通过多项决议,对《非洲人权宪章》的内容进行了阐释。(4)执行国家元首和政府首脑会议可能委托的其他任务。④

《非洲人权宪章》展现出独特的地区性和发展中国家的特点,同时融合了联合国及其他国际组织在人权领域的价值成果。其核心特征主要体现在以下三个层面:首先,该宪章在命名上明确强调了民族权益,首次在一个国际人权文件中全面而系统地将那些具有反对帝国主义、殖民主义、霸权主义和种族主义内涵的集体人权规定下来,并赋予其极其重要的位置,这代表了非洲及非洲以外发展中国家的共同愿望和诉求。其次,该宪章凸显了经济、社会和文化权益的重要性,并指出这些权益与公民和政治权益紧

---

① See Article 1-18, African Charter on Human and Peoples' Rights.

② See Article 19-24, African Charter on Human and Peoples' Rights.

③ See Part 1, Chapter 2, African Charter on Human and Peoples' Rights.

④ See "Mandate of the Commission", https://achpr.au.int/en/about/mandate, 2024年3月13日最后访问。

密相连,不可分割,该宪章特别强调保障经济、社会和文化权益是实现公民和政治权益的基石。《非洲人权宪章》还着重强调了国家在确保个人经济、社会和文化权益,以及保护社会道德和非洲传统价值观方面的责任和义务。最后,《非洲人权宪章》强调了权利与义务的统一性,在阐述各项人权和民族权益的同时,也规定了相应的义务,明确指出每个人在享受权利与自由的同时,也必须承担相应的义务。《非洲人权宪章》的这些特性鲜明地反映了非洲国家和广大发展中国家在人权问题上的基本观点,展现了非洲人民对世界人权事业的特殊贡献。①

(二)非洲人权和民族权法院

按照《非洲人权宪章》最初的规定,《非洲人权宪章》的唯一执行机制是在非洲统一组织内部专门设立的非洲人权和民族权委员会(以下简称非洲人权委员会)。该委员会保护人权和民族权的主要依据是《非洲人权宪章》第 47 条至第 54 条规定的缔约国之间的相互指控制度。但是,实践显示,这种机制在实现《非洲人权宪章》中确立的人权和民族权方面是非常薄弱的。出于外交关系等多种因素的考虑,国家一般不愿意对其他国家严重侵犯其本国人权的行为,向人权保护机构提出指控。因此,在该委员会成立之后没有多久,要求改革该宪章执行机制的呼声不断出现。尽管该委员会在成立之后采取了一些积极的措施,包括引入个人申诉机制,但是根据这种机制作出的决定是没有拘束力的,几乎不会引起该宪章缔约国的注意。

在这种情况下,非洲统一组织国家元首和政府首脑会议意识到了该机制存在的缺陷,1994 年 6 月在突尼斯召开的大会上通过了第 230 号决议,要求秘书长召开一次政府专家会议,与非洲人权委员会一起审议,讨论如何提高非洲人权委员会的效率,特别是考虑设立一个非洲人权和民族权法院的问题。②

1998 年 6 月,非洲统一组织在布基纳法索首都瓦加杜古通过了关于建立非洲人权和民族权法院的《非洲人权和民族权宪章关于设立非洲人权和

---

① 参见《〈非洲人权和民族权宪章〉有哪些主要内容和特点》,载 https://www.humanrights.cn/html/2014/rqzs_0612/513.html,2024 年 3 月 13 日最后访问。

② See Preamble, Protocol to the African Charter on Human and Peoples' Rights on the Establishment of an African Court on Human and Peoples' Right.

民族权法院的议定书》，该议定书于 2004 年 1 月生效，截至 2021 年 4 月，有 31 个缔约国。该法院于 2006 年 1 月成立，设在坦桑尼亚的阿鲁沙。非洲人权和民族权法院对该议定书缔约国有管辖权，管辖范围包括有关《非洲人权宪章》及其议定书以及所涉国家批准的任何其他人权条约的解释和适用的案件和争端。① 非洲人权和民族权法院还有咨询管辖权，非洲联盟、非洲联盟成员国和机关以及非洲联盟承认的任何非洲组织均可请求法院出具咨询意见。② 该议定书的缔约国、非洲人权委员会、非洲的政府间组织、在非洲人权委员会具有咨商地位的非政府组织以及个人可向法院提出申诉，但非政府组织和个人提出申诉以被申诉国声明接受法院受理此类申诉为条件。③ 法院由非洲联盟大会选举的 11 名法官组成，法官以个人身份任职，任期 6 年，可连任一次。④

2004 年 7 月，非洲联盟决定将非洲人权和民族权法院与非洲法院合并为非洲法院和人权法院（AfCHPR），并于 2008 年 7 月通过了《有关非洲法院和人权法院规约附加议定书》。非洲法院和人权法院将于 15 个国家批准该议定书之后成立，成为非洲联盟的主要司法机关。⑤

非洲法院和人权法院对提交给它的所有案件和争议具有管辖权，涉及以下方面的解释和适用：（1）《非洲人权宪章》，这是非洲的主要人权文书。（2）设立法院的议定书。（3）《非洲联盟组织法》、《非洲联盟条约》和所有附属法律文书。（4）《非洲儿童权利与福利宪章》（也称《非洲儿童宪章》）。（5）《非洲人权与人民权利宪章关于非洲妇女权利的议定书》（也称《马普托议定书》）。（6）有关缔约国批准的其他人权条约或文书，以及任何国际

---

① See Article 3, Protocol to the African Charter on Human and Peoples' Rights on the Establishment of an African Court on Human and Peoples' Rights.

② See Article 4, Protocol to the African Charter on Human and Peoples' Rights on the Establishment of an African Court on Human and Peoples' Rights.

③ See Article 5, Protocol to the African Charter on Human and Peoples' Rights on the Establishment of an African Court on Human and Peoples' Rights.

④ See Article 11, 15, Protocol to the African Charter on Human and Peoples' Rights on the Establishment of an African Court on Human and Peoples' Rights.

⑤ 参见《非洲人权和民族权法院》，载 https://www.zgbk.com/ecph/words? SiteID=1&ID=106937，2024 年 4 月 7 日最后访问。

法问题。[①] 非洲人权和民族权法院的建立意味着非洲人权保护体制向前迈进了重要的一步,它将为《非洲人权宪章》“安上锋利的牙齿”,大大加强了非洲人权保护的司法性,并激励根据《非洲人权宪章》建立的委员会在促进和保护人权方面发挥更大的作用。[②]

从非洲人权和民族权法院成立以来的实践来看,它在非洲人权保护机制中发挥着越来越重要的作用。首先,通过审理个人和非政府组织关于人权侵犯的案件,针对成员国的人权状况作出具有法律约束力的裁决,这些活动提高了非洲人权保护机制的效力和可见性,提供了人权保护机制的权威性。其次,通过对《非洲人权宪章》及其他相关人权文件的解释,法院为非洲人权法提供了重要的法律指导和解释,帮助各国更好地理解和实施人权义务,推动了非洲大陆人权保护带来的统一行动。最后,法院与非洲人权委员会等其他非洲人权机构一起工作,形成了互补的人权保护系统,在一定程度上提升了非洲人权保护机制的运作效率。

第二节 非洲经济一体化进程中的法律制度演变

自 20 世纪 90 年代以来,冷战结束后,在世界范围内,经济一体化俨然成为社会发展的一股强大推动力量,这股推动力量同样影响了非洲大陆的发展。在经济全球化进程的影响下,非洲长期以来就存在的经济一体化运动出现了质变性的进步发展,带来了经贸领域的政策、法律规则的相互协调与统一。

总体来说,非洲地区几十年来经济一体化发展之路是广大非洲国家积极探索适合自己特点的区域内南南联合自强之路。尤其是进入 21 世纪后,为应对以自由贸易为核心的经济全球化挑战,非洲国家加快了单一共

---

① See Article 3, Protocol to the African Charter on Human and Peoples' Rights on the Establishment of an African Court on Human and Peoples' Rights;《非洲人权和民族权法院》,载 https://www.zgbk.com/ecph/words? SiteID=1&ID=106937,2024 年 3 月 13 日最后访问。

② 参见李晶珠、王伟、赵海峰:《非洲人权与民族权法院 国际人权保护体制的新篇章》,载《法律适用》2005 年第 6 期。

同市场的建设，2019 年 7 月 7 日正式成立了覆盖整个非洲地区的自由贸易区——非洲大陆自由贸易区（the African Continental Free Trade Area），迈出了 20 世纪 90 年代初确立的建立非洲统一市场目标的关键一步。放眼全球，这个自由贸易区的成立，在当今国际经济格局发生深刻变化的背景下，无论是其成员数量、规模，还是发展前景都深刻影响了世界贸易与投资秩序，极大地推动了南南合作的发展和非洲经贸领域法律的统一化。

非洲国家的经济发展政策受早期非洲国家领导人提出的旨在实现非洲经济的快速发展，非洲人民过上富裕生活的经济一体化发展战略的影响很大，并为此付出了诸多努力，虽有曲折、挫折，但目标与决心未变。

一、非洲经济一体化的思想渊源与尝试

非洲经济一体化的历史悠久，早在 1889 年南非各个属地之间就缔结了关于关税事宜的协定，其是现在南部非洲关税同盟的前身。1910 年 6 月 29 日，南非、巴苏陀兰（Basutoland，莱索托的旧称）、斯威士兰和贝专纳（Bechuanaland，博茨瓦纳的旧称）在南非的波赤斯楚（Potchefstroom）签署了关税同盟协议，成立了正式的经济一体化组织。1919 年又成立了东非共同体（EAC）。

不过与非洲政治一体的思想渊源类似，非洲经济一体化的哲学思想在很大程度上也来源于第二次世界大战结束后早期非洲国家领导人倡导的“泛非主义”。那时整个非洲经历了漫长的殖民统治后，政治格局支离破碎，在非洲民族独立浪潮中，非洲人民逐渐觉醒，意识到非洲国家要实现民族自决权、自我尊重和减少对原宗主国的经济依赖，就要依靠集体力量和自力更生方式，相互合作，据此采取了经济一体化的合作发展战略。这点被写入 1963 年 5 月 25 日决定非洲统一组织成立的《非洲统一组织宪章》里，明确提出要相互协调，加强经济合作。① 为推动上述目标的实现，深化经贸合作，还同时成立了非洲开发银行集团（African Development Bank Group）。

随后，非洲国家勾画了建立自由贸易区、关税同盟、共同市场、货币同

---

① 参见《非洲统一组织宪章》第 2 条第 2（b）款，载 https://www.refworld.org/docid/3ae6b36024.html，2023 年 12 月 5 日最后访问。

盟甚至政治同盟的发展蓝图,开始组建区域经济组织(Regional Economic Communities,RECs),并因而先后诞生了阿拉伯马格里布联盟(AMU)、东部和南部非洲共同市场(COMESA)、西非国家经济共同体、中部非洲国家经济共同体(ECCAS)、政府间发展组织(IGAD)、南部非洲发展共同体(SADC)等。而且部分重要的区域经济一体化组织还成立了次区域组织以实施具体一体化计划,如中部非洲经济与货币共同体(CEMAC)、大湖国家经济共同体(CEPGL)、东非共同体、印度洋委员会(IOC)、马诺河联盟(MRU)、西非经济货币联盟等。这些使非洲成为全球一体化协作密度最高的地区,非洲国家希望借助这一方式让商品、资源、资本、劳动力等生产要素在整个非洲自由跨国界流动,并认为这是非洲摆脱政治和经济困境的良药,是促进经济一体化和合作发展的有效路径。事实上,成员国间贸易额也因此逐年攀升,合作建设项目不断涌现,非洲经济迎来了发展机遇。

二、非洲经济一体化蓝图

(一)《拉各斯行动计划》

20世纪70年代中后期,非洲国家在接受财政援助过程中因实施国际货币基金组织和世界银行的结构调整计划,以及受全球经济冲击,经历了一场深刻的经济危机。

同时,之前所建立的诸多一体化组织因种种因素未能根本改变非洲地区落后的经济面貌,实现非洲经济、社会快速发展。因而,面对严峻的经济形势,非洲国家在总结前期区域经济一体化发展的经验与教训基础上,不断努力整合非洲的一体化组织,优化合作机制,希望建立一个统一的非洲经济共同体(African Economic Community,AEC)。1980年在联合国非洲经济委员会(ECA)的帮助下,非洲统一组织通过了《拉各斯非洲经济发展行动计划(1980~2000年)》(the Lagos Plan of Action for the Economic Development of Africa,以下简称《拉各斯行动计划》)。[①] 这是一份旨在加强非洲内

---

① 1981年世界银行也对该计划作出回应,即《世界银行1981年伯格报告》(the World Bank's 1981 Berg Report,也称“撒哈拉以南非洲加速发展:行动计划”)。该报告是艾略特·伯格(Elliot Berg)应1979年世界银行非洲国家行长要求而编写的一份分析非洲国家面临的发展问题的文件,并对1980年非洲国家领导人制定“拉各斯非洲经济发展行动计划”作出反应,主张非洲国家应增加国际贸易的对外政策。

部自给自足的20年发展蓝图文件，再次声明要通过集体自力更生、区域合作和一体化来加快实现非洲发展目标。①

在贸易领域，《拉各斯行动计划》提出要建立非洲次区域的优惠贸易区，以减少直至消除这些次区域内部的贸易壁垒；已有的经济一体化组织要继续深化各种合作安排；成员要在1990年之前消除影响相互贸易的所有障碍；各成员应不迟于1984年12月大幅度降低非洲内部之间对谷物、咖啡、豆类、糖、肉、玉米、鱼、油籽、大米、小麦、高粱、茶、植物油等征收关税，在区域一级设立每隔两年就进一步削减关税进行谈判的机制；除卫生规定外，自1982年1月起所有源自成员方的食品均应豁免实施管制性非关税壁垒；建立次区域安排和加强现有此类安排的措施，都是为了最终建立非洲统一的共同市场。

不过20世纪80~90年代，在新自由主义和"华盛顿共识"意识形态体系影响下，欧美等国家和地区对非洲国家实行"胡萝卜"加"大棒"的政策，威逼利诱，分化非洲国家，导致非洲国家在这一时期纷争频起，相互之间矛盾重重，隔阂加深，再加上非洲自身经济基础薄弱，经济结构单一，许多地区处于部族社会向现代经济社会转型阶段，结果导致诸多RECs在实践中未能根本改变非洲地区落后的经济面貌和实现非洲社会经济的快速发展。

（二）《阿布贾条约》

20世纪90年代初，随着冷战结束和受欧洲联盟成立的示范影响，非洲国家对之前的区域经济一体化行动进行了深刻反思，并再次强调要密切协调成员国经济政策、法律和统一内部市场，形成共同的经济政策和经贸规则，实现区域内商品、资本、人员的高度自由流动。鉴于此，非洲统一组织于1991年6月通过了《阿布贾条约》，宣布正式成立非洲经济共同体。

《阿布贾条约》把非洲大陆分成五个次区域：北部非洲、西部非洲、南部非洲、东部非洲和中部非洲，设想在未来的34年（1994~2027年）里，分六个阶段建立一个完整的"泛非洲"经济共同体，②重点领域包括基础设施、贸易一体化、生产一体化、人员自由流动和金融与宏观经济一体化。

---

① See *The Lagos Plan of Action for the Economic Development of Africa*, p. 84, 87, http://www.ilo.org/public/libdoc/ilo/1981/81B09_473_engl.pdf.，2024年3月20日最后访问。

② See *Treaty Establishing The African Economic Community*, http://www.kenyalaw.org/treaties/treaties/867/.，2024年3月20日最后访问。

这六个阶段的时间表如下:第一阶段(5 年),加强现有的次区域经济共同体,并在不存在次区域经济共同体的地方建立经济共同体。第二阶段(8 年),确定逐步消除所有层级的区域共同体内部贸易的关税壁垒和非关税壁垒,及逐步协调对第三国征收关税的时间表;加强各个层级的区域内和非洲大陆所有活动领域的部门一体化,特别是在贸易、农业、货币与金融、运输与通信、工业与能源领域。第三阶段(10 年),每个层级区域经济共同体内,建立自由贸易区,确定逐步消除关税壁垒和非关税壁垒的时间表,以及建立关税同盟的时间表。第四阶段(2 年),协调各区域经济共同体之间的关税和非关税措施,以期通过采用共同的对外关税,在大陆一级建立关税同盟。第五阶段(4 年),为建立非洲共同市场,要在农业、运输与通信、工业、能源和科学研究等几个领域采取共同政策;协调货币、金融和财政政策;实现人员自由流动。第六阶段(5 年),巩固和加强非洲共同市场的结构,包括人员、货物、资本和服务的自由流动;经济、政治、社会和文化部门的一体化;建立单一国内市场和泛非经济和货币联盟;设立一个单一的非洲中央银行和创立一个单一的非洲货币。

《阿布贾条约》尽管确认 RECs 是其建立的基础,最终目标是在非洲成立一个具有共同货币、生产要素完全流动、全体非洲国家实现自由贸易的经济联盟。然而,令人失望的是,非洲这一宏伟计划及成员国的承诺并未兑现。非洲所有的区域经济组织均未与《阿布贾条约》设定的"区域"相符合。结果,在西部非洲,西非经济货币联盟、马诺河联盟与西非国家经济共同体共存;非洲中部形成了三个国家集团,即中非经济共同体、中部非洲经济与货币共同体以及大湖国家经济共同体;东部和南部非洲的次区域也分别成立了三个国家集团,即东南非共同市场、东非共同体、政府间发展组织、印度洋委员会、南部非洲发展共同体和南部非洲关税同盟。北部非洲过去只有一个阿拉伯马格里布联盟,1998 年又成立了萨赫勒-撒哈拉国家共同体(CEN-SAD),其成员跨越了其他 RECs 和次区域。萨赫勒-撒哈拉国家共同体于 1998 年 2 月 4 日在利比亚前领导人卡扎菲的倡议下,由利比亚、布基纳法索、马里、尼日尔、乍得和苏丹等 6 国发起成立。截至 2019 年 4 月,共同体有 29 个成员国,是非洲第二大地区性组织。

鉴于此,2006 年 7 月,非洲联盟委员会根据班珠尔峰会通过的第 1 号决议正式认可 8 个符合标准的 RECs,把其他的 RECs 降为政府间组织。非洲国家期望在非洲联盟的组织下，让 8 个被认可的 RECs 成为非洲经济共同体的构建版图，它们分别是阿拉伯马格里布联盟、东非共同体、西非国家经济共同体、南部非洲发展共同体、萨赫勒-撒哈拉国家共同体、东非政府间发展组织、东部和南部非洲共同市场和中部非洲国家经济共同体。其余 6 个一体化集团则降为政府间组织，它们分别是大湖国家经济共同体、南部非洲关税同盟、马诺河联盟、西非经济货币联盟、中部非洲经济与货币共同体和印度洋委员会。目前非洲联盟确认了 8 个 RECs，作为非洲经济共同体的版图，而暂停了识别新的 RECs。不过，只要某个 REC 获得单个国家和 RECs 的最大支持，非洲联盟也可以认可其为非洲经济共同体。

三、非洲区域经济一体化组织①

（一）阿拉伯马格里布联盟

阿拉伯马格里布联盟成立于 1989 年 2 月，阿尔及利亚、利比亚、毛里塔尼亚、摩洛哥和突尼斯在马拉喀什批准《建立阿拉伯马格里布联盟条约》。阿拉伯马格里布联盟旨在区域内实行共同政策，逐步实现相互间服务、货物、资本和人员的自由流动。阿拉伯马格里布联盟拥有总统级理事会、总理级理事会、咨询委员会、秘书处、监督委员会、外交部长理事会、部长级专门委员会、阿拉伯马格里布联盟法院、阿拉伯马格里布联盟大学，以及阿拉伯马格里布投资和外贸银行。

阿拉伯马格里布联盟确立了经济一体化计划，具体包括：（1）建立自由贸易区，取消一切关税和非关税贸易壁垒；（2）建立关税同盟，实行统一的对外关税；（3）在成员国之间形成一个人员、服务、商品和资本自由流动的共同市场。② 2012 年 6 月，为了改变区域内贸易比例较低的局面，成员国制定一项全面计划，旨在通过促进基础设施投资、协调各国海关程序和扩大跨境物流和运输服务，促进经济一体化。

2009 年 12 月，成员国决定创建马格里布投资和外贸银行，以促进区域金融一体化和加强区域内贸易。该银行于 2015 年 12 月在突尼斯成立，股

---

① 参见联合国非洲经济委员会关于非洲区域经济一体化组织的介绍，载联合国非洲经济委员会网，https://www.uneca.org，2024 年 3 月 20 日最后访问。

② See Objectives and Missions，http://www.maghrebarabe.org/en/obj.cfm.，2024 年 3 月 20 日最后访问。

本为1.5亿美元,资金投向基础设施、交通、电信和电力项目。同时,阿拉伯马格里布联盟要求成员国协调金融和货币政策,以实现货币统一。

(二)东非共同体

东非共同体成立于1967年,1977年被解散,并于1999年由肯尼亚、乌干达和坦桑尼亚签署《建立东非共同体条约》恢复。布隆迪和卢旺达于2007年加入,南苏丹于2016年4月加入。东非共同体目标在于通过区域的政策协调和一体化,逐步建立关税联盟、共同市场和货币联盟,并最终建立东非国家政治联盟。东非共同体的实施机构包括高峰会议、部长级会议、协调委员会、部门委员会、共同体法院、共同体立法议会和秘书处。同时,东非共同体还设有民用航空安全监督机构、东非开发银行、东非卫生研究委员会、东非斯瓦西里语委员会、东非科学技术委员会、东非大学间理事会、维多利亚湖盆地委员会和维多利亚湖渔业组织。

2004年3月,肯尼亚、乌干达和坦桑尼亚在阿鲁沙签署《建立东非共同体关税同盟议定书》。卢旺达和布隆迪于2008年加入关税同盟。2009年11月,东非共同体各成员国签署《建立东非共同体共同市场议定书》,成员国同意取消关税、非关税和技术贸易壁垒,相互承认标准,实行共同贸易政策,以及放宽人员跨境流动,采取综合边境管理制度。此外,东非共同体还于2006年通过了《示范投资法》,作为成员国调整国家投资政策的参考指南,以改善商业环境和促进贸易。

东非共同体要求各成员国统一化宏观经济政策,协调在促进投资和私营部门发展方面等其他合作领域的政策。2013年11月,成员国签署《关于建立东非共同体货币联盟的议定书》,目的在于建立货币联盟,协调货币政策。

(三)西非国家经济共同体

1975年5月,15个西非国家签署《拉各斯条约》,成立了西非国家经济共同体。佛得角于1976年加入,毛里塔尼亚于2000年退出西非国家经济共同体,转而加入了阿拉伯马格里布联盟。截至2024年12月,成员分别是贝宁、布基纳法索、佛得角、科特迪瓦、冈比亚、加纳、几内亚、几内亚比绍、利比里亚、马里、尼日尔、尼日利亚、塞内加尔、塞拉利昂和多哥。[①]《拉各斯

---

① 马里、布基纳法索和尼日尔于2024年1月28日发表联合声明,宣布退出西非国家经济共同体。参见《西非三国宣布立即退出西共体》,载中国日报网,http://world.chinadaily.com.cn/a/202401/29/WS65b6f726a310af3247ffda9e.html。

条约》最初仅限于经济合作，1993 年经修订后扩大了合作范围。西非国家经济共同体目标：(1)统一和协调成员国政策，推进各个经济领域的一体化计划、项目和活动；(2)建立共同市场；(3)在经济、金融、社会和文化领域采取共同政策，建立货币联盟和经济联盟；(4)协调各成员国的投资法规，统一共同体投资法规；(5)实行统一化的标准和措施；(6)建立良好的法律环境。西非国家经济共同体运行机构包括国家元首和政府首脑会议、部长级会议、共同体议会、经济与社会理事会、共同体法院、共同体投资和开发银行和西非卫生组织。另外还设立了西非货币局、农业与粮食机构、电力管理局、电力管理局和货币研究所等。

西非国家经济共同体希望通过消除贸易壁垒，协调相互之间的贸易政策，建立自由贸易区、关税同盟和共同市场，并最终在西非建立货币和经济联盟。西非国家经济共同体贸易和市场一体化的主要框架是 1979 年通过的“贸易自由化计划”(ETLS)、《关于农业、手工艺品和未加工产品的协定》(1990 年扩大到工业产品)，以及《关于货物、人员和运输自由流动的议定书》。西非国家经济共同体建立贸易自由化计划网站，执行海关和联通方案以简化区域内货物流动。共同对外关税自 2015 年起开始运作，各成员国的海关管理部门执行西非国家经济共同体单一海关申报单。此外，西非国家经济共同体还努力促进投资和竞争政策的统一化，以便建立共同投资市场、促进投资环境和金融市场一体化。

8 个西非国家经济共同体成员(贝宁、布基纳法索、几内亚比绍、科特迪瓦、马里、尼日尔、塞内加尔和多哥)为深化经济一体化于 1994 年建立西非经济货币联盟，实行统一关税和货币政策。除佛得角外，其余西非国家经济共同体成员国也欲建立货币联盟。不过在创建单一货币方面进展缓慢。

(四)南部非洲发展共同体

南部非洲国家为促进政治和经济解放事业，1980 年 4 月成立了南部非洲发展协调会议(SADCC)。1992 年，SADCC 决定以共同体的形式推进一体化和合作的进程，签署《南部非洲发展共同体条约》《建立南部非洲发展共同体宣言》，将 SADCC 转变为南部非洲发展共同体。南部非洲发展共同体成员是安哥拉、博茨瓦纳、刚果(金)、莱索托、马达加斯加、马拉维、毛里求斯、莫桑比克、纳米比亚、塞舌尔、南非、斯威士兰、坦桑尼亚、赞比亚、科摩罗和津巴布韦。南部非洲发展共同体目标是通过区域一体化实现发展和经济增长,减轻贫困,提高南部非洲人民的生活水平和质量;在集体自力更生和成员国相互依赖的基础上促进自我发展。南部非洲发展共同体的组织机构包括国家元首和政府首脑会议、部长理事会、官员常务委员会、共同体法庭、秘书处等。

南部非洲发展共同体为推动贸易一体化,先后通过了《贸易议定书》(1996年)、《金融与投资议定书》(2006年)、《服务贸易议定书(草案)》(2012年)。不过主要蓝图文件是2003年制定的《区域指示性战略发展计划》(RISDP)。RISDP目标是到2008年建成自由贸易区,到2010年建立关税同盟,到2015年实现共同市场,到2016年建立货币联盟,到2018年实行单一货币和经济联盟。2001年成员国开始实施关税削减计划,85%的区域内贸易实现了零关税。目前,除安哥拉和刚果(金)未加入自由贸易协定(FTA),其他均在实施FTA。

根据《宏观经济统一化谅解备忘录》(2002年)、《金融与投资议定书》(2006年)和《金融和投资议定书》(2010年),南部非洲发展共同体规定成员国应在经济政策上趋同和合作,以促进稳定和经济增长,确保任何成员国的金融和投资政策的变化不会对其他成员国的投资政策和法律造成不必要的影响。

(五)萨赫勒-撒哈拉国家共同体

萨赫勒-撒哈拉国家共同体于1998年2月在利比亚的黎波里成立。2013年2月,萨赫勒-撒哈拉国家共同体通过新的《建立萨赫勒-撒哈拉国家共同体条约》,成员包括贝宁、布基纳法索、中非、乍得、科摩罗、科特迪瓦、吉布提、埃及、厄立特里亚、冈比亚、加纳、几内亚比绍、利比亚、马里、毛里塔尼亚、摩洛哥、尼日尔、尼日利亚、塞内加尔、塞拉利昂、索马里、苏丹、多哥、突尼斯、利比里亚、圣多美和普林西比、肯尼亚和佛得角。萨赫勒-撒哈拉国家共同体主要目标:(1)建立涵盖农业、工业、社会、文化和能源领域投资的全面经济联盟;(2)消除妨碍成员国之间货物、商品、服务、人员自由流动的所有壁垒措施;(3)加强和改善成员国之间陆海空的运输和通信;(4)协调投资政策;(5)协调教育、文化、科学和技术领域的制度。萨赫勒-撒哈拉国家共同体设有成员首脑会议、执行委员会、和平与安全理事会、可持续发展常设理事会、大使和常驻代表委员会、秘书处以及经济、社会与文化理事会等机构。

萨赫勒-撒哈拉国家共同体要求成员国按照《阿布贾条约》进行政策协调以加速区域一体化和经济发展,包括为应对非关税壁垒和其他贸易促进活动而提出的贸易自由化计划,成立自由贸易区。然而,由于技术因素、经济因素和地区政治不稳定,该自由贸易区计划未真实得到有效实施。

虽然《建立萨赫勒-撒哈拉国家共同体条约》明确了要建立一个宏观经济和财政统一化的经济联盟,但是萨赫勒-撒哈拉国家共同体在协调成员间经济一体化宏观经济和财政政策方面取得的成就并不大。不过,在金融政策领域表现较好,这主要是得益于西非经济货币联盟以及中部非洲经济和货币共同体成员国在法郎区使用共同货币。

(六)政府间发展组织

政府间发展组织成立于 1996 年,接替 1986 年成立的专门处理"非洲之角"干旱和荒漠化问题的"政府间干旱和发展组织"。政府间发展组织成员包括吉布提、埃塞俄比亚、厄立特里亚、肯尼亚、索马里、苏丹、南苏丹和乌干达。目标是实施共同发展战略,逐步协调社会、技术和科学领域的宏观经济政策和方案;协调贸易、海关、交通、通信、农业和自然资源等方面的政策,促进区域内货物、服务和人员的自由流动;为区域内的贸易和投资创造良好环境。政府间发展组织设立了国家元首和政府首脑会议、部长级会议、大使委员会和秘书处等机构。

政府间发展组织致力于促进和协调消除有形和无形障碍,推动成员间的运输和通信的发展,以促进区域内市场一体化。如提出"非洲之角倡议"(the Horn of Africa Initiative),扩大公路、铁路、港口和航空运输等有形基础设施,以实现成员国之间更好的互联互通,并加强能源领域的生产一体化。2012 年 1 月,政府间发展组织通过"最低限度一体化计划"(Minimum Integration Plan),将经济合作和一体化列为优先合作领域。

2010 年 5 月,政府间发展组织恢复"商业论坛"(Business Forum),使各成员国的工商协会进行合作和协调,通过增加贸易和跨境投资促进私营部门主导的一体化,为内部和跨境投资创造有利环境,并通过基础设施发展和货物自由流动,促进贸易、海关和运输便利化方面的政策协调。

(七)东部和南部非洲共同市场

东部和南部非洲共同市场成立于 1994 年 12 月,取代了 20 世纪 80 年代初在东部和南部非洲建立的优惠贸易区(PTA)。成员有布隆迪、科摩罗、刚果(金)、吉布提、埃及、厄立特里亚、埃塞俄比亚、肯尼亚、利比亚、马达加斯加、马拉维、毛里求斯、卢旺达、苏丹、斯威士兰、塞舌尔、乌干达、赞比亚和津巴布韦等。东部和南部非洲共同市场目标:(1)促进所有经济活动领域的共同发展,采取共同的宏观经济政策;(2)共同为外国、跨境和国内投资创造有利的环境,包括共同促进科学和技术的研究和改造。东部和南部非洲共同市场主要机构有国家元首和政府首脑会议、部长级会议、共同体法院、中央银行行长委员会、政府间委员会、技术委员会和秘书处。

东部和南部非洲共同市场要求成员消除人员、劳动力和服务自由流动的障碍。成员之间已实施 FTA。刚果(金)于 2015 年 12 月加入该 FTA。东部和南部非洲共同市场于 2009 年启动了关税同盟,成员在 3 年过渡期内完成关税管理法、共同对外关税法的国内化工作,进而逐步形成关税同盟。原计划于 2012 年建立关税同盟,因各种因素进展缓慢。

2007 年 5 月,东部和南部非洲共同市场通过《建立共同投资区的投资协定》,旨在协调投资政策、规章和立法,制定保护和鼓励投资者和投资的标准。例如,扩大避免双重征税协定的数量,促进投资争端的仲裁机制,协调公司登记程序,以及为国家投资促进机构制订关于投资者服务的能力建设方案。此外,东部和南部非洲共同市场还运用了贸易便利化工具,如区域内实施统一的海关过境保证计划和黄卡制度,并适用于一些非东部和南部非洲共同市场成员(坦桑尼亚和南苏丹)。

为了实现货币联盟,东部和南部非洲共同市场要求成员协调货币政策,实现宏观经济的统一化,并制订了货币合作统一标准和成立了货币研究所。该方案虽然取得一定成就,但总体进展较为缓慢。

(八)中部非洲国家经济共同体

1981 年 12 月,中非国家关税和经济联盟(UDEAC)领导人决定成立一个更广泛的中部非洲国家经济共同体。1983 年 10 月,UDEAC 成员国、圣多美和普林西比以及大湖国家经济共同体成员国、刚果(金)、布隆迪和卢旺达达成一致,宣布成立中部非洲国家经济共同体。然而,由于财政限制、大湖区的冲突以及刚果(金)的战争,中部非洲国家经济共同体的活动受到较大的影响。中部非洲国家经济共同体成员有安哥拉、布隆迪、喀麦隆、中非共和国、乍得、刚果(布)、刚果(金)、赤道几内亚、加蓬、卢旺达和圣多美和普林西比。中部非洲国家经济共同体目标:(1)取消影响成员国进出口的关税和任何其他收费;(2)取消数量限制和其他贸易壁垒;(3)实行对外共同关税;(4)确立对第三国的贸易政策;(5)逐步消除妨碍人员、货物、服务和资本自由流动以及妨碍建厂权的障碍;(6)协调成员国之间的政策,以促进共同体活动,特别是在工业、运输和通信、能源、农业、自然资源、贸易、货币与财政、人力资源、旅游、教育、文化、科学与技术方面的活动。机构有国家元首和政府首脑会议、部长级会议、共同体法院、总秘书处、咨询委员会和专门技术委员会。

《建立中部非洲国家经济共同体条约》规定在 20 年内建立自由贸易区和关税同盟。2004 年 7 月,中部非洲国家经济共同体启动了自由贸易区,目标是到 2008 年建立共同对外关税的关税同盟。然而,由于成员国对商定程序的国内化程度较低,建立自由贸易区的时间被迫推迟。成员国仅将区域内部关税细目的 34%降至 0,使中部非洲国家经济共同体成为同类一体化组织中区域内部贸易份额最低的区域。2007 年成员国通过"中部非洲国家经济共同体 2025 年战略愿景",目的在于建立一个有竞争力的区域环境,吸引私人投资。中部非洲国家经济共同体执行贸易便利化方案,如建造一站式边境哨所。此外,中部非洲国家经济共同体还开展竞争政策和知识产权研究,并拟定区域投资战略,建立中小企业担保基金。

(九)非洲三方自贸协定

2008 年 10 月,东非共同体、东部和南部非洲共同市场和南部非洲发展共同体领导人签署《关于东部和南部非洲共同市场、东非共同体和南共体之间区域间合作和一体化的谅解备忘录》(Memorandum of Understanding on Inter-regional Cooperation and Integration between COMESA,EAC and SADC),决定建立非洲三方自由贸易区(Tripatite Free Trade Area,TFTA),并于 2011 年 6 月 12 日正式启动了建立 TFTA 谈判。2015 年 6 月向成员开放签署《建立三方自由贸易区协定》(Agreement Establishing the Tripartite Free Trade Area)。TFTA 共包括 28 个非洲国家,北到埃及、利比亚,东至塞舌尔、毛里求斯,南至莱索托、南非,西及安哥拉、刚果(金),被称作"开普至开罗自由贸易区",总人口近 6 亿,国内生产总值近 1 万亿美元,分别占非洲联盟总人口的 57%和国内生产总值的 58%。

TFTA 旨在促进区域内贸易和投资,提高竞争力和跨区域基础设施的建设,推动《阿布贾条约》实施,促进非洲经济一体化。根据《建立三方自由贸易区协定》制定的 TFTA 的路线图以及谈判进程,谈判将分为两个阶段。第一个阶段计划为用 2~5 年就关税、非关税壁垒,贸易救济,技术性贸易壁垒等达成一致;第二个阶段并未设定时间表,谈判范围包括服务贸易、知识产权、竞争政策等议题。

(十)非洲经济一体化实施成效及影响因素

《阿布贾条约》实施至今已有 30 余年,对非洲国家经济和社会发展发挥了重要的作用,促进了相互之间的贸易往来,维护了非洲地区的和平。不过,总体来看,非洲这一宏伟计划及成员国的承诺未完全兑现,许多目标并未实现。贫穷落后仍是非洲绝大多数国家面临的重大问题,截至 2019 年,全球 48 个最不发达国家中非洲占 32 个,人均平均收入只占全世界的 1/6;①在非洲内部贸易方面,与其他地区相比,非洲区域内贸易占对外贸易总额的比例一直较低,1993 年的比例仅为 8.4%。直到 2016 年非洲内部之间正式贸易达 1280 亿美元,也只占非洲贸易总额的 15.4%。② 此外,非洲与世界其他地区的贸易也没有实现《阿布贾条约》预期的多样化,大多数国家仍然依赖进口大量工业制成品,而出口大量未经加工的农产品和矿产品,如 2012~2014 年非洲对非洲以外地区的出口中逾 75%是石油和矿产等开采品。结果由于缺乏工业化使部分非洲国家产生巨大的贸易赤字。③ 另外非洲在贸易便利化领域的指标也表现不佳,如许多非洲国家在电子商务、线性航运连通性和营商环境指标方面得分较低。④

影响非洲经济一体化实施效果的因素众多。在非洲自身原因方面,自独立以来,大多数国家采取保护性进口替代战略导致了一系列限制贸易的非关税壁垒措施,如许可证、行政外汇分配、购汇特别税、进口定金等,再加

---

① See The United Nations Conference on Trade and Development: *Key Statistics and Trends in Regional Trade in Africa*, 2019, p. 1.

② See The United Nations Conference on Trade and Development: *Key Statistics and Trends in Regional Trade in Africa*, 2019, p. 3.

③ See AfCFTA set to support Africa's industrial exports, http://www.africanreview.com/finance/economy/eca-senior-official-makes-a-case-for-using-afcfta-to-support-africa-s-industrial-exports., 2023 年 12 月 9 日最后访问。

④ See The United Nations Conference on Trade and Development: Key Statistics and Trends in Regional Trade in Africa, 2019, p. Ⅴ.

上基础设施差，导致非洲与世界其他地区的贸易可能比非洲国家邻近区域之间的贸易更直接、成本更低。另外，大多数非洲国家都遭遇了严重的宏观经济失衡、外债偿债负担加重、货币估值过高、缺乏贸易融资、税基狭窄等问题。

同时，《阿布贾条约》设想的内向型工业化的非洲经济一体化模式设计，意味着该条约成员国需要降低关税收入，并且在进口中面对更大的竞争。但是，成员国加入该经济模式后，从中可以获得的利益却是长期和不确定的。而且，在该经济一体化模式中，少数国家具有主导地位，而不同的 REC 集团之间的巨大规模差异，也导致了在利益分配方面的争议，结果反而有可能形成众多小型、破碎和孤立的市场。事实上，各个 REC 发现很难公平分配或分摊一体化带来的收益和损失。虽然建立有向较不发达成员提供补偿的机制，但效果却并不让人满意。这主要是因为非洲国家的财政对关税收入的依赖度较高，成员国之间缺乏分享和再分配关税收入的机制，因此签署国作出的区域贸易自由化的减让水平本身就较低。低水平减让使协定不能得到充分的履行。甚至在区域贸易协定（RTA）里，一些该区域内的国家不愿意参与，害怕关税减让表会成为它们的沉重负担，或者即使参与也要求给予众多例外。在关税同盟里，事实证明各成员国之间难以在“共同对外关税”问题上达成一致，在履行上更是困难重重。

非洲 RECs 众多，成员重叠严重，导致太多的政治任命、职能与承诺重叠，财政负担重，因此在一定程度上，RECs 被视为一种臃肿、昂贵的官僚机构，而不是增长与发展的机会。结果，非洲每个主要地区和次地区里的多种一体化组织机构和议程往往发生冲突。最典型的例子就是东部、南部非洲，东非共同体、东部和南部非洲共同市场、南部非洲发展共同体之间的关系。有 7 个国家既是东部和南部非洲共同市场的成员也是南部非洲发展共同体的成员。有 4 个东部和南部非洲共同市场成员和 1 个南部非洲发展共同体成员又都属于东非共同体的成员。东部和南部非洲共同市场正在制定一个共同对外关税，而南部非洲发展共同体也制定了采取共同对外关税的计划。另一个南部非洲发展共同体国家（斯威士兰）既是东部和南部非洲共同市场、南部非洲发展共同体的成员，也是南部非洲发展共同体内部的南部非洲关税同盟的成员。

在外部因素方面，前殖民宗主国之影响在非洲国家独立后仍长期存在,导致非洲国家在外部国际关系上各有属主,依赖其前殖民宗主国。西方国家及其控制的国际货币基金组织、世界银行等国际组织附苛刻条件的援非贷款,以及长期推行的经济霸权与技术垄断做法,制约着许多非洲国家的社会经济发展政策。另外,法属非洲国家、英联邦非洲国家以及欧盟-非加太国家《科托努协定》(原《洛美协定》)将非洲人为切割为区块化的南北联系机制,长期以来也影响了非洲内部团结及其所作出的 RECs 承诺。

四、《非洲大陆自由贸易区协定》

国际贸易是全球经济和社会发展的一个方面,也是全球经济秩序和政治秩序的一个组成因素。① WTO 多边贸易机制及不断涌现的众多区域和双边自由贸易协定或安排,为世界各国和地区的经济增长提供了强劲动力。在此背景下,非洲联盟意识到自身区块化 RECs 存在的局限性和问题,需要在整个非洲地区层面进一步降低非洲国家之间的关税、消除非关税壁垒措施,促进贸易、投资以及货物过境的便利化,实现商品、服务、资金在非洲大陆自由流动,推动实现《阿布贾条约》所确立的使众多 RECs 形成单一大市场的目标,因而 2012 年开始筹建"泛非洲"自由贸易区。自 2015 年 6 月启动谈判开始,经历 2 年多的磋商,2018 年 3 月 21 日 44 个非洲国家在基加利共同签署了《非洲大陆自由贸易区协定》。

随着冈比亚成为第 22 个批准《非洲大陆自由贸易区协定》的成员,《非洲大陆自由贸易区协定》于 2019 年 5 月 30 日正式生效,秘书处设在加纳。由于疫情等,《非洲大陆自由贸易区协定》从原计划的 2020 年 7 月 1 日推迟至 2021 年 1 月 1 日正式开始实施。《非洲大陆自由贸易区协定》涵盖货物贸易、服务贸易、投资、竞争和知识产权等领域。从成员数量来讲,目前《非洲大陆自由贸易区协定》拥有 54 个成员,已成为世界最大贸易集团,覆盖 12 亿人口,拥有 GDP 3 万亿美元的非洲单一市场。

(一)目标

《非洲大陆自由贸易区协定》旨在建立一个横跨非洲联盟全体成员的

---

① 参见 Branislav Gosovic:《WTO 城堡必须经受南方国家挑战——读陈安教授〈关于 WTO 法治、立法、执法、守法与变法之法理思考〉有感》,张泽忠译,载《国际经济法学刊》2012 年第 2 期。

自由贸易区，深化非洲联盟成员国之间的一体化，实现《阿布贾条约》所设想的非洲经济共同体和非洲《2063 年议程》，建立贸易促进与协调体制，消除与非洲 RECs 有关的挑战，实现非洲的繁荣。因此要求成员国承诺逐步取消商品贸易的关税和非关税壁垒，开放服务贸易市场，在投资、知识产权、竞争政策、海关事务以及其他与贸易有关的领域进行合作，建立争端解决机制。具体目标包括以下两点。

1. 在货物贸易方面：(1)逐步削减关税和非关税壁垒措施；(2)提高海关过境效率，促进贸易便利化；(3)加强与贸易有关的技术壁垒措施和卫生检疫措施的合作；(4)促进次区域及整个非洲大陆的产业价值链；(5)推动非洲社会经济发展，实现经济多元化和工业化。

2. 在服务贸易方面：(1)提高服务业竞争力，促进可持续发展；(2)加强投资；(3)努力发展工业，以便促进非洲大陆的价值链；(4)逐步实现服务贸易自由化。

(二)《非洲大陆自由贸易区协定》谈判成果与法律体系

《非洲大陆自由贸易区协定》的谈判分阶段进行，截至 2024 年，第一阶段谈判已结束，各方就货物贸易、服务贸易和争端解决已达成一致。《非洲大陆自由贸易区协定》法律文件类似 WTO“伞形结构”的法律体系，包括第一阶段已达成的成果及将来第二阶段的谈判成果。

第一阶段各方达成的“一揽子”文件包括：明确《非洲大陆自由贸易区协定》主要使命与原则的《关于建立非洲大陆自由贸易区的基加利宣言》(Kigali Declaration on the Establishment of the African Continental Free Trade Area)、《建立非洲大陆自由贸易区协定》(Agreement Establishing the African Continental Free Trade Area)及其附件。附件包括《货物贸易议定书》(Protocol on Trade in Goods)、《服务贸易议定书》(Protocol on Trade in Services)、《争端解决规则与程序议定书》(Protocol on Rules and Procedures on the Settlement of Disputes)和相关附录，这些系《非洲大陆自由贸易区协定》相关文件的主要部分。

同时，《非洲大陆自由贸易区协定》相关文件还包括在第二阶段完成谈判的《知识产权议定书》《投资议定书》《竞争政策议定书》。第二阶段的磋商于 2018 年 8 月开始，议题包括投资、竞争和知识产权，这些谈判成果于 2020 年 1 月提交非洲联盟审议。

此外,各方在第一阶段还通过了不属于《非洲大陆自由贸易区协定》的一部分,但与之密切相关的文件,包括启动单一的非洲航空运输市场(SAATM)决议、《关于建立非洲经济共同体之人员自由流动、居留权与设立权的议定书》(Protocol to the Treaty Establishing the African Economic Community Relating to Free Movement of Persons, Right of Residence and Right of Establishment)。值得关注的是,非洲联盟的促进非洲内部贸易计划、非洲基础建设发展计划、非洲工业提升发展计划对实现《非洲大陆自由贸易区协定》的利益也至关重要。

(三)《非洲大陆自由贸易区协定》贸易自由化纪律

1. 货物贸易

非洲国家就货物贸易涉及的关税和非关税壁垒措施进行了磋商。这种磋商以双边对话进行,包括成员国与成员国之间、关税区与关税区之间。《货物贸易议定书》附件包括以下方面成果:“关税减让计划表”(Schedules of Tariff Concessions)、《原产地规则》(Rules of Origin)、《海关合作与管理互助》(Customs Cooperation and Mutual Administrative Assistance)、《贸易便利化》(Trade Facilitation)、《过境贸易与过境便利化》(Transit Trade and Transit Facilitation)、《技术壁垒措施》(Technical Barriers to Trade)、《卫生与检验检疫措施》(Sanitary and Phytosanitary Measures)、《非关税壁垒措施》(Non-Tariff Barriers)、《贸易救济措施》(Trade Remedies)。

在关税减让计划方面,各方目的是逐步降低货物贸易中的关税、消除关税和非关税壁垒措施。这一阶段目标是5年(最不发达国家10年)内将90%税则号商品的关税削减至0。但将吉布提、埃塞俄比亚、马达加斯加、马拉维、赞比亚、苏丹、津巴布韦7个国家作为例外,让它们在协定生效时,85%税则号商品关税削减至一定水平,15年后90%税则号商品的关税削减至一定水平。

根据其他成员国的要求,成员国可对敏感产品进行磋商,允许它们在更长时间内将这些产品的关税削减至0,如非最不发达国家延长至10年、最不发达国家则延长至13年。这些敏感产品及其关税减让计划可根据双边关系而存在差异。

另外,根据“反集中”(anti-concentration)条款,允许成员国提供不受关税减让约束的产品例外清单。这种清单可根据其他成员国要求或自行主动提出。在《非洲大陆自由贸易区协定》框架下，每个双边关系都可以有一个例外清单，但应每 5 年接受审查。

对于原产地规则，由于各个 REC 都有自己的原产地认定规则，例如东部和南部非洲共同市场采取 35%产品增加值的综合规则，而南部非洲发展共同体是实行产品特定原产地规则。《非洲大陆自由贸易区协定》的原产地规则也将保留这些 RECs 原产地规则，但目前尚不确定采取具体哪种方式，有可能采取混合方式，如既采取“综合规则”，也对敏感产品实行“特定规则”。

2. 服务贸易

《非洲大陆自由贸易区协定》注意到服务贸易在经济中的重要地位。各国贸易部长就第一轮服务自由化谈判达成了共识，交通运输、通信、金融、旅游、商业服务成为优先自由化的部门。《非洲大陆自由贸易区协定》在这方面的规定是逐步开放服务贸易市场。《服务贸易议定书》附件包括“具体承诺计划表”（Schedules of Specific Commitments）、“最惠国待遇例外”（NFN Exemption）、“航空运输附录”（Annex on Air Transport）、“优先部门名单”（List of Priority Sectors）、“监管合作框架文件”（Framework Document on Regulatory Cooperation）。

3. 协定定期审查与进一步贸易自由化

《非洲大陆自由贸易区协定》生效后，整个协定每 5 年将要接受审查。同时，成员国将继续磋商逐步自由化承诺问题，包括货物贸易的进一步关税减让和削减非关税壁垒措施，以及推动服务自由化，审查诸如被排除在外的产品。

4. 争端解决

根据《争端解决规则与程序议定书》及附件“专家审查”（Expert Review）、“工作程序”（Working Procedures），《非洲大陆自由贸易区协定》制定了争端解决规则和程序，包括成立专家组等。

5.《非洲大陆自由贸易区协定》与 RECs 的关系

对于 RECs 问题，《非洲大陆自由贸易区协定》遵循“既有不变”的原则，尊重成员国在各自 RECs 中已有的权利和义务，并认为 RECs 是《非洲大陆自由贸易区协定》的基石，成员国在 RECs 中享有比区域一体化更高标准的，应保持此类更高标准。《非洲大陆自由贸易区协定》项下的新关税自由化只在相互之间没有签订 RECs 协定的成员国发生。例如,南部非洲关税同盟成员国与西非国家经济共同体成员国之间不存在任何优惠贸易安排,因此,需要确定它们相互之间的关税减让。

(四)对《非洲大陆自由贸易区协定》的评价

截至2024年,54个非洲联盟成员签署了《非洲大陆自由贸易区协定》,其中一半以上的国家完成了国内批准实施该协定的程序,充分体现了非洲国家相关领导人秉承20世纪50~60年代"泛非主义"倡导的合作发展思想的意志与决心,愿意给予《非洲大陆自由贸易区协定》贸易自由化纪律承诺最大政治意愿支持。从全球层面来讲,这也是南南合作的新发展。当然,《非洲大陆自由贸易区协定》既是非洲经济快速发展的机遇,也带来了诸多挑战。

1.《非洲大陆自由贸易区协定》的特点

从上述《非洲大陆自由贸易区协定》相关法律体系和内容来看,其具有以下特点:

(1)议题范围广泛,体现了世界多边贸易机制新发展。《非洲大陆自由贸易区协定》既涉及广泛的传统议题,如货物贸易关税减让和各项非关税措施的纪律要求、知识产权、服务贸易、贸易审查、争端解决,也涵盖 WTO 多哈回合中的新议题,如贸易便利化、投资、竞争。这表明《非洲大陆自由贸易区协定》是一个紧跟当代国际贸易机制发展新动向的区域贸易合作机制。

(2)先易后难的谈判策略。成员国在《非洲大陆自由贸易区协定》磋商过程中认识到一步到位达成全面贸易自由化协定不现实,因此采取了分阶段谈判、逐步推进的方式,先确定了更容易实现的关税减让及非关税壁垒措施、争端解决机制议题,而把难度更大更复杂的服务贸易、知识产权、投资、竞争政策留在后面。这有助于让全部非洲国家在统一的贸易框架下继续后面的议题谈判,不过,这也将影响非洲统一市场的促进效应快速出现。

(3)通过例外条款,兼顾公平原则。《非洲大陆自由贸易区协定》将成员分为发展中国家和最不发达国家,并给予差别待遇。例如,对敏感产品关税减让至0,最不发达国家有13年的过渡期,比其他成员多3年。这种做法有助于激发最不发达成员的参与热情,在自己承受能力范围内也能够分享一体化带来的利益。

(4)成员同质化现象突出。《非洲大陆自由贸易区协定》成员基本上经济结构较为单一,差异性小,主要依赖农业和资源出口,基础建设落后,尚未建立现代工业化生产体系,导致它们优势互补性差,长期处于相互竞争状态,这将影响《非洲大陆自由贸易区协定》带来的积极效果。不过即便如此,通过《非洲大陆自由贸易区协定》,可以打通割裂的、区块化的市场,消除整个非洲内部的贸易障碍,扩大共同市场,改善营商环境,吸引外国直接投资,从而推动制造业发展和就业,加速成员经济转型升级,最终实现经济多元化和工业化。

2. 发展机遇

《非洲大陆自由贸易区协定》有助于促进非洲内部贸易。根据《非洲大陆自由贸易区协定》这一法律文件,成员国在关税减让、非关税壁垒措施、原产地规则、海关合作、卫生与检验检疫措施、贸易救济措施、过境贸易与便利化等方面都作出了相应承诺。这些将为区域内贸易自由化和降低贸易成本清除障碍,从而扩大区域内贸易量,这一点已获得许多非洲知名人士的认同。例如,非洲经济委员会非洲贸易政策中心(African Trade Policy Centre of ECA)研究员 Jamie Alexander MacLeod 乐观地表示,“通过取消关税,《非洲大陆自由贸易区协定》可以使非洲内部贸易增加 52%,而通过额外减少非关税壁垒,《非洲大陆自由贸易区协定》可以使非洲内部贸易增加一倍”。又如,非洲经济委员会东非办事处代理主任安德鲁·莫德认为,“尽管关税收入预计将出现损失,但好处将是预期的四倍多,特别是将会降低消费品价格,……促进非洲内部贸易,并将带来更长期的增长”①。

《非洲大陆自由贸易区协定》有助于吸引外国投资。若非洲地区的贸易规则能够实现统一化,那将极大地改善当地的贸易环境和营商环境,吸引更多外国投资者到非洲投资,推动非洲结构转型和工业化的发展,并进而提升非洲的工业化水平。“非洲主要工业产业将受益,同时就业岗位将会显著增加,国内生产总值年均会出现 1.6%的增幅。”②各国可以利用《非

---

① AfCFTA: an opportunity to boost Africa’s economic transformation, https://www.uneca.org/stories/afcfta-opportunity-boost-africa%e2%80%99s-economic-transformation, 2024 年 4 月 10 日最后访问。

② 《“世界最大自贸区”摸索中前进》,载 http://m.cankaoxiaoxi.com/column/20180730/2301608.shtml。

洲大陆自由贸易区协定》的工具为非洲企业创造机会,并通过它们推动非洲大陆的工业化、经济多样化和社会发展;《非洲大陆自由贸易区协定》提供了一个利用贸易促进非洲结构转型、经济增长和创造就业的机会。[①]

《非洲大陆自由贸易区协定》有助于非洲的内陆国、小微型岛国快速融入更大的非洲市场,构成一个互联互通的非洲。非洲内陆国和小微型岛国众多[②],在当今经济全球化浪潮下,非洲原来区块化、各自为政的 RECs 无法满足或承载实现非洲经济密切合作的功能,而《非洲大陆自由贸易区协定》的实施不仅可以加强各个 REC 之间的经贸、人员联系,而且还会加强内陆国、岛国与其他地区和国家的经贸、人员联系。当经贸联系更加紧密时,众多非洲国家,尤其是小微型经济体可以借助《非洲大陆自由贸易区协定》统一化贸易规则和特殊差别待遇融入更大的市场和区域中心,获得发展的机会。

3.《非洲大陆自由贸易区协定》面临的挑战

人们尽管寄予《非洲大陆自由贸易区协定》较高的期望,但考虑到以往非洲经济一体化实践成效不佳的经历,谈判过程中成员国间可能出现各种重大分歧和诉求,一些主要大国在批准加入时顾虑重重,如作为非洲最大经济体和人口最多的国家的尼日利亚。这些都意味着《非洲大陆自由贸易区协定》的实施不会一帆风顺,而会面临诸多挑战。

考验非洲国家领导人对合作发展思想的包容性。每一个贸易自由化过程都需要进行深入的分析、权衡,以及重要政策的调整,并且受到社会层次多元化、社会发展水平低、工业化程度低等影响。在走向工业化的道路上,清除贸易壁垒是必要的行动阶段,这也考验成员国领导人的决心。"《非洲大陆自由贸易区协定》的未来无疑取决于各国政府和多边组织权衡利弊的能力。否则,仍将重蹈覆辙——重返非洲大陆自由贸易令人失望

---

① See *AfCFTA to Spur Africa's Industrialisation and Economic Development*, African Review (Sep. 20, 2018), http://www.africanreview.com/finance/economy/afcfta-to-spur-africa-s-industrialisation-and-economic-development.

② 非洲有 16 个内陆国,分别是博茨瓦纳、布基纳法索、中非共和国、布隆迪、乍得、埃塞俄比亚、莱索托、马拉维、马里、卢旺达、尼日尔、斯威士兰、南苏丹、乌干达、赞比亚、津巴布韦。非洲还有 6 个小微型岛国,分别是马达加斯加、塞舌尔、圣多美和普林西比、毛里求斯、科摩罗、佛得角。

的历史。”[①]这就需要单个国家作出一定的利益妥协，以谋求更大的、更长远的非洲整体利益，成员国相互之间拥有足够的发展区域一体化和建立强大的、跨境的区域性组织的决心，把《非洲大陆自由贸易区协定》涉及的承诺和协定纳入国内发展计划里以确保履行承诺或义务的政治意愿。

对关税收入遭受重大损失和成本与收益分配不均的恐惧是《非洲大陆自由贸易区协定》施行的主要障碍之一。制造业生产能力较强的国家可能会获得可观的经济增长和福利收益，而较小的经济体和最不发达国家可能会面临相当大的财政收入损失和对当地工业的威胁。如果不能采取足够的相关配套措施，使各成员国能够重新分配利益和公平分摊费用，则各成员国之间的利益和费用分配不均可能会使谈判延长，并影响谈判结果的执行。[②]

成员国执行《非洲大陆自由贸易区协定》的问题。他们应制定国家《非洲大陆自由贸易区协定》战略以确定和充分利用该协定的机会，完成《非洲大陆自由贸易区协定》实施路线图，包括准备货物和服务承诺的时间表。该路线图还应通过实施《非洲大陆自由贸易区协定》的“姊妹政策”——促进非洲内部贸易计划，特别是通过提高生产能力、改善区域基础设施和支付系统政策予以补充。[③] 另外，应尽快获得公众对这项协议的支持，让国内民众理解《非洲大陆自由贸易区协定》及相关自由化承诺，正如非洲开发银行前行长 Donald Kaberuka 所说，对于《非洲大陆自由贸易区协定》，“我们需要把它从高层会议大厅传递到各国人民群众手中。这对《非洲大陆自由贸易区协定》的成功而言至关重要”[④]。为了扩大利益攸关方的参与，联合国非洲经济委员会正在同非盟委员会合作，协助非洲国家拟

---

① AfCFTA：an opportunity to boost Africa's economic transformation，https：//www. uneca. org/stories/afcfta-opportunity-boost-africa%e2%80%99s-economic-transformation.

② See The United Nations Conference on Trade and Development：*Key Statistics and Trends in Regional Trade in Africa*，p. 10，https：//unctad. org/en/pages/PublicationWebflyer. aspx? publicationid=2447.

③ See AfCFTA：an opportunity to boost Africa's economic transformation，https：//www. uneca. org/stories/afcfta-opportunity-boost-africa%e2%80%99s-economic-transformation，2024 年 3 月 15 日最后访问。

④ 《非洲大陆自由贸易区启动批准程序》，载搜狐网 2018 年 5 月 28 日，http：//www. sohu. com/a/233145433_669832。

订和执行《非洲大陆自由贸易区协定》政策,并作出适当的国内制度安排,让非洲国家将国内发展政策与《非洲大陆自由贸易区协定》的法律规定和工作计划相结合。[①]

非洲 RECs 与《非洲大陆自由贸易区协定》关系协调问题。虽然《非洲大陆自由贸易区协定》认为现存 RECs 是其基石,但非洲国家加入《非洲大陆自由贸易区协定》使 RECs 成员多重交叉重叠关系更为错综复杂,[②]非洲各层次经济一体化组织的多样性和成员国的重叠已经扭曲成一个模糊的相互竞争的承诺网络,再加上各种规则,导致非洲国家之间的贸易交易成本上升,影响实现经济一体化的目标。此外,各层次一体化活动的重复,导致资源浪费和大量无意义工作的消耗,如海关官员要应对不同的关税减免率、原产地规则、贸易文件、统计术语,这与《非洲大陆自由贸易区协定》贸易自由化和贸易简化的目标背道而驰。

贸易与投资协调发展的问题。《非洲大陆自由贸易区协定》目前主要集中于贸易议题,而事实上,贸易离不开投资,非洲内部贸易的愿景是"非洲制造的商品",即在原材料和附加值方面以非洲为主要内容的本地生产的商品和服务的自由流动。这意味着非洲不仅需要贸易政策,而且同样需要工业化议程。同时,非洲基础设施发展滞后是阻碍成员国跨境贸易的物理障碍,这需要通过加强铁路、公路、机场、港口等物流运输通道的投资建设来改善,但这不能一蹴而就,因此也将会长期影响《非洲大陆自由贸易区协定》目标的快速实现。

前殖民宗主国的干扰。如前所述,法属非洲国家、英联邦非洲国家等与原宗主国建有各种所谓"贸易优惠"联系机制,如何减少这种联系机制对《非洲大陆自由贸易区协定》实施的负面影响,使某不会在实施《非洲大陆自由贸易区协定》时对非洲国家造成新的分裂,将考验成员国领导人的智

---

① See *AfCFTA one year later: The road travelled and the road towards the launch of the Operational Phase*. tralac (Jun. 3, 2019), https://www.tralac.org/news/article/14091-afcfta-one-year-later-the-road-travelled-and-the-road-towards-launch-of-the-operational-phase.html.

② 例如,在全体非洲国家中,只有 7 个国家只参加了一个区域经济组织,而多达 27 个国家参加了 2 个区域经济组织,18 个国家参加了 3 个区域经济组织,有 1 个国家甚至参加了 4 个区域经济组织。See Annual Report on Integration in Africa (ARIA-2002), http://www.uneca.org/eca_resources/Speeches/2002_speeches/Aria2002/ARIA_2002.PDF,2024 年 3 月 15 日最后访问。

慧和决心。

4.《非洲大陆自由贸易区协定》是南南合作新典范

虽然《非洲大陆自由贸易区协定》面临诸多挑战，但在经济全球化已成为不可逆转的时代潮流背景下，它对国际经济关系发展变化具有深远意义，推动了全球南南合作的发展，为南南合作树立了新典范。

众所周知，始于 1955 年 4 月亚非万隆会议的南南合作是当今国际经济合作的重要组成部分，是南北合作的重要补充。① 那时广大发展中国家基于共同的历史遭遇和独立后面临的共同任务，提出要在互利和互相尊重国家主权基础上进行经济合作，推动南方国家联合自强。之后几十年，发展中国家为实现集体行动，建立了不结盟运动和 77 国集团两个重要组织，并在全球和区域层面通过了一系列南南合作的纲领性文件，为南南合作确定了合作的领域、内容、方式与指导原则，同时成立了安第斯共同体、拉丁美洲经济体系、东部和南部非洲共同市场、海湾阿拉伯国家合作委员会、东南亚国家联盟等发展中国家的区域性经济合作组织。

实践已充分证明，这些区域性经济合作组织是南南合作的有益形式，通过成员国之间相互减免关税和消除非关税措施，实行区域内贸易优惠制度，促进了商品自由流通，加强了发展中国家经济合作，增强了集体自力更生能力。现在《非洲大陆自由贸易区协定》的成立既是非洲经济一体化进程的重大突破，是非洲联盟实现《2063 年议程》的关键一步，也体现了非洲发展中国家联合自强、团结复兴的政治意愿，以及当代非洲国家领导人秉承的泛非主义的理想和务实担当的精神。《非洲大陆自由贸易区协定》有助于在新时代下凝聚众多非洲国家共识，协调国际经济新秩序、南北合作等重大问题的统一立场，并成为推动国际经济秩序朝向更公平、合理方向发展的新力量。

正如 2015 年 4 月亚非领导人在纪念万隆会议 60 周年声明的那样，在合理的政策和规则之下开展贸易和投资是推动发展中国家经济发展的重要工具，要建立并坚持以规则为基础、开放、以发展为导向、非歧视、包容的多边贸易体系，这对于发展中国家和最不发达国家的投资、可持续发展及

① 参见《2015 万隆公报》，载央广网，http://news.cnr.cn/native/gd/20150425/t20150425_518396353.shtml。

就业地区和双边贸易安排十分重要,特别是发展中国家和最不发达国家的区域和双边贸易体系。[①]《非洲大陆自由贸易区协定》恰好反映了这种以规则为基础,以合作共赢为核心的区域多边贸易机制,对促进非洲国家的经济发展,深化相互间的经贸合作具有重要意义。

五、小结

纵观非洲经济一体化战略及其经贸法律规则协调统一化的发展历程,非洲国家执着追求早期泛非主义“合作发展”之理念,不断总结与反思,体现了广大非洲发展中国家在不同时代背景下始终坚持合作发展政策。其实,这项政策早在20世纪70年代就已上升为全体发展中国家的共识,认为国际合作以谋发展是国际经济关系的基本原则之一,也是所有国家的一致目标和共同义务,各国有权参加分区域、区域和区域间的合作,以谋经济和社会发展;所有国家应进行合作,逐渐打破妨碍贸易的种种障碍,改善世界贸易的国际体制;发展中国家应努力促进它们之间相互贸易的扩展。[②]《非洲大陆自由贸易区协定》是非洲国家在合作发展政策上又一次重大政治集体共识和抉择。

非洲经济一体化道路并非一帆风顺,而是充满着挫折,经历了潮起潮落。不可否认,即使是新成立的《非洲大陆自由贸易区协定》,在将来道路上它仍然会面临各种困难与挑战,甚至可能出现停滞,但正如过去几十年来,南方国家在谋求公平、公正、合理国际经济新秩序的集体联合行动所经历的潮起、潮落、再潮起的发展规律那样,《非洲大陆自由贸易区协定》前进的方向不会改变,这将使非洲国家作为一个整体成为积极地参与制定和实施多边、区域的国际贸易规则的一支重要力量。

① 参见《2015万隆公报》,载央广网,http://news.cnr.cn/native/gd/20150425/t20150425_518396353.shtml。

② 参见《各国经济权利和义务宪章》第12、14、21条,载https://www.un.org/zh/documents/treaty/files/A-RES-3281(XXXI).shtml,2024年1月18日最后访问。

非洲大事记

阿尔及利亚	
1830 年	阿尔及利亚沦为法国殖民地
1838 年	法国颁令建立阿尔及利亚政府,扩大总督权力
1863 年	实行旨在土著居民中形成个体所有制、部落改为村制的政策
1870 年	颁布《犹太人集体归化法》
1873 年	颁布《土地法》,废除氏族、村社土地公有制,建立土地私有制度
1879 年	颁布《附属法》;内地军事统治由民事机构所取代
1881 年	颁布《土著居民条例》,剥夺土著居民政治权利
1884 年	颁布《法、阿统一关税法》
1889 年	颁布《外国人归化法》
1919 年	法国在阿尔及利亚扩大享有法国国籍的范围
1947 年	法国颁布《阿尔及利亚法规》,规定阿尔及利亚为海外省的组合体,总督仍拥有最高权力
1955 年	当局颁布《紧急状态法》,推行坚决镇压、全面围剿政策
1962 年	制宪会议确定国名为阿尔及利亚民主人民共和国,通过选举国民议会制定《宪法》。颁布土地收归国有法令,开始接管欧洲人遗弃的土地、企业和房产

续表

1963 年	颁布关于无主产业收归国有、实行自治管理法令。公民投票批准宪法。宣布将外国殖民者的土地全部收归国有
1966 年	颁布《刑法典》《刑事诉讼法典》《民事诉讼法典》;颁布矿山国有化法令。颁布土地革命纲领草案,宣布废除大土地所有制
1971 年	颁布碳化氢国有化法令。颁布《石油法》,废除石油租让制。颁布《土地革命宪章》及《土地革命法令》
1972 年	颁令给小农分配土地
1975 年 4 月	政府设立国家安全法庭
1976 年 6 月 27 日	经公民投票通过了《国民宪章》
1976 年 11 月 19 日	通过《宪法》
1989 年 2 月 23 日	经全国公民投票通过新宪法
1989 年 7 月 15 日	颁布《政治结社法》
1990 年	议会通过了《货币与信贷法》;颁布新的《新闻法》,实行有条件的新闻自由
1991 年 10 月 13 日	议会通过《选举法》和《选区划分法》的补充修正案
1996 年 11 月 28 日	通过宪法修正案
1997 年	通过《政党法》
1999 年 9 月 16 日	全国公民投票通过《全民和解法》
2008 年 11 月	议会通过宪法修正案,取消对总统连任次数的限制
2016 年 2 月	通过宪法修正案,规定总统只能连任一次
2020 年 11 月	通过修宪公投,规定任何人无论是否连任最多只能任两届总统,增强总理职权,允许总统经议会授权后向海外派兵
埃及	
1813 年	全面废除伊尔基泽姆制度(封建包税制),重新分配土地
1849 年	英国取得领事裁判权

续表

1871 年	颁布《补偿法令》(穆卡巴法),以授予土地所有权为条件预征赋税
1882 年	巴鲁底组织政府,制定新宪法,实行改革
1883 年	颁布《基本法》,实行君主立宪制;颁布《商法典》《海事法典》
1889 年	取消封建徭役制
1890 年	颁布《劳动和工业自由法》,取消封建行会制
1914 年 12 月 18 日	埃及被宣布为英国的保护国
1919 年 3 月 8 日	埃及华夫托党的政治活动
1920 年 3 月 10 日	埃及立法会议主张通过一项独立的决议废除 1914 年以来的政府法令
1922 年	英国单方面宣布结束对埃及的保护制。埃及名义上获得独立。埃及公布《宪法》。华夫托党在选举中获胜
1923 年	颁布《宪法》,设立两院制的议会
1928 年 7 月 19 日	决定议会解散三年,取消出版和集会自由
1928 年 10 月 31 日	恢复《宪法》
1929 年	与英国签定新约,以军事同盟取代军事占领,恢复共管苏丹的制度
1930 年	颁布新宪法,规定 3/5 的参议员由政府指定,众议员由间接选举产生
1931 年	与伊拉克签订《友好条约》,这是埃及与其他阿拉伯国家建立的第一次政治联系
1932 年	颁令禁止组织全国性工会
1934 年 11 月 30 日	停止执行 1930 年《宪法》
1935 年 12 月 12 日	恢复民族主义党人长期要求的 1923 年《宪法》
1936 年	签订盎格鲁-埃及条约

续表

1937 年	在埃及享有治外法权的各国在瑞士蒙特勒举行会议,达成协议取消在埃及的治外法权,但在 12 年内保留一个混合法庭,并将其权限扩大到审理刑事案件。颁布《刑法典》
1950 年	颁布《刑事诉讼法典》
1951 年	议会宣布废除 1936 年英埃同盟条约及 1899 年共管苏丹协定,通过苏丹自治宪法
1952 年	纳吉布政府颁布土改法令,没收王室土地。12 月废止 1923 年《宪法》
1953 年 6 月 18 日	埃及共和国成立,永远废除君主政体
1956 年 6 月 23 日	公民投票批准总统制定颁布新宪法,纳赛尔当选总统
1957 年	对外国银行、保险业、贸易机构及外资电讯企业实行国有化
1961 年	对银行、保险公司实行国有化,对冶金、运输、动力部门实行监督,国家控制对外贸易。颁布第二个土改法令,进一步限制土地占有限额
1968 年	公民投票批准纳赛尔提出的为争取解放被占领土和建设社会主义的纲领和国内改革法案;颁布《民事和商事诉讼法典》
1969 年	颁布第三个土地改革法令,进一步规定土地占有限额
1971 年 9 月 11 日	经公民投票通过正式宪法
1979 年	埃、以在华盛顿签署和平条约
1980 年 5 月 22 日	经公民投票修改宪法
2012 年 12 月 1 日	全民公投以 63.8%的支持率通过《宪法》
2013 年 7 月 3 日	埃及军方宣布中止 2012 年宪法
2014 年 1 月 1 日	新宪法草案以 98.1%的支持率(投票率 38.6%)通过全民公投
2019 年 4 月 1 日	举行全民公投,通过宪法修正案,主要内容包括延长总统任期,设立参议院、副总统等

续表

埃塞俄比亚	
1924 年	正式废除奴隶制
1928 年 8 月 2 日	埃塞俄比亚与意大利缔结为期 20 年的友好条约
1931 年 7 月 16 日	海尔·塞拉西颁行第一部宪法
1934 年	埃塞俄比亚军队和意大利军队在意属索马里瓦尔地区发生冲突
1935 年 5 月	国联行政院设立一个仲裁法庭解决瓦尔争议
1936 年 5 月 9 日	被并入意属东非
1957 年	颁布《刑法典》
1960 年	颁布《民法典》、《商法典》和《海事法典》
1961 年	颁布《刑事诉讼法典》
1965 年	颁布《民事诉讼法典》
1975 年	颁发农村土地国有化公告和新劳动法
1987 年 9 月	宣布成立埃塞俄比亚人民民主共和国
1991 年 4 月 23 日	国民议会通过和平解决内战问题的决议
1991 年 7 月 5 日	通过《过渡时期宪章》
1991 年 7 月	通过《埃塞俄比亚过渡政府与厄立特里亚临时政府合作准则》
1992 年	颁布《投资法》
1994 年 12 月 8 日	制宪会议通过《埃塞俄比亚联邦民主共和国宪法》
1995 年	埃塞俄比亚联邦民主共和国成立。埃塞俄比亚将环境权写入《宪法》,是非洲第一批探索环境权入宪的国家之一
2001 年 10 月	通过“总统法案”
2020 年 11 月	埃塞俄比亚内战爆发

续表

安哥拉	
1875年	安哥拉殖民当局开始实施对同化人的限制政策,同时颁令实施契约劳工制
1878年	实施强迫劳动制度
1884年	承认葡萄牙的宗主权
1885年	葡萄牙正式宣布占领安哥拉,建立殖民地
1892年	欧洲移民倡议分离,建立共和制
1899年	殖民当局颁布土著劳动相关法令,强迫劳动制度合法化
1917年	颁布同化法令
1924年	一项英葡协定划定了安哥拉和西南非洲之间的边界
1929年	颁布契约劳工制法令,强迫劳动合法化
1933年	推行强制同化政策
1934年	安哥拉改变体制,划为五个区
1962年	废除1928年法令,取消强迫劳动
1975年11月	颁布《宪法》
1991年3月	安哥拉人民议会修改宪法,通过决议,实行多党制
1992年8月	议会第二次特别代表大会修改《宪法》,改国名安哥拉人民共和国为安哥拉共和国
2010年2月	安哥拉国民议会通过新宪法
2014年3月1日	安哥拉新关税法正式实施
2018年6月	颁布新的《私人投资法》
贝宁(达荷美)	
1958年	达荷美宣布为共和国;颁布《宪法》

续表

1960 年	成为完全独立的国家
1961 年	达荷美《宪法》被停止并取缔了一切政党
1964 年	颁布新宪法,禁止元首和首脑权力集中于一人,禁止引入外国军队解决内部纠纷
1974 年	克雷库提出民族独立和走社会主义发展道路的新政策
1975 年	更名为贝宁人民共和国
1977 年 8 月 26 日	颁布《根本法》
1990 年 3 月 1 日	更改国名为贝宁共和国
1990 年 12 月 2 日	由公民投票通过了贝宁历史上第七部《宪法》
2003 年	政府颁布新政党宪章
2018 年 7 月 1 日	通过新政党宪章
2019 年 11 月 1 日	进行宪法修正
博茨瓦纳(贝专纳)	
1960 年	博茨瓦纳(贝专纳)颁布保护国新宪法
1963 年	颁布《汇票法》
1966 年 2 月	在伦敦召开制宪会议制定《宪法》
1966 年 9 月 30 日	《宪法》生效
1967 年	成为英联邦内的独立共和国
1968 年	颁布《工业发展法》
2002 年 6 月	议会通过《宪法修正案》
2005 年 4 月	议会通过对《宪法》第 77~79 条的修正案,对议会的咨询机构酋长院进行改革
布基纳法索(上沃尔特)	
1959 年 3 月	上沃尔特(布基纳法索)成为法兰西共同体内的自治共和国
1960 年 8 月 5 日	上沃尔特共和国成立

续表

1961 年	颁布《国籍法》《投资法典》
1965 年	颁布《税务法典》
1966 年	发生政变,新政权考虑恢复民主政体并实行自由化政策
1968 年	颁布《宪法》
1970 年	颁布多党制宪法,设立总理职位
1974 年	拉米扎纳宣布禁止《宪法》,解散议会,废除宪法,建立自兼总理的革新政府,实行一党制
1977 年	恢复政党活动。公民投票,批准多党制新宪法
1984 年 8 月 4 日	改国名为布基纳法索
1991 年 6 月 2 日	公民投票通过布基纳法索独立后第四部宪法
2000 年 4 月	修改《宪法》和《选举法》
2002 年 1 月	国民议会修改《宪法》,撤销代表院,将议会两院制改为一院制
2002 年 7 月	司法制度进行重大改革,改革司法机构
2022 年 2 月	政变后颁布《过渡宪章》作为宪法的补充
布隆迪	
1919 年	从德国殖民地转归比利时
1926 年	行政改革,以单一酋长制代替复杂的三权统治
1955 年	废除封建的耕牛所有制
1957 年	推行居住区制度
1962 年	结束托管,宣布独立,建立布隆迪王国,实行君主立宪
1966 年 11 月 28 日	宣布建立布隆迪共和国,成立临时军事委员会
1974 年	颁布一党制宪法
1976 年	军事政变,第二共和国成立
1981 年 11 月 18 日	通过第二共和国第一部《宪法》
1987 年 9 月 3 日	军事政变,第三共和国成立。新政府宣布中止《宪法》

续表

1990年12月	通过“民族团结宪章草案”
1991年2月	经公民投票通过“民族团结宪章”
1992年4月15日	颁布《政党法》
1993年6月	举行多党总统和立法选举
2001年10月28日	颁布布隆迪共和国过渡时期宪法
2005年3月18日	颁布实施后过渡时期宪法
2011年9月1日	颁布新政党法
2018年5月1日	举行修宪公投,并高票通过新宪法
赤道几内亚	
1889年	颁布《民法典》
1961年7月22日	颁布《妇女权利法》
1963年12月	西班牙在赤道几内亚举行公民投票,通过了“内部自治”法规
1968年10月12日	赤道几内亚完全独立
1968年	颁布《宪法》
1972年	颁布义务劳动法令
1973年	开展以农业为中心的经济革命
1979年8月	奥比昂发动军事政变,成立最高军事委员会
1982年6月	公民投票通过宪法
1988年	在全国范围内进行了基层政权选举和议会换届选举
1989年6月25日	举行全国大选,奥比昂再次当选为总统
1991年11月17日	经公民投票通过宪法修改草案
1998年12月	通过《石油开采法》
2011年11月	举行全民公投,通过宪法改革方案
2012年2月	奥比昂正式签署法令颁布新宪法

续表

多哥	
1910 年	德国殖民当局颁令“无主土地”归德国国库所有
1922 年	国际联盟批准瓜分多哥的洛美条约,并委任英、法分别统治
1926 年	颁布确认非洲人土地私有权法规
1956 年	建立自治共和国
1960 年 4 月 27 日	正式宣布独立,定名为多哥共和国
1961 年	颁布《宪法》《投资法典》《关税法典》
1963 年	公民投票批准多党制宪法
1967 年 1 月 13 日	多哥政变,宪法被停止
1973 年	宣布主要矿藏的勘探和开采由国家控制
1974 年	宣布对矿藏资源和管理实现国有化
1978 年	人民联盟举行特别会议,制定宪法,建立国民议会
1979 年 12 月 30 日	通过宪法
1979 年	成立国民议会
1990 年 10 月 30 日	实行多党制
1991 年 4 月 12 日	颁布政党宪章
1991 年 8 月 24 日	全国会议通过过渡时期临时宪法——《基本法》
1992 年 9 月 27 日	公民投票通过第四共和国宪法
2019 年	国民议会通过宪法改革法案,对宪法的 29 项条款进行修改
厄立特里亚	
1869 年	意大利人开始吞占厄立特里亚地盘

续表

1882年	意大利宣布厄立特里亚为其殖民地
1890年	意大利把各占领区合为统一的殖民地,称厄立特里亚殖民地
1941年	成为英国托管地
1952年	作为自治单位与埃塞俄比亚结成联邦成立联邦
1962年	成为埃塞俄比亚的一个省
1993年5月24日	正式宣告独立
1996年6月1日	颁布《新闻法》
1997年5月23日	通过新宪法
2002年	颁布《选举法》
2014年5月	伊萨亚斯总统在独立日庆典上宣布将启动新宪法起草进程
佛得角	
1974年12月19日	几佛独立党与葡萄牙政府签署关于佛得角群岛独立协议
1974年	将葡萄牙海外银行收归国有,建立国家银行
1975年7月5日	佛得角共和国成立
1980年9月5日	通过宪法
1990年9月	修改宪法
1991年	成立第二共和国
1992年8月25日	颁布第二部宪法,实行议会制
冈比亚	
1807年	英国建立冈比亚直属殖民地
1894年	英国总督颁布《保护地法令》,推行间接统治
1896年	英国总督颁布《土地法》,一切非公有土地均交给土著当局掌握
1954年	修改宪法,立法和行政会议中非官方代表超过半数

续表

1959 年	修改宪法,实行半自治
1961 年	伦敦制宪会议制定自治宪法
1963 年 10 月 3 日	英属殖民地冈比亚获得完全的自治权
1963 年	颁布《国籍和公民身份法》
1965 年 2 月 18 日	成为英王属下的完全独立的立宪君主国
1970 年 4 月 23 日	宣布建立共和国
1970 年 4 月	颁布《宪法》
1994 年 7 月 22 日	发动军事政变,成立武装力量临时执政委员会
1996 年 8 月 8 日	经公民投票通过宪法
1996 年 9 月 26 日	总统选举
1997 年	成立司法服务委员会
2016 年 12 月 1 日	举行新一届总统选举
2022 年 4 月 1 日	举行立法机会选举
刚果(布)	
1957 年	刚果(布)取得半自治共和国地位
1958 年 11 月	宣布为自治共和国
1960 年 8 月 15 日	宣布独立,定名为刚果(布)共和国
1968 年 12 月 30 日	改国名为刚果人民共和国
1979 年 7 月 8 日	经公民投票通过宪法
1990 年	实行多党制
1991 年 6 月 4 日	全国会议通过《根本法》,为国家临时宪法。《根本法》规定将国名刚果人民共和国改为刚果共和国
1992 年 3 月 15 日	全国公民投票通过新宪法
1997 年 10 月 24 日	颁布《过渡期基本法》
2002 年 1 月 20 日	通过新宪法,这是刚果(布)历史上第八部宪法
2006 年 8 月	颁布《政党法》

续表

2015 年 10 月	全民公投通过的刚果(布)历史上第九部宪法
刚果(金)(扎伊尔)	
1908 年	比利时政府接管刚果自由邦,颁布《殖民地宪章》
1920 年	颁布关于土著政策的法令,推行间接统治或类似保护国政策
1934 年	颁令禁止非洲人转让土地
1953 年	颁令确认非洲人土地所有权
1957 年	颁布刚果城市法,兴起建立政党的热潮。阿巴科发表《刚果独立宣言》
1959 年	颁布《普通税收法典》
1960 年 6 月 30 日	颁布《宪法》
1962 年	颁布《刑事诉讼法典》
1963 年	颁布《海上运输法典》《关税法典》
1967 年 6 月	发生军事政变
1968 年 8 月 3 日	颁布《投资法典》
1971 年	议会批准新宪法
1973 年	改国名为扎伊尔共和国;颁布《劳工法典》
1974 年	颁布宪法
1990 年 4 月	实行多党制,并成立第三共和国
1990 年	通过宪法修正案
1997 年 5 月 17 日	将扎伊尔共和国更名为刚果民主共和国
1997 年 5 月 28 日	颁布关于刚果民主共和国组织和行使权力的 003 号宪法法令
2002 年	颁布《投资法》和《矿业法》
2003 年 4 月 4 日	通过《过渡期宪法》
2006 年 2 月 18 日	时任总统卡比拉颁布新宪法

续表

吉布提(法属索马里)	
1953年11月28日	颁布《民法典》
1956年	法属索马里颁布新法规,实行普选建立议会
1967年6月	易名"法属阿法尔和伊萨领地",为实际上自治的领地
1958年	公民投票决定以海外领地地位留在法兰西共同体内
1963年	签署《阿尔塔宣言》,反对破坏领土完整及外国兼并土地的主张
1967年	颁布《领地法》,总督不再兼任政府委员会主席
1975年12月31日	吉布提独立
1977年6月27日	由国民议会特别会议通过宪法,定国名为吉布提共和国
1981年	政府取缔所有反对党,只承认执政党为合法政党;通过《宪法组织法》
1984年10月	通过《宪法组织法补充法案》
1992年	开放党禁,实行政党自由、新闻自由;经全国公民投票通过宪法
1994年12月26日	政府与叛军正式签署了和平与民族和解协议,内战结束。叛军放弃武装斗争,成为合法政党
2001年	实现全国和平
2002年9月	开放党禁,实行全面多党制
2010年4月	议会通过宪法修正案,对总统职权、政党活动进行调整,废除死刑
几内亚	
1891年	法国颁布《卡尔诺法令》,建立法属几内亚及诸属地殖民地
1924年	颁布《土著管理制度》《土著司法》等法令,实行统一的行政制度,酋长区降为辅助地位
1957年	废除酋长制度

续表

1958年10月2日	成为独立共和国
1958年11月12日	几内亚《宪法》规定总统制和一党制
1958年11月10日	颁布《宪法》
1960年	颁布《劳工法典》《社会保险法典》
1962年	颁布《公司法》
1964年	颁布《刑事诉讼法典》
1965年	颁布《刑法典》
1966年	颁布《税收法典》
1975年	颁布《经济宪章》,开展经济圣战,取缔私人商业,建立经济警察,打击走私活动
1977年	颁布《几内亚国外侨民特别投资法》,号召侨民重返祖国
1984年4月3日	成立国家复兴军事委员会接管国家最高权力,改国名为几内亚共和国(亦称几内亚第二共和国)
1985年7月	实行经济自由化政策
1990年12月23日	举行公民投票,通过了根本法
1991年1月	解散国家复兴军事委员会,成立全国复兴过渡委员会
1991年12月	颁布政党、新闻、选举和司法等领域的12个专门法律
1992年4月	实施政党法,改行多党制
1994年1月	成立几内亚第三共和国
2001年11月	修改宪法
2008年12月	军事政变后,军政权中止实施1990年宪法
2010年5月	颁布过渡期宪法
2020年4月6日	公布实施新宪法
2021年9月	过渡政府宣布中止实施现行宪法和解散议会
2022年2月	成立全国过渡委员会代行临时立法机构职权

续表

几内亚比绍	
1836 年	葡萄牙在佛得角设立殖民政府,几内亚比绍划为总督统治下的一个县
1879 年	几内亚比绍与佛得角分治
1973 年 9 月 24 日	共和国成立,并颁布《几内亚比绍共和国宪法》
1984 年 5 月 17 日	通过第三部宪法
1991 年 5 月	全国人民议会特别会议通过建立多党制的法律
1994 年 7~8 月	举行独立后首次大选
1996 年 11 月	通过第三部宪法修正案
1999 年 7 月	颁布宪法修正案
2003 年 9 月 28 日	签署政治过渡宪章
加纳(黄金海岸)	
1871 年	黄金海岸芳蒂族酋长制定《芳蒂族联邦宪法》,提出建立现代国家的要求
1878 年	颁布《土著权限条例》
1897 年	颁布《土地公有法案》,强行剥夺非洲人土地
1900 年	黄金海岸的殖民当局颁布《租借法令》,欧洲人租让土地合法化
1925 年	修改宪法,扩大立法会议,设立省议会
1951 年	实施新宪法
1954 年	颁布自治宪法
1957 年 3 月 6 日	英属殖民地黄金海岸与联合国托管地英属多哥联合组成独立的加纳
1960 年 7 月 1 日	废除君主制,建立英联邦内的一个共和国
1964 年 2 月 2 日	经全民投票决定,成为一党制国家,总统有罢免法官之权
1966 年	加纳政变,恩克鲁玛 15 年的统治结束

续表

1967 年 7 月 1 日	设立部长执行委员会管理国家
1969 年 5 月 1 日	撤销对政党的禁令
1969 年 9 月 30 日	恢复文官统治
1975 年	改组国家机构,成立最高军事委员会取代救国委员会为最高立法和行政机关
1975 年	颁布恢复立宪政府的纲领和新经济措施自由化计划
1982 年 1 月 2 日	中止宪法,解散议会
1982 年	建立公共法庭系统
1991 年	军政权开始"还政于民"进程
1992 年 4 月 26 日	由全民公决通过新宪法
1992 年	开始实行多党制,举行总统和议会选举
1993 年 1 月 7 日	成立第四共和国,宪法生效,由军政步入宪治
加蓬	
1958 年	成为法兰西共同体内的自治共和国
1960 年 8 月 17 日	颁布第一部《宪法》
1960 年 11 月 4 日	废除 1960 年 8 月《宪法》,通过新宪法
1961 年	颁布《刑事诉讼法典》《投资法典》《国籍法》《劳工法典》
1962 年	颁布《海上运输法典》《刑法典》
1963 年	颁布《税务法典》
1987 年	实行政党法
1991 年 3 月	颁布第三部《宪法》
2003 年	参众两院联席会议通过宪法修正案,取消对总统连任次数限制
2017 年	举行"全国包容性政治对话",修改选举法
津巴布韦(南罗得西亚)	
1913 年	南罗得西亚颁布《土著土地法》

续表

1920 年	颁布《土地问题法令》,规定非洲人保留地仅占全国土地的 23%
1923 年	英国政府接管南罗得西亚行政权,颁布自治宪法,派驻总督,成立由移民组成的自治政府
1923 年 9 月 1 日	南罗得西亚成为实施责任政府制的英国直辖殖民地
1924 年	举行首次立法议会选举
1930 年	颁布《土地分配法》,欧洲人占有的土地扩大为 51%,非洲人保留地仍占 23%
1934 年	颁布《工业调解法》,禁止非洲劳工享有工人权利和从事技术工作
1936 年	颁布《烟草销售法》,强制拍卖烟草
1946 年	颁布《城市地区土著居所和登记法》,加强对非洲人的控制
1951 年	颁布《土著耕作法》,变土著土地村社所有制为家庭所有制
1953 年	通过《联邦宪法》
1969 年	南罗得西亚(津巴布韦)投票通过新宪法;颁布土地占有法代替土地分配法,使土地分配的种族隔离原则固定化
1970 年 3 月 1 日	罗得西亚共和国宣告成立
1979 年 9 月 10 日	英国在伦敦召开南罗得西亚制宪会议
1979 年 12 月	制宪会议签署宪法
1980 年 4 月 18 日	津巴布韦共和国正式成立
1987 年 12 月	民盟同主要反对党人盟达成合并协议,并修改宪法,改总理内阁制为总统内阁制
1990 年 2 月	议会通过第 9 号修正案
1990 年 6 月	通过第 10 号修正案
2005 年	国民议会通过第 17 号宪法修正案,规定津巴布韦议会实行两院制

续表

2007 年	通过第 18 号宪法修正案,将总统任期缩短,同时调整议会席位数量及产生方式,实现选举同步化
2009 年 2 月	通过了第 19 号宪法修正案,确立联合政府的框架结构
2013 年 5 月	新宪法经总统签署生效
喀麦隆	
1946 年	联合国决定喀麦隆仍分东西两部分,继续交英、法托管
1956 年	法属喀麦隆在法兰西共同体内取得自治地位
1958 年	颁布《宪法》
1960 年 1 月 1 日	法属喀麦隆独立,成立喀麦隆共和国
1961 年	英属喀麦隆南部同喀麦隆共和国合并,组成喀麦隆联邦共和国
1965 年 11 月 12 日	颁布《刑法典》的第一部分
1967 年 6 月 12 日	颁布《刑法典》的第二部分
1967 年 7 月 20 日	颁布《刑法典》的第三部分
1972 年 5 月 20 日	经公民投票通过新宪法,取消联邦制,成立中央集权的喀麦隆联合共和国
1984 年 1 月	改国名为喀麦隆共和国
1990 年 12 月	实行多党制
1996 年 1 月	正式颁布第六次修改后的新宪法
2002 年	颁布新投资法
科摩罗	
1961 年	实行内部自治
1975 年 7 月 6 日	领地议会通过独立法案,宣布独立,成立科摩罗国
1978 年 10 月 1 日	经公民投票通过科摩罗伊斯兰联邦共和国《宪法》
1978 年 10 月 22 日	改国名为科摩罗伊斯兰联邦共和国
1996 年 10 月 20 日	经全民公决通过宪法

续表

2001年12月23日	通过独立以来第四部宪法,改国名为科摩罗联盟
2009年5月17日	修正宪法,实现行政、立法和司法政治体制
2018年7月1日	修订宪法,调整总统任期,并取消副总统职位
科特迪瓦(象牙海岸)	
1893年	法国建立象牙海岸殖民地
1957年	科特迪瓦成为半自治共和国
1958年12月	成为法兰西共同体内的自治共和国
1960年	成为完全独立的共和国;颁布《宪法》《刑事诉讼法典》
1961年	颁布《国籍法典》
1964年	颁布《劳工法典》《民法典》
1968年	颁布《社会保险法典》
1990年4月30日	实行多党制
1990年11月	修改宪法
1998年6月	修改宪法,扩大总统权力
2000年7月	经全民公决通过新宪法
肯尼亚	
1897年	东非保护国当局颁布《土地条例》,强占非洲人土地
1902年	颁布皇家土地法令,禁止非洲人在中央高地拥有土地
1910年	颁布强迫劳动法令
1912年	颁布《土著当局条例》
1915年	再次颁布皇家土地法令
1919年	颁布劳工条例,强迫劳动合法化
1919年7月22日	英属东非的立法会议扩大为11名选举产生的欧洲籍成员、2名指定的亚洲籍成员和1名阿拉伯成员
1920年7月23日	英属东非改名为肯尼亚并改为英国直辖殖民地

续表

1930 年	颁布《土著土地信托法》
1948 年	颁布《民事诉讼法》
1959 年	颁布《土著土地登记法》、《土著土地管理法》及《非土著土地的占有及管理法》
1963 年 12 月 12 日	成为英联邦内的完全独立的国家
1963 年	成立议会,分设有参议院和众议院
1964 年	宣告为共和国,基本上实行一党制。颁布《宪法》《外国投资保护法》
1966 年	修改宪法,废除两院制,建立单一的国民议会
1967 年	颁布《法院组织法》
1967 年	颁布贸易执照法,推行贸易肯尼亚化政策,驱逐亚洲商人
1968 年	颁布《仲裁法》
1969 年 11 月	通过宪法修正案
1982 年 6 月	议会通过宪法修正草案,确立实行一党制
1991 年 12 月	实行多党制
1997 年 11 月	修改宪法,明确规定肯尼亚为多党制民主共和国
2003 年 1 月 15 日	政府公布《肯尼亚宪法修正法案》、《反腐败和经济犯罪法案》和《国家公职人员职业道德准则法案》
2010 年 8 月	新宪法通过全民公投并正式颁布实施
莱索托(巴苏陀兰)	
1959 年	殖民当局颁布《宪法改革白皮书》
1964 年	颁布《独立宪法》
1966 年 10 月	成为英联邦内的独立国家,并颁布宪法
1970 年 1 月	停止实施 1966 年宪法
1973 年 4 月	成立临时国民议会,起草新宪法
1990 年 11 月	成立制宪会议

续表

1993 年 3 月	颁布宪法,实行君主立宪制
2020 年 4 月	议会通过宪法修正案,调整首相权力
利比里亚	
1824 年	利比里亚移民全体会议制定《格利宪法》
1839 年	美国殖民协会确定利比里亚联邦的立法原则
1847 年	制宪会议宣布独立,建立利比里亚共和国,颁布《宪法》
1870 年	承认外国的领事裁判权
1920 年 6 月 30 日	加入国际联盟
1923 年	苏恩会议,修改传统的部族制度
1956 年	实行《国防法》
1957 年	颁布法律大典
1980 年	成立军政府,停止实施 1847 年《宪法》,成立宪法起草委员会起草宪法
1984 年 7 月	经全国公民投票通过宪法
1985 年 3 月	修改《投资法》
1986 年	实行第三部宪法
1987 年	修订宪法
2000 年	通过《矿业法》
利比亚	
1927 年 3 月 9 日	利比亚的自治体制被废除
1949 年	联大决议利比亚于 1952 年独立
1950 年	首届国民议会确定利比亚为民主的、主权的联邦国家,实行君主立宪制
1951 年	颁布宪法
1953 年	制定《民法典》
	颁布《商法典》《海事法典》《刑法典》《刑事诉讼法典》《民事和商事诉讼法典》

续表

1962 年	议会通过取消联邦法案,更国名为利比亚王国,建立拥有主权的中央政府
1969 年 12 月	颁布临时宪法
1973 年	卡扎菲发动伊斯兰化的人民革命和文化革命,停止实施一切世俗法律。利埃签署两国实现统一的决议和宣言
1976 年	颁布人民权力宣言草案,规定《古兰经》为社会法律,伊斯兰教义政策法律的基本依据。人民代表大会宣布实行人民权力,改组国家机构,更国名为阿拉伯利比亚人民社会主义民众国。宣布《古兰经》为社会法典
1977 年 3 月 12 日	发表《人民权力宣言》
1986 年 4 月 15 日	改国名为大阿拉伯利比亚人民社会主义民众国
2003 年	修改《投资法》
2011 年 8 月	国家过渡委员会公布《宪法宣言》,在政治过渡阶段发挥临时宪法作用
2015 年 12 月	各派在摩洛哥签署《利比亚政治协议》
留尼汪	
1767 年	法兰西国王路易十五赎买了该岛,并建立了各种行政、司法机构
1946 年 3 月	留尼汪成为法国的一个“海外省”,由法国任命的省长直接管辖
1973 年	留尼汪改为法国的一个大区
1981 年 9 月	成为法国的拥有全权的海外领地
卢旺达	
1919 年	卢旺达转归比利时
1946 年	联合国决定将卢旺达交比利时托管
1959 年 11 月	君主制被废除
1962 年 7 月 1 日	宣布独立,建立卢旺达共和国

续表

1962年11月24日	颁布第一部宪法
1973年	军事政变,第二共和国成立
1974年	发动“乌姆冈达运动”(集体劳动运动)
1977年	通过新宪法,规定全国发展革命运动为唯一合法政党,全体人民为党的当然成员
1980年7月	在各级司法机构中成立检察院
1982年12月7日	成立国民发展议会
1991年5月30日	由国民发展议会审议通过宪法修改草案,通过第三部宪法
1991年6月	颁布政党法,实行多党制
2003年5月26日	经公民投票通过新宪法
2003年6月23日	通过新的政党法
2015年12月1日	以全民公决方式通过宪法修正案,修改总统任期
马达加斯加	
1817年	马达加斯加颁令禁止在领海内进行奴隶贸易
1835年	女王拉纳瓦罗纳一世颁令严禁传布基督教
1839年	女王颁令禁止输出劳工
1845年	女王颁令规定欧洲侨民犯罪必须按照女王政府法律制裁。禁止欧洲人迁居内地
1865年	女王政府与英国缔结友好通商条约,授以领事裁判权
1869年	宣布新教为国教
1877年	颁布解放奴隶法令
1878年	颁布《农村之友条例》,实行司法集权制
1881年	颁布《305号法典》,允许农民转让份地,但不得授予外国人,土地私有制确立。
1885年	法国承认女王对全岛的统治权及禁止外国人购买土地的法律

续表

1890 年	德国承认法国对马达加斯加岛的保护权
1896 年	法国宣布马达加斯加及其附属岛屿为法国殖民地。法国总督颁布《土地法》,攫取了全岛的土地所有权
1921 年 11 月 8 日	颁布新国籍法
1957 年	半自治共和国成立
1958 年	独立大会党成立并领导反对戴高乐宪法的斗争,领地议会宣布成立马达加斯加共和国
1960 年	马达加斯加共和国成为法兰西共同体内的完全独立国家;颁布《国籍法典》
1962 年	颁布《刑法典》《刑事诉讼法典》《军事法典》《民事诉讼法典》
1973 年	废除马法协定。颁布农村合作化计划。宣布银行、保险、运输、动力、矿山、外贸等部门由国家经营
1975 年 12 月 11 日	公民投票通过《社会主义革命宪章》和新宪法
1977 年 7 月 28 日	成立第一届议会
1989 年 12 月	颁布新的投资法和工业自由区条例
1990 年 3 月 1 日	通过《自由组织政党法令》
1992 年 8 月 19 日	全国公民投票通过《第三共和国宪法》
1998 年 3 月 5 日	经全民公决修改宪法
2002 年	颁布新的矿业投资法
2007 年	修宪取消了自治省,设立拥有行政和财政自治权的地区和乡镇
2010 年 11 月	过渡政权推动全民公投通过新宪法,宣布正式成立第四共和国
马拉维(尼亚萨兰)	
1824 年	颁布马拉维帝国宪法
1891 年	马拉维共和政府颁布共和国宪法

续表

1936 年	尼亚萨兰(马拉维)颁布《土著委托土地法》,80%的土地成为总督管辖的委托土地,供部落使用,但不得归个人所有
1952 年	颁布《转让法》
1955 年	颁布临时宪法
1962 年	退出中非联邦
1963 年	实行自治
1964 年 7 月 6 日	宣布独立,更名为马拉维,并颁布《独立宪法》
1965 年	颁布《土地法》
1966 年 7 月 6 日	宣布成为共和国,并通过宪法
1966 年 7 月 7 日	马拉维废弃君主制,建立共和国
1968 年	颁布《传统土地开发法》《土地登记法》《遗嘱和继承法》《受托人法》《商品买卖法》《买卖契据法》《汇票法》
1970 年 11 月	修改宪法
1978 年	首次大选组成一院制议会
1981 年 3 月 5 日	议会通过修正案授权总统可以提名人选担任议员
1993 年 6 月	实行多党制
1994 年 5 月	通过临时宪法
1995 年	修改宪法
马里	
1958 年	成为法兰西共同体内的自治共和国
1959 年	与塞内加尔组成马里联邦
1960 年	塞内加尔退出联邦,建立马里共和国;颁布《宪法》
1961 年	颁布《刑法典》《民事、商事和社会诉讼法典》
1962 年	颁布《刑事诉讼法典》《劳工法典》《社会保险法典》
1968 年	发生军事政变,建立全国解放军事委员会

续表

1974 年	公民投票批准一党制宪法
1979 年 6 月	成立第二共和国
1991 年	发生军事政变,成立马里救民过渡委员会;修改《矿业法》《劳动法》;颁布《政党法》《选举法》;开始实行多党制,制定并通过了《政党法》
1992 年	举行全民公决通过新宪法;举行议会和总统选举;经全民公决通过宪法;成立第三共和国
2005 年 8 月	修改《政党法》,对政党的组建和运作等作出新的规定
2023 年 6 月	《宪法》经全民公决通过,向民选政府过渡
毛里求斯	
1505 年	葡萄牙航海家马斯克林到达该岛,取名"蝙蝠岛"
1598 年	荷兰人来此,将该岛命名为毛里求斯
1814 年	成为英国殖民地
1961 年 9 月 1 日	实行自治
1968 年	宣布独立,成为英联邦共和国,实行总督制;颁布宪法
1991 年 12 月	通过宪法修正案,改君主立宪制为共和制
1996 年 1 月	修改宪法
毛里塔尼亚	
1921 年 1 月 1 日	被确立为法国殖民地
1958 年 11 月 28 日	成为法兰西共同体内的自治共和国
1959 年 3 月 22 日	颁布《宪法》
1960 年 11 月 28 日	伊斯兰共和国成立
1960 年	颁布《国籍法》
1961 年 5 月 23 日	制定宪法,这是毛里塔尼亚的第一部民主宪法
1961 年	颁布《刑事诉讼法典》
1962 年	颁布《民事、商事和行政诉讼法典》

续表

1963 年	颁布《劳工法典》
1966 年	颁布《政治选举法》《关税法典》
1967 年	颁布《公共权力法》
1968 年	颁布《区域行政组织法》
1973 年	修改毛、法合作协定,收回领土、领海及领空主权。推出法郎区
1980 年 2 月	根据伊斯兰教法改组刑法机构
1980 年 7 月	成立伊斯兰教法庭,开始推行伊斯兰教法
1980 年 12 月 19 日	公布宪法草案
1981 年 4 月	由军人重新接管政府,宪法未予实施
1991 年 7 月 12 日	颁布第二部宪法
1991 年 7 月 25 日	颁布关于成立政党和新闻自由两个法令
2006 年 6 月	举行了修宪公投,修宪草案获得通过
2017 年 8 月 5 日	举行了修宪公投,取消了参议院,修改了国旗、国歌
摩洛哥	
1836 年	美国迫使摩洛哥、苏丹签署领事裁判权条约
1845 年	与法国签署马赫尼亚条约
1861 年	西班牙强加不平等条约,关税主权丧失
1863 年	与法国签署关于特权问题的联合声明,继而许多国家附署,形成不平等的国际条约
1901 年	全面改革税制,废除传统赋税,实行统一的财产税
1912 年	法国与西班牙签订条约瓜分摩洛哥
1913 年	颁布《债法和合同法》《商法》
1924 年	丹吉尔公约确立西法英三国共管丹吉尔制度
1930 年	颁布柏柏尔人法敕令,剥夺苏丹的司法机构对柏柏尔人的管辖权

续表

1938 年	当局颁布戒严令
1944 年	独立党等发表《独立宣言》,要求取消保护制度
1957 年	颁布《丹吉尔宪章》《个人身份法典》
1958 年	政府废除殖民者对土地的永久使用权,禁止部落出售土地。颁布《王家宪法》,向君主立宪制过渡;颁布《摩洛哥国籍法》
1959 年	颁布《刑事诉讼法典》;银行国有化;收回货币发行权;限制外国人转让土地
1962 年	颁布《刑事诉讼法典》;公民投票批准新宪法,确立君主立宪政体;颁布《刑法典》
1972 年 3 月 1 日	颁布《宪法》
1973 年	颁布土地国有化法令,接管外国人拥有的土地
1980 年 5 月	修改宪法
1984 年 5 月	修改宪法
1996 年 9 月 13 日	颁布第五部宪法
2011 年 7 月 1 日	经公投通过第六部宪法
莫桑比克	
1752 年	葡萄牙在莫桑比克设总督
1951 年	葡萄牙将莫桑比克改称"海外省",由总督统治
1975 年 6 月 25 日	宣布独立并颁布宪法
1978 年 8 月 13 日	全国人民代表大会修改宪法
1984 年 8 月	颁布《外国投资法》
1987 年 1 月	颁布《私人投资法》
1990 年	改国名为莫桑比克共和国,实行多党制;正式实行《莫桑比克共和国宪法》
1991 年 2 月 6 日	颁布《政党法》

续表

1991 年 6 月至 12 月	通过《自由结社、集会和游行法》《新闻法》《公共企业法》《银行组织法》《信贷机构法》
1998 年	颁布《劳动法》《贸易法》
2004 年 12 月	现行宪法生效
纳米比亚(西南非洲)	
1968 年 6 月	联合国大会决定,将西南非洲改名为纳米比亚
1978 年 12 月	南非在纳米比亚举行制宪议会选举
1979 年 5 月	制宪议会改为国民议会
1980 年 6 月 12 日	南非当局宣布成立由特恩哈尔民主联盟把持的部长委员会,将部分的立法权和行政权移交给部长委员会
1989 年 11 月	西南非洲人民组织获胜执政
1990 年	萨姆·努乔马当选为首届总统;通过宪法;纳米比亚正式宣布独立,定国名为纳米比亚共和国
南非	
1923 年	颁布《土著人法》
1924 年	颁布《文明劳动法》《劳动调解法》,禁止非洲人从事技术工作
1925 年 7 月 27 日	德属西南非被授予一部规定设立立法会议的宪法
1926 年	英国议会通过《巴尔福宣言》,授予南非立法权。颁布《矿业与工厂法》,禁止非洲人担任需要经过特别训练的工作
1927 年	通过国籍和国旗法。颁布《维持风化法》,禁止欧洲人与非洲人结婚或同居。颁布《土著政府法》授予酋长一定权力
1929 年	颁布《取缔骚动集会法令》
1930 年 5 月 19 日	扩大选举资格,全体白人妇女得到选举权
1931 年	英国议会通过威斯敏斯特法案,南非联邦在内政、外交方面获得独立

续表

1932 年	颁布《土著工人契约法》
1933 年 3 月 30 日	南非国民政府宣告成立
1934 年	议会制定《联邦地位法》,宣布联邦为独立主权国家
1936 年	颁布《土著代表法》《班图土地法》,剥夺非洲人选举资格,并最终确定土地分配中的种族隔离原则
1937 年	颁布《工业调解法》,否认工业部门中非洲工人的基本权利
1946 年 6 月 3 日	南非将亚洲人占地和印度人参政法案制定为法令
1949 年	颁布《禁止通婚法》;南非公民法颁布
1950 年	颁布《镇压共产主义条例》、《集团居住法》及《人口登记法》
1951 年	颁布《种族隔离法》;颁布《班图权力机关法》《班图人立法会议条例》,确立推行“黑人家园”政策
1952 年	颁布《通行证法》,推行单一的通行证制度;南非最高法院宣判马兰总理的种族立法无效;掀起拒绝“不公正法律”的非白人运动
1953 年	颁布《班图教育法》、《隔离社交法》、《公共治安法》及《犯罪行为法》
1954 年	南非议会再次否决马兰总理的种族立法
1955 年	南非人民大会通过《自由宪章》,提出民族民主革命纲领。颁布《推行班图自治政府法》,推行“黑人家园”计划
1956 年 1 月 13 日	南非国民党政府否定法院有权判决议会立法的有效性
1957 年	修改《集团居住区条例》,扩大种族隔离政策实施范围
1959 年	颁布《班图自治政府法》,规定以保留地为基础按部族原则建立 10 个“黑人家园”,加快黑人分离的过程。颁布《扩大大学教育法》,禁止黑白人学生同校。白人投票决定建立共和制政府
1961 年 4 月	通过第一部《南非共和国宪法》

续表

1961 年 5 月 31 日	宣布退出英联邦,建立南非共和国
1962 年	颁布《一般法修正案》
1964 年 5 月 6 日	根据班图自治法修正案,一系列有关隔离制度的法令得到加强和补充
1966 年	颁布禁止干预政治法
1968 年	颁令禁止任何政党拥有多种族成员。修改选民隔离选举法,剥夺有色人种的直接代表权
1970 年	颁布《班图家园公民资格法》,强行规定南非黑人必须为某一家园公民
1971 年	颁布《班图斯坦宪法条例》,简化各级自治政府的批准程序以加快自治进程
1972 年	“黑人人民大会”举行第一次全国大会,主张根除一切种族歧视,实现种族和解
1983 年 9 月 22 日	第三部《南非共和国宪法》生效
1984 年 9 月 3 日	实行白人、有色人、亚裔人三院议会制
1991 年 6 月	废除《集团居住法》《土地法》《人口登记法》
1993 年 2 月	在分权的基础上成立民族团结临时政府
1993 年 11 月 18 日	通过临时宪法草案
1994 年 4 月	南非举行历史上首次多种族民主大选
1994 年 6 月	重新加入英联邦
1996 年 12 月	总统签署南非永久宪法
1997 年	开始分阶段实施新宪法
尼日尔	
1922 年	成为法国殖民地
1958 年	获得半自治地位
1960 年 8 月 3 日	正式宣告独立

续表

1960 年 11 月 8 日	颁布《宪法》
1961 年 5 月 31 日	颁布《关税法典》
1961 年 7 月 12 日	颁布《尼日尔国籍法》《投资法典》
1961 年 7 月 15 日	颁布《刑法典》
1961 年 8 月 14 日	颁布《刑事诉讼法典》
1962 年 7 月 13 日	颁布《劳工法典》
1986 年	修改贸易投资法规
1987 年 6 月	通过国家宪章
1988 年	通过宪法
1989 年 9 月 24 日	修改宪法
1990 年 11 月 15 日	实行多党制
1991 年	废除国家宪章,终止宪法
1996 年 5 月 12 日	通过新宪法
1999 年 7 月 18 日	通过第五共和国宪法
2002 年 5 月	颁布《(乡)镇法》
2003 年	修改选举法
2023 年 7 月	尼日尔“保卫祖国国家委员会”接管权力,宣布废除第七共和国宪法,解散议会,取缔政党活动,解散司法机构
2023 年 8 月	尼日尔过渡政府成立
尼日利亚	
1901 年	北尼日利亚保护地颁布《关于奴隶制通告》,取消奴隶制的合法地位,但没有宣布拥有奴隶为非法。南尼日利亚保护地颁布《家族法》,奴隶制变相合法化

续表

1914 年	合并南北尼日利亚,建立尼日利亚殖民地和保护国。撤销南尼日利亚当局颁布的《家族法》,建立土著法院
1916 年	颁布《土著政权法》《土著法院法》,奠定间接统治体制的基础
1921 年 11 月 21 日	成立立法委员会
1922 年	颁布《克利福德宪法》
1947 年 1 月 1 日	实施《理查兹宪法》,确立分区而治的原则
1950 年	颁布大幅度扩大自治地区的新宪法
1951 年	实施《麦克弗逊宪法》,进一步扩大地区分权,巩固分而治之和扩大立法机构的原则
1954 年	实施《李特尔顿宪法》,组成自治联邦,建立尼日利亚联邦
1960 年	宣告独立颁布宪法,并成为英联邦成员
1961 年	北喀麦隆并入尼日利亚
1962 年	颁布《海上运输法》
1963 年	宣布成立共和国并颁布新宪法;颁布《移民法》
1968 年	颁布《公司法》
1970 年	恢复立宪政府;颁布《婚姻诉讼法》
1971 年	尼日利亚取消许可证制度,实行自由贸易
1972 年	颁布《企业振兴法》,宣布石油、天然气资源国有化
1976 年	颁布地方政府改革大纲,进一步削弱封建传统势力,建立三级政权
1979 年	颁布宪法
1981 年	实施《土地使用法》,取消王酋长对土地的分配权。颁布宪法,解除政党活动禁令
1984 年	废除宪法
1992 年	实行 9 年义务教育制

续表

1995 年 10 月 1 日	批准新宪法草案
1998 年	开放党禁
1999 年 5 月 29 日	公布宪法
塞拉利昂	
1927 年 9 月 22 日	宣布废除奴隶制
1951 年	宪法改革,增加选举产生的议员席位,允许非洲人参加行政工作
1957 年	取消保护地
1958 年	修改宪法,建立由非洲人组成的责任政府
1960 年	伦敦制宪会议确定其 1961 年独立
1961 年 4 月 27 日	成为英联邦内独立的君主国
1967 年 3 月 23 日	政变,宪法被中止
1968 年 4 月 18 日	再次发生政变,恢复了文官政治
1971 年	改制共和,建立塞拉利昂共和国
1978 年 6 月	通过一党制共和国宪法
1987 年 11 月	全国实行经济紧急状态法
1989 年 6 月	结束经济紧急状态法的实施
1991 年 9 月 24 日	颁布宪法
塞内加尔	
1864 年	沦为法国殖民地
1930 年	颁布地方行政法令,确立地方行政体系
1958 年 11 月 25 日	成为法兰西共同体内的自治共和国
1960 年 8 月 20 日	塞内加尔共和国宣告成立
1963 年	公民投票批准总统制政体
1967 年	与几内亚断交,颁布《反煽动法》

续表

1970年	修改宪法,设立“总理”一职
1976年	修改宪法,实行有限多党制
1979年	议会通过经济发展计划调整法案削减投资,降低速度
1991年3月	国民议会特别会议修改宪法,复设“总理”职位
1992年	司法体制改革,取消国家安全法庭,成立立宪委员会、行政法院
1993年3月	修改宪法
1998年2月	修改宪法
2001年1月	颁布现行宪法
2016年3月	修改宪法,修改总统任期
塞舌尔	
1970年	颁布自治宪法
1976年6月29日	宣布独立,建立塞舌尔共和国
1979年3月26日	颁布新宪法,确立社会主义方向,实行一党制
1993年6月	颁布塞舌尔第三共和国宪法
1996年7月	修改宪法
2000年6月	修改宪法
2003年	颁布新的旅游投资法
2016年4月	通过新宪法,取消了死刑,并将言论自由和新闻自由写入了宪法
圣多美和普林西比	
1878年	葡萄牙重建对圣多美和普林西比的殖民统治
1951年	葡萄牙宣布圣多美和普林西比为海外省
1975年7月12日	宣告独立,建立圣多美和普林西比民主共和国
1975年11月5日	全国人民议会通过第一部宪法
1980年1月25日	通过第二部宪法《政治宪法》

续表

1990 年 8 月	经公民投票表决颁布了新宪法
1990 年 9 月	颁布《政党法》
2003 年 1 月	颁布宪法修正案
斯威士兰	
1907 年	英国宣布成立斯威士兰保护国
1922 年	索布扎二世赴英要求废除土地特许权
1923 年	索布扎二世赴英要求废除保护制度
1946 年	颁布宪法
1950 年	实施改革,削弱酋长权力
1956 年	颁布《基本法》
1960 年	颁布《国籍法典》
1962 年	颁布《民事诉讼法典》《刑事诉讼法典》《刑法典》《军事法典》
1967 年	实行自治
1968 年 9 月 6 日	斯威士兰成为英联邦内的独立国家
1973 年	索布扎二世废除宪法,解散政府,禁止政党活动,亲自接管全部权力,恢复部族统治
1978 年 10 月	颁布新宪法,进一步加强国王的权力
2002 年 5 月	颁布《国内安全法令》
2003 年 5 月	制定新宪法草案
2006 年 2 月	新宪法正式颁布实施
苏丹	
1824 年	苏丹处于埃及统治之下
1850 年	埃及总督颁令,实行自由贩卖奴隶政策
1899 年 1 月	英埃签署《共管苏丹协定》,苏丹由英国推荐、埃及任命的总督管理,埃及派军留驻苏丹

续表

1948 年	苏丹宪法改革,设立立法会议及行政会议
1952 年	英国提出一份在苏丹实施局部自治的宪法草案
1952 年 10 月 22 日	英国批准一部关于苏丹的新宪法
1952 年	立法会议通过自治宪法
1953 年	英埃达成苏丹实行自决的协议
1955 年	苏丹议会通过立即独立的决议,并选举成立了一个五人组成的临时元首委员会
1956 年 1 月 1 日	苏丹共和国成立
1964 年	哈利法为首的临时政府取消军事统治,恢复宪法
1969 年	更改国名为苏丹民主共和国
1969 年 5 月 25 日	发生政变,建立了革命委员会,解散议会并禁止一切政党活动
1972 年 9 月	成立新人民议会
1973 年 4 月 11 日	苏丹人民议会通过新宪法
1974 年	议会通过议会组织法
1985 年 4 月 6 日	改国名为苏丹共和国
1985 年 10 月	颁布过渡宪法
1991 年 1 月	实行伊斯兰教法,以《古兰经》和《圣训》作为制定政治、经济、社会生活方针和政策的准则
1993 年	颁布新经济法规
1996 年	颁布新经济法规
1998 年	颁布新宪法;通过《政治结社组织法》
2002 年 4 月	修改宪法
2005 年 7 月	通过成立苏丹民族团结政府的过渡期宪法

续表

南苏丹	
2011 年	南苏丹共和国独立建国。南苏丹独立建国后,苏丹沿用过渡期宪法,并研究制定新宪法
2019 年 4 月	成立军事过渡委员会接管政权,中止宪法
索马里	
1949 年 7 月 1 日	索马里共和国成立
1960 年 6 月 26 日	英国托管区独立建立索马里兰共和国
1960 年	7 月 1 日意大利托管区独立建立索马里亚共和国,两国议会决定合并成立索马里共和国
1964 年	颁布关于商业零售业和商业机构逐步国有化法令
1967 年	索马里发生政变,议会被解散,宪法被废止。更改国名为索马里民主共和国
1974 年	与苏联签订《索苏友好合作条约》
1975 年	与苏联签署加强群众组织之间的联系的协议,关于进一步发展两国经济和技术合作协定
1977 年	废除《索苏友好合作条约》
1979 年	调整公有经济部门,扩大私营范围
1979 年	公民投票批准革命社会主义党特别代表大会拟制的宪法草案
1991 年 2 月	改国名为索马里共和国
2003 年 7 月	通过过渡联邦宪章
2012 年 8 月	全国制宪大会通过《索马里联邦共和国临时宪法》
坦桑尼亚	
1886 年	德国皇帝威廉二世宣布坦噶尼喀为德国殖民地
1920 年	英国颁布坦噶尼喀法令,确立管理体制
1922 年	国联批准将坦噶尼喀交英国委任统治
1924 年	颁令禁止非洲人擅自更换工作岗位

续表

1925 年	进行重大的行政改革,建立省、县两级行政系统
1926 年	颁布《土著当局法令》,设立非选举产生的立法会议
1954 年	苏库马地区爆发反对《自然资源法》的全面骚乱
1961 年	实现自治。12 月 9 日结束托管
1962 年 12 月 9 日	坦噶尼喀宣布建立共和国
1963 年 12 月 10 日	桑给巴尔成为英联邦内的独立君主国
1964 年 1 月 12 日	桑给巴尔与坦噶尼喀合并为一个国家
1964 年 10 月 29 日	更改国名为坦桑尼亚联合共和国
1965 年	颁布关于经济非洲化的政策声明。议会制定联邦制和一党制的宪法;根据新宪法,坦桑尼亚成为一党制国家
1967 年	民族联盟全国执委会制定《阿鲁沙宣言》和《关于社会主义和自力更生政策》、《领导人准则》等文件,确定社会主义、自力更生为建设国家的基本方针,宣布土地、森林、矿藏等由政府控制,国有化进程开始。颁布社会主义和乡村发展等文件,号召农民组织起来,建立乌贾马村
1971 年	非洲民族联盟全国执委会特别会议发布《达累斯萨拉姆宣言》,规定了建设和保卫国家的指导方针
1975 年	非洲民族联盟全国执委会重新确定乌贾马村的含义,推行村庄化运动
1977 年	颁布新宪法,实行一党民主制;成立特别制宪法院,负责审理中央政府和桑给巴尔地方政府之间的问题
1979 年 10 月 12 日	桑给巴尔革命委员会通过 1964 年 1 月桑给巴尔革命以来的第一部宪法
1980 年 1 月 2 日	坦桑尼亚国民议会举行特别会议,对联合共和国宪法进行了修改
1984 年	通过联合共和国宪法修正案和桑给巴尔宪法修正案
1994 年	通过第 11 次联合宪法修正案
1997 年	颁布《投资法》

续表

2000 年	第 13 次修改宪法
2010 年	修订桑给巴尔宪法
2011 年 11 月	《宪法修订法案》获议会通过
2012 年 4 月	修宪委员会成立,坦桑尼亚总统为坦桑尼亚团结政府首脑,取消首席部长设置,新设第一和第二副总统
突尼斯	
1857 年	颁布《基本公约》,实施改革
1861 年	颁布《宪法》《刑法典》《民法典》,建立议会
1863 年	与英国达成协议,取消领事裁判权,但授予英国臣民以购置、占有不动产的权利
1874 年	出售国有土地筹款偿还外债。颁布《农业条例》,调整地主与佃农关系
1881 年	突尼斯沦为法国保护国
1884 年	法督颁令建民政督察制,以财政总署取代国际财政委员会
1885 年	颁布《土地注册法》,承认土地私有权
1896 年	法督颁令扩大属于国家所有的公有土地
1906 年	颁布《债法和契约法》
1913 年	颁布《刑法典》
1921 年	颁布新国籍法
1934 年	当局颁布非常法镇压工农运动
1938 年	当局颁布戒严令取缔新宪政党
1956 年	法突签署联合议定书,承认突尼斯独立。颁布《个人身份法典》
1957 年	制宪会议宣布建立突尼斯共和国。颁布《军事法典》
1959 年	颁布总统制宪法、商法典

续表

1960 年	政府拒绝经济自由化政策,对部分外资公司实行国有化或部分国有化
1961 年	实施经济发展新方针
1963 年	颁布《突尼斯国籍法典》
1965 年	颁布《物权法典》
1966 年	颁布《劳工法典(陆上)》
1967 年	颁布《海上劳工法典》
1968 年	颁布《刑事诉讼法典》
1976 年 4 月 2 日	国民议会通过宪法修改案
1988 年 7 月	通过宪法修正案
1998 年 10 月	通过修改宪法和选举法
2002 年 5 月	举行独立后首次全民公决,通过宪法修正案,议会改为两院制
2014 年 1 月	制宪议会通过新宪法,确定突尼斯实行共和制,伊斯兰教为国教
2022 年 7 月 25 日	举行修宪公投,通过新宪法,新宪法规定实行总统制
乌干达	
1902 年	颁布《婚姻法》
1904 年	颁布《离婚法》
1906 年	颁布《伊斯兰教婚姻和离婚法》
1908 年	保护国当局颁布《英王领地让与条例》及《乌干达土地法》
1920 年 6 月 5 日	成立一个指定的立法委员会
1927 年	颁布土地法,承认佃农租地的继承权,确定租佃关系及混合地租
1928 年	颁布《民事诉讼法》
1930 年	颁布《商品买卖法》

续表

1958 年	颁布《政府诉讼程序法》
1959 年	颁布《公司法》
1961 年	伦敦制宪会议确定联邦制、总理制、1962 年独立等原则
1962 年	实行内部自治;成为英联邦内的独立国家;颁布《合同法》
1967 年	通过新宪法,确定乌干达为共和国。国民议会制定新宪法,实行中央集权制
1969 年 10 月 8 日	宣布旨在弥合贫富差距的平民宪章
1975 年	颁布土改法,宣布全国土地国有
1986 年 1 月	修改宪法
1995 年 10 月 8 日	颁布第三部宪法
2002 年 5 月	通过《政党组织法》
2005 年 11 月	修改宪法,取消总统任期限制
2017 年 12 月	修改宪法,成功废除宪法第 102(b)条对总统年龄的限制
赞比亚(北罗得西亚)	
1924 年	北罗得西亚成为英国直辖殖民地
1928 年	北罗得西亚颁布《土著居民居住区和土著土地法》
1929 年	颁布《土著当局条例》
1964 年	北罗得西亚与巴罗策兰组成独立国家赞比亚
1963 年	实行内部自治
1964 年 5 月	制定第一部宪法
1964 年 10 月 24 日	宣告独立,建立赞比亚共和国
1965 年	宣布矿藏资源归国家所有
1968 年	发布《穆隆古希国家政策宣言》,确定国家对生产资源的逐步控制
1972 年	禁止外国人从事零售商业

续表

1973 年	国民议会通过一党制宪法
1975 年	废除土地世袭制。外国人拥有的出租产业全部收归国有
1991 年 8 月	修改宪法
1996 年 6 月	议会再次修改宪法
2016 年 1 月	宪法修正案正式生效,规定总统候选人须获过半数票当选,副总统可作为竞选伙伴,国家允许双重国籍
乍得	
1958 年	乍得自治共和国成立
1959 年	颁布宪法
1960 年	乍得共和国获得完全独立
1962 年	颁布新宪法;颁布《军事法典》
1963 年	颁布《选举法典》《投资法典》《关税法典》
1975 年 4 月	马卢姆政府废除宪法
1975 年 8 月	制定临时宪法
1978 年	马卢姆政府制定“基本宪法”
1979 年 3 月	废除宪法
1991 年 3 月	公布乍得国家宪章,为乍得临时宪法
1991 年 7 月	颁布《政党法》
1993 年 4 月	最高全国会议通过《过渡时期宪章》,作为过渡时期临时宪法
1996 年 3 月 31 日	举行全民公决通过新宪法
2001 年	修改选举法
2023 年 12 月	新宪法草案获得公投通过
中非共和国	
1896 年	德国总督颁令一切无主土地归德国国库所有

续表

1919 年	米尔纳-西门协议,英、法瓜分喀麦隆
1924 年	实施土著居民管制法
1925 年	禁止非洲人离境以防居民因强制劳动而流往他国
1958 年 12 月 1 日	中非共和国成立
1976 年	废除共和制,改行议会君主制,建立中非帝国
1979 年 9 月 20 日	政变,时任总统达科宣布恢复共和制
1981 年 2 月	公民投票通过新宪法
1986 年 11 月 21 日	公民投票通过新宪法
1991 年 3 月	修改宪法
1994 年 12 月 28 日	通过新宪法
2013 年 3 月	政变,宪法被废除
2013 年 7 月	过渡宪法生效
2015 年 12 月 13 日	举行全民公投,通过新宪法
全非性重大事件	
约公元 1 至 6 世纪	埃塞俄比亚北部和阿拉伯半岛西南的阿克苏姆王国与希腊世界直接接触;公元 4 世纪初期由于弗鲁门西厄斯的传播开始信奉基督教。与基督教东方的联系由于阿拉伯人的征服而中断
639~702 年	阿拉伯人征服北非
约 980 年	阿拉伯人和波斯人建立了摩加迪沙、马林迪、蒙巴迪、索法拉,从事奴隶和象牙交易
15 世纪	处于资本主义原始积累时期的西欧殖民主义者开始入侵非洲
15、16 世纪	葡萄牙人在非洲东、西海岸和沿海岛屿建立了许多殖民据点,掠夺黄金、象牙,强掠人口卖为奴隶
16、17 世纪	荷兰人在塞内加尔、加纳、南非建立据点和贸易商站
17 世纪中期	英法的角逐逐渐取代了葡、荷的优势地位

续表

17 世纪后半期	葡萄牙在几内湾的势力几乎全部被排除。英法在塞内加尔河与冈比亚河口,英荷在黄金海岸和加纳展开了激烈的竞争
16 世纪初至 19 世纪上半期	奴隶贸易成为欧洲殖民者掠夺非洲的主要内容。最早经营奴隶贸易的是葡萄牙人、西班牙人和荷兰人,不久英国人、法国人和丹麦人也相继加入
18 世纪	英国成为经营国际奴隶贸易的主要国家。非洲的奴隶贸易在此期间达到顶峰
1904 年	英法协议:英国承认法国在摩洛哥有行动自由权、在马达加斯加岛有确定关税的权利;法国同意英国占领埃及
1911 年	葡萄牙颁布殖民地劳动立法,继续实行强迫劳动制度
1917 年	葡萄牙在殖民地推行同化政策
1918 年	欧洲国家协议,禁止在非洲酿造烈性酒,限制军火交易
1919 年	英国实行帝国特惠制,强化对殖民地的掠夺
1923 年	法国提出开发政策即开发殖民地经济为殖民统治的基础
1926 年	葡萄牙政府颁布《安哥拉、几内亚、莫桑比克殖民地土著政治、民事与刑事法规》,强调传统和先例、纪律和统一
1930 年	葡萄牙颁布《殖民地法令》,建立直接统治制度,推广强制同化政策
1933 年	葡萄牙颁布《帝国体制宪章》《海外行政政策法》,强调政治统一,反对土著居民的利益与要求
1944 年	戴高乐在布拉柴维尔宣布战后将在热带非洲殖民地实行政治民主化改革
1945 年	法属非洲殖民地首次参加法国的制宪会议选举
1946 年	法国制宪会议通过《第四共和国宪法》,规定法属西非、赤道非洲为法兰西联邦不可分割的领土,各殖民地更名为海外领地,成为联邦成员,享有财政和行政自治,设立领地议会为咨询机构。领地居民有组织政党和工会的权利

续表

1948 年 4 月 6 日	在整个英属东非范围新组成的中央立法议会在肯尼亚的内罗毕举行首次会议
1951 年	葡萄牙颁布《殖民地法》,安哥拉、莫桑比克等被宣布为海外省,享有一定程度的地方自治,设立立法、行政会议
1956 年	法国颁布海外领地“根本法”,给 12 个法属非洲海外领地以法兰西联邦内的半自治共和国地位,由非洲人担任副总理
1958 年	法属非洲殖民地国家就戴高乐提出的第五共和国宪法举行公民投票,除了几内亚投反对票、拒绝加入法兰西共同体而获得独立以外,其余 11 国都投赞成票,加入法兰西共同体,成为共同体内的自治共和国
1959 年 6 月 6 日	法属西非中 7 国达成协议建立一个自由贸易区,达成建立三国联盟的协议
1960 年	第二届全非人民大会提出“加速把非洲从帝国主义和殖民主义中解放出来”的斗争目标。3 月,法国修改宪法中关于共同体成员国不得宣告独立的规定。4 月,第二届亚非人民团结大会通过关于和平共处、禁止核武器、裁军等决议
1961 年 1 月 7 日	摩洛哥等国通过《卡萨布兰卡宪章》
1962 年 1 月 30 日	非洲 20 个国家的领导人在尼日利亚的拉各斯举行的会议上决定建立非洲国家组织
1962 年 4 月 2 日	卡萨布兰卡集团各国决定建立非洲共同市场、非洲支付同盟和非洲开发银行
1963 年 5 月 25 日—6 月	31 个非洲国家签署了非洲统一组织的宪章
1964 年 12 月	肯尼亚、坦葛尼喀、乌干达决定组成联邦并成立一个小组草拟宪法
1965 年 2 月	中非关税同盟成立
1965 年 9 月	法语非洲各国首脑组成非洲-马达加斯加组织

续表

1966 年 6 月	第三次阿拉伯首脑会议签署《阿拉伯团结公约》。法语非洲国家签订了法语非洲国家实行政治和经济合作的条约
1967 年 6 月	坦桑尼亚与乌干达、肯尼亚缔结坎帕拉条约,旨在建立东非共同体
1968 年 3 月	塞内加尔河流域国家组织成立
1979 年 12 月	葡萄牙总理宣布将修改宪法,增加海外省在议会中的席位,给安哥拉、莫桑比克以内政自治权
2002 年 7 月	非洲联盟成立
2015 年 1 月	通过非洲联盟《2063 年议程》
2018 年 3 月 21 日	签署成立《非洲大陆自由贸易区协定》
2021 年 1 月 1 日	非洲大陆自由贸易区启动
2023 年 9 月	非洲联盟成为二十国集团的正式成员